W9-AUS-703

Der ›dtv-Atlas zur Musik, Band 2‹ setzt die in Band 1 begonnene Geschichte der Musik mit der Darstellung vom Barock bis zur Gegenwart fort.

Nach dem dtv-Atlas-System sind ausführliche Textseiten und dazugehörige Farbtafeln einander gegenübergestellt. Durch graphische Darstellungen und Notenbeispiele, insbesondere unter sinnvoller Verwendung von Farben zur Verdeutlichung von Zusammenhängen, wird versucht, musikalische Strukturen anschaulich zu machen.

Der erste Band des ›dtv-Atlas zur Musik‹ umfaßt den vollständigen systematischen Teil sowie den historischen Teil bis zum 17. Jahrhundert.

Wie schon bei früheren Neuauflagen wurden auch für die vorliegende 7. Auflage von Band 2 neue Namen eingefügt und Daten aktualisiert.

Bisher sind in dieser Reihe erschienen:

Weitere dtv-Atlanten sind in Vorbereitung

Ulrich Michels:

dtv-Atlas zur Musik
Tafeln und Texte

Band 2
Historischer Teil: Vom Barock bis zur Gegenwart

Mit 130 farbigen Abbildungsseiten

Graphische Gestaltung der Abbildungen:
Gunther Vogel

Deutscher
Taschenbuch
Verlag

Bärenreiter
Verlag

Übersetzungen
Dänemark: Munksgaard, Kopenhagen
Frankreich: Librairie Arthème Fayard, Paris
Griechenland: Nakas, Athen
Italien: Sperling & Kupfer, Mailand
Japan: Hakusuisha Ltd., Tokio
Niederlande: Bosch & Keuning, Baarn
Spanien: Alianza Editorial, Madrid
Ungarn: Springer Hungarica, Budapest

Originalausgabe
1. Auflage Oktober 1985
9. Auflage Juli 1996: 241. bis 250. Tausend
Gemeinschaftliche Ausgabe:
Deutscher Taschenbuch Verlag GmbH & Co. KG, München
und
Bärenreiter-Verlag Karl Vötterle GmbH & Co. KG
Kassel · Basel · Tours · London
© 1985 Deutscher Taschenbuch Verlag GmbH & Co. KG,
München
Umschlaggestaltung: Celestino Piatti
Gesamtherstellung: C. H. Beck'sche Buchdruckerei,
Nördlingen
Offsetreproduktionen: Repro + Montage-Studio, München
Notensatz: C. L. Schultheiss, Tübingen
Printed in Germany · ISBN 3-423-03023-2 (dtv)
ISBN 3-7618-3023-8 (Bärenreiter)

Vorwort

Der Atlas ordnet die Materie nach Sachgebieten und chronologisch. Das Gliederungsprinzip nach Gattungen, im 19. Jh. bereits teilweise problematisch, findet im 20. Jh. keine Anwendung mehr: zu vielfältig und frei sind hier die Überschneidungen und Neugebilde in Gehalt, Besetzung, Form usw. Die Chronologie der Komponisten wurde indessen auch im 20. Jh. beibehalten. Die Jahreszahlen hinter den Werken geben die Entstehungszeiten an, und zwar *fortlaufend* mit Bindestrich, z.B. 1910–12 (1910 *bis* 1912), oder *unterbrochen* mit Schrägstrich, z.B. 1910/12 (1910 *und* 1912). Differieren Entstehungszeit und Uraufführung stark, wurden beide Daten angegeben. Das Register am Schluß des 2. Bandes umfaßt auch das Register von Band 1. Es wurde erheblich erweitert, um als alphabetischer Schlüssel des systematisch geordneten Stoffes besser dienen zu können.

Mein Dank gilt Herrn Gunther Vogel in Neustadt für die graphische Gestaltung der Tafeln, auch Herrn Ekkehard Abromeit in Tübingen für die Anfertigung der Notenbeispiele, dem Lektorat in Kassel (Dr. Ruth Blume) und den Münchener Lektoren (Elisabeth Guhl, Winfried Groth) für ihren unermüdlichen Einsatz und die Erstellung des Registers.

Karlsruhe, im Juli 1985   Ulrich Michels

Inhalt

Symbol- und Abkürzungsverzeichnis

Tonarten:

Kleinbuchstaben = Molltonarten
Großbuchstaben = Durtonarten
z.B.: a = a-moll; A = A-dur

Stufenbezeichnung:

römische Ziffern
z.B.: I., II., III., IV. Stufe

Funktionsbezeichnungen:

T	Dur-Tonika
t	Moll-Tonika
D	(Dur-)Dominante
S	(Dur-)Subdominante
Tp	Tonikaparallele
tP	Durparallele der Molltonika
Dp	Dominantparallele
Sp	Subdominantparallele

Ziffern rechts oben: Aufbau des Akkordes
Ziffern rechts unten: Baßton

D^7	Dominantseptakkord
S^6	Subdominante mit Sexte (Sixte ajoutée)

Sonderzeichen:

$+$ Dur (vor Stufe oder Funktionsbezeichnung)
      z.B. $^+$I = I. Stufe Dur
$°$ Moll
      z.B. $°$I = I. Stufe Moll
$<$ erhöht, übermäßig
$>$ erniedrigt, vermindert
$\not{D}^7$ (durchstrichener Buchstabe) Grundton fehlt, also Dominantseptakkord ohne Grundton = verkürzter Dominantseptakkord
(D)   (Bezeichnung in runder Klammer) Zwischenfunktionen = Funktionen auf einen andern Klang als die Tonika (hier: Zwischendominante)
ZwD Zwischendominante
$\overset{D}{D}$ Doppeldominante
[ ]   erwarteter, aber nicht erscheinender Klang (Ellipse)

Abkürzungen:
(vgl. auch den Lexikonteil in Bd. 1, S. 70–81)

A.	Alt	best.	bestimmt
Abb.	Abbildung	betr.	betreffend
acc., accomp.	accompagnato	Bibl. Vat.	Vatikanische Bibliothek
ad lib.	ad libitum	Br.	Bratsche
ahd.	althochdeutsch	BWV	Bach-Werke-Verzeichnis
Auff.	Aufführung		
Aufn.	Aufnahme	C.	Cantus
		Cemb.	Cembalo
B.	Baß	c.f.	cantus firmus
Bar.	Bariton		
B.c.	Basso continuo	D.	Discant
bed.	bedeutend	dB	Dezibel
Begl.	Begleitung		
bes.	besonders	Ed. Vat.	Editio Vaticana
Bes.	Besetzung	E.H.	Englisch Horn

europ.	europäisch
ev.	evangelisch
evtl.	eventuell
EZ	Entstehungszeit
f.	folgende Seite
ff.	2 folgende Seiten
Fass.	Fassung
Fasz.	Faszikel
Fg.	Fagott
frz.	französisch
GA	Gesamtausgabe
Gb.	Generalbaß
gedr.	gedruckt
Ges.	Gesellschaft
gew.	gewidmet
GMD	Generalmusikdirektor
Git.	Gitarre
Hdb.	Handbuch
hg.	herausgegeben
hist.	historisch
Hr.	Horn
Hs. (Hss.)	Handschrift(-en)
Instr.	Instrument; Instrumentation
instr.	instrumental
ital.	italienisch
Jh.	Jahrhundert
Jts.	Jahrtausend
KaM	Kammermusik
kath.	katholisch
Kb.	Kontrabaß
Kfg.	Kontrafagott
Kl., Klav.	Klavier
Klar.	Klarinette
KM	Kirchenmusik
Komp.	Komponist
Kompos.	Komposition
Kons.	Konservatorium
Konz.	Konzert
Kp.	Kontrapunkt
kp.	kontrapunktisch
Kpm.	Kapellmeister
KV	Köchel-Verzeichnis(Mozart)
lat.	lateinisch
MA	Mittelalter
ma.	mittelalterlich
MG., Mg.	Musikgeschichte
mg.	musikgeschichtlich
mhd.	mittelhochdeutsch
Ms. (Mss.)	Manuskript(-e)
Mth.	Musiktheorie
mth.	musiktheoretisch
mus.	musikalisch
Mw.	Musikwissenschaft
mw.	musikwissenschaftlich
Nb.	Notenbeispiel
ND	Neudruck
nl.	niederländisch
nhd.	neuhochdeutsch
o. ä.	oder ähnlich
Ob.	Oboe
op.	Opus
Orch.	Orchester
Org.	Orgel
orig.	original
Pos.	Posaune
protest.	protestantisch
rev.	revidiert
Rez.	Rezitativ
S.	Sopran
s.	siehe
S.	Seite (= siehe Seite)
Slg.	Sammlung
s. o.	siehe oben
Son.	Sonate
sog.	sogenannt
St.	Stimme
st.	stimmig
Symph.	Symphonie
symph.	symphonisch
T.	Takt
T.	Tenor
Tr.	Trommel
trad.	traditionell
Trp.	Trompete
t. s.	tasto solo
UA	Uraufführung
überm.	übermäßig
urspr.	ursprünglich
V.	Violine
Va.	Viola
Vc.	Violoncello
Var.	Variation
vgl.	vergleiche
Werkverz.	Werkverzeichnis
wiss.	wissenschaftlich
WoO	Werk ohne Opuszahl
zus.	zusammen

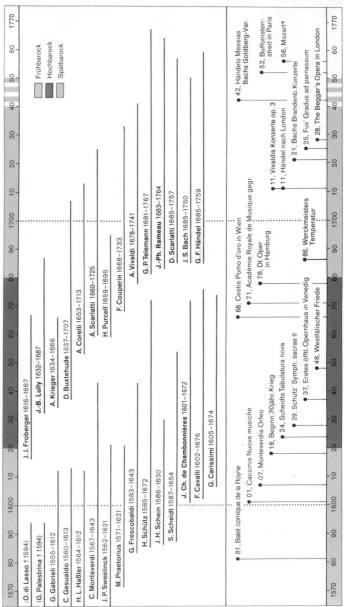

Komponisten, wichtige Ereignisse

Die Zeit von etwa 1600 bis 1750 bildet in der Musikgeschichte eine zusammenhängende Stilepoche, das **Barock** (in Übernahme des kunsthistor. Begriffs), das *Generalbaßzeitalter* (RIEMANN) oder das *Zeitalter des konzertierenden Stils* (HANDSCHIN). Barock (portugies. *schief-runde* Perle) bezeichnet nach 1750 abwertend das Schwülstige, Überladene der alten Kunst. Die Musik des Barock galt entsprechend als harmonisch verworren, dissonanzenreich, melodisch schwierig, unnatürlich, holprig, kurz: *barock* (ROUSSEAU, 1767; KOCH, 1802). Eine Aufwertung des Barock brachte erst das 19. Jh.

Der Stilwandel um 1600 wird in der Zeit stark empfunden, wobei man die alte Polyphonie weiterpflegt und so erstmals 2 Stile hat *(stile antico, stile moderno)*. Auch beginnt die barocke Hauptgattung Oper um 1600. Der Wandel um 1750 (BACHS Tod) ist weniger klar. Die neuen Tendenzen des Einfachen, Empfindsamen, Natürlichen kommen um 1730 auf und führen um 1780 bereits zum Höhepunkt der Klassik.

Weltanschauung

Lebensgefühl und Sinngebung einer Epoche spiegeln sich in allen ihren Erscheinungen. Der Mensch erlebt sich im Barock nicht mehr nur als Ebenbild Gottes, als Maß und Schönheitsideal wie in der Renaissance, sondern als Fühlender in seinen Leidenschaften (Affekt, Pathos) und Phantasien. Das Barock betreibt Aufwand und Glanz, liebt Fülle und Extreme und erweitert die Grenzen der Realität durch einen phantast. Illusionismus. War die Renaissance in ihrer am antiken Maß orientierten Klarheit apollinisch, so wirkt das Barock in seinem Gefühlsimpuls dionysisch, ehe die Klassik eine Synthese erreicht.

Das Weltbild des Barock ist harmonisch und rational geordnet. Das spiegelt sich auch in der Musik: in der spekulativen Zahlensymbolik, in Harmonie und Rhythmus des Gb., im umfassenden Gottesbezug (vgl. BACH-Zitat S. 101). Die Glaubensspaltung, die Machtkämpfe der Fürsten, der 30jährige Krieg zerstören zwar die Ordnung, verstärken aber die Sehnsucht nach ihr. Auch die Leidenschaften des Menschen (HOBBES: der Mensch als Wolf) lassen sich nur durch rationale Ordnung steuern. Das führt in Leben und Kunst zu hohen Stilisierungen.

Das neue Selbstbewußtsein bestimmt auch das Verhältnis zur Natur: nicht Tradition und Glaube, sondern Empirie und Kritik, inspiriert von der Überzeugung von einem harmon. Ganzen, führen zum neuen Weltbild: KOPERNIKUS, GALILEI, KEPLER beweisen, daß die Erde nicht mehr im Mittelpunkt des Alls steht, DESCARTES, PASCAL, SPINOZA lehren eine menschlich erfahrene und denkerisch geprägte Ethik und Moral. Wiss. und künstler. Akademien werden gegründet, um das handwerkl. und künstler. Niveau zu heben.

Die Mathematik dominiert, denn die Zahlenordnung bestimmt das Weltganze wie alle Erscheinungen. Die Sphärenharmonie ist Musik, und alle Musik symbolisiert zugleich die All-Ordnung.

Schaffensprozeß

Der Künstler ahmt die Natur nicht mehr nach wie in der Renaissance, sondern er schafft *wie* diese als schöpfer. Genius, mit Gefühl und Ratio. Das wendet sich scheinbar oft gegen die Natur: Der Architekt baut Schlösser und Gärten nach geometrisch-mathemat. Entwürfen in Sümpfe und Unwirtlichkeit, der Dichter schafft rhetorisch geschliffene und gelehrte Werke, der Musiker ist ein *musicus poeticus* (S. 305). Jede vom Menschen geschaffene Form bedeutet Abgrenzung gegen die Natur. So erscheinen auch viele Lebensformen des Barock künstlich und unnatürlich: von der floskelhaften Anrede bis zur Perücke, vom Hofzeremoniell bis zum Kastraten. Die Welt ist ein Theater mit Darstellern, Zeremonienmeister und Musik.

Durch den krit. Ansatz zur Moderne im religiösen, philosoph. und wiss. Bereich ist aber das innere metaphys. Selbstverständnis gebrochen. Die metaphys. Orientierung hatte im MA noch alle Lebensbereiche gestaltet, sichtbar an den zum Himmel weisenden Kathedralen, hörbar in der Zentralstellung des c. f. Im Barock erfährt die gleiche Haltung eine Diesseitsorientierung, sichtbar in den prächtigen Schlössern und Kirchen, hörbar im Individualismus des konzertierenden Stils. In England entsteht bereits der neue Liberalismus, der u. a. zur Frz. Revolution und zur modernen Bürger-Republik führen wird. Der Absolutismus des Ancien régime wirkt wie eine letzte Steigerung der alten Seinsweise. In diesem Sinne erscheint auch BACHS Spätwerk als letzte Stilisierung einer ungebrochenen musikal. Tradition seit dem MA.

Politisch-soziale Wirklichkeit

Der barocke Staat ist noch eine Ständegesellschaft: König und Adel, Klerus, Bürger und Bauern (als 1., 2. und 3. Stand). Aber diese Ordnung *von Gottes Gnaden* läßt sich nur noch mit Macht aufrechterhalten. Ludwig XIV. begreift sich als Herrscher-Sonne und Staat *(L'État c'est moi)*, gestützt auf Adel, Klerus und Heer. In den Städten gibt es die besitzende und gebildete Bürgerschicht. Das Landvolk verarmt mehr und mehr. ⅘ der Bevölkerung Europas sind Analphabeten. Die mündlich überlieferte **Volksmusik** (Lieder, Tänze) ist größtenteils verloren (Instrumente s. S. 305). Für die Geschichte der Musik ist aber die erhaltene Musikkultur der Oberschicht entscheidender.

Hauptinstitutionen für die Musik sind Hof, Kirche (Kantoreien), Stadt (Ratsmusik), Schulen (Kurrenden), bürgerl. Kammermusik und die Oper.

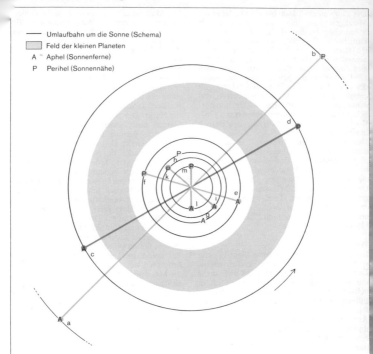

Harmonien zwischen je zwei Planeten

Diverg. Konverg.

Diverg.	Konverg.		Planet	scheinbare tägliche Bewegungen						Harmonien bei den einzelnen Planeten			
					′	″				′	″		
$\frac{a}{d}=\frac{1}{3}$	$\frac{b}{c}=\frac{1}{2}$		Saturn	Aphel	1	46	a	zwischen		1	48	a	$\left.\begin{array}{c}4\\5\end{array}\right]$	Große Terz
				Perihel	2	15	b	und		2	15	b		
$\frac{c}{f}=\frac{1}{8}$	$\frac{d}{e}=\frac{5}{24}$		Jupiter	Aphel	4	30	c	zwischen		4	35	c	$\left.\begin{array}{c}5\\6\end{array}\right]$	Kleine Terz
				Perihel	5	30	d	und		5	30	d		
$\frac{e}{h}=\frac{5}{12}$	$\frac{f}{g}=\frac{2}{3}$		Mars	Aphel	26	14	e	zwischen		25	21	e	$\left.\begin{array}{c}2\\3\end{array}\right]$	Quint
				Perihel	38	1	f	und		38	1	f		
$\frac{g}{k}=\frac{3}{5}$	$\frac{h}{l}=\frac{5}{8}$		Erde	Aphel	57	3	g	zwischen		57	28	g	$\left.\begin{array}{c}15\\16\end{array}\right]$	Halbton
				Perihel	61	18	h	und		61	18	h		
$\frac{i}{m}=\frac{1}{4}$	$\frac{k}{l}=\frac{3}{5}$		Venus	Aphel	94	50	i	zwischen		94	50	i	$\left.\begin{array}{c}24\\25\end{array}\right]$	Diesis
				Perihel	97	37	k	und		98	47	k		
			Merkur	Aphel	164	0	l	zwischen		164	0	l	$\left.\begin{array}{c}5\\12\end{array}\right]$	Oktav mit kl.Terz
				Perihel	384	0	m	und		394	0	m		

Sphärenharmonie, nach J.Kepler, Harmonices mundi, 1619

Keplers Sphärenharmonie

Kulturgeschichtliche Grundlagen

Der Barockstil entstand in Italien, insbes. die Architektur in Rom (St. Peter), Malerei und Musik in Oberitalien (Venedig). War die Renaissance international, so prägt das Barock *Nationalstile* aus. Allerdings beherrschen ital. Musiker ganz Europa (Oper).

Fortschrittsglaube, Aufklärung und neue Natürlichkeit setzen dem Barock im 18. Jh. ein Ende. Statt des Fortschritts gestaltet der Barockstil die lebendige Wiederkehr des Gleichen im Wechsel der Erscheinungsfülle. Alles strömt und ruht zugleich: das Bild des röm. Brunnens. Erfüllung im Augenblick, einheitl. Affektdarstellung, Ruhe und Bewegung sprechen aus einem barocken Kirchenraum wie aus einer BACHschen Fuge.

Phantasie und Illusion sondern Kunsträume von der Natur und Realität ab, überhöhen diese: gemalte Himmel in Deckengewölben, phantast. Landschaftskompositionen, stilisierte Tänze, mehrstündige Opern und Ballette. Erstrebt wird das Gesamt-Kunstwerk.

In Kirche und Schloß wirken Architektur, Malerei, Dichtung, Musik, beim Schloß auch Gartenbaukunst mit, um in einem sinnenbetörenden und zugleich tiefsinnigen, symbolreichen Welttheater die Menschen zu beeindrucken.

Wie die barocke Kunst Menschen darstellt, so die Barockmusik deren Affekte und Gefühle. Der Mensch begreift sich aber noch als Gattungswesen in einem Ganzen, nicht als Individuum mit persönl. Freiheit. Für die Barockmusik bedeutet das nicht *persönliche* Darstellung der Gefühle, sondern *stilisierte.*

Steuernde Ratio wirkt dazu auf vielen Gebieten: in der Zahlensymbolik, der funktionalen Harmonik, der formalen Struktur, der kontrapunkt. Tradition, aber auch in der unnatürl. mathemat. Teilung der Oktave in WERCKMEISTERS temperierter Stimmung.

Musikvorstellungen und -klassifikationen

Das Barock erneuert die Vorstellung der antiken **Sphärenharmonie** (griech. *sphaira*, Kugel). Sie geht auf die PYTHAGOREER zurück, die glaubten, die Bewegung der Gestirne bringe entsprechend ihren harmon. Proportionen, die sich auch in der Musik wiederfinden, Töne hervor. Schon ARISTOTELES dagegen verneinte den realen Sternenklang mangels Reibung im All.

Das christl. MA verband die heidnisch-antike Vorstellung von der Sphärenharmonie mit dem himml. Gotteslob (*musica coelestis*) und den Engelchören (*musica angelica,* JACOBUS VON LÜTTICH). Am Ausgang des MA wurde die Sphärenharmonie aristotelisch aus der realen Klangvorstellung in die abstrakte Mathematik verwiesen (ADAM VON FULDA).

In dieser Tradition steht noch im Barock JOHANNES KEPLER (1571–1630).

Im 5. Buch seiner *Harmonices mundi* (1619) berechnet er aus den Planetenbewegungen Tonverhältnisse, die als vielstimmige Harmonie wie eine Weltensymphonie erklingen. So ergibt der Vergleich der unterschiedl. Planetengeschwindigkeiten auf deren ellipt. Bahnen in Sonnennähe *(Perihel)* und Sonnenferne *(Aphel)* für jeden Planeten ein bestimmtes Zahlenverhältnis, das dem eines musikal. Intervalles entspricht (Abb.; die Bahnen sind als Kreise schematisiert). KEPLER erlebt in der Harmonie der Welt die Schönheit der Schöpfung und Gottes Lob.

Die meisten Vorstellungen und Klassifikationen von der Musik gehen zurück auf BOETHIUS († um 524), der antikes Wissen in vielfach eigener Prägung dem MA tradierte. Er teilte die Musik ein in die

– *musica mundana,* die Welt- und Sphärenharmonie, auch Jahreszeiten usw., Harmonie des Makrokosmos;
– *musica humana,* die Harmonie im Menschen (Glieder, Temperamente, Leib – Seele), Harmonie des Mikrokosmos;
– *musica instrumentalis,* die durch Instrumente und die menschl. Stimme real klingende Musik.

Die *musica mundana* und *humana* wurden später zur *musica theorica (theoretica)* oder *speculativa* (13. Jh.), die *musica instrumentalis* zur *musica practica.*

Die **Musica speculativa** lehrte man an den Lateinschulen und Universitäten, und zwar im Rahmen der *artes liberales,* der 7 *freien Künste* mit ihren 3 Wortwissenschaften *(Trivium)* Grammatik, Rhetorik, Dialektik, und ihren 4 Zahlenwissenschaften *(Quadrivium)* Arithmetik (Mathematik), Geometrie, Astronomie (Astrologie), Musik. Die weitverbreitete, auf BOETHIUS fußende *Musica speculativa* des JOHANNES DE MURIS (Paris 1323) wurde noch im 18. Jh. gelehrt.

Die **Musica practica** unterscheidet seit dem späten MA die

– *musica plana:* einst. Choral;
– *musica mensurabilis:* mehrst. Musik; auch Figuralmusik genannt (nach den figurae, den Mensuralnoten).

Die BOETHIANISCHE *musica humana* deutete man auch um zur *Vokalmusik,* die *musica instrumentalis* zur Instrumentalmusik.

In Renaissance und Barock herrscht die prakt. Musik vor, doch gewinnt die *Musica speculativa* durch Forschungen in der Astronomie und Akustik (GALILEI, MERSENNE, SAUVEUR) im Barock neues Gewicht. Für SCHÜTZ steht die Musik unter den *freien Künsten* noch wie *»die Sonne unter den sieben Planeten«* (1641). Auch für LEIBNIZ dominiert trotz Affektenlehre barocktypisch der mathemat. Aspekt: *»Musica est exercitium arithmeticae occultum nescientis se numerare animi«* (1712, Musik ist eine Zahlenübung des Unbewußten). Doch läßt die starke ästhet.-sinnl. Erfahrung die Musik bald in den Bereich der »schönen Künste« wechseln.

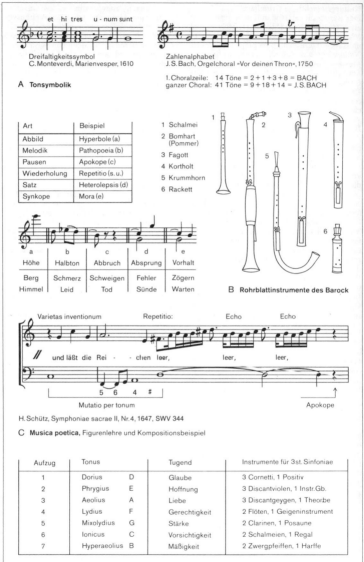

et hi tres u - num sunt

Dreifaltigkeitssymbol
C. Monteverdi, Marienvesper, 1610

Zahlenalphabet
J. S. Bach, Orgelchoral »Vor deinen Thron«, 1750

A Tonsymbolik

1. Choralzeile: 14 Töne = 2 + 1 + 3 + 8 = BACH
ganzer Choral: 41 Töne = 9 + 18 + 14 = J. S. BACH

Art	Beispiel
Abbild	Hyperbole (a)
Melodik	Pathopoeia (b)
Pausen	Apokope (c)
Wiederholung	Repetitio (s. u.)
Satz	Heterolepsis (d)
Synkope	Mora (e)

1 Schalmei
2 Bomhart (Pommer)
3 Fagott
4 Kortholt
5 Krummhorn
6 Rackett

a	b	c	d	e
Höhe	Halbton	Abbruch	Absprung	Vorhalt
Berg	Schmerz	Schweigen	Fehler	Zögern
Himmel	Leid	Tod	Sünde	Warten

B Rohrblattinstrumente des Barock

Varietas inventionum   Repetitio: Echo   Echo

und läßt die Rei - chen leer,   leer,   leer,

5 6 4 #

Mutatio per tonum   Apokope

H. Schütz, Symphoniae sacrae II, Nr. 4, 1647, SWV 344

C Musica poetica, Figurenlehre und Kompositionsbeispiel

Aufzug	Tonus		Tugend	Instrumente für 3st. Sinfoniae
1	Dorius	D	Glaube	3 Cornetti, 1 Positiv
2	Phrygius	E	Hoffnung	3 Discantviolen, 1 Instr. Gb.
3	Aeolius	A	Liebe	3 Discantgeygen, 1 Theorbe
4	Lydius	F	Gerechtigkeit	2 Flöten, 1 Geigeninstrument
5	Mixolydius	G	Stärke	2 Clarinen, 1 Posaune
6	Ionicus	C	Vorsichtigkeit	2 Schalmeien, 1 Regal
7	Hyperaeolius	B	Mäßigkeit	2 Zwergpfeiffen, 1 Harffe

D Affektdarstellung durch Tonart u. Instr., Harsdörffer/Staden, Gesprächsspiele V, 1645

Symbolik, Figuren, Affekte, Instrumente

Tonsymbolik hat das Barock aus der Renaissance übernommen und ausgebaut. Die musikal. Erscheinung steht dabei für etwas anderes, Außermusikalisches:

- Tonbuchstaben und -silben für Namen, wie *b-a-c-h* (S. 362), *Hercules* (S. 242);
- Kreuzzeichen für das Kreuz Christi, auch Tonanordnung in Kreuzform (S. 338);
- Zahlensymbolik: 3 für Trinität, Vollkommenheit, Geist; 4 für Elemente, Welt; 12 für Apostel, Kirche (S. 328); auch *Zahlenalphabet* A = 1, B = 2 usw.;
- Strukturen wie *Kanon* für Verfolgen (*caccia*, Jagd, *fuga*), aber auch für Gesetz, Gehorsam;
- Figuren mit mehr Entsprechungs- als Symbolcharakter, vgl. *Musica poetica* (s. u.).

In MONTEVERDIS Beispiel (Abb. A) vereinen sich 3 Stimmen zum Einklang: *»und diese drei sind eines«*. – BACH nennt sich im Sterbechoral *»Vor deinen Thron tret ich hiermit«* (kurz vor seinem Tode diktiert) zahlenalphabetisch durch die Anzahl der Melodietöne, die er durch Verzierungen gegenüber dem Original (8 Töne) vermehrt (Abb. A: 41, Krebs von 14). Im *Orgelbüchlein* zählt der Choral 158 Töne (JOHANN SEBASTIAN BACH, dort als *»Wenn wir in höchsten Nöthen sein«*).

Musica poetica

Im Rückgriff auf aristotel. Vorstellungen vom *Denken, Tun* und *Hervorbringen* teilte man in Humanistenkreisen des 16. Jh. die Musik in *Musica theoretica, practica* und *poetica* (Theorie, Praxis, Komposition).

Die *Musica poetica* zielt auf das Werk *(opus)*, das seinem Schöpfer, dem *Musicus poeticus*, Nachruhm sichert. In Anlehnung an die Rhetorik faßt sie die Musik als **Tonsprache** auf (LISTENIUS, 1537; FABER, 1548; BURMEISTER, 1606; HERBST, 1643; WALTHER, 1708). Gelehrt wurde die Komposition von der *Erfindung* eines Motivs (oft formelhaft) über den *Gesamtaufbau* bis zur *Ausführung* und *Ausschmückung (inventio, dispositio, elaboratio* und *decoratio),* dazu die Einteilung in *Abschnitte* oder *Sätze (incisiones, periodi)* und Floskeln zu bestimmten (Text-)Darstellungen, sog. *Figuren.*

So bedeutet ein hoher Ton *Höhe,* auch Berg, Himmel, ein tiefer Tal, Hölle (Abb. C, a). Der chromat. Halbton drückt Leid und Schmerz aus (b), plötzl. Pausen Einbruch von Schweigen und Tod (c) usw. Die etwa 150 Figuren mit ihren humanistisch gelehrten griech./lat. Namen gruppieren sich nach Arten wie abbildl. Figuren (a), melod. Wendungen (b) usw.

Mit Hilfe der Figuren wird Text in Musik gesetzt und zugleich interpretiert (Nb. C): der Widerspruch *Reiche* und *leer* drückt sich in einem Tonartenwechsel aus (von C-dur nach D-dur, eine *Mutatio per tonum*); *leer* wird eindringlich wiederholt *(Repetitio)* und erklingt als *Echo,* einen leeren

Raum andeutend; der Baß steht *still:* Leere auch hier. Der plötzl. Abriß durch die Pause am Schluß *(Apokope)* verstärkt nochmals den Eindruck der Leere.

Die Fülle und Vielfalt der Einfälle *(Varietas)* in kunstvoller Komposition erfreuen den Hörer und machen die Musik wertvoll und schön. Ihre Qualität erhält die Musik aber aus dem nicht lehrbaren Ganzen, in dem sich die Summe der Einzelheiten zum Kunstwerk steigert.

Affektenlehre

behandelt als zentrales Barockthema die Darstellung der Leidenschaften und seel. Erregungszustände in der Musik. Schon die Antike koppelte Musik mit Seelenzuständen, was zur eth. Bewertung der Musik führte (PLATO). In der Musik der ausgehenden Renaissance und des Frühbarock bringen bes. das klass. und späte ital. Madrigal und die *Musica reservata* den Affektgehalt von Texten bewußt zum Ausdruck. Für Freude stehen Dur, Konsonanz, hohe Lage, schnelles Tempo *(allegro)*, für Trauer stehen Moll, Dissonanz, tiefe Lagen, langsames Tempo *(mesto)*. Auch der Vortrag drückt Affekte aus, z. B. bei Trauer Verschleifen der Intervalle.

DESCARTES nennt 6 Grundformen von Affekten (*Traité des passions de l'âme*, Paris 1649): Verwunderung *(admiration),* Liebe *(amour),* Haß *(haine),* Verlangen *(désir),* Freude *(joie),* Trauer *(tristesse).* Daraus ergeben sich unendlich viele Nuancen und Mischungen. Auch die Instrumente selbst drücken Affekte aus, ebenso die Tonarten (Abb. D). Alle Affektdarstellungen sind im hohen Grade stilisiert. Autoren zur Affektenlehre außer DESCARTES: MARIN MERSENNE *(Harmonie universelle,* 1636), ATHANASIUS KIRCHER *(Musurgia universalis,* 1650), J. MATTHESON *(Der vollkommene Kapellmeister,* 1739).

Musikinstrumente erwachsen dem Barock aus dem vielfarbigen Instrumentarium der Renaissance. Man erfindet wenig neue Instrumente (Ausnahme: Hammerklavier), kultiviert dafür die Tongebung bei einigen alten Instrumenten zum gewünschten Affektausdruck; die übrigen werden bald unmodern. Es begegnen u. a. (alle in vielen Arten):

- in der Kunstmusik: Violine, Viola, Cello, Laute, Gitarre, Theorbe, Harfe, Cembalo; Orgel; Flöte, Oboe, Zink; Trompete, Horn; Pauke;
- in der Volksmusik *bäurische* oder Bettler-Instr.: Oktavgeige, Drehleier, Gitarre, Hackbrett, Maultrommel; Querpfeife, Flageolett (Schnabelflöte), Schalmei, Sackpfeife, Krummhorn; Trommel, Kastagnetten, Xylophon, Schellen, Rasseln usw.

Im Frühbarock gibt es noch bes. zahlreiche Rohrblattinstr., die dann bis auf Oboe und Schalmei (Klarinette) entfallen (Abb. B).

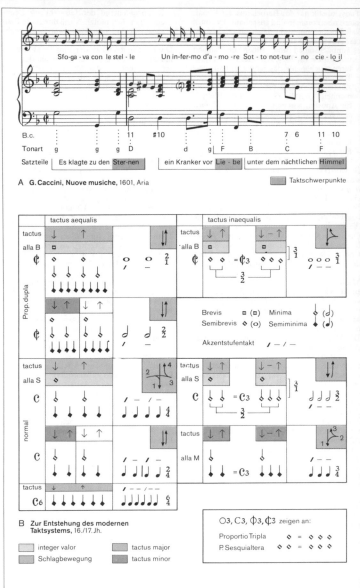

Sfo - ga - va con le stel - le   Un in-fer-mo d'a - mo - re   Sot - to not-tur - no   cie - lo il

B.c.   11 #10   7 6   11 10
Tonart   g   g   g   D   d   g F   B   C   F

Satzteile | Es klagte zu den Ster-nen | ein Kranker vor Lie - be | unter dem nächtlichen Himmel

A G. Caccini, Nuove musiche, 1601, Aria   ▢ Taktschwerpunkte

B Zur Entstehung des modernen Taktsystems, 16./17. Jh.

O3, C3, ⊘3, ₵3 zeigen an:

Proportio Tripla
P. Sesquialtera

integer valor   tactus major
Schlagbewegung   tactus minor

Monodie; Mensuralsystem und Akzentstufentakt

Die Barockmusik bringt als Ausdruck eines inneren Wandels gegenüber der Renaissance strukturelle Neuerungen: Dur-Moll-Harmonik, Generalbaß, das konzertante Prinzip, die Monodie, das moderne Taktsystem.

Die **Dur-Moll-Harmonik** löst die Kirchentonarten ab, d.h. die kp. Linie niederländ. Prägung veraltet gegenüber dem *Dreiklang* als Ausdruck eines neuen Naturbewußtseins und als Voraussetzung für den Gb. SAUVEUR entdeckt später die Obertonreihe, RAMEAU prägt erstmals funktionsharmon. Begriffe (*Traité de l'harmonie*, Paris 1722).

Basso continuo oder **Generalbaß** ist die harmon. Grundlage der Barockmusik. Aus der *unverbindlich* mitgespielten tiefsten Stimme einer mehrst. Komposition im 16. Jh. *(basso seguente)* wurde im Barock ein *wesentlicher* Kompositionsbestandteil: eine ununterbrochene Baßlinie *(basso continuo)*, die mit ihrer impliziten Harmonik (vom Gb.-Spieler ohne Noten ausführbar) den Untergrund für die konzertanten Stimmen abgibt (Abb. A).

Das **konzertante Prinzip** bedeutet eine Individualisierung der Einzelstimme, deren Gestaltungsfreiheit sich durch Improvisation wie Verzierungen noch vergrößert. Die konzertanten Stimmen finden im harmon. Zusammenklang über dem Gb. die Einheit ihres Mit- und Gegeneinander (Abbild einer sich aufbrechenden Individualität in der Geborgenheit eines harmon. Weltganzen). Das konzertante Prinzip findet sich in allen Gattungen, nicht nur im *Concerto*.

Monodie. Das Barock sucht, dramat. oder lyr. Texte wirkungsvoll in Musik zu setzen. Anregung gab die *antike Monodie*, von deren »wunderbaren Wirkungen« auf die Hörer man wußte. Ohne diese Musik selbst zu kennen, erfand man eine neue, zeitgemäße *Monodie*: Texte werden *solistisch* vorgetragen und ihr *Affektgehalt* ausgedrückt (wie im mehrst. Madrigal). Als Begleitung erscheint der neue *Generalbaß* (statt der übl. Lautenbegleitung im Lied).

Neue Musikstücke dieser Art finden sich erstmals in CACCINIS *Nuove musiche* (Florenz 1601), darunter auch Monodien aus seinen frühen Opern. Die Stücke heißen **Aria** und sind dann strophisch (wie später das Gb.-Lied) oder **Madrigal** und sind dann durchkomponiert (wie später die ital. Kammerkantate). Stilmerkmale der Monodie (Nb. A):
- die Singstimme folgt dem *Sprachrhythmus* (s. rasche Notenwerte). Das ist die *neue Gesangsart (nuova maniera di cantar), die gleichsam in Harmonien spricht (quasi in armonia favellare,* CACCINIS Vorwort);
- der melod. Fluß gliedert sich entsprechend den Satzteilen;
- die inhaltsschweren Wörter *Stern, Liebe, Himmel* stehen auf Taktschwerpunkten;
- der Text bestimmt die Tonarten: g-moll-Bereich für Schmerz, F-dur-Bereich für Freude (Liebe, Himmel);

- Singstimme und Baß bilden einen 2st. Baßstimmensatz, meist in Oktav-, Quint- oder Terzabstand;
- der Baß hat Fundamentcharakter, mit instrumentalen Oktav-, Quint- und Quartsprüngen, oft kadenzierend;
- die harmon. Akkordfüllung (die improvisierte rechte Hand des Cembalisten, hier ausgeschrieben) gewährt der Singstimme Sicherheit und Stütze;
- affektreicher Vortrag des Sängers *(cantare con affetto),* Verzierungen, Gestik.

Das moderne Taktsystem

Tactus bedeutet Schlag (ital. battuta, engl. beat), und zwar Niederschlag *(thesis)* und Aufschlag *(arsis)* bei Fuß- oder Armbewegung. Nieder und Auf sind *eine* Bewegungseinheit. Ihre Gesamtdauer heißt *integer valor notarum* (voller Wert der Noten). Die Bewegung kann gleichmäßig *(tactus aequalis* oder *simplex)* oder ungleichmäßig sein *(tactus inaequalis* oder *proportionalis,* Dreiertakt). Die Mensuralmusik unterscheidet zwischen Bewegung *(tactus)* und der verbrauchten Zeit (Notenwerte, *Mensur).* In der gleichen Zeit kann man sich langsam bewegen *(tactus maior, tardior)* oder doppelt so schnell *(tactus minor, celerior).* Der Normalfall (um 1600) ist der Schlag auf die Semibrevis, der Schlag auf die Brevis *(alla breve)* bewirkt doppeltes Tempo *(Proportio dupla,* Halbe als Zählzeit). Wechsel das Tempo in den Stücken oder Satzfolgen, so geschieht dies wohlproportioniert (z.B. beim Nachtanz, der *Proporz):* die Ziffer 3 hinter den Mensurzeichen gibt den *Proportio Tripla* (3 : 1) oder *Sesqualtera* (3 : 2) an, d.h. 3 folgende Semibreves dauern so lange wie 1 bzw. 2 vorher (Abb. B).

Um 1600 erhielten die Noten statt der alten *quantitativen* Längenbezüge der Mensur durch Tanzeinfluß die neuen *qualitativen* Akzente oder Gewichte unterschiedl. Stufung im **Akzentstufentakt** (BESSELER). Grundfolgen:
- Zweiertakt: *schwer-leicht* (I–)
- Dreiertakt: *s–l–l (I--)*
- Viertakt: *s–l–mittelschwer–l (I-/-)*
- Sechsertakt binär: *I--/--.*

Der Takt ist die regelmäßige *metrische* Einheit (**Metrum**), die die Musik mit unregelmäßigem *rhythmischen* Fluß erfüllt (**Rhythmus**). Im Extrem durchbricht die neue freie, seelisch-affektive Zeitgestaltung in der Musik *(tempo dell'affetto dell'anima,* MONTEVERDI) die alten festen Mensuren und den mit der Hand geschlagenen Takt.

Der **Taktstrich**, im 16. Jh. ein Ordnungsstrich in der Partitur, bekam metr. Bedeutung (Hauptakzent nach ihm). – Der Akzentstufentakt herrscht etwa 1600–1900.

Notation. Ab etwa 1600 sind alle Notenwerte zweizeitig. Dazu kommen Verlängerungspunkt, Bindebogen oder Ziffern (Triolen usw.). Vieles bleibt der Aufführungspraxis überlassen (z.B. *tempo rubato*; S. 82).

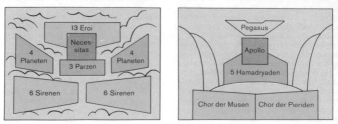

I. Sphärenharmonie　　　　II. Wettstreit der Chöre

A Intermedien zu »La Pellegrina«, Florenz 1589, Bühneneinteilung

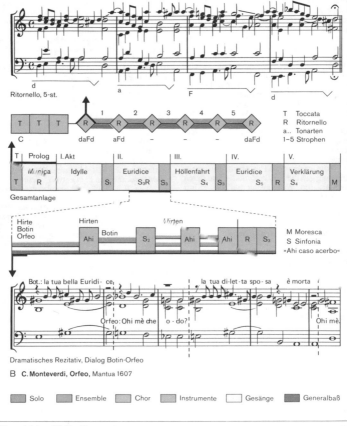

Ritornello, 5-st.

T	Toccata
R	Ritornello
a..	Tonarten
1–5	Strophen

Gesamtanlage

M Moresca
S Sinfonia
»Ahi caso acerbo«

Dramatisches Rezitativ, Dialog Botin-Orfeo

B C. Monteverdi, Orfeo, Mantua 1607

Solo　Ensemble　Chor　Instrumente　Gesänge　Generalbaß

Bühnenbild und frühe Opernanlage

Die neue Gattung **Oper** entsteht um 1600 in Florenz. Frühere und andere Verbindungen von Drama und Musik sind:

- **liturgisches Drama** und **Liederspiele** des MA (S. 194, 196);
- **Schuldrama** mit Chören und Liedern;
- Dramen mit **Schauspielmusiken**, z. B. SOPHOKLES, *Ödipus*, mit Musik von A. GABRIELI u. a. (Vicenza 1585);
- **Pastoraldramen** mit Musik, z. B. POLIZIANO, *Orfeo* (um 1480);
- **Madrigalkomödien**, Handlung in einer Folge von Madrigalen, oft derb, mit Figuren der *Commedia dell'arte* (Pantalone, Dottore usw.), z. B. ORAZIO VECCHI, *L'Amfiparnaso* (Modena 1594).

Die **Intermedien** gehören zu den unmittelbaren Vorläufern der Oper. Sie wurden zwischen den Akten eines Schauspiels aufgeführt, mit eigener Thematik (oft Allegorien), Bühnenbild, Pantomime, Sprache, Musik (Tänze, Sologesänge, Chöre, bes. Madrigale).

Das 1. der 6 Intermedien zur Komödie *La Pellegrina* von G. BARGAGLI (Aufführung zur MEDICI-Hochzeit, Florenz 1589) stellt das Wirken der Sphärenharmonie dar (Abb. A). In der Mitte regiert *Necessitas* (Notwendigkeit) mit den Parzen die Welt, daneben je 4 Planeten (7 und der Mond), darunter je 6 Sirenen (Sphärenlenker), darüber 13 Hofmusiker in Kostüm als *Eroi* (Helden); Text von BARDI, RINUCCINI, Musik von MARENZIO, CACCINI u. a.

Das 2. Intermedium schildert den Wettstreit der Musen mit den Pieriden. In der Mitte Apollo als Schiedsrichter auf dem Parnaß, mit 5 Hamadryaden (Baumnymphen) und dem geflügelten Dichterpferd Pegasus. Der antike Stoff und die Schönheit symmetr. Ordnungen sind renaissancegemäß, die Prachtentfaltung in Bild, Kostüm und Musik entspricht barocker Sinnenfülle.

Florentiner Camerata nannte sich eine der in der Renaissance beliebten akadem. Gesprächsrunden nach antikem Vorbild. In Florenz trafen sich etwa 1580–92 bei Graf BARDI, dann bei Graf CORSI Adlige, Gelehrte, Philosophen, Dichter (OTTAVIO RINUCCINI, GABRIELLO CHIABRERA) und Musiker.

Man versuchte, die *wunderbaren Wirkungen* der antiken Musik nachzuahmen, bes. die griech. *Monodie*, den Sologesang mit Kitharabegleitung. Entsprechend sang GALILEI zur Laute Klagegesänge des Ieremias und des Ugolino aus DANTES *Inferno*.

VINCENZO GALILEI († 1591), Vater des Astronomen, entdeckte *Hymnen* des MESOMEDES (verloren), schrieb gegen die nl. Polyphonie in den Traktat *Dialogo della musica antica e della moderna* (Florenz 1581).

Frühe monod. Stücke finden sich in *Nuove musiche* (Florenz 1601; s. S. 306) von GIULIO CACCINI (um 1545–1618). EMILIO DE CAVALIERI (um 1550–1602) schrieb bis 1595 drei *favole pastorali* mit Liedern, Tänzen und Rezitativen (verloren).

Die erste erhaltene Oper ist *Dafne* (159. Text von RINUCCINI (Stoff: OVID, *Metamorphosen*), Musik: JACOPO PERI (1561–1633, und CORSI; später auch von MARCO DA GAGLIANO (1582–1643) für Mantua (1608), von SCHÜTZ für Torgau (1627, übers. von OPITZ).

Es folgt die Oper *Euridice*, UA 1600 zur MEDICI-Hochzeit im Palazzo Pitti, Text von RINUCCINI, Musik von PERI, der den *stile recitativo* als Mitte zwischen Rede und Gesang erklärt, wobei die Musik dem Text folge. Nach dem Vorbild der antiken Tragödie treten Chöre dazu. CACCINI vertonte 1600 die gleiche *Euridice* (s. S. 144).

Die Stoffe der frühen Oper entstammen bes. den **Pastoraldramen** (Schäferspiele, die auf THEOKRIT, VERGIL u. a. zurückgehen): TASSO, *Aminta* (1573), GUARINI, *Il pastor fido*, auch TASSO, *Das befreite Jerusalem*, ferner der griech. **Mythologie** (OVIDS *Metamorphosen* u. a.). Man liebte starke Affekte, Wunder, Zauber, Überraschungen (*Manierismus*). Die Stücke hießen *favola pastorale, dramma per musica, Oper* erst ab etwa 1600.

Monteverdis *Orfeo* wurde 1607 zum Geburtstag von FR. GONZAGA in Mantua aufgeführt; Text STRIGGIO jun.; die Orfeopartitur ist die früheste erhaltene Opernpartitur, mit reichem Instrumentarium zur (üblichen) Charakterisierung von Personen und Situationen. So erklingen die Posaunen bei Unterwelt- und Todesszenen, das näselnde Regal beim Todesfährmann Charon, die Holzorgel bei Orfeo, die Streicher bei Schlafszenen.

Der Eröffnungs-Toccata (3mal; lat. *toccare*, schlagen, frz. *toucher*, dt. *Tusch*, urspr. für Pkn. und Trpn., S. 354) folgt der Prolog der Musica (Macht der Musik): Strophenarie mit Ritornell. Letzteres (3- oder 4teilig in d, a, F, d), gesättigt von Trauer, auch nach Euridices Tod (Akt II und IV).

Der neue *stile recitativo (erzählend)* steigert sich zum *stile espressivo* und *rappresentativo (darstellend)*, die zum Ausdruck von Geschehen und Gefühl umgewöhnl. Freiheiten in der Dissonanz- und Tonartenbehandlung erlauben, z. B. bei der Todesbotschaft (Nb. B): Botin in E-dur (*»deine schöne Euridice«*), Orfeo in plötzl. Wechsel nach g-moll in Vorahnung der Nachricht (*»weh mir, was hör ich?«*), Botin wieder in E-dur (*»deine geliebte Gattin«*), dann ritardierende Pause; plötzlich e-moll, Affekt des Trauerns und des Schmerzes, dazu gestisch absinkende Stimme (*»ist tot«*). Orfeo klagt in leidvollem (pathopoet.) Halbtonschritt (*»weh mir!«*), nach einer Pause des Begreifens (Halbe) schwermütig, langsam (Notenwerte); dann versinkt Orfeo in Schmerz (*tacet*). Es folgen Klage des Hirtenchores (*»Ach bitteres Schicksal«*), Bericht der Botin, Klage der Hirten (Chor, Duett), zum Schluß reine Instr.-Musik (*Ritornell*, 3. *Sinf.*).

Ob-li-vi-on so-a-ve - - - - - i dol-ci

A C. Monteverdi, **L'incoronazione di Poppea**, Venedig 1642, Schlummerszene

Götter, allegor. Figuren		Apollo Sopr.		Amor Sopr.		Koloraturgesang
Adel, Hauptrollen	Egeus Tenor	Medea Sopr.	+ Jason Tenor	Issifile Sopr.	Orest Baß	Belcantostil
Diener u.a.	Demo	Delfa	Besso	Alinda		einf. Melodik
Unterwelt			Geister			Chor, Ballett

Rollenschichten und ihre Musik

Laute — Jason
Harfe — Medea
Orgel — Issifile
Cembalo — Übrige
Instr.-wahl ad lib.

Blockflöten / Querflöten
Schalmeien / Oboen
Zinken / Trompeten
Violinen / Violinen
Violen / Violen
Posaunen / Posaunen
Gamben / Celli
Violonen / Kontrabässe
Fagotte / Fagotte

Rezitative

Arien 2–3st.

Sinfonien, Ritornelle, Tänze 3–5 st. Satz

Instrumentierungs- und Charakterisierungsmöglichkeiten

Or-ri-di De-mo-ni, Spi-ri-ti d'E-re-bo, vo-la-te a me. Co-si, co-si in-dar-no

Medea, Furienbeschwörung

Demo: Ah, ah! non m'in-te-te-te - te-te - te-te - te-te ah! non m'in-ten-dí

B.c.

Oreste: A me? te, te? te, te?

Stotterszene

B F. Cavalli, **Il Giasone**, Venedig 1649

☐ original   ☐ modern   ☐ Generalbaß   ☐ unbezeichnete Instrumentalstimmen

Szenentyp und Opterncharakteristika

Dichter und Musiker erhielten Opern- und Ballett-Aufträge versch. Adelshäuser. In **Mantua** gab es zur GONZAGA-Hochzeit 1608 ein ganzes Opernfestival:

– *L'Arianna* (28. 5.), Text RINUCCINI, Arien MONTEVERDI, Rezitative PERI, nur *Lamento d'Arianna* erhalten (S. 110, 126).
– *Idropica* (2. 6.), Text GUARINI, Intermedien von CHIABRERA, Musik von MONTEVERDI, ROSSI u. a.
– *Il trionfo d'onore* (3. 6.), Idee FR. GONZAGA, Text STRIGGIO, Musik GAGLIANO.
– *Il ballo delle ingrate* (4. 6.), Opernballett, Text RINUCCINI, Musik MONTEVERDI.
– *Il sacrificio d'Ifigenia* (5. 6.), Text STRIGGIO jun., Musik GAGLIANO.

Monteverdi ist ab 1613 in **Venedig** Kapellmeister von San Marco. Er schreibt neben seiner Kirchenmusik Opern und Ballette in Adelsauftrag für Venedig und andere Städte (vieles für Manuta, fast alles ist verloren). Für die ersten öffentl. Opernhäuser in Venedig (ab 1637) entstehen die 3 späten Opern *Le nozze d'Enea con Lavinia* (1641, verloren), *Il ritorno d'Ulisse in patria* (1640) und *L'incoronazione di Poppea* (1642). Zur letzteren:

Nero liebt Poppea, die Gattin des Prätors Ottone, und will sich von Kaiserin Ottavia trennen. Seinen warnenden Erzieher Seneca zwingt er zum Gifttrunk. Ottone und dessen Freundin Drusilla versuchen auf Ottavias Rat, Poppea zu ermorden, und werden verbannt. Nero verläßt Ottavia und krönt Poppea zur Kaiserin.

MONTEVERDI charakterisiert Personen und Szenen sehr stark: Nero brutal und in virtuoser Geste (Kastratenstimme), Ottone weichlich (ebenfalls Kastrat), Seneca würdig, weise (Baß, typisch, noch Sarastro in MOZARTS *Zauberflöte* ist Baß). Neben Rezitativen, Ariosi und Arien stehen nur 3 Sinfonien.

Typ. Szenen tauchen auch hier auf, so die *Schlummerszene:* wiegender Rhythmus, langsames Tempo, tiefe Lage zeichnen Ruhe und Geborgenheit für Poppeas Schlaf, den die Amme Arnalta bewacht (Abb. A).

Zum **Venezianischen Opernstil** gehören *Secco-Rezitative* in allen Schattierungen, lyr. und dramat. *Accompagnato-Rezitative* und *Ariosi, Arien* versch. Art: mit Cembalobegleitung (variabel für Interpolation und Improvisation), mit Orchesterbegleitung, oft mit konzertierenden Instr., gern auch mit rein musikal. Strukturen wie dem *Basso ostinato*. **Chor** und **Ballett** fehlten fast ganz (Kostenfrage), sie wurden notfalls von Statisten dargestellt. Das **Orchester** blieb relativ klein, mit Streichern als Grundlage, dazu wechselnde Bläserbesetzung. Es gab meist 2 Cembali (S. 82, Abb. E), eines zur Begleitung der Rezitative (Gb.), das andere für den Kapellmeister, der oft direkt vor die Bühne die Sänger dirigierte (Rücken zum Orchester, 1. Geiger führte).

Die **Stoffe**, mythologisch, historisch, stets heldisch, gestalteten die Opern als dramat., maler. und bewegtes Bühnengeschehen.

Das **Libretto**, ebenso wichtig wie die Musik, wurde meist gedruckt und zum Abend verkauft, mit Kerzen zum Lesen. Die typ. Merkmale zeigt CAVALLIS *Giasone*:

Jason verläßt seine Gattin Issifile und wendet sich Medea zu. Apollo steht auf Medeas, Amor auf Issifiles Seite. König Egeus wirbt um Medea, Orest hilft Issifile, die um Jason kämpft. Die Diener spiegeln das Geschehen teils im Komischen *(parti buffe)*. Zu Medeas Reich gehören Geister der Unterwelt. Jason findet zu Issifile zurück.

Den Schichten der Personen entsprechen *bestimmte Stile* in der Musik (Abb. B). Der kunstvolle *Koloratur-* und *Belcantogesang* bleibt den Göttern und dem Adel vorbehalten, *Ariosi* und *Lieder* den übrigen. Das **Rezitativ** charakterisiert die Personen (fast leitmotivisch) durch wechselnde Gb.-Instrumente. So kann Jason (hoher Kontratenor, Kastrat) stets von Laute und Theorbe begleitet werden, Medea stets von der Harfe, Issifile von der Orgel (ein kleines Positiv), die übrigen vom Cembalo. Solche *Aufführungspraxis* wird selten notiert.

Die **Arien** haben als Begleitung einen *2–3st. Satz,* dessen Instrumentation der Komponist in der Regel offen läßt. Daher richtet der Kapellmeister die Begleitung für jede Inszenierung nach Gegebenheiten, Geschmack usw. ein. Ebenso verfährt er mit dem *3–5st.* Satz der **Sinfonien** und **Ritornelle.**

Der Baß wird von tiefen Streichern (Violonen, Gamben) und Fagotten ausgeführt, die Mittelstimmen von Violen, Violinen und Posaunen, die Oberstimmen von Violinen, Zinken, Flöten und Schalmeien. Die Verteilung der Stimmen im einzelnen ist Sache des Kapellmeisters. Ein Kopist schrieb die Stimmen für die Aufführung aus der Partitur ab *(Aufführungsmaterial).* Auch heute muß eine alte Opernpartitur vom Kapellmeister eingerichtet werden, mit der zusätzl. Entscheidung, ob er histor. oder moderne Instrumente verwenden will (Abb. B).

Medeas Furienbeschwörung zeigt den einfachen Begleitsatz, darüber die ihrem starken Affekt entsprechend bewegte Singstimme; man sieht noch den Übergang in eine rezitativ. Partie mit Taktwechsel und Liegeklängen, in die hinein die Singstimme den Textrhythmus und -gehalt klar zum Ausdruck bringt (Nb. B).

Dramatik bleibt nicht auf das Rezitativ beschränkt. Sie geht auch in die Arien, Duette und Ensembles ein.

Das gilt auch für den **komischen Bereich,** wie die Stotterszene Demo – Orest zeigt: das aufgeregte Hin und Her der beiden, begleitet von entsprechender Gestik auf der Bühne, erscheint in strenger tonl. und rhythm. Stilisierung (Nb.). Buffoneskes hat in der Venezian. Oper seit je seinen Platz.

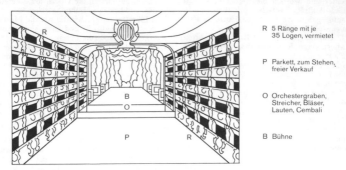

R 5 Ränge mit je
   35 Logen, vermietet

P Parkett, zum Stehen,
   freier Verkauf

O Orchestergraben,
   Streicher, Bläser,
   Lauten, Cembali

B Bühne

A **Venedig, Teatro Grimani,** erbaut 1678, nach Stich Corinellis

L'al - ma   fi - ac - ca sva - ni,   la vi - ta, ohi - mè,   spi - ro,

B **F. Cavalli, La Didone,** 1641, Klage der Cassandra (Lamento-Baß)

Largo

Men.: Lascia-te mi,   las - cia - te mi mo-rir   stel - le cru - de - li!

Orch.

C **F. Provenzale, Il schiavo di sua moglie,**
   1672, Arie der Menalippa (Ausschnitt)

☐ Belcanto-Stil (unverziert)

☐ Basso ostinato (12 mal)

Allegro

D **C. F. Pollarolo, Il Faramondo,** 1699, heroischer Stil (Unisono, Sprünge, Tremolo)

☐ Oratorienzeit
☐ Opernsaison
☐ Sommerpause

Advent 26.(a) Fasten Oster-montag(b) 15.6. (c)

12. 1. 2. 3. 4. 5. 6. 7. 8. 9. 10. 11.

E **Spielzeiten,** Carnevale S. Stefano (a), Stagione di Ascensione (b), Herbst (c)

Opernhaus, Stagione, Stiltypen

Die frühe Oper kennt best. Szenen- und Arientypen, z.B. das *Lamento* (S. 110).

Dem *Lamento* der Cassandra von CAVALLI liegt ein ostinater Baß, der chromatisch abfallende Quartgang *(Lamento-Baß)*, zugrunde, als Figur *passus duriusculus* genannt, ein harter und *unnatürl. Gang einer Stimme gegen sich selbst* (CHR. BERNHARD), Ausdruck von Schmerz und Leid. Darüber erhebt sich, dem Textrhythmus folgend und von Seufzerpausen *(suspirationes)* unterbrochen, der Gesang (Nb. B).

In Venedig eröffneten 1637 die beiden Römer FERRARI und MANELLI mit dem *Teatro S. Cassiano* das erste **öffentliche Opernhaus,** ein selbsttragendes Unternehmen (zur Eröffnung: MANELLIS Oper *Andromeda*). Weitere Opernhäuser folgten, u.a. das große *Teatro Grimani a S. Giovanni Grisostomo* (1678). Es zeigt die typ. Anlage (Abb. A):

– Die **Logen** wurden an Adlige und reiche Bürgerfamilien verpachtet.
– Das **Parkett** war zunächst unbestuhlt, frei auch für Turniere und Umzüge. Die Plätze konnte jedermann kaufen. Als dann Stühle gestellt wurden, blieben die hinteren Reihen als *Stehparkett* frei. Der Adel saß auf Podien im Parkett, später (18. Jh.) in der Mitte des 1. Ranges *(Hofloge)*.
– Der **Orchestergraben** blieb lange unversenkt, im allg. auch recht klein, bes. in Venedig (vgl. dagegen S. 82).
– Das **Proszenium** (Bühnenrahmen) imitierte das antike Theater. Es wurde prunkvoll und mit Adelswappen geschmückt.
– Die **Bühne** verlängerte den Zuschauerraum, die beide hell erleuchtet wurden (als *ein Raum)*. Die **Guckkastenbühne** kommt erst später (19. Jh.).

Die Größe der Opernhäuser richtete sich nach der Größe des Hofstaates (einschl. Diener; in Versailles lebten zeitweise viele tausend Adlige), bzw. im bürgerl. Bereich nach kommerziellen Gesichtspunkten. Das *Teatro Grimani* hatte etwa 1000 Plätze (Abb. A).

In Venedig gab es 6–8, im 18. Jh. sogar bis zu 16 Opernhäuser gleichzeitig, die darüber neue Opern aufführten. Das erklärt die große Zahl der Opern, ihren Hang zur Typisierung, belegt aber auch zugleich den großen Anklang, den diese Gattung fand. Sie war unterhaltend, aber auch belehrend und rührend (antike Theateridee) mit ihren barocken Geisterszenen, Zaubereien, Verwandlungen usw.

Die Oper spielte nur zu best. **Spielzeiten** *(stagione):* im Karneval (Hauptspielzeit), von Ostern bis zur Sommerpause, im Herbst bis zum Advent. Keine Opern gab es in der Passions- und der Adventszeit, dafür Oratorien.

Venedig führte im 17. Jh. in der Gattung Oper. Venezian. Opern spielte man in vielen Städten Italiens und ganz Europas. Dazu holte man, wenn möglich, ital. Kapellmeister, Sänger und Instrumentalisten. Zu den bedeu-

tendsten Vertretern der **Venezianischen Oper** gehören außer MONTEVERDI:

PIER FRANCESCO CALETTI-BRUNI, gen. CAVALLI (1602–76), aus Crema, Kapellsänger, Organist und Kapellmeister (ab 1668) an S. Marco; schrieb 42 Opern, darunter *Giasone* (1649) und zur Hochzeit LUDWIGS XIV. *Ercole amante* (Paris 1662).

ANTONIO CESTI (1623–69) aus Arezzo, ab 1652 in Innsbruck, ab 1666 Vizekapellmeister in Wien; Opern u.a. *L'Orontea* (Venedig 1649), *Argia* (Innsbruck 1655), *Dori* (Florenz 1661), *Il pomo d'oro* (Wien 1668, zur Hochzeit LEOPOLDS I.).

Ferner: SACRATI, ZIANI, LEGRENZI, PALLAVICINO, POLLAROLO (um 1653–1722).

Gegen Ende des 17. Jh. öffnet sich Venedig mehr und mehr dem Einfluß von außen. Die *Französische Ouvertüre* ist beliebt, das *Secco-Rezitativ* und die *Da-Capo-Arie* werden selbstverständlich. Auch geht die Typisierung der Affektdarstellung weiter wie in der Neapolitan. Opernschule bzw. der ital. Oper des 18. Jh. überhaupt.

Eine typ. held. Geste zeigt die Arie des Faramondo von POLLAROLO: fanfarenartige Quartsprünge, rauschendes Tremolo, große Linie (Nb. D).

Rom griff anfangs die Florentin. Oper auf, z.T. mit den gleichen Komponisten (BARDI, CAVALIERI). In Rom entwickelte sich eigenständig die *geistliche Oper,* das *Oratorium* und später die *Opera buffa*. Komponisten:

STEFANO LANDI (1586/87–1639), *La morte d'Orfeo* (1619), *Sant'Alessio* (1632).

DOMENICO MAZZOCCHI (1592–1665), *La catena d'Adone* (1626, Vorwort: das zu trockene Rezitativ langweile).

ALESSANDRO STRADELLA (1644–82), s. S. 323; Opern u.a. *La forza dell'amor paterno* (Genua 1678), *La rosaura* (Rom 1688).

Weitere Komponisten: A. AGAZZARI, M. MARAZZOLI, M. ROSSI, L. VITTORI.

Die Libretti der *Opera buffa* in Rom stammen vom Kardinal GIULIO ROSPIGLIOSI: *Chi soffre speri* (1639; Musik V. MAZZOCCHI, MARAZZOLI), *Dal male il bene* (1653; Musik ABBATINI, MARAZZOLI). Ab 1652 gibt es ein öffentl. Opernhaus. Man liebt größere Ausstattung, starke Chöre, große Orch.

Neapel: Die sog. **Neapolitanische Opernschule** wird im 18. Jh. tonangebend. Die Verbindungen nach Rom sind eng.

Neapel liebt einen reich und sorgfältig ausgestalteten Orchesterpart. Früher Komponist:

FRANCESCO PROVENZALE (um 1626–1704), ab 1686 Dom-Kpm.

Die Arie der Menalippa (1672) zeigt die klare Disposition und primär musikal. Gestaltungsweise in Anlage und Motivik *(Basso ostinato aus 3 Gliedern, von d nach a abfolgend)*, wobei sich der Text gut einfügt. Der Gesang wird verziert (Nb. C).

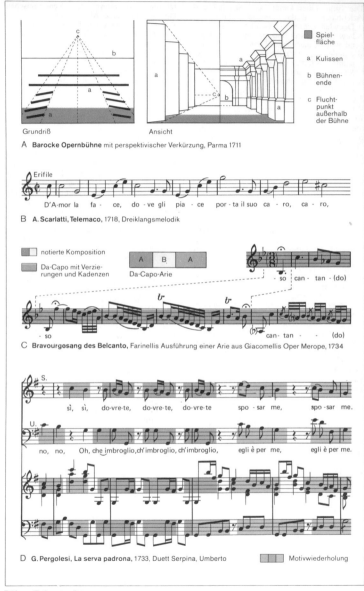

A Barocke Opernbühne mit perspektivischer Verkürzung, Parma 1711

Grundriß   Ansicht

Spiel-fläche

a Kulissen

b Bühnen-ende

c Flucht-punkt außerhalb der Bühne

Erifile

D'A-mor la fa - ce, do - ve gli pia - ce por - ta il suo ca - ro, ca - ro,

B A. Scarlatti, Telemaco, 1718, Dreiklangsmelodik

notierte Komposition

Da-Capo mit Verzie-rungen und Kadenzen

Da-Capo-Arie

A B A

- so can - tan - (do)

- so can - tan - (do)

C Bravourgesang des Belcanto, Farinellis Ausführung einer Arie aus Giacomellis Oper Merope, 1734

S.

sì, sì, do-vre-te, do-vre-te, do-vre-te spo - sar me, spo - sar me.

U.

no, no, Oh, che imbroglio, ch'imbroglio, ch'imbroglio, egli è per me, egli è per me.

D G. Pergolesi, La serva padrona, 1733, Duett Serpina, Umberto   Motivwiederholung

Bühne, Belcanto, Intermezzo

Die barocke **Opernbühne** spiegelt einen großen Raum vor durch Verlegung des perspektiv. Blickpunkts weit hinter die Bühne und entsprechende Bemalung der Seiten- und Schlußkulisse (SERLIO, um 1600). Die Zusammenstellung *antiker* (Tempel, Säulen) und *barocker* Elemente (Hafen, Segelschiffe) schuf eine dem Stoff der Oper gemäße *stilisierte* Kunstwelt. *Zentralperspektive* (S. 312) und *Winkelperspektive*, bei der die im Winkel stehenden Kulissen Seitenräume vortäuschen, werden auch miteinander kombiniert (Abb. A). Als Spielfläche eignete sich wegen der Größenverhältnisse nur der Raum an der vorderen Rampe.

Man liebte ein möglichst bewegtes **Bühnengeschehen:** Flugmaschinen, schwebende Wolken (mit Sängern darin), Meereswogen, Nebel, Dampf, Feuer usw. Die Barockoper hatte meist 3 Akte mit 12–16 wiederverwendbaren Dekorationen (**Szenentypen**):

Straße, Platz, Fluß, Hafen, Wolken, Garten, Grotten, Treppen, Turm, Kerker, Hof, Saal, Theater im Theater, Zimmer (in Venedig beliebt: Schlafzimmer mit Bett und Spiegel).

Kostüme. Die Sänger erschienen *zeitgenössisch* gekleidet, festlich, modisch, seltener stilisiert historisch. Daneben *Phantasiekostüme* für Fabelwesen, Geister, Tiere usw.

Sänger. Die Hauptsänger (*primo uomo, prima donna*) hatten Anspruch auf mindestens 2-3 Arien je Oper, in denen sie ihre Kunst zeigen konnten. Das Kastratenwesen kam aus Spanien (maurisch), zuerst in die Kirchenmusik, dann in die Oper. Die Kastraten verbanden die Reinheit der Knabenstimme (*voci bianche*) mit der Kraft des Erwachsenen. Sie sangen die Heldenpartien, auch Frauenrollen, und galten als Stars.

Stilideal ist der **Belcanto**, der ital. *schöne Gesang* voll Ausdruck, Virtuosität und Gesangskultur. Ihm entsprach der anspruchsvolle und hohe Stil der Da-Capo-Arie. Im Da-Capo (dem Wiederholungsteil) konnte der Sänger mit improvisierten Verzierungen, Koloraturen (*passi*, Gänge) und kadenzartigen Erweiterungen glänzen (selten notiert, Nb. C von FARINELLI, dem berühmten Kastraten).

Im 18. Jh. führt die *ital. Oper*, die man im 19. Jh. etwas speziell die **Neapolitanische Oper** nannte. Zentren sind Neapel, Rom, Turin, Mailand, Venedig, ferner Wien, Dresden (HASSE), Hamburg, London (HÄNDEL).

Opera seria
Die Musik steht bei dieser *ernsten* Gesangsoper im Vordergrund, bes. in den vielen Arien (oft mit konzertierenden Instr.), die die Handlung unterbrechen und bestimmte Affekte ausdrücken. Die Handlung vollzieht sich im flüchtig komponierten Secco-Rezitativ. Daneben gibt es dramat. und lyr. Accompagnati, liedhafte Cavatinen, Ensembles und Chöre. Als Ouvertüre erklingt die *neapolitan.* Opernsinfonia, ohne Bezug zur Oper.

Um 1700 wird die ital. Oper einfacher, stilisierter (Einfluß des frz. Klassizismus, CORNEILLE, RACINE), weniger komische Szenen.
Librettisten:
APOSTOLO ZENO (1668–1750), Venedig, ab 1718 Wiener Hofpoet, 47 Opern- und 12 Oratorientexte, mit Formstrenge und Schematisierungshang.

PIETRO METASTASIO (1698–1782), Rom, ab 1717 Neapel, ab 1730 Wien (ZENOS Nachfolger), 57 Opernlibretti als Dichtung (*dramma per musica*), Typen statt Charaktere, Spiegel und Vorbild in höf. Konvention. Meist 6 Personen, darunter 2 Liebespaare, die durch Wirren von Pflicht und Neigung zur Klärung gelangen. Arientypen (anstelle des griech. Chores).

Komponisten:
ALESSANDRO SCARLATTI (1660–1725), Palermo, ab 1672 (?) Rom, Schüler CARISSIMIS, Kpm. der Königin CHRISTINE V. SCHWEDEN in Rom, ab 1684 Hof-Kpm. in Neapel, über 800 Kammerkantaten, 114 Opern, darunter *La Rosaura* (Rom 1690), *Griselda* (Rom 1721), *Il trionfo dell'onore* (musikal. Komödie, Neapel 1718), nicht bürgerl. gehobener Stil voll Klarheit und Pathos (s. Nb. B), konzertierende Instrumente (oft paarig); Hauptmeister der älteren Neapolitaner, den jüngeren zu gelehrt.

HÄNDEL (S. 320); L. VINCI (um 1690–1730); N. PORPORA (1686–1768); G. BONONCINI (1670–1747).

GIOVANNI BATTISTA PERGOLESI (1710–36), Neapel, Schüler VINCIS, DURANTES, KaM und KM (S. 328), 5 *Opere serie*, berühmte Intermezzi (Abb. D).

Zur jüngeren Generation zählen (s. auch S. 372ff.): N. JOMMELLI (1714–74); T. TRAËTTA (1727–79); F. DI MAJO (1732–70); HASSE (S. 321); GLUCK (S. 377).

Opera buffa
In der venezian. Oper gibt es ab etwa 1630 komische Szenen (angeregt vom span. Drama) mit plapperndem *Parlando*, derben Liedern und Parodien. Um 1700 schied sie ZENO aus der Opera seria aus, woraür sie (wie früher) im *Intermezzo* und in der *Commedia in musica* ihren Platz fanden. Die Figuren entstammen der *Commedia dell'arte*, die Stoffe dem bürgerl. Alltag, volkstümlich, sentimental und derb zugleich. Die Musik gibt sich einfach und natürlich: keine Kastraten, kein Belcanto, dafür Lieder, Cavatinen, Ensembles und viel Seria-Parodie.

PERGOLESIS Intermezzo *La serva padrona* (1733) wurde ein großer Erfolg (auch Streitobjekt, Paris 1752). An der kurzatmigen Motivik, ihren Wiederholungen und Kontrasten erkennt man Dialogcharakter, Klarheit, Schlagkraft, Spritzigkeit und einen neuen geselligen Schwung. Das Stück trug viel zur Stilbildung der *Opera buffa* (und der Klassik) bei.

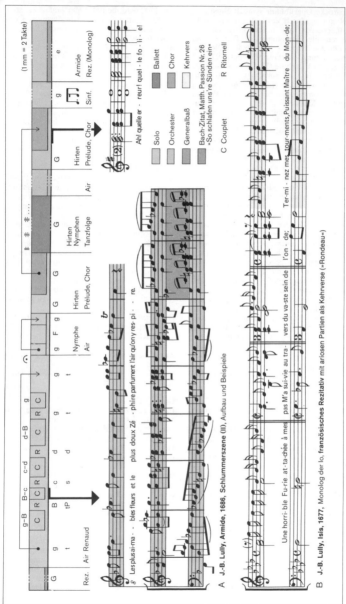

(1 mm = 2 Takte)

Ballett · **Chor** · **Kehrvers**

Solo · **Orchester** · **Generalbaß** · Bach-Zitat, Matth. Passion Nr. 26 »So schlafen uns're Sünden ein«

C Couplet   R Ritornell

A J.-B. Lully, Armide, 1686, Schlummerszene (II), Aufbau und Beispiele

Les plus ai-ma-bles fleurs et le plus doux Zé-phire parfument l'air qu'on y res-pi-re.

Ah! quelle er-reur! quelle fo-li-e!

B J.-B. Lully, Isis, 1677, Monolog der Io, französisches Rezitativ mit ariosen Partien als Kehrverse (»Rondeau«)

Une horri-ble Fu-rie at-ta-chée à mes pas M'a sui-vie au tra-vers du va-ste sein de l'on-de; Ter-mi-nez mes tour-ments, Puissant Maître du Mon-de;

Szenenaufbau, französisches Rezitativ

Auch in Frankreich versuchte man gegen Ende des 16. Jh., nach dem Vorbild des antiken Theaters eine neue Gattung zu schaffen, an der alle Künste teilnahmen: Dichtung, Musik, Tanz, Architektur, Malerei, Kostüm. Der Dichter J.-A. BAÏF und der Musiker T. DE COURVILLE gründeten 1570 nach antikem Vorbild die *Académie de Poésie et de Musique* in Paris. Als Gemeinschaftsprodukt folgte in der neuen Gattung des **Ballet de cour** das *Balet comique de la Royne* (1581).

Im **Ballet de cour** (S. 356, Abb. B) finden sich Handlung nach dichter. Ideen, Tänze, reiche Kostüme, Dekorationen und Musik: *Chants* (4–5st. Chöre), *Récits* (Sologesänge, strophisch oder madrigalesk, Vorläufer von Air und Rezitativ) und *Instrumentalmusik* (Orchesterbegleitung, Tänze). Der Stoff entstammt der Mythologie, vieles ist allegorisch. Zuerst fast ohne Berufstänzer laienhaft vom Hofstaat selbst getanzt (in Nachfolge der Aufzüge und Maskeraden der Renaissance), entwickeln später Berufstänzer das qualitativ hochstehende frz. Ballett, das Charakteristikum der frz. Oper bleibt.

Comédie-ballet (Ballettkomödie): buffoneskes Gegenstück zum ernsten Hofballett, entstand als Gattung des Theaters, als MOLIÈRE mit LULLY 1664 *La princesse d'Élide* herausbrachte. Grundlage ist die gesprochene Komödie, in die Ballette aufgenommen wurden, dazu Sologesänge (Rez., Airs) und Ensembles (Beispiel: *Le bourgeois gentilhomme*, 1670). Je weniger Musik, desto mehr wurde (nach MOLIÈRES Tod 1673) das Comédie-ballet zur übl. Komödie mit Tänzen und Chansons.

Pastorale. Die ital. Oper versuchte auch in Paris Fuß zu fassen. Es gab eine Reihe von Aufführungen ital. Opern am frz. Hofe, stets mit aufwendigerer Besetzung als in Italien, also mit stärkeren Orchestern, Chören und mit zusätzl. Balletten, so SACRATI, *La finta pazza* (1645), CAVALLI, *Egisto* (1646), ROSSI, *Orfeo* (1647), CAVALLI, *Ercole amante* (1662, zur Hochzeit LUDWIGS XIV.). Unter diesem ital. Einfluß entsteht die frz. Pastorale, zuerst von CAMBERT, *Pastorale d'Issy* (1659) und *Pomone* (1671), Text von PERRIN zur Eröffnung des ersten eigenen Opernbetriebes. PERRIN ging 1672 pleite. Als Nachfolge gründete LULLY 1672 die *Académie Royale de Musique*, Eröffnung mit *Les fêtes de l'Amour et de Bacchus* (Text QUINAULT). Die Pastorale führt dann ein Randdasein bis zu ROUSSEAUS *Le devin du village* (1752).

Tragédie lyrique, auch *Tragédie en musique*, in Wechselwirkung zur klassizist. Tragödie von CORNEILLE (1606–84), QUINAULT (1635–88) und RACINE (1639–99) und Nachahmung der antiken Tragödie, hat 5 Akte, Alexandriner und 5füßige Jamben; Stoffe aus Mythologie, Sage und histor. Heldentum. Zentral ist das pathet. Rezitativ der Tragödie, das die Musik nachzeichnet.

Die Gattung wurde von QUINAULT und LULLY ausgebildet, zuerst mit *Cadmus et Hermione* (1673), dann u. a. *Alceste* (1674), *Thésée* (1675), *Persée* (1682), *Armide* (1686, Abb. A). LULLY verwendet:
- **frz. Ouvertüre** (S. 136);
- **Prolog** (mit Königslob);
- **frz. Rezitativ,** ausgearbeitet, dem Text folgend, daher mit vielen Taktwechseln, aber auch mit refrainartig wiederkehrender Melodik (Abb. A);
- **frz. Air,** liedhaft, oft mit Refrains nach den Strophen, bei syllab. Melodik (ohne ital. Koloraturen, s. Air des Renaud, Abb. A);
- **Ensembles**;
- **Chöre** (oft 3st., s. Abb. A);
- **Ballettmusik** (Tänze), Orchestersatz 5st. ausgearbeitet (S. 354, Abb. B);
- **Instrumentalstücke** programmat. Art.

Die *Szenen* sind typisiert (Gewitter, Schlummer usw.). Sie werden komponiert als vielgliedrige Gebilde mit Rezitativen, Airs, Tänzen, Chören, Sinfonien, alles proportional wohl auf einander abgestimmt (Abb. A).

Mit der Tragédie lyrique entstand eine frz. Nationaloper, gegen die die Anhänger der ital. Oper in Paris eine Minderheit bildeten.

JEAN-BAPTISTE LULLY (1632–87), aus Florenz, ab 1646 in Paris, Geiger, ab 1653 Hofkomponist (*24 Violons du Roi*, S. 65, 355), prägte frz. Stil in Oper, Ballett, Suite, beeinflußte ganz Europa; starb an seinem Dirigentenstab (Fußverletzung).

A. CAMPRA (1660–1744); A. DESTOUCHES (1672–1749).

Opéra-ballet, entstand durch Verselbständigung der sog. Divertissements (Ballett- und Musikeinlagen in Schauspiele) gegen Ende des 17. Jh., als man 2 bis 3 dieser *Divertissements* (als 2 bis 3 Akte) mit jeweils unabhängiger oder nur lose verbundener Thematik zu einer abendfüllenden Unterhaltung komponierte. Sie bestehen aus Ballettszenen (Prolog, Entrées), Arien, Chören usw., schildern festlich und farbig ihre Sujets und bedeuten den *Durchbruch des Rokokogeschmacks durch das feierliche Pathos des Lullyschen Barocks* (BÜCKEN). Das Opéra-ballet bestand neben der Tragédie lyrique bis in die Mitte des 18 Jh. Frühe Beispiele: CAMPRA, *L'Europe galante* (1697); *Les muses* (1703), *Les fêtes vénitiennes* (1710); später DELALANDE und DESTOUCHES, *Les éléments* (1721); bes. RAMEAU, *Les Indes galantes* (1735).

JEAN-PHILIPPE RAMEAU (1683–1764), Dijon, ab 1722 Paris; *Pièces de clavecin* (1724), *Hippolyte et Aricie* (Tragédie lyr., 1733); *Traité de l'harmonie* (1722), *Démonstration du principe de l'harmonie* (1750).

Opéra comique, hat ihre Zeit ab 1752, geht aber zurück ins 17. Jh. auf die Pariser **Vorstadtkomödie** mit ihren *Vaudevilles* (*voix de villes*, Gassenhauer, daher *comédie en vaudeville*) und auf die kunstvollere **Komödie** mit Chansons (*comédie mêlée d'ariettes*).

Thy hand, Belinda; dark - - ness shades me: On thy bosom let me rest: More I

Song: When I am laid, am laid in earth, may my wrongs cre-ate no trouble,

V. I/II
Va./Vc.

Ground: chromatischer Quartfall
(Lamento) u. Kadenz, 9 x (Chaconne)

A H. Purcell, **Dido and Aeneas**, 1689, Rezitativ und Arie der Dido

Solo
Orchester

Largo

La - scia ch'io pian - ga mia cru - da sor - te,

Aufbau der Arie
a | b | b | a | b | c | d | d   D.C.

B G. F. Händel, **Rinaldo**, 1711, Arie der Almirena
mit orig. Verzierungen der Isabella Girardeau

a, b.. Versfolge   musikalische Thematik

Oh, ponder well! be not se-vere, so save a wretch-ed wife! For on the rope that

hangs my Dear, de-pends poor Pol - ly's life.

C Gay/Pepusch,
The Beggar's Opera,
London 1728,
Lied der Polly

Englische und italienische Oper, Ballad Opera

Frühe, eigenständige engl. Bühnengattung mit Musik ist die **Masque**, höf. Maskenspiel des 16./17. Jh., auf Umzüge und Maskenspiele der europ. Renaissance zurückgehend. Sie erreichte ihren Höhepunkt im 17. Jh. mit BEN JONSON als Dichter und INIGO JONES als Bühnenarchitekten. Ihr Aufbau:

Dem *Prolog* folgte der *Aufzug* der maskierten Darsteller (*Masquers,* adlige Laien), dann das *Hauptstück* mytholog. oder allegor. Inhalts mit Pantomimen, Tänzen, Dialogen, Airs (Lautenliedern), Chören (Madrigale). Den *Schluß* bildete ein Ball *(main dance)* aller Anwesenden und die Demaskierung.

JONSON fügte 1609 in der *Masque of Queens* eine parodist. **Antimasque** ein (mit Berufsschauspielern). Um 1620 wurde auch das ital. Rezitativ aufgenommen. Unter CROMWELLS kulturellen Restriktionen noch erlaubt, sank die Masque in der Zeit der Restauration nach dessen Tod (1658) gegenüber der Oper ab zu volkstüml. Unterhaltung, konnte aber auch noch als Intermedium erscheinen.

Die 1. durchkomponierte engl. **Oper** ist The *Siege of Rhodes* (London 1656), Text von W. DAVENANT, Musik ein Pasticcio von 5 Komponisten. Festlandeinfluß: ital. Rezitativ und Arie, frz. Ouvertüre, Chöre und Tänze. Doch bleibt die engl. Oper mehr Schauspiel mit Musik. Komponisten: M. LOCKE, G. B. DRAGHI, J. BANISTER, H. PURCELL u. a.

PURCELLS einzige ganz durchkomponierte Oper ist *Dido and Aeneas* (London 1689), die als bedeutendste engl. Oper des 17. Jh. gilt. In Prolog und 3 kurzen Akten schildert sie das Schicksal der verlassenen Dido.

Deren Klagegesang vor dem Tode zeigt PURCELLS innige und hohe Ausdruckskunst: Das Rezitativ in ermattend absinkender Bewegung, die Arie *(Song)* gebaut als Chaconne über dem Lamento-Baß (S. 313), voll schmerzl. Dissonanzen, aber mit einer leichtfüßig schlichten Melodik.

PURCELL schrieb 48 Schauspielmusiken und 5 Halbopern (*Semi-Operas,* Schauspiele mit viel Musik), so *King Arthur* (1691, DRYDEN), *The Fairy Queen* (1692, nach SHAKESPEARES *Sommernachtstraum*), *The Tempest* (um 1695, nach SHAKESPEARE).

HENRY PURCELL (1659–95), London, Hofkapellsänger, ab 1679 Organist an der *Westminster Abbey,* 1682 Organist der *Chapel Royal,* 1683 königl. Instr.-Aufseher; KM *(Anthems),* KaM (Triosonaten, Violenquai tette), Bühnenwerke; liedhafte Melodik, chromat., kühne Harmonik, verschmilzt alle Einflüsse zu eigenem Stil.

Die italienische Oper seria in England

Die ersten ital. Opern in London sangen Engländer und Italiener gemischt in engl. und ital. Sprache (ab ca. 1710). Die ital. Oper blieb als Fremdelement der Oberschicht vielen Angriffen ausgesetzt und versank um

1740. Die ital. Opera seria, und damit die Barockoper überhaupt, erlebte durch HÄNDEL in England ihren Höhepunkt.

HÄNDEL begann am Haymarket Theatre mit *Rinaldo* (1711), ein farbiges Verwandlungs- und Schaustück um die Zauberin Armida. Es folgten *Il pastor fido* (1712), *Teseo, Silla* (1713), *Amadigi* (1715).

1719 wurde die **Royal Academy of Music** gegründet (als AG); wirtschaftl. Direktor war HEIDEGGER, der künstler. HÄNDEL. HÄNDEL engagierte Spitzenstars wie SENESINO (Kastrat), DURASTANTI (Sopran), FAUSTINA BORDONI-HASSE (Koloratur-S.).

Weitere HÄNDEL-Opern: *Radamisto* (1720), *Muzio Scevola* (1721, Pasticcio: 1. Akt AMADEI, 2. Akt BONONCINI, 3. Akt HÄNDEL), *Floridante* (1721), *Ottone, Flavio* (1723), *Giulio Cesare, Tamerlano* (1724), *Rodelinda* (1725), *Scipione, Alessandro* (1726), *Admeto, Riccardo I* (1727), *Siroe, Tolomeo* (1728).

Die *Royal Academy* endet 1728 (Einfluß der *Beggar's Opera,* s. u.). HÄNDEL und HEIDEGGER gründen eine neue Akademie. Opern: *Lotario* (1729), *Partenope* (1730), *Poro* (1731), *Ezio* (1732), *Sosarme* (1732), *Orlando* (1733), dann Ende der Akademie. Man gründet ein Gegenunternehmen mit ARRIGONI, BONONCINI und PORPORA. Unter Schwierigkeiten HÄNDELS *Arianna* (1734), *Il pastor fido* (1734, Urfass. 1712); dann selbständig im Covent Garden Theatre: *Ariodante, Alcina* (1735), *Atalanta* (1736), *Arminio, Giustino, Berenice* (1737). Aufgabe wegen Schlaganfall; dann für HEIDEGGERS King's Theatre: *Faramondo* und *Serse* (1738). Selbständig weiter: *Giove in Argo* (1739), *Imeneo* (1740), *Deidamia* (1741, letzte Oper).

HÄNDEL übertraf die ital. Komponisten an Kraft und Größe der harmon. und melod. Erfindung, mit schlichter, weiträumiger Führung, großer Geste, Innigkeit und Ausdruck (Abb. B). Über die Folge von Rezitativ und Arie hinaus gestaltete HÄNDEL dramat. Szenen mit Accompagnati, Ensembles, Chören.

Die Ballad Opera,

mit Dialogen und volkstüml. Melodien *(ballad tunes),* entstand schon im 17. Jh., eine Art Singspiel, aber voller Burleske, Ironie und Parodie. 1728 kam in London die *Beggar's Opera* (Bettleroper) heraus, Texte von JOHN GAY, Musik von J. CHR. PEPUSCH, der eine Ouvertüre schrieb und bekannte Melodien (aber auch den Marsch aus HÄNDELS *Rinaldo*) mit Gb.-Begleitung versah. Eine solche volksliedhaft einfache Melodie ist auch das Lied der Polly (Abb. C). Die Handlung spielt unter Bettlern, Huren und Straßenräubern (späte Bearbeitung: BRECHT/WEILLS *Dreigroschenoper*). Sie übte Kritik an der Gesellschaft, hatte großen Erfolg, bewirkte u. a. den ersten Konkurs der ital. Oper in England (s. o.).

Düstere Wolken, düstere Wolken

Das heißt mit den Eulen beizen, laufen

B.c.

A S. T. Staden, Seelewig, Nürnberg 1644, Gewitterszene, Rezitativ und Nymphenchor

Komm! ach komm! du süßer Tod, o du Port und Ziel der Not! die mich jetzt so plagt

B.c.

B J. Theile, Orontes, Hamburg 1678, Arie der Dorisbe

Fl.

Sopr.

Das schallende Waldhorn ermuntert die Brust und locket mein Herze zu

Ob., V., Hr.

B.c.

Da-Capo-Arie
in konzertanter
Triosonatenfaktur

T.7   35

Fine   D.C.

C R. Keiser, L'inganno fedele,
Hamburg 1714, Arie der Silvamire

Flöte
Sopran
Generalbaß

V. I, II   2 Fl.

Va.

Liebliche Wälder, schattige Felder   kühlet des Herzens unnennbare Pein

D G. F. Händel, Almira, Hamburg 1705, Arie des Fernando

Staden; Hamburger Oper

Im deutschsprachigen Raum kannte man das **Schuldrama** der Renaissance mit Liedern und Chören, mehr lehrreich als erbaulich. Die neue Gattung **Oper** übernahm man aus Italien.

H. SCHÜTZ komponierte 1627 zur Fürstenhochzeit in Torgau RINUCCINIS *Dafne* in der Übersetzung von M. OPITZ (Musik verloren). Die erste erhaltene deutschsprachige Oper ist *Seelewig* (Nürnberg 1644), Text von G. PH. HARSDÖRFFER, Musik von S. T. STADEN, ein *geistliches Waldgedicht* voller Moral und Allegorie nach Art der Schuldramen: eine gefährdete Seele findet zur Tugend. Die Figuren heißen überdeutlich *Trügewalt* (Waldgeist), *Künsteling, Reichimut* und *Ehrenlob* (Hirten), *Gewissulda* (Gewissen), *Herzigild* und *Sinnigulda* (Damen). STADEN komponiert durchweg Strophenlieder (*Arien* genannt); sein Rezitativ imitiert das ital. und deklamiert textgetreu (ausdrucksstarke Intervalle, dagegen schlichter Nymphenchor, Abb. A).

Bei den schlechten wirtschaftl. Situation in Deutschland während und infolge des 30-jährigen Krieges (1618–1648) konnte es zu keiner Blüte einer so aufwendigen Gattung wie der Oper kommen. Trotzdem pflegten zahlreiche Höfe die Oper als Unterhaltung und bei Festgelegenheiten (Hochzeit, Geburtstag), wobei neben ital. und frz. Opern auch deutsche erschienen, mit Dialogen, Liedern und Chören, ital. beeinflußtem Rezitativ, frz. Ouvertüre und Tänzen.

In allen wichtigeren Residenzen entstehen **Hoftheater**, meist in kleinem Rahmen; einzig in Hamburg ab 1678 gibt es ein öffentl. Opernhaus wie in Venedig (s. u.). Bedeutende Hoftheater und Komponisten:

Braunschweig, ab 1639 dt. Singspiele, ab 1680 auch ital. und frz. Opern. Komponisten: J. J. LÖWE, J. S. KUSSER, R. KEISER, G. C. SCHÜRMANN (1672/73–1751), J. A. HASSE, C. H. GRAUN (um 1704–59).

Hannover, mit Kapellmeister AGOSTINO STEFFANI (1654–1728) ab 1688, zur Eröffnung des Hoftheaters 1689 *Enrico Leone.* Auch HÄNDEL hielt sich kurz in Hannover auf (1710ff., s. S. 365). 1714 zog der Hof nach England.

Weißenfels, mit JOHANN PHILIPP KRIEGER (1649–1725), Jugendeindrücke HÄNDELS.

Dresden, ital. Opernzentrum mit G. A. BONTEMPI (um 1624–1705); C. PALLAVICINO (um 1630–88); N. A. STRUNGK (1640–1700); A. LOTTI (1666–1740), lebte 1717–1719 in Dresden; J. A. HASSE (1699–1783), ab 1731 in Dresden; Weltruf durch ital. Opern.

München, ab 1656, mit J. K. KERLL (1627–93), 1673–84 in Wien; ital. Opern auch durch A. STEFFANI und P. TORRI (um 1650–1737).

Durlach (Markgraf von Baden), Kapellmeister C. SCHWEIZELSPERG, *Die romanische Lucretia* (1715).

Wien, venezian. Einfluß, Bearbeitung und Neukomposition; ital. Komponisten schrieben für Wien oder waren dort tätig: CESTI, Hofkapellmeister 1666–68, *Il pomo d'oro* (1668); ANTONIO DRAGHI (1634/35–1700), Rimini, ab 1658 in Wien, ab 1669 Kapellmeister; 172 Opern und 43 Oratorien.

Im 18. Jh. bes. GIOVANNI BONONCINI (1670–1747), Bologna, Rom, 1698–1712 in Wien: *La fede publica* (1699), *L'Etearco* (Wien 1707, London 1711); F. B. CONTI (1681/82–1732), ab 1701 in Wien (Theorbist); ANTONIO CALDARA (1670–1736) Venedig, LEGRENZI-Schüler, Rom, ab 1715 in Wien, 80 Opern, viel KM; JOHANN JOSEPH FUX (1660–1741), 18 Opern, KM. Als Hofpoeten: ZENO und METASTASIO (S. 315).

In **Hamburg** eröffnete 1678 das erste deutsche »öffentliche und populäre« Opernhaus am Gänsemarkt. SCHÜTZ-Schüler JOHANN THEILE (1646–1724) schrieb zur Eröffnung die Oper *Adam und Eva* (verloren). Seine Musik zur Oper *Orontes* (1678) ist teilweise erhalten, u. a. ein Lamento der Dorisbe in liedhafter Melodik, syllabisch mit stark bewegtem Baß (Nb. B).

In Hamburg gab es zahlreiche Neukompositionen, aber auch Übersetzungen bzw. Bearbeitungen ital. und frz. Opern. Dabei wurden oft nur die Rezitative übersetzt oder neu komponiert, die Arien aber in der Originalsprache gesungen. Ihre Blütezeit erlebte die Hamburger Oper von 1686 bis etwa 1710; sie schloß 1738. Weitere Musiker:

JOHANN SIGISMUND KUSSER (1660–1727), 1695/96 Hamburg, LULLY-Schüler, frz. Einfluß (Orch.: *kurzer, feuriger Strich*).

REINHARD KEISER (1674–1739), ab 1697 Operndirektor in Hamburg, 77 Opern, konzertierende Instr., ausgearb. Orchestersatz (Abb. C), *angenehm singendes Wesen auch in der neuen ital. Singeart* (MATTHESON).

JOHANN MATTHESON (1681–1764), Schriften: *Das neueröffnete Orchestre,* 3 Bde. (1713–21), *Große Gb.-Schule* (1731), *Der vollkommene Kapellmeister* (1739), *Grundlage einer Ehrenpforte* (1740).

GEORG PHILIPP TELEMANN (1681–1767), ab 1721 in Hamburg, 45 Opern, darunter komische wie *Pimpinone* (1725), *Emma und Eginhard* (1728).

Der junge HÄNDEL wirkte 1703–06 an der Hamburger Oper (Geiger, ab 1704 Cembalist). Er schrieb hier seine ersten Opern: *Almira, Nero* (1705), *Florindo* und *Daphne* (1706). Nur *Almira* ist erhalten. Sie zeigt das für Hamburg typ. Stilgemisch: ital. Libretto in dt. Übersetzung mit (nach FEUSTKING) dt. Rezitative in ital. Manier, 45 dt. und 15 ital. Arien, frz. Ouvertüre und frz. Tänze, vielfarbiges Orchester frz. Art. Schon hier kraftvolle, klare Melodik, oft mit kunstvoll imitierenden Instrumenten (Abb. D).

C.: 1. A - ni - ma mia che pen - si, per - chè do - glio - sa sta - - i? - i?
1. See - le mein, was denkst du, wa - rum be - trü - best du dich? dich?
A.: 2. Vorrei riposo e pace . . . (Ich möchte Ruhe und Frieden . . .)

C.: 11. Terra, perchè mi tiri pur alla terra? (Erde, warum ziehst du mich zur Erde?)

A Dialog-Lauda »Anima e Corpo«, anonym 1577, strophischer Wechsel

A - ni - ma mia che pen - si, per - chè do - glio - sa sta - i?

B E. de' Cavalieri, La rappresentazione di anima e di corpo, 1600

Ter - ra, per - chè mi ti - ri pur al - la ter - ra?

Rez. Jephta

Gb.

et tu pa - ri - ter, heu fi - li - a me - a de - cep - ta es, de - cep - ta es.

3 S.
A.
T. Plo - ra - te fi - li - i Is - ra - el, plo - ra - te om - nes vir -

B. u. Gb.

C G. Carissimi, Jephte, 1645, Rezitativ und Chor

Concerto grosso
Concertino (2 V.)
Herodes
B.c.

1 2 3 4 5 6 7 Fine D.C.

1-7: Stimmkom-
binationen

verdoppelt
solistisch
Sologesang

Tuo - ne - rà

D A. Stradella, S. Giovanni Battista, 1676, Arie des Herodes

Anfänge, italienisches und lateinisches Oratorium

In Italien gab es im Geiste der Gegenreformation eine starke Frömmigkeitsbewegung, die sich über Messen und Nebengottesdienste hinaus einen eigenen nichtliturg. Raum schuf. Laien und Priester trafen sich im *Oratorio* (Betsaal, Kapelle) der Klöster und Kirchen, um geistl. Betrachtungen und Übungen abzuhalten *(esercizi spirituali)*. Vorbildlich wurden die Esercizi des hl. FILIPPO NERI ab 1558 im Oratorio des Klosters S. Girolamo della Carità und ab 1575 in dem von S. Maria in Vallicella als *Congregazione dei preti dell'oratorio* (Laienbrüderschaften, Philippiner).

Da man liturgisch ungebunden war, konnte man die Art dieser Treffen frei gestalten. Neben Gebeten, Predigten und Bibellesungen sang man geistl. Lieder: die 1- und mehrst.

Lauden *(Laudi spirituali;* kunstvoller von G. ANIMUCCIA, 4–8st., hierzu auch PALESTRINA, 5st. geistl. Madrigale, 2 Bde., 1581). Die Lauden waren lyrisch oder erzählend, aber auch *dialogisierend,* was an das geistl. Drama und an die dramat. Partien des späteren Oratoriums erinnert.

In einer solchen anonymen Dialog-Lauda von 1577 unterhalten sich *Anima* (Seele) und *Corpo* (Körper) über Tugend, Laster und das Ziel ihrer Existenz. Die Einfachheit in Melodik, 3st. Satz und Strophenbau weist auf Laien-Ausführung (Abb. A).

Das eigentl. **Oratorium** entsteht mit Übernahme der Monodie aus Kantate, Madrigal und Oper in die *Esercizi oratorii.* CAVALIERI, der in Florenz seine *Euridice* komponiert hatte, schreibt in Rom seine *Rappresentazione di anima e di corpo* (um 1600) mit dem gleichen Text der genannten Dialog-Lauda und mit monod. Rezitativen.

Der Vergleich zeigt die veränderte Melodik, die dem Rhythmus und der inneren Bewegung des Textes folgt und vom Gb. begleitet wird. Bildreich und ausdrucksstark klagt der Körper über seinen Tod und sein Hinabsinken ins Grab (Abb. B).

Der Titel deutet auf die alte Gattung der *Rappresentazione* des 15. Jh. hin. Monodie und (wahrscheinlich) szen. Aufführung machen es aber zu einer »geistlichen Oper«, wie später AGAZZARI, *Eumelio* (1606) und LANDI, *Il Sant' Alessio* (1634).

Die Monodie dringt auch in die *Dialoghi,* unmittelbare Vorläufer des Oratoriums, mit Stoff aus dem Alten Testament und einer erzählenden Partie *(Testo, Historicus),* mit dramat. Einwürfen. Neu sind Solostücke in *monodischem* Stil, dazu mehrst. Stücke für Soli und Chor in Motetten- und Madrigalmanier. Am bekanntesten ist die Sammlung von G. F. ANERIO, *Teatro armonico spirituale di Madrigali* (Rom 1619).

Der Begriff **Oratorium** taucht erst ab etwa 1640 auf. Man unterscheidet zwischen dem lat. *Oratorio latino* und dem ital. *Oratorio volgare.* CAVALIERIS *Rappresentazione* ist sachlich schon ein echtes Oratorio volgare.

Das Oratorio latino

Die Geschichte des lat. Oratoriums beschränkt sich im wesentlichen auf das 17. Jh. Textl. Grundlage bildet auch hier das Alte Testament, wird aber stark verändert und erhält freie dichter. Zusätze. Das Ganze ist wie das ital. Oratorium nicht liturgisch. Neben F. FOGGIA, B. GRAZIANI ist Hauptmeister

GIACOMO CARISSIMI (1605–74), Rom, ab 1626 Kpm. an S. Rufino, Assisi, ab 1629 Kapellmeister an S. Apollinare, Rom; Lehrbuch *Ars cantandi* (dt. 1689); 16 lat. Oratorien erhalten, geschrieben meist für das Oratorio von S. Marcello in Rom, wo sie während der Fastenzeit aufgeführt wurden. Die Anlage ist 3teilig, mit Predigt zwischen dem 2. und 3. Teil.

Der Erzähler-Part kann als Duett oder Chor motettisch komponiert sein, aber auch als monod. Rezitativ über Gb. wie in der Oper (Abb. C). Es gibt dramat. Soloeinwürfe. Die Chöre sind wichtige betrachtende oder dramat. Partien, erklingen bei CARISSIMI in breitangelegter Homophonie, den Text mitteilend (nicht in kunstreicher Polyphonie, s. Abb. C). Die meisten Oratorien CARISSIMIS behandeln Stoffe aus dem Alten Testament *(Jonas, Jephtha, Abraham* usw.), wenige aus dem Neuen *(Judicium extremum* u. a.). Der stilist. Einfluß CARISSIMIS war groß, das lat. Oratorium bleibt aber fast ganz auf Rom beschränkt. Ausnahme: CARISSIMI-Schüler M.-A. CHARPENTIER mit 24 lat. Oratorien.

Das Oratorio volgare

ist das verbreitetere, das auch geschichtlich weitergeht und sich parallel zur Oper mit zahlreichen Wechselwirkungen entwickelt. Außer in Rom (STRADELLA) erscheint es in Oberitalien, bes. in Bologna (COLONNA) und Modena (BONONCINI). Die Oratorien sind 2teilig, vermutl. die Predigt dazwischen.

ALESSANDRO STRADELLA (1644–82), Rom, in Genua ermordet; Sänger, Geiger, Komponist; ausdrucksvolle Melodik; KaM, KM, Opern (S. 313); Oratorien u. a. *S. Editta* (Rom 1665), *S. Giovanni Grisostomo, Susanna* (Modena 1681), berühmt *S. Giovanni Battista* (Rom 1675).

STRADELLA arbeitet den Orchesterpart weiter aus und führt sogar in die Arienbegleitung das konzertierende Stilprinzip des Concerto grosso *(Tutti)* und des Concertino *(Soli)* ein, wie die Da-Capo-Arie des Herodes zeigt: Der Sänger (Baß) wird begleitet vom Gb., vom Concertino (hier 2 Violinen) und dem Concerto grosso, und zwar in unterschiedl. Kombination: kunstreich und vielfarbig (Abb. D).

Weitere Komponisten sind im 17. Jh. MARAZZOLI, ROSSI, PASQUINI (Rom; Librettist: A. SPAGNA), DRAGHI in Wien, wo sich eine Sonderform des Oratoriums herausbildet: das **Santo-Sepolcro-Oratorium** für die Karwoche in den kaiserl. Familiengrüften.

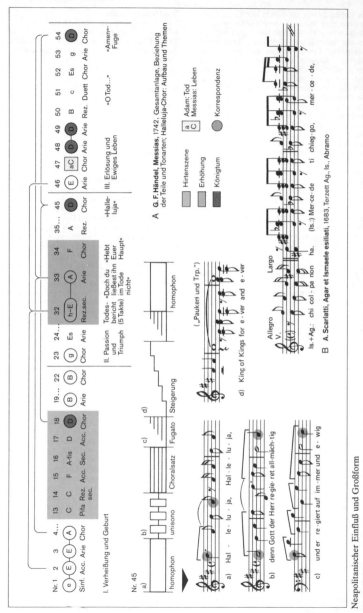

Neapolitanischer Einfluß und Großform

Das **Oratorium** will in barocker Darstellungsfreude Wirkungen der Musik auf die Zuhörer erreichen, sie emotional ansprechen und bewegen. Insofern hat auch die Kirche Interesse an der *neuen* Musik, die solche Wirkungen besser erzielt als die alte: modernes Rezitativ, Soloarie, konzertantes Madrigal.

Die Rezitative bleiben Bibeltexte; lyr. Betrachtung *(Accompagnati, Chöre)*, affektreiche Darstellung *(Arien, madrigalartige Chöre)* und betrachtende, lehrreiche Texte *(Accompagnati, Chöre)* treten hinzu.

Stets schafft die Musik dem Hörer des Oratoriums einen Raum, in dem sich seine emotionalen Kräfte im Sinne der *Esercizi spirituali*, der geistl. Übungen, entfalten können. Daher ist das Oratorium eine durchaus katholische Gattung, entspricht aber durch die textl. Auslegungsmöglichkeiten auch ganz dem evangelischen Geiste.

In Deutschland gibt es den Begriff *Oratorium* erst im 18. Jh., die Sache jedoch schon vorher als *Historia, Dialog, Akt*. Die *Collegia musica* (WECKMANN, Hamburg 1660) und die Lübecker *Abendmusiken* (TUNDER, BUXTEHUDE) führen solche Stücke auf. Die Auferstehungshistorie wurde z. B. vertont von SCANDELLUS (1568), ROSTHIUS (1598), SCHÜTZ (1623), dazu kannte man die Weihnachtshistorie (S. 333) u. a. Hierher gehören stilistisch auch die **Passionen** (S. 138).

Im 18. Jh. prägte den Neapolitan. Schule den Stil des Oratoriums. Wie in der Oper reduziert sich der Formenreichtum auf Secco-Rezitativ, Accompagnato, Da-Capo-Arie, Chöre, seltener Duette oder gar größere Ensembles. A. SCARLATTI, Schulhaupt der Neapolitaner, schrieb 15 Oratorien, bes. für Rom.

Abb. B zeigt eine kunstvolle Terzettstruktur aus der Frühzeit SCARLATTIS mit ausdrucksstarker Chromatik. Der pathopoet. Halbtonschritt a-b-a wird nicht nur von den Gesangsstimmen, sondern auch von den Instrumenten imitiert. Bei SCARLATTI erfaßt die Motivik im absolutmusikal. Sinne immer die ganze Struktur des Satzes.

Fast alle Opernkomponisten der Zeit schreiben auch Oratorien: VINCI, LEO, PERGOLESI, JOMMELLI, PORPORA, PADRE MARTINI (Bologna), HASSE (Dresden), CALDARA, FUX, LOTTI (Wien, mit den Librettisten ZENO und METASTASIO, der wie schon SPAGNA im 17. Jh. das Oratorium der Oper annähert: *»geistliche Oper«*), bes. aber HÄNDEL.

In Deutschland sind Bibelnachdichtungen mit freien Zusätzen beliebt. So MENANTES (Pseudonym für C. F. HUNOLD), *Der blutige und sterbende Jesus* (Hamburg 1704, Musik von KEISER) und H. BROCKES, *Der für die Sünde der Welt gemarterte und sterbende Jesus* (Hamburg 1712, Musik von KEISER, TELEMANN, HÄNDEL u. a.). Später wird auch *reiner Bibeltext* mit freien Einschüben als Oratorium komponiert und bezeichnet, z. B. BACHS *Weihnachtsoratorium.*

Händel schreibt in Italien unter A. SCARLATTIS und dem neapolitan. Einfluß die ital. Oratorien *Il trionfo del tempo e del disinganno* (Rom 1707, bearb. 1737, 1757) und *La resurrezione* (Rom 1708).

Nach seiner Opernzeit komponiert HÄNDEL in London **engl. Oratorien**, die den Höhepunkt des barocken Oratoriums überhaupt darstellen (insbes. der *Messias*). Sie wurden in England in ununterbrochener Tradition bis ins späte 19. Jh. aufgeführt. Der Erfolg beruhte natürlich auf der Qualität, aber auch auf dem aktuellen Gehalt der Oratorien (trotz ihres alttestamentl. Textes): den aufklärer. Ideen der Gerechtigkeit, Gedankenfreiheit und neuen Menschenwürde.

> *»Ich würde bedauern, wenn ich meine Zuhörer nur unterhalten hätte, ich wünschte, sie besser zu machen«* (HÄNDEL nach einer Messias-Aufführung).

HÄNDELS erstes *engl.* Oratorium ist *Esther* (1720, bearbeitet 1732), dann *Deborah, Athalia* (1773); *Il parnasso in festa* (1734, Musik aus *Athalia*); *Alexanderfest* (1736); *Il trionfo del tempo e della verità* (1737, Urfass. 1707); *Saul, Israel in Ägypten* (1739); *L'Allegro* (1740). Die Aufführungen fanden während der Fastenzeit im Haymarket Theatre statt, mit HÄNDELS Orgelimprovisationen und Konzerten zwischen den Akten (S. 361).

Der **Messias** (Dublin 1742, London 1743 und dann jährlich in der Westminster Abbey mit Riesenaufgebot an Chören und Orchester) ist anders als die Opern für ein breites Publikum geschrieben. Nur 16 Arien stehen 19 große Chöre gegenüber. Diese Chöre verbinden in ihrer Klangpracht engl. Chortradition (PURCELL), frz. Pathos, dt. Kontrapunkt und Tiefe. So ist das bekannte *Halleluja* vielgestaltig im Aufbau, abwechslungsreich, aber doch leicht faßbar; seine Themen zeigen klare Deklamation, teilweise symmetr. Bau und alle kraftvolle Melodieführung (Quarte als Rufintervall). – Der *Messias* ist, wie alle Oratorien HÄNDELS, 3teilig. HÄNDEL deutet den Messias im Sinne des 18. Jh.: als positiven Held und machtvollen König, erschienen zum Fortschritt der Menschheit, zu deren Einigung und Erlösung. Sein Leiden und sein Tod werden nur kurz berührt (Rez. Nr. 32) und gleich in Triumph umgedeutet (Arie Nr. 33). Selbst die Tonartbezüge in der Gesamtanlage weisen auf Erlösung (E-dur; Tod dagegen e-moll) und himml. Macht (D-dur der Chöre).

Es folgen: *Samson* (1743); *Semele, Joseph* (1744); *Hercules, Belshazzar* (1745); *Occasional Orat.* (1746); *Judas Maccabaeus* (1747); *Joshua, Alexander Balus* (1748); *Susanna, Solomon* (1749); *Theodora* (1750); *The Choice of Hercules* (1751, als 3. Akt zum *Alexanderfest*); *Jephtha* (1752); *The Triumph of Time and Truth* (1757, engl. Fass. des ital. *Il trionfo*, 1707/37, s. o.).

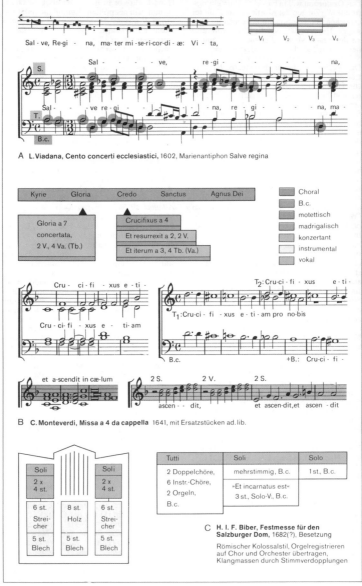

A L. Viadana, Cento concerti ecclesiastici, 1602, Marienantiphon Salve regina

B C. Monteverdi, Missa a 4 da cappella 1641, mit Ersatzstücken ad. lib.

C H. I. F. Biber, Festmesse für den Salzburger Dom, 1682(?), Besetzung

Römischer Kolossalstil, Orgelregistrieren auf Chor und Orchester übertragen, Klangmassen durch Stimmverdopplungen

Stilneuerungen, römischer Kolossalbarock

Die kath. Kirchenmusik *(musica sacra)* hat das Ziel, die Würde und Feierlichkeit der Liturgie zu erhöhen und die Gemütsbewegung der Gläubigen zu stärken.

Traditionsgemäß steht an erster Stelle der einstimmige **Gregorianische Choral.** Das Tridentin. Konzil hatte eine Erneuerung des Chorals angeordnet; ein Ergebnis war die *Editio Medicea* von 1614 (S. 185). Der Choral, gesungen von der *Schola,* wurde in der Kirche von der Orgel begleitet bzw. er alternierte mit mehrst. Orgelspiel *(canto misto, c. spezzato* statt *canto puro, c. fermo).*

Neben dem Choral gab es in der kath. Kirchenmusik die **Mehrstimmigkeit** im alten Stil *(a cappella)* und im neuen *(monodisch, konzertant,* mit Gb.), ferner die **Orgelmusik,** das **Kirchenlied** für die Gemeinde und sonstige geistl. Musik, wie Oratorien, Concerti ecclesiastici, Kantaten usw.

Zu den wichtigst. Gattungen zählen: Messe, Motette, Psalm, Te Deum, Magnificat, Antiphon, Sequenz.

Das Tridentin. Konzil hatte den Stil PALESTRINAS zum *stile ecclesiastico* schlechthin erklärt. Das bedeutet für das Barock (und später), daß die alte Vokalpolyphonie **(Palestrinastil)** neben allen musikal. Neuerungen in der Kirchenmusik weiter gepflegt wird (auch in Neukomposition).

Neuerungen sind insbes. der **monodische** und der **konzertante Stil.** Letzterer hatte sich vor allem an S. Marco in Venedig ausgebildet, während die Monodie aus dem weltl. Bereich (Oper) in den kirchl. übertragen wurde. Die ersten geistl. Sologesänge mit Gb.-Begleitung schrieb:

LODOVICO VIADANA (um 1560–1627), u. a. Dom-Kpm. in Mantua, *Cento concerti ecclesiastici à 1–4 voci con il basso continuo per sonar nell'organo,* Venedig 1602 (Hundert kirchl. Konzerte zu 1–4 Stimmen mit Generalbaß auf der Orgel).

VIADANA klagt, die 5–8st. Motetten würden oft aus Sängermangel nur verstümmelt aufgeführt (Fehlen von Stimmen). Er habe daher gleich *wenigstimmige Sologesänge* zur Orgel komponiert. Sein Ziel sei Wohllaut und Anmut der Melodie. So schreibt er 40 1st. und 60 2–4st. Stücke im *alten Motettengeist,* aber in moderner Struktur mit Gb.

Seinem *Salve regina* lcgt VIADANA die 1st. Choralvcislon zugrunde. Anstelle der alten antiphon. Vortragsweise werden die Verse nun abwechselnd mehrst. konzertant und 1st. choraliter gesungen (Abb. A). Die Solostimmen imitieren einander, wobei die vorgegebene Choralmelodic kadenzierende Floskeln und Verzierungen erhält *(regina.* cis-d). Der Gb. löst sich von der Tenorstimme stellenweise mit kadenzierenden Schritten (T. 3/4; die Akkorde sind spätere Gb.-Ergänzung).

VIADANAS *Concerti* fanden Nachahmung, z.B. SCHÜTZ, *Kleine geistliche Konzerte.*

Den bedeutendsten Beitrag zur kath. KM im Frühbarock leistete **Monteverdi:**
– Messen und konzertante Einzelsätze;
– Vesper- und Magnificatzyklen, konzertante Psalmen und Hymnen;
– ältere mehrst. und neuere Solomotetten;
– geistl. Madrigale, wie das *Lamento d'Arianna* als *Pianto della Madonna* (1641).

Bei ihm findet sich der ältere *stile molle, temperato, da cappella* (weich, gemäßigt, a cappella) neben dem neuen *stile concitato, da concerto* (erregt, konzertant).

In der 1641 gedruckten 4st. A-cappella-Messe bietet er zu bestimmten Stellen moderne Ersatzstücke, die alternativ nach Belieben eingefügt werden können (Abb. B).

So steht ein zweites Gloria zur Verfügung mit erweiterter Stimmenzahl und mit konzertierenden Instr., das die Pracht und Farbigkeit des Textes auf neue Art zum Ausdruck bringt.

Im Credo läßt sich das schlicht homophone *Crucifixus* durch ein modernes *Concerto* für 4 Solostimmen und Gb. ersetzen, das das Leid der Kreuzigung durch die *Lamentofigur* und starke Chromatik ausdrückt.

Für den Triumph der Auferstehung *(Et resurrexit)* und der Wiederkehr *(Et iterum)* sind ebenfalls (diesmal freudig bewegte) konzertante Stücke vorhanden. Im ersteren schildern die Himmelfahrt Christi *(ascendit)* gegenüber dem Akkordaufstieg der motett. Fassung nun 2 Soprane und 2 Violinen mit deutl. *Aufstiegsfigur* in *konzertantem* Wechsel und mit *Bewegungszunahme* (Punktierung beim 2. Mal, Nb. B).

Römisches Kolossalbarock. Die Klangfülle der venezian. Mehrchörigkeit wird im Barock weiter ausgebaut, bes. in Rom. In der PALESTRINA-Nachfolge stehen hier NANINO, ANERIO, SORIANO, BENEVOLI, ALLEGRI (dessen vor Kopie gutgehütetes 9st. *Miserere* der junge MOZART in der *Cappella Sistina* hörte und auswendig aufschrieb) ANERIO setzte PALESTRINAS 6st. *Missa Papae Marcelli* 4st. aus, um sie mit barockem Pomp aufzuführen.

Sehr aufwendig ist eine **Festmesse** für den Salzburger Dom von RIDER (oder HOFER?; früher BENEVOLI zugeschrieben), vermutl. von 1682. Sie umfaßt 53 Stimmen. Die Grundlage bildet der Gb., darüber der 4st. Satz. Die **Klangfülle** entsteht durch mehrfache Besetzung jeder Stimme (wie man auf der Orgel zu jeder Stimme zusätzl. Register ziehen kann). Ganze Chöre lassen sich so verdoppeln und zu vielfältiger Klangwirkung im Raum getrennt aufstellen (12chörige Aufstellung ist bezeugt; Abb. C). Dazu tritt das *konzertante Prinzip.* Es wechselt
– **Tutti:** alle Chöre einzeln und zusammen;
– **Sooloensembles:** Solisten mit B.c., z.B. beim *Et incarnatus* für 3 Solostimmen, Sololvioline und Gb. (Solobesetzung dieser Stelle wird Tradition, s. S. 390, Abb. C);
– **Solopartien:** 1st. mit B.c. (Abb. C).

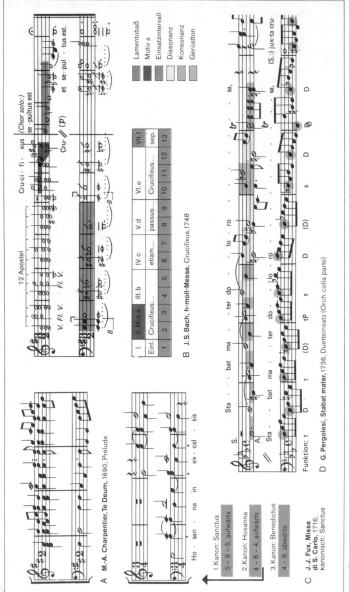

Lamentobaß
Motiv a
Einsatzintervall
Dissonanz
Konsonanz
Gerüstton

I.	II. Mot.a	III.b	IV.c	V.d	VI.e	VII.f
Einl.	Crucifixus....		etiam....	passus....	Crucifixus....	sep.
1	2 3 4	5	6 7	8 9	10 11 12	13

B J. S. Bach, h-moll-Messe, Crucifixus, 1748

A M.-A. Charpentier, Te Deum, 1690, Prélude

Ho - san - na in * ex - cel - sis

1. Kanon: Sanctus
   5 – 8 – 5, aufwärts
2. Kanon: Hosanna
   4 – 8 – 4, aufwärts
3. Kanon: Benedictus
   4 – 8, abwärts

C J.J. Fux, Missa di S. Carlo, 1716, kanonisch; Sanctus

Funktion: D   t   (D)   t   tP   s   (D)   s   D   B   D

Sta - · - bat ma - · - ter do - · - lo - ro - · sa,

D G. Pergolesi, Stabat mater, 1736, Duetteinsatz (Orch. colla parte)

Spätere Formen

Die **Motetten** erhalten im 17. Jh. oft Orchesterbegleitung und Einleitungssinfonien.

P. LAPPI schreibt in Brescia Motetten und **Messen** (1613), chorisch konzertant mit Wechsel von homophonem Tutti und grazil polyphonem Solochor (*Concerto-grosso-Art*).

Weitere Kirchenkomponisten sind:
A. BANCHIERI (1568–1634) mit seinen *Concerti ecclesiastici* für Doppelchor (1595); A. GRANDI († 1630); T. MERULA († 1665); G. ROVETTA († 1668; MONTEVERDI-Nachfolger an S. Marco in Venedig); B. GRAZIANI († 1664), CAVALLI (S. 313).

In Wien: A. BERTALI (1605–69); M. A. ZIANI (um 1653–1715). Bei DRAGHI (S. 321) findet man das *Et incarnatus* als Altsolo über Violenquartett, eine innig bewegende Kostbarkeit in der Messe. – J. K. KERLL (1627–93), München, Wien, mit fantasievoll malender Musik (Tremoli).

Frankreich: LULLY (S. 317); M.-R. DELALANDE (1657–1726); MARC-ANTOINE CHARPENTIER (1645/50–1704), Paris, in Rom Schüler CARISSIMIS, ab 1684 Kapellmeister an St.-Louis, ab 1698 an Ste-Chapelle; Orgelmessen mit teils gesungenem, teils georgeltem Choral, dann Orchester statt Orgel.

Das *Prélude* aus seinem *Te Deum* (1690) ist als Eurovisionsmelodie bekannt geworden. Es strahlt in barocker Festlichkeit; orig. für 4 Trp. (frz. nichtmilitär. Satz, der militär. ist 3st., Abb. A); das *Te Deum* selbst umfaßt Rezitative, Arien, Chöre.

Im 18. Jh. nimmt die *Neapolitan. Schule* auch Einfluß auf die Kirchenmusik. A. SCARLATTI komponiert über 200 Messen für Chor (und Doppelchor), daneben liturgisch freie geistliche Kantaten. Alle neapolitan. Opernkomponisten schreiben auch Kirchenmusik, wobei viel Opernart in diese einfließt (Rez., Arie, Chor- und Orchesterbehandlung). Der Text der Messe wird in einzelnen Abschnitten vertont, so daß ein Gloria oder Credo eine Reihe von Arien enthalten kann (*Nummern-* oder **Kantatenmesse**). das bedeutet subjektive Interpretationsmöglichkeit einzelner Glaubenssätze, zugleich abwechslungsreiche Form, aber auch erhebl. Länge der Messen. Eine streng kontrapunkt. Tradition, orientiert am Stilideal PALESTRINA, führt in Wien J. J. FUX bis weit ins 18. Jh. hinein. FUX (1660–1741), Organist, Hofkomponist (ab 1698) und -kapellmeister in Wien, schreibt eine Kontrapunktlehre, nach der noch BEETHOVEN gelernt hat: *Gradus ad Parnassum* (lat. Wien 1725, dt. Leipzig 1742).

Die *Missa di S. Carlo* besteht nur aus Kanons (Abb. C). Die Sternchen zeigen die Stimmeinsätze, die Ziffern die Einsatzintervalle (Quarte, Oktave, Quarte: 4-8-4).

Bei FUX finden sich auch noch c.f.-Messen, Parodiemessen, dazu Wechsel von A-cappella-Satz mit Instrumentalbegleitung und moderner neapolitan. Stil.

ANTONIO CALDARA (1670–1736, ab 1716 in Wien) komponiert Kantatenmessen mit Chor- und Solo-Partien. Seine Orchesterbehandlung ist selbständig gegenüber dem Chorsatz; viele Ariosi, chromat. Affekte und dynam. Kontraste. CALDARAS berühmte *Missa dolorosa* (1735, erst 1748 gedruckt) wirkte stark auf die Klassik. Sie enthält Duette, verzichtet aufs Da-Capo, bringt obligate Instrumente und wiederholt die Kyrie-Fuge beim *Dona nobis pacem* am Schluß.

Eine bes. Rolle spielt G. PERGOLESI, der auch in seiner Kirchenmusik eine auf die Vorklassik zielende Gestik und Lebendigkeit zeigt. Der schmerzreiche Ausdruck in seinem *Stabat mater* (Abb. D) wird durch die aufsteigenden Sekundreibungen hervorgerufen, die ihren Höhepunkt nach 3 Takten im spannungsvollen Subdominantfeld erreichen. Die Kadenz mit Terzentriller und Achtelrhythmus (T. 6) scheint Mozartsche Grazie vorwegzunehmen.

Bachs h-moll-Messe hat im Text teilweise luther. Wendungen und gehört wohl nicht in den strengen Rahmen kath. Liturgie. Sie ist bis auf das *Sanctus* (1724 und 1727) zu BACHS Lebzeiten nie aufgeführt worden, nimmt aber wegen ihrer Größe und Qualität eine Sonderstellung ein. BACH schrieb sie für den kath. Hof in Dresden 1733 (*Kyrie* und *Gloria*), stellte sie aber erst um 1748 fertig, meist durch Parodie. Sie ist eine Kantatenmesse mit 24 Chören, Arien, Duetten.

Das *Credo* vertonte BACH in 8 Teilen: *Credo, Patrem, Et incarnatus, Crucifixus, Et resurrexit* und *Confiteor* als Chöre; *Et in spiritum* als Baß-Arie; *Et in unum* als Duett (S., A.).

Dem *Crucifixus* liegt die Lamentofigur als Basso ostinato zugrunde (13mal wiederholt) Motivarbeit und Texteinteilung lassen darüber 7 Abschnitte erkennen, mitgerechnet die Einleitung ohne Chor. BACH ändert die Harmonisierung des chromatisch absteigenden Basses ständig, Leid und Schmerz drücken sich in der starken Chromatik des gesamten Satzes aus. Wie ein unablösbares Gesetz wirkt der stete (Achtel-)Rhythmus des abwärtsschreitenden Basses. Erst am Schluß führt BACH den Baß aufwärts, wandelt die e-moll-Harmonik in ein beseligendes G-dur, läßt den Schreitrhythmus in einem Ganzton mit Fermate zur Ruhe kommen und den Chor in tiefer Lage a cappella ausklingen: der Ruhe im Grabe entsprechend (Abb. B).

Das *Credo* steckt voller Zahlensymbolik: Das Wort *credo (ich glaube)* erklingt 49mal (7 mal 7, heilige Zahl), das *in unum Deum* 84mal (7 mal 12, 12 für die Apostel), die Fuge *Patrem omnipotentem* umfaßt 84 Takte (von BACH am Rande eigens vermerkt), das *Et incarnatus est* erklingt 19mal (7 + 12, Heiliger Geist und Menschlichkeit Mariens), im *Crucifixus* stehen 12 Akkorde (Apostelzahl) über dem 24 Noten zählenden Baß.

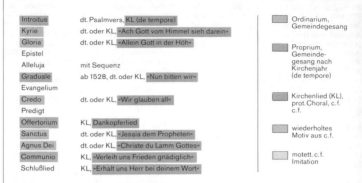

Introitus	dt. Psalmvers, KL (de tempore)		Ordinarium, Gemeindegesang
Kyrie	dt. oder KL, »Ach Gott vom Himmel sieh darein«		
Gloria	dt. oder KL, »Allein Gott in der Höh«		
Epistel			Proprium, Gemeinde-gesang nach Kirchenjahr (de tempore)
Alleluja	mit Sequenz		
Graduale	ab 1528, dt. oder KL, »Nun bitten wir«		
Evangelium			
Credo	dt. oder KL, »Wir glauben all«		Kirchenlied (KL), prot. Choral, c. f. c. f.
Predigt			
Offertorium	KL, Dankopferlied		wiederholtes Motiv aus c. f.
Sanctus	dt. oder KL, »Jesaia dem Propheten«		
Agnus Dei	dt. oder KL, »Christe du Lamm Gottes«		motett. c. f. Imitation
Communio	KL, »Verleih uns Frieden gnädiglich«		
Schlußlied	KL, »Erhalt uns Herr bei deinem Wort«		

A Deutsche Messe (Luther 1526), mit Ergänzungen und Liedbeispielen

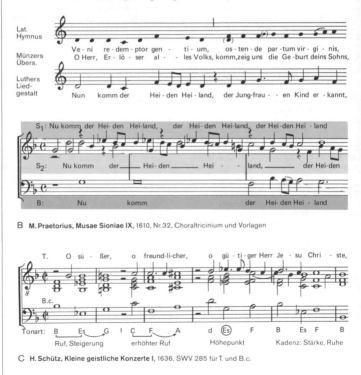

Lat. Hymnus

Münzers Übers.

Luthers Liedgestalt

Ve - ni   re - dem - ptor gen - - ti - um,   os - ten - de par - tum vir - gi - nis,
O Herr, Er - lö - ser al - - les Volks, komm, zeig uns die Ge - burt deins Sohns,
Nun   komm der   Hei - den Hei - land, der Jung-frau - - en Kind er - kannt,

S₁: Nu komm der Hei - den Hei - land, der Hei - den Hei - land, der Hei - den Hei - land
S₂: Nu komm der Hei - den Hei - land, der Hei - den
B: Nu komm der Hei - den Hei - land

B M. Praetorius, Musae Sioniae IX, 1610, Nr. 32, Choraltricinium und Vorlagen

T. O sü - ßer, o freund-li-cher, o gü - ti - ger Herr Je - su Chri - ste,

B. c.

Tonart: B Es   G ! C F   A   d (Es)   F   B   Es F   B
Ruf, Steigerung   erhöhter Ruf   Höhepunkt   Kadenz: Stärke, Ruhe

C H. Schütz, Kleine geistliche Konzerte I, 1636, SWV 285 für T. und B. c.

Deutsche Textvertonungen

Während andere Reformatoren auch gegen die Musik vorgingen, wies LUTHER der Musik im Leben der Kirche und der Gläubigen einen zentralen Platz zu (sie habe ihn »*oft erquickt und von großen Beschwerden befreit*«).

Für LUTHER sind die Gläubigen *die Kirche*, sie gestalten wie Priester und Kantorei den Gottesdienst aktiv mit. Daher die Übersetzung der Liturgie ins Deutsche *(dt. Messe)* und der Ersatz liturg. Stücke durch *Kirchenlieder* gleichen Inhalts (Abb. A).

Die **Kirchenlieder** (protestant. *Choräle*) gehen teilweise auf alte lat. Lieder *(Hymnen)* zurück, die man durch Kontrafaktur und neue Rhythmisierung erhalten wollte.

THOMAS MÜNZER übersetzte den ambrosian. Hymnus *Veni redemptor gentium,* so daß die Gemeinde ihn auf die alte Melodie deutsch singen konnte *(choraliter:* 1st., Rhythmus nach Text). LUTHERS Übersetzung ist freier, ebenfalls versifiziert, die Melodie leicht verändert (verziert), der dorische Kirchenton bleibt erhalten: ein neues Lied ist entstanden (Nb. B).

Weitere Kontrafakta zur gleichen Melodie sind *Verleih uns Frieden gnädiglich, Erhalt uns Herr bei deinem Wort.* Andere Umarbeitungsbeispiele: *Veni creator spiritus* zu *Komm Gott Schöpfer, heiliger Geist;* das *Sanctus* zu *Jesaia dem Propheten.* Auch *weltliche* Lieder werden mit neuen *geistlichen* Texten versehen (Kontrafaktur, *Parodie,* s. S. 335).

LUTHER komponiert mindestens 20 eigene Lieder, darunter *Ein feste Burg, Vom Himmel hoch, Aus tiefer Not.*

Die Gemeinde sang 1st., auch im strophenweisen Wechsel mit der Orgel *(Alternatim* Praxis), ab 17. Jh. auch mit Gb.-Begleitung (Orgel), so in JOHANN CRÜGERS *Praxis pietatis melica* (Berlin 1647, darin: *Nun danket alle Gott).* Früheste Gesangbücher sind:
– Achtliederbuch (Nürnberg 1523/24?);
– Erfurter Enchiridien (1524; 25 Lieder);
– Straßburger Kirchenampt (1524);
– *Geystliches gesangk Buchleyn* (Wittenberg 1524, J. WALTER, Vorrede LUTHER);
– Bapstsches Gesangbuch (Leipzig 1545).

Älterer motettischer Kompositionsstil
Das Kirchenlied *(Choral)* wurde schlicht 4st. gesetzt mit Melodie in der Oberstimme (S. 257). So konnte die Gemeinde mitsingen. Instrumente gingen mit oder spielten extra, mit Vor-, Zwischen- und Nachspielen.
Liedmotette. Bei komplizierterem Satz (von der Kantorei zu singen) mit motett. Imitationen usw. entstand eine *Liedmotette* mit Kirchenlied als Grundlage *(c.f.).*

PRAETORIUS gab in seiner Sammlung *Musae Sioniae* (9 Bde., 1605–1610) 1244 mehrst. Sätze über Kirchenlieder und Bibeltexte heraus. Die Liedmotette *Nun komm der Heiden Heiland* (Nb. B) ist 3st. *(Tricinium),* der Choral liegt als *c.f.* im Baß, die Soprane imitieren sich mit *c.f.*-Motiven.

Spruchmotette. Der Ausgang für eine motett. Komposition konnte auch ein Text *(Spruch)* aus der Bibel sein (Psalm, Evangelium), den man musikalisch ausdeutete.

Lied- und Spruchmotetten, auch doppelchörig, stehen im A-cappella-Stil, doch gehen oft Instrumente mit. Ort: Gottesdienst, Hochzeiten, Begräbnisse *(Sterbemotetten).*

Das Kantorei-Repertoire im 17. Jh., speziell das von Schulpforta, spiegelt das *Florilegium Portense* (2 Teile, Leipzig 1618 und 1621), mit 365 Motetten von 58 Komponisten, hg. von E. BODENSCHATZ († 1636). Es diente noch zu BACHS Zeit.

Modernere konzertante Kirchenmusik
Der neue ital. Monodie- und Concerto-Stil bietet die Möglichkeit, einen geistl. Text individuell auszulegen und wirkungsvoll vorzuführen. Beides kommt dem barocken Protestantismus entgegen. Vorbilder sind das *Concerto ecclesiastico* (VIADANA), das *Solomadrigal* und *Soloconcerto* mit konzertierenden Instrumenten (MONTEVERDI) und das *Solorezitativ* im darstellenden Stil der Oper.

Die neuen Stücke heißen *Geistliche Konzerte, Concerto, Sinfonia, Aria,* später **Kantate.**
Besetzung: variabel, 1 oder mehrere Sänger, auch Chor oder Doppelchor, stets mit Gb., oft 1 bis 2 oder mehr Instrumente.
Satzstruktur: auf der Grundlage des Gb. eine freie und vielfältige Anlage der Oberstimmen, konzertant, imitierend, kontrastierend, den Text (meist Bibel) darstellend, stellenweise homophon syllabisch, meist polyphon, doch mäßig melismatisch (wenig Koloraturen); Musik als *Klangrede* (MATTHESON), der Komponist als Prediger.

Zu den frühen, meist einsätzigen dt. Werken gehören SCHEIN, *Opella nova* (Leipzig 1618–26), Soli und Duette mit 1–2 Instrumenten und Gb.; ferner SCHÜTZ, *Kleine geistliche Konzerte* (1636, 1639) und *Symphoniae sacrae* (s. S. 339).

SCHÜTZ' Vertonung entspricht der *Musica poetica* mit ihren Figuren (Nb. C, s. auch S. 305). Er verlängert im Anruf *O süßer* die Akzentsilbe und drängt sie einen Halbton aufwärts, zugleich von Es-dur nach G-dur; den Rufcharakter verstärkt die Pause. *O freundlicher* erscheint auf erhöhter Stufe gleichsam dringlicher, rhythmisch genau deklamiert (Punktierung), bis zum hellen A-dur emporsteigend. Höhepunkt ist der dritte Anruf *o gütiger* mit Hochton es″ über Subdominante (Es-dur). Dann bringt SCHÜTZ bei den Worten *Jesu Christe* durch die vollkommene Kadenz, den Abstieg zur Tonika und die langen Notenwerte Ruhe und Vertrauen in Christus zum Ausdruck.
Satzfolge: einsätzig, später mehrteilig bzw. mehrsätzig. Die Satzzahl steigt mit Aufnahme freier lyr. oder auslegender Texte zum Bibelwort. Hieraus entwickelt sich um die Mitte des 17. Jh. die **Kantate** (S. 120f.).

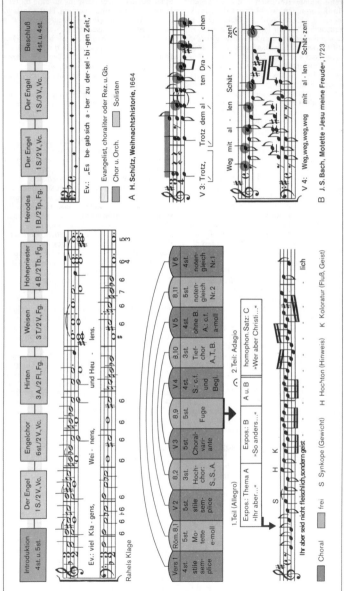

Introduktion	Der Engel	Engelchor	Hirten	Weisen	Hohepriester	Herodes	Der Engel	Der Engel	Beschluß
4st. u. 5st.	1 S./2 V., Vc.	6st./2 V., Vc.	3 A./2 Fl., Fg.	3 T./2 V., Fg.	4 B./2 Tb., Fg.	1 B./2 Tp., Fg.	1 S./2 V., Vc.	1 S./3 V., Vc.	4st. u. 4st.

Ev.: viel Kla - gens, Wei - nens, und Heu - lens.

Rahels Klage

Ev.: "Es be-gab sich a - ber zu der-sel - bi-gen Zeit,"

Evangelist, choraliter oder Rez. u. Gb. — Solisten

Chor u. Orch.

A H. Schütz, Weihnachtshistorie, 1664

V 3: Trotz, Trotz dem al - ten Dra - chen

V 4: Weg, weg, weg, weg mit al - len Schät - zen!

Weg mit al - len Schät - - zen!

B J. S. Bach, Motette »Jesu meine Freude«, 1723

Vers 1	Röm. 8,1	V 2	8,2	V 3	8,9	V 4	8,10	V 5	8,11	V 6
4st. stile semplice	5st. Mo-tette e-moll	5st. stile semplice	3st. Hoch-chor S., S., A.	Choral-vari-ante	5st. Fuge	4st. S.: c.f. und Begl.	3st. Tief-chor A., T., B.	4st. ohne B. A.: c.f. a-moll	5st. noten-gleich Nr. 2	4st. noten-gleich Nr. 1

2. Teil: Adagio

1. Teil (Allegro)	homophon. Satz: C
Expos.: Thema A »Ihr aber...«	A u. B »Wer aber Christi...«
Expos.: B »So anders...«	

Ihr aber seid nicht fleischlich, sondern geist - - - - lich

Choral — frei — Choral

S Synkope (Gewicht)   H Hochton (Hinweis)   K Koloratur (Fluß, Geist)

Großformen und Textinterpretation

Historien. Die Evangelien der hohen Festtage (und die Passionen, S. 139) vertonte man mit größerem Aufwand für Soli, Chor und Orchester. Neugedichtete Einleitungs- und Schlußchöre rahmten das Ganze ein. In der *Weihnachtshistorie* läßt SCHÜTZ dem Evangelisten die Wahl zwischen dem üblichen liturg. Rezitativ (Choralnotation) und dem neuen Gb.-Rezitativ. Rahels Klage erklingt dort in schmerzvoller Chromatik; die Gb.-Instr. wiederholen gleichsam die Worte echohaft mitklagend (Nb. A). Instrumente verstärken Eingangs- und Schlußchor. In den Bericht des Evangelisten schieben sich charakterisierende Konzerte *(Intermedien)*: der Verkündigungsengel wird dargestellt vom Solosopran und zwei Violinen, die Hohen Priester (Bässe) von feierl. Posaunen, Herodes von königl. Trompeten (Abb. A).

Oratorium. Passionen und Historien werden im 18. Jh. oratorienhaft ausgebaut (Rez., Arioso, Arie, Chöre, Choräle; s. S. 114). Schon die *Matthäuspassion* von J. THEILE (1673) hat Arien (freie Dichtung) und Instrumentalritornelle. Später bilden oft mehrere Kantaten ein größeres Ganzes (BACHS *Weihnachtsoratorium*, S. 134).

Motetten wurden als kp. Chorkunst alten Stils weitergesungen, jedoch weniger neu komponiert. Berühmt ist die *Geistl. Chormusik* von SCHÜTZ (S. 339). – BACH hat nur 7 Motetten geschrieben, davon 4 doppelchörig, fast alle Sterbemotetten.

BACH vertont FRANCKS Choral *Jesu meine Freude* als 5st. Motette (1723), anfangs im homophonen Chorsatz *(stile semplice,* Strophe/Vers 1), dann mit mehr Textausdruck, z. B. das kämpferische »Trotz, trotz« und die willkürl. Choralsynkopen (Vers 3), das kurze »Weg, weg« der Unterstimmen zum Choral im Sopran (Vers 4, Nb. B). Vers 6 gleicht Vers 1 (Bogenform). Dazwischen erscheinen Römerbriefstellen nach Motettenart: 5st Imitation, 3st. Hochchor, 2teilige Doppelfuge (Zentrum des Ganzes), 3st. Tiefchor, Anfangswiederholung (Symmetrie, Abb. B). Das Fugenthema A betont *fleischlich* (Synkope), *sondern* (Hochton) als Hinweis auf den Zwiespalt von Körper und Geist, und *geistlich* (Koloratur als Symbol für Wasser und Geist, Nb. B).

England bildet eine eigene Motette aus, das **Anthem** (lat. *Antiphona*) als engl. (nicht lat.) Chormusik der anglikan. Kirche, auch (nationale) Lobeshymne; durchimitiert, mit vielen homophonen Partien, klangvoll und textverständlich (TALLIS, WHITE, MORLEY u. a.):
- **Full Anthem** für Chor *a cappella;*
- **Verse Anthem** mit Wechsel von Chor und Soli je Vers.

Daneben in der Restaurationszeit konzertanter ital. Einfluß: *Restauration-Anthem,* kantatenartig für Soli, Chor und Orchester (PUR-CELL). Full und Verse Anthems bleiben im 18. Jh. beliebte Gattungen (HÄNDEL).

Die Kantoreien sind die freiwilligen Kirchenchöre (und Instrumentalisten) aus Schülern der Lateinschulen, verstärkt von Stadtmusikern und Bürgern. Der Chor hieß auch *Currende* (lat. *currere,* laufen), da er zu Weihnachten und anderen Festen liedersingend durch die Straßen zog. Berühmte Kantoreien sind die der Kreuzkirche in Dresden und der Thomaskirche in Leipzig. – Der **Kantor** unterrichtete zugleich an der Lateinschule. Fast alle Komponisten der ev. Kirchenmusik waren im Hofdienst oder Kantoren, u. a.:

CHRISTOPH DEMANTIUS (1567–1643), Freiberg.

MICHAEL PRAETORIUS (um 1571–1621), Wolfenbüttel; *Syntagma musicum,* Bd. 1 *Musicae artis analecta* (1614/15, allg. über Musik), Bd. 2 *De organographia* (1618/20, Instrumentenkunde), Bd. 3 *Termini musici* (1619).

HEINRICH SCHÜTZ (1585–1672), s. S. 339.

JOHANN HERMANN SCHEIN (1586–1630), Schulpforta, ab 1616 Leipzig, Thomaskantor, Freund SCHÜTZENS *(Sterbemotette), Cantional-* oder *Gesangbuch* (1627, 4-6st.).

SAMUEL SCHEIDT (1587–1654), *Cantiones sacrae* (1620, Motetten), *Tabulatura nova* (S. 342), *Newe Geistliche Concerten* (2–3st., 4 Bde. 1631ff.), *Liebliche Krafft-Blümlein aus des Heyligen Geistes Lustgarten abgebrochen* (1635, 2st. Gb -Konzerte), *Tabulaturbuch* (Görlitz 1650, 4st. Sätze nach dem Kirchenjahr).

A. HAMMERSCHMIDT (1611/12–75), Zittau;
M. WECKMANN (1621–74), Hamburg;
J. ROSENMÜLLER (~ 1619–84), Wolfenbüttel.
CHRISTOPH BERNHARD (1628–92), Dresden, SCHÜTZ-Schüler, *Geistliche Harmonien* (1665), 3 Traktate (undatiert) überliefern (SCHÜTZENS?) Musiklehre und musikal. Rhetorik: *Tractatus compositionis augmentatus, Ausführlicher Bericht vom Gebrauche der Con- und Dissonantien, Von der Singekunst oder Manier.*

D. BUXTEHUDE (1637–1707), s. S. 343;
F. W. ZACHOW (1663–1712), Halle.
JOH. SEB. BACH (1685–1750), s. S. 363.
GEORG PHILIPP TELEMANN (1681–1767), Magdeburg, Leipzig (*Collegium musicum,* später von BACH geleitet), 1712 Frankfurt, 1721 Hamburg (Musikdirektor der 5 Hauptkirchen), erste dt. Musikzeitung *Der getreue Musicmeister* ab 1728 (mit J. V. GÖRNER), 45 Opern, 15 Messen, 23 Kantatenjahrgänge, 46 Passionen, 6 Passionsoratorien (*Seliges Erwägen des Leidens und Sterbens Jesu,* 1728; RAMLERS *Tod Jesu,* 1755/56), 5 Oratorien, ca. 1000 Orch.-Suiten; Konzerte, Kammer- und Orgelmusik; TELEMANN geht vom barocken Kp. aus, bevorzugt aber die galante Schreibart und prägt einen ideenreichen vorklass. Stil.

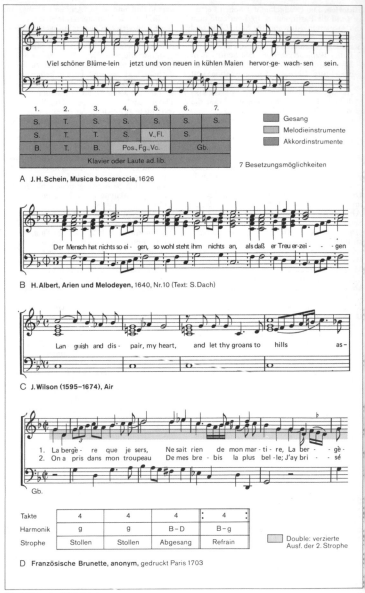

Viel schöner Blüme-lein jetzt und von neuen in kühlen Maien hervor-ge- wach- sen sein.

1.	2.	3.	4.	5.	6.	7.
S.	T.	S.	S.	S.	S.	S.
S.	T.	T.	S.	V.,Fl.	S.	
B.	T.	B.	Pos., Fg.,Vc.		Gb.	
Klavier oder Laute ad. lib.						

Gesang
Melodieinstrumente
Akkordinstrumente

7 Besetzungsmöglichkeiten

A J.H.Schein, Musica boscareccia, 1626

Der Mensch hat nichts so ei - gen, so wohl steht ihm nichts an, als daß er Treu er-zei - - gen

B H.Albert, Arien und Melodeyen, 1640, Nr.10 (Text: S.Dach)

Lan guish and dis- pair, my heart, and let thy groans to hills as –

C J.Wilson (1595–1674), Air

1. La bergè - re que je sers, Ne sait rien de mon mar - ti - re, La ber - gè -
2. On a pris dans mon troupeau De mes bre - bis la plus bel - le; J'ay bri - - sé

Gb.

Takte	4	4	4	4
Harmonik	g	g	B – D	B – g
Strophe	Stollen	Stollen	Abgesang	Refrain

Double: verzierte
Ausf. der 2. Strophe

D Französische Brunette, anonym, gedruckt Paris 1703

Charaktere und Strukturen

Auch im Lied vollzieht sich um 1600 der Stilwandel vom *polyphonen* (objektiven) Chor-Satz zum neuen (subjektiven) **Sologesang mit Gb.** Dieses neue Lied ist
– *einfach,* strophisch, syllabisch, mit akkord. Gb., der ab etwa 1750 einer ausgearbeiteten Klavierbegleitung weicht;
– *kunstvoller,* durchkomponiert, arios, kantatenartig, auch mit konzertierenden Instrumenten, mit Ritornellen, Vor-, Zwischen- und Nachspielen.

Kontrafaktur. Gute Melodien werden oft neu textiert *(Kontrafaktur).* So erscheint ISAAKS *Innsbruck, ich muß dich lassen* (1495, Verlegung von Kaiser MAXIMILIANS Hof von Innsbruck nach Wien, S. 256) als *Christe eleison II* in ISAAKS *Missa carminum* (Lieder-Messe, 1496), dann mit geistl. Text *O Welt, ich muß dich lassen* (J. HESSE, 1555), *In allen meinen Taten* (P. FLEMING, 1630), *Nun ruhen alle Wälder* (P. GERHARDT, 1655), schließlich als *Der Mond ist aufgegangen* (M. CLAUDIUS, 1778). Die Melodie blieb über Zeiten- und Stilwandel hin lebendig.

Lieder als Spiegel der Zeit
Die Liedinhalte spiegeln barocke Lebenswirklichkeit: *Not, Krieg, Krankheit, Pest, Tod, Liebe, Tanz, Natur, Moral, Weltangst* und *Weltflucht.* Die Lieder entstehen mit dem Aufblühen der dt. Dichtung im 17. Jh. Sie sind gedacht für den häusl. Kreis, Freunde, Studenten *(Collegium musicum),* zu Gelegenheiten wie Hochzeit, Begräbnis, zur Erbauung, Unterhaltung. Geistl. und weltl. Gedanken liegen dicht beieinander; Kontrafaktur und Parodie sind häufig.
Volkslied und **Kunstlied,** beide *komponiert,* unterscheiden sich im Stil. Die meisten Lieder des Barock wenden sich an den musikal. Liebhaber und tendieren zum Volkslied.

Komponisten und Liedsammlungen
M. FRANCK (~ 1580–1639), *Bergreihen* (1602).
J. STADEN (1581–1634), Nürnbg., Tanzlieder.
J. H. SCHEIN (S. 333), *Venus Kräntzlein* (Wittenberg 1609, 5st.), *Musica boscareccia oder Wald-Liederlein, auff Italian-Villanellische Invention* (3 Tle., Lpz. 1621, 1626, 1628, 50 3st. Lieder). – Das Lied Nb. A ist *gegen die Textgestalt* komponiert, sein *Gehalt* kommt zum Ausdruck: der Rhythmus überwiegt und zwingt den Text in die Tanzbewegung (textunabhängige Sequenzmotivik). SCHEIN empfiehlt unterschiedl. Besetzungen.
A. HAMMERSCHMIDT, Weltliche Oden (Freiberg 1642, 1643).
J. ROSENMÜLLER (um 1619–84), *Welt ade, ich bin dein müde* (1649), *Alle Menschen müssen sterben* (1652), z. T. 5st. Streichersatz.
HEINRICH ALBERT (1604–51), Vetter und Schüler von SCHÜTZ, in Königsberg mit dem Dichter SIMON DACH (1605–59, *Anke*

von Tharau) in der Dichtergesellschaft *Kürbishütte* (Kürbis für rasches Werden und Vergehen: *in einer Nacht,* JONA 4, 10), *Arien,* 8 Tle., 1638–50, geistl. und weltl. Lieder, auch mehrst. (Nb. B aus Teil 2, Gb. ausgesetzt): die *Dreiermensur* steht für die Vollkommenheit der Treue, die *Melodie* ist schlicht (Intervalle, Rhythmen, Motive).
ADAM KRIEGER (1634–66), Dresden, SCHEIDT-Schüler, *Arien* (1657), 2. Aufl. 1667 mit 5st. Ritornellen, oft eigene Texte *(Nun sich der Tag geendet hat).*
C. DEDEKIND, *Aelbianische Musenlust* (Dresden 1657).
P. H. ERLEBACH, Rudolstadt, *Harmonische Freude* (1697/1710), *Gott-geheiligte Sing-Stunde* (1704).
G. P. TELEMANN, *Singe- Spiel- und Gb.-Übungen* (1733).
BACH/SCHEMELLI, *Mus. Gesang-Buch* (1736).
SPERONTES, *Singende Muse an der Pleiße* (Lpz. 1736–45).
V. RATHGEBER, *Ohren-vergnügendes und Gemüth-ergötzendes Tafel-Confect* (Augsburg 1733/37/46).

England
Neben dem Lautenlied *(Air)* gibt es ab etwa 1630 das Gb.-Lied (auch mit Laute ausführbar). Die Strophenlieder sind meist einfacher als die mit madrigalisch freiem Text. Die ital. Vorbilder erhalten engl. Kolorit.
WILSONS *Air* ist typisch (Nb. C). Die ganzen Noten des Gb. vermitteln Ruhe, die Melodie wächst aus einem schmerzl. Verweilen in die Bewegung hinein, der Dur-Moll-Wechsel drückt das Seelennot ebenso aus wie die *Quarta deficiens* e'-as' und der Halbton as'-g' bei *my heart.*
Komponisten neben J. WILSON: N. LANIER, W. und H. LAWES, J. BLOW, H. PURCELL.

Frankreich
Im 17. Jh. dominiert das **Air,** mit Laute oder Gb. als *Air de cour* z. T. kunstvoll ausgestaltet. Der Gb. ist zuweilen auch textiert (Duett). Arten:
– *Air sérieux:* große, ernste Liedform;
– *Air tendre:* einfaches, tanzhaftes Lied;
– *Air à boire:* Trinklied.
Alle Airs heißen ab etwa 1700 auch **Brunettes,** wie in BALLARD'S Sammlung (1703): Die Melodie in Nb. D ist gavottenhaft. Sie wird in der 2. Strophe wie beim Double in der Tanzsuite verziert wiederholt (Notenhälse abwärts). Melodiecharakter und Doublepraxis zeigen den preziösen Geist der Epoche. Strophenbau in regelmäßigen 4-Taktperioden, Harmonik wie in Suitensätzen mit Tonikaparallele zu Beginn des 2. Teils (Refrain) und im Abgesang.
Komponisten (neben den bekannten) LAMBERT, LE CAMUS, DE LA BARRE. – Im 18. Jh. wird das **Vaudeville,** eine Chanson leichten Charakters (S. 253), oft parodiert.

Vesper-Liturgie	O	L	Monteverdis Marienvesper		vokal	instr.	Psalm-ton	Kirchen-tonart	»Dur Moll«
Ingressio	•	•	1.	»Domine ad adjuvandum«	6st.	6	(tonus rectus)		D
┌Antiphon		•		(Antiphone ad lib.)					
Psalm 109 └A.	•	•	2.	»Dixit Dominus«	6	R	4.	hypo-phryg.	E,a
┌A.		•	3.	Concerto »Nigra sum«	1				G
Psalm 112 └A.	•	•	4.	»Laudate Pueri«	1–8		8.	mixo-lyd.	G
┌A.		•	5.	Concerto »Pulchra es«	2				G
Psalm 121 └A.	•	•	6.	»Laetatus sum«	6		2.	hypo-dor.	g
┌A.		•	7.	Concerto »Duo Seraphim«	3				g
Psalm 126 └A.	•	•	8.	»Nisi Dominus«	2 x 5		6.	lyd.	F
┌A.		•	9.	Concerto »Audi coelum«	1–6				d
Psalm 147 └A.	•	•	10.	»Lauda Jerusalem«	7		3.	phryg.	e
			11.	Sonata sopra S. Maria	1	9			G
Lesung									
Hymnus	•	•	12.	»Ave Maris stella«	2 x 4	R		dor.	d
Magnificat			13.	Magnificat I	7	7	1.	dor.	B,g
Gebete Segen	•	•		Magnificat II	6		1.	dor.	B,g
Schlußvers									

O,L Ausf. ohne Instr.   L streng liturgisch   R Ritornell

Nr. 1

Do— — mi— ne ad ad-

Nr. 3

Voce sola

T: Ni -gra sum   sed for-mo-sa fi -

A **Marienvesper**, 1610   ▢ Choral   ▢ Soli   ▢ alter/neuer Stil   ▢ Instr./B.c.

Kampffigur   Helmtanz

pizz.

vi-va-ce   dir pa-re-a:

Streichquartett

S'a - pre il ciel io va-do   in pa- - ce.

Testo   Clorinda

B **Combattimento**, 1624, Tonmalerei, Clorindas Tod (Schluß)

Monteverdi: Liturgie und Stilneuerungen

CLAUDIO MONTEVERDI, getauft 15. 5. 1567 in Cremona, † 29. 11. 1643 in Venedig, lernte bei M. A. INGEGNERI (Domkapellmeister in Cremona), lebte ab 1590 in **Mantua** als Sänger und Violaspieler am Hofe V. GONZAGAS, heiratete 1599 die Sängerin CLAUDIA CATTANEO († 1607), wurde 1601 Kapellmeister der GONZAGAS und war ab 1613 Kapellmeister von San Marco in **Venedig** als höchst angesehener Musiker seiner Zeit.

MONTEVERDI hat die musikgeschichtl. Wende um 1600 mitvollzogen. Ausgang und bleibende Grundlage war die alte kp. Polyphonie (*Palestrinastil*). MONTEVERDI nannte diesen Stil die *prima pratica* (Vorwort zum 5. Madrigalbuch, 1605) und setzte ihr als moderne Kompositionsweise die *seconda pratica* entgegen, nämlich den konzertierenden Stil einer oder mehrerer (Solo-)Stimmen mit Gb. Dieser Stil gewährt gewisse satztechn. Freiheiten zugunsten starken **Gefühlsausdrucks** und **Tonmalerei** (Dissonanzen, Rhythmik; daher ARTUSIS Angriff gegen MONTEVERDI), vor allem bei der Darstellung eines **Textes**: Die neue Musik berücksichtigt die *Textgestalt* (rhythmisch textgerechte Deklamation), die *Bilder und Symbole* (durch *Figuren*, S. 304), den *Textgehalt* (Sinn und Gefühle). So bestimmt der (dichterische) Text die Musik, die ihn überhöht: *L'oratione sia padrona dell' armonia e non serva* (MONTEVERDI).

Gegen den alten *objektiven* Chorstil wirkt der neue solistisch-konzertante Stil *subjektiv*. Nach der Vermenschlichung der Musik in der Renaissance (*Vokalmusik, Chor*) drückt nun der *Einzelne* Gefühl und Sprache musikal. aus (*Monodie, Concerto*).

Zentral im Werke MONTEVERDIS steht das **Madrigal** (8 Bücher): zunächst das klassische, 5st. im kp. *a-cappella*-Satz, ab dem 5. Buch dann *konzertant* mit Gb.

In der **Oper** findet MONTEVERDI vielfältige Möglichkeiten der Affektdarstellung, vokal wie instrumental. Hier schreibt er im darstellenden *stile rappresentativo* u. a. (S. 308 f.) und entwickelt den erregten *stile concitato*.

Neuartig ist *Il combattimento di Tancredi e Clorinda*, eine Art szen. Oratorium (Venedig 1624), Text nach TASSOS *Gerusalemme liberata*. Es erzählt vom christl. Ritter Tancred und der Heidin Clorinda, die sich ineinander verlieben. Im nächtl. Kampf tötet Tancred die unerkannte Clorinda, die er vor ihrem Tode noch tauft.

Es gibt viele tonmaler. Figuren wie *tremolo* (Aufregung, starke Bewegung, Kampf), *pizzicato* (Schläge, hüpfende Bewegung, Tanz der Helme im Kampf), *trotto del cavallo* (Pferderhythmus lang-kurz-lang-kurz). Alles überträgt die rein musikal. Phantasie: hier z. B. nach dem schlichten Erzählstil (*stile narrativo*) des *Testo* (Erzähler) die verklärten, vom (Engels-)Chor der Streicher (Violen) begleiteten, aufstrebenden Klänge bei Clorindas Tod (Nb. B).

In der **Kirchenmusik** pflegt MONTEVERDI den alten und den neuen Stil nebeneinander, teils sogar mit Wahlmöglichkeit (S. 326, Abb. B). So setzt er in der *Marienvesper* neben die *Psalmvertonungen* im älteren Stil (Chorsatz in Nr. 1, Nb. A) modernste *Solokonzerte* (Nr. 3, Nb. A) und ein reines *Instrumentalstück* (Nr. 11). Solch selbständiger Einsatz der Instrumente gehört mit zum neuen Stil.

Für eine streng liturg. Aufführung ohne die Konzerte und ohne Instrumente (Stückauswahl »L« in Abb. A) stellt MONTEVERDI ein zweites *Magnificat* nur mit Orgelbegleitung zur Verfügung (Nr. 13, II). Die *Marienvesper* ist so komponiert, daß sie notfalls ohne Instrumente, aber mit den modernen Konzerten aufgeführt werden kann (Stückfolge »O« in der Tabelle). Fraglich ist, ob die *Antiphonen* aus der Liturgie choraliter gesungen werden, ob an ihre Stelle die neuen *Konzerte* treten, oder ob beides erklingen soll. Zum alten, psalmodierenden (auf Akkorde deklamierenden) Chorstil am Beginn erklingt zugleich die Hausfanfare der GONZAGAS, die auch den *Orfeo* einleitet (Nb. Nr. 1, vgl. S. 354, hier nach D-dur transponiert).

In Venedig hat MONTEVERDI nicht nur Kirchenmusik, sondern auch weiterhin weltl. Werke wie *Madrigale, Ballette, Opern* usw. für die Adelshäuser in Venedig, Mantua usw. geschrieben. Das meiste ist verloren.

Zu seinem Alterswerk gehören die 3 großen Opern für Venedig, die MONTEVERDIS Charakterisierungskunst auf höchster Stufe zeigen (S. 311).

Werke in Auswahl:

Sacrae cantiunculae, 1582, 3st., lat.; *Madrigali spirituali*, 1583, 4st., ital.; *Canzonette a tre voci*, 1584; alles noch in Cremona.

8 Madrigalbücher: Cremona *1*.1587; *2*.1590; Mantua *3*.1592; *4*.1603; *5*.1605, 5st., dann neuer Stil (s. o.): die letzten 6 Madrigale mit Gb., das letzte 3st. mit Instr. (*Sinfonia*), Venedig *6. Buch* 1614; *7*.1619 *Concerto*, 1–6st. mit Gb.; *8*. 1638, *Madrigali guerreri e amorosi* (mit *Combattimento*); *Scherzi musicali*, 1607, 3st. mit Instr. und Gb.; *L'Orfeo*, 1607, gedr. Libretto 1607, Partitur 1609 (s. S. 308 ff.); *L'Arianna*, 1608, nur das *Lamento* erhalten (S. 110), als Madrigal (S. 126) und als Marienklage (in *Selva*, s. u.).

Ballo delle ingrate, 1608, gedr. im 8. Madrigalbuch 1638, *in genere rappresentativo* (S. 311); GOMBERT-Messe *In illo tempore* (6–7st.) und *Marienvesper*, 1610; *Tirsi e Clori*, Ballett, Mantua 1616 (gedr. im 7. Madrigalbuch 1619); *Il combattimento di Tancredi e Clorinda*, Venedig 1624, gedr. im 8. Madrigalbuch 1638; *Selva morale e spirituale*, 1640, Sammlung geistl. Werke, darin Messe S. 326, Abb. B; 3 letzte *Opern*, 1639–42 (S. 311).

Gesamtausgabe von G. F. MALIPIERO, 16 Bde., Asolo 1926–42, Nachdruck Wien 1966–68 (mit Suppl. Bd. 17).

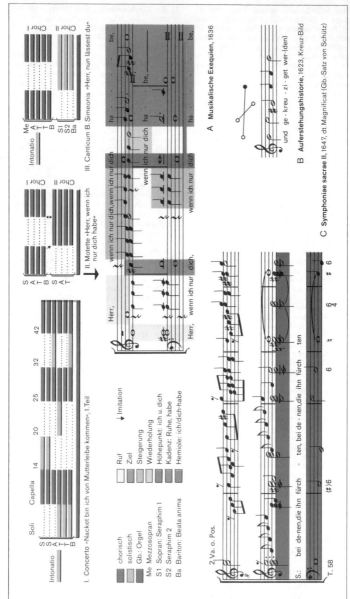

I. Concerto »Nacket bin ich von Mutterleibe kommen«, 1. Teil

II. Motette »Herr, wenn ich nur dich habe«

III. Canticum B. Simeonis »Herr, nun lässest du«

A Musikalische Exequien, 1636

B Auferstehungshistorie, 1623, Kreuz-Bild

C Symphoniae sacrae II, 1647, dt. Magnificat (Gb.-Satz von Schütz)

Schütz: Textdarstellung und konzertanter Stil

HEINRICH SCHÜTZ (SAGITTARIUS), * 14. 10. 1585 in Köstritz bei Gera, † 6. 11. 1672 in Dresden; 1598 Hofkapellknabe in Kassel mit Schule im *Collegium Mauritianum*, 1608 Jurastudium in Marburg (Stipendiat des Landgrafen wie alle Kapellknaben nach dem Stimmbruch); 1609 Orgel- und Kompos.-Studium bei G. GABRIELI († 1612) in Venedig; 1613 Hoforganist in Kassel, 1617. Hofkapellmeister in Dresden, 1628–29 zweite Italienreise, Instr.-Kauf, Fortbildung (Venedig, MONTEVERDI); 1629 Dresden, Kriegswirren, Reisen (u. a. nach Kopenhagen 1633–35); großer Freundes- und Schülerkreis, u. a. BERNHARD, SCHEIN, SCHEIDT, ALBERT, KRIEGER, WECKMANN.

SCHÜTZ steht in der ev. dt. Kirchenmusiktradition der Höfe und Kantoreien, wie sie LUTHER und WALTER im 16. Jh. gegründet hatten. Für den humanistisch gebildeten SCHÜTZ ist die Musik höchste Wissenschaft und Kunst.

SCHÜTZ' musikal. Sprache wird wesentlich in Italien geprägt. Dort lernt er den neuen *konzertanten Stil* auf der Grundlage des Gb. Text- und Affektdarstellung des modernen und die Kontrapunktik des alten Stils verbinden sich zu einer genialen Musik auf handwerkl. Grundlage. SCHÜTZ überträgt den neuen ital. Vokalstil ins Deutsche, verlangt aber von den jüngeren Musikern ausdrücklich, zuerst die *»harte Nuß des Kontrapunkts zu knacken«* (Vorwort *Geistl. Chormusik*).

Dem Ausdruck des Textes, seiner subjektiven Interpretation, seinen Bildern und Affekten dienen die satztechn. Freiheiten, dient die gesamte Komposition. Dabei entsteht nach den Regeln der *Musica poetica* ein Werk mit Ganzheitsqualität, ein *opus*, das bleibt und den Komponisten berühmt macht (die opus-Zahlen sind original).

SCHÜTZ vertont bis auf wenige Ausnahmen geistl. Texte. Für ihre Auslegung und Vermittlung an den Hörer, der von der Musik *bewegt* und *beeindruckt* werden soll wie durch die Worte eines Predigers, tritt er als gläubiger Musiker mit allen Mitteln seiner Kunst ein. Werke:

Madrigale, 1611, op. 1, ital., 5st., damals moderne Gattung (vgl. S. 127), als »Gesellenstück« in Venedig gedruckt.

Psalmen Davids, 1619, op. 2, 26 mehrchörige Stücke, bis zu 20 Stimmen, aber auch moderner Stil (Psalm 121 *a voce sola*).

Auferstehungshistorie, 1623, op. 3, Evangelienharmonie, Gamben begleiten Evangelisten, bildstarke Musiksprache:
Kreuzbild durch Melodiebewegung und Kreuzvorzeichen gis (Abb. B).

Cantiones sacrae, 1625, op. 4, 40 lat. 4st. Motetten, Gb. auf Verlegerwunsch.

Psalmen Davids, 1628, ²1661, op. 5, übersetzt vom Theologen BECKER, Leipzig (BECKERSCHER Psalter), dt. Reime, 158 4st. Sätze, darunter 12 alte Melodien (für Gemeinde).

Die zweite Italienreise eröffnet eine neue Schaffensperiode, die stärker vom konzertanten Stil und dem Gb. geprägt ist:

Symphoniae sacrae I, Venedig 1629, op. 6, 1–3st. lat. Motetten; neu die Instrumentalstimmen in kleinen, wechselnden Besetzungen (S. 352, Abb. A). Die Instrumente charakterisieren Personen und Situationen, z. B. Klage Davids um Absalom mit 4 Posaunen.

Musikal. Exequien, 1636, op. 7, dt. Begräbnismesse für den Landesfürsten HEINRICH POSTHUMUS VON REUSS (Texte mit SCHÜTZ und Hofprediger vorher ausgesucht). 3 Teile:
I. Concerto. Bibelsprüche, Liedtexte *(dt. Kurzmesse)*, liturg. Intonation, dann Wechsel von Soli und Chor *(Capella;* Abb. A). – **II. Motette** über den *Spruch* der Leichenpredigt, doppelchörig; den Ruf *Herr!* vertont SCHÜTZ durch eine lange Note mit Pause, der Sopran wiederholt den Ruf (Intensivierung), der nächste Schwerpunkt fällt auf *dich*, wird vielfach wiederholt und gesteigert, bis im Höhepunkt *ich* (der Rufende) und *dich* (der Herr) zusammen erklingen (vereint sind, Nb. A). – **III. Canticum Simeonis,** konzertant für 5st. Capellchor (die Freunde auf Erden) und 3st. Favorit-Chor: *»Mit welcher Invention ... der Autor die Freude der abgeleibten Seeligen Seelen im Himmel / in Gesellschaft der Himmlischen Geister und heiligen Engel in etwas einführen und andeuten wollen«;* Chorverdopplung und getrennte Aufstellung im Raum *»würden den effect des Werks nicht wenig vermehren«* (Vorwort).

Kleine geistl. Konzerte I/II, 1636/39, op. 8/9, 1–5st., mit Gb., motettische bis frei konzertante und monod. Stücke (S. 330).

Die 7 Worte Jesu am Kreuz, 1645, oratorienartig, Evangelist zwischen S., A. und T. wechselnd, 1- und mehrst. mit Gb., Christus von 2 Instr. begleitet (Violen, Pos., Zinken?).

Symphoniae sacrae II/III, 1647/50, op. 10/12, dt., 3–5st./5–8st. Konzerte mit Instr.
Sie *spielen* die Vokalstimmen *mit,* wie im alten Stil üblich, *wechseln* mit ihnen *ab* (neu, Imitation, Nb. C, Beginn), oder haben eine *eigene Struktur* (neu: Verselbständigung der Instr., s. T. 3–5; Gb.-Aussetzung im Nb. C von SCHÜTZ original).

Geistl. Chormusik, 1648, op. 11, 5–7 st. dt. Motetten, Bibeltexte, ab 1615 entstanden, daher versch. Stile *(»schönste Motettenslg. des 17.Jh.«,* SPITTA). **Weihnachtshistorie,** 1664 (S. 332); **Passionshistorien** nach Lukas, Johannes, Matthäus (bis 1666; S. 138). SCHÜTZ schrieb ferner u. a. 6 dt. Madrigale (1620–30, Texte von Opitz) und die erste dt. Oper: *Dafne* (S. 321, nur Text erhalten).

GA von PH. SPITTA, 16 Bde., Lpz. 1885–94; NGA der Intern. H. S.-Ges., Kassel 1955 ff.; *Stuttgarter S.-Ausg.* 1971 ff.; Werkverz. *(SWV)* von W. BITTINGER, Kassel 1960; A. B. SKEI, H. S. A Guide to Research, New York 1981.

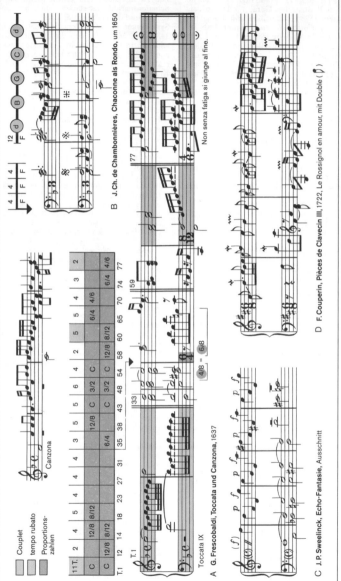

B J.Ch. de Chambonnières, Chaconne als Rondo, um 1650

Non senza fatiga si giunge al fine.

Canzona

D F. Couperin, Pièces de Clavecin III, 1722, Le Rossignol en amour, mit Double (♭)

A G. Frescobaldi, Toccata und Canzona, 1637

Toccata IX

4/8 = 6/8

C J.P. Sweelinck, Echo-Fantasie, Ausschnitt

Couplet
tempo rubato
Proportions-
zahlen

Offene und strenge Form

Klaviermusik bedeutet im Barock allg. Musik für ein Instrument mit Klaviatur: *Orgel, Cembalo, Clavichord.*
Das *Clavichord* klingt sehr leise, dynam. variabel, beseelt, das *Cembalo* eher glänzend, konzertant, war auch Übinstr. des Organisten zu Hause. Die Grenzen zur Orgelliteratur fließen, doch gibt es:
– Zuweisungen: z.B. *per organo, für Orgel;*
– Gattung und Gehalt: *geistl.* Musik ist primär für Orgel gedacht, *weltl.* (wie Tänze) für Cembalo;
– techn. Unterschiede: das Pedal der Orgel fehlt dem Cembalo (*Pedalcembali* waren selten), die Orgel kann lange Töne halten, das Cembalo kaum (Wiederanschlag, Triller), Registerwechsel und Terrassendynamik haben beide.
Klavier und Orgel werden im Barock zentral (im 16. Jh. noch die Laute) durch die Möglichkeit der *Generalbaßausführung* (Akkordspiel) und des mehrst. *konzertanten Spiels.*
Die Nationen prägen Stile aus: Italien die *virtuose Sonate* (SCARLATTI), Frankreich die *Suite* (COUPERIN), England die *Variation* (Virginalisten). Deutschland übernahm und verschmolz die Stile (*»stile misto«,* QUANTZ).

Italien brachte im Frühbarock den ersten großen Instrumentalisten hervor, den wie MONTEVERDI in der Vokalmusik, auf dem Instrument den neuen affektgeladenen Ausdrucksstil verwirklichte:
GIROLAMO FRESCOBALDI, *1583 Ferrara, †1643 Rom, lernte bei Dom-Kpm. L. LUZ-ZASCHI (venezian. Tradition); ab 1608 Organist an St. Peter, Rom.
Die Titel seiner Werke zeigen noch die venezian. Gattungen:
Toccate e partite d'intavolatura di cembalo, 2 Bde. Rom 1615, 1627, 2. Aufl. 1637 (Nb. A). Toccaten sind kurze Vorspiele (*Intonazioni,* mit oder ohne Choral) oder größere selbständige Gebilde (oft zur Wandlung, *alla levazione*). MERULO schrieb noch einheitl. Toccaten mit präludienhaft *freien* und ricercarartig *gebundenen* Teilen, FRESCOBALDI erweitert sie zu vielgliedrigen, affektgeladenen Gebilden voller Gegensätze:
Imitation (mit Verzierung, T. 1), Akkorde (T. 35), Baßfiguration (T. 58), Läufe (T. 60), Parallelen (T. 77). Die Teile wechseln lebendig und dramatisch stets nach wenigen Takten (s. Gesamtanlage, Abb. A). Die »Taktangaben« sind noch alte *Proportionszahlen:* sie setzen die folgende der vorangehenden Notengruppe gleich (6 Achtel in T. 36 so lang wie 4 Achtel in T. 35). *»Das Ende erreicht man nicht ohne Mühe«,* notiert FRESCOBALDI am Schluß.
FRESCOBALDI fordert über eine gehobene Technik hinaus ein ausdrucksvolles Spiel mit ideenreicher Registrierung (wechselchörig, konzertant) und *tempo rubato* (*nach Seelenlage,* vgl. MONTEVERDI-Zitat S. 307).

Die *Partiten* von 1615 sind Variationsreihen über Baßmodelle wie *Aria della Romanesca,* die *Folia-Aria* u.a. (S. 262, Abb. B). – FRESCOBALDIS Fantasien, Ricercare, Canzonen und Capriccios erscheinen wie gewohnt *»fugiert«,* verwenden aber nur noch *ein* Thema wie die spätere Fuge (*Capriccio sopra un soggetto,* 1624). Die Canzona heißt noch *alla francese* wegen ihres Chanson-Themenkopfes (Abb. A, vgl. S. 254, Abb. A). *Dux* (Tonika F-dur, Quinte f–c) und *Comes* in tonaler Beantwortung (Dominante C-dur, Quarte c–f), wie später in der Fuge.
Als Haupt- und Spätwerk FRESCOBALDIS erschienen die *Fiori musicali* (1635), Orgel- und Cembalosätze, z.B. die *Bergamasca-*Var.

Holland. In Amsterdam wirkte JAN PIETERS-ZOON SWEELINCK (1562–1621), lernte vermutlich bei ZARLINO in Venedig; schreibt *ital.* Toccaten, Fantasien, Ricercare und *engl.* beeinflußte Choral- und Lied-Variationen.
Seine *Echo-Fantasie* klingt in ihrer konzertanten Raumwirkung *venezian.* und zeigt in ihrer Chromatik den affektgeladenen neuen Stil des Barock (Nb. C).

Frankreich. In Frankreich dominiert das Cembalo (*Clavecin*). Die Clavecin-Musik zeigt *Lauteneinfluß* in ihrer gefälligen *Oberstimmenmelodik,* ihrem *Spielcharakter* und ihrer lockeren *Satzstruktur* mit vielen gebrochenen Akkorden (*style brisé*).
Hauptgattung ist die Suite (*Ordre*), eine freie Folge von Tänzen und Klavierstücken (*Pièces de clavecin*), oft mit programmat. oder poet. Titeln (S. 112, Abb. A).
Man spielte subtil und graziös und nie so wie notiert: man liebte das *jeu inégale* (*notes inégales*), das ungleichmäßige Spiel mit feinsten rhythm. Verschleppungen, Accelerandi, agogischen Nuancen, improvisatorisch und nie notierbar.
JACQUES CHAMPION DE CHAMBONNIÈRES (1601/02–72), am Hofe LUDWIGS XIV., *Pièces de clavecin* (1670): in der *Chaconne* lockert er die strenge Baßvariationsform (hier nur 3 mal 4 Takte mit Chaconnebaß) durch kontrastierende Couplets zu einem Rondo auf (Abb. B).
JEAN-HENRI D'ANGLEBERT (1628–91); NICO-LAS LEBÈGUE (1631–1702); LOUIS COUPERIN (1626–61); FRANÇOIS COUPERIN LE GRAND (1668–1733), Neffe von LOUIS, Hoforganist und -clavecinist in Paris:
Lehrbuch *L'art de toucher le clavecin* (1716), 4 Bände Suiten (*Ordres,* 1713–40) mit Tänzen, freien und Charakter-Stücken von hohem poet. Gehalt, oft mit preziös variierter Wiederholung (*Double,* Nb. D).
Organisten: JEAN TITELOUZE (1562/63–1633), Rouen; NICOLAS DE GRIGNY (1672–1703), Reims, *Livre d'orgue* (1699); LOUIS MARCHAND (1669–1732), Paris; LOUIS-CLAU-DE DAQUIN (1694–1772), Paris.

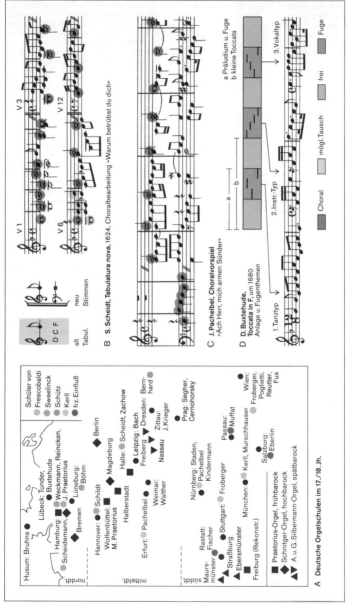

B S. Scheidt, Tabulatura nova, 1624, Choralbearbeitung »Warum betrübst du dich«

C J. Pachelbel, Choralvorspiel
»Ach Herr, mich armen Sünder«

D D. Buxtehude, Toccata in F, um 1680
Anlage u. Fugenthemen

A Deutsche Orgelschulen im 17./18. Jh.

Orgelschulen des 17. Jahrhunderts

In Deutschland gibt es im 17. Jh. unterschiedl. Stile im Orgel- und Klavierspiel.

Süddeutschland. Der *kath.* Süden hat weniger Orgelspiel im Gottesdienst, dafür mehr kammermusikal. Klavierspiel mit Suite (frz. Einfluß), Toccata, Capriccio (ital. Einfluß); wenig Pedal.

Norddeutschland. Im *protest.* Raum Mittel- und Norddeutschlands kann sich das Orgelspiel reich entfalten, bes. in den Choralbearbeitungen sowie den Präludien und Fugen. Stark ist der Einfluß SWEELINCKS (Holland, S. 340) und der Virginalisten (England). Die Organisten lieben das farbenreiche Wechselspiel der **Register**, was den *Werkcharakter* der Orgel ausprägt (charakterist. Hauptwerk, Oberwerk, Brustwerk usw.). Dazu treten klare **Solostimmen**, bes. nasale Zungenregister (Oboe); die Krönung bildet der pathetische **Tuttiklang**. So entwickelt sich ein virtuoses, kontrastreich-konzertantes Spiel mit ausgeprägter Pedaltechnik, klarem Liniengeflecht und wuchtigen Akkordblöcken. Der reichen Klangphantasie entspricht ein starker Affektgehalt.

Mitteldeutschland. Mischung aller Einflüsse, wobei in der Orgelmusik norddt., in der Cembalomusik süddt. Elemente überwiegen.

Die **Orgel** erreicht im Barock ihr **Bauideal**, an dem später nichts zu verbessern, allenfalls zu verändern war (Orchesterfarben im 19. Jh., Restauration der Barockorgel im 20. Jh.). 3 Typen:
- die frühbarocke **Praetorius-Orgel** (von PRAETORIUS im *Synt. mus. II*, 1618, beschrieben, danach die Rekonstruktion in Freiburg), noch an der Klarlinigkeit der Renaissance orientiert mit scharfer Registertrennung, ungemischten Farben, Koppelverbot für Äqualstimmen; z. B. Halberstadt (1586); Musik: SCHEIDT;
- die hochbarocke **Schnitger-Orgel** (von ARP SCHNITGER, 1648–1719, Hamburg), norddt., ausgewogene Klangfülle mit Aliquoten und Zungen, bis zu 4 Manualen, Orgelideal des Barock; z. B. Hamburg St. Nicolai (1687); Musik: BUXTEHUDE;
- die spätbarocke **Silbermann-Orgel.** Brüder SILBERMANN, der ältere ANDREAS im Elsaß, z. B. Maursmünster (1709–10), der jüngere GOTTFRIED in Sachsen, z. B. Freiberg (1710–14); viele Grundstimmen, weniger Einzelaliquote und Zungen, komplizierte Registrierung; Musik: BACH.

Gattungen
liturgisch: Choralvor- und nachspiele, Choralbearbeitung, Choralvariation (Choralpartita, Abb. B), Choralfantasie (Abb. C: Choral langsam in der Oberstimme).
übrige: Präludium, Toccata, Kanzone (selten), Ricercar (selten), Fuge, Fantasie, Echostück, Capriccio, Suite, Liedvariation, Chaconne, Passacaglia, Sonate (einsätzig).

Im **Norden** wirken P. SIEFERT (1586–1666), M. SCHILDT (1592/93–1667), H. SCHEIDEMANN (um 1595–1663), alle drei SWEELINCK-Schüler, dann M. WECKMANN (1619–74), ADAM REINKEN (1623–1722), bes.:
DIETRICH BUXTEHUDE (um 1637–1707), TUNDER-Nachfolger an St. Marien in Lübeck, konzertante Abendmusiken. BUXTEHUDE vergrößert die formalen und spieler. Dimensionen, entwickelt die *Toccata mit Fugen*: zweiteilig als Toccata bzw. Präludium und Fuge, dreiteilig als kleine Toccata mit Fuge als Mittelteil (so später allg.), als fünfteiliges Gebilde wie die *Toccata in F* mit 3 Fugen unterschiedlich in Thematik und Charakter: *tänzerisch* giguenartig im 12/8-Takt, *instrumental* mit Figuren und Punktierungen, *vokal* seht linear (Abb. D).
Ferner: V. LÜBECK (1654–1740); G. BÖHM (1661–1733); N. BRUHNS (1665–97).

In **Mitteldeutschland** lebte der bedeutendste Organist des dt. Frühbarock
SAMUEL SCHEIDT (1587–1654), Schüler SWEELINCKS, ab 1603 Halle: Moritzkirche, ab 1608 Hoforganist, ab 1620 Kapellmeister (vgl. S. 333).
Hauptwerke: *Görlitzer Tabulaturbuch* (1650) und *Tabulatura nova* (1624). Letztere spiegelt die gesamte Praxis der Tasteninstr. jener Zeit. Der Name besagt, daß der Druck nicht in alter Orgeltabulatur (mit Buchstabennotierung für den Baß), sondern in *Stimmen* erschien (Abb. B). Das ist der Polyphonie der meisten Stücke angemessen. Unter den liturg. Stücken zeigen die Choralbearbeitungen SCHEIDTS ideenreiche Variationstechnik.
    In Vers 1 liegt die Liedmelodie (*Choral, c. f.*) in der *Oberstimme* (Nb. B), in Vers 3 im *Tenor*; Vers 6 ist ein *Bicinium* im *doppelten Kp.* (die grünen Noten erklingen nicht gleichzeitig: sie zeigen den Beginn der Stimmen nach ihrer kp. Vertauschung); Vers 12 *koloriert* den c. f. durch kleine Zwischennoten (*Diminution*).
Bekannte mitteldt. Organisten: JOH. KRIEGER, KUHNAU, TELEMANN, BACH (vgl. S. 333).

Im **Süden** wirkt JOHANN JAKOB FROBERGER (1616–67), lernte bei FRESCOBALDI in Rom, war Hoforganist in Wien; Schöpfer der dt. Klaviersuite: um 1650 setzt sich in seiner (frz. beeinflußten) Suite ein Kern von 4 Sätzen durch: *Allemande, Courante, Sarabande, Gigue* (die Gigue noch oft an 2. Stelle); Hang zur Zyklusbildung (gleiche Tonart aller Sätze).
Ferner: J. K. KERLL (1627–93), GEORG MUFFAT (1653–1704), sein Sohn GOTTLIEB THEOPHIL MUFFAT (1690–1770), bes.:
JOHANN PACHELBEL (1653–1706), Nürnberg, *Hexachordum apollinis* (1699). In seinem Choralbearbeitungstyp erscheint der c. f. in langen Noten im Sopran (Nb. C), die andern Stimmen greifen ihn auf (T. 1).

T. 144

Steinwurf Davids   Goliath fällt

A J. Kuhnau, Bibl. Historien, 1700, Sonate Nr. 1: »Streit zwischen David und Goliath«

B J. S. Bach, Toccata (u. Fuge) d-moll, BWV 565, 1709

T. 1

V 1

1. Clav.

2. Clav.

Pedal

(Va- ter   un - ser   im   Him-)

T. 11

3   3   3

C J. S. Bach, Choralbearbeitung »Vater unser«, BWV 682, (Clav.-Üb. III, 1739), 5st.

Variationsfolge

2 : 3 : 4   4 : 3 : 2

1 2 3 4 5 6 7 8 9 10 11 12 13 14 15 16 17 18 19 20

Thema

Pedal   5 ——→ 4 T. —— 4 T. —→ 5

Bezug	Achse
Choral, Oktavkanon	
var. Choral u. Kp.	
Intervallproportionen	
freier Baß	

D J. S. Bach, Passacaglia (u. Fuge) c-moll, BWV 582, 1716/17

Programm, Themengestalt und -bearbeitung

Im Barock gelangt die **Orgelmusik** zum Höhepunkt. Der klare, großräumige Orgelklang entspricht barockem Musikempfinden: füllige, konzertante Repräsentation, starke Affekte und ein über den Menschen hinausweisender spekulativer, religiöser Gehalt. Subjektiver Ausdruck des *Empfindsamen Stils* ließ dann die Orgelmusik versinken.

Die Orgel wird im Barock durch wuchtige Prinzipale, glänzende Mixturen, schneidendschnarrende Zungen, Terrassendynamik und -klangfarben zum *Instrument aller Instrumente*, das *fast alle andere Instrumenta Musicalia in sich begreift* (PRAETORIUS 1618).

Freie Gattungen: Ricercar, Canzone, Pastorale, Variation, Passacaglia, Toccata, Präludium, Fuge, Fantasie, Trio, Konzert. **Choralgebundene Gattungen** *(Choralbearbeitungen)* aus dem Choralspiel mit den 3 Aufgaben: *präludieren:* Choralvorspiel (S. 141); *begleiten:* meist 4st., schlicht; *alternieren:* strophenweiser Wechsel Orgel und Gemeinde oder Chor. Der **Orgelchoral,** mit vollst. Liedmelodic, ist die zentrale liturg. Gattung. Durch Einschübe zwischen den Zeilen und freiere Behandlung wird er zur **Choralfantasie** (BUXTEHUDE). In der **Choralpartita** folgen Choralstrophen als Variationen (wie *Lied-Var.,* S. 342, Abb. B).

Die dt. Stilunterschiede im 17. Jh. gleichen sich im Spätbarock aus. J. C. F. FISCHER (um 1665–1746), frz. geschulter Kapellmeister in Rastatt, schreibt eine *Ariadne musica* (1713) mit 20 Präludien und Fugen durch fast alle Tonarten (vor BACHS *Wohltemp. Klavier*). BACHS Vorgänger, Thomaskantor J. KUHNAU (1660–1722) übertrug in seinen *Frischen Clavier-Früchten oder 7 Suonaten* (1696) die ital. Triosonate aufs Klavier.

In der *Musicalischen Vorstellung Einiger Biblischer Historien in 6 Sonaten* (Lpz. 1700) schildert die Musik das Programm: *Das Pochen und Trotzen Goliaths/Das Zittern der Israeliten* usw. Steinwurf und Fall sind deutlich (Abb. A).

Bachs Orgelwerke

BACH lernt in Ohrdruf (1695–1700) beim Bruder JOH. CHRISTOPH die mittel- und süddt. Tradition kennen (PACHELBEL, FROBERGER, FRESCOBALDI). In Lüneburg (1700–03) hört er den SCHÜTZ-Schüler J. J. LÖWE (Nikolaikirche), den norddt. REINKEN-Schüler G. BÖHM (St. Johannis). Dann wird er Organist in **Arnstadt** und **Mühlhausen** (S. 363). Hier entstehen norddt. geprägte Choralvorspiele, -fantasien, -fugen, Choräle, Präludien, Fugen, Toccaten, Fantasien.

Die *Toccata d-moll* umfaßt Toccata und Fuge, beide thematisch aufeinander bezogen (Quintfall). Sie bezeugen großräumige Phantasie und plast. Gestaltungskraft. Der affektvolle Beginn mit seinen Oktavstürzen, Pausen und Fermaten zeigt schon in den Noten ein barockes Bild (Nb. B).

In **Weimar** (1708–17) lernt BACH die ital. Musik kennen. Er überträgt (Violin-)Konzerte VIVALDIS auf die Orgel, schreibt studienhalber eine Canzona, Fantasia und Pastorale, und nimmt ital. konzertante Elemente in alle Gattungen auf. Spätestens hier entstehen große Orgelwerke wie die *Passacaglia und Fuge c-moll:*

Ihr streng gebautes Thema mit Quintbeginn, Spannungsanstieg, Mittelzäsur, Kadenz und Quintfall zeigt wie auch die Ordnung der 20 Variationen zu Gruppen in harmon. Zahlenproportionen, wie kraftvoll Phantasie, Affekt und Virtuosität formal gebändigt werden (Abb. D).

Im **Orgelbüchlein** (1712–17, 45 Choräle) verbindet BACH Gottesdienst, Kunst und Lehre: »*Dem höchsten Gott allein zu Ehren/ Dem nächsten draus sich zu belehren*« (Vorwort). Es zeigt neben Pedalstudien, wie man einen Choral *bearbeiten,* seinen Gehalt darstellen kann (*Wörterbuch der Bachschen Tonsprache,* A. SCHWEITZER).

Der **Textgehalt** des *Chorals* (Kirchenlieds) geht in die Musik ein, in zeilen- bzw. strophenweiser *Ausdeutung.* Sie führt vom einfachen Spiel über die vielgestaltige Bildersprache der *musikal. Rhetorik* bis zur hochgradigen *Vergeistigung* der Musik bei BACH, die voll naheliegender **Symbolik** und tiefsinnig vergleichender **Metaphorik** steckt. So läßt BACH einen Sterbechoral im *Seligkeitsrhythmus* erklingen und stellt dadurch den christl. Jenseitstrost über den Tod hinaus dar.

In Abb. C. rufen lombard. Punktierungen *(Pathos),* gekräuselte Linien *(Qual)* und starke Chromatik *(Schmerz)* das Bild des leidbedrückten Menschen hervor, der im *Vater unser* Erlösung sucht.

Die 3 Hauptchoralbearbeitungstypen sind:
– *c. f.* in langen Werten im Sopran (PACHELBEL-Typ; wie Nb. C, T. 11)
– *c. f.* konzertant verziert und begleitet im Sopran (BÖHM-Typ; wie Nb. C, T. 1);
– kanon. Verarbeitung des *c. f.* (Nb. C, T. 13/14 und Schemazeichnung).

In Leipzig (ab 1723) muß BACH als Kantor 2 Organisten zur Entlastung. Er selbst spielt als Orgelkenner bei Prüfungen neuer Orgeln und in Konzerten. Es entstehen u. a.
– 6 **Triosonaten:** Übertragung der ital. Triosonate auf die Orgel, 3st., 3sätzig, konzertant und virtuos;
– **Klavierübung III. Teil** (1739) mit Präl. Es-dur, Orgelchorälen für den Gottesdienst (*Orgelmesse,* Abb. C), Fuge Es-dur, 4 *Duette* (inventionsartig nach frz. Orgelart);
– *Einige canonische Veraenderungen über das Weynacht-Lied: Vom Himmel hoch* (1746–47), zum Eintritt in die *Mizlersche Societät der mus. Wissenschaften* (S. 119).

Die Leipziger Orgelwerke BACHS zeigen Tendenz zur Zyklusbildung und ausgewogene Schönheit der klangsinnl. Gestalt und des geistigen Gehaltes.

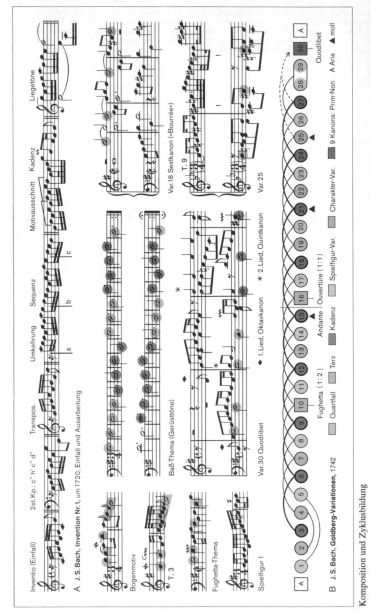

Komposition und Zyklusbildung

Von den barocken Klavierinstrumenten *Cembalo* und *Clavichord* liebte BACH das letztere bes. wegen der *»Mannigfaltigkeit in den Schattierungen des Tons«* (FORKEL). Das erlaubt Rückschlüsse für die Wiedergabe der BACHSCHEN Klavierwerke auf dem modernen Flügel. Das **Clavichord** war ausdrucksstark und cantabel, aber so leise, daß es nur für das Alleinspiel geeignet war.

Beim **Cembalo** rechnet BACH im allg. mit dem einmanualigen Instrument, nur für das *Ital. Konzert*, die *Frz. Ouvertüre* und die *Goldberg-Variationen* verlangt er 2 Manuale (Solostimmen, virtuoses Spiel).

Bis einschließlich Weimar (1717) schreibt BACH Präludien, Fugen, Toccaten, Capriccios, darunter eines auf die Abreise seines Bruders ins schwed. Heer.

In **Köthen** (1717–1723) komponiert er als Hofkapellmeister und Klavierlehrer die meisten seiner weltl. Klavierwerke und Klavierkammermusik, u. a.:

– *Kleine Präludien* und *Fughetten.*
– Das *Wohltemperierte Klavier*, 1. Teil (1722), 24 Präludien und Fugen (S. 140f.).
– Je 6 *frz.* und *engl. Suiten* (S. 150f.).
– *Inventionen* und *Sinfonien* (1723).

Letztere geben Einblick in barocke (BACHS) Unterrichts-, Spiel- und Kompositionsweise: »Auffrichtige Anleitung, wormit denen Liebhabern des *Claviers,* besonders aber denen Lehrbegierigen, eine deütliche Art gezeiget wird, nicht alleine (1) mit 2 Stimmen reine spielen zu lernen, sondern auch bey weiterer *progreßen* (2) mit dreyen *obligaten Partien* richtig und wohl zu verfahren, anbey auch zugleich gute *inventiones* nicht alleine zu bekommen, sondern auch selbige wohl durchzuführen, am allermeisten aber eine *cantable* Art im Spielen zu erlangen, und darneben einen starcken Vorgeschmack von der *Composition* zu überkommen« (BACHS Vorwort). Jeder Spieler soll also auch improvisieren und evtl. komponieren lernen. Die Kompositionsweise ist typisch für das Barock: es beginnt mit dem Einfall (*inventio*). Er ist nicht das wichtigste und mag Allerweltsmotivik enthalten (Lauf, Terzen, s. Nb. A). Es folgt die Ausarbeitung (s. S. 305), meist kp. mit Zweitstimme, Motivspiel, Kadenzen usw. (Abb. A). In der Gesamtanlage (hier: 3 Teile) beachtet der Komponist Abwechslung, Vielfalt und Einheit des Ganzen.

In **Leipzig** (ab 1723) entstehen u. a. die 4 *Klavierübungen* (im Sinne von Ausübung, Spiel), die *Klavierkonzerte* für den Hausgebrauch und das Collegium musicum (S. 361) und der 2. Teil des *Wohltemperierten Klaviers* (1738–42). Die Klavierübungen gehören zu den wenigen Werken, die BACH selbst im Druck erscheinen ließ:

– **Klavierübung 1. Teil** (1731): 6 Partiten.
– **Klavierübung 2. Teil** (1735): *Concerto nach ital. Gusto* und *Ouverture nach frz.*

Art. Das *ital. Konzert* ist 3sätzig in Solo/ Tutti-Struktur *(p/f)* und einer virtuosen Instrumentalthematik à la VIVALDI.

– **Klavierübung 3. Teil** (1739): Choralvorspiele und Duette (s. S. 344f.).
– **Klavierübung 4. Teil** (1742): *Aria mit verschiedenen Veränderungen,* geschrieben für den Grafen KEYSERLINGK in Dresden und dessen Kammercembalisten GOLDBERG *(Goldberg-Variationen).*

Die Aria steht bereits im 2. Notenbuch der ANNA MAGDALENA (1725). Der Name *Aria* deutet auf die ital. Baßmodelle für Variationen (S. 262, Abb. B). Der Baß ist das eigentl. *Thema.* Er bleibt wie in einer Chaconne oder Passacaglia mit seinen harmoniebestimmenden Gerüsttönen in jeder der 30 Variationen erhalten. BACH erweitert ihn jedoch auf die ungewöhnl. Länge von 32 Takten, ganz aus Quartfall und Kadenzen bestehend (Nb. B). Auch das Oberstimmenmotiv enthält den Quartfall, außerdem die Terz (s. Bogenmotiv). Die Quarte steht für die 4 Elemente und die Welt, die Terz für die Trinität und Gott, der sie beseelt und überhöht. Das Bogenmotiv findet sich variiert in der Aria (s. T. 3) und in den Variationen. Diese spiegeln die gesamte barocke Musikpraxis wider. BACH verschränkt 3 Reihen miteinander:

– **Spielfigurvariationen** aus Läufen, Arpeggien usw. wie in Präludien und Toccaten, angelegt in steigender ital. Virtuosität.
– **Charaktervariationen** in bestimmten Formen oder Gattungen wie *Triosonate* (Var. 2), *Tanz* (Var. 4), *Siciliano* (Var. 7), *Fuge* (Var. 10), *Solokonzert, Arie* (Var. 13, 25), *Frz. Ouvertüre* (16), *Quodlibet* (30).
– **Kanons,** 2st. über dem freien Baß der Aria (S. 118, Abb. C), mit steigendem Einsatzintervall: Prim (1. Kanon, Var. 3), Sekunde (2. Kanon, Var. 6) usw. bis zur None (9. Kanon, Var. 27: 2st., Baß wird Kanonstimme, Baßquartfall oben schon in Var. 18 mit Bourréecharakter, s. Nb.).

BACH teilt die Gesamtreihe proportional durch Sondervar.: Var. 10 (10:20 wie 1:2, Oktavproportion) als 4st. *Fughette,* deren Thema sich aus dem Quartfall ableitet (s. Nb.), ferner *Andante* als 1. Mollvar. und *Frz. Ouvertüre,* die 2. Hälfte eröffnend. Vor dem Schluß erscheint eine kadenzhafte Erweiterung der virtuosen Variationen (28/29). Als Var. 30 erklingt statt des erwarteten Dezimenkanons ein *Quodlibet* mit 2 Volksliedern (*Ich bin so lang nicht bei dir g'west* und *Kraut und Rüben haben mich vertrieben*) kanonisch über dem Ariabaß (s. Nb.). – Zuweilen erinnert BACHS lineare Chromatik in ihrer harmon. Kühnheit an 19. Jh. (Var. 25: WAGNERS *Tristan*-Akkord, s. Nb.).

Abschließend erklingt die Aria unverändert nach den Var. als Metamorphose des immer Gleichen: Anfang und Ende schließen sich, Symbol für den Kreislauf der Natur und die Einheit des barocken Weltbildes.

Air

Var. I/II (r./l. H.) Var. III/IV (r./l. H.) Var. V. (r. H.)
Tempozunahme

konstant

A G. F. Händel, Grobschmied-Variationen aus Suite 5, um 1720 (Präl.-Allem.-Cour.-Air)

: ab   ab   a+b   a'+b'   cb'a'   cb'a'   de   d'e'   e" : → : B   F : : B   F   B :

Motivfolge im 1. Teil

Sonata bipartita

(a) 3 Lagen   (b) Lauf u. Terz   (a) l. H.

(c) Staccato

2teilige Form mit var. Reprise

kontrastierender Mittelteil
hier: 6/8 Siciliano

(d) Triolen, Hemiolen   (e) Repetition

·**B D. Scarlatti, Sonate B-dur,** um 1736

gracieusement   hardiment
T. 14

T. 24
gracieusement

C J.-Ph. Rameau, Nouvelles Suites, 1736, L'Enharmonique

D D. Gaultier, La Rhétorique des Dieux, um 1650 (Tanzsammlung für Laute), Mode sous-ionien

chromatischer Halbton   Ganzton   unvollst. Mittelstimme/Baß
diatonischer Halbton   7 – [1] 6 – 5   Zusatztöne
    C [B] d

Variations- und Spieltechnik, Lautensatzstruktur

G. F. HÄNDEL schrieb vielgespielte Suiten für Cembalo: *8 Suites de Pièces pour le Clavecin,* I (1720), *9 Suites,* II (1733), darin die G-dur-Chaconne, ferner 6 Fugen für Orgel oder Cembalo (1735).
In den sog. *Grobschmied-Var.* (aus I, 5) läßt HÄNDEL die einfache Melodie liedhaft in der Oberstimme erklingen. Die Variationen zeigen alten Virginalistenstil und modernen ital. Einfluß (SCARLATTI). Sie steigern Virtuosität und Tempo (bis zu 32stel-Noten, Abb. A).
Italien bevorzugt nach den alten Ricercari und Canzonen spieler., virtuose Musik im sog. *brillanten Stil:* Variationen, Capriccios (teils mit Programm-Titeln), Partiten und Sonaten. Komponisten: A. POGLIETTI (†1683, Wien); B. PASQUINI (1637–1710, Rom); bes.: DOMENICO SCARLATTI (1685–1757), Sohn des ALESSANDRO, Kapellmeister an St. Peter, Rom, ab 1721 Hofcembalist in Lissabon und ab 1729 dasselbe in Madrid.
Von SCARLATTI sind über 500 einsätzige Sonaten erhalten (*Esercizi*). Sie erwuchsen aus den ital. Toccaten, Canzonen, Capriccios und steigern deren Virtuosität und Klangsinn ins Extrem: weite Sprünge, rasche Tonrepetitionen, Terzen- und Sextenketten, Oktaven, Triller. Die Sonaten sind meist 2st. (*r. H.* und *l. H.*) und 2teilig (*bipartita*). Eine ideenreiche Folge meist kurzatmiger Motive und deren Kombination sorgt für geistreiche Abwechslung im überwiegend schnellen Spiel.
Viele Motive entstehen aus der Spieltechnik: Lagenwechsel über Terzen und Akkorde hinweg (Nb. B, a), Lauf (b), 2st. Staccato (c), handliche Triolen (d). Der Beginn des 2. Teils ist hier zu einem eigenen Mittelteil erweitert, nicht durchführungsartig wie beim späteren Sonatensatz, sondern kontrastierend (Abb. B).
SCARLATTI ordnet die Sonaten zuweilen paarig an zu ansatzweisen *Satzzyklen* der späteren Sonate. Die südl. Spiel- und Ausdruckskunst wirkt im Spätbarock modern gegenüber dem gelehrten nord. Kontrapunkt.
Frankreich. Beliebteste Gattung des frz. Spätbarock ist das *Charakterstück,* meist in Sammlungen und lockeren Suiten zusammengestellt, reich im Ausdruck der Empfindungen, in der Zeichnung der Stimmungen und Charaktere und an musikal. Einfällen.
RAMEAU veröffentlichte seine *Nouvelles Suites de Pièces de Clavecin* in Paris um 1728. Die chromat. Rückungen in Nb. C erscheinen kühn. Der Theoretiker RAMEAU erklärt im Vorwort den Ganzton in T. 15–17 als Summe eines *chromat.* Halbtons *cis¹* (enharmonisch zu verwechseln in *des¹*) und eines *diaton.* Halbtons c. Überraschend ist auch der Trugschluß in T. 28.
Das Stück zeichnet in seinem harmon. Raffinement komplizierte seel. Affekte nach: eine subtile Späterscheinung der Epoche, zugleich Vorläufer des *Empfindsamen Stils.*

Lautenmusik
Die Laute ist noch bis ca. 1650 ein sehr beliebtes Hausmusikinstrument, ehe das Cembalo an ihre Stelle tritt.
Die Laute dient der Liedbegleitung und als Gb.-Instrument in Kammer- und Orchestermusik, bes. die fülligen Theorben und Chitarronen. Die **Gattungen** und **Formen** der Lautenmusik entsprechen den *freien Formen* der Cembalomusik, vor allem Tänze, Präludien, Toccaten, Variationen, aber auch *gebundene Formen* wie Ricercar, Fantasie, Fuge und Übertragungen von Vokalwerken. Polyphonie bringt jedoch immer gewisse Schwierigkeiten auf den schnell verklingenden Saiten der Laute.
Frankreich. Der berühmteste Lautenist Frankreichs ist DENIS GAULTIER (um 1600–1672, Paris), aus einer weitverzweigten frz. Lautenistenfamilie. Sein Lautenstil beeinflußte stark die frz. Clavecinisten (*style brisé*). GAULTIER spielte in den Pariser Salons, sein Repertoire spiegelt sich in der für einen dieser Salons bestimmten Ms.-Sammlung *La Rhétorique des Dieux* mit 62 stilisierten Tänzen für die Laute, angeordnet nach den 12 antiken bzw. kirchentonartl. Modi.
Das dem *mode sous-ionien* zugewiesene Stück in Abb. D. steht in der Paralleltonart a(-moll) zu dem ionischen C(-dur). Seine Satzstruktur ist *pseudopolyphon* 3st., denn Mittelstimme und Baß sind nicht konsequent durchgeführt, auch gibt es Zusatztöne zur Akkordfüllung. Alles dient einer lockeren Begleitung der Oberstimme (Melodie). Der punktierte Tanzrhythmus wird in T. 3. vom Baß aufgegriffen, auch ist die Oberstimme verziert worden, so daß ein lebendiges, spielerisch an Improvisation anmutendes Ganzes entsteht.
Der frz. Lautenstil vermeidet feste Satzkonturen und löst sein Spiel in akkord. Brechungen (*style brisé,* s. o.) und anmutig inkonsequente Linien auf. Die Farben sind zart, gebrochen, die Klänge luftig, affektuös, der Stil Vorläufer des galanten Stils.
England. Die Blütezeit der Lautenmusik liegt um Ende des *Elisabethan. Zeitalters* um 1600–1610 (vgl. S. 258).
Deutschland. Blütezeit 16./17. Jh. mit zunehmend frz. Einfluß. E. REUSNER (1636–79), Berlin, veröffentlichte *Neue Lautenfrüchte* (1676). In Dresden wirkte S. L. WEISS (1686–1750). BACH schrieb nur wenige Lautenstücke (Präl., Partita), übertrug aber seine *5. Cello-Suite* für Laute (BWV 995).
Italien. Blütezeit 16./17. Jh. Zu den führenden Lautenisten gehört V. GALILEI (S. 309), später J. H. v. KAPSBERGER (†1651, Rom) mit seinen 4 Tabulaturbänden (1604, 1616, 1626, 1640).
Spanien hat eine reiche Tradition (S. 263). Die span. Laute des 16./17. Jh. hieß *vihuela de mano* (darin das Stammwort *viola*); sie wird um 1700 von der Gitarre verdrängt.

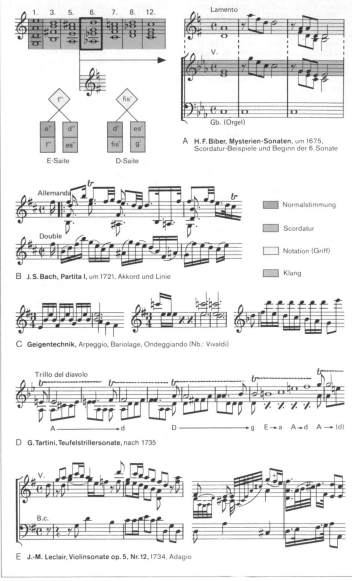

A H. F. Biber, Mysterien-Sonaten, um 1675, Scordatur-Beispiele und Beginn der 6. Sonate

E-Saite   D-Saite

Normalstimmung

Scordatur

Notation (Griff)

Klang

B J. S. Bach, Partita I, um 1721, Akkord und Linie

C Geigentechnik, Arpeggio, Bariolage, Ondeggiando (Nb.: Vivaldi)

D G. Tartini, Teufelstrillersonate, nach 1735

E J.-M. Leclair, Violinsonate op. 5, Nr. 12, 1734, Adagio

Spieltechnik, Polyphonie und Ausdruck

Im Barock erreichen V.-Spiel und -Bau große Höhe (AMATI, STRADIVARI, S. 41).

Italien. Das **Violinspiel** sondert sich um 1600 vom Violaspiel ab, indem es in Spieltechnik, Figuration und Motivbildung die *Quintstimmung der Saiten* und das *bundlose Griffbrett* berücksichtigt. MONTEVERDI (aus der Geigenbauerstadt Cremona) war noch Violaspieler am Hof in Mantua. Er verlangt bereits die 4. Lage (e^3, *Marienvesper*, 1610). UCCELLINI geht bis zur 6. Lage (1649). Früh erscheinen zur programmat. Darstellung auch Effekte wie *pizz.* (MONTEVERDI 1624, S. 336), *col legno, sul ponticello, gliss.* (FARINA 1627).

Seit Anfang des 17. Jh. entwickelt sich die Literatur für die V. im **Orchester** (ohne komplizierte Spieltechnik), die **Kammermusik** für mehrere Geigen, bes. die Triosonate, und die **Sololiteratur,** auch hier Sonaten und Stücke mit programmat. Inhalt.

Komponisten sind G. P. CIMA (*Sonata per violino e violone*, 1610, gilt als 1. Solosonate für V.), MARINI, CASTELLO, GRANDI.

A. CORELLI schafft mit seinen 12 V.-Sonaten mit Gb. (*Sonate a violino e violone o cimbalo*, Rom 1700) ein Standardwerk der V.-Literatur, das die damals übl. Spieltechnik an moderaten Doppelgriffen und Figuration zusammenfaßt und das bis ins späte 19. Jh. hinein zum Grundstudium jeden Geigers gehörte. Es sind Kirchen- und Kammersonaten, dazu Variationen (Nr. 12 *La Folia*), alles in einem gehobenen, kantablen Stil.

CAZZATI, G. B. VITALI (1632–92) Modena, Sohn T. A. VITALI (1663–1745) Modena, [unsicher] *Ciaccona* für V. und Gb.;

A. VERACINI (1690–1768); T. ALBINONI (1671–1750); E. F. DALL'ABACO (1675 bis 1742), Cellist, 24 V.-Sonaten; P. A. LOCATELLI (1695–1764), Corelli-Schüler, *Capricci* op. 3 (1733); bes.:

ANTONIO VIVALDI (1678–1741, Venedig). Neue Spieltechniken und Figuren, rechnet mit dehnfähiger linker Hand (12. Lage, Nb. C, Konzertausschnitte). Seine motiv. Erfindung ist rhythmisch prägnant, funktionsharmonisch klar, spielfreudig und konzertant (vgl. S. 360).

Zu den virtuosen Komponisten der Folgezeit wie BONPORTI, MANFREDINI, GEMINIANI, SOMIS, NARDINI, zählt auch G. TARTINI (1692–1770, Padua): *Teufelstrillersonate.*

Der namengebende Triller liegt in einer typ. polyphonen und barock sequenzierenden Stelle (Abb. D).

Deutschland. Das dt. Geigenspiel des 17. Jh. ist weniger virtuos. Es nimmt die Tradition der Lied- und Tanzvariation auf; es gibt programmat. Stücke, Kanzonen, Sonaten. Typisch ist polyphones Spiel (Doppelgriffe).

Komponisten: W. BRADE († 1630, Hamburg), B. MARINI (S. 352), J. VIERDANCK, D. SPEER, J. H. SCHMELZER (∼ 1623–80, Wien); bes.

HEINRICH IGNAZ FRANZ BIBER (1644–1704, Salzburg).

BIBERS Kirchensonaten widmen sich z. T. bestimmten Betrachtungen: so die 16 Solosonaten zu den *Rosenkranz-Mysterien Mariens* (auch *Passionssonaten* genannt), wobei die barocke Musiksprache durch ihre Figuren, Bilder und Affekte den außermusikal. Gehalt zum Klingen bringt.

BIBER läßt fast zu jeder Sonate die Geige anders stimmen als in den gewohnten Quinten (*Scordatur*), also z. B. statt g-d^1-a^1-e^2 die Folge as-es^1-g^1-d^2 (Abb. A, 1. und 6. Sonate). Er notiert dann die normale Quinte d^1-a^1, also die gutklingenden, leeren Mittelsaiten, und es erklingt durch die Scordatur ebenso wohltönend die Terz es^1-g^1 (bei zu starker Veränderung verliert der Klang), so in Nb.A, T.1. Um für das in c-moll (*c-dorisch*) stehende Stück das nötige es^2 zu erhalten, schreibt er als Vorzeichnung f^2, was auf der nach d^2 verstimmten E-Saite als es^2 erklingt, gleichzeitig braucht er das Vorzeichen fis^1, um auf der nach es^1 verstimmten D-Saite ein g^1 zu erhalten (s. Schema A).

In Dresden: J. J. WALTHER *Hortulus chelicus* (1688); J. P. v. WESTHOFF (1656–1705) Suite (1683); J. G. PISENDEL (1687–1755). Sie beeinflussen J. S. BACH, dessen 6 *Sonaten und Partiten* für V. solo aus der Köthener Zeit den Höhepunkt der barocken V.-Literatur darstellen.

Es sind *3 Kirchensonaten* mit je 2 kantabel-langsamen und 2 fugiert-schnellen Sätzen, dazu *3 Partiten* mit den übl. Tanzsätzen. Sonaten und Partiten wechseln einander ab (Tonartenfolge: g,h; a,d; C,E).

BACH schreibt polyphon und linear, wobei sich Akkorde in Linien und Arpeggien auflösen können, und umgekehrt in einer Linie verdeckte Polyphonie durchscheint. So bleiben in der linearen Double- Variante in Nb.B die Haupttöne der Melodie und wichtige Harmonietöne erhalten.

An die 2. Partita in d-moll schließt sich die berühmte *Chaconne* an (S. 156).

Nach BACH sei noch TELEMANN mit seinen *Fantasien* für V.solo (1735) erwähnt.

Frankreich. LULLY, selbst Geiger, begründet eine Geigentradition, bes. des Orchesterspiels. Im 17. Jh. unter Suiteneinfluß und der Charakterkunst der Clavecinisten folgt die Violinliteratur der 18. Jh. zunächst VIVALDI als Vorbild. Man schreibt auch in Frankreich *Sonaten* und *Konzerte,* so der virtuose J. P. GUIGNON (ab 1725 in den *Concerts spirituels); J.-J.* MONDONVILLE (*Flageolett;* Sonaten um 1735), J. AUBERT (auch Sonaten für 2 V. ohne B.c.); JEAN-MARIE LECLAIR (1697–1764, fast 50 Sonaten, 12 V.-Konzerte) hat in Turin noch bei CORELLI-Schüler SOMIS studiert und vermittelt ital. Art an die vorklass. Generation (GAVINIÈS).

N.1, 2	4, 5	10	3	6	8	11, 12	13, 14	15	16, 17	18	19, 20
2 V.			1 V.	2 Fl. (V.)	2 Z. (Ob.)	1 Z. (V.)		1 Z. (V.)			1 Z. 1 Trp. (Z.)
			1 Fg. (Pos.)				4 Pos.	1 Pos. (Va.)		3 Pos. (Va.)	
1 B.			1 B.	1 B.	1 B.	1 B.		1 Fg. (Vc.)	3 Fg. (Vc.)		1 Fg.
S.	T.	T., B.	A.	B.	2 T.	S., T., B.	B.	S., T.	S., A.	2 S., T.	2 T., B.

A **H. Schütz, Symphoniae sacrae I,** 1629, Besetzungen   ▢ konzert. Instr.   ▢ Sänger   ▢ Gb.

B **J. Pezel, Turmsonate,** 1670, für 2 Z. (V.), 3 Pos. (Va., Vc.)

		V. Fl. Ob. Va.	V. Fl.
		V. Fl. Ob. Va.	Va. V.
		Orgel, Cembalo, Laute Vc., Kb., Fg.	
3 st. Satz	4 Spieler	2 Melodieinstr. und Gb.	

C **Triosonate,** Satzstruktur (Nb.: A. Caldara, op. I/7, 1693)

Grave 6 T., C	Allegro 15 T., C	Grave 4 T., C	Allegro 18 T., 2/4	Adagio 2 T., C	Allegro 17 T., 2/4	Grave 3 T., C

D **B. Marini, Sonata »La Gardana«,** für V. oder Z. und Gb., 1617

E **J. J. Quantz, Adagio für Flöte und Gb.,** 1752   ▢ ital. Verzierungen

Viola: im Barock fast nur *Orchesterinstr.;* im 17. Jh. noch versch. Größen.

Violoncello: Gb.-Instr.; *Solosonaten* seit D. GABRIELI (vor 1680), *Konzerte* seit G. JACCHINI (1701). J. S. BACH schrieb in Köthen *6 Suiten für Vc. solo,* die 5. mit Skordatur *(C-G-d-g),* die 6. für ein Vc. mit 5 Saiten (+ e').

Kammermusik
ist alle Musik für einen Spieler allein oder für kleinere *solist.* Besetzungen, also Duos, Trios, Quartette usw., im Barock bes. die Sonaten für 1–2 Melodieinstr. und Gb. (Abb. C, D). Sie entstanden kurz nach 1600, als man das monod. Prinzip vom Gesang auf die Instr. übertrug (GABRIELI, MARINI, ROSSI).
Die **Triosonate** ist die Hauptgattung der barocken Kammermusik. Ihr Satz ist 3st. (4 Spieler). Die Standardbesetzung der Oberstimmen: 2 Violinen (CORELLI, HÄNDEL), auch 2 Flöten, Oboen, Violen oder Mischungen (Abb. C; S. 148, Abb. B).
Besetzt man die Triosonate mehrfach (ab 2 Instr. je Stimme), wechselt sie aus der Instr. Kammermusik in die *chorische* Orchestermusik: sie wird zum *Concerto (grosso).*
Die Triosonate entwuchs der venezian. *Canzona, Sonata, Sinfonia,* mehrteiligen Gebilden wie die frühe *Sonata a tre* von G. P. CIMA (1610) und die erste erhaltene Sonate für Violine oder Zink und Gb. von MARINI (Abb. D). Bis um 1700 bilden sich 2 Standardtypen heraus: die **Kirchen-** und die **Kammersonate** (S. 148f.).
Die Kirchensonate verwendet Orgel für den Gb. (mit Vc. oder Fg.). Nb. C zeigt den gehobenen Stil des einleitenden Graves.
ARCANGELO CORELLI (1653–1713), Fusignano, ab 1671 Rom, veröffentlichte je 12 Kirchen- und Kammersonaten op. 1–4 (1681, 1685, 1689, 1694), dann 12 Violinsonaten op. 5 (1700); 12 *Concerti grossi* op. 6 (postum 1714). CORELLIS Stil ist weiträumig, getragen, ausgewogen. Er erzielte barocke Kolossalwirkungen, indem er seine Kirchensonaten und Concerti grossi mit bis zu 150 Streichern besetzte.
Triosonaten schrieben u. a. BUXTEHUDE (op.1/2), HÄNDEL (op.2/3), BACH *(Musical. Opfer),* PERGOLESI (3sätzig), SAMMARTINI.
Die Oberstimmen, bes. der langsamen Sätze, wurden reich verziert (Nb.E, *Versuch).*

Bläser
Flöte: Das Barock liebt den weichen, pastoralen, aber auch schmiegsam virtuosen Klang der Blockflöten *(flûte à bec, fl. douce).* Es gibt eine reiche Literatur, bes. Sonaten und Konzerte (VIVALDI, TELEMANN, BACH, HÄNDEL). Im 18. Jh. verbreitet sich jedoch mehr und mehr die ausdrucksstärkere Querflöte *(fl. d'Allemagne),* die mit dem *Empfindsamen Stil* ab etwa 1750/60 die Blockflöte verdrängt. Querflötenschulen von HOTTETERRE (1707) und J. J. QUANTZ *(Versuch einer An-*

weisung die Flöte traversiere zu spielen, Berlin 1752, Abb. E) zeigen das hohe spieltechn. und musikal. Niveau. Zu den berühmten Liebhabern der Querflöte gehört FRIEDRICH der GROSSE.
Oboe ist mit zahlreichen Solostellen in der Orchestermusik, aber auch der Kammermusik des Barock vertreten.
Zink, meist im Ensemble, wird im Spätbarock vom Waldhorn ersetzt.
Posaunen sind im ganzen *Chor* vorhanden *(S.A.T.B.),* nur im Ensemble eingesetzt.
Trompete kennt im Barock zwei Blasarten: eine glänzende, klangprächtige im Orchester, im Tutti oder als Solo, in Fanfaren und Konzerten, daneben eine weiche, die Singstimme imitierende, wie in manchen Sätzen von PRAETORIUS und SCHEIDT.
Fagott, Gb.-Instr.; im Orchester oder in kleineren Ensembles (Abb. A).
Horn, Jagdhorn, kein Soloinstr., seit LULLY im Orchester (1664).

Frühe Ensemble-Sätze
Im 17. Jh., der Frühzeit reiner Instrumentalmusik überhaupt, gibt es noch unterschiedl. Ensemblezusammenstellungen und keine Besetzungsnormen. Ein typ. Beispiel bietet SCHÜTZ in seinen *Symphoniae sacrae* nach venezian. Vorbild (GABRIELI). Auf der Grundlage des Gb. spielen die Instr. konzertant solistisch. Sie charakterisieren hier den Text, z. B. 4 Posaunen die Trauer beim Klagegesang *Mi fili Absalom* (Abb. A, Nr. 13).

Turmblasen
Ein *solist.* Bläserensemble gestaltete in Renaissance und Barock das sog. **Abblasen** oder die **Turmmusik.** Das Abblasen war Aufgabe des Türmers, später der Stadtpfeifer und Ratsmusiker. Erwähnt werden *Pfeiffen, Krummhörner, Zinken, Schalmeien* (Trier 1593), *Posaunen, Zincken, Cornetten, Trombonen* (Leipzig 1670, 1694). Es erklangen Signale, Fanfaren, Choräle, Tanzsätze und Turmsonaten, alles *Abblase-Stückgen.* Man spielte zu bestimmten Zeiten des Tages, 3, 11, 19, samstags um 13 Uhr (Halle 1571), 10 Uhr (Leipzig 1670). Es war in der damaligen Stille sehr bewegend, wenn *»ein geistlich Lied mit lauter Trombonen vom Thurme«* geblasen wurde (KUHNAU 1700). Überliefert sind u. a. Choralbicinien von WANNEMACHER (1553), *Hora decima* (1670) und *Fünfstimmige blasende Musik* (1685) von J. CHR. PEZEL.
Der choralartige Satz für 2 Zinken und 3 Posaunen *(A,T,B)* oder entsprechende Streicherbesetzung (Originalangabe) stammt aus der *Hora decima* (Abb. B).
G. REICHE, der Trompeter BACHS, schrieb *24 neue Quatrizinien* (1696). Noch BEETHOVEN komponierte *3 Equale* (von *voces aequales,* gleiche Stimmen oder Instrumente) für 4 Posaunen zum Allerseelenfest 1812 für den Türmer von Linz.

C. Bendinelli, 1614, Improvisation

C. Monteverdi, Orfeo, 1607, Toccata

A Trompetensatz, 16./17. Jh. (a), D. Speer 1687 (b), Bach, Händel (c)

Streicher	5st. (frz.)	4st.	Holz	Blech	
Dessus	6 (6)	V.1	Ob.1, Fl.1	Trp.1, Hr.1	
Haute	4 (4)	V.2	Ob.2, Fl.2	Trp.2, Hr.2	S.-Pos.
Taille	4 (4)	Va.		Trp.3	A.-Pos.
Quinte	4 (3)				T.-Pos.
Basse	6 (5)	Vc.	Fg.	2 Pk.	B.-Pos.
	(2)	Kb.			

B Hof- und Opernorchester, Satz, allgemeine Instrumentierung

C Kirchenorchester, J.S. Bach, 1730

Trompetensatz; Hof-, Opern- und Kirchenorchester

Im 17. Jh. entsteht mit der ersten selbständigen Instrumentalmusik auch das **Orchester**. Das Zusammenspiel mehrerer Instr. war vorher weniger geregelt (s. S. 265). Auch im Frühbarock gaben die Komponisten meist nur die *Stimmlagen* an (Sopran, Alt usw.). Erst im Laufe des 17. Jh. arbeiteten sie mit den typ. *Spielmöglichkeiten* und *Klangfarben* der Instr. (genaue Angaben).

Der Begriff *Orchester* wird erst im 18. Jh. auf die Instrumentalisten angewendet (MATTHESON, 1713, vgl. S. 65). PRAETORIUS (1619) spricht vom *Chorus instrumentalis*, LULLY von *Symphonie*, die Italiener von *Concerto*, bei stärkerer Besetzung von *Concerto grosso*.

Feste **Ensembles** gab es bereits:
- *Trompeten-Ensemble*, 5st., am Hofe, für Jagd, Krieg (Feldtrompeter), Feste;
- *Hörnerkorps*, am Hofe, für die Jagd usw.;
- *Oboenkorps*, 12 Oboisten am frz. Hofe;
- *Posaunenchor*, *S.A.T.B.*, bes. für KM;
- das engl. *Consort* (S. 265).

Im **Trompeten-Ensemble** bliesen 5–7 Trompeter in bestimmten Lagen ihrer *Naturtonreihe* (Abb. A): 2 in der Tiefe mit *Oktave (Basso*, bei SPEER *Grob*, darunter selten der *Grundton* als *Flattergrob*) und mit *Quinte (Vulgano)*, beide in langen Haltetönen mangels anderer Töne in diesem Bereich (*Faulstimmen*), zuweilen von 2 Pauken verstärkt: daher die Tonika- und Dominantstimmung der Pauken und ihre lange Zugehörigkeit zum Blech. Es folgen die Mittelstimme (*Alto e Basso*) mit *Dreiklangsmöglichkeiten*, dann die reichere *Quinta* oder *Prinzipal* als Hauptstimme, darüber 1–2 Trompeten in hoher Lage (*Clarino*) mit ganzer *Tonleiter*. Nur die Prinzipalstimme (*Sonata*) wurde notiert, alle übrigen improvisiert (Nb.A).

MONTEVERDI legte der *Orfeo*-Toccata einen solchen Trp.-Satz zugrunde, wohl das Trp.-Signal der GONZAGAS (Nb.A, vgl. S. 309, 336).

Instrumentenwandel, Orchesterbildung

Bei der barocken Suche nach Gefühlsausdruck bevorzugt man ausdrucksfähige Instr. mit dynam. Möglichkeiten; altere baut man entsprechend um.

Hauptinstrument wird die Violine; das bewegl. Violoncello verdrängt die Gambe mit ihren starren Bünden; Oboe, Flöte, Horn werden klangvoller (s. S. 51ff.).

Grundlage des **Barockorch**. bilden Gb. und Streicher, das übrige tritt hinzu. Das Barock gibt die grellen Farben und die klaren Linien des Renaissance-Ensembles auf und bildet dafür das *Orchester* als Klangkörper mit *Registrierungsmöglichkeiten* (S. 326, Abb. C) und feinen *Schattierungen*. Barockorch. finden sich als

- **Hoforchester**; Repräsentation (Empfänge, Feste), Unterhaltung (Tafelmusik, Tanz), Hofoper, Hofkirche; Musikerzahl je nach Vermögen und Neigung des Hofes (meist klein), bei Bedarf aus der Umgebung zu verstärken; oft Doppelrolle der Dienstleute: Hofgärtner spielt im Orchester Fagott; Musiker sind Diener (in Livree, noch HAYDN als Kpm. in Offiziersrang).

- **Opernorchester** der öffentl. Opernhäuser, Größe je nach Vermögen.

- **Kirchenorchester** der Städte und Gemeinden, klein, bei Bedarf verstärkt (Laien).

Dazu kommen das **Collegium musicum**, student. und bürgerl. Zirkel (oft in den Sälen der Cafés) und von der Stadt angestellte **Stadtpfeifer** und **Kunstgeiger**.

Mit der ital. Musik, bes. der Oper, verbreitete sich auch die *ital. Musizierweise* in Europa. Etwas neues brachte dann LULLY mit seiner Orchesterbesetzung und -disziplin. Der frz. Hof leistete sich ein festes Ensemble von 24 Streichern (*violons du roi*), dazu die 12 Oboisten (s.o.), die Trp. und Hörner in wechselndem Schichtdienst.

LULLYS **Orchestersatz** war 5st. Er notierte oft nur das wichtigste: Oberstimme und Baß. Die Mittelstimmen schrieben die Gehilfen. Die Außenstimmen wurden entsprechend stark, die mittleren schwach besetzt (Abb.B).

Im übrigen Europa schrieb man einen 4st.Orchestersatz mit 2 gleichwichtigen Oberstimmen und Gb. Die Va. war Füllstimme (Abb. B). Zum Streichersatz traten die Bläser *registerartig* hinzu: sie spielten die ihren Lagen entsprechende Streicherstimme mit (*colla parte*), bes. zahlreich die Oboen mit der 1. und 2. Violine und die Fagotte mit dem Gb. Vom alten Trompetersatz (Abb. A) hielten sich im Orchester die hohen Clarinlagen, also die 1. und 2. Trompete (*colla parte* V.1,2), evtl. eine 3. Trp. in Altlage, dazu 2 Pauken (Tonika und Dominante, s.o.). Posaunen (oft als ganzer Chor) und Hörner gingen ebenfalls mit.

Im Spätbarock mehrten sich ausgeschriebene, oft konzertante Bläserstimmen.

Die vielen Zupfinstr. der Renaissance verschwanden im 17. Jh., bis auf Cembalo und Laute zur Gb.-Ausführung.

In Frankreich war seit LULLY ein best. *Registerwechsel* (Farbe, Dynamik) sehr beliebt: 5st. Orch. wechselte mit 3st. Bläsersatz (*Trio* aus 2 Ob. und 1 Fg., typisch für das 2. Menuett, wonach man das 1. wiederholte).

Einige **Besetzungszahlen** zum Vergleich:
Berlin: 11V., 2Va., 5 Vc./Kb.; 4 Ob., 3 Fg.; Hamburg: 8V., 3Va., 3Vc., 3Kb.; je 5 Ob., Fl., Fg.; London (HÄNDEL): je 6 V.1/2, 3 Va., 3 Vc., 2 Kb.; 4 Ob., 4 Fg.; 2 Hr., 2 Trp., 2 Pk.

BACH reichte dem Rat der Stadt Leipzig den Standardplan einer »wohlbestellten Kirchenmusic« ein, die neben Vokalisten auch Instrumentalisten benötigte. Seine vorhandene Besetzung war dürftig: wenige Berufsmusiker und einige Schüler. BACHS bescheidene Stellenforderung spiegelt eine typ. Notlage und BACHS Ärger mit dem Stadtrat (Abb. C).

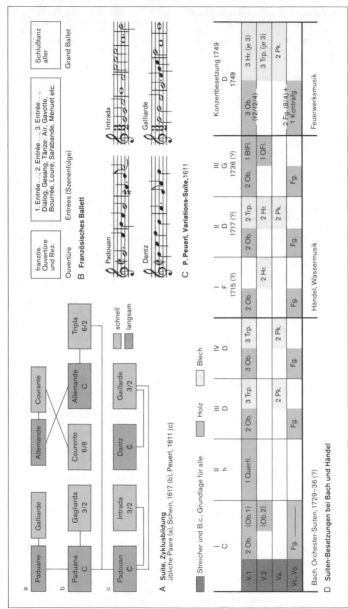

Zyklusbildung und Besetzungen

Die **Gattungen der Orchestermusik** entwik-keln sich erst allmählich. Aus Oper, Ballett, Tanz erwuchsen *Ouvertüre, Opernsinfonia, Ritornell, Tänze* und *Suiten,* auch Stücke mit programmat. Inhalt (RAMEAU). In der Kirche spielte das Orch. zur Wandlung und zur Kommunion (*Canzonen, Sinfonien, Sonaten).* In weltl. Räumen erklang das Orch. zu Emp-fängen (*Intrada*), zum Tanz, zur Unterhal-tung. Im einzelnen:

– **Canzon da sonar** (Kanzone), Kopfmotiv-Imitationen der vokalen Kanzone (*Chan-son),* weitet sich zu fugiertem Satz.
– **Concerto** (»*Zusammenspiel*«), zunächst Gesang und Instrumente, dann Konzertie-ren über dem Gb. (358f.).
– **Intrada** (lat. *intrare,* eintreten), kurzes Eröffnungs- und Einleitungsstück, zum Eintritt von Persönlichkeiten, Eröffnung von Schauspiel, Oper, Ballett, mit Pkn. und Trpn. (»*Tusch«, Toccata*).
– **Ritornello,** Vor-, Zwischen- oder Nach-spiele meist zu Gesang.
– **Sinfonia, Symphonia** (»*harmonischer Zu-sammenklang*«), Sammelname für Stücke mit Gesang und Instr. (GABRIELI, SCHÜTZ), oder nur Instr., ohne feste Form (S. 153). Im 17. Jh. entwickeln sich die *Venezian.* und *Neapolitan. Opernsinfonia* (S. 136). Auch Triosonaten für Orch. und die Ein-leitungssätze von Suiten heißen *Sinfonia.*
– **Sonata** (»*Klangstück*«), freies Instrumen-talstück (statt vokaler »*Cantata*«; S. 149).

Orchestersuite. Tanzsammlungen für Instru-mentalensemble und Orchester sind gedacht für höf. Unterhaltung und ein immer breite-res bürgerl. Publikum (viele Drucke). Dabei erscheinen die ital. und frz. Kompositionen kunstvoller, die engl. und dt. volkstümlicher (mehr akkord. Sätze statt polyphoner Imita-tion). Stilistisch stehen die Sätze nahe den gleichzeitigen Vokal- oder Gemischtdrucken (*Tanzlieder,* S. 257). Die 4–5st. Komposition läßt die Besetzung offen, wobei mit Violen in versch. Lagen (Violinen, Violen, Gamben), Blockflöten, Zinken, Zupfinstrumenten usw. zu rechnen ist. **Beispiel:**

VALENTIN HAUSSMANN, *Neue 5st. Padua-nen und Galliarden auff Instrumenten, für-nehmlich auff Violen lieblich zu gebrau-chen,* Nürnberg 1604.

Die Tanzpaarbildung langsam-schnell ist nor-mal (S. 151), Zyklen werden beliebt.
J. H. SCHEIN, *Banchetto musicale,* Leipzig 1617, darin 20 5st. Suiten mit der Satzfolge wie Abb. A, dazu weitere *Intraden* und *Pa-duanen.* SCHEIN vertauscht *Courante* und *Al-lemande,* beginnt die Suite aber langsam und schließt sie schnell (Abb. A). Die 5 Sätze bin-det er musikalisch, indem sie *»in Tono und inventione einander fein respondiren«,* d. h. alle Suitensätze stehen in der *gleichen Tonart* und verwenden ähnl. musikal. Material (engl. Einfluß, W. BRADE u. a.).

PAUL PEUERL, *Newe Padouan, Intrada, Däntz unnd Galliarda,* Nürnberg 1611. In diesen 4sätzigen Suiten finden sich die al-ten Satzpaare, ihre Tonart bleibt gleich, die themat. Substanz, oft nur in den beiden Kopfsätzen, auch *(Var.-Suite,* Abb. C).
Dt. Komponisten der Orchestersuite sind:
bis 1635: HASSLER, HAUSSMANN, STADEN, SCHEIN, SCHEIDT;
bis 1680: mit Einleitung *(Sinfonia)* HAMMER-SCHMIDT, SCHOP, ROSENMÜLLER;
bis 1740: frz. Einfluß *(Ouvertüre):* KUSSER, ERLEBACH, MUFFAT, TELEMANN, BACH, HÄNDEL.

Frz. Ballett und **Ouvertürensuite.** Frankreich kultiviert bes. das **Ballett.**
Das Ballett beginnt mit einer **Ouvertüre** samt nachfolgendem Rezitativ, worin das Publi-kum begrüßt und der meist allegor. oder he-roische Inhalt angedeutet wird (Abb. B). Es folgt das eigentl. Ballett: eine Szenenfolge mit Dialog, Gesang und Tanz. Jede Szene heißt *Entrée* (*Auftritt* der Hauptfigur). Ein großer Tanz (**Grand Ballet**) mit allen Betei-ligten samt Publikum beendet alles.
Außer diesem Ballett gibt es viele *Tanz-* und *Balletteinlagen* in frz. Opern.
Die **frz. Orchestersuite** geht auf beides zu-rück: Wiederholung der Ballettmusiken aus Oper und Ballett ohne Tanz zu festl. Unter-haltung am Hofe waren beliebt und auch au-ßerhalb des Hofes üblich. Der frz. Orchester-suite fehlt meist das für die Lauten und Cem-balosuiten übliche feste Satzfolge *Allemande-Courante-Sarabande-Gigue,* dafür beginnt sie stets mit einer **frz. Ouvertüre** und läßt dann stilisierte und aktuelle frz. Tänze folgen wie *Air, Gavotte, Bourrée, Menuet,* dazu tanzfreie Sätze wie *Prélude, Passacaille, Chaconne.*
Hauptkomponisten sind LULLY und RAMEAU.

Spätzeit
J. S. KUSSER (1660–1727) führte als erster die frz. Ouvertürensuite, auch einfach **Ouver-türe** genannt, in Deutschland ein (6 Suiten »*suivant la méthode françoise*«, 1682). Be-kannt wurde G. MUFFATs *Florilegium,* 2 Bde. (1695/ 98), 4–5st., frz. Streicherbehandlung.
BACH komponierte 4 Orchestersuiten *(Ou-vertüren)* für das *Collegium musicum* in Leipzig, die 2. mit konzertierender Quer-flöte, die 3. und 4. mit festl. Pauken und Trompeten (Abb. D). Das berühmte *Air* steht in der 3. Suite (vgl. S. 150).
HÄNDELs *Wassermusik* umfaßt 3 Suiten un-terschiedl. Tonart und Besetzung (Abb. D), komponiert für 3 kgl. Wasserfahrten GEORGS I. auf der Themse (mit ca. 50 Musikern in einer Barke, laut dem *Daily Courant* vom 19. Juli 1717; s. S. 365). HÄNDELs *Feuer-werksmusik* ist in ihrer originalen Freiluftauf führung stark besetzt gewesen (allein 12 Ob. für die Oberstimme; Abb. D, s. Klammern), später im Konzert normal besetzt.

		Violino I conc. e rip.
		Violino II conc. e rip.
		Viola rip.
		Vc. c. e rip. Vo., Cembalo

Blech
Holz
Streicher
Concertino
Tutti
Gb.
• Ripieno

A A. Corelli, Concerto grosso Nr. 1, D-dur, op. 6, 1714, 1. Satz, Ausschnitt

	I.	II.	III.	IV.	V.	VI.
Trompete		1				
Horn I, II	1, 1					
Flöte I, II		1		1, 1	1	
Oboe I, II, III	1, 1, 1	1				
Fagott	1	•				
Violino picc.	1					
Violino princ.		1		1	1	
Violine I	•	•	I, II, III	•	•	
Violine II	•	•		•		
Viola	•	•	I, II, III		•	I, II
Gambe						I, II
Violoncello	•	•	I, II, III	•	•	1 •
Violone	•	•	•	•	•	•
Cembalo	•	•	•	•	1	•

Besetzung

Allegro ¢	Adagio 3/4 Ob.,V.	Allegro 6/8	Menuett 3/4 6st.	Trio 2 Ob. Fg.	Menuett d.C.	Polacca 3/8 4st.	Menuett d.C.	Trio 2 Hr. Ob.	Menuett d.C.
italienisches Concerto			französische Suite						

I. Brandenburgisches Konzert, Satzfolge

I, 1: Jagdhornmotive

II, 3: Fugenthema (Trompete in F)

B J. S. Bach, Brandenburgische Konzerte, 1721

Standardtyp und Vielgestaltigkeit

Das **Concerto** wird erst ab Mitte des 17. Jh. die reine, typ. barocke *Instrumentalgattung* (S. 123). Schon in früheren Canzonen, Sonaten, Sinfonien gab es *stellenweise* **Wechsel** aller *(Tutti)* mit Solistengruppen *(Soli, Concertino)*. Die frz. Musik liebte den **Register-wechsel** des ganzen Orchesters mit einem *Bläsertrio*, bes. 2 Ob. (Fl.), Fg. (S. 355). Beides führte zur *Concertino-* Besetzung mit Streichern oder Bläsern.

Modena, Bologna, Venedig waren Zentren des konzertanten Instrumentalstils. Das alte, **mehrchörige Konzertieren** (ohne Solisten) entwickelte sich in das neue **Concerto grosso** (mehrere Solisten) und **Solokonzert** (ein Solist). Komponisten:
ALESSANDRO STRADELLA (1644–82); LORENZO GREGORI (erstmals die Bezeichnung *Concerto grosso,* 1698).
ARCANGELO CORELLI (1653–1713), ab 1682 *Concerti grossi* in Rom (auch Triosonaten chorisch, S. 353). Seine *12 Concerti grossi,* op.6 (gedr. 1714), galten als Standardwerke *(Concertino:* 2 V., Vc.). Formal folgen 8 Konzerte der Kirchensonate (Nr. 8: *Weihnachtskonz.*), 4 der Ka.-Sonate (S. 149).

Nb. A zeigt die typ. Satzstruktur eines *Concerto grosso* von CORELLI: **Concertino** (V.1, V.2, Vc.: *»concertato«*) und **Tutti** *(»ripieno«)* spielen aus derselben Stimme. Die *Tutti-Soli*-Wechsel werden im Stück angezeigt (S. 122, Abb. A). Die beiden Oberstimmen und der Baß führen *(Triosonatenfaktur).* Die Viola füllt harmonisch im Tutti, pausiert wie Kb. (und Cembalo) im Concertino (hier keine Gb.-Bezifferung; zuweilen ist diese aber notiert, z. B. in HÄNDELS op.6). Der Wechsel erfaßt zugleich das Tempo und den Charakter: nach der gewichtigen Adagio-Stelle (Tutti) folgt eine lebendige Allegro- Passage mit Imitation typ., kurzer Streichermotive in den beiden Violinen und mit Figuration im Baß. Die Musik wirkt großräumig, gefühlsstark, kraftvoll und klar.

Ferner: TORELLI, ALBINONI, MANFREDINI, GEMINIANI, LOCATELLI, A. SCARLATTI, bes.
ANTONIO VIVALDI (S. 361); statt CORELLIS häufigem Satz- und Tempowechsel schreibt VIVALDI ausgewogene, längere Sätze; über 90 Konzertsinfonien (mehrchörig, ohne Soli) und Concerti grossi, 81 Konzerte für 2 und mehr Solisten.

Concerti grossi entstanden nach ital. Vorbild in der 1. Hälfte des 18. Jh. in ganz Europa, darunter die von HÄNDEL in London, op.3 (6 Konzerte, 1733) und op.6 (12 Konzerte, 1739), alle 2 V., Vc. als Concertino.

Die Instrumentalkonzerte erklangen in der Kirche: zum Ein- und Auszug, zur Communio, zu Weihnachten *(Krippen-* oder *Weihnachtsmusik).* Sie ersetzten hier im Laufe des 17. Jh. die älteren Kirchensonaten, -canzonen und -sinfonien. Ganz barock liebte man starke Besetzungen. TORELLI musizierte

seine Konzerte in *S. Petronio,* Bologna, mit 120, CORELLI in Rom im Palast der Königin CHRISTINE VON SCHWEDEN gar mit 150 Musikern (S. 353). Instrumentalkonzerte wurden auch vor Oratorien oder zwischen ihren Akten aufgeführt (HÄNDEL). Neben Streichern bevorzugen die Italiener Oboen, Trompeten und Hörner im Concerto grosso, die Deutschen Flöten, Oboen und Fagotte.

Auch die 6 **Brandenburgischen Konzerte** von J. S. BACH sind Concerti grossi *(»Concerts avec plusieurs instruments«),* gewidmet 1721 dem Markgrafen CHRISTIAN LUDWIG VON BRANDENBURG, der sie bei BACH bestellt hatte. Sie spiegeln die Praxis der Köthener Hofkapelle unter BACH (1717–23), mit etwa 17 Musikern (BACH: Va. oder Cemb.).

Nr. I, F-dur, für bes. Anlaß; verstärkte Besetzung: *V. piccolo* (Terz höher), 2 Jagdhörner, 3 Ob.; Kopfsatz urspr. als Sinfonia ohne V.picc. (1713), so auch als Einleitung zur Kantate BWV 52 (1726). Jagdhornmotive mit Dreiklängen und Tonrepetitionen färben den ganzen Satz (Nb.B). Das I. Konzert ist altertümlich: ohne eigentl. Solisten konzertieren alle Instr. in Gruppen *(Chören)* oder *allein* wie in der venezian. Sinfonia. Es zählt daher zu den *mehrchörigen* oder *Gruppenkonzerten (Konzertsinfonien).* Den 2. Satz gestalten Solo-Oboe und Solo-Violine, zart begleitet vom Tutti *(»piano sempre«;* BACHS Vortragsanweisungen sind selten). – Die Satzfolge verknüpft das *ital. Concerto* und das um 3 Tänze mit wechselnden Klangfarben erweiterte Menuett der *frz. Suite* (Abb. B).

Nr. II, F-dur, *Concerto grosso* mit seltenem *Concertino:* Trp., Fl., Ob., V. *(F-Trp.* in sehr hoher Lage: *Clarinblasen,* das hohe c³ erklingt noch höher: f³, s. Nb.B); Mittelsatz ohne Trp. und Tutti; Finale als konzertante Fuge (»Fanfaren«-Thema Nb.B).

Nr. III, G-dur, *Gruppenkonzert* ohne Bläser, 3fach geteilte Streicher in 3 Gruppen über dem Gb. Anstelle des Mittelsatzes nur eine phryg. Kadenz aus 2 Akkorden mit Fermate *(Adagio,* a-moll/H-dur) mit Improvisationsmöglichkeit des Cembalisten oder des Konzertmeisters (1. V.).

Nr. IV, G-dur, *Concerto grosso* mit sehr konzertanter Violine und 2 Blockflöten als Concertino (von BACH auch in F-dur mit Cembalo statt V.).

Nr. V, D-dur, *Concerto grosso* mit Violine, Querflöte und Cembalo als Concertino; das Cembalo, damals ein neues vom Markgrafen CHRISTIAN aus Berlin, von BACH selbst gespielt, dominiert derart (Solokadenz), daß dieses Concerto grosso zum *Solokonzert* tendiert.

Nr. VI, B-dur, *Gruppenkonzert,* ohne Bläser und ohne Violinen, in alten dunklen Klangfarben mit geteilten Violen und Gamben (Fürst LEOPOLD VON ANHALT-KÖTHEN spielte Gambe).

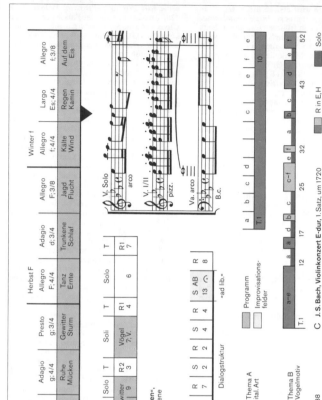

A A. Vivaldi, Violinkonzerte op. 8, 1–4, »Die Jahreszeiten«, 1725, Gesamtanlage. Formplan 1. Satz. Nb.: Kaminszene

B G. F. Händel, Orgelkonzert Nr. 4, F-dur, 1. Satz, um 1738

C J. S. Bach, Violinkonzert E-dur, 1. Satz, um 1720

Programm und Satzstrukturen

Aus dem Concerto grosso und parallel zu ihm entwickelt sich im letzten Drittel des 17. Jh. das **Solokonzert.** Im 17. Jh. war es üblich, in Instrumentalstücken die schweren Stellen von Solisten spielen zu lassen, bes. in den oft mit Laien besetzten Kirchenorch. (TORELLI, Vorwort zu op. 8, 1709).
Es gibt Doppelkonzerte (2 Solisten, duettartig), Tripel- und Quadrupelkonzerte.
Frühe Solokonzerte stammen von TOMASO ALBINONI (1671–1750), Venedig, *Sinfonie e Concerti,* op. 2 (um 1700); GIUSEPPE TORELLI (1658–1709), Bologna, op. 8 (1709), Nr. 1–6 Concerti grossi, Nr. 7–12 virtuose Solokonzerte; bes.:

Antonio Vivaldi (1678–1741), Venedig, 1703 Priesterweihe (*il prete rosso* wegen seiner rotblonden Haare), 1703–40 Geigenlehrer und Orchesterleiter am Waisenhaus *Ospedale della Pietà* in Venedig; etwa 770 Werke, darunter 46 Opern, bes. aber 477 **Konzerte** für versch. Instr. (443 erhalten), u. a. für *V.* (228), *Va. d'amore* (6), *Vc.* (27), *Querfl* (13), *Blockfl.* (3), *Ob.* (12), *Fg.* (38), *Mandoline* (1); **Doppelkonzerte:** 2 *V.* (25), *V.+Vc.* (4), 2 *Ob.* (3), 2 *Hr.* (2), je für 2 *Vc., Va. d'amore + Laute,* 2 *Mandolinen,* 2 *Querfl., Ob. + Fg.,* 2 *Trp.;* 47 **Konzerte für 3** und mehr Instr. und **Kammerkonzerte,** bei denen alle Instr. solistisch beteiligt sind.
VIVALDI schuf den 3sätzigen Konzerttyp, übernahm Elemente der Opern-Arie (*Lamento* als Vorbild für langsame Sätze), erweiterte die Spieltechnik (12. Lage, neue Stricharten; Daumenaufsatz beim Cello).
Er schreibt durchsichtige, großflächige, virtuose Ecksätze, instrumentengerechte Spielfiguren, kurzgliedrige, sequenzhafte Thematik, rechnet mit Improvisation und Auszierung (S. 82, Abb. D). Weit verbreitet ist sein op.3 *L'estro armonico (musikal. Inspirationen),* entstanden ab 1700, gedr. 1711: 12 Concerti grossi, Doppel- und Solokonzerte für bis zu 4 V. und Vc. (BACH bearbeitete daraus 6 Konzerte für Cembalo oder Orgel).
In den *4 Jahreszeiten* (Nr. 1–4 aus den 12 V.-Konzerten op.8, um 1725) über 4 Sonette (von VIVALDI?) erwähnt die 1. Sonett die Ankunft des Frühlings, das Quellengemurmel, die Windesseufzer (*Zefiretti*), das Gewitter und den Vogelgesang. Im Konzert schildern die beiden ersten Tuttigedanken (je 6 Takte) die heiteren Gefühle des Frühlingsbeginns; sie kehren als Ritornelle wieder (R 1 und R 2), dazwischen schieben sich die programmat. Szenen, teils als Solo-, teils als Tutti-Episoden. So verbinden sich mühelos Programm und rein musikal. Ritornellform (Abb. A).
Die 4 Konzerte bringen eine Fülle von Stimmungen und Bildern.
Der langsame Satz des Winterkonzertes schildert eine Kaminszene: »*Passar al fuoco i di quieti e contenti/Mentre la pioggia*

fuor bagna ben cento« (Nb. A). Die schlichte Dreiklangs-Melodie steht für Behaglichkeit (V.-Solo), die Pizzicati für Regentropfen (V.I/II), der Liegeton für Stille (Va.), Gleichmaß und Harmonie des Gb. für die in Gottes Hand ruhende Welt.
Der Typ des ital. Solokonzertes fand Verbreitung in ganz Europa. Komponisten: MANFREDINI, DALL'ABACO, MARCELLO, VERACINI, VITALI, ALBERTI, TESSARINI, BONPORTI, LOCATELLI, PERGOLESI, TARTINI; BOISMORTIER und LECLAIR in Frankreich; PISENDEL (VIVALDI-Schüler, Dresden), TELEMANN, GRAUN u. a. in Deutschland.

J. S. Bach bearbeitete 16 Konzerte (darunter 10 V.-Konzerte von VIVALDI) für Cembalo oder Orgel, um eine neue Gattung kennenzulernen. Dann schrieb er V.-Konzerte, z. T. für Cembalo bearbeitet, so: 2 Violinkonzerte in *a* (BWV 1041) und *E* (BWV 1042) und das Doppelkonzert für 2 V. in *d* (BWV 1043). Er komponierte auch erste Cembalo-Konzerte: 7 für 1 Cembalo, 3 für 2, 2 für 3, 1 für 4 (alle 1727–37).
BACH verwischt die VIVALDISCHE Klarheit durch dichtes kp.Gewebe, Motivimitationen, Ritornellaufteilung usw. Er vertieft den musikal. Gehalt: seine Musik wirkt weniger hell und spritzig als die ital., eher einfallsreich, phantastisch, erregend.
Das Ritornell im Kopfsatz des E-dur-Violinkonzerts (Abb. C, T. 1–11) umfaßt 6 Motive (a–e, bei VIVALDI 1–2), Orchester und Solist wechseln vielfältig und unschematisch ab. Der Mittelsatz wirkt wie eine Arie über Chaconne-artigem Baß; das Finale ist ein Kettenrondo (S. 108, B).
Das Barock unterscheidet nicht streng zwischen Cembalo- und Orgelkonzert (meist *manualiter,* ital. Art).

G. F. Händel spielte ab 1735 **Orgelkonzerte** zwischen den Akten seiner Oratorien. Beliebt waren seine Improvisationen und Auszierungen des Solos (viele *ad-lib.*-Stellen in der Orgelstimme). Es gibt je 6 Konzerte für Cemb. oder Orgel op.4 (1738) und op.7 (1740/51).
HÄNDEL benutzte ein Orgelpositiv italianier (ohne Pedal). Die Konzerte haben 3–4 Sätze. Die schnellen Sätze sind fugiert oder stehen in Ritornellform, variiert durch enggliedrige Dialogstruktur (oft 2-Takt-Wechsel Tutti und Solo) und Improvisation (Abb. B).
Die Themenbildung wirkt ital.: so das Kopfthema A im 4. Konzert mit einfachen Dreiklangsfiguren, spielerisch, heiter (als Chor in *Alcina* textiert: »*Questo è il cielo di contenti*«, *das ist der Himmel der Zufriedenen*). Dazu paßt die Trillerepisode als Vogelgezwitscher (Thema B).
Das Konzert op. 4, 3 hat ein Chorfinale (Zwischenaktsmusik zum *Trionfo*); op. 4, 6 ist urspr. ein Harfenkonz. (*Alexanderfest*).

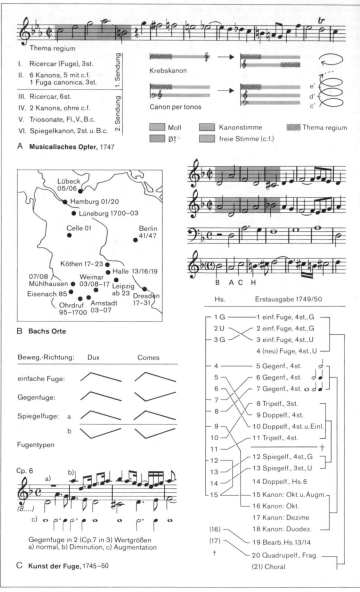

Thema regium

I. Ricercar (Fuge), 3st.
II. 6 Kanons, 5 mit c.f.
   1 Fuga canonica, 3st.
III. Ricercar, 6st.
IV. 2 Kanons, ohne c.f.
V. Triosonate, Fl.,V.,B.c.
VI. Spiegelkanon, 2st. u. B.c.

1. Sendung

2. Sendung

Krebskanon

Canon per tonos

Moll   Kanonstimme   Thema regium
D⁰₇ >   freie Stimme (c.f.)

A Musicalisches Opfer, 1747

Lübeck 05/06
Hamburg 01/20
Lüneburg 1700–03
Celle 01
Berlin 41/47
Köthen 17–23
Halle 13/16/19
07/08 Weimar 03/08–17
Mühlhausen Leipzig ab 23
Eisenach 85 Dresden 17–31
Ohrdruf Arnstadt
95–1700 03–07

B A C H

B Bachs Orte

Beweg.-Richtung:	Dux	Comes
einfache Fuge:		
Gegenfuge:		
Spiegelfuge: a		
b		

Fugentypen

Cp. 6
a) b)
(8....)
c)

Gegenfuge in 2 (Cp.7 in 3) Wertgrößen
a) normal, b) Diminution, c) Augmentation

C Kunst der Fuge, 1745–50

Hs.   Erstausgabe 1749/50

1 G — 1 einf. Fuge, 4st., G
2 U — 2 einf. Fuge, 4st., G
3 G — 3 einf. Fuge, 4st., U
       4 (neu) Fuge, 4st., U
4 — 5 Gegenf., 4st.
5 — 6 Gegenf., 4st.
6 — 7 Gegenf., 4st.
7 — 8 Tripelf., 3st.
8 — 9 Doppelf., 4st.
9 — 10 Doppelf., 4st. u. Einl.
10 — 11 Tripelf., 4st.
11 —
12 — 12 Spiegelf., 4st., G
13 — 13 Spiegelf., 3st., U
14 — 14 Doppelf., Hs. 6
15 — 15 Kanon: Okt. u. Augm.
       16 Kanon: Okt.
       17 Kanon: Dezime
(16) — 18 Kanon: Duodez.
(17) — 19 Bearb. Hs.13/14
†   20 Quadrupelf., Frag.
(21) Choral

Bach: Spätwerkcharaktere

JOHANN SEBASTIAN BACH, *21. 3. 1685 in Eisenach, † 28. 7. 1750 in Leipzig, aus Musikerfamilie (16. Jh.), lernte in handwerkl. Tradition Streich- und Blasinstr. (Vater Stadtmusiker in Eisenach); Lateinschule in Eisenach; als Waise 1695 zum Bruder JOH. CHRISTOPH (Organist in Ohrdruf); ab 1700 Michaelisschule in Lüneburg.

Organist in Arnstadt/Mühlhausen 1703–08
1703 Geiger am Hof zu Weimar, ab Herbst 1703 Organist in Arnstadt (*Neue Kirche*); 1705/06 (Okt. – Febr.) Fußreise zu BUXTEHUDE in Lübeck, dann Ärger in Arnstadt (*»in dem Choral viele wunderliche variationes gemachet, viele fremde Thone mit eingemischet, daß die Gemeinde drüber confundiret worden«*); ab 1707 Organist in Mühlhausen (*St. Blasien*), dort Streit der Pietisten *gegen* und der Orthodoxen *für* die KM; 1707 Heirat mit Cousine MARIA BARBARA (1684–1720), 7 Kinder, darunter W. FRIEDEMANN (*1710) und CARL PHILIPP EMANUEL (*1714). – BACH übernimmt die alten Formen der geistl. Vokalmusik (Kantaten: *Geistl. Conzerte*) und der Orgelmusik (*Canzonen* u. a.), die seine Phantasie und Ausdruckskraft aber vielfach sprengen.

Hoforganist in Weimar 1708–17
1708 wird er Hoforganist und Kammermusiker (Geige, Cembalo) in Weimar, 1714 Konzertmeister; Kantaten, Orgelwerke; Orgelproben; da nicht zum Hofkapellmeister befördert, kündigt BACH.

Hofkapellmeister in Köthen 1717–23
Höchste Stellung, gute Arbeitsmöglichkeiten unter Fürst LEOPOLD (*»hatte einen gnädigen und Music so wohl liebenden als kennenden Fürsten; bey welchem auch vermeinete, meine Lebenszeit zu beschließen«*, Brief 1730); wenig KM, viel weltl.: Inventionen, Wohltemperiertes Klavier I, Suiten; Sonaten, Partiten; (*Brandenburg.*) Konzerte, Ouvertüren; ca. 40 weltl. Kantaten. – 1721 heiratet er ANNA MAGDALENA (1701–1760), 7 Töchter und 6 Söhne, darunter JOH. CHRISTIAN (*1735). Unter zweiter Fürstin (einer *amusa*) wurde die *»musicalische Inclination bey besagtem Fürsten in etwas laulicht«*. BACH geht nach Leipzig (Studienmöglichkeit der Söhne).

Thomaskantor in Leipzig 1723–50
a) **Schaffensjahre bis 1740.** BACH war *Kantor* und *Director musices* über die Hauptkirchen der Stadt: ein Abstieg vom Hofkapellmeister, daher es BACH *»anfänglich garnicht anständig sein wollte, aus einem Capellmeister ein Cantor zu werden«* (Brief 1730); reiche schöpfer. Tätigkeit, bes. KM. Werke: Kantaten, Oratorien, Passionen, Klavierübungen, Konzerte, Teile der h-moll-Messe für den Kurfürsten in Dresden (1733, dafür 1736 Titel *Hofkapellmeister*), Orgelwerke.
b) **Spätwerk 1740–50.** Kunst- und Lehrwerke zugleich, mit kp. Dichte, zykl. Rundung und umfassendem Gehalt:

– Goldberg-Variationen (1742, s. S. 346);
– Wohltemperiertes Klavier II (1742);
– Kanon. Var. (1746–47, s. S. 345);
– *Musicalisches Opfer* (1747);
– Vollendung der h-moll-Messe (1748);
– späte Kanons und Orgelchoräle;
– *Kunst der Fuge* (1745–50), unvollendet.
BACH sah sein Schaffen nicht romantisch als Genieleistung, sondern als handwerkl. Kunst, mit Fleiß, Einsatz, Lern- und Lehrmöglichkeit, eingebettet im von Gott getragenen Ganzen. Seine geistl. und weltl. Musik sind daher keine Gegensätze, sondern stehen auf dem gleichen Fundament (s. Zitat S. 101; *Parodieverfahren* häufig). BACH nahm die Traditionen auf, die bis zur nl. und ma. Polyphonie reichen, und erfüllte sie mit barockem Pathos und Affekt. Die kp. Kunst, die chromatische Harmonik, die symbolreiche Musiksprache und die hohe Gelehrsamkeit isolierten BACH zuletzt gegenüber den modernen, natürl. Zeitströmung. Erst im 19. Jh. »entdeckte« BACH wieder.

Musicalisches Opfer: Das Thema soll FRIEDRICH II. BACH beim Besuch in Potsdam (1747) zum Improvisieren gegeben haben (übl. Elemente: Dreiklang, Dominantspannung, chromat. Abstieg und Kadenz: Anstieg, Höhepunkt, Ausklang). Es ist Grundlage aller Stücke. *Ricercar* bedeutet hier als Akrostichon *Regis Iussu Cantio Et Reliqua Canonica Arte Resoluta*. Im Krebskanon erklingt die Stimme zugleich von vorne und hinten. Der *Canon per tonos* steigt in jeder Runde einen Ton (Symbol für steigenden Königsruhm).

Kunst der Fuge: Erhalten sind BACHs Handschrift und die Erstausgabe. BACH überwachte noch den Druck bis Nr. 11, änderte dabei in den Fugen und deren Folge (neuer Zyklusgedanke). Die kp. Schwierigkeit steigt von der einfachen Fuge über die Gegenfugen (Comes als Umkehrung, s. Abb.) bis zu den Spiegelfugen (Fuge b entsteht aus a durch totale Spiegelung). *Steigerung* zeigen auch die Gruppen in sich, so die metr. Werte der 3 Gegenfugen (Nb. Cp.6; vgl. Mensurkanon 3. 118, Abb. E). Abschluß bildet die Quadrupelfuge Nr. 20. Sie bricht ab nach dem 3. Teil, nachdem im Kp. *b-a-c-h* erklang (Va.). Geplant war wohl die Kombination aller Themen mit der vereinfachten Urgestalt (Erlösungssymbol), die ruhig, ausgewogen und ohne *chromat.* Spannung (wie *b-a-c-h* Symbol für Sünde und Qual) des Hauptthemas erscheint (Nb.C: Hauptthema Zeile 1, Umkehrung 2, Urgestalt 3). C. PH. E. BACH fügte BACHs letzten Choral hier an (Text *»Wenn wir in höchsten Nöten sein«*, S. 304, A).
Werke in Hand- bzw. Abschriften, kaum Drucke, die Hälfte(?) verloren; GA: alte Bachges. (PH. SPITTA), 46 Bde, Lpz. 1851–99; NGA: Bach-Inst. Göttingen u. Bach-Archiv Leipzig 1954ff.; Bach-Werke-Verz. *(BWV)* v. W. SCHMIEDER, Lpz. 1950.

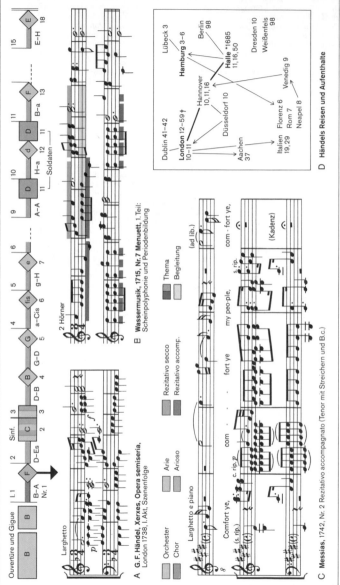

A G. F. Händel, Xerxes, Opera semiseria, London 1738, I. Akt, Szenenfolge

B Wassermusik, 1715, Nr. 7 Menuett, 1. Teil: Scheinpolyphonie und Periodenbildung

C Messias, 1742, Nr. 2 Rezitativo accompagnato (Tenor mit Streichern und B.c.)

D Händels Reisen und Aufenthalte

Händel: Melodiecharakter, Schaffensvielfalt

GEORG FRIEDRICH HÄNDEL, *23. 2. 1685 in
Halle, † 14. 4. 1759 in London; Arztfamilie;
Lateinschule; lernte bei FR. W. ZACHOW,
dem Organisten der Marktkirche in Halle.
Jurastudium in Halle, zugleich Organist der
(reformierten) Dom- und Schloßkirche.
Hamburg 1703–06. Organistendasein und
Halle wurden HÄNDEL zu eng. Er ging 1703
an die Oper in Hamburg, zuerst als Geiger,
ab 1704 als Cembalist. J. MATTHESON (ge-
meinsame Reise zu BUXTEHUDE 1703) urteil-
te später, HÄNDEL *war starck auf der Orgel,
stärcker als Kuhnau, in Fugen und Contra-
puncten, absonderlich ex tempore; aber er
wußte sehr wenig von der Melodie, ehe er in
hamburgische Opern kam* (1740). Hier geht
es gegenüber dem mitteldt.-protestant. Kan-
torenkontrapunkt um die neue, großräumige
Melodik des ital. Belcanto, die HÄNDEL in
Italien lernen will (Opern s. S. 321).
Italien 1706–10. Reisebeginn Ende 1706:
– Florenz: de Medici; *Rodrigo* (1707);
– Rom (1707/08): im Dichterkreis *Arcadia*,
  dem auch PASQUINI, Λ. SCARLATTI und CO-
  RELLI angehören, führt CORELLI HÄNDELS
  Oratorium *Trionfo del tempo* auf;
– Neapel (1708): antike Mythologie in lich-
  ter Landschaft; für die Hochzeit Herzog
  ALVITOS komponiert HÄNDEL die Serenata
  Aci, Galatea e Polifemo, deren sizilian. Ät-
  nastoff in Vesuvnähe rückt;
– Venedig (1709): großer Erfolg der Oper
  Agrippina; man hatte *»niemals vorher alle
  Kräfte der Harmonie und Melodie, in ihrer
  Anordnung so nahe und gewaltig miteinan-
  der verbunden gehört«* (MAINWARING/MAT-
  THESON, 1761).
Hannover/London 1710–12. STEFFANI ver-
mittelt HÄNDEL 1710 als Kapellmeister nach
Hannover. Noch 1710 reist er über Düssel-
dorf nach London, wo Anfang 1711 seine
Oper *Rinaldo* begeistert, HÄNDEL als *Orfeo
del nostro secolo* am Cembalo. Er kehrt nach
Hannover zurück, aber schon ab Herbst 1712
bleibt er endgültig in London.
London 1712–19. Eine Glanzzeit beginnt
(Opern S. 319). Zum Frieden von Utrecht erklingt in der *St. Paul's Cathedral* HÄNDELS *Ut-
rechter Te Deum* und *Jubilate* (1713, mit allein 150 Instrumentalisten) als eine Art Nationalmusik in der Chortradition PURCELLS.
1714 wird der Kurfürst von Hannover engl.
König GEORG I. Für ihn komponiert HÄNDEL
die **Wassermusik** zu Themse-Bootsfesten:
Suiten in F (1715?), D (1717), G (1736?).
Das Menuett Nr. 7 zeigt horntyp., großzü-
gige Dreiklangsmelodik mit Imitation, Par-
allelführung und kurzen Perioden: alles
leicht faßbar und klar (Nb.B, vgl. S. 357).
Der DUKE OF CHANDOS lädt HÄNDEL auf
Schloß Cannon nahe London (1717–1720).
Hier entstehen u. a. 8 Klaviersuiten, Psalmen
für Chor (*Chandos Anthems), Acis and Galatea* (bearb.) und *Esther* (1. engl. Oratorium,
1718, erweitert 1732).

London 1719–28. Große Opernzeit an der
Royal Academy of Music (S. 319). HÄNDELS
Opern spielt man überall in Europa.
Zur Krönung GEORGS II. 1727 entstehen die
4 Coronation Anthems (Nationalruhm). 1728
Konkurs der Akademie.
London 1728–41. Weiter 1 bis 2 ital. Opern
im Jahr (S. 319); Oratorien *Deborah* (1733)
u. a. (S. 325); 1737 Schlaganfall, Aachener
Kur; Konzerte (S. 359); *Caecilienode* (1739).
Xerxes zeigt den typ. Aufbau der Opera
seria und semiseria, eine Folge von Szenen
(Abb. A, obere Ziffern) aus Rez. und
Arien in wechselnden Tonarten und Affekten, einer Sinfonia und wenig Chor: 3 Akte
mit 53 Musiknummern. – Das berühmte
Largo (*Larghetto*) schildert in pastoralem
F-dur, breitem Rhythmus, einfacher Harmonik und großer Geste den antiken Helden (Nb. A.).
London 1741–51. HÄNDEL wendet sich nach
40 ital. Opern ganz dem *engl.* *Oratorium* zu,
das breitesten Anklang findet: musikalisch
belebt es die engl. Chortradition, gehaltlich
kommt es dem *Puritanismus* nahe (A. T.), politisch spiegelt sich die *Weltmacht* England im
auserwählten Volke Israel. – Der *Messias*,
1741 am 22. 8. begonnen und in 24 Tagen
beendet, begründet diese HÄNDELSCHE Ora-
torienpflege mit ihren festl. Aufführungen.
Schlichtheit und Größe verbinden sich im
Messias zu ungewöhnl. Wirkung. Nach der
frz. Ouvertüre in düsterem e-moll ver-
strömt der Tenor in wenigen Tönen über
der tragenden Begleitung das Gefühl von
Zuversicht und Erlösung. Ital. Belcanto hat
engl. Stil gewonnen (Nb.C).
HÄNDEL schrieb über 20 Oden und Oratorien
(S. 325). Es entstanden u. a. noch 6 Orgelkonzerte (S. 361), das *Dettinger Te Deum*
(1743) zum Sieg GEORGS II. über die Franzosen bei Dettingen am Main und die *Feuer-
werksmusik* (1749), für ein Londoner Volks-
fest zum Frieden von Aachen.
London 1751–59. Die Spätzeit bringt Ruhe.
HÄNDEL bearbeitet 1757 noch sein Jugend-
werk *Trionfo* (engl., S. 325). 1757 erblindet,
stirbt er 1759 und wird, hochgeehrt, in der
Westminster Abbey beigesetzt.
Europäisch gebildet wirkte HÄNDEL in der
Weltstadt London bes. durch seine Oratorien
auf eine freie, aufgeklärte, bürgerl. Gesellschaft. Der aristokrat. Ton der Opera seria
blieb ihm bürgerl. Das Oratorium erhalten, wurde
aber schlichter, faßlicher, ergänzt durch starke Chöre: ein humaner Gehalt in *großer*
Form für ein *großes* Publikum. Ohne Bruch
wird HÄNDELS Oratorium so Vorbild für
Klassik und Romantik, während seine Opern
usw. erst das 20. Jh. wiederbelebte.
GA v. S. ARNOLD, 36 Bde, London 1787–97;
GA v. FR. CHRYSANDER, 99 Bde, Lpz.
1858–1902; NGA v. neuer Händelges. Halle
1955 ff.; dazu Werkverz. v. B. BASELT
(*HWV), Lpz. 1978 ff.*

J. S. Bach 1685 – 1750

G. F. Händel 1685 – 1759

J. A. Hasse 1699 – 1783

G. B. Sammartini 1700 – 1775

G. B. Pergolesi 1710 – 1736

J.-J. Rousseau 1712 – 1778

C. Ph. E. Bach 1714 – 1788

C. W. Gluck 1714 – 1787

J. Stamitz 1717 – 1757

J. Haydn 1732 – 1809

J. C. Bach 1735 – 1782

W. A. Mozart 1756 – 1791

A. E. M. Grétry 1741 – 1813

G. Paisiello 1740 – 1816

L. Cherubini 1760 – 1842

E. N. Méhul 1763 – 1817

L. v. Beethoven 1770 – 1827

C. M. v. Weber 1786 – 1826

G. Rossini 1792 – 1868

F. Schubert 1797 – 1828

Vorklassik
Galanter Stil

Frühklassik
Empfindsamer Stil

Hochklassik

33, Pergolesis La serva padrona

40, Sammartinis Sinfonien im Druck (Paris)

41, J. Stamitz nach Mannheim

49, Bachs Kunst der Fuge

53, C. Ph. E. Bachs Versuch (die wahre Art das Clavier zu spielen)

55, Haydns 1. Streichquartett

59, Haydns 1. Sinfonie

62, Glucks Orfeo in Wien

64, Bach/Abels Subskriptionskonzerte in London

64, Mozarts Reise nach London

81, Mozart nach Wien

81, Haydns Streichquartette op. 33

81/82, Mozarts Entführung

86, Mozarts Figaro

89, Frz. Revolution

91, Mozarts Zauberflöte

92, Beethoven nach Wien

98, Haydns Schöpfung

1800, Beethovens 1. Symphonie

08, Beethovens
V. u. VI. Symphonie

16, Rossinis
Barbier

21, Webers Freischütz

24, Beethovens
IX. Symphonie

Komponisten, wichtige Ereignisse

Unter **Klassik** versteht man in der Musikgeschichte Zeit und Stil der 3 großen Wiener Meister HAYDN, MOZART, BEETHOVEN (*Wiener Klassik*). Der Epochenbegriff entstand nach BEETHOVENS Tod, angeregt durch die Vollkommenheit des Satzbildes, den hohen humanitären Gehalt und das Schönheitsideal bes. der Musik MOZARTS. – *Klassisch* bedeutet allg. soviel wie mustergültig, wahr, schön, voll Ebenmaß und Harmonie, dabei einfach und verständlich. Gefühls- und Verstandeskräfte, aber auch Inhalt und Form finden ein Gleichgewicht in der Gestalt des Kunstwerks. Das Ergebnis ist zeitlos. WINCKELMANN nannte *klassisch* die Kunst der *Antike,* in der er den Idealen seiner Zeit gemäß »edle Einfalt und stille Größe« bewunderte (1755).

Aufklärung und Natürlichkeit
Das 18. Jh. ist das Zeitalter der *Aufklärung,* durch die der Mensch mit Hilfe seines Verstandes und seines krit. Urteilsvermögens zu Eigenständigkeit und Mündigkeit gelangt (KANT). Die Aufklärung führt zum Zerbrechen der alten Ordnungen und zu einer neuen Vorstellung von der Würde, der Freiheit und dem Glück des Menschen; so u. a.
– Menschenrechtserklärung (USA 1776 ff.);
– Zerschlagung der alten Ständegesellschaft durch die Frz. Revolution (1789);
– Aufhebung der Leibeigenschaft; Ruf nach relig. Toleranz; Säkularisation.
An die Stelle der höf. Kultur mit den Zentren Kirche und Schloß auch als Stätten der Musik tritt mehr und mehr die bürgerl. Kultur mit privatem Haus, Salon, Café, Saal (ohne Mittelpunkt; SEDLMAYR, *Verlust der Mitte*).
Der Glaube an das (Verstandes-)Vermögen des Menschen bringt einen Fortschrittsoptimismus mit sich. DIDEROT und d'ALEMBERT geben als Grundlage das allg. Wissen der Menschheit heraus: die *Encyclopédie ou dictionnaire raisonné des sciences, des arts et des métiers* (Paris 1751–72). ROUSSEAU schreibt darin einen Teil der Musikartikel.
Gegen barocke Lebensart, Schwulst, Pathos, Zeremoniell und Künstlichkeit erhebt sich die Sehnsucht nach dem Einfachen und Natürlichen. ROUSSEAU formuliert diese **Kulturkritik** 1750 in seiner Vorstellung vom glückseligen Urzustand der Menschheit in Tugend und Freiheit (S. 379). Die Devise *Zurück zur Natur* ist in diesem Sinne gemeint. Als »*Natur*« gilt auch die **Antike,** denn dort glaubte man noch alle Menschheitsideale verwirklicht (GOETHE). Da fast keine antike Musik überliefert ist, konnten sich alle Künste an der Antike orientieren, nicht aber die Musik.
Verehrung fand auch das **Volk** in seinen einfachen Lebensformen (HERDER, *Stimmen der Völker in Liedern,* 1778 f.).
Der Blick auf Ursprung und Entwicklung machte die **Erziehung** zu einem Hauptthema des 18. Jh. in Theorie und Praxis (LESSING, SCHILLER; PESTALOZZI), in Erziehungsroma-

nen (VOLTAIRE, GOETHE), in Musiklehrbüchern (C. PH. E. BACH, QUANTZ, L. MOZART). Natürlich und unverbildet erscheint aber vor allem der schöpfer. Mensch, der Künstler, das **Genie** (*Originalgenie*). Es geht um *Aussprache unaussprechlicher Dinge* (LAVATER), um *Urkraft und Erfindung* (HERDER), um *Kunst als Offenbarung, Musik und Dichtung als Naturlaut* (HAMANN). Das Genie verachtet (barocke) Kunstgelehrsamkeit und Regeln als Hindernis und Krücken: »*ein Homer wirft sie von sich*« (YOUNG).
In der neuen **bürgerl. Musikkultur** mit Haus- und Salonmusik, öffentl. Konzert und Oper, anonymem Publikum, Verlagswesen und Musikkritik muß sich ein Musiker als *freier Künstler* behaupten.

Epochengrenzen
Der Wechsel vom Barock zur Klassik (BACH †1750) verläuft vielschichtig. Die neuen Strömungen beginnen um 1730 aus dem frz. *galanten Stil* und mit dem ital. *neuen Ton* in der Opera buffa, Sonate und Sinfonia. Sie prägen das musikal. *Rokoko* als Vorklassik um 1750/60 und führen über *Empfindsamkeit* u. musikal. *Sturm und Drang* zur Klassik.
Mit BEETHOVENS Tod 1827 könnte die Klassik enden, doch sind um diese Zeit die romant. Strömungen längst vorhanden (WEBER †1826, SCHUBERT †1828).
Galanter Stil ist mehr eine Schreibart als eine Epochenbezeichnung. Er entstand im Gegensatz zum gelehrten, kp. streng *gearbeiteten,* polyphon *gebundenen* Stil (BACH, HÄNDEL) bereits im Spätbarock als *freye Schreibart,* bes. für Cembalo, Kammermusik (COUPERIN, D. SCARLATTI, TELEMANN). Anmutig, leicht verständlich und unterhaltend wendet er sich mehr an Liebhaber als an Kenner, bevorzugt sangl. Melodik, grazile Ornamentik, lockere Begleitung ohne feste Stimmenzahl, überschaubare Formen (Tänze).
Empfindsamer Stil setzt gegen Affekt und Pathos des Barock eine unmittelbare Aussprache des persönl. Gefühls, entspr. der allg. Zeitströmung um 1740–80 mit engl. Einfluß von YOUNGS Weltschmerz und Todessehnen (*Night Thoughts,* 1742 ff.), STERNES neuem Gefühlston (*Sentimental Journey,* 1768) aber auch KLOPSTOCKS Seelengemälde (*Messias,* 1748 ff.) und den Impulsen LESSINGS, HAMANNS, HERDERS. – Hierher gehören die **Mannheimer Schule** mit ihren expressiven Manieren und großem Schwung (*Seufzern, Raketen*), GOSSEC, SCHOBERT und BECK in Paris, bes. aber C. PH. E. BACH mit seiner ganz persönl. Musiksprache.
Die **Wiener Schule** nimmt eine Sonderstellung ein mit ihrer Verschmelzung von Ernst und Heiterkeit (MONN, WAGENSEIL, früher HAYDN), während die **Berliner Schule** mit ihrer Barocktradition »*Schulfuchserei, Entfernung von der Natur und ängstliches Ringen mit der Kunst*« vorführt (SCHUBART 1775).

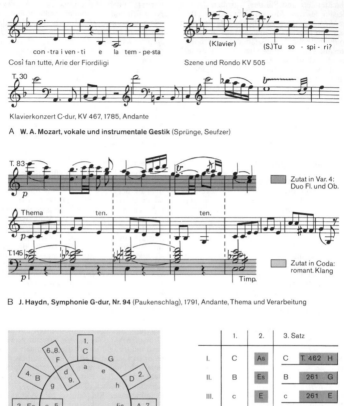

con - tra i ven - ti e la tem - pe - sta

Così fan tutte, Arie der Fiordiligi

(Klavier) (S.)Tu so - spi - ri?

Szene und Rondo KV 505

T. 30

Klavierkonzert C-dur, KV 467, 1785, Andante

A   W. A. Mozart, vokale und instrumentale Gestik (Sprünge, Seufzer)

T. 83

p

Zutat in Var. 4: Duo Fl. und Ob.

Thema   ten.   ten.

p

T. 145

p

Timp.

Zutat in Coda: romant. Klang

B   J. Haydn, Symphonie G-dur, Nr. 94 (Paukenschlag), 1791, Andante, Thema und Verarbeitung

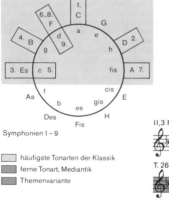

Symphonien 1 – 9

	1.	2.	3. Satz	
I.	C	As	C	T. 462 H
II.	B	Es	B	261 G
III.	c	E	c	261 E
IV.	G	e	G	460 Fis
V.	Es	H	Es	220 C

II,3 Rondo. Molto Allegro

T. 261

Klavierkonzerte I – V

☐ häufigste Tonarten der Klassik
☐ ferne Tonart, Mediantik
☐ Themenvariante

C   L. v. Beethoven, Tonarten

Melodik, Harmonik

Der sich befreiende Mensch spricht sich auf allen Gebieten gleichzeitig aus. Im Jahr 1781, erstem Höhepunkt der Klassik, entstehen HAYDNS Streichquartette op. 33, MOZARTS *Entführung*, SCHILLERS *Räuber*, KANTS *Kritik der reinen Vernunft*.

Drangen in der Renaissance Geist und Atem, im Barock die Affekte des Menschen in die Musik ein, so in der Klassik sein Handeln, seine Gestik, seine Bewährung im Augenblick: lebendig wechselnde Gefühle und wacher Verstand, ausgeglichen in einer intuitiven Ganzheit, die zum Objektiven neigt.

Fiordiligi drückt in weiten Sprüngen, Akzenten und dramat. Pausen Leidenschaft und Seelengröße aus (zu den Symbolen *Winde* und *Sturm*, Nb. A). Vokale Gestik zeigen auch die Instr. (KV 467). Sie *sprechen* gleichsam: auf die Seufzerfiguren im Klavier fragt der Sopran »*seufzt du?*« (KV 505, geschrieben für NANCY STORACE, MOZARTS Susanne, und ihn selbst; Nb.A).

Der *neue Ton* in der Musik ist nicht mehr pathet.-gravität., sondern heiter-natürlich (mehr Dur als Moll). Die Klassik strebt über den *vermischten Geschmack* (QUANTZ 1752) aus europ. Elementen eine übernationale Musik als Universalsprache der Menschheit an (primär instrumental).

»*Meine Sprache versteht man in der ganzen Welt*« (HAYDN). Klass. Ideale sind Schlichtheit, Einfachheit; das Thema Nb.B wirkt volksliedhaft, klass. ausgewogen in Melodik (2taktig auf, ab), Rhythmus (Schreiten, Halten) und Harmonik. In den Var. zeigt sich der Reichtum an Ideen, Können, histor. Bewußtsein, der hinter allem steckt: von barocker Kontrapunktik (Var. 4) bis zu romant. gefärbten Spannungsklängen (Coda).

Klassisch ist die zweckfreie Idealgestalt der Musik, die über jeden Dienst wie Tanz, Unterhaltung, Festschmuck, Kirche hinauswächst, ohne zur isolierten Spezialität für Kenner zu werden. Sie erhebt sich und den Menschen auf eine höhere Stufe. Ihr durchgeistigtes Wesen konnte ein hoher eth. Gehalt erfüllen. Die Musik der reifen Klassik wurde *bedeutend* und sprach die Menschheit an. Geist und Gefühl blieben dabei ebenso ausgeglichen wie Inhalt und Form, wenn auch mit BEETHOVEN ein *poetischer Gehalt* in die Musik einzog. Erst die Romantik verschob den Akzent auf den Inhalt (Problem *Form – Inhalt* im 19. Jh.). Die Klassik wahrte auch eine Begrenzung der Mittel in Struktur, Harmonik, Instrumentation usw. Auch hier sprengten erst die Romantiker den Rahmen.

BEETHOVEN beachtet grundsätzlich die klass. Tonarten (nur oberer Bereich des Quintenzirkels); doch sucht seine Phantasie gern überraschend ferne, oft mediant. Tonarten als Kontrast auf (stets mit Rückkehr), so in den Mittelsätzen seiner Klavierkonzerte, auch gegen Ende in deren Schlußsätzen (sämtlich Rondos), wo er zugleich das Thema geistreich, rhythmisch eigenwillig variiert, ohne die Form zu sprengen (Nb.C; schon MOZART, KV 451).

Musikdefinition

Im Zeitalter des Rationalismus gilt, Musik sei sowohl *Wissenschaft* als *Kunst* nach Regeln (MATTHESON 1739, MARPURG 1750), sie sei harmonisch und schön: »*Musique est l'art de combiner les sons d'une manière agréable à l'oreille*« (ROUSSEAU 1768; »angenehm in die Ohren«, MOZART 1782, s. S. 425). Mit der *Empfindsamkeit* treten in die Romantik zielende Definitionen auf: Musik drücke Leidenschaften und Gefühle aus (AVISON 1752, SULZER 1771, KOCH 1802), sie rege die Phantasie an und stimme zum Erhabenen (MICHAELIS 1795). Auch den Ursprung der Musik versucht man über Bilder und Mythen hinaus rational in Theorien zu erfassen: als *Sprache der Empfindung* gehe sie auf die Sprache selbst zurück (ROUSSEAU, HERDER).

Musikästhetik

Die platon. Lehre, in der Musik wirke *Maß, Zahl* und *Ordnung* und damit eine Objektivität, wirkt als Grundlage ungebrochen fort. Zum klass. Schönheitsideal gehört die Harmonie. Dem entspricht auch HEGELS neuplaton. Begriff des *sinnl. Scheinens der Ideen* im Schönen. Gehalt und Gestalt identifizieren sich, der sinnl. erfahrbare Charakter der Schönheit ist wesenhaft geistiger Natur. Der schöpfer. Mensch, der Künstler schafft als ein Teil der Natur, er ahmt sie nach (*Nachahmungstheorie*). Der Musiker tut dies *direkt*, indem er Klänge der Natur imitiert (Programmmusik, bei ROUSSEAU *musique imitative*), und *indirekt*, indem er das schöpfer. Prinzip der Natur nachahmt (eigengesetzl. oder absolute Musik, *musique naturelle*). Dabei bedarf der *natürl.* Ausdruck oft der *künstl.* Verschönerung.

In der *Entführung* überschreitet Osmins Zorn »*alle ordnung, Maas und Ziel*« (MOZART). Seine realist. Nachahmung ist nicht möglich, nur eine idealisierte, weil »*die leidenschaften, heftig oder nicht, niemal bis zum Eckel ausgedrücket seyn müssen, und die Musick, auch in der schaudervollsten lage, das Ohr niemalen beleidigen, sondern doch dabey vergnügen muß, folglich allzeit Musick bleiben Muß* ...*« (Brief vom 26. 9. 1781 an den Vater).

Einerseits geht man mit dem Natürlichkeitsideal gegen das *Künstliche und Verworrene* des Barock an, das die *natürliche Schönheit verdunkelt*, und glaubt, daß erst die Natur der Kunst Schönheit gebe (SCHEIBE 1740). Andererseits gilt, daß Natur nicht alles besitzt, was Schönheit und Rang der Kunst ausmacht (BAUMGARTEN 1752). Der Künstler und Musiker überhöht die Natur durch Auswahl und Anordnung nach ästhet. Gesetzen.

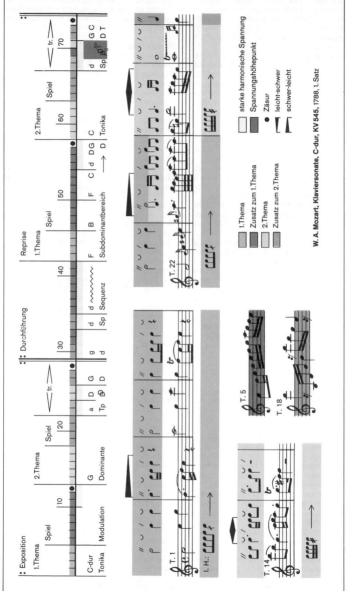

W. A. Mozart, Klaviersonate, C-dur, KV 545, 1788, 1. Satz

Einheit und Kontrast

Zur Zeit der Klassik erlebt sich der Mensch als Handelnder (*Im Anfang war die Tat*, GOETHES *Faust*), den Augenblick durchfühlend und gestaltend, dramatisch, nicht episch (S. 384, Abb. B). Das Bewußtsein von der Zeit bricht in die Welt ein (GEBSER). Daher überall die neue Gestik, die neue Intensität.

Sogleich spürbar: vgl. Beginn des *Weihnachtsoratoriums* und der *Kleinen Nachtmusik* (Quartsprung, aber völlig neuer Rhythmus); s. auch die ersten 5 Töne der *Figaro*-Ouvertüre.

Das neue Zeitbewußtsein verändert die Qualität des gesamten seel.-körperl. Erlebnisses, setzt Neues an die Stelle des Alten:
– es entfallen der barocke Gb., die komplizierte Harmonik, die kp. Polyphonie;
– alles liegt nun in der Melodie, auch die Harmonik; in ihr spricht sich der Mensch aus, einfach und natürlich;
– stilisierter Einheitsaffekt und -rhythmus weichen dem Kontrast, auch auf engstem Raum (*Diskontinuität* des Satzes).

Struktur und Gestaltqualitäten

MOZARTS späte C-dur-Sonate KV 545 prägt die neue Tonsprache mustergültig und in klass. Beschränkung der Mittel (s. Abb.). Hier scheint alles miteinander verwandt, geht alles auseinander hervor, blitzt trotzdem alles von neuen Ideen, Kontrasten und Leben.

Die ersten beiden Motive in T. 1 und 2 ergeben eine eigene Gestalt (daher die Pause), ihre kontrastierenden Varianten in T. 3 und 4 ebenfalls: charaktervoll mit Eigenimpuls und -wille. Beide bilden das 1. Thema durch Symmetrie, Kontrast, C-dur-Kadenz, Achtelteppich; ihm zugeordnet die Läufe (T. 5 ff.). Das 2. Thema kontrastiert zum 1.: Dreiklang abwärts, rasche Gestik über Sechzehnteln. Mit Arpeggien und Trillerepisode (bravouröse *Kadenzperiode*, GALEAZZI 1796) entsteht die nächstgrößere Einheit: die Exposition. – Für die Klassik typisch ist die *motivische* oder *thematische* Arbeit in der Durchführung. MOZART nimmt dazu häufig Motive aus der Coda der Exposition oder dem Themenbeiwerk wie hier. Es geht anders als in der barocken kp. Motivarbeit hier um Kontraste der Charaktere, Vielfalt der Ideen, Überraschung, Dramatik, Ausdruck, alles in einer ganzheitl. Gestalt, ohne Brüche. Die Einheiten werden immer größer: Durchführung und Reprise bilden wieder eine Einheit, diese mit der Exposition den 1. Satz und dieser mit den übrigen Sätzen die ganze Sonate (mit zunehmender Bezugsdichte beim späten MOZART, späten HAYDN und bei BEETHOVEN).

Zeiterlebnis

Die Ganzheit ist in der Vorstellung faßbar, in der Erinnerung des Hörers, im Vorausdenken des Komponisten oder Interpreten. Die Klassiker bezeugen mehrfach, daß sie vor dem Hinschreiben eine Komposition als Ganzes im Kopfe haben, also ohne Zeitablauf, anschaubar, aber nicht als erstarrte Architektur oder skelettartig (wie Abb. S. 370), sondern lebendig.

Die Klassik bringt eine neue Erlebnis- und Darstellungsweise der Zeit. Im Hörer entsteht durch eine geistig gesetzte Norm des Zeitablaufs im Metrum (*Akzentstufentakt*, s. Zeichen im Farbfeld über den Noten) ein Zeitraum mit bestimmten Erwartungen. Der Komponist durchbricht diese Norm ständig durch die individuellen, rhythm. Gestalten der konkret erklingenden Musik (Noten im Farbfeld) und durch deren kontrastierende Erscheinung überhaupt (*diskursive Tonsprache*, RIEMANN).

Zur Versinnlichung der metr. Norm und zur Intensivierung der Bewegung erklingt fast immer ein Achtel- oder Sechzehntelpuls im Baß oder in der Mittellage (anstelle des alten schreitenden Gb.). Der Zeit erscheint hier erstmals bewußt als Innerlichkeit, Dynamik, Energie, Spannung, Bewegung, Motorik (GEBSER), kurz als wechselnde Intensität vor einer sensitiv vermittelten und innerlich ergänzten Norm, dem *Takt*. Dem entspricht die erstmalige Relativierung der Begriffe von Raum und Zeit an die subjektive Anschauung (KANT 1770).

Dabei sehe man, wie spielerisch und hochkompliziert zugleich MOZART Metren, Rhythmen, Motive und Bewegung in Höhepunkten mischt (Nb. T. 22). Die Satzstruktur wird Sinnbild für die neue geistige Freiheit des Menschen (GEORGIADES).

Formen und Gattungen

Das *Menuett* in seiner körperhaften Symmetriebildung (Tanzschritte) ist beliebt, zugleich Lehrstück für Komponisten (S. 430). Zentral wird die *Sonatensatzform* in ihrer Dramatik und Darstellung gegensätzl. Charaktere, als Kopfsatz in KaM und Symphonik, auch als Finale (meist Rondos). Der Terminus *Sonatensatzform* taucht erst ab etwa 1840 auf, ebenso *Exposition* (aus der Dramentheorie), *Durchführung* (motiv. Arbeit) und *Reprise* (vorher: jede Wiederholung). Statt vom 1. und 2. Thema sprach man von *Motiven* (GALEAZZI 1796), *Mutter-*, *Haupt-* und *Nebengedanken* (REICHA 1826). Ständige Variation gehört zum klass. Kompositionsprinzip (Einheit und Mannigfaltigkeit). Sie bringt auch in der Sonatensatzform oft mehr als 2 Themen hervor.

Vokalmusik – Instrumentalmusik

Die Klassik führt die neue Individualität des Menschen (Vokalstimme) in KM und Oper zu Glanz (Soli) und umfassender Harmonie (Ensembles). Dazu tritt die reine Instrumentalmusik, bes. das Streichquartett. – Vorbild für die Instr. ist die menschl. Stimme: man sucht Ausdrucksfähigkeit, daher die Vorliebe für Klarinette, Violine, Hammerklavier.

A L. Leo, L'Andromaca, 1742, Aria parlante

identisch
Sinfonia
Secco-Rez.
Da-Capo-Arie
Chor (Soli)

B **Opera seria** (Schema); **J. A. Hasse,** Secco-Rezitativ aus **Ezio,** 1730, n. Marpurg 1763, Text P. Metastasio

C N. Jommelli, **Fetonte,** 1768, dramatisches Accompagnato-Rezitativ

D **J. A. Hasse, Leucippo,** 1747, Aria patetica, verziert von J. A. Hiller, 1778

Aufbau und Eigenheiten

Die **Opera seria** ist die *ernste,* große ital. Oper im 18. Jh., geprägt von der Neapolitan. Schule. In ihrem Mittelpunkt steht die Musik: die ital. Gesangskultur des Belcanto. Als barocke Gattung geht die Opera seria trotz vieler Reformen in der Klassik unter. Sie ist die Oper des *Ancien régime,* Maske und Unterhaltung, Huldigung und Glanz der Aristokratie:

– allegorisch, gedanken- und illusionsreich, Moral (Gerechtigkeit, Großmut), aber auch Leidenschaft und Liebe darstellend;
– mythologisch-antik, gehobene Stoffe, fern der Gegenwart (Opera buffa: Alltag);
– heldisch-pathetisch, Einzelschicksale, Monologe (Solo-Arien), virtuos, glänzend, Typen statt Charaktere.

Hauptlibrettist ist METASTASIO (S. 315): kunstvoll gedrechselte Handlungen mit meist 6 Personen (S. 374), Intrigen und gutem Ende.

Das **Rezitativ,** im Libretto sehr wichtig, wird nur flüchtig vertont, z. T. sogar auf der Bühne improvisiert (*secco* mit Begleitung von Cembalo, Cello). Die Arien sind die musikal. Glanzstücke der Oper. Die Opera seria erstarrt zu einer Folge gleichgebauter Szenen (Abb. B): Dialoge, vertont als Rezitative, und am Schluß eine Art Resümee mit best. Affekt, vertont als Arie (wie Chor der griech. Tragödie, CALZABIGI).

Das Secco-Rezitativ vertont den Text nach best. Regeln und Formeln, die auch der Dichter kannte (METASTASIO erfand seine Rezitative am Cembalo singend): die Satzglieder sind durch Pausen getrennt, betonte Silben fallen auf schwere Taktteile, die Zahl der Silben bestimmt die Zahl der Töne, häufige Tonrepetition und kleine Intervalle zeigen Sprachnähe, Satzglieder sind melod. und harmon. aufeinander bezogen, z. B. *i forti, i vili* als auf und ab, als Dominante, Tonika, *i vincitori, i vinti* ebenso (Nb. B). Das ergibt schweifende Tonarten im Rezitativ, von Arie zu Arie modulierend (S. 364, Abb. A).

Die **Arien** schließen die Szenen, oft tritt der Sänger ab; stets kann Beifall und evtl. ein Dacapo der Arie folgen. Der dramat. Fortgang ist sekundär. – Am Schluß der Oper steht ein Chor oder ein Solo-Ensemble, zu Beginn die neapolitan. Opernsinfonia (S. 137).

Um die Jahrhundertmitte gerät die Opera seria zunehmend in die Kritik der neuen Anschauungen von Natürlichkeit, Einfachheit und freiem Ausdruck des Gefühls. Schon B. MARZELLO greift die Opera seria scharf an (*Il teatro alla moda,* Venedig 1721), ebenso Graf F. ALGAROTTI (*Saggio sopra l'opera in musica,* Livorno 1755):

Die Oper müsse auf ihre Grundprinzipien zurückgeführt werden, bes. auf Natürlichkeit. Natur ist gleichbedeutend mit Antike (S. 367), daher weiter antike Stoffe.

GLUCKS Opernreform zielt in die gleiche Richtung: natürl. Dramatisierung (s. S. 381). Eine *Aria di azione* (mit Handlung) oder *Aria parlante* (viel Text) bietet schon LEO:

Andromaca spricht zum Mörder, der im Begriff ist, ihr Söhnchen zu töten, mit Heftigkeit und Abscheu, zum Söhnchen dagegen mit Zärtlichkeit und Liebe. Dieser Wechsel der Stimmung und Gebärde drückt sich musikalisch aus (Abb. A): Tempowechsel, auch rasch; dramat.-pathet. Innehalten (Fermate); Wechsel der Dynamik: *f-pp;* Wechsel der Melodik: pathet. Hauptintervalle gegen kleinschrittige Seufzer; Wechsel der Tonart und Begleitung.

Vom Dramatischen her dringt dieses *Kontrastprinzip* in die Musik ein, auch in die reine Instrumentalmusik, und führt mit zur Musiksprache der Klassik.

Gegen den dramat. Fortgang der Handlung steht noch die wiederholende Form der Da-Capo-Arie (S. 110). LEO stilisiert die innere und äußere Bewegung noch barocktypisch zu einem abgeschlossenen Bild, einer Nummer (Abb. A). Ein führender Komponist der Opera seria ist

JOHANN ADOLF HASSE (1699–1783), Hamburg, Neapel, ab 1733 in Dresden; *Didone* 1742, *Solimano* 1758; HASSE war mit der Sängerin FAUSTINA BORDONI verheiratet.

HASSES pathet. Arie Abb. D. zeigt noch barocke Haltung. Die wenigen großen Noten werden vom Sänger ausdrucksstark und gekonnt verziert (Hälse aufwärts). HILLER gibt ein Muster dieser 1778 bereits veralteten Verzierungskunst: er würzt die Harmonik durch dissonante Vorhalte (T. 16, 18), verkünstelt die Melodik durch Synkopen (T. 17) und Punktierungen (T. 18), überlädt und ersetzt die Linie durch Läufe (T. 16f.) und Figuren (T. 18).

Einen modernen dramat. Zug hat das Accompagnato von JOMMELLI aus *Fetonte*. *Phaeton* macht sich in diesem Monolog klar, daß der Negerfürst *Orcana* seine Geliebte *Lybia* rauben will. Er steigert sich aus seiner anfängl. Ruhe bis zur Raserei (*Ah, reiß dich endlich aus deiner Lethargie! Auf!*). Entsprechend steigert JOMMELLI das Tempo, wechselt impulsiv die Dynamik, setzt unbegleitete Partien gegen reine Orchester-Einwürfe oder dramat. Akkorde.

Die wichtigsten Komponisten der Opera seria sind: LEO, PORPORA, PERGOLESI, HÄNDEL; dann HASSE, JOMMELLI, GLUCK, TRAETTA; dann GALUPPI, PICCINNI, PAISIELLO, MOZART.

MOZARTS *Opere serie: Mitridate, rè di Ponto* (Mailand 1770), *Ascanio in Alba* (Mailand 1771), *Il sogno di Scipione* (Salzburg 1772), *Lucio Silla* (Mailand 1772), *Il re pastore* (Salzburg 1775), *Idomeneo, re di Creta* (München 1781), *La clemenza di Tito* (Prag, 6. Sept. 1791), zur Krönung LEOPOLDS II. zum König Böhmens; MOZARTS letzte Oper, EZ Juli/Aug. 1791).

Mattei 1781		Mozart 1784		
Opera seria	Titus	Opera buffa	Cosi fan tutte	Don Giovanni
1. Primo uomo	Sextus, dram.Sopr.	1. Primo buffo caricato	Ferrando	Don Giovanni
2. Prima donna	Vitellia, Kol.Sopr.	2. Prima buffa	Fiordiligi	Donna Anna (seria)
3. Secondo uomo	Annius, dram.Alt	3. Primo mezzo carattere	Don Alfonso	Don Ottavio (seria)
4. Seconda donna	Servilia, lyr.Sopr.	4. Secondo buffo caricato	Guglielmo	Leporello
5. Qualche re (Il tenore)	Titus, Helden-T.	5. Seconda buffa	Dorabella	Donna Elvira (mezzo caratt.)
6. Ultima parte (Persona della corte)	Publius, Baß	6. Secondo mezzo carattere	–	Komtur, Masetto
		7. Terza buffa	Despina	Zerlina

A Personen der Opera seria und Opera buffa zur Mozartzeit

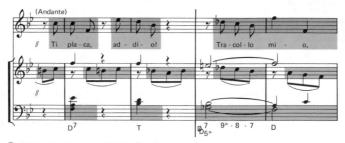

B G. Pergolesi, Intermezzo »Livietta e Tracollo«, 1734, Arie der Livietta

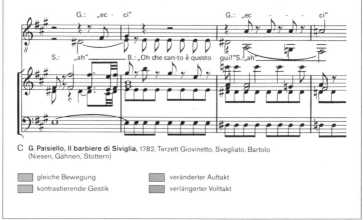

C G. Paisiello, Il barbiere di Siviglia, 1782, Terzett Giovinetto, Svegliato, Bartolo
(Niesen, Gähnen, Stottern)

gleiche Bewegung	veränderter Auftakt
kontrastierende Gestik	verlängerter Volltakt

Personen und Satzstruktur

Die **Opera buffa** (ital. *komische Oper*) ist abendfüllend, bürgerl., heiter, das Gegenstück zur Opera seria und gehört wie diese zur Neapolitan. Schule. Herrscht die Opera seria etwa 1720–80, so bildet sich die Opera buffa nach dem Früherfolg von PERGOLESIS *La serva padrona* (Intermezzo 1733) ab der Jahrhundertmitte bes. durch GALUPPI und PICCINNI zur führenden Operngattung der Klassik aus. Die Opera buffa ist als *musikal. Komödie* ihrem Wesen nach mit der vorklass. und klass. Musik verbunden. Sie kulminiert in **Mozart** und läuft mit **Donizetti** um 1830/40 aus.

Vorgeschichte der Opera buffa

Der Opera buffa gehen historisch voraus:
- kom. Szenen und Personen (*parti buffe*) in den ernsten Opern des 17. Jh., bes. in Venedig (vgl. S. 310, Abb. B);
- Intermedien (*Intermezzi*) komischer Art als heitere Abwechslung zwischen den Akten von Oper und Schauspiel;
- die neapolitan. Komödie mit Musik, im Dialekt, mit bürgerl., possenhaften Alltagsstoffen, mit Typen der *Commedia dell'arte* und Parodie der Opera seria. Es entstand ein neuer neapolitan. Buffo-Stil, berühmt PERGOLESIS *La serva padrona*.

Auch PERGOLESIS Intermezzo *Livietta e Tracollo* (Neapel 1734) zeigt diesen neuen Stil: Bewegung und Affekt sind zunächst noch *einheitlich*, und darin ganz barock. Neuartiger Wechsel beider aber bricht dann durch die sinnlich-lebendige (nicht barock gelehrt-symbolische) Darstellung des Textes herein.

Livietta ringt nach Luft, daher singt sie in kurzen Ausrufen, mit Pausen unterbrochen: *Ti placa!* (Besänftige dich!) *Addio! Addio!* Dem entspricht die ruhige, gleichmäßige Bewegung. Dann erfolgt plötzlich der Ausruf: *Tracollo mio!* mit veränderter Gestik, groß und zusammenfassend. Das verändert auch die Musik: volltaktiger Orchestersatz, Verbindung über 2 Takte, große Geste im Oktavsprung f^2–f^1, Harmoniewechsel: Ausweichen über die Doppeldominante C-dur in die Dominante F-dur, harmonisch gewürzt durch Tiefalterationen wie die Quinte ges und die None des^2 als typisch neapolitan. Wendungen zu verstärktem Ausdruck (vgl. die neapolitan. Sexte, S. 98). Der *Empfindsame Stil* wird dies alles mit aufgreifen (Abb. B).

Die Musik erhält etwas *Körperhaftes,* entsprechend der Schauspielergestik, die seel. und äußere Bewegung spiegelt.

Der Stoff der Opera buffa

ist dem Alltagsleben entnommen (s. o., Diener, Barbier usw.), komisch bis rührend sentimental. Dazu spielt die *Commedia dell'arte* eine Rolle.

Die *Commedia dell'arte* ist die Stegreifkomödie aus dem 16. Jh., komisch-burlesk,

wobei die Szenenfolge und der Inhalt festgelegt waren, die Ausführung im einzelnen aber den Schauspielern, oft aus dem Augenblick, überlassen blieb.

Die Personen sind Charaktertypen, gespielt in stets gleicher Maske und gleichem Kostüm. Zu ihnen gehören *Pulcinella, Arlecchino, Pantalone* und *Brighella, Isabella, Colombina, Capitano Spavento, Dottore* (Arzt, Jurist) und bes. Herr und Diener als Paar: *Magnifico* und *Zanni (Don Giovanni* und *Leporello*).

Erst GOLDONI hat im Libretto die Typen individualisiert und sie zu lebendigen Charakteren ausgestaltet, mit differenzierten und gemischten Zügen.

Die Opera buffa verwendet Alltagssprache, oft Dialekte, Fremdsprachenfetzen (Latein), Zitate, Parodien, rasches Parlando, Niesen, Gähnen, Stottern.

In der PAISIELLO-Szene sind die beiden Diener des Bartolo von Figaro betäubt worden. Sie können daher dem Bartolo nicht ungehemmt erzählen, was vorfiel. Diese Szene ist witzig und vielschichtig. Die Musik zeichnet sie nach und gibt ihr dabei neue Dimensionen.

Svegliato gähnt mit einer langen Note *ah!,* im Orchester erklingen Liegetöne dazu. Giovinetto niest auftaktig, mit Schwung auf dem *ci! (etschi!),* dann mit wiederholtem Ansatz des *e* (3 Achtel, durch Pausen getrennt). Bartolo stellt seine rasche, plappernde Frage, genau im Takt *oh, was ist das für ein Gesang!* Das Orch. bringt nervöse Achtel-Bewegung dazu (Nb. C).

Standard-Besetzungen

Librettist und Komponist haben bei der Opera buffa wie schon bei der Opera seria mit einer bestimmten Personen- und Darstellerkombination zu rechnen, die an fast allen Theatern vorhanden war. Sogar die Zahl und die Typen der Arien wurden dem Textdichter vorher angegeben. Die Opera seria spielte meist mit 6 Personen, und zwar überwiegend hohe Stimmen. Noch S. MATTEI beschreibt 1781 diese 6 Seria-Typen als 4 Frauenstimmen (oder Kastraten), 1 Tenor (*irgendein König*) und 1 meist tiefe Stimme (*letzte Partie, Person vom Hofe*). Dem entspricht MOZARTS Rollenplan im *Titus* (Abb. A).

Im Intermezzo treten meist nur 2 Personen auf, in realistisch natürl. Lage (Sopran, Baß). Die Opera buffa rechnet mit 7 (auch 6) Personen, und zwar in natürl. Lage, ohne Kastraten. So erstellt MOZART ein Personenverzeichnis für seine unvollendete Opera buffa *Lo sposo deluso* (1783) mit 4 Männern und 3 Frauen, die Männer z. T. als mischcharaktere zwischen heiter und ernst (*mezzo caratere*). *Così fan tutte* hat 6 Personen, *Don Giovanni* nimmt Seria-Rollen auf und hat 8 Darsteller (Komtur und Masetto wurden in Prag vom selben Sänger gesungen).

Bühneneinteilung

A W. A. Mozart, Don Giovanni, 1787, Finale I,20, Tanzszene

I. Wut des Grafen: große Bewegung

II. Erstaunen, Erstarren: kleine
Bewegung, Wandlung der
Situation: Modulation Es-B

III. Triumph der Frauen: Menuett-
Parodie, kleine Schritte, Knicks

B W. A. Mozart, Die Hochzeit
des Figaro, 1786, Finale II, 9,
Musik und Gestik

Rhythmische Schichtung, Gestik

Gattungstraditionen

Im Theater bestimmen Inhalt, Form, Gehalt, Bühnenbild seit der Antike die Gattungen
- *Tragödie:* Tyrannenlos; Versform; Palast, Tempel, Säulen.
- *Komödie:* Familiengeschichten; Prosa; Haus, Straße, Markt.
- *Satire:* Landleben, *Pastorale;* Gesang; Wald, Höhle, Gestade.

Die spätere *Historie* stellt Geschichte dar (SHAKESPEARE). Die Oper geht aus von der Pastorale (*Dafne, Orfeo*), dann spiegelt sie Tragödie und Historie in der *Opera seria*, Komödie in der *Opera buffa*.

Gemeinschaftsgeist und Ensemble

In der Opera buffa gibt es Rezitative, Lieder, kleine und größere Arien. Doch sind nicht diese Sologesänge gattungstypisch, sondern Ensemble und Finale.

Das Wesen der Opera buffa als Komödie der *Gemeinschaft* kommt der *mehrst.* Musik entgegen. Im Theater sprechen die Personen nur nacheinander (*Dialog*), in der Oper aber können mehrere Personen gleichzeitig singen (*Ensemble*). Im Ensemble erklingen unterschiedl. Charaktere und bringen doch Harmonie und Einheit hervor. Dieses mehrst. Miteinander, bei dem das Verständnis der Sprache zuweilen verloren gehen mag, entspricht auch dem rein musikal. Prinzip der Instrumentalmusik. So beeinflussen sich im 18. Jh. Opera buffa und Instr.-Musik und führen zur gestischen Musik der Klassik.

In MOZARTS *Figaro* läßt die hohe Qualität der Musik die revolutionäre Brisanz hinter dem rein Menschlichen zurücktreten. MOZART *inszeniert* das Libretto.

Als Cherubin überraschend Susanna aus dem Kabinett tritt, spiegelt die Musik alles äußere und innere Geschehen: Die Wut des Grafen äußert sich in den heftigen, niederschlagenden Dreiklangsfiguren. Das Erstaunen über Susanna spricht aus den Pausen, den klein gewordenen Gesten, der Bewegungsumkehrung im *p.* Die Veränderung, und wie man sie begreift, spiegelt die Modulation. Susannas B-dur dominiert über des Grafen Es-dur. Susanna triumphiert verhalten-leise, anmutig-tänzerisch. Die Musik *spricht* für sie in die Stille hinein, ehe sie in gespielter Unschuld grüßt (Abb. B).

Im *Don Giovanni* überlagert MOZART sogar ganze Ensembles: in der Tanzszene spielen in kunstvoller metr. und rhythm. Schichtung gleichzeitig 3 Orch. 3 versch. Tänze, gemäß den 3 Schichten der Gesellschaft (Abb. A).

Das Finale

Die Opera buffa wird zunehmend dramatisiert: die Finali dehnen sich aus. Die meisten Opern haben 2 Finali, die aber etwa ein Viertel der Gesamtzeit dauern. DA PONTE nennt das Finale ein Drama im Drama, bei dem alle Personen auftreten müssen und im Ensemble singen. Das ergibt ein dramat. Crescendo mit kunstvollen Ritardandos. Die Komponisten vertonen das Finale entsprechend mit einer fortlaufenden dramat. Musik, versuchen aber zugleich, dem gesamten Finale eine übergeordnete rein musikal. Form zu geben. Am einfachsten ist das *Vaudeville* (S. 382), abwechslungsreicher das *Kettenfinale,* höchst kunstvoll das *Rondofinale* (zuerst bei PICCINNI, *Buona figliuola,* 1760; berühmt das 2. Finale in MOZARTS *Figaro*, s. S. 132, Abb. B).

Komponisten der Opera buffa

LEONARDO VINCI (1690–1730) Neapel, *Lo cecato fauzo* (1719, in neapolitan. Dialekt).

LEONARDO LEO (1694–1744) Neapel.

GIOVANNI BATTISTA PERGOLESI (1710–36) Neapel (S. 315); Opera buffa *Lo frate 'nnammorato* (Neapel 1732, Dialektkomödie), *La serva padrona* (Intermezzo, eingeschoben in seine Opera seria *Il prigionier superbo,* Neapel 1733, Welterfolg, u.a. Paris 1746 und 1752, s. S. 379); *Livietta e Tracollo* (Intermezzo zur Opera seria *Adriano in Siria,* Neapel 1734).

BALDASSARE GALUPPI (1706–85) Venedig, 1741–43 London, ab 1748 Kapellmeister an S. Marco in Venedig, 1765–68 St. Petersburg; Zusammenarbeit mit GOLDONI, so *Il mondo della luna* (Venedig 1750, Stoff auch bei PICCINNI, HAYDN, PAISIELLO), *Il filosofo di campagna* (Venedig 1754).

Der venezian. Stil GALUPPIS wirkt barocker, biederer, der der neuen neapolitan. Generation spritziger, gestischer:

NICCOLÒ JOMMELLI (1714–74) Neapel, Schüler LEOS, u.a. 1753–68 in Stuttgart.

NICCOLÒ PICCINNI (1728–1800) Neapel, Schüler LEOS; *La cecchina ossia La buona figliuola* (Rom 1760, Text GOLDONI); *I viaggiatori* (Neapel 1774); ab 1776 in Paris (S. 381).

GIOVANNI PAISIELLO (1740–1816) Neapel; *Il barbiere di Siviglia* (Petersburg 1782), *La Molinara* (Neapel 1788), *Nina* (1789).

PASQUALE ANFOSSI (1727–97) Neapel, Rom; *La finta giardiniera* (Rom 1774).

DOMENICO CIMAROSA (1749–1801) Neapel, Wien; *Il matrimonio segreto* (Wien 1792).

Mozarts Opere buffe

La finta semplice. Opera buffa (Wien 1768);
La finta giardiniera. Dramma giocoso (München 1775); *L'oca del Cairo* (1783, Fragm.);
Lo sposo deluso (1783, Fragm.);
Le nozze di Figaro. Opera buffa (Wien 1786), Text von LORENZO DA PONTE (nach BEAUMARCHAIS, *Der tolle Tag,* 1784);
Il dissoluto punito ossia Il Don Giovanni. Dramma giocoso per musica (Prag 1787), Text DA PONTE;
Così fan tutte ossia La scuola degli amanti. Opera buffa (Wien 1790), Text DA PONTE.

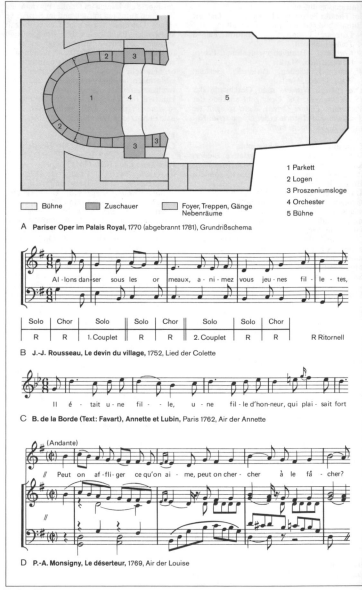

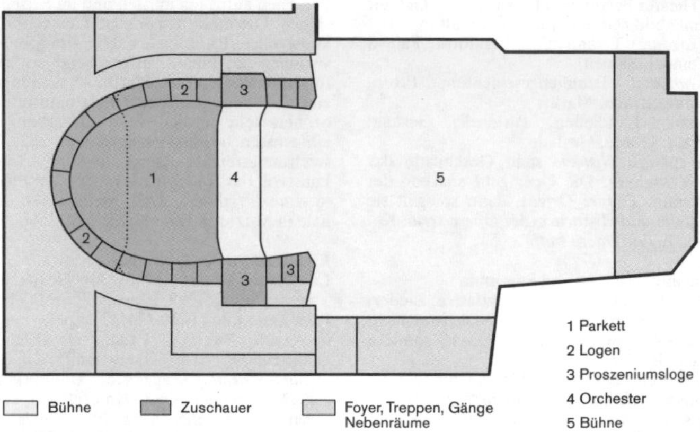
1
2
2
3
3
3
4
5
1 Parkett
2 Logen
3 Proszeniumsloge
4 Orchester
5 Bühne
Bühne
Zuschauer
Foyer, Treppen, Gänge
Nebenräume

A **Pariser Oper im Palais Royal,** 1770 (abgebrannt 1781), Grundrißschema

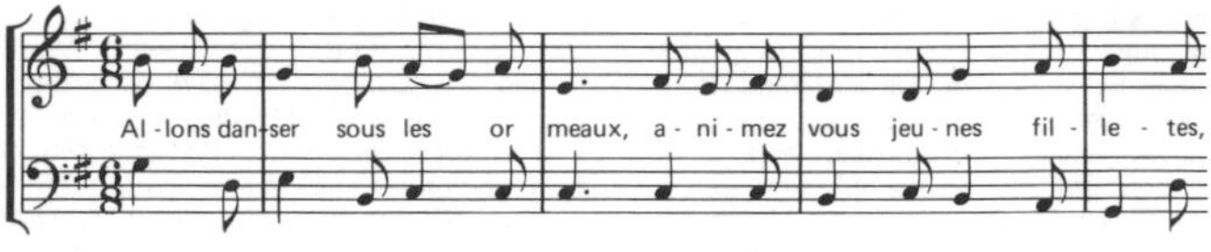
Al - lons dan - ser sous les or meaux, a - ni - mez vous jeu - nes fil - le - tes,

Solo	Chor	Solo	Solo	Chor	Solo	Solo	Chor	
R	R	1. Couplet	R	R	2. Couplet	R	R	R Ritornell

B **J.-J. Rousseau, Le devin du village,** 1752, Lied der Colette

Il é - tait u - ne fil - - le, u - ne fil - le d'hon-neur, qui plai - sait fort

C **B. de la Borde (Text: Favart), Annette et Lubin,** Paris 1762, Air der Annette

(Andante)
Peut on af - fli - ger ce qu'on ai - me, peut on cher - cher à le fâ - cher?

D **P.-A. Monsigny, Le déserteur,** 1769, Air der Louise

Grand Opéra

Um die Jahrhundertmitte ist der Einfluß der alten großen Oper, der Tragédie lyrique und des Opéra-Ballet, noch groß. Sie steht gegen die sonst herrschende ital. Opera seria (erst beim späten RAMEAU gibt es Da-Capo-Arien) wie auch gegen die neue Opera buffa. Sie ist wie die Seria Repräsentationskunst der Aristokratie: eine Oper hohen Stils mit heroischen Stoffen aus Mythologie und Geschichte, fernab vom Alltag, dafür glänzend, unterhaltend, rationalgesteuert in der Darstellung von Leidenschaft, Konflikt und Lösung, voll mehr oder weniger hohlem Pathos. Paris hat eine Reihe von Opernhäusern gehabt, die schon im Aufbau mit weiten Foyers und Treppen einer reich dekorierten Gesellschaft Gelegenheit zur Selbstdarstellung boten.

Das Opernhaus im Palais Royal wurde 1770 eröffnet und brannte bereits 1781 wieder ab. Die Abb. A geht auf einen Kupferstich von BÉNARD zurück (1772 in der Encyclopédie). Der Bühnenraum, gegenüber ital. Opernhäusern ungewöhnlich tief, diente einer aufwendigen Ausstattung.

Neben die Grand Opéra als Oper des Ancien régime tritt um 1750 die beliebte, bürgerl.:

Opéra comique

Sie spiegelt aktuelle bürgerl. Stoffe aus dem Alltagsleben und Begebenheiten auf dem Lande. Neben komischen und satir. Zügen stehen zunehmend auch ernstere, später auch romantische. Die Opéra comique wurde nicht in der Grand Opéra gegeben, sondern bis 1752 nur auf den Foires von Saint-Germain und Saint-Laurent. Später erhielt die Opéra comique ihr eigenes Haus. Dichter war neben SEDAINE und MARMONTEL bes. CHARLES SIMON FAVART (1710–92). Er entwickelte ein charakterist. Libretto gegenüber der Comédie mêlée d'ariettes, der alten Komödie mit Chansons.

Die Opéra comique besteht aus gespr. Dialogen und Musik, bes. Liedern (Ariettes).

Das Refrain-Lied der Colette ist einfach gebaut mit Refrain-Wiederholung von Solo und Chor, mit 2 Solostrophen der Colette (1. und 2. Couplet). Die schlichte Melodie verzichtet auf Koloraturen und schwierige Sprünge, zeigt einfache Harmonik und pastoralen 6/8- Takt (Nb. B).

Eine reine Strophen-Air ist das berühmte Lied der Annette (Abb. C).

Dazu Chöre, Ensembles, Finali, Tänze, program. Instr.-Stücke (Gewitter u. a.).

Eine Besonderheit sind die Vaudevilles: Refrainlieder mit bekannten Melodien, in reichen Sammlungen gedruckt und in vielen Comédies gesungen. Ab etwa 1765 wurden zunehmend neue Melodien komponiert. Noch lange blieb es üblich, am Schluß der Opéra comique alle Sänger im Vaudeville zu vereinen. Jeder sang dort eine Strophe, und alle zusammen den Refrain, der meist die Moral von der Geschichte enthielt (so auch das dt. Singspiel, s. MOZART, S. 382).

Buffonistenstreit

1752 kam es in Paris aus Anlaß der Aufführung von PERGOLESIS La serva padrona durch ital. Operntruppen zum sog. Buffonistenstreit (querelle des bouffons). Das bürgerl. Klima war zu dieser Zeit so reif, daß es nur dieses Anlasses bedurfte, um die Entwicklung der Opéra comique recht eigentlich in Gang zu bringen. Anhänger der frz. Oper, Aristokraten, Traditionalisten und Freunde RAMEAUS wehrten sich gegen die Liebhaber der ital. Opera buffa, die fortschrittl. Gesinnten, bes. um ROUSSEAU, GRIMM, DIDEROT. Hier fand die jüngere Generation die gesuchte Natürlichkeit und das unmittelbar ausgedrückte Gefühl statt der alten Künstlichkeit und Stilisierung.

ROUSSEAU schrieb daraufhin noch 1752 sein Intermezzo Le devin du village (Der Wahrsager des Dorfes). Dies Stück will bewußt keine hohe Kunst, sondern gibt sich pastoral mit einfachen Charakteren und simpler Handlung, mit gespr. Dialogen wie im Schauspiel (statt Rez.), mit Liedern (statt Arien).

Es zeigt die angestrebte Einfachheit und Natürlichkeit in der Melodik, der Begleitung, dem Aufbau seiner Lieder (Abb. B) und in seinen Instrumentalsätzen, denn von der Instrumentalmusik verlangte ROUSSEAU, sie solle angenehm zum Hören und leicht sein (ni forcé, ni baroque). Le devin du village fand viel Nachahmung (MOZARTS Bastien und Bastienne).

JEAN-JACQUES ROUSSEAU (1712–78), Gesellschafts- und Kulturkritiker, Dichter und Musiker, schrieb auf die Preisfrage der Académie von Dijon, ob Kultur und Fortschritt die Menschheit gebessert habe, seinen berühmten Discours sur les sciences et les arts (1750, preisgekrönt). Er entwickelte darin den Gedanken an einen glückl., natürl., von Wissenschaft und Kultur noch nicht zerbrochenen Urzustand der Menschheit, aus dem er die Ideale der Natürlichkeit mit den hohen eth. Werten wie Unschuld, Tugend, Freiheit usw. ableitete. ROUSSEAUS Gegenwartskritik führte mit zur Revolution, sein Rückzug in die Geschichte und in den Traum bereiteten aber auch die Irrationalität der Romantik vor.

ROUSSEAU schrieb Musikartikel für die Encyclopédie (gedr. 1751ff.). Auf ihnen fußt sein Dictionnaire de musique (1768).

In seinen Lettres sur la musique française (1753) behauptet er, die frz. Sprache sei für den Kunstgesang nicht geeignet. Sein Pygmalion (Lyon 1770) mit gesprochenem Text zu untermalender Musik ist das erste Melodram (Monodram) des 18. Jh.

Weitere Komponisten der Opéra comique: E. R. DUNI, F. A. PHILIDOR; P.-A. MONSIGNY (1729–1817) mit eingängiger Melodik und differenziertem Orch.-Satz (Nb. D).

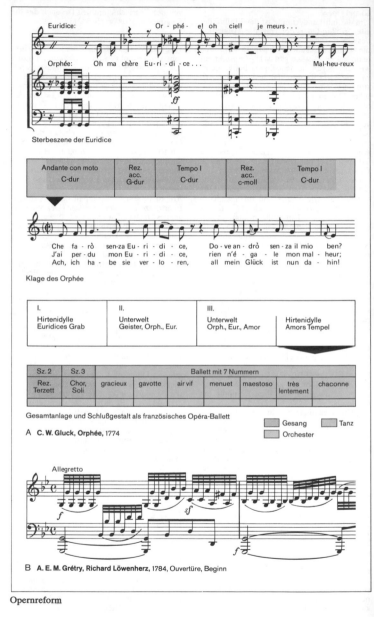

Sterbeszene der Euridice

Klage des Orphée

Gesamtanlage und Schlußgestalt als französisches Opéra-Ballett

A C. W. Gluck, Orphée, 1774

Gesang   Tanz
Orchester

B A. E. M. Grétry, Richard Löwenherz, 1784, Ouvertüre, Beginn

Opernreform

Der Buffonistenstreit von 1752 endet mit der Verbannung der ital. Truppe aus Paris. Die alte frz. Grand Opéra hatte zwar gesiegt, doch stand sie an Beliebtheit und Leben hinter der neuen frz. Opéra comique zurück. Erst in den 70er Jahren nahm sie durch GLUCK einen neuen Aufschwung.

Glucks Opernreform
betraf die gleichen Erstarrungen der frz. Grand Opéra wie der ital. Opera seria, von der GLUCK ausging. Er begann seine Reform zusammen mit dem Intendanten Graf DURAZZO und dem Dichter CALZABIGI in Wien. CALZABIGI schrieb dramat. Texte mit einleuchtender Handlung, klarem Aufbau, überzeugenden Ideen, Anknüpfung an die Antike bzw. an die Florentiner Camerata (vgl. dazu ALGAROTTI, S. 373). Entscheidende musikal. Neuerungen sind:
– Die Musik dient der Dichtung, dem Ausdruck seel. und äußeren Geschehens.
– Die Musik charakterisiert Personen und Situationen. Sie steht nicht fur sich wie das Belcanto, sondern schildert das *Wahrscheinliche* (Vorrede zum *Don Juan*).
– Stroph. oder durchkomponierte Lieder anstelle der Da-Capo-Arie. GLUCK will einfach und natürlich sein (eine neue Nachahmung der Natur). Es soll keine Schönheit am unrechten Platz erscheinen (gegen Sängermanieren und falsches Pathos).
– Das dramatisch gestaltete Accompagnato-Rezitativ tritt an die Stelle des Secco-Rezitativs, begleitet vom Streichorchester.
– Der Chor schaltet sich wie im antiken Drama in die Handlung ein.
– Das Ballett nimmt aktiv teil, als Chor, als Pantomime, als Tanz (Abb. A).
– Die Ouvertüre nimmt Bezug auf die Handlung und steht nicht mehr als unverbindl. Instrumentalstück vor der Oper.
– Es soll keine nationalen Stile mehr geben, sondern die Musik soll international sein. In ihr finden sich die verschiedenen Elemente: das venezian.-ital. Accompagnato und Arioso, das frz. Ballett und die frz. Pantomime, das engl. und dt. Lied, das frz. Chanson und Vaudeville usw. Dies alles nicht als buntes Gemisch, sondern als ein neues klass. Ganzes.

GLUCK und CALZABIGI beginnen mit dem Ballett *Le festin de Pierre* (Don Juan, 1761; S. 422, Abb. B). Es folgen die ital. Opern *Orfeo ed Euridice* (1762, eine *Azione teatrale*), *Alceste* (1767), *Paride ed Elena* (1770).
Übersetzer, Bearbeiter und Vermittler nach Frankreich ist Marquis LE BLANC DU ROULLET, frz. Diplomat in Wien. An Opern für Paris entstehen: *Orphée* (Paris 1774) und *Alceste* (1776), beides leicht veränderte Übersetzungen der ital. Originalversionen; *Iphigénie en Aulide* (1774), *Armide* (1777, Text von QUINAULT), *Iphigénie en Tauride* (1779), *Echo et Narcisse* (1779).

GLUCK ändert die ital. Altpartie des *Orfeo* für Paris um in eine Tenorpartie (im Sinne der Natürlichkeit). Einige Nummern fügt er neu hinzu, die Gesamtanlage aber bleibt erhalten, bes. das frz. beeinflußte Ballett am Schluß (Abb. A). Wie MONTEVERDIS *Orfeo* endet auch der GLUCKs idyllisch, nicht tragisch.

GLUCKS Musik ist voll Dramatik und hohem Pathos. Die Sterbeszene Euridices (ihr endgültiger Tod, nachdem sich Orphée gegen die Weisung nach ihr umgeschaut hatte) zeigt die pathetisch punktierten Rhythmen, eine vom Text inspirierte Deklamation, spannungsvolle Pausen, heftige Orchesterbegleitung, starke Chromatik (verminderte Dominantakkorde A-dur, D-dur zur Tonika g-moll, der klass. Leidens- und Todestonart), das Zittern des Gesangs (Pausen, Verbleiben auf einem Ton, Nb. A).

Klassisch ist die Art, wie Orphée sein Leid trägt. Er faßt seine Klage in ein schlichtes Lied, dessen Dur-Melodie den Schmerz hochstilisiert (Nb. A). Schon HANSLICK (1854) fand, daß diese Melodie auch höchstes Glück ausdrücken könnte (zum Text: *Ach, ich habe sie gefunden*), als also über spezif. Schmerz- und Glücksäußerung hinaus zu reiner Seelenbewegung erhebe. Zwischen den Strophen dagegen erklingen Accompagnato-Seufzer.

GLUCKS Natürlichkeit, sein heroischer Ton und sein klass. Pathos wirken auf die frz. Komponisten bis über die Jahrhundertwende hinaus. 1774 kam es zum Streit zwischen den *Gluckisten* (darunter ROUSSEAU) und den *Piccinnisten*, den Anhängern der ital. Gesangsoper. PICCINNI selbst verehrte GLUCK, seine Opern zeigen GLUCKS Einfluß.

A. E. M. GRÉTRY (1741–1813) erweiterte den Stoffkreis um histor. Stoffe, so in *Richard Coeur-de-Lion* (1784), wobei sich Elemente der Opéra comique in ihrer natürl. Menschlichkeit mit dem hohen Pathos der Grand Opéra GLUCKSCHEN Stils verbinden. Schon die Ouvertüre beginnt mit leidenschaftlicher Figuration (Nb. B).
Weitere Komponisten sind LEMOYNE, GOSSEC, CHERUBINI, PAER, MEHUL, LESUEUR, CATEL, BERTON, SPONTINI.

Die Revolutions- oder Schreckensoper
schildert die Schrecken der Revolution, getragen von deren hohen Idealen wie Tugend, Freiheit, Menschenwürde, und oft mit unerwarteter Rettung. Sie erwuchs um 1800 aus der bürgerl. Aktualität der Opéra comique und dem hohen ethisch-moral. Anspruch der Grand Opéra. Charakteristisch sind eine Reihe wiederkehrender Elemente: die *élan terrible* der Rhythmen, die explosive Dynamik, Chorrufe, Signale, Fanfarenklänge, Trommelwirbel, Schauer, Pathos, Melodramstellen. Beispiel: L. CHERUBINIS *Les deux journées* (Der Wasserträger, 1800, Fideliostoff).

Teil A

p	f	p	f	p	f	p	f	p	f	p	f	p	f	p	f	p	f
8	6	8	4	6	10	4	4	8	6	8	8	8	8	4	4	4	10

B A'

Ouvertüre, türkisches Kolorit

2 Gr. Fl., 1 Picc.
2 Ob., 2 Klar., 2 Bassetthr., 2 Fg.
2 Hr., 2 Trp.
2 Pauken, 1 Gr.Trommel, 1 Becken, 1 Triangel
Streicher

Türkische Musik

A   Exposition
B   Mittelteil
A' Reprise

Orchesterbesetzung

Allegro

Nr. 12. Arie, Allegro

Blonde: Wel - che Won - ne, wel - che Lust   regt sich nun in mei - ner Brust,

Flötenkonzert, KV 314, 1778, 3. Satz und Arie der Blonde

Vaudeville
Andante (F-dur)   (accel.)   Andante   Andante
                                                              sosten.   c. prima

S₁
S₂
T₁
T₂
B

| 12 | 4 | 12 | 4 | 12 | 4 | 12 | 11 | 21 | 15 | 12 | 4 |
| 1. Str. | | 2. Str. | | 3. Str. | | 4. Str. | | | | 5. Str. | |

Andante

S₁, S₂: Wer so viel Huld ver - ges - sen kann,   den seh'man mit Ver -ach -tung an.

Andante sostenuto

sotto voce Nichts ist so häß - lich als die Ra - che, nichts ist so häß - lich als die Ra - che

Soli

Vaudeville und Schlußchor

W. A. Mozart, Die Entführung aus dem Serail, 1781/82

Refrain   Allegro assai, a-moll

Sentenz, Höhepunkt   Schlußchor (Janitscharen)

S₁ Konstanze
S₂ Blonde
T₁ Belmonte
T₂ Pedrillo
B   Osmin

Singspielcharakter

Ital. Oper in Deutschland

Im 18. Jh. herrscht im deutschsprachigen Raum die ital. Oper. Oper vor. Es gibt kein dt. Gegenstück zur Opera seria, nur wenige Versuche (s. u.), und das Singspiel, Gegenstück zur Opera buffa, entwickelt sich erst spät. Das bedeutet einen Tiefstand der *öffentl.* Oper (Schließung) von etwa 1720/30 bis 1770/80, während die Höfe die ital. Oper als beliebte Unterhaltung pflegen.

Ital. Opern gab man bei Hofe oft zu best. Anlässen wie Hochzeiten, Geburtstagen, Empfängen usw. Einfacher und billiger war es, eine *Huldigungskantate* zu singen, oder eine solche *szenisch* aufzuführen als sog. *Serenata teatrale* oder *drammatica* (eine Art *Kleinoper*). – Für die ital. Opern holte man neben reisenden Truppen ital. *Komponisten* (Hofkapellmeister wie GALUPPI in Stuttgart, SALIERI in Wien), ital. *Sänger*, seltener ital. Instrumentalisten.

Dt. Komponisten schrieben selbstverständlich ital. Opern, bes. HASSE, GLUCK (S. 381), HAYDN, MOZART (vgl. S. 372 ff.).

Die deutsche Große Oper

Für eine ernste dt. Oper wie die ital. Opera seria, also mit dt. (Secco-)Rezitativen, Arien, mit antiken Stoffen usw., fehlte eine dem ital. *Belcanto* vergleichbare Gesangskultur; auch waren die Höfe kulturell nicht dt., eher frz. (Berlin) oder ital. (Wien). Versuche:
– A. SCHWEITZER, *Alceste* (Weimar 1773), *Rosamunde* (Mannh. 1780), beide Libretti von CHR. M. WIELAND.
– I. HOLZBAUER, *Günther von Schwarzburg* (Mannheim 1776), Libretto von A. KLEIN.

Das Melodram

ROUSSEAUS *Pygmalion* (Lyon 1770) wurde dt. nachgeahmt von SCHWEITZER (Weimar 1772). Das abendfüllende Melodram, bei Einzeldarstellern auch Monodram genannt, war selten, z. B. G. BENDA, *Ariadne* (Gotha 1775) und *Medea* (Leipzig 1775). Melodramat. Szenen gibt es jedoch oft (S. 384, B).

Das Singspiel

Anregungen kamen von der engl. Ballad Opera und der frz. Opéra comique, vermittelt durch Übers. und reisende Theatertruppen. COFFEYS *The Devil to Pay* (London 1731, nach der *Beggar's Opera*) begeisterte dt. als *Der Teufel ist los oder Die verwandelten Weiber* 1743 in Berlin (wohl mit den Originalmelodien), auch 1752 in Leipzig in WEISSES Fassung (Musik von STANDFUSS) und 1766 in Berlin (Musik von HILLER).

J. A. HILLER (1728–1804) gilt als Begründer des dt. Singspiels: mit *gesprochenem Dialog*, mit *Liedern*, kleinen *Arien*, *Ensembles* und am Schluß ein *Vaudeville*. Singspiel wird Mode. Selbst GOETHE dichtet Libretti wie *Erwin und Elmire*, ein »*Lustspiel mit Gesängen*« (1773/74, darin *Das Veilchen*), oder *Der*

Zauberflöte 2. Teil (1794). Weitere Komponisten: G. BENDA (*Der Dorfjahrmarkt*, 1775; *Julie und Romeo*, 1776); J. ANDRÉ (*Entführung*, 1781); C. G. NEEFE (*Adelheid von Weltheim*, 1780); J. F. REICHARDT (*Amors Guckkasten*, 1773).

In Wien, wo JOSEPH II. 1778 ein *Nationalsingspiel* begründete und mit UMLAUFFS *Bergknappen* eröffnete, entsteht eine eigene Tradition. Im Wiener Singspiel sangen nicht Schauspieler, sondern Opernsänger. Das erlaubte hohes musikal. Niveau. Stofflich gab es Mischungen aus Märchen, Wundern, Zauberei, Sentimentalität, Komik, Idealismus. Komp.: HAYDN (*Der krumme Teufel*, 1758), GLUCK, WRANITZKY, MÜLLER, DITTERSDORF (*Doktor und Apotheker*, 1786).

Mozarts Singspiele

– *Bastien und Bastienne* (1768), Libretto nach FAVARTS *Les amours de Bastien et Bastienne*, 1753 (Parodie auf ROUSSEAUS *Le devin du village*), übers. von WEISKERN.
– Schauspielmusik zu GEBLERS *Thamos, König in Ägypten*, (1773/79; kein Singspiel).
– *Zaide* (1779), Text SCHACHTNER, Fragm.
– *Die Entführung aus dem Serail*, Nationaltheater 1782, Text STEPHANIE D. J. (nach BRETZNER). Damals beliebtes türk. Sujet: Belmonte versucht mit seinem Diener Pedrillo, seine Braut Konstanze und deren Zofe Blonde aus der Gefangenschaft des Bassa Selim und dessen Haremswächters Osmin zu befreien. Das mißlingt; doch statt Rache übt der Bassa großmütig Vergebung.

Die Ouvertüre wirkt buffonesk mit ihren kurzweiligen *p-f*-Wechseln (S. 136). Zum klass. Orch. treten in der *Entführung* hinzu: Piccoloflöte, 2 Klar., 2 Bassetthörner, Schlagzeug (*türk. Musik*, Abb.).

Für MOZART muß »*die Poesie der Musik gehorsame Tochter seyn*«, auch muß Häßliches schön, d. h. *Musik* werden (S. 369).

Das Thema der kurzen Blondchen-Arie Nr. 12 zeigt in Gestik und Gehalt die Nähe von Vokal- und Instrumentalmusik in der Klassik: das Rondo-Thema aus dem Flötenkonzert (1778) ist erkennbar (Nb.)

Konstanzes Koloraturarie *Martern aller Arten* steht im großen neapolit. Opernstil. Sie gehört eigentlich nicht ins dt. Singspiel, wurde aber wie alles für best. Sänger in Wien konzipiert, hier »*der geläufigen Gurgel der Cavalieri aufgeopfert*« (MOZART).

Das Vaudeville am Schluß verkündet das. Humanität. Der böse Osmin wird verjagt (*Allegro assai*, s. Abb.), dann erstrahlt das Solistenquartett in ungetrübter Harmonie (*Andante sostenuto*): die Melodik sublimiert sich zu reinen Klängen über Bässen, die durch Pausen alle Schwere verloren haben. Die durchgeistigte Sinnlichkeit dieser Musik läßt den idealen Gehalt in fast überirdischer Schönheit erklingen (Nb.).

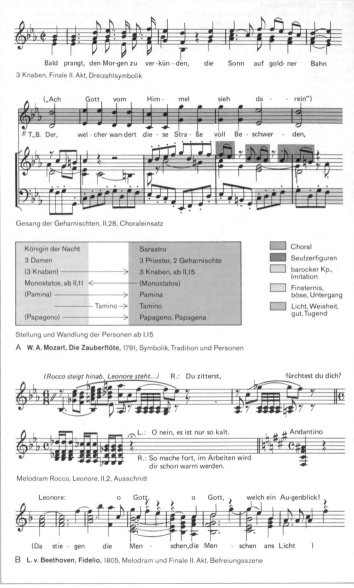

Bald prangt, den Mor-gen zu ver-kün-den, die Sonn auf gold-ner Bahn

3 Knaben, Finale II. Akt, Dreizahlsymbolik

(„Ach Gott vom Him - mel sieh da - - rein")

8 T.,B. Der, wel-cher wan-dert die-se Stra - ße voll Be-schwer - den,

Gesang der Geharnischten, II,28, Choraleinsatz

Königin der Nacht	Sarastro
3 Damen	3 Priester, 2 Geharnischte
(3 Knaben) ——————→	3 Knaben, ab II,15
Monostatos, ab II,11 ←——	(Monostatos)
(Pamina) ——————→	Pamina
—— Tamino →	Tamino
(Papageno) ——————→	Papageno, Papagena

Stellung und Wandlung der Personen ab I,15

■ Choral
■ Seufzerfiguren
□ barocker Kp., Imitation
□ Finsternis, böse, Untergang
□ Licht, Weisheit, gut, Tugend

A   W. A. Mozart, Die Zauberflöte, 1791, Symbolik, Tradition und Personen

(Rocco steigt hinab. Leonore steht...)   R.: Du zitterst,   fürchtest du dich?

L.: O nein, es ist nur so kalt.   Andantino
R.: So mache fort, im Arbeiten wird dir schon warm werden.

Melodram Rocco, Leonore, II,2, Ausschnitt

Leonore: o Gott, o Gott, weich ein Au-genblick!

(Da stie - gen die Men - schen, die Men - schen ans Licht)

B   L. v. Beethoven, Fidelio, 1805, Melodram und Finale II. Akt, Befreiungsszene

Zauberflöte, Fidelio

Mozarts Singspiele (Forts.):
– *Der Schauspieldirektor* (Wien 1786), Text
  von G. STEPHANIE D. J.
– *Die Zauberflöte* (Wien 1791), Text von
  E. SCHIKANEDER.
Trotz fremdländischem Stoff ist die *Zauber-
flöte* die erste große dt. Oper (*»Große Oper
in 2 Akten«*), mit Singspielcharakter in den
gesprochenen Dialogen und Buffo-Partien.
Das Buch ist eine Mischung aus Märchen,
Zauber, Posse und Idealismus. Freimaurer-
Ideen fließen ein (SCHIKANEDER und MOZART
waren Logenbrüder). Die *Maurer* bauen am
Glück der Menschheit: Menschen- und
Freundschaftskult mit vielen Riten und Sym-
bolen (z. B. dreimaliges Pochen).
   Tamino soll Pamina, die von Sarastro ge-
raubte Tochter der Königin der Nacht, ret-
ten, wobei ihn eine Zauberflöte und der
Vogelfänger Papageno mit Panflöte und
Glockenspiel helfend begleiten. In Sarastro
findet Tamino aber Weisheit und Humanität, wozu er sich mit Pamina bekennt.
Während der Komposition 1791 kam in
Wien eine ähnl. Zauberoper heraus: *Kaspar
der Fagottist oder die Zauberzither*. Vielleicht
haben MOZART und SCHIKANEDER ihre Oper
daraufhin geändert (*Bruchtheorie*), denn es
gibt Widersprüche:
   Der 1. Akt, der bereits fertig war, wurde
belassen; im 2. Akt wird aus der guten Königin der Nacht eine böse, aus dem bösen
Sarastro ein guter Priester; die 3 Knaben
gehören anfangs zur Königin der Nacht,
später zu Sarastro (ohne Begründung); Pamina ist anfangs *geraubt*, später *gerettet;*
Monostatos, als Mohr Symbol für das Böse, wechselt von Sarastro zur Königin der
Nacht; Tamino bekennt sich freiwillig zu
Sarastro, Papageno ebenfalls.
Gegen die Bruchtheorie spricht, daß in einer Märchen- und Zauberoper nicht alles
logisch sein muß. Die Wendung zum Guten
in Sarastros Lichtwelt ist wohl von Anfang
an das human-idealist. Ziel. Die 3 Knaben
sind in ihrer Reinheit Sendboten des Guten, sie helfen Tamino, gleich, von welcher
Seite sie kommen. Die Königin der Nacht
hingegen muß tragisch untergehen, weil sie
gegen das lichte, aufgeklärte Menschentum
Sarastros eine alte Ordnung vertritt mit anderen, nun bösen Maßstäben wie Blutrache
usw. Am Schluß steht ein ideales Menschenpaar in einer idealen Welt (Abb.).
Die Musik charakterisiert Personen und Situationen mit versch. Stilmitteln: liedartige
Gebilde, lyr. Arien, Koloraturarien (alte, aristokrat. Opera seria charakterisiert die Königin der Nacht), Accompagnato-Rezitative,
Ensembles, Chöre, dramat. Finali.
Symbolgehalt erscheint an vielen Stellen. So
erklingt die Zahl 3 als Freimaurerzeichen und
säkularisierter Trinitätsgehalt an 3 Stellen:
Akkorden der Ouvertüre, auch im Sonnengesang der 3 Knaben (3st. Satz, 3*b*).

Dieser Sonnengesang wirkt wie ein *klass.*
Choral mit seiner volksliedhaft einfachen
Melodik, dem feierl., doch leichten
Schreitrhythmus, der schlichten Periodik
(Nb.).
Die Geharnischten dagegen drücken Alter
und Strenge einer Inschrift durch alte Stile
aus:
– als Melodie erscheint ein Lutherchoral
  (Ach Gott vom Himmel sieh darein), in
  ehernen Oktaven (organumartig);
– die Begleitung gibt sich barock: gb.-ähnli-
  cher Laufbaß, kp. Imitation, Seufzerfigu-
  ren voll Angst und Not.
MOZART überhöht den idealist. Gehalt des
Textes in seiner klass. Musik. Die Oper und
ihr enthusiast. Erfolg (den MOZART noch er-
lebte) blieben Einzelfall.
Es folgen eine Reihe von einfachen Wiener
Singspielen (mit Märchen und Zaubermoti-
ven) und im 19. Jh. die Wiener Operette.
Andererseits beeinflußt die frz. Revolutions-
und Schreckensoper die nächste große dt.
Oper:
BEETHOVEN, *Fidelio,* Text von J. F. SONN-
LEITHNER, 1. Fassung Wien 1805, 3 Akte
(Ouvertüre s. S. 422), kein Erfolg; 2. Fass.
Wien 1806, gekürzt, 2 Akte, nur 2 Auff.;
3. Fass. Wien 1814, Textrev. von Regisseur
TREITSCHKE, 2 Akte, großer Erfolg.
Als Vorlage diente das frz. Libretto von J. N.
BOUILLY, *Léonore ou l'amour conjugal,* ver-
tont u. a. von P. GAVEAUX, Paris 1798, und
F. PAER, Dresden 1804. Die Oper spielt zwar
im 18. Jh., doch übt sie Zeitkritik.
Pizarro will den ungerecht gefangen gehal-
tenen Florestan ermorden, was dessen
Gattin *Leonore,* als Gefängnisgehilfe *Fide-
lio* verkleidet, verhindert. In höchster Not
hilft die Ankunft des befreundeten Gou-
verneurs (Trp.-Signal). Die Oper endet im
Hymnus auf Freiheit und Gattenliebe.
Auch BEETHOVEN verschmilzt versch. Stilmit-
tel in seiner Musik (neben dem gesprochenen
Dialog der Singspieltradition). So taucht in
der Gefängnisszene ein Melodram auf:
Leonore soll Rocco beim Ausheben der
Gruft für Florestan helfen. Die Musik beschwört das Schauerliche der Situation, sie
illustriert die Regieanweisungen (z. B. Leo-
nores Zittern durch 32stel-Noten) und den
Dialog (Nb. B).
Wie in MOZARTS *Zauberflöte* steht auch bei
BEETHOVEN die Musik in ihrem Ausdruck, ihrer Bewegung und ihrer Harmonik für eine
ideal gedachte Menschheit.
So singt Leonore, Florestans Ketten lö-
send, tief bewegt von Pausen unterbrochen, über Harmonien der vollkommenen
Kadenz im Orchester, das hier gleichsam
die Führung übernimmt und durch ein
Melodiezitat aus einer frühen Kantate
BEETHOVENS den Aufstieg der Menschheit
aus dem Dunkel ins Licht einer aufgeklär-
ten neuen Humanität verkündet (Nb.).

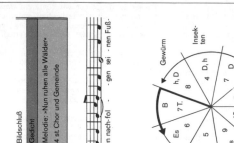

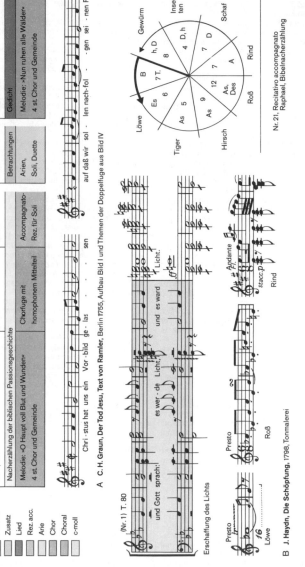

Passion		Bild I, Nr. 1	Nr. 2	Nr. 3	Nr. 12	Bildschluß
Zusatz		Nacherzählung der biblischen Passionsgeschichte	Chorfuge mit homophonem Mittelteil	Accompagnato Rez. für Soli	Betrachtungen Arien, Soli, Duette	Gedicht
Lied						
Rez. acc.		Melodie: »O Haupt voll Blut und Wunden«				Melodie: »Nun ruhen alle Wälder«
Arie		4 st. Chor und Gemeinde				4 st. Chor und Gemeinde
Chor						
Choral						
c-moll						

Chri - stus hat uns ein Vor - bild ge - las - - - sen

auf daß wir sol - - len nach-fol - - gen sei - nen Fuß-

A C. H. Graun, **Der Tod Jesu, Text von Ramler,** Berlin 1755, Aufbau Bild I und Themen der Doppelfuge aus Bild IV

Erschaffung des Lichts

(Nr. 1) T. 80

und Gott sprach:

es wer - de Licht,

und es ward

1 Licht.

Löwe

Roß

Rind

Andante

stacc.p

Rind

Presto

Presto

B J. Haydn, **Die Schöpfung,** 1798, Tonmalerei

Nr. 21, Recitativo accompagnato
Raphael, Bibelnacherzählung

Die beliebtesten Oratorien der Zeit

Ausgangspunkt für das Oratorium der Klassik ist um 1750 das ital. Oratorium der Neapolitan. Schule, das engl. Oratorium HÄNDELS und das dt. Oratorium im Empfindsamen Stil (RAMLER).

Das ital. Oratorium

METASTASIOS Idee vom Oratorium als geistl. Oper bindet die Stilentwicklung von Oper und Oratorium eng aneinander. Das ital. Oratorium ist für Gesangssolisten konzipiert und fast ohne Chor. Der *Bibeltext* bildet die Grundlage. Er wird dargestellt wie die Handlung einer Oper im *Secco-Rezitativ*, die eingeschobenen *Betrachtungen* (freie, dichterische Strophen) erklingen als *Da-Capo-Arien*.
Alle Komponisten der ital. bzw. Neapolitan. Oper schreiben daher auch entsprechende ital. Oratorien, wobei auch die aufkommende Lebendigkeit des Buffostils in Maßen berücksichtigt wird. Oratorien braucht man außerhalb der Opernspielzeiten in der Advents- und Fastenzeit, wobei das Passionsoratorium der Karwoche eine bes. Rolle spielt.
Zu der ersten Komponistengruppe gehört J. A. HASSE in Dresden (*Pellegrini al sepolcro*, 1742, und viele andere).
Zur Klassiker-Generation zählen: N. PICCINNI (Spätwerk *Giornata*, 1792), F. L. GASSMANN (*La Betulia liberata*, Text METASTASIO, Wien 1772 zur Eröffnung der Konzerte der Tonkünstlersozietät), J. HAYDN (*Il Ritorno di Tobia*, Wien 1775), G. PAISIELLO, A. SALIERI, W. A. MOZART (*La Betulia lib.*, Padua 1771), F. SEYDELMANN u. a.

Das deutsche Oratorium

Wie in der Oper macht sich auch im Oratorium um 1750 der Geist einer neuen Zeit bemerkbar. Man kritisiert die barocke Starre und sucht eine neue Einfachheit, Empfindsamkeit, Natürlichkeit. Für das Libretto bedeutet das, den vorgegebenen Bibeltext zurückzudrängen zugunsten eigener Gedanken und Empfindungen. Die neue Dichtergeneration gibt sich als aufgeklärte, selbständige, sensible Interpretin der christl. Glaubensinhalte und der Welt. Große Wirkung hat KLOPSTOCKS *Messias* (1748–73). In den Passionsoratorien werden Tod und Auferstehung nicht mehr in barocker Größe, sondern in neuer Empfindsamkeit dargeboten, von TELEMANNS *Seligem Erwägen* (1729) bis zu RAMLERS *Auferstehung und Himmelfahrt Jesu* in der Vertonung von C. PH. E. BACH (1787) und F. ZELTER (1808).
Am berühmtesten wurde RAMLERS *Tod Jesu* in der Vertonung von GRAUN (Berlin 1755, s. S. 135). Die Passion ist eingeteilt in 6 Bilder ähnl. Aufbaus mit abgeschlossenen Musiknummern wie Bild I (Abb. A): Der Bibeltext wird nacherzählt (Rezitativ), ein 4st. Chor und die Gemeinde nehmen mit bekannten Chorälen teil (Nr. 1). Es folgt eine Chorfuge (Nr. 2), dann ein Accompagnato-Rezitativ mit nacherzähltem Bibeltext (Nr. 3). Betrachtende Einschübe RAMLERS bilden die Arien und Duette. Jedes Bild schließt mit einem Gedicht für 4st. Chor und Gemeinde, z. B. Bild I *Wen hab ich sonst als dich allein* auf die Melodie *Nun ruhen alle Wälder*.
Ein Standardstück des 18. und 19. Jh. war die Chorfuge aus dem 4. Bild, Doppelfuge mit den Themen *Christus hat uns ein Vorbild gelassen* und *auf daß wir sollen nachfolgen seinen Fußstapfen*. Die kp. Struktur ist barock, die Themen zeigen schon die Einfachheit des neuen Stils (Nb. A).
Neben den übl. Bibelbetrachtungen zu Weihnachten, zur Passion und zu Ostern erscheinen weitere, wie HERDERS *Kindheit Jesu* und *Auferweckung des Lazarus*. In einer neuen Eigenständigkeit der Oratorienthematik zeigt sich darüberhinaus ein aufklärer. Säkularisationsprozeß. Solche Themen sind Weltuntergang, Schöpfung, Naturschilderungen, Idyllen. Die Aufführungen lösen sich z. T. aus kirchl. Bindung und erhalten konzertanten Charakter (umgekehrt wurde HAYDNS *Schöpfung* einmal als Kirchenaufführung verboten). Ihr tiefer Gehalt hebt sie andererseits über Konfessionsgrenzen hinweg zu einer christl., aber toleranten Weltreligiosität.
Das Oratorium der Klassik gipfelt in HAYDNS *Schöpfung* und *Jahreszeiten* (vgl. S. 135). HAYDN hatte in London die großen Aufführungen von HÄNDELS *Messias* in der Westminster Abbey erlebt. Er brachte aus England das ursprünglich für HÄNDEL geschriebene Textbuch der *Schöpfung* (aus MILTON's *Paradise lost*) mit nach Wien, wo es ihm van SWIETEN (vgl. S. 431) übersetzte. HAYDN verbindet die HÄNDELSCHE Oratorientradition (Chöre, Fugen, breite Anlagen) mit der ausgereiften Musiksprache der Klassik, die er selbst besonders in seinen Symphonien mitentwickelt hatte (Orch.). Die musikal. Themen sind plastisch, lebendig und von klass. Schönheit. Text und Gehalt werden einfallsreich und lebendig in Musik gesetzt.
So ist das plötzlich hereinbrechende *C-dur* in strahlend aufsteigender Akkordfülle (*ff* nach Chorflüstern) Bild für die Erschaffung des Lichts. Tonmalerisch schildert das Orchester viele Stellen, z. B. den Sonnenaufgang oder die einzelnen Tiere: kurze, charakterist. Abschnitte in bunter Tonartenfolge (Abb. B).
In gläubigem Idealismus stellt HAYDN als Höhepunkt den Menschen und das Menschenpaar dar, Ebenbild Gottes, klass. gedacht:
»*Mit Würd und Hoheit angetan,*
Mit Schönheit, Stärk und Mut begabt,
Gen Himmel aufgerichtet steht der Mensch,
Ein Mann und König der Natur«
Neben HAYDNS beiden großen Erfolgen verblassen die übrigen Oratorien der Zeit, auch BEETHOVENS *Christus am Ölberge* (1803). Erst die Romantik bringt entschieden Neues.

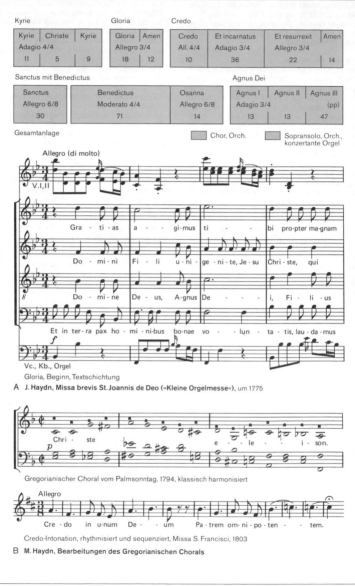

Kyrie			Gloria		Credo			
Kyrie	Christe	Kyrie	Gloria	Amen	Credo	Et incarnatus	Et resurrexit	Amen
Adagio 4/4			Allegro 3/4		All. 4/4	Adagio 3/4	Allegro 3/4	
11	5	9	18	12	10	36	22	14

Sanctus mit Benedictus / Agnus Dei

Sanctus	Benedictus	Osanna	Agnus I	Agnus II	Agnus III
Allegro 6/8	Moderato 4/4	Allegro 6/8	Adagio 3/4		(pp)
30	71	14	13	13	47

Gesamtanlage
☐ Chor, Orch.   ☐ Sopransolo, Orch., konzertante Orgel

Allegro (di molto)

V.I,II

Gra - ti - as a - gi-mus ti - - bi pro-pter ma-gnam

Do - mi - ni Fi - li u - ni - ge-ni - te, Je - su Chri - ste, qui

Do - mi - ne De - us, A-gnus De - - i, Fi - li - us

Et in ter - ra pax ho - mi - ni-bus bo-nae vo - - lun - ta - tis, lau - da - mus

Vc., Kb., Orgel

Gloria, Beginn, Textschichtung

A J. Haydn, Missa brevis St. Joannis de Deo (»Kleine Orgelmesse«), um 1775

Chri - ste e - le - i - son.

Gregorianischer Choral vom Palmsonntag, 1794, klassisch harmonisiert

Allegro

Cre - do in u-num De - - um Pa-trem om - ni - po - ten - - tem.

Credo-Intonation, rhythmisiert und sequenziert, Missa S. Francisci, 1803

B M. Haydn, Bearbeitungen des Gregorianischen Chorals

Liturgie und musikalische Gestaltung

Über den christl. Glauben hinaus offenbart sich vor allem in der **kath. Kirchenmusik** der Klassik der optimist. Weltsicht der Zeit. Das weitet den Horizont des Kirchenmusikers und seines Stils. MOZARTS Messen unterscheiden sich in ihrer musikal. Haltung nicht von seinen Opern, HAYDNS *Benedictus* seiner Mariazeller Messe (1782) geht sogar auf eine Arie aus seiner Opera buffa *Il mondo della luna* (1777) zurück. Dieses Parodieverfahren (wie bei BACH) entspricht der kirchenmusikal. Tradition und zugleich dem ungebrochenen Lebensgefühl der Klassik. Der Mensch ist erfüllt von Idealen, seine Existenz und die Welt sind ihm harmonisch-religiös belebt, nicht im kirchl. Sinne, sondern in einem überkonfessionell fundierten Humanismus, dessen Christlichkeit Ausdruck, nicht Selbstzweck ist.

Erst als in der Romantik dieser Idealismus und der Glaube an die Stimmigkeit der Welt verloren gehen, kommt Kritik an der Lebensfreude und Weltlichkeit der klass. Kirchenmusik auf (S. 463).

Die Weltfrömmigkeit der Klassik schmilzt in natürl. Weise alle Elemente in die Kirchenmusik ein, die der Darstellung einer lebensbejahenden Haltung und dem religiösen Selbstverständnis dienen. Daher die Leuchtkraft und Innigkeit der klass. Kirchenmusik. Die kath. Kirchenmusik überragt dabei durch HAYDN, MOZART, BEETHOVEN.

Die **ev. Kirchenmusik** steht dahinter zurück. Rationalismus, Pietismus und Familienfrömmigkeit bringen nach BACH nur Unbedeutendes hervor, bis das 19. Jh. neu belebt (MENDELSSOHN, BRAHMS). Die klass. KM spiegelt Empfindsamkeit. Zentren sind Berlin und Hamburg. Die Gattungen:
- Kirchenlied: *Choralsätze* ohne besonderen Anspruch; ein *neuer Liedtyp* mit empfindsamen Texten von C. F. GELLERT (*Geistliche Oden und Lieder*, 1757), von KLOPSTOCK u. a. Komponisten sind C. PH. E. BACH, HILLER, KITTEL u. a.
- Kantate: fällt nach dem Barock ab.
  Oratorium: beliebt (RAMLER, S. 386).

Gattungen der kath. Kirchenmusik
Der einst. *Gregorianische Choral* spielt in der Klassik keine große Rolle. Zuweilen versuchte man, ihn in die mehrst. Komposition einzubeziehen, und ging dabei bemerkenswert unhistorisch vor.
In seiner Messe *für den Palmsonntag gemäß dem Choral* (1794) nimmt M. HAYDN den Choral als Melodie in die Oberstimme und unterlegt ihm zeitgemäße, funktionale Harmonien. Der Choral sperrt sich dagegen, weil seine Kirchentonalität rein melodisch bestimmt ist. So bringt HAYDN eine Reihe von Zwischendominanten zu Klängen, die keine eindeutige Tonika umkreisen. Die ausdrucksstarke Chromatik führt zu harten Querständen und überraschenden Wendungen. Schlimm ist auch die Schlußkadenz Doppel-D – D – T.
Der Choral kann auch zu einem klass. Thema umgearbeitet werden: rhythmisiert (T. 1–6) und mit einer sequenzierenden und kadenzierenden Erweiterung wie klass. Vorder- und Nachsatz (ab T. 7, Nb. B).

Messe. Die Messe ist die zentrale Gattung der *mehrst.* KM. Es gibt sie in 2 Arten:
- **Missa brevis,** die *kurze* Messe für den normalen Sonntag, mit allen Teilen oder auch nur mit Kyrie und Gloria, seltener auch mit Credo;
- **Missa solemnis,** die *feierl.* Messe für bes. Anlässe, stets mit allen Teilen.
Solemnis bezieht sich auf die Länge, auf den Charakter und eine größere Besetzung (S. 390, Abb. A). Auch andere Gattungen heißen solemnis, z. B. *Vesperae solemnes.*
Die Missa brevis war eine dt. Spezialität. MOZART klagt 1776 PADRE MARTINI, die dt. Kirchenmusik unterscheide sich sehr von der ital. (in der ganze Konzerte erklangen): eine vollst. Messe *mit* Motette und Kirchensonate, auch die *solemnis,* dürfe nur eine ¾ Stunde dauern.
In den langen, textreichen Stücken Gloria und Credo wenden die Komponisten z. T. Textschichtung an, so daß der Text liturgisch vollständig ist, aber nur wenige Takte braucht (Nb. A). Dafür wird, wo immer es geht, rein musikal. gearbeitet: das *Amen* in HAYDNS Orgelmesse ist ungewöhnl. lang gegenüber dem Gloria selbst. Die Gesamtanlage zeigt entsprechende Aufteilung. Die gewonnene Zeit benutzt HAYDN, um im Benedictus Sopran und Orgel frei konzertieren zu lassen; das Orgelsolo hat der Messe ihren Namen gegeben (Abb. A).

Motette. Ihr Platz ist in der Messe nach der Lesung zum Graduale oder nach dem Credo zum Offertorium (*Gradualien, Offertorien*). Die Klassik kennt 2 sehr unterschiedl. Arten:
- *Chorwerk* (mit Orch.) über lat. geistl. Text (alte niederländ. Motettenart). Berühmtes Beispiel ist MOZARTS *Ave verum* (KV 618, 1791 zu Fronleichnam): PALESTRINA-Stil in klass. Umdeutung.
- *Ital. Solokantate* über lat. geistl. Text mit 2 Arien, 2 Rezitativen und einem abschließenden Halleluja. Beispiel: MOZARTS *Exultate* (KV 165, Mailand 1773) für den Sopranisten (!) RAUZZINI.

Kirchensonate: in der Klassik ein einsätziges Stück (Sonatensatz, Allegro), das zur Lesung bzw. zum Graduale gespielt wurde (*Sonata all' epistola*). Die Besetzung folgt der barocken Triosonate: 2 Violinen, Baß und Orgel (z. B. MOZART KV 241, Salzburg 1776), auch mit weiteren Instr. für Messen mit *Solemnis*-Charakter (z. B. 2 Ob., 2 Trp. und Pk. in MOZARTS KV 278, 1777).

A Besetzung klassischer Messen

J. Haydn Kl. Orgel-messe		Cäcilien-messe		W. A. Mozart Krönungs-messe		Requiem		Beethoven Missa solemnis	
V.1		V.1		V.1		V.1		2 Fl.	
V.2		V.2		V.2		V.2		2 Ob.	
		Va.				Va.		2 Kl.	
				2 Ob.				2 Fg.	
		2 Ob.						4 Hr.	
		2 Fg.		2 Fg.		2 Bhr.		2 Trp.	
		(2 Hr.)		2 Hr.		2 Fg.		2 Pk.	
		2 Trp.		2 Trp.		2 Trp.		V.1	
		2 Pk.		2 Pk.		2 Pk.		V.2	
		4 Soli		4 Soli		4 Soli		Va.	
S.-Solo	S. A. T. B.	Chor	S. A. T. B.	Chor	S. A. T. B.	Chor	S. A. T. B.	4 Soli Chor	S. A. T. B.
Orgel Vc., Kb.		Orgel Vc., Kb.		Orgel Vc., Kb.		Orgel Vc., Kb.		Orgel Vc., Kb.	
alte Partituranordnung								neue P.	

B J. Haydn, Gloria der Cäcilienmesse, 1766, Nummernfolge

1. Gloria Allegro C, 3/4	2. Laudamus Moderato G, 4/4	3. Gratias Alla breve e, ¢	4. Domine Allegro C, 3/8	5. Qui tollis Adagio c, 4/4	6. Quoniam All. molto C, 4/4	7. Cum S. Largo C, 4/4	8. In Gloria All. molto C, 4/4

Credo-Anlage

Credo Chor	Et in Chor	Genitum Chor	Et inc. Soli
4 10 3	15 3	21 3	5

C W. A. Mozart, Krönungsmesse, KV 317, 1779, Credo

Legende:
Wiener Kirchentrio   Solemnis-Besetzung   A-, T-, B.-Pos. gehen mit

Kirchenorchester, Textinterpretation und Musikgestalt

Gattungen (Forts.)
Vesper. Aus dem *Offizium* wurde die Vesper auch öffentl. gefeiert und daher zuweilen mehrst. vertont (MONTEVERDI, MOZART). Sie besteht aus 5 Psalmen und dem Magnificat. MOZART schrieb 2 Vespern, die er selbst hoch einschätzte: *Vesperae de Dominica* KV 321 (1779) und *Vesperae solemnes de confessore* KV 339 (1780).

Litanei (lat. *litania, litaniae*) Bittgesang aus Anrufungen (östl. Ursprungs, ab 5.–7. Jh. auch im Westen), Vorbeter und wiederholten Bittformeln aller wie *Kyrie eleison, Ora pro nobis, Amen.* Bekannt sind die *Lauretanische-* (Marien-) und die *Allerheiligen-Litanei.* Mehrst. vertont wurden Litaneien zu Andachten wie Kirchenkonzerte aufgeführt. MOZART hat 4 Litaneien vertont, darunter die Lauretanische KV 195 (1774) und die Sakramentslitanei KV 243 (1776) mit 10 Sätzen, wobei das Thema von Nr. 2 *Panis vivus* im *Tuba mirum* des Requiems wieder auftaucht.

Besetzungen (Abb. A)
Chor: 4st., chorische und solist. Partien wechseln (altes barockes *Concerto*-Prinzip), wobei die 4 Soli aus dem Chor stammen (oft Knaben) oder eigens verpflichtet werden. Nach Wiener und Salzburger Tradition gehen bei den 3 unteren Chorstimmen Alt-, Tenor- und Baßposaune mit (*colla-parte*-Posaunen als Stütze und Klangfarbe). Sie fehlen in HAYDNS Messen für Eisenstadt und Maria-Zell (*Cäcilienmesse*, Abb. B). Oboen und Streicher begleiten die Oberstimmen.
Gesangssolisten: nach Bedarf, z. B. nur Sopran-Solo in HAYDNS kleiner Orgelmesse; normal sind 4 Solisten (*Soloquartett*).
Orchester: Grundlage bilden die Streicher. Wie im Gb. wirken Baß (Vc., Kb., Fg.) und Orgel zusammen. Im sog. *Wiener Kirchentrio* fehlt die Va. (Triosonate). Bei feierl. Anlässen (*solemnis*) erweitert sich die Besetzung. In der alten Partitur stehen die Gesangsstimmen direkt über dem (Gb.-)Baß, die Violinen dagegen ganz oben (noch MOZART).

Stilfragen
Die ital. Opernkomponisten übertrugen den Stil der **neapolitan. Oper** auch in die Kirchenmusik: Vorherrschen der Musik über den Text, Affektausdruck, Rezitativ und Arie, konzertierende Instrumente, alles in größter zeitl. Ausdehnung (Namen s. S. 372 ff.).
HAYDNS *Cäcilienmesse (Missa Sanctae Caeciliae)* ist stilistisch eine solche *neapolitan. Opernmesse.* Allein das Gloria besteht aus 8 gegensätzl. Einzelnummern von erhebl. Länge (Abb. B).
Daneben gibt es unter Führung von PADRE MARTINI (1706–84) Kirchenkompositionen im **alten kp. Stil.** MARTINI leitete die *Accademia filarmonica* in Bologna (gegr. 1666), in

die auch MOZART nach den üblichen Kp.-Prüfungen aufgenommen wurde (1770), und verfaßte ein Kp.-Lehrbuch (*Saggio di Contrapunto*, 1774).
In Süddeutschland und Österreich herrscht ein **gemischter Stil** vor *(stile misto)*. Chor und Soloquartett treten an die Stelle der großen ital. Solopartien. Es überwiegt zwar das rein Musikalische, doch wird der Gehalt des Textes mehr und mehr ausgedrückt.
Das Credo der Krönungsmesse MOZARTS erhält seine Form durch ein rein musikal. Element: eine rondoartig wiederholte, eigenwillige Streicherfigur (Abb. C).
Am Beispiel des *Et incarnatus* wird die MOZARTSCHE Textdarstellung deutlich: das rauschende Allegro hält inne, und das Soloquartett verkündet die Menschwerdung in langsamen, schlichten Klängen; gleichsam verinnerlicht mit geringster Bewegung (Chromatik) vollzieht sich eine Modulation von unendl. Schönheit, Sinnbild für die Verwandlung Gottes in die Menschengestalt. Dabei wird Maria – ihrem gekrönten Gnadenbild in Plain ist die Messe gewidmet – bes. hervorgehoben (Subdominantspannung, Hochton). MOZART wiederholt und bekräftigt das Wort *homo:* dem Menschen gilt die Würde dieses Augenblicks, auf ihn fällt ein neuer Adel.

Zentren und Komponisten
Dresden: HASSE; **Mannheim:** RICHTER, HOLZBAUER, ABBÉ VOGLER (1749–1814); **Salzburg:** Hof- und Domkapellmeister J. E. EBERLIN (1702–62), LEOPOLD MOZART (1719–87), A. C. ADLGASSER (1729–77); MICHAEL HAYDN (1737–1806, Bruder JOSEPHS), W. A. MOZART. **Wien:** Kapellmeister an St. Stephan: GEORG REUTTER und Sohn JOHANN GEORG (1708–72), FLORIAN L. GASSMANN (1729–74), JOHANN GEORG ALBRECHTSBERGER (1736–1809, *Gründliche Anleitung zur Komposition*, 1790, Lehrer BEETHOVENS); Hof-Kpm. G. C. WAGENSEIL (1715–77); HAYDN, MOZART, BEETHOVEN.

Josephinische Reformen legten als Einbruch des Rationalismus und vornapoleon. Säkularisationsprozeß die reiche Wiener und österreich. Kirchenmusiktradition vorübergehend lahm. JOSEPH II. erließ seine Verordnungen 1782. Sie wandten sich gegen sog. »Verschwendung« (es wurde z. B. bestimmt, in welcher Kirche zu welchem Anlaß wieviel Trompeten verwendet werden durften) und führten in den Schulen anstelle der lat. Messe den *dt. Nationalschulgesang* ein (dt. Kirchenlieder wie Lutherchoräle). Dt. Hochämter schrieben noch HAYDN und SCHUBERT. MOZART blieb in Wien kraft dieser kaiserl. Verordnung ohne offiziellen KM-Auftrag, HAYDN reagierte mit einer 14jährigen Messenpause. Nach JOSEPH II. (†1790) hob man die Reform wieder auf (1796).

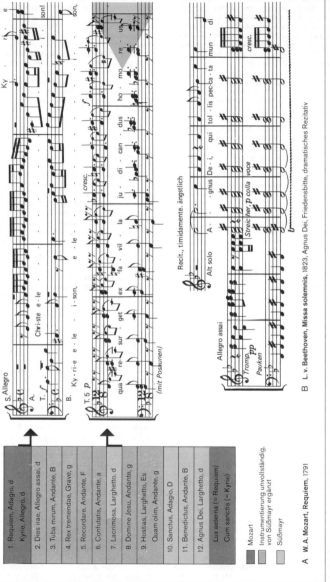

A W. A. Mozart, Requiem, 1791

1. Requiem, Adagio, d
   Kyrie, Allegro, d
2. Dies irae, Allegro assai, d
3. Tuba mirum, Andante, B
4. Rex tremendae, Grave, g
5. Recordare, Andante, F
6. Confutatis, Andante, a
7. Lacrimosa, Larghetto, d
8. Domine Jesu, Andante, g
9. Hostias, Larghetto, Es
   Quam olim, Andante, g
10. Sanctus, Adagio, D
11. Benedictus, Andante, B
12. Agnus Dei, Larghetto, d
    Lux aeterna (= Requiem)
    Cum sanctis (= Kyrie)

Mozart
Instrumentierung unvollständig,
von Süßmayr ergänzt
Süßmayr

B L. v. Beethoven, Missa solemnis, 1823, Agnus Dei, Friedensbitte, dramatisches Rezitativ

Tradition und neuer Ausdruck

J. Haydn
schrieb u. a. 14 Messen, 2 *Te Deum, Stabat mater* (1767), *Die sieben letzten Worte* (Orchesterfassung 1785) für den Domherrn von Cádiz, auch als Streichquartett (1787) und als eine Art Oratorium in FRIEBERTS Bearbeitung (1796). Die meiste Kirchenmusik entstand für Eisenstadt bzw. Eszterháza.
Nach dem Tode JOSEPHS II. und nach seinem Aufenthalt in England komponierte HAYDN seine 6 großen späten Messen. Er verbindet hier kirchenmusikal. Tradition (Aufbau, Kp.), den Einfluß der großen HÄNDELschen Oratorien (Chöre, Wirkung) mit der universalen Musiksprache seiner späten Symphonien (Orchester, Klangfarben, Ausdruck). Chor, Soloquartett und Orchester stehen für eine ideale menschl. Gemeinschaft. Die Messen (Hob. XXII: 9–14) tragen Namen:
– *Paukenmesse: Missa in tempore belli*, C-dur (1796);
– *Heiligmesse: Missa S. Bernardi von Offida*, B-dur (1796);
– *Nelsonmesse: Missa in angustiis*, d-moll (1798), nach NELSONS Sieg bei Abukir (Fanfaren im Benedictus);
– *Theresienmesse*, B-dur (1799);
– *Schöpfungsmesse*, B-dur (1801);
– *Harmoniemesse*, B-dur (1802).

W. A. Mozart
komponierte seine Kirchenmusik fast ausschließlich in und für Salzburg. 20 Messen, darunter die *Spatzenmesse* KV 220 (1775) und die *Krönungsmesse* KV 317 (1779), in Wien nur die *c-moll-Messe* KV 427 (1782/83: Kyrie, Gloria und Sanctus mit Benedictus vollendet, Credo Frgm., Agnus fehlt; neapolitan. Opernmesse mit Rez. und Arien, Kyrie und Gloria zur Kantate *Davidde penitente* benutzt), ferner das Requiem (s. u.).
4 Litaneien (1771–76), 2 Vespern (s. S. 391), Motetten, Kirchensonaten, Oratorium, Kantaten, Grabmusik u. a. m.
MOZART verschmilzt auch in der KM die versch. Stile seiner Zeit. Es ist, als ob die Religiosität von jeder Institution weg nach innen genommen und – wie alles bei MOZART – zu reiner Musik verwandelt würde.
Die *Krönungsmesse* und *Così fan tutte* bieten den seltenen Fall einer Parodie ins Weltliche. MOZART hat das Kyrie der Messe in Fiordiligis Rezitativ und Arie *Come scoglio* übernommen. Wie das Felsenbild den Gedanken an Petrus den Verräter so drückt die Kyrie-Musik gleichzeitig auch Fiordiligi unbewußt die Bitte um Erbarmen für ihre spätere Untreue aus.
Das *Requiem* (KV 626, 1791) wurde von einem MOZART Unbekannten bestellt (einem Boten des GRAFEN WALSEGG). MOZART starb über der Komposition des *Lacrimosa*. Sein Schüler SÜSSMAYR ergänzte die Instrumentation (nach MOZARTS Particell) und die fehlenden Teile, wobei er, wie oft üblich, die Musik

des Kyrie am Schluß wieder aufnahm (Abb. A, s. auch S. 128, Abb. C).
Die düsteren Farben (Posaunen, Bassetthörner), der ernste Grundcharakter (d-moll, starke Chromatik, Erinnerung an die Komtur-Szenen im *Don Giovanni*), barocke Elemente (fugierte und polyphone Partien) verbinden sich in Gestik und Ausdruck vollkommen mit MOZARTS Spätstil.
Das *Kyrie* ist als *Doppelfuge* mit den beiden Themen Kyrie und *Christe* gearbeitet, wobei das *Kyrie*-Thema HÄNDELS *Messias* zitiert (Chor Nr. 22 *Durch seine Wunden sind wir geheilt*). Im *Tuba mirum* ertönt eindrucksvoll die Posaune. Die Bassetthörnerpartien im *Recordare* erinnern an die Violenpartien, die MOZART dem Duett *O Tod, wo ist dein Stachel* in HÄNDELS *Messias* hinzufügte. Im *Lacrimosa* steigt eine d-moll-Tonleiter aus der Tiefe auf, langsam, zuerst mit Pausen durchsetzt, dann in engen chromatischen Schritten: Bild für den aus dem Grabe, schwer mit Schuld beladen, zum Jüngsten Gericht aufsteigenden Menschen. An dieser Stelle bricht MOZARTS Handschrift ab, es ist das letzte, was er komponiert hat (Nb. A).

L. v. Beethoven
schrieb nur 2 Messen: C-dur, op. 86 (1807) und *Missa solemnis* D-dur, op. 123 (1819–23), ferner das Oratorium *Christus am Ölberge* (1803).
Die *Missa solemnis* war gedacht für die Inthronisation des Erzherzogs RUDOLPH zum Erzbischof von Olmütz. Das Motto über allem *»Von Herzen – möge es wieder zu Herzen gehen«* zeigt BEETHOVENS Menschheits- und Weltansprache (statt des barocken *zur größeren Ehre Gottes*). BEETHOVEN geht vom Textgehalt aus, den er neu und persönl. deutet. Es entstand ein gewaltiges Werk, vergleichbar mit dem Finale der 9. Symphonie, das dem Teile als *Hymnen* konzertant aufgeführt wurden (UA des Ganzen: Petersburg 1824). BEETHOVEN dachte sogar an eine Übersetzung des Textes ins Deutsche.
BEETHOVEN nahm kirchenmusikal. Traditionen auf, z. B. Chorfugen am Schluß des Gloria und des Credo, und sprengte sie zugleich durch Ausdehnung, Form und Gehalt. Andererseits verdeutlichen dramat. und programmat. Partien das Geschehen: im Agnus Dei, das mit *»Bitte um inneren und äußeren Frieden«* überschrieben ist, brechen gleichsam von außen Kriegstrompeten, Marschrhythmus und Getöse herein, und der Alt bittet wie in einem Bühnenrezitativ über Streichertremolo *»ängstlich«* um Frieden: erlebte Wirklichkeit, musikal. gestaltet.
Zum Glaubensbekenntnis an die Würde des Menschen wird BEETHOVENS Interpretation des *Et homo factus est*, das die Menschwerdung Gottes in der Gegenwart des Klanges nachvollzieht und an die Erlösungs- und Erhöhungsmomente im *Fidelio* erinnert.

A C. H. Graun, Das Töchterchen ... (Hagedorn), Lieder der Deutschen I, hg. v. Krause, 1767, Dialog Sie-Er (Söhnchen); 6 Strophen einfachster Bauart: a a b c c d

1	2	3	4	5
–	1. Strophe	2. Strophe	–	3. Strophe
Vorspiel	Veilchen	Schäferin	Nachspiel	Liebeslied des V.
einfach	gebückt, herzig	heiter, gehend	Gesang, Begl.	Klage, ach!
6 T., G-dur	6, G	8, D	4, D	8, g – B
Melodie und Rezitativ		Rezitativ und Liedstil		Arie

6	7	8	9
4. Strophe	5. Strophe	6. Strophe	–
Liebesleid des V.	Schäferin zertritt V.	Tod des Veilchens	Zusatz: »armes V.«
Sehnsucht	dramatische Szene	Sterben, Freude	Betrachtung
8, B – g	9, Es – (D?)	9, c – G	5, G
Lied	Rez. accomp.	Arie	Rez. und Anfang

B W. A. Mozart, Das Veilchen (Goethe), 1785, Lied als Bildfolge, durchkomponiert

C C. F. Zelter, Der König von Thule (Goethe), 1813, 6 Strophen

Motiv a
Kadenz b

Es-dur
As-dur
G-, C-dur
attacca

I. »Auf dem Hügel« Es, 3/4

II. »Wo die Berge« G, 6/8

VI. »Nimm sie hin« Es, 2/4 ǁ 3/4

III. »Leichte Segler« As, 4/4

V. »Es kehret« C, 4/4

IV. »Diese Wolken« As, 6/8

D L. v. Beethoven, An die ferne Geliebte (Jeitteles), op. 98, 1816

Strophenlied, »Szene«, Zyklus

1. Berliner Liederschule
Ihr führender Kopf ist CHR. G. KRAUSE
(1719–70), Berliner Jurist, wandte sich gegen
zu hohe Kunst im Lied, was der Sehnsucht
der Zeit nach Einfachheit und Natürlichkeit
entsprach. KRAUSE gab 2 Bände *Oden mit
Melodien* (1753/55) heraus. Dort erhebt er
die frz. Ariette (S. 334) zum Vorbild im Sinne ROUSSEAUS, bewußt einfach, volkstüml.,
für Laien. Die Melodie ist wesentlich, die Begleitung sekundär. Komponisten in KRAUSES
Oden sind C. PH. E. BACH, QUANTZ, GRAUN.
Es folgen KRAUSES *Lieder der Deutschen mit
Melodien* (4 Bde., Berlin 1767/68).

Eine Probe daraus bietet GRAUNS *Das
Töchterchen – das Söhnchen*, ein Duett (*er
– sie*) mit einfachster Dur-Melodik, nahezu
ohne Einfälle, mit Wiederholungen und
schlichter Begleitung (der Gb. bleibt auf
die Kadenzschritte beschränkt, Nb. A).
Qualitätsvoller sind C. PH. E. BACHS *Geistliche Oden und Lieder* (1758) auf Texte von
GELLERT. Erwähnt sei NEEFE mit *Klopstocks
Oden* (1776) und *Serenaden beim Klavier zu
singen* auf HERDER-Texte (1777), auch HIL-
LER in Leipzig mit bürgerl. sentimentalen,
biederen Sammlungen wie *Lieder der
Freundschaft und Liebe* (1774), *Lieder der
fühlenden Seele* (1784), *Lieder der Weisheit
und Tugend* (1790).

2. Berliner Liederschule
mit gleichen Tendenzen, doch z.T. künstler.
Ergebnissen. HERDERS Volksliedbegriff und
-sammlungen, GOETHES und SCHILLERS Gedichte regen viele Musiker an, so:
JOH. ABRAHAM PETER SCHULZ (1747–1800),
Lieder im Volkston, 3 Bde. (1782–90, s.
S. 124, Abb. D); auch Chöre mit Soli usw.
JOH. FRIEDRICH REICHARDT (1752–1814),
bes. GOETHE-Vertonungen, Richtung
Kunstlied (Melodik, Klavierbegleitung).
CARL FRIEDRICH ZELTER (1758–1832), Mau-
rermeister; Chöre, Lieder, Balladen; ab
1800 Leiter der *Berliner Singakademie*
(gegr. 1791 von FASCH), die humanist. Bil-
dung, Wiss. und Kunst auch in der Musik
verwirklichen wollte (*Musikerz.*); BACH-
Pflege; ZELTER gründete 1809 die erste dt.
Liedertafel mit 24 Männern (Vorbild: Ritter um König Artus), Beginn der Männer-
chortradition; Lehrer MENDELSSOHNS;
Freund GOETHES (Briefe).
Goethes Liedauffassung. GOETHES Ideal ist
das Strophenlied. Seine dichter. Qualität liegt
in der Einheit von Gehalt, Atmosphäre und
formal geschlossener poet. Gestalt. Der Musiker darf diese Einheit nicht zerstören, indem er die Strophen *durchkomponiert,* sondern muß *eine einzige* Melodie finden, die
dieser Einheit des Gedichtes mit allen Strophen gerecht wird. Die Musik hebe die Dichtung wie Gas einen Ballon.
Musterbeispiel für diese Vertonung ist
ZELTERS *König in Thule:* eine Melodie von

hoher Qualität, einfach, ergreifend und
schön (Nb. C, geschrieben für Baß, der zugleich generalbaßartig die gesamte Harmonik enthält).
Die *3. Berliner Liederschule* (mit MENDELS-
SOHN) gehört ins 19. Jh.

Zu einer **Schwäb.** *Liederschule* zählt man
C. F. D. SCHUBART (1739–91) und J. R. ZUM-
STEEG (1760–1802).
Eine Sonderstellung nimmt C. W. GLUCK ein:
sein Spätwerk *Klopstocks Oden und Lieder*
(Wien 1785/86) trägt einen Hauch antiker
Größe in die Kleinform des Klavierliedes.

Wiener Liedtradition
Die Komponisten des Wiener *Nationalsing-
spiels* veröffentlichen auch Lieder (STEFFAN,
HACKL, PARADIS, KRUFFT), leichte, witzige
Arietten bis zu Stimmungsbildern.
HAYDN komponierte 48 Lieder, 57 Kanons,
133 4st. Lieder mit Klavier, 445 Bearbeitungen engl. Volkslieder für Gesang und Klavier
(mit V. und Vc. ad. lib.). – In London beeindruckt vom *God save the King*, schrieb er
1797 in Kriegsgefahr in Wien sein *Gott erhalte Franz den Kaiser*, das mit dem Text von
HOFFMANN VON FALLERSLEBEN (1841) 1922
zur dt. Nationalhymne erklärt wurde.
MOZART. Aus seinen etwa 30 Liedern ragen
einzelne wie *Abendempfindung* (1787) oder
Das Veilchen (1785) besonders hervor.
Das Veilchen stammt aus MOZARTS Singspiel *Erwin und Elmire*. MOZART vertont
das Strophengedicht wie eine kleine dramat. Szene in 7 Bildern mit ständig das äußere und innere Geschehen spiegelnder
Musik. Hinter der einfachen Schäferspiel-
Maske und in der Personifizierung des
Veilchens vollzieht sich ein trag. Geschick.
Vorspiel und 1. Strophe stellen das Veilchen vor. Dann erscheint die Schäferin
(heitere Tonart D-dur), 5. und 6. Bild
schildern Klage und Sehnsucht des Veilchens als Arie (Paminas g-moll) und Lied
(B-dur). Ein dramat. Accompagnato-Rezitativ stellt dar, wie das Veilchen zertreten
wird (7. Bild, Höhepunkt, Fermate). Im
8. Bild verklärt das Veilchen arienhaft sein
Sterben (trag. c-moll, vgl. Sterben des
Komturs) klass.- idealist. in Freude (es
stirbt *durch sie*, G-dur). MOZART setzt zu
GOETHES Text sein eigenes Urteil hinzu:
»*armes Veilchen*« (Abb. B).
BEETHOVEN schrieb 91 Lieder, darunter *Ade-
laide* (1795/96), und den Liederkreis *An die
ferne Geliebte* (1816). In diesem ersten größeren Liederzyklus wechseln in jedem Lied
Charakter und Tonart. Modulierende Über-
leitungen verbinden die Lieder (Abb. D).
Wiederaufnahme von Motiven und des Anfangs am Schluß sind weitere Zyklusmomen-
te. Ein hoher, beseelter Ton in Singstimme
und anspruchsvollem Klavierpart prägen den
Stil dieser Kunstlieder.

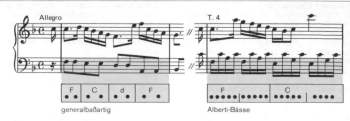

A **D. Alberti, Sonate F-dur,** vor 1740, Motivwiederholung und Baßstruktur

B **B. Galuppi, Sonate D-dur,** 1754

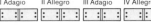

C **C. Ph. E. Bach, Rondo,** 5. Sammlung, 1785

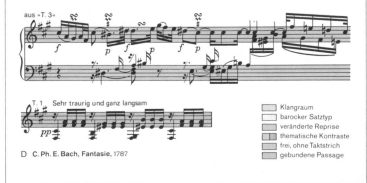

D **C. Ph. E. Bach, Fantasie,** 1787

Klangraum	
barocker Satztyp	
veränderte Reprise	
thematische Kontraste	
frei, ohne Taktstrich	
gebundene Passage	

Spielfigur, wachsendes Ausdrucksbedürfnis

Der neue Ton in der Musik des 18. Jh. bringt auch neue Gattungen und Strukturen in der Klaviermusik hervor. Man sucht Ausdruck und legt diesen in die Melodie. Die Begleitung ist sekundär. Statt der barocken Polyphonie mit mehreren gleichberechtigten Stimmen führt nun die Oberstimme über homophoner Begleitung mit neuen rhythm. und motiv. Elementen in der 1. H. Die harmon. Vielfalt des Gb. weicht im *galanten* und *virtuosen Stil* einfacher Harmonik. Erst die *Empfindsamkeit* bringt chromat. Steigerung.

Hammerklavier

Der neue Stil bringt auch den Wechsel vom Cembalo zum Hammerklavier (ab etwa 1800 allg. verbreitet). Auch wenn die techn. Möglichkeiten wie Tonrepetition, Gleichmäßigkeit und Zuverlässigkeit der Mechanik, Klangfülle und Klangfarbe noch lange beschränkt bleiben, so führt doch das *Forte-Piano* zu einer neuen, kontrastreichen, lebendigen Ausdrucksweise und Anschlagskultur. Es wird zum Hauptinstrument der Klassik und des 19. Jh. (Hausmusik, Virtuosentum).
Die Stilentwicklung führt auch zur Trennung der Literatur für Orgel und Klavier. Die Orgel verliert in der Klassik völlig an Bedeutung (Starrheit des Tones, barocke Klangfülle). Erst das 19. Jh. wendet sich ihr wieder zu.

Galanter und virtuoser Stil

In Frankreich und Italien zeigt sich kein Bruch in der Entwicklung der Klaviermusik um die Jahrhundertmitte, sondern ein Übergang vom Barock über das Rokoko in die Klassik. Die Lebendigkeit und Spontaneität der Opera buffa trägt ebenso dazu bei wie die Entwicklung eines virtuosen, glänzenden Instrumentalspiels. Hier steht schon in den Spätbarock homophon-melod. Denken der roman. Völker, des Südens, gegen polyphonharmonisches des Nordens.

Die 8 Klaviersonaten im *homophonen Stil* von DOMENICO ALBERTI (um 1710–40, Venedig, Rom) sind typisch. Zu leichter Melodik mit eingängiger Motivwiederholung in der r. H. spielt die l. H. (General-)Bässe ohne Akkorde: F-dur, C-dur, d-moll, F-dur sind auch ohnedies klar. Wichtig dagegen ist der rhythmische Fluß: Achtel, dann Sechzehntel. Die (Gb.-)Akkorde erscheinen ab T. 4 arpeggienartig. Als sog. *Harfen-* oder *Alberti-Bässe* treten sie bald überall auf (Abb. A). Rhythmisch entsprechen die sog. *Murky-Bässe* (Oktavtremoli).
Ein zarter, feinsinniger Ton erscheint in den 51 Sonaten B. GALUPPIS (1706–85, s. S. 377). Deren 1 bis 4 Sätze, in zweiteiliger Anlage und wechselvollem Charakter, führen die Kirchensonate fort (Abb. B). GALUPPI verbindet hier empfindsame Melodik und grazile Figuration mit einer spielerisch leichten Pseudopolyphonie (Mittelstimme) über ruhigem Baßfundament (Nb. B). Ausdruck und Bewegungscharakter seiner Sonaten sind erfüllt von unmittelbar menschl. Aktion (GALUPPI war Opernkomponist).

Empfindsamer Stil

Expressive Melodik vertreibt die rokokohaft tändelnde Ornamentik. Seufzerfiguren, Dur-Moll-Rückungen, entlegene Tonarten bringen gefühlsbetonte, phantasiestarke Züge. Dem literar. Sturm und Drang erwächst hier eine musikal. Parallele. Führend ist
CARL PHILIPP EMMANUEL BACH (1714–88), ab 1740 Cembalist FRIEDRICHS II. in Berlin, ab 1768 Musikdirektor in Hamburg (nach TELEMANN); umfangreiches Werk.
Die Sonaten sind meist dreisätzig (ohne Tänze), wobei der Kopfsatz aus einem 1. Teil (Exposition), einem Mittelteil (eine Art Durchführung) und einer Reprise besteht. Nur wenige Sonaten wurden gedruckt: 6 *Preußische Sonaten* (1742), 6 *Württembergische Sonaten* (1744), 6 Sonaten im *Versuch* (1753, s. u.), 6 *Amaliensonaten* mit veränderten Reprisen (1760).
Die Rondos und Fantasien erschienen in den Sammlungen *für Kenner und Liebhaber* (1779–87). Die wohlgeordnete, oft symmetr. Vielteiligkeit der Rondos steckt voller Kontraste, wobei Wiederholungen geistreich variiert werden (Abb. C). Auch die Themen selbst sind voll innerer Unruhe.
So die anspringende Geste in Thema A (Nb. C), die synkop. Begleitung, die dramat. Abrisse und Pausen (T. 2/3, stacc.), die dynam. Extreme und harmon. Verdichtungen (verm. Akkorde, T. 3/4). Das Mittelthema C (T. 36) kontrastiert.
Diese Musik ist in hohem Grade subjektiv. Der Komponist spricht sich aus im »*redenden Prinzip*«: freie Stellen in Art eines Rezitativs auf dem Klavier, bes. in der rhapsod. Form der Fantasie (Improvisation).
BACH klagt, »*daß man Fantasien verlangt, ohne sich zu bekümmern, ob der Clavirist in dem Augenblicke dazu genugsam aufgeräumt ist oder nicht*« (1753). Das sind neue Momente: Subjektivität und Gestaltung des Augenblicks.
Eine Fantasie heißt sogar: »*C. Ph. E. Bachs Empfindungen*« (1787). Sie beginnt in der fernen Tonart fis-moll, aber noch im Takt gebunden; dann sprengt der Fluß der Empfindungen das feste Metrum: über 2 Seiten hinweg fehlt jeder Taktstrich. Schon das Notenbild wirkt extrem (Nb. D).
C. PH. E. BACH löste sich vom Vorbild seines Vaters (den er hoch achtete) und schuf einen eigenen Stil. Seine Zeit verstand unter BACH ihn, nicht JOH. SEB. Ein wertvolles Dokument zur Musik und Aufführungspraxis ist sein Lehrbuch »*Versuch über die wahre Art, das Clavier zu spielen*« (1753). Ihm folgen Klavierschulen von G. S. LÖHLEIN (1765–81), D. G. TÜRK (1789), A. E. MÜLLER (1804).

A **J. Schobert, Sonate Es-dur,** vor 1767, Menuett

B **J. Ch. Bach, Sonate G-dur, op. 17, IV,** vor 1782, Beginn

C **W. A. Mozart, Sonate C-dur, KV 309,** 1777, I. Satz, Beginn; II. Satz »Rose Cannabich«; III. Satz, Finale

Andante	Adagio	Presto	Tempo primo	Presto	T. p.	Allegretto	(T. p.)
₵, d, 11 T.	₵, d, 22		9		10	2/4, D, 32	21

D **W. A. Mozart, Fantasie d-moll, KV 397,** 1782, Aufbau und Beginn

□ singendes Allegro   ▨ Mannheimer Manier   ▨ frei im Tempo, Kadenz
▨ Unisono-Beginn   ▨ rhythmisch fest

Entwicklungen in Satz und Ausdrucksdichte

Im Süden, bes. in Wien, bildet sich ein eigener Stil heraus mit ital. Einflüssen: unterhaltender Suiten- und Divertimentocharakter in leichtem, brillanten Klaviersatz.

Georg Chr. Wagenseil (1715–77), Fux-Schüler, Hofkomponist und Klavierlehrer der kaiserl. Familie in Wien; gedr. u. a. *Divertimenti* für Cembalo (1753, 1761). In seine Sonaten nahm er das Menuett aus der Suite auf, meist als heiteren Schlußsatz.

J. Haydn komponierte bis 1795 über 50 Klaviersonaten, dazu Klavierstücke, Variationen usw. Er nimmt Stileinflüsse auf, experimentiert im Blick auf Technik, Form, Gehalt.

Seine frühen Sonaten heißen noch *Partiten* und gehören mit ihrem Menuett als letztem oder vorletztem Satz in die Wiener Tradition unterhaltender Cembalomusik. Die Sonaten ab etwa 1770 spiegeln den *Empfindsamen Stil* (Molltonarten, freiere Formen). Die Sonaten der 80er Jahre lassen Mozarts Einfluß spüren (Melodik). Die späten Sonaten ab etwa 1790 sind charakterisiert durch Ideenreichtum in ständig veränderter Sonatensatzform.

Haydns Klavierwerk steht in seiner kompositor. Vielseitigkeit, seiner kultiv. Belcantomelodik und seiner geistreich-sperrigen Pianistik auf hoher Spannungsebene (gleichsam zwischen D. Scarlatti und Beethoven).

Eine andere Richtung, beeinflußt von der Orchesterkultur, nimmt das Klavierspiel in Mannheim und Paris.

Johann Schobert (um 1740–67), Wagenseil-Schüler, lebte ab 1760 als Kammercembalist der Prinzen De Conti in Paris. Er schafft eine Art *symphon.* Klavierstil mit Klangbreite (Bässe, Terzen, Sexten) und gemäßigter Polyphonie (Nb. A).

Starken Einfluß auf den klass. Klavierstil hat der *Mailänder* oder *Londoner*

Johann Christian Bach (1735–82), jüngster Sohn J. S. Bachs; nach dessen Tod bei C. Ph. E. Bach in Berlin, ging 1756 nach Mailand (Kapellmeister), Unterricht bei Padre Martini in Bologna, konvertierte und wurde 1760 Domorganist in *Mailand*. Neben Kirchenmusik entstanden erfolgreiche Opern im ital. Stil. Ab 1762 lebte er in *London*. Dort gründete er mit dem Gambisten C. F. Abel 1764 eine Konzertreihe (S. 427); schrieb Opern, Oratorien, über 90 Sinfonien, Konzerte, Kammer-, Klavier- und KM (Mozart-Einfluß, S. 425).

Charakteristisch ist J. Chr. Bachs *singendes Allegro:* eine anmutige, ital. gefärbte Melodik. In Nb. B. geben Auftakt und Synkope der Melodie Schwung und Leichtigkeit, getragen von der pulsierenden Begleitung.

W. A. Mozart war einer der besten Pianisten seiner Zeit. Er bevorzugte das Hammerklavier, nicht mehr das Cembalo. Ein kleines Clavichord diente ihm noch als Üb- und Reiseinstrument.

Mozart war bekannt für seine *Improvisationen*. Die komponierten Fantasien, Variationen, Präludien, Capriccios und die z. T. erhaltenen Kadenzen in seinen Klavierkonzerten vermitteln noch einen Eindruck davon.

Die *Klavierkompositionen* umfassen 18 Sonaten, 3 Rondos, 3 Fantasien, Var.; Sonaten und Var. für Klavier zu 4 Hdn., die Sonate für 2 Klaviere D-dur (KV 448, 1781: wie ein glänzendes Konzert), die Fuge c-moll (KV 426) u. a.

Mozart war durch Reisen und Literatur mit allen Klavierstilen seiner Zeit vertraut. Die Mozarts besaßen z. B. eine Sammlung Klaviersonaten von Haffner in 12 Bänden (1760) mit bekannten ital. Komponisten wie Scarlatti, Serini, Sammartini, Perotti, Pescetti, Rutini, Pampani, Galuppi usw.

Mozarts erste 6 **Sonaten** (KV 279–284, Salzburg und München 1774/75) zeigen Suiteneinflüsse, ältere Technik, dazu Vorbilder wie Haydn, Schobert und J. Chr. Bach, dessen *singendes Allegro* Mozart als Melodiecharakter in Italien selbst erlebte.

Die 6 *Mannheimer* oder *Pariser* Sonaten (KV 309ff., 1777/78, ebenda) bringen *Mannheimer Manieren*. Typisch sind der orchestrale Unisono-Beginn und die dynam. Kontraste auf engstem Raum in KV 309 (Nb. C). Der Mittelsatz charakterisiert graziös Cannabichs Tochter Rose. Ein spielerisches Rondo-Finale schließt die Sonate ab (Nb. C, vgl. das Thema in Nb. B).

Die 3. Sonatengruppe, wiederum 6, jedoch mit größeren Abständen (KV 457, 533, 545, Anh. 135 u. 138a, 570, 576, 1784–89), spiegelt den Hang zur Selbständigkeit jeder Sonate und Mozarts wachsende Neigung zu kp. Arbeit (bes. in KV 570 und 576).

Mozarts **Fantasien** verbinden Wiener Stil mit C. Ph. E. Bachs ausdrucksstarker Empfindsamkeit.

Kadenzartige Episoden sprengen den mehrteiligen und abwechslungsreichen Aufbau der d-moll-Fantasie von 1782.

Der düstere Charakter der einleitenden Akkorde, nach Bachscher Präludienmanier in Arpeggien aufgelöst (in Nb. D abweichend vom Original z. T. in Akkorden notiert), erfüllt barockes Klangspiel mit romant. Ausdruck, weist voraus auf Beethoven und war im 19. Jh. sehr beliebt.

Dem schmerzl. d-moll-Thema mit Seufzerfiguren läßt Mozart viel Raum, doch schließt er die Fantasie in einem verhaltenen, aber doch erlösenden Dur wie in einer Oper: man entläßt die zuhörende Gesellschaft nicht in trag. Stimmung.

Mozart hat fast alle Klavierkompositionen, auch die Violinsonaten und Klaviertrios (S. 404), für den eigenen Vortrag komponiert. Mechan. Virtuosität (Läufe, Terzen usw.) waren ihm ebenso verhaßt wie zu schnelles Spiel. Alles zielt auf Vermittlung eines harmon., tiefbelebten Schönheitsideals.

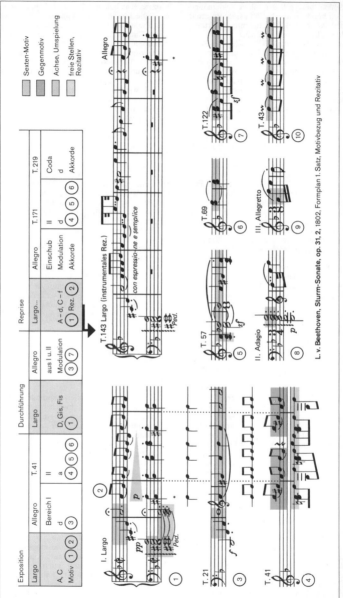

L. v. Beethoven, Sturm-Sonate, op. 31, 2, 1802, Formplan 1. Satz, Motivbezug und Rezitativ

Motivarbeit

Bekannte Klaviervirtuosen, -komponisten:
J. W. HÄSSLER (1747–1822);
MUZIO CLEMENTI (1752–1832), ab 1766 in London, auch Verleger, 106 Klaviersonaten, von BEETHOVEN sehr verehrt, viele Schüler (CRAMER, FIELD), Klavierschule *Gradus ad Parnassum* (1817).
IGNAZ PLEYEL (1757–1831), HAYDNS Schüler, Klavierbauer und Händler in Paris.
J. L. DUSSEK (1760–1812), Prag.
J. B. CRAMER (1771–1858), Mannh., London.
JOHANN NEPOMUK HUMMEL (1778–1837), Wien, ab 1819 Weimar, Schüler MOZARTS.
JOHN FIELD (1782–1837), *Nocturnes* (1812ff.).
F. RIES (1784–1838), Schüler BEETHOVENS.
F. KUHLAU (1786–1832), Kopenhagen.
CARL CZERNY (1791–1857), Schüler BEETHOVENS, umfangreiches Etüdenwerk.

Ludwig van Beethoven
galt schon in seiner Zeit als überragender Pianist, Improvisator und Klavierkomponist. Sein Ausdruckswille und Klavierstil beeinflußten wesentlich das Klavierspiel des 19. Jh.
Improvisationen: *Fantasien*, in formaler Freiheit; *Kadenzen* zu Klavierkonzerten; *Variationen*, nach Typen (S. 156) und weit darüber hinaus, Thema oft nach Wunsch. – Vieles ging in die Kompositionen ein, teils mit deutl. Bezug wie in der *Sonata quasi una fantasia* (op. 27). Die Konzertkadenzen hat BEETHOVEN aufgezeichnet.
Kompositionen: 32 Sonaten; Klavierstücke wie Rondos, Tänze, *Für Elise* (1810); Bagatellen op. 33 (1802), op. 119 (1820/21), op. 126 (1823); 22 Var. (außer in Sonaten), bes.:
Eroica-Variationen Es-dur, op. 35 (1802), 15 Var. und Fuge. Das Thema erscheint 4mal:
– in 7. *Contretanz* für Orch. (1800–01);
– im Finale des Balletts *Die Geschöpfe des Prometheus* op. 43, (1801); hier ist der heroisch-poet. Gehalt des Themas klar;
– in den *Var.* op. 35 (s.o.; S. 432, Nb. B);
– im Finale der *Eroica* (1803; S. 421).
32 Variationen c-moll, WoO 80 (1806), eine Chaconne über ein achttaktiges Thema.
33 Veränderungen über einen Walzer von A. Diabelli op. 120 (1819–23); DIABELLI gab als Verleger eine Slg. von Var. über ein eigenes Thema von verschiedenen Komponisten heraus (auch von SCHUBERT), doch scherte BEETHOVEN aus und schuf seinen Großzyklus (Spätwerkcharakter).

Außermusikalischer Gehalt
BEETHOVENS schöpfer. Phantasie ist rein musikalisch, aber oft von Außermusikalischem angeregt. Überwiegend dem rein musikal. Bereich entspricht im Klavierwerk eine Sonate wie op. 2 Nr. 1 in ihrer klass. Form (S. 106, Abb. C; S. 148, Abb. C). Außermusikalisches hingegen manifestiert sich in einer Sonate wie op. 31 Nr. 2 aus der Zeit der »neuen

Wege« (1802). Sie mag hier als Beispiel dienen, wie außermusikal. Gehalt und rein musikal. Denken eine neue, individuelle Gestalt hervorbringen.
Auf SCHINDLERS Frage nach dem Schlüssel zu den Sonaten op. 31,2 und op. 57 soll BEETHOVEN geantwortet haben: *»Lesen Sie nur Shakespeares Sturm!«* Seither heißt op. 31,2 die Sturm-Sonate, op. 57 jedoch nicht *(Appassionata).*
BEETHOVENS Antwort verweist auf einen außermusikal. Gehalt, eine poet. Idee in der Musik, nicht auf ein spezielles Programm.
Die musikal. Gestalt der Sonate erinnert nur von Ferne an die Sonatensatzform (mit den späteren Begriffen Exposition, Durchführung und Reprise). Hingegen überrascht eine Fülle kontrastierender Ideen (Motive), die doch variativ zusammenhängen. Überall herrscht die klass. Einheit der Gedanken. Die Largo-Einleitung entspricht der Gattungstradition, verändert diese aber sogleich (Antithese *Largo – Allegro*). Neu ist auch die Wiederholung des Largo im Kopfsatz der Sonate als freie, fantasieartige Einschübe. Das unterstreicht seine Bedeutung, und tatsächlich enthält das Largo anfangs in nuce die ganze Sonate.
BEETHOVEN exponiert dort das motiv.-themat. Material. Das aufsteigende Sextmotiv 1 erscheint wieder im Hauptgedanken 3. Das kontrastierende und korrespondierende Motiv 2 bestimmt in seiner auftaktigen Viertelfolge den 2. Teil des Hauptgedankens 3 (T. 22: Umspielung des a^1 als Achse). Aber auch der auftaktige Achtelrhythmus von Motiv 2 erscheint wieder im Motiv 4 im Themenbereich II (Dominantebene, quasi 2. Thema, mit Achsenumspielung als Begleitung). Auch die Motive 5, 6 und 7 zeigen Beziehungen zum Anfang (s. Nb., Sextenmotiv, Halbtonumspielung). Das gilt sogar für die Hauptmotive des II. und III. Satzes (Ziffern 8, 9, 10 mit Sextstrukturen und Tonbeharren wie Achsenumspielung). Je dichter dieser Zusammenhang, desto stärker die Wirkung einer besonderen, aus der instrumentalen Sonatensatzform ausbrechenden Stelle:
Vor der Reprise, also an einer zum Bruch neigenden Übergangsstelle, erklingt ein *instrumentales Rezitativ*. Hier spricht sich das Außermusikalische ungewöhnlich deutlich aus: über einem pedalisierten Akkord erhebt sich gleichsam eine *Stimme*, textlos, aber als ob ein Text vorhanden wäre (Nb. T. 143ff.).
Das Instrumental-Rezitativ selbst ist seit C. PH. E. BACH nicht neu (S. 397), doch verstärkt BEETHOVEN hier mit ihm die Dramatik des klass. Sonatensatzes und läßt dessen Charaktere *»sprechend«* hervortreten.
Der Hinweis auf SHAKESPEARES *Sturm* als authent. Schlüssel zum Werk beweist das dramat. Moment auch mit BEETHOVENS Worten. Die Musik spricht die Phantasie des Hörers auch ohne dieses Wissen dramatisch an.

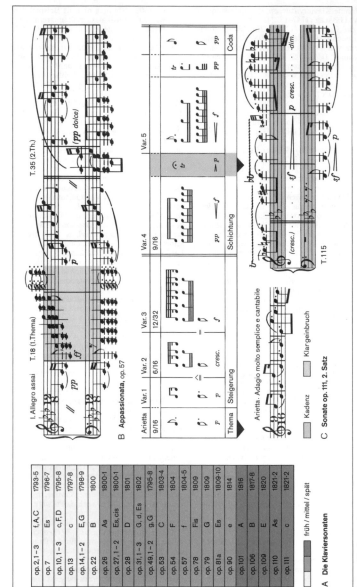

Beethoven: Klaviersonaten

In BEETHOVENS Gesamtwerk stehen zentral die 32 **Klaviersonaten**. Ihre Entwicklung sei hier an ausgewählten Beispielen verfolgt.

op. 2, 1–3: Bonner Skizzen, HAYDN gewidmet, klass. in Viersätzigkeit und Gestalt (S. 106, 148). Die Sonate Nr. 3 zeigt den Klaviervirtuosen BEETHOVEN, mit Terzen, Oktav- und Sextakkordpassagen, konzerthafter Kadenz im Kopfsatz, romantisch entfernten Tonarten (2. Satz: Mediante E-dur) und brillanten Trillerketten im Finale.

op. 13: in c-moll, erhielt ihren Namen *Pathétique* schon in der Originalausgabe (von BEETHOVEN?), vor allem wegen ihres Kopfsatzes mit der langsamen Einleitung, die die punktierten Rhythmen der frz. Ouvertüre, barocker Topos für Pathos und Würde, in klass. Dimensionen überträgt.

op. 14, 1–2: Nr. 1 hat BEETHOVEN auch als Streichquartett übertragen (F-dur, 1801–02).

op. 26: Auf der Suche nach neuen Formen ersetzt BEETHOVEN den übl. Sonatenkopfsatz durch Variationen. An der Stelle des langsamen Satzes steht der berühmte *Marche funèbre sulla morte d'un Eroe* (Trauermarsch). Das Klavier imitiert Orchesterklänge mit Paukenwirbeln und Fanfaren (BEETHOVEN hat den Satz 1815 selbst instrumentiert).

op. 27, 1–2: Beide Sonaten sind je als *Sonata quasi una Fantasia* bezeichnet. Wachsendes Ausdrucksbedürfnis und Phantasie sprengen hier die klass. Formenwelt und leiten richtungweisend das neue Jh. ein (EZ: 1800–01). Charakteristisch ist die Namengebung *Mondscheinsonate* für op. 27,2 durch L. RELLSTAB, der sich zu den Klängen des 1. Satzes den »*Vierwaldstätter See bei Mondschein*« vorstellte und damit eine außermusikal. Idee mit BEETHOVENS Sonate verband. LISZT nannte den Mittelsatz »*eine Blume zwischen zwei Abgründen*«, und zahlreich sind die Spekulationen, BEETHOVEN schilderte in der Sonate die unglückl. Liebe zu seiner Schülerin GIULIETTA GUICCIARDI, der die Sonate gewidmet ist. In der Tat regt BEETHOVENS Musik die Phantasie an und deutet über sich hinaus auf andere, allerdings seiten spezifizierte Bereiche. Der 1. Satz erinnert im übrigen an die Sterbeszene des Komturs in MOZARTS *Don Giovanni,* mit fast den gleichen Klängen (auch Triolen, *alla breve*).

op. 31, 1–3 (mit *Sturmsonate*) s. S. 400f.

op. 57 (*Appassionata*): hier steigert BEETHOVEN die kompositor. Dimensionen und die klangl. Möglichkeiten des damaligen Klaviers bis zur Grenze. Er verläßt geltende ästhet. Kategorien und tauscht herkömml. Schönheit gegen neuen Ausdruck.

So bricht im *pp* überraschend die größtmögl. Klangmasse herein: vollgriffige, aufsteigende f-moll-Akkorde, synkopisch gegen die Bässe belebt, zerreißen die themat. Linie und Atmosphäre brüsk (Nb. B). Aber auch Zusammenhang wird gestiftet: aus der Gegenbewegung zum düster ab-

steigenden 1. Themenkopf (f-moll) ersteht zart aufsteigend das 2. Thema (As-dur, dolce; Nb. B).

op. 81a (*Les Adieux*): gehört zu den Sonaten mit Programm: *Abschied* im 1., *Abwesenheit* im 2. und *Wiederkehr* im 3. Satz. Der Themenkopf bildet sich aus der Deklamation der Worte »Lebe wohl«, über den Noten vermerkt (zugleich 2st. Posthornmotivik). Der 2. Satz wird als ergreifender Klagegesang gestaltet, der 3. Satz als lebendiger Aufschwung. Die Sonate entstand in den Kriegswirren zwischen Mai 1809 und Januar 1810 während der Evakuierung der kaiserl. Familie nach Ofen. Orig.-Titel: *Der Abschied* (durchstrichen:) *»Das Lebewohl« – am 4ten Mai – gewidmet und aus dem Herzen geschrieben S. K. H.* (Seiner Kaiserl. Hoheit).

Die letzten 5 Sonaten, ab **op. 101** (1816), rechnet man zum *Spätwerk* (Abb. A). Alle späten Sonaten haben einen Zug zum polyphonen Denken. Extrem erscheint hier die *Große Sonate für das Hammerklavier,* **op. 106,** die nach symphon. Dimensionen der ersten drei Sätze mit einer großen Fuge schließt. Diese Fuge erfüllt die kp. Tradition mit zeitgemäßem Ausdruck und wandelt sie zu neuer Gestalt (*»con alcune licenze«*). Ähnlich verfährt BEETHOVEN in der Schlußfuge der Sonate **op. 110** mit ihrem eingebetteten Rückgriff auf den langsamen Satz. Der Mittelsatz von op. 110 ist ein *Klage-Rezitativ* mit Belcanto- Einfluß (*messa di voce*).

Die letzte Sonate, **op. 111,** hat nur zwei Sätze, einen Sonatensatz in c-moll mit langsamer Einleitung und fugierten Partien, und einen Variationensatz in C-dur.

Den Variationen liegt ein Thema von größter Schlichtheit zugrunde, die *Arietta.* Auch sie zeigt liedhaft innigen Sprachgestus, ausgesungen im 9/16-Takt, mit weichem Auftakt (Nb. C).

Die Variationen gehen ohne Unterbrechung ineinander über. Die ersten 3 folgen dem Prinzip der Steigerung auf allen Ebenen: Spieltempo (durch Taktwechsel bleibt Achtel als Grundschlag erhalten), Rhythmik (Punktierungen), Dynamik, Klangmasse.

Nach dem Höhepunkt erscheint in Var. 4 eine Klangschichtung im *pp* mit gleichsam impressionist. Zügen wie der Anbruch eines neuen Zeitalters. Liniengeflecht (Polyphonie) tritt hinzu. BEETHOVEN führt in einer Kadenz zwischen Var. 4 und 5 das Thema über eine Trillerkette in extremste Regionen (5 Oktaven Abstand zwischen Oberstimme und Baß), Ausdruck für extremes menschl. Empfinden und Sein (Nb. C).

Die abgeklärte und sich doch lebendig steigernde Var. 5, zarte Trillergewebe um letzte Themenvarianten und eine schlichte Coda beschließen die Sonate. Mit ihr endet zugleich eine zentrale Gattung der Klassik.

Klavier
Violine
Cello
eigen-
ständig

Klaviersonate   Violinsonate   Cellosonate   Klaviertrio

A Frühe Klaviersonate mit Begleitung von V. (Fl.) und Vc.

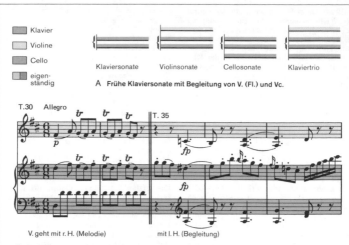

V. geht mit r. H. (Melodie)   mit l. H. (Begleitung)

B **W. A. Mozart, Kurfürstin-Sonate, op. 1, 6, KV 306,** 1778, 3. Satz

C **L. v. Beethoven, Kreutzer-Sonate, op. 47,** 1803, Beginn

D **L. v. Beethoven, Cellosonate op. 5,** 1, 1796, 1. Satz

Strukturwandel

Kammermusik nimmt ihren Namen vom Ort ihrer Aufführung: nicht Kirche oder Theater, sondern die höf. Kammer, neben die im Laufe des 18. Jh. zunehmend auch die bürgerl. tritt. Ihre Besetzung ist stets solistisch. Ab der Klassik grenzt sich die Kammermusik auch von der aufkommenden Konzertmusik mit Chor, Orchester und großem Publikum ab. Sie wendet sich wie im Barock ihrem Wesen nach an einen kleinen Kreis von Kennern und Liebhabern. Daher erlaubt der Kammermusikstil auch *»mehr Ausarbeitung und Kunst ... als der Theaterstyl«* (QUANTZ 1752). – Im allg. zählt man die Sololiteratur nicht zur KaM, weil ihr das für sie charakterist. *Miteinander* fehlt.

Violine
Italien hat im 18. Jh. mit zunehmend virtuosem Spiel, instrumentaler Figuration und Melodik von ital. Schülergenerationen wie G. TARTINI († 1770, Padua) – P. NARDINI (1722–93: Solosonaten, Capricen) – A. LOLLI (1730–1802), oder die *Piemonteser Geigenschule* mit G. B. SOMIS († 1763, Turin) – G. G. PUGNANI (1731–98, Turin) – G. B. VIOTTI (1755–1824, Turin, London, Paris). – F. GEMINIANI (1680–1762, Lucca) übte mit seiner Geigenschule *The Art of Playing on the Violin* (London 1751, frz. Paris 1752, dt. Wien 1785) u. a. mit systemat. Strichartenübungen großen Einfluß aus.
Frankreich: Paris wird in der Klassik zum Zentrum des Geigenspiels, durch die Konzertreihen wie durch das 1795 gegründete Conservatoire. Führende Geiger:
J. J. MONDONVILLE (1711–72), Flagcolett;
PIERRE GAVINIÈS (1728–1800), ab 1796 am Conservatoire; seine *Vingt-quatre matinées* (1000) gelten als Standardetüden;
G. B. VIOTTI (s. o.) erregte Aufsehen seit seinen Auftritten in den *Concerts* 1782/83;
P. RODE (1774–1830), VIOTTI-Schüler, 24 Capricen durch alle Tonarten;
R. KREUTZER (1766–1831), Versailles und am Conservatoire, berühmte Lehrwerke *Méthode de violon* (1803, mit RODE und BAILLOT), *40 Etudes ou Caprices* (~ 1807); BEETHOVEN widmete ihm Sonate op. 47.
Stilbildend für das moderne Violinspiel war auch die Erfindung des TOURTE-Bogens (S. 40, Abb. B), der eine federnde Bogentechnik erlaubte.
Deutschland/Österreich: Böhmische Geiger kamen im 18. Jh. in den Westen, so FRANZ BENDA (1709–86, Bruder des Singspiel-BENDA GEORG) ab 1733 in der Kapelle FRIEDRICHS II. in Neuruppin bzw. Berlin; ebenso JOHANN STAMITZ, Mannheim (S. 415) und seine Söhne CARL und ANTON. In Salzburg schrieb LEOPOLD MOZART (1719–87) seinen *Versuch einer Gründlichen Violinschule* (1756), die die ältere ital. Geigentechnik (TARTINI, LOCATELLI) vermittelte.

J. Haydns Werke für Violine sind zahlreich: Sonaten für V. und Klav.; Duos für 2 V., V./ Va. oder V./Vc.; Trios für 2 V./Vc.; u. a.
W. A. Mozart komponierte schon 1762–66 16 Sonaten für V. und Kl., KV 6ff. (seine 1. gedr. Werke: *op. I*, Paris 1764). Der Klavierpart dominiert, Vater LEOPOLD begleitete seinen Sohn auf der V., dem Brauch der Zeit entsprechend. Sie sind eigentlich Klaviersonaten mit Violine ad lib.: *Sonates pour le clavecin qui peuvent se jouer avec l'accompagnement de violon* (bei op. III sogar *V. oder Fl.* und *Vc. ad lib.*, Abb. A). Typisch sind HÜLLMANDELS Sonaten op. 6 für Klavier und Violine *ad lib.* (1882), und op. 9 für Violine *obligé* (1787). Mozart widmete 1778 in Mannheim der Kurfürstin von der Pfalz 6 *Sonates pour le clavecin ou forté piano avec accompagnement d'un violon* (KV 301–306).
Noch häufig geht die Violine *colla parte* mit der r. H. des Klaviers, teilweise in Untersexten begleitend (Nb. B, T. 30), oder sie ergänzt die Begleitung der l. H. (T. 35), häufig aber duettieren die Instrumente.
Duettieren und Konzertieren nehmen in den späteren MOZART-Sonaten noch zu, ebenso wie der Hang zur Polyphonie (KV 454, 526). MOZART schrieb auch Duette für V. und Va. (in G und B, KV 423, 424; 1783), alle wie die Violin- und Klaviersonaten dreisätzig.
Beethoven komponierte seine 10 Violinsonaten für gleichstarke Partner: op. 12 (D, A, Es, 1797–98), op. 23 (a, 1800), op. 24 (F, 1801, *Frühlingssonate*), op. 30 (A, c, G, 1802), op. 47 (A, 1803, *Kreutzersonate*), op. 96 (G, 1812).
Die langsame Einleitung der *Kreutzersonate* beginnt mit großem Violinsolo, dem das Klavier solistisch antwortet: orchestrale Klangbreite (Nb. C); wie ein *großes Konzert* (BEETHOVEN).
Von BEETHOVEN stammt das Duett *mit 2 obligaten Augengläsern* für Va./Vc. in c (1798).

Violoncello
Das Violoncello löste sich in der 2. Hälfte des 18. Jh. von den Gb.-Aufgaben und entwickelte sich zum Soloinstrument. Unter den Cellisten ragt hervor:
LUIGI BOCCHERINI (1743–1805), Lucca, Madrid; viele Kompos. für FRIEDRICH WILHELM II. in Berlin. Ferner:
JEAN LOUIS DUPORT (1749–1819), Paris, u. a. Vc.-Schule *Essai sur le doigter du violoncelle et la conduite de l'archet* (1770).
JEAN PIERRE DUPORT (1741–1818), Bruder des J. L., 1. Cellist am Berliner Hof.
BEETHOVENS Sonaten op. 5, 1–2 in F und g (1796) sind J. P. DUPORT gewidmet.
Das Vc. bindet sich z. T. noch an den Klavierbaß, umspielt die Töne aber souverän und geht eigenständig weiter (Nb. D).
BEETHOVEN schreibt für Vc. var., ferner Sonaten op. 69 in A (1807), op. 102, 1–2 in C und D (1815), letztere mit Fugenfinale.

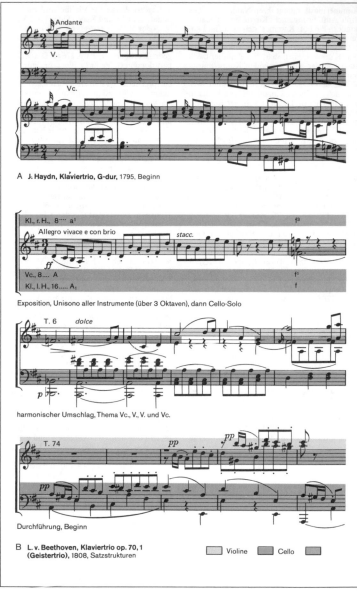

A   J. Haydn, Klaviertrio, G-dur, 1795, Beginn

Exposition, Unisono aller Instrumente (über 3 Oktaven), dann Cello-Solo

harmonischer Umschlag, Thema Vc., V., V. und Vc.

Durchführung, Beginn

B   L. v. Beethoven, Klaviertrio op. 70, 1
(Geistertrio), 1808, Satzstrukturen

☐ Violine   ☐ Cello   ☐

Strukturwandel

Klaviertrio

Unter der Kammermusik mit Klavier nimmt das *Klaviertrio* für Klavier, Violine und Violoncello eine Standardstellung ein. Zu den Vorläufern dieser Triobesetzung gehört im Barock die Violin- oder Flötensonate mit obligatem Cembalo. Dahinter steht die Triosonate (S. 148, Abb. B). Das klass. Klaviertrio geht unmittelbar aus der Klaviersonate hervor, die sich ad lib. zum Duo oder Trio erweitern ließ, indem in der r. H. eine Violine und in der l. H. ein Cello mitgingen.

HAYDNS erste Klaviertrios (50er Jahre) heißen noch *Clavier-Sonaten mit Begleitung einer V. und Vc.* (vgl. S. 404, Abb. A). Das Cello war diese Rolle vom Gb.-Spiel her gewöhnt. Es wirkte noch lange klangverstärkend mit (noch bei MOZART), denn die Bässe der damaligen Klaviere waren schwach. Erst BEETHOVEN weist dem Cello und der Violine volle Selbständigkeit zu.

Die unmittelbare Vorläuferschaft der Klaviersonate (nicht der barocken Triosonate) zeigt sich auch in der Dreisätzigkeit des Klaviertrios, erst bei BEETHOVEN ist sie 4sätzig (S. 148, Abb. A).

Die Vorklassiker wie TOESCHI, RICHTER, SCHOBERT, L. MOZART, die BACH-Söhne, bes. C. PH. E. BACH, haben eine Fülle von solchen beliebig zu begleitenden Klaviersonaten geschrieben.

J. HAYDNS 41 Klaviertrios (auch für Fl.) zeigen starke Entwicklung, doch selbst ein spätes Trio wie das in G-dur Hob. XV: 24 (1795) koppelt z. T. noch die V. an die r. H. und das Vc. an die l. H. des Klaviers (Nb. A).

HAYDNS frühe Trios sind ihrem Charakter nach noch überwiegend unterhaltende Musik: geistreiche, angenehme Divertimenti, wie es der südd.-österreich. Tradition entspricht. Auch die späteren behalten noch viel von diesem Gusto.

W. A. MOZARTS Klaviertrios entstanden bis auf das Divertimento KV 254 (1776) in Wien: 1783 das Fragment d-moll (KV 442); 1786 die Trios in G, B (KV 496, 502); 1788 die Trios in E, C, G (KV 542, 548, 564); eine Besonderheit ist das *Kegelstatt-Trio* für Klarinette, Va. und Klavier, Es-dur (KV 498; 1786, angebl. beim *Kegeln* entstanden.)

MOZARTS Bezeichnung *Terzette* deutet auf Partnerschaft der Instrumente, doch *führt* das Klavier (MOZART schrieb die Trios für den Eigengebrauch, meist zu Konzerten in Gönner- bzw. Freundeskreisen).

BEETHOVEN gibt der Gattung Klaviertrio eine neue Dimension. Er veröffentlichte die ersten 3 als op. 1 (1800), nachdem er sich in Wien oft gespielt hatte. Der anspruchsvolle Titel *Große Trios* geht auf die frz. Bezeichnung *Grand Trio* zurück. Damit ist die große, virtuose Geste angesprochen, für BEETHOVEN auch die Richtung von unterhaltsamer zu bedeutender Musik.

Op. 1, 3, c-moll, trägt dramat., spannungsvolle Züge. Es löst sich als frühes Werk am weitesten vom Vorbild HAYDN.

Das Trio op. 11, B-dur (1798) komponierte BEETHOVEN für Klarinette, arbeitete die Stimme aber auch um für Violine. Nach langer Pause entstehen die beiden Trios op. 70 in D und Es (1808): eine neue Stufe an Klangsinn, Gestaltungsdichte und Aussagekraft.

Op. 70,1 beginnt mit einem aufbrechenden Unisono *(ff., stacc.)*, das sich über eine Klangbreite von 3 Oktaven (4 Stimmlagen) vom Kontra-A zum f^3 emporschwingt (Abb. B). Im Höhepunkt übernimmt das Cello die Führung *(solo)*. BEETHOVENS Idee zielt auf eine Verinnerlichung des Klanges, eine Binnendimension für musikal. Geschehen im Ton: Noch im f^1 des Cellos vollzieht sich ein gest. und harmon. Umschlag (d-moll nach B-dur/E-dur) und der Übergang in einen *dolce*-Gedanken. Das Hauptthema enthält den Kontrast von 1. und 2. Thema bereits in sich. Die für das 2. Thema übl. Dominantebene wird erst in T. 43 erreicht, quasi als Coda der geballten Exposition. Das *dolce*-Thema tragen die Streicher abwechselnd und dann in Oktaven vereint vor (T. 7 ff.). Kontrastreiche kp. Arbeit der 4 Stimmen V., Vc., r. und l. H. des Klaviers zeigt auch der Beginn der Durchführung (Nb. B).

Das Trio ist dreisätzig. Dem Tremologeflüster im Mittelsatz verdankt es den Namen *Geistertrio*. E. T. A. HOFFMANN hat das Trio begeistert besprochen (AmZ 3. 3. 1813):
»*dem unterschiedl. Charakter der 3 Instrumente gerecht, von höchstem kompositor. Kunstniveau, als nicht durch Worte eingeengte reine Instrumentalmusik der Phantasie unendlichen Raum gebend, daher typisch romantisch.*«

Die 14 Klaviertrios von BEETHOVEN einschließlich der Variationen gipfeln im Erzherzog RUDOLPH gewidmeten op. 97, B-dur (1811). Dimension, Phantasie und Ausdruck der 4 Sätze weisen voraus auf die großen Klaviertrios des 19. Jh. (S. 484, Abb. D).

Klavierquartette

erweitern das Klaviertrio um eine Bratsche. In den Klavierquartetten C. PH. E. BACHS kann die V. z. T. durch Fl. ersetzt werden. MOZARTS Klavierquartette entstanden für HOFFMEISTERS Subskriptionsreihe *Pour le pianoforte*, doch fand HOFFMEISTER das g-moll-Quartett (KV 478; 1785) für das Publikum zu schwer. Das Es-dur-Quartett (KV 493; 1786) schrieb MOZART daher ohne Auftrag für den eigenen Vortrag bei THUN in Prag. Die Tendenz zum Klavierkonzert ist unverkennbar.

BEETHOVENS einziges Klavierquartett op. 16 ist eine originale Umarbeitung des Bläserquintetts op. 16 (1796). Auch hier erhält das Klavier Kadenzen und virtuose Passagen.

A J. Haydn, Streichquartett op. 1,1, 1755, Satzfolge und Themen

B R. Hoffstetter, gedr. 1767 als
   J. Haydn, op. 3,5, 2. Satz

C J. Haydn, op. 20,6, 1772, Finale

Beginn

Gestaltqualitäten des Hauptthemas

Durchführungstechnik

D J. Haydn, op. 33,2, 1781

Wachsende Stimmendifferenzierung und Satzqualität

Die Kammermusik für Streicher ohne Klavier, bes. das Streichquartett, gehört zum Eigensten, was die Klassik hervorgebracht hat. Anfangs noch in Divertimentocharakter, stehen am Ende dieser Epoche BEETHOVENS späte Streichquartette als dichte Substrate einer hohen Kunsttradition.

Im Streichquartett verbindet sich Individualität und Charakter der einzelnen Spieler zu einem harmon. Ganzen, in dem sich der einzelne überhöht wiederfindet. Das reicht vom mehrtöniges Akkord, nicht wie beim Klavier von der Hand eines Spielers, sondern von 4 Spielern zustande gebracht und nanciert wird, bis zur gesamten Interpretation. In der Ganzheitsqualität liegt das Spezifikum des Quartetts. Diese Kammermusik entspricht in ihrem kontrastierend-harmon. Miteinander der idealen Weltsicht und dem hohen Menschenbild der Klassik.

Erweitert wird diese Erfahrung im durchsichtigen Streichtrio und im klanggesättigten Streichquintett (später auch Streichsextett).

Streichtrio

umfaßt V., Va. und Vc. (zum Triosatz s. S. 412). HAYDNS Streichtrios bleiben wie seine Baryton-Trios Divertimenti, ebenso MOZARTS KV 563 (1788) und BEETHOVENS op. 3, op. 8 (Serenade) und op. 9 (alle vor 1800). Der für 3 Spieler berechnete Satz ist erstaunlich klangvoll (Doppelgriffe, S. 432, Abb. A).

Streichquartett

geht aus der barocken Triosonate hervor. Als der Gb. am Ende des Barock entfiel, mußte man die Mittelstimme auskomponieren (*obligates Accompagnement*, anstelle der r. H. des Cembalisten). Die sonst nur verstärkende Bratsche erhielt neue Bedeutung (vgl. S. 148, Abb. B). Der Wegfall des Cembalos ließ den 3ᵗᵉⁿ ... Noch lange finden sich aber in der Klassik bezifferte Bässe (sogar in MOZARTS Klavierkonzerten).

J. Haydn hat mit über 70 Streichquartetten (1755-1803) wesentlich die Gattung geprägt. Die frühen Quartette op. 1 und 2 (je 6), für den Hausgebrauch beim Freiherrn von FÜRNBERG in Weinzierl, wo außer HAYDN der Pfarrer (2. V.), der Verwalter (Va.) und ALBRECHTSBERGER (Vc.) mitspielten.

Die Satzfolge zeigt Serenadennähe: 5 Sätze, 2 Menuette; die Sätze selbst sind kurz (außer dem langsamen mit konzertanter 1.V.), das Finale ein einthemat. Kehraus-Presto. – Im Kopfsatz werden die typ. Kontraste der neuen Zeit sichtbar: *f-p*-Wechsel, kurzgliedrige Anlage, auftaktiger Unisono-Beginn, auftaktiges Weiterspiel, doch überraschend volltaktiges 2. Thema in kontrastierender rascher Abwärtsbewegung (Abb. A).

Op. 3 stammt nicht von HAYDN, sondern von dem Amorbacher Mönch ROMAN HOFFSTETTER. Es wurde dem bekannteren HAYDN im

Verlagsprospekt von 1767 unterschoben, ein damals typ. Vorgang (erst 1962 aufgedeckt).

Das Quartett steht ganz im Geschmack der Zeit, bes. das Ständchen mit seiner schlichten Melodik (1. V. mit Dämpfer) über den Gitarren imitierenden Pizzicati der übrigen Streicher (Nb. B).

Es folgen op. 9 (1769), op. 17 (1772) und op. 20 (1772, *Sonnenquartette*), je 6 Quartette, 4sätzig mit Menuett, ernster, empfindsamer. Op. 20 schließen mit Fugen und Doppelfugen ganz barock (Stilbruch, folgt Quartettpause). Die 6 *russischen Quartette* op. 33 (1781), dem russ. Großfürsten PAUL gewidmet, haben Scherzi statt Menuette (daher auch *Scherzi*, auch *Jungfernquartette* genannt) und sind, wie HAYDN dem Fürsten schreibt, »*auf eine ganz neue Besondere art, denn seit 10 Jahren habe ich keine geschrieben*«. Haydn meint damit die *themat. Arbeit.* die er hier erstmals aus der Symphonik ins Streichquartett überträgt.

Thematische oder *thematisch-motivische Arbeit* bedeutet, mit dem gegebenen Material zu arbeiten, ohne ständig neue Themen und Motive einzuführen. Ziel ist Verdichtung, Zusammenhang, Ausloten versch. Aspekte und lebendige Erfüllung der Charaktere. Vorbild ist die kp. Arbeit der monothematen. Barock-Fuge. Der neue Stil muß diese Kunst erst wieder erringen: technisch ist kp.-themat. Sicht und gehaltlich als Metamorphose der Substanz, alles aber ohne zu barockisieren, sondern im neuen eigenen Gestus.

Zu Beginn von op. 33,2 erklingt das Hauptthema in V.1 über dem pulsierenden Klangteppich der übrigen Streicher. Es entfaltet sich aus nur 2 Motiven, die Rhythmus und Melodik bestimmen: a) Auftakt aus 2 Sechzehnteln oder 1 Achtel, melodisch als Quarte, Terz oder gar als Halbton variiert; b) Volltakt, melodisch als Quinte, Dreiklang, Terz verändert.

Das Thema bildet ausgewogene Korrespondenzen: dem Aufstieg im Vordersatz entspricht der Abstieg im Nachsatz (T.3), beide sich rhythmisch entsprechend (Abb. D). Die themat. Arbeit wird am deutlichsten in der Durchführung: Alle Instrumente bringen Motive des Themas in ständig neuen Positionen und Varianten (T. 44ff.). Schwierige Harmonik, überraschende *sf.*, wechselnde Kopplung der Stimmen sind Zeichen musikal. Intensität.

In HAYDNS Quartettschaffen folgen die 6 Quartette op. 50 mit MOZART-Einfluß (Melodik; 1784–87), die *Sieben Worte* (1787, s. S. 393), je 3 Quartette op. 54/55 (1789), die 6 *Tostquartette* op. 64 (1790), je 3 *Apponyi-Quartette* op. 71/74 (1793), die 6 *Erdödy-Quartette* op. 76 (1797, darin Nr. 3 mit den Variationen über *Gott erhalte Franz den Kaiser*), die 2 Quartette op. 77 (1799) und das letzte Quartett op. 103 (1803) aus 2 Sätzen: er bekennt, seine Kraft gehe zu Ende.

A W. A. Mozart, Dissonanzenquartett, KV 465, 1785, Beginn

B L. v. Beethoven, Rasumowsky-Quartette, op. 59, 1806, Thèmes russes

C L. v. Beethoven, op. 130/133, 1825/26

Chromatik, Liedzitat und Spätwerkcharakter

Mozart. Die frühen Quartette von 1770–73 sind in Italien (KV 155–160; Vorbild SAMMARTINI) und in Wien (KV 168ff.; Vorbild HAYDN) entstanden. Wie bei HAYDN folgt eine Quartettpause bis 1782. Die 6 *Haydn-Quartette* gehen von HAYDNS op. 33 aus und sind HAYDN als *»frutto di una lunga e laboriosa fatica«* gewidmet (Wien 1785): G-dur, KV 387 (1782); d-moll, Es-dur, KV 421, 428 (1783); *Jagdquartett* B-dur mit Hornmotiv, KV 458 (1784); A-dur, *Dissonanzenquartett* C-dur, KV 464, 465 (1785).

Die Dissonanzen erklingen in der langsamen Einleitung (Nb.A). Die Tonika C-dur bleibt lange unbestimmt: Vc. beginnt solo mit c, Va. bringt es dazu, eine wohlklingende Sexte, die als f-moll oder entfernteres As-dur zu deuten ist. MOZART bestätigt durch es[1] in V.2 As-dur. Doch folgt V.1 überraschend mit Querstand a[2] (gegen as), wobei Va. nach g mildert. Der dissonante Klang ist als Vorgriff auf die Doppeldominante D-dur konzipiert, die in chromat. Linienführung durch V.2 es[1]–d[1] von Va. g-fis erreicht und nach G-dur aufgelöst wird. T.3/4 bekräftigt G-dur, so daß es als neue Tonika erscheint, doch verdunkelt MOZART das Dur nach Moll durch b[2] in V.1 (Querstand zu h in Vc., Va. und V.2), in T.5 sogar mit des[3] in V.1 als tiefalterierte Quinte bzw. b-moll oder Ges-dur. Der Vorgang wiederholt sich sequenzartig über B nach As. – Das chromat. Liniengeflecht erzeugt eine dissonanzenreiche, zwischen Dur und Moll schwebende Harmonik: schmerzvoll, fragend.

Es folgt das Quartett D-dur, KV 499 (1786), dann die 3 *Preuß. Quartette* für FR. WILHELM II. (Cellist). Der Cellopart ist reich (*Cello-Quartette*): D, KV 575 (1789), B, F, KV 589, 590 (1790); es sollten wohl 6 werden.

Beethoven. Die Streichquartette lassen sich in 3 Gruppen gliedern:

Die **6 frühen Quartette** op. 18 in F, G, D, c, A, B (1798–1800) verwenden z. T. Bonner Skizzen.

Die **5 mittleren Quartette** op. 59 (1805–06), das Harfenquartett Es-dur op. 74 (1809) und das *Serioso* f-moll op. 95 (1810).

In den 3 *russ.* oder *Rasumowsky-Quartetten* op. 59 in F, e und C (dem russ. Gesandten in Wien, Graf RASUMOWSKY, gewidmet) übernahm BEETHOVEN 2 Melodien aus IWAN PRATSCH, *Sammlung russ. Volkslieder* (Nb.B). BEETHOVEN läßt der Phantasie weitesten Raum, fängt sie aber zugleich in klass. Gestalt ein, so, wenn er im Andante des C-dur-Quartetts nach dem fernen Es-dur sich scheinbar romantisch verliert (V.1 bis g[3], Vc. bis Cis), sich aber unmerklich statt in nebulöser Ferne in der Tonika a-moll und in der Reprise wiederfindet (T.127–137). Das Finale ist eine rasante Fuge: *»Ebenso wie du dich hier in den Stru-*

del der Gesellschaft stürzest, ebenso möglich ist's, Opern trotz allen gesellschaftlichen Hindernissen zu schreiben – kein Geheimnis sei dein Nichthören – auch bey der Kunst« (Skizzen).

Die **5 späten Quartette** op. 127 Es-dur (1822/24–25), Auftrag Fürst GALITZINS, op. 132 a-moll (1824–25), op. 130 B-dur mit *Großer Fuge*, op. 131 cis-moll (1825–26) und op. 135 F-dur (1826). Da die Fuge dem Verleger ARTARIA bei der UA zu lang vorkam, schrieb BEETHOVEN ein neues Rondofinale (seine letzte Kompos.). Die *Große Fuge* erschien als op. 133.

Es sei keine Kunst, eine Fuge zu schreiben. Doch in seiner Zeit müsse die Fuge mit einem neuen poet. Gehalt erfüllt werden (BEETHOVEN): so bes. die Fugen im Spätwerk.

Die *Große Fuge* arbeitet mit 4 Themen, die als unterschiedl. Varianten des 1. Themas in einer Ouvertüre vorweg exponiert werden (Abb. C). Die ineinanderübergehenden Teile der Fuge sind bestimmt vom Charakter je eines dieser Themen. In ihrer Gegensätzlichkeit wirken sie wie die Satzfolge der späten Streichquartette selbst (Sonateneinfluß). Vor dem letzten Allegro erscheinen wie vor dem Finale in der 9. Symphonie Reminiszenzen an Vorangegangenes, hier die Themen 3 und 4. Die ganze Fuge ist wie besessen von einer Idee fixe (dem Urthema, Punktierungen).

Aus op. 130 ragt ferner die *Cavatine* heraus, für BEETHOVEN *»die Krone aller Quartettsatze«* (Nb. C).

In den späten Quartetten steht einer erweiterten Freiheit in Anlage und Ausdruck (4–7 Sätze, Tempowechsel im Satz u. a.) die strenge 4st. Struktur gegenüber. Motivverwandtschaften stiften Zusammenhänge. Außermusikalisches wirkt in einen Satz wie das Adagio des a-moll-Quartettes hinein: *Heiliger Dankgesang eines Genesenden an die Gottheit, in der lydischen Tonart* (F-dur ohne b).

Profaner, aber mit Hintersinn, die Entstehung des Hauptthemas im F-dur-Quartett: »Muß es sein? – Es muß sein!« mit entsprechender Tongebung (S. 432, Abb. D). BEETHOVENS späte Streichquartette verbinden polyphone Tradition, Dramatik des Sonatensatzes und Poetik eines neuen Zeitalters in der konzentrierten Form der Kammermusik. Das führt sie in eine Höhe und Abseitigkeit, die erst das Ende des 19. Jh. einholte.

Streichquintett

bietet größere Klangfülle. Der Cellist BOCCHERINI schrieb 125 Quintette, davon 113 mit 2.Vc., jedoch das 1. in hoher (Va.-)Lage, 12 mit 2. Va. Auch MOZART nimmt eine 2.Va. hinzu. Von seinen späten Quintetten in C und g (KV 515, 516; 1787), in D und Es (KV 593, 614; 1790/91) ist das g-moll-Quintett bes. ausdrucksstark. BEETHOVEN schrieb 1 Streichquintett: C-dur op. 29 (1801, 2.Va.).

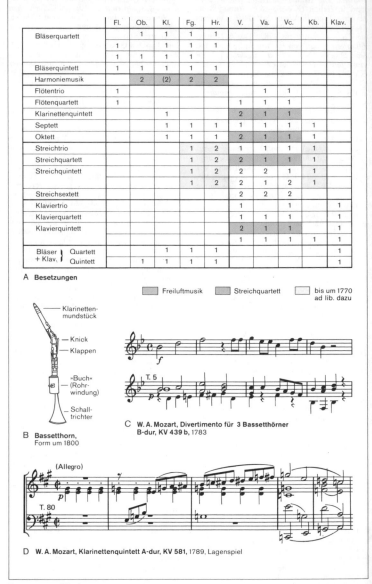

	Fl.	Ob.	Kl.	Fg.	Hr.	V.	Va.	Vc.	Kb.	Klav.
Bläserquartett		1	1	1	1					
	1		1	1	1					
	1	1	1	1						
Bläserquintett	1	1	1	1	1					
Harmoniemusik		2	(2)	2	2					
Flötentrio	1						1	1		
Flötenquartett	1					1	1	1		
Klarinettenquintett			1			2	1	1		
Septett			1	1	1	1	1	1	1	
Oktett			1	1	1	2	1	1	1	
Streichtrio				1	2	1	1	1	1	
Streichquartett				1	2	2	1	1	1	
Streichquintett				1	2	2	2	1	1	
				1	2	2	1	2	1	
Streichsextett						2	2	2		
Klaviertrio						1		1		1
Klavierquartett						1	1	1		1
Klavierquintett						2	1	1		1
						1	1	1	1	1
Bläser } Quartett			1	1	1					1
+ Klav. } Quintett		1	1	1	1					1

A Besetzungen

[ ] Freiluftmusik　　[ ] Streichquartett　　[ ] bis um 1770 ad lib. dazu

Klarinetten-mundstück

Knick

Klappen

»Buch« (Rohr-windung)

Schall-trichter

B Bassetthorn, Form um 1800

C W. A. Mozart, Divertimento für 3 Bassetthörner B-dur, KV 439 b, 1783

T. 5

(Allegro)

T. 80

D W. A. Mozart, Klarinettenquintett A-dur, KV 581, 1789, Lagenspiel

Besetzungen, Klarinette

Kammermusik war noch bis um 1770 von Laien ausführbar, wobei oft nur die 1. Stimme (V., Fl.) Anforderungen stellte; später wird sie schwieriger und für Berufsmusiker konzipiert. Titel wie *Grand Trio, Trio concertant* usw. weisen auf schwierige Partien für jeden Spieler. Führend war hier Paris um 1780 (CAMBINI) mit Steigerung zum *style brillant* ab etwa 1800. Die Kammermusik tendierte trotz ihres Namens zur öffentl. Aufführung im Konzert.

Strukturwandel des Satzes

Die Zeit um 1750 kennt 2 Triosatzarten:
– den Satz der älteren ital. Triosonate mit 2 gleichwertigen Oberstimmen und Gb.;
– einen neuen 3st. Satz, in dem die Oberstimme führt (V.1) und die andern begleiten (V.2, Baß). Als der Gb. wegfällt, gibt es diesen neuen Satz auch 4st. als *Quadro* mit auskomponierter Mittelstimme (Va.).

Noch wie in der Triosonate denkt der Komponist in Stimmen, nicht in Besetzungen. Die Titel heißen entsprechend *Divertimento a tre parti* (für 3 Stimmen), oder einfach *a tre*, bzw. *Divertimenti a quattro* (HAYDNS frühe Streichquartette). Für das Quartett erklärt sich hieraus der große Unterschied zwischen V.1 und begleitender V.2 (mit Va. und Vc.).

Ad-libitum-Besetzungen

Über die Besetzung ist damit noch wenig gesagt. STAMITZ' Trios op.1 konnten *solistisch* als Kammermusik oder *chorisch* besetzt als Orchestermusik aufgeführt werden (s. frühe Sinfonie, S. 415). Gelegentlich tauschte man die Violine gegen die Flöte aus (Flötentrio, -quartett). Ähnlich wie im Barock zum Gb. traten noch bis um 1770 zum Trio-, Quartett- oder -Quintettsatz nach alter Sitte beliebig andere Instrumente hinzu: Fg. und Kb. zum Vc. (die Komponisten rechneten z. T. mit der Oktavverdopplung), Hörner zur Mittellage (harmoniefüllende Stütztöne), seltener Fl. oder Ob. zur Oberstimme (Abb. A.). Das Streichsextett ging aus gezielter Vermehrung des Streicherklanges hervor und kennt diese *Ad-lib.*-Besetzung nicht mehr.

Will der Komponist Veränderungen oder Wegfall einer Stimme ausschließen, so vermerkt er zur Stimme: *obligato* oder *concertante*. Die Entwicklung führt zu gesteigertem Anspruch der Stimmen und zur großen konzertanten Kammermusik (s.o.).

Noch lange spielt Cembalo oder Klavier *ad lib.* den Gb. mit, eine *Unsitte* (PETRI, 1782).

Harmoniemusik

gehört eigentlich zur Freiluftmusik. Sie ist in der 2. Hälfte des 18. Jh. in Süddeutschland und Österreich sehr beliebt als viel(5)-sätziges Bläserdivertiment (*Partita, Partia, Feldpartie*). Üblich waren 2 Ob., 2 Hr., 2 Fg., dazu 2 Klar., so z.B. BEETHOVENS Bläseroktett von 1792 (erst 1830 als op.103 gedr.),

das er als Tafelmusik *(Parthia)* für den Kurfürsten geschrieben hatte und in Wien zum Streichquintett op.4 verdichtete. Harmoniemusik erklingt auch als Tafelmusik im *Don Giovanni (Figaro*-Zitat), als Gartenmusik in *Così*. Es gibt viele Arrangements, sogar Opern wurden *»auf Harmonie gesetzt«* (MOZARTS *Entführung*, Brief 20. 7. 82).

Die Harmoniemusik gehörte fest zum Hofe, wobei es vorkam, daß ein Hofgärtner das 2. Fg. blies. Sie wurde aus der Kavalleriekasse bezahlt und ging nach 1800 lückenlos in die Militärmusik über: man besetzte alle Stimmen doppelt und dreifach und nahm Schlagzeug dazu (Militärkapelle, ital. *banda*).

Standardbesetzungen

lösen ab etwa 1780 die *Ad-lib.*-Besetzungen ab. Es gibt **Duos** für 2 Fl. (beliebt auch Arrangements dafür, z.B. *Don Giovanni*). **Flötentrios, Flötenquartette** (C. PH. E. BACH, MOZART) sind mit Streichern gemischt (Fl. statt V.1; seltener Ob.). Beim **Klarinettenquintett** tritt die Klarinette zum vollständigen Streichquartett hinzu (Abb. A).

MOZARTS spätes A-dur-Quintett nutzt alle Register und Klangfarben der Klarinette von dunkler Tiefe bis zu strahlender Höhe für ein ausdrucksstarkes und abwechslungsreiches Spiel (Nb.D).

MOZART hatte eine Vorliebe für das Experimentieren mit Klarinetten und Bassetthörnern (alte Form, Abb. B). So entstanden die 5 Divertimenti KV 439b (Nb.C). Erstmals verwendet er Bassetthörner in der *Gran Partita* B-dur KV 361 (1783–84; S. 146, Abb. C). Für Klarinette schrieb er auch das *Kegelstatt-Trio* (S. 407).

In BEETHOVENS **Septett** treten Hr., Kl. und Fg. zum Streichtrio mit Kb., in SCHUBERTS **Oktett** zum Streichquartett mit Kb. (Abb. A). Das **Bläserquartett** geht aus der Harmoniemusik hervor: solistisch besetzt mit anspruchsvoller Literatur. Ein solches Bläserquartett verbindet MOZART in dem von ihm selbst hochgeschätzten *Quintett* Es-dur, KV 452 (1784), mit Klavier, was Vorbild für BEETHOVENS op.16 wurde (S. 407).

Das Bläserquartett gibt es auch mit Fl. statt Ob. oder als reines Holzbläserensemble ohne Hr. (Abb. A).

Das **Bläserquintett** (mit Horn) kam bes. in Paris ab etwa 1810 auf, vor allem durch ANTON REICHA (1770–1836), Prag, Bonn, ab 1808 Paris, schrieb 28 Bläserquintette, 24 Horntrios (3 Hr.) u. a.

Neben den bekannten Werken der großen Meister gibt es eine Flut von Kammermusik (auch für Gitarre, Harfe u. a.) von kleineren, damals aber oft berühmten Komponisten wie VANHAL, HOFFMANN, WRANITZKY, KROMMER, DEFORGES, J. SCHMITT, BERBIGUIER, GABRIELSKI, KUHLAU, KUMMER, KRUMPHOLTZ, ROSETTI, KUFFNER, NIC. SCHMITT, DANZI, GEBAUER, ONSLOW u. a.

A G. B. Sammartini, Sinfonia G-dur, um 1740, 2. Satz

Dominante
Tonika

A A' B B C	D D E	F F G G H I K K L	A'	A" B' B' B"	M E	H I D D F	G G A"	K K L
9 17 ◄32	41	50 66	74	◄92	98	◄127	◄135	

Exposition

Reprise

↓ Kopfsatz mit veränderter Reprise

◄ Crescendo-Walze

T. 1 (A)

T. 74 (A")

Einschub

Themenkopf   Fortführung

variable Themenstruktur

T. 26, Crescendo-Walze

2 Ob.

Streicher

2 Hr.

cresc.   mf   f   ff

B J. Stamitz, Sinfonia Es-dur, um 1750, 1. Satz, Anlage und Strukturbeispiele

C. Ph. E. Bach, Sinfonia Nr. 2   J. Haydn, Sinfonie Nr. 1   L. v. Beethoven, 1. Symphonie

C Instrumentation

Oberitalien, Mannheimer Schule, Klangfarben

Die ital. **Sinfonia** als reines Orchesterstück erklang im Spätbarock in der Kirche (z. B. vor Kantaten), im Theater (vor Oper, Ballett), in der Kammer und in den sog. *Akademien*, den Konzerten. Aus ihr erwuchs im 18. Jh. die Symphonie der Klassik.

Gespielt wurde die Sinfonia auch von den vielen neuen kleinen bürgerl. Orchestern, die aus Liebhabern und einigen Berufsmusikern bestanden. Besetzung: Streichquartett (mit Kb.) und Bläserverstärkung (2 Hr., 2 Ob., 2 Fl.). Die Stücke waren leicht, dafür zahlreich.

1720–1810 entstanden allein in **Italien** etwa 20000 Sinfonien, geschrieben von den Opernkomponisten.

Wie in der Oper *(Opera buffa)* gab es ab etwa 1740 auch in der Sinfonia den *neuen Ton:* melodisch, gestisch, schwungvoll, pulsierend. Die Sinfonia hat 3 Sätze: schnell-langsam-schnell (S. 152, Abb. A).

Beliebt sind die Sinfonien von Giovanni Battista Sammartini (1700–75, Mailand), gedr. Paris 1742. Über der Streichergrundlage spielen 2 Fl. und 2 Ob. ein kleingliedriges, nicht sehr ausgeprägtes Thema von gewisser Gefälligkeit und Süße (Auftakt, Punktierungen, Synkopen, Terzklänge), dazu kommen Imitieren und Wechselspiel von Bläsern und Streichern (T.4f.). Hörner verstärken die Mittellage. Die Musik ist kantabel, kontrastreich und dynamisch.

Im ital. Stil schreibt J. Chr. Bach über 60 Sinfonien mit Motivkontrasten im Hauptsatz, sanglich, voll ital. Melodik (vgl. S. 399).

Berliner Schule, Norddeutschland

Die Hofkapelle Friedrichs II. (1740–86) pflegt noch lange die barocke Tradition der 3sätzigen Sinfonia, also ohne Menuett, das als Tanz in die Suite, nicht in die Sinfonia gehöre. Die Satzstruktur ist kontrapunktischer, den Charakter ernster als im Süden. Komponisten: die Brüder J. G. Graun (1702–71), C. H. Graun (1703/04–59), Franz Benda (1709–86), die Bach-Söhne.

Mannheimer Schule, Süddeutschland

Die Hofkapelle des Kurfürsten von der Pfalz Karl Theodor (1742–99, ab 1778 mit Hofstaat nach München) erspielte sich europ. Ruhm als modernes Orchester der Vorklassik. Zur älteren Generation gehören: Johann Stamitz (1717–57) aus Böhmen, Geiger, ab 1741 in Mannheim, ab 1745 Konzertmeister der Hofkapelle; wegweisend die *Orchestertrios* op.1 für 2 V. und Baß, kammermusikalisch *solistisch* oder orchestral *mehrfach* besetzt (Druck Paris 1755) und die 4st. Sinfonien (mit Bläsern).

Franz Xaver Richter (1709–89) aus Mähren, ab 1747 Mannh., später Dom-Kpm. in Straßburg; – Ignaz Holzbauer (1711–83) Wien, 1753 Mannh.; – C. G. Toeschi (1731–88) Italien, 1752 Mannh.; – Anton Filtz (1733–60) Böhmen, 1754 Mannh.

Fast alle Mannheimer Neuerungen haben ital. Vorbilder, werden aber charakteristisch ausgebildet. Die Mannheimer begeisterten durch Natürlichkeit, Schwung, Musizieren aus dem Augenblick, was eine hinreißende Stimmung erzeugte. Merkmale:

– die Melodie beherrscht alles (keine Gb.-Konzeption mehr);
– gradzahlige Taktgliederung (2,4,8), tanznahe, klare, volkstüml. Periodik;
– variable kleingliedrige Themenstruktur, die Einschübe und Verkürzungen duldet als *Motivvarianten*, ohne den Gesamtcharakter zu verändern (s. verkürzte Gestalt A" in der Reprise, Nb.B);
– Kopfsatz vielgliedrig mit Ideen- und Motivfülle (A-L, Abb. B), dazu variierte Reprisen: alles gibt sich lebendig;
– Kontraste statt barockem Einheitsaffekt (Gefühlsaufbruch; 2 gegensätzl. Themen im Kopfsatz, Dominantebene für »2. Thema«; Abb. B); Durchführung;
– *Mannheimer Manieren:* Effekte wie *crescendo* bei gleicher Harmonik und Figuration statt barocker Terrassendynamik (*Crescendo-Walze, Rakete*, Nb.B), gebrochene Akkorde, Tremoli, Seufzermotive, plötzl. Generalpausen, Mordent mit Obersekunde (*Vögelchen*);
– f/p-Wechsel auch auf engstem Raum (augenblicksbezogen, dramatisch);
– große Orchesterdisziplin;
– selbständiger Bläsersatz, bes. Holz; Kultivierung der Klarinette; Hörner mit Haltetönen (als *Orchesterpedale*);
– Menuett als 3. Stelle in der Sinfonia; es steht für Klargliedrigkeit und Schönheit, fördert zugleich als Tanz den natürl. Ausdruck des Menschen in der Bewegung.

Es folgen 1760–78 die Stamitz-Söhne Carl (1745–1801) und Anton (1750–76), Franz Beck (1730–1809), Christian Cannabich (1731–98), ab 1758 Stamitz-Nachfolger in Mannheim. Die Mode wird bald zur Manier. »Mannheim – eine herrliche Schule in der Ausführung, aber nicht in der Erfindung. Monotonie herrscht hier im Geschmack« (Schubart, 1775).

Paris hat öffentl. Konzertreihen für Orchestermusik. Mannheimer Einflüsse spiegelt F.-J. Gossec (1734–1829).

Instrumentation

C. Ph. E. Bach steht für den alten Barocksatz: Kopplung der Instr. zu Paaren, noch in *enger* Lage, Holz über den Streichern, registerartig.

Haydn bevorzugt bereits die *weite* Lage aller Instr., schiebt dabei die Bläser zwischen die Streicher; das ergibt lichtere Farben, Mischklang statt Register.

Beethoven bringt ausgereifte Bläserdisposition mit Parallelkopplungen, den Streichern gleichgeschaltet, gerne über ihnen: glänzende Farben, starke Wirkungen.

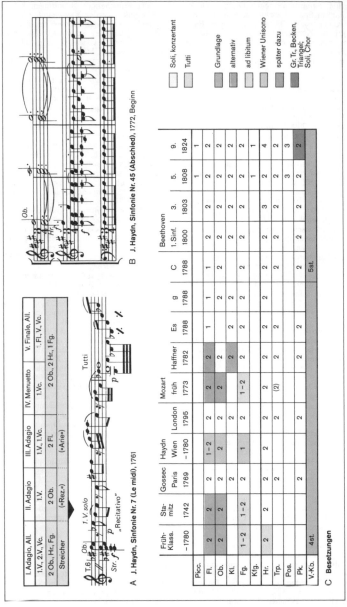

I. Adagio, All.	II. Adagio	III. Adagio	IV. Menuetto	V. Finale, All.
1.V., 2.V., Vc.	1.V.	1.V., 1.Vc.	1.Vc.	1.Fl., V., Vc.
2 Ob., Hr., Fg.	2 Ob.	2 Fl.		2 Ob., 2 Hr., 1 Fg.
Streicher	(«Rez.»)	(«Arie»)		

A J. Haydn, Sinfonie Nr. 7 (Le midi), 1761

B J. Haydn, Sinfonie Nr. 45 (Abschied), 1772, Beginn

C Besetzungen

	Früh-Klass. -1780	Sta-mitz 1742	Gossec Paris 1769	Haydn Wien -1780	London 1795	Mozart früh 1773	Haffner 1782	Es 1788	g 1788	C 1788	Beethoven 1.Sinf. 1800	3. 1803	5. 1808	9. 1824
Picc.													1	1
Fl.	2	2	2	1 – 2	2	2	2	1	1	1	2	2	2	2
Ob.	2	2	2	2	2	2	2	2	2	2	2	2	2	2
Kl.					2		2	2	2		2		2	2
Fg.	1 – 2	1 – 2	2	1	2	1 – 2	2	2	2	2	2	2	2	2
Kfg.													1	1
Hr.	2	2	2	2	2	2	2	2	2	2	2	3	2	4
Trp.		2	2	2	2	(2)	2	2		2	2	2	2	2
Pos.													3	3
Pk.		2	2	2	2		2	2		2	2	2	2	2
V.-Kb.	4st.									5st.				

Legende:
- ☐ Soli, konzertant
- ☐ Tutti
- ▨ Grundlage
- ▨ alternativ
- ▨ ad libitum
- ▨ Wiener Unisono
- ▨ später dazu
- ▨ Gr. Tr., Becken, Triangle; Soli, Chor

Konzertanter und Empfindsamer Stil

Besetzungen (Abb. C)
Ein Orchester der Zeit umfaßte etwa 30 Musiker, konnte aber auch wesentlich kleiner sein. Man rechnete mit dem 4st. Streicherapparat (mit Kb.), dazu 2 Ob. oder 2 Fl. (von den selben Musikern geblasen), üppigenfalls beides, dazu ohne Extraangabe stets 2 Hr. und 1–2 Fg. zur Klangverstärkung (HAYDN bis um 1770: »*Fagotte sempre col basso*«).
Die Mannheimer Hofkapelle umfaßte:
Streicher: 22 V., 4 Va., 4 Vc., 1 Kb.;
Holz: 2 Fl., 2 Ob., 2 Kl., 2 Fg.;
Blech: 2 Hr., 2 Trp., 2 Pk.
Ebenso vollständig waren die Orch. in Paris besetzt (GOSSEC), auch in London. HAYDN arbeitet anfangs in Eszterháza und Wien noch mit kleinerer Besetzung (vgl. Opernorch. S. 428, Abb. D): stets 2 Hr., 2 Ob.; Fl. bis um 1780 noch unregelmäßig, Kl. erst in den *Londoner Symphonien*. Oft begegnet Oktavkopplung Fg./Fl./Ob. (*Wiener Unisono*).
Bei MOZART wechselt die Besetzung je nach Anlaß und Ort. Zuweilen ergänzt er später, so Fl. und Kl. in den Ecksätzen der *Haffner-Symphonie* (für Salzburg 1782) zur Aufführung Wien 1783. Noch in den 3 letzten Symphonien wechselt die Bläserbesetzung, wobei sich in der *Jupiter-Symphonie* (C-dur) die Vc. vom Vc. emanzipiert.
BEETHOVEN erweitert den Klangkörper (Abb. C). Aus dem kleinen Divertimento- und Sinfonia-Orchester der Vorklassik ist ein großes Symphonie-Orchester geworden.

Wiener Schule
Wie die Mannheimer nehmen auch die Wiener das Menuett aus der Suite und dem Divertimento in die Sinfonia auf (um 1740). Das zeigt, wie nahe im ganzen Süden die 3sätzige ital. Sinfonia ihrem Charakter nach dem Divertimento steht.
»*Grundlichkeit ohne Pedanterey, Annmuth im Ganzen, noch mehr in einzelnen Teilen, immer lachendes Colorit, großes Verständnis der blasenden Instrumente, vielleicht etwas zu viel komisches Salz sind der Charakter der Wiener Schule*« (SCHUBART, 1775), Komponisten der frühen Generation sind J. G. REUTTER D. J. (1708–72), G. C. WAGENSEIL (1715–77), M. G. MONN (1717–50), F. ASPELMAYR (1728–86), dann J. HAYDN, später MOZART, BEETHOVEN.

J. Haydn
HAYDNS 1. Sinfonie von 1759 (S. 429) hat noch kein Menuett. Ihr Charakter ist licht, unbeschwert, heiterstes Rokoko.
In den 60er Jahren schrieb HAYDN als neuer Kapellmeister des Fürsten ESZTERHÁZY etwa 40 Sinfonien (S. 428, Abb. A). Sein Orch. verfügte über ein paar gute Solisten, wie TOMASINI (V.) und WEIGL (Vc.). Es entstanden konzertante Sinfonien mit Soli für beide. Die *konzertante Struktur* deutet auf Einfluß barocker Traditionen, ebenso HAYDNS Vorliebe für kp. Satztechnik in dieser Zeit.

Die 3 Sinfonien Nr. 6–8 sind programmatisch betitelt: *Le matin, Le midi, Le soir*. Sie zeigen den Sonnenaufgang, eine vormittägl. Gesangsstunde, ein Gewitter usw. In *Le midi* gibt es instrumentales Rezitativ und Arie (anstelle der II. Satzes, Abb. A). In allen Sätzen wechseln die Soli (bis zur *Concertino-Gruppe*).
Unter Fürst NIKOLAUS ab 1762 wird ein größeres Orchester für das prächtig inszenierte Leben auf Schloß Eszterháza eingesetzt. Die Jagdsinfonie Nr. 31 mit 4 Hörnern und Jagdsignalen der Gegend ist Zeichen dafür ebenso wie die strahlenden C-dur-Sinfonien mit ihren Trompeten und Pauken, die in der Tradition der barocken Intraden stehen (*Intraden-Sinfonien*, z. B. Nr. 48).
Die Sinfonien der 70er Jahre spiegeln Empfindsamkeit und Sturm und Drang. Viele stehen in Moll, wie schon Nr. 39, g-moll (1766), Nr. 44, e-moll (1773 *Trauersinf.*), Nr. 46, c-moll (um 1770).
Dazu gehört auch Nr. 45, fis-moll (1772). Die ferne Tonart, der synkop. Begin, die unruhige Thematik drücken Leidenschaft und Erregung aus (Nb.B). Den Namen *Abschiedssinfonie* erhielt sie wegen des Finales, in dem ein Musiker nach dem andern von der Bühne geht, um damit den Urlaubswunsch des Orchesters zu demonstrieren (S. 429).
Der neue natürl. Ausdruckston verträgt keine barocke Kontrapunktik. In Nr. 42 (1771) ersetzt HAYDN eine kp. komplizierte Stelle durch einfache Melodik und vermerkt »*Dies war vor allzu gelehrte Ohren*«. Statt dessen entwickelt er in diesen Sinfonien das Prinzip der *themat. Arbeit*, das er 1781 auch auf die Streichquartette überträgt (S. 409).
In den 80er Jahren entstehen für die *Concerts de la Loge Olympique* in Paris die 6 sog. *Pariser Symph*. Nr. 82–87 (1787–88). Die Franzosen gaben ihnen Namen wie *La reine* (Nr. 85; MARIE ANTOINETTE), mit Var. über das Lied *La gentille et belle Lisette* (2. Satz).
In den 90er Jahren schreibt HAYDN für die *Salomon-Konzerte* in London die 12 *Londoner Symphonien* Nr. 93–104, je 6 für die 1. Reise 1791–92 (Hob. I: 93–98) und die 2. Reise 1794–95 (Hob. I: 99–104). HAYDN führte sie mit großem Erfolg in London auf.
Darunter befinden sich Nr. 94, G-dur, *mit dem Paukenschlag* (S. 152, S. 368); Nr. 98, B-dur, mit der choralartigen *Adagio cantabile* zur Nachricht von MOZARTS Tod (die Partitur besaß später BEETHOVEN); Nr. 100, G-dur, *Militär-S.* mit Großer Trommel, Becken, Triangel; Nr. 101, D-dur, *Die Uhr;* Nr. 103, Es-dur, *mit dem Paukenwirbel*.
Satzstruktur, Instrumentation, Ausdruck und Gehalt kulminieren hier in einer charakterist., hochklass. Instrumentalmusik. HAYDNS *Londoner Symphonien* bilden zugleich den Ausgangspunkt für BEETHOVENS Symphonik.

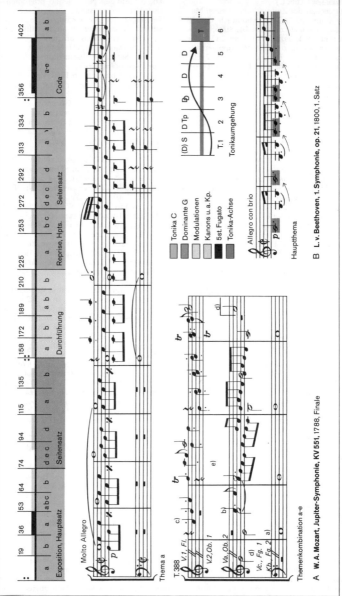

A W. A. Mozart, Jupiter-Symphonie, KV 551, 1788, Finale

B L. v. Beethoven, 1. Symphonie, op. 21, 1800, 1. Satz

Barocktradition und klassische Gestalt

Mozarts frühe Sinfonien entsprechen der ital. Gattung. Die erste KV 16 (1764–65) steht unter dem Einfluß der Sinfonien J. C. BACHS in London, ist 3sätzig und hat verkürzte Reprisen. Es folgen Wiener Einflüsse (WAGENSEIL, MONN), und Aufnahme des Menuetts. Wie nah sich noch *Konzert-* und *Opern-Sinfonia* sind, beweist die *Sinfonia* KV 45, die Mozart 1768 als Ouvertüre zur Opera buffa *La finta semplice* verwendet.

In Italien und Salzburg geht die konventionelle *Sinfonia*-Produktion weiter: 5 Sinf. 1770, je 8 Sinf. 1771/72, 7 Sinf. 1773. Die letzte Gruppe zeigt eine neue Stufe kp. Könnens und eine neue Empfindsamkeit (Einfluß C. PH. E. BACHS und J. HAYDNS), bes. mit der kleinen g-moll-Sinf. KV 183. Auf dieser Höhe schließen die Sinfonien in A-dur KV 201 und D-dur KV 202 an (1774).

Es folgt eine Pause von 4 Jahren, in denen statt Sinfonien Divertimenti, Serenaden und Konzerte entstehen, fast alle für Salzburger Aufgaben: Musik zu festl. Anlässen in bürgerl. und fürstbischöfl. Kreisen, zu Hochzeiten, Semesterschlußfeiern (*Finalmusiken*) u. a. (S. 146).

In Paris 1778 schreibt MOZART die 3sätzige sog. *Pariser Symphonie* (ohne Menuett) D-dur, KV 297, für die *Concerts spirituels*. Mannheimer Einflüsse, wie Klarinetten, Tonleiterraketen, starke dynam. Kontraste, stehen neben Pariser Manieren, wie dem *premier coup d'archet*, einem Streichertutti zu Beginn des Finale; MOZART bringt ihn ironischerweise erst nach einem *pp*-Anfang, bei dem alles zischte, bis beim *ff* alles klatschte. – Es folgen in Salzburg noch (3–4?) Symphonien, ehe MOZART nach Wien geht. Die *Haffner-Symphonie* KV 385 (Wien 1782) entstammt der *Haffner-Serenade* Nr. 2 (für Salzburg; S. 146, Abb. A).

Die *Linzer Symphonie* C-dur, KV 425 (1783), schrieb MOZART im Thunschen Palais in Linz für eine Musikakademie (in 4 Tagen). Vorbild ist deutlich HAYDN: langsame Einleitung, *Poco Adagio* in 6/8 als 2. Satz, aber MOZARTische Chromatik herrscht überall. – Die *Prager Symphonie* D-dur, KV 504 (1786), ohne Menuett, stammt aus der Zeit zwischen *Figaro* und *Don Giovanni* (UA: 19. 1. 1787 in Prag). Die langsame Einleitung des Kopfsatzes zeigt noch immer die Mannheimer *p*/*f*-Wechsel.

Die 3 letzten Symphonien, Nr. 39–41, schrieb MOZART im Sommer 1788 (in 6 Wochen, neben vielem anderen):

– Es-dur, KV 543 (beendet 26. Juni);
– g-moll, KV 550 (beendet 25. Juli);
– C-dur, KV 551 (beendet 10. August).

Es sind ausgesprochen unterschiedl., individuelle Werke. Sie bilden keinen Zyklus, gehören aber auf tieferer Ebene zusammen. MOZART komponierte sie ohne Auftrag, wohl für eigene Konzerte. Man weiß nicht, ob er ihre UA erlebte. Nur die Es-dur-Symphonie

hat eine langsame Einleitung. In der g-moll-Symphonie fehlten anfangs die Klarinetten; Mozart fügte sie später hinzu. Der Verzicht auf Pkn. und Trp. verstärkt die dunklen, schmerzvollen Farben.

Die *Jupiter-Symphonie* erhielt ihren Namen später wegen ihres glanzvollen Charakters in der Intradentonart C-dur (s. S. 417) und ihrer hellen Bläser (Clarini, hohe Trp.).

Die Beschäftigung mit barocker Polyphonie führt im Finale der *Jupiter-Symphonie* zu einer Synthese von altem Kp. und neuem Stil. MOZART kombiniert höchst geistreich vielst. Satzkunst mit ungebrochenem vitalen Elan. Dem entspricht die Gesamtanlage des Finales in klass. *Sonatensatzform* mit Exposition (Seitensatz auf Dominantebene), Durchführung (modulatorische Unruhe), Reprise (Seitensatz in der Tonika) und Coda; dazu überall dichteste Kontrapunktik mit Kanons, Imitationen, Engführungen, Umkehrungen usw. (Abb. A).

Barock und Klassik verschmelzen schon im Hauptthema (a). Es beginnt wie ein altes Fugenthema, choralartig einfach, mit charakterist. Kopf. Barock wäre eine kp. Fortspinnung im 2. Teil, wie MOZART sie im strengen Fugato T. 35ff. auch bringt. Als klass. Thema aber erhält es hier zu Beginn eine typ. Achtelbegleitung und einen kontrastierenden Nachsatz: Viertelpause (T. 5), rhythm. Überraschung und freie Geste (T. 6), liedhafter Schluß (T. 7f.), alles über dem fortgeführten Achtelpuls in der Mittellage und dem imitierenden (T. 5) und kadenzierenden Baß (Nb. A).

MOZART verwendet insgesamt 5 Themen (a–e). In der Exposition erscheint gleich ein 5st. Fugato alten Stils aller Streicher (Kb.extra), mit dem Hauptthema (a) und barockem Kp. (u. o.) In der Coda dagegen erscheint der satztechn. Höhepunkt in einem 5st. Fugato, in dem alle Themen a–e miteinander kombiniert werden (nach dem Prinzip der Doppelfuge, hier also einer Quintupelfuge, die es im Barock aber nie gab, Nb. T. 388). Diese Stelle wirkt in ihrer Gestik und Stimmführung wie ein quirliges Ensemble der versch. Charaktere und Personen einer Opera buffa: eine klass. Dramatisierung der Instrumentalmusik.

Beethoven. Die 1. Symphonie C-dur steht zu Beginn des neuen Jh., das die funktionale Tonalität an die Grenze der Auflösung bringen wird. Gleichsam Symbolcharakter erhält ihre langsame Einleitung, die über viele Takte die Tonika durch Ausweichen in andere Klänge vermeidet und umgeht (Abb. B). Das Hauptthema befestigt sie dann um so stärker. Es zeigt eine für BEETHOVEN typ. Geste: beharrlich, verdichtend und sich steigernd wird derselbe Ton angegangen (hier c): ein Willensakt in musikal. Gestalt.

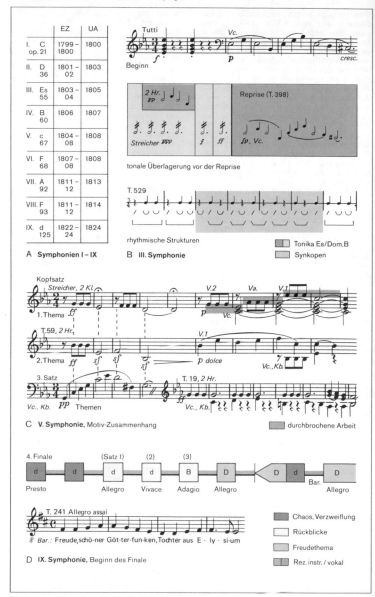

	EZ	UA
I. C op. 21	1799–1800	1800
II. D 36	1801–02	1803
III. Es 55	1803–04	1805
IV. B 60	1806	1807
V. c 67	1804–08	1808
VI. F 68	1807–08	1808
VII. A 92	1811–12	1813
VIII. F 93	1811–12	1814
IX. d 125	1822–24	1824

A Symphonien I – IX

Tutti — Vc. — Beginn — cresc.

Reprise (T. 398) — 2 Hr. — Streicher — tonale Überlagerung vor der Reprise

T. 529 — rhythmische Strukturen

B III. Symphonie

▮ Tonika Es/Dom.B
▯ Synkopen

Kopfsatz — Streicher, 2 Kl. — V.2 — Va. — V.1 — 1. Thema — Vc.
T. 59, 2 Hr. — V.1 — 2. Thema — p dolce — Vc., Kb.
3. Satz — Vc., Kb. — Themen — T. 19, 2 Hr. — Vc., Kb.

C V. Symphonie, Motiv-Zusammenhang

▮ durchbrochene Arbeit

4. Finale — (Satz 1) — (2) — (3)
d Presto — d — d Allegro — d Vivace — B Adagio — D Allegro — D — d Bar. — D Allegro

T. 241 Allegro assai
8 Bar.: Freu-de, schö-ner Göt-ter-fun-ken, Tochter aus E - ly - si - um

D IX. Symphonie, Beginn des Finale

▮ Chaos, Verzweiflung
▯ Rückblicke
▯ Freudethema
▮ Rez. instr. / vokal

Beethoven: Klangfantasie, Motivarbeit, Formerweiterung

BEETHOVEN führt die symphon. Tradition HAYDNS (weniger MOZARTS) fort. Gehalt und Gestalt erweitern sich, die Sätze wachsen zum Zyklus, das lebhaft-hintergründige Scherzo verdrängt das Menuett und das Finale erhält zunehmend Gewicht.

I. und II. Symphonie. Beide zeigen deutlich HAYDNS Einfluß (S. 419).

III. Symphonie (*Eroica*), angeregt vom frz. Gesandten in Wien, General BERNADOTTE; den Titel *Sinfonia grande intitolata Bonaparte* (1804) hat BEETHOVEN nach NAPOLEONS Kaiserkrönung im Mai 1804 enttäuscht zurückgezogen und verallgemeinert zu *Sinfonia eroica, composta per festeggiare il sovvenire d'un grand'uomo*. Umfang, Struktur und Gehalt der *Eroica* sind neuartig. Dazu 3 Beispiele:
– Zu Beginn schlingen 2 kurze Tutti-Akkorde: eine unkonventionelle, energ. Geste. Dann folgt eine einfache Dreiklangsmelodie, die gleiche wie in MOZARTS Ouvertüre zu *Bastien und Bastienne*. Sie erscheint jedoch gewichtig in den Celli, mit erregten Tremoli und Synkopen (MOZART: helle Violinen, einfach begleitet) und schwingt nicht ungestört weiter, sondern verharrt spannungsvoll auf dem cis (Nb. B). Überall herrscht Aussagewille und Bedeutung.
– Vor der Reprise bläst das 2. Horn leise wie aus der Ferne das Hauptthema in Es-dur über dem Streichertremolo in B-dur (bitonal). Das klingt falsch und ist außermusikalisch begründet (Ferne usw.). Dann schwillt das Tremolo an (2 Takte entsprechend den beiden Anfangsakkorden) und die Reprise setzt ein (Nb. B).
– Vor der Coda zerbricht BEETHOVEN mit ungewöhnlich hartnäckigen Synkopen (Varianten der Anfangsakkorde) die gestische Norm: ein aufrüttelnder Akt des Willens.
Der 2. Satz ist der oft gespielte *Trauermarsch*, der 3. ein Scherzo, das Finale bringt Variationen über das Prometheus-Thema (S. 432).

IV. Symphonie. Große, absolute Musik voll Phantasie und Schönheit.

V. Symphonie (*Schicksalssymphonie*). Das Anfangsmotiv (»*So klopft das Schicksal an die Pforte*«, BEETHOVEN zu SCHINDLER) ist mehr Geste als Melodie, sein Rhythmus typisch für BEETHOVEN. Die Streicher türmen das Schicksalsmotiv imitierend zum 1. Thema auf (*durchbrochene Arbeit:* V. 2, Va., V. 1; Nb. C).
Das 2. Thema geht aus dem 1. hervor: dem *ff*-Signal der Hörner antwortet *p dolce* die Streichermelodie mit dem Schicksalsmotiv, variiert im Baß (Nb. C). Überall zeigt sich Zusammenhang. Der 3. Satz in Scherzo-Charakter variiert den Rhythmus des Schicksalsmotivs (³⁄₄-Takt, Akzentverschiebung), deutlicher noch ab T. 19 (Nb. C; vgl. dagegen S. 106, Abb. C). Eine Stretta leitet über vom Moll zum strahlenden Finale in Dur. Die moral. Idee ist eindeutig: durch Nacht zum

Licht, durch Kampf zum Sieg (s. ferner E. T. A. HOFFMANNS Kritik, S. 437).

VI. Symphonie (*Pastorale*), parallel zur V. entstanden in für BEETHOVEN typ. Doppelarbeit: dort die held. Geste, die absolute Musik, hier das Naturerlebnis, idyllisch, mit Programm (S. 152 f., entspricht J. H. KNECHTS Symphonie *Tongemälde der Natur*, 1784). Pastoraltonart F- dur. BEETHOVEN skeptisch: »*jede Malerey, nachdem sie in der Instrumentalmusik zu weit getrieben, verliehrt*« (Skizzen). Daher wenig Tonmalerei (Vogelgezwitscher, Gewitter, S. 142).

VII. Symphonie. Prometheisch-dionys. Lebensbejahung, bes. durch rhythm. Elemente (*Apotheose des Tanzes*, WAGNER).

VIII. Symphonie. Neben der VII. entstanden. 10jährige Symphoniepause.

IX. Symphonie. Nach Entwürfen zum 1. Satz und zum Scherzo 1817/18 Unterbrechung wegen der Missa solemnis, dann die eigentl. Komposition ab Sommer 1822. Die Symphonie beginnt mit den primären Intervallen (Quinten, Quarten, Oktaven), als ob sich aus Urstoff die Gestalt eines Themas erst bilden müßte (wie später bei BRUCKNER). Die Tonart d-moll birgt Tiefe, Ernst und Dramatik. Scherzo und langsamer Satz führen Stimmung und Gehalt des Kopfsatzes fort (Satzfolge S. 152, Abb. B).
Soli und Chor im Finale erweitern die Gattung der Symphonie oratorienhaft. BEETHOVEN wollte schon in Bonn SCHILLERS Ode *An die Freude* vertonen, plante dann 1812 eine Ouvertüre mit Freudenchor (wurde zu op. 115 ohne Chor, 1815). Die schlichte Freudenmelodie (Nb. D) hat gewisse Ähnlichkeit mit dem Vokalthema der Chorfantasie op. 80 (1808), das seinerseits zurückgeht auf das Lied *Gegenliebe* aus *Seufzer eines Ungeliebten* (1795, BÜRGER).
Die Einleitung zum Finale beginnt mit einem dramat. Orchestersatz (Presto, d-moll), eingeschobenen Instrumentalrezitativen (Celli) und Zitat der ersten 3 Sätze (Zusammenhang, Zyklus; Abb. D). Als 4. Satz erklingt dann das Freudenthema (in Dur) mit Rezitativ und Neubeginn. Es wird aber gestört: chaotisch und verzweifelt stürzt der Presto-Beginn (d-moll) herein. Da endlich greift der Bariton ein (»O Freunde, nicht diese Töne!«), singt das Freudenthema und eröffnet das Chorfinale. BEETHOVEN vertont eine Auswahl aus SCHILLERS Ode in 5 Variationen mit türk. Musik und einer sich steigernden Coda.
Die UA am 7. 5. 1824 bringt außer der Ouvertüre op. 124 noch *Kyrie*, *Credo* und *Agnus Dei* aus der Missa solemnis, deklariert als »Hymnen«. Idealisierter antiker Geist, religiöse Inbrunst, verbunden mit Glaubens- und Gedankenfreiheit und optimist. Humanität verbinden sich zu einem klass. Höhepunkt. SCHINDLER notiert dem tauben BEETHOVEN über das begeisterte Publikum: »*zerdrückt, zertrümmert über die Größe Ihrer Werke*«.

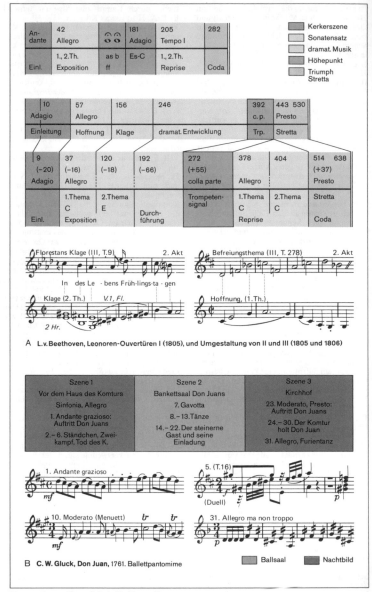

A L. v. Beethoven, Leonoren-Ouvertüren I (1805), und Umgestaltung von II und III (1805 und 1806)

B C. W. Gluck, Don Juan, 1761. Ballettpantomime

Umgestaltung, Form-Inhalt-Problematik

Ouvertüre

Neu ist der inhaltl. Bezug der Ouvertüre zur Oper. Nach RAMEAU (Themenvorbereitung in *Castor et Pollux*, 1737, Schilderung in *Naïs*, 1749) stellte GLUCK in *Alceste* (1767) erstmals eine programmat., den Inhalt der Oper *beschreibende* Ouvertüre vor. Programmat. Ideen verwirklichten auch die Italiener, dann MOZART, erstmals im *Idomeneo* (1781) und in der *Entführung* (S. 136). Formal handelt es sich meist um einen Sonatensatz (*Sinfonia*), z. T. mit programmat. Einschüben. Die *Zauberflöten-Ouv.* folgt der alten frz. Ouv. mit langs. Einleitung und raschem Fugato.

BEETHOVENS 4 Ouvertüren zu *Fidelio* spiegeln die unterschiedl. Ansprüche an die Ouvertüre zur Zeit der Klassik:
– Programmbezug zur Oper,
– rein musikal. Form (Sonatensatz),
– Publikumswirkung und Länge.

Leonoren-Ouvertüre I verbindet Programm und Sonatensatz, mit düsterer Kerkerszene als langsamer Einleitung, dramat. Einbruch und Höhepunkt als Durchführung, und triumphaler Stretta als Coda. Sie wurde bei vorheriger Privataufführung als zu kurz und zu leicht befunden. – *Leonoren-Ouvertüre II* bringt unter Verzicht auf die Sonatensatzform eine spannende dramat.-programmat. Musik mit Trompetensignal als Höhepunkt und raschem Schluß (1805). Eher romantisch frei entsprach sie aber offensichtl. nicht den klass. formalen, strukturellen Ansprüchen BEETHOVENS. Er arbeitete sie um (*Leon. III;* 1806), straffte die Einleitung, nahm die Sonatensatzidee wieder auf und schuf eine ausgewogene, große, symphon. Gestalt, in der das höhepunktartige Trompetensignal an zentraler Stelle erklingt. Sie ist jedoch als Opernouvertüre zu lang (seither gespielt im Konzertsaal und seit MAHLER vor dem *Fidelio*-Schlußbild). BEETHOVEN schrieb daher zur Wiener Aufführung 1814 eine kurze, die 1. Szene einleitende Ouvertüre in E-dur, die seitdem als *Fidelio*-Ouvertüre gilt.

BEETHOVEN schrieb auch **Schauspielmusiken** mit Ouvertüren, so zu *Coriolan*, *Egmont* (S. 501), zu KOTZEBUES *Ruinen von Athen*, *König Stephan* op. 113, 117 (1811), ferner Einzelouvertüren wie op. 115 *zur Namensfeier* des Kaisers (1809/14–15), *Die Weihe des Hauses* op. 114 (= 113, 6) zur Eröffnung des Josefstädter Theaters Wien (1822).

Ballett

Das Barock förderte im Ballett die tänzer. Virtuosität und Kunst. Wie in der Oper führt der neue *natürliche* Geist um 1750 auch im Ballett zu einer Reform, bes. durch die Choreographen J.-G. NOVERRE und G. ANGIOLINI. Man sucht das erstarrte Kunststück-Ballett durch eine Handlung zur *Ballettpantomime* zu dramatisieren (*ballet d'action*): ein Drama ohne Worte für Stoffe großer Leidenschaft. Das Ballett ist primär Sache der Cho-

reographie und des Tanzes. Für NOVERRE blieb Musik sekundär (für ihn schrieb MOZART die Ballettmusik *Les petits riens*, 1778). Eine große Rolle spielt die Musik jedoch bei ANGIOLINI, für den GLUCK arbeitete.

Erste Ballettpantomime ist hier *Le festin de Pierre* (nach MOLIÈRE), dt. als *Don Juan oder Der steinerne Gast* (Wien 1761). Das einaktige Stück umfaßt 3 Szenen mit 6, 16 und 9 musikal. Sätzen. Eine Ouvertüre (*Sinfonia*) eröffnet das Ganze (Abb. B).

Die Sätze charakterisieren stilvoll Personen und Geschehen, so die graziöse Haltung *Don Juans* im 1. Andante (Nr. 1), die gezierte Noblesse im Menuett auf dem Ball (Nr. 10), das dramat. Tremolo des Furientanzes in d-moll (Nr. 31) und als Tonmalerei die blitzenden Degenstöße im Duell mit Pause nach dem Todestreffer, dann tragisch leise Klänge (Nr. 5, Nb. B).

Es folgen GLUCKS *Alessandro* (Wien 1764) und *Semiramis* (Wien 1765). *Don Juan* spielte man in Wien über 40 Jahre lang.

Bis heute hielten sich die klass. Ballette *Die Launen Cupidos* von V. GALEOTTI mit Musik von J. LOLLE (Kopenhagen 1786) und *La Fille mal gardée* von J. DAUBERVAL mit frz. Liedern und Opernweisen (Bordeaux 1789).

BEETHOVEN schrieb ein einziges Ballett: *Die Geschöpfe des Prometheus,* für den Choreographen S. VIGANÒ (1800–01, s. S. 401).

Tänze

An die Stelle der höf. Tänze des Barock treten bürgerl. Tänze. Nur das Menuett blieb erhalten, bes. in Deutschland.

Beliebt wurden die engl. Gesellschaftstänze mit ihren als natürlich geltenden Gehschritten. Der Oberbegriff ist *Country dance*, bestehend aus *Longway* (Schreiten) und *Round* (Reigen). Aus Schottland kam die *Ecossaise* (frz. auch *Anglaise*, schnell, ¾).

In Frankreich hieß der Oberbegriff *Contredanse* mit den Arten:
– *Quadrille:* 4 Paare im Carrée, mit 5–6 Touren à 32 Takte, ¼- oder ⅝-Takt;
– *Cotillon* (frz. Unterrock): 4 Paare, Rundtanz, Entrée und Refrain (Touren), im 19. Jh. mit anderen Tänzen vermischt;
– *Anglaise:* engl. Vorbild, viele Paare, Doppelreihe, ¾-Takt.

In Deutschland kannte man ebenfalls den engl. *Country dance* als *Kontra Tanz* (*Kontertanz*). Sozial niedriger stand der *Deutsche Tanz* (*Deutscher*), ein rascher, derber Drehtanz im ⅜-Takt (s. Tanzszene in MOZARTS *Don Giovanni*, S. 376, Abb. A). Dazu kamen Walzer, Polka, Rheinländer u. a. (S. 155).

Gern arrangierte man Tänze aus Oper und Konzert. So hörte MOZART 1787 in Prag den Figaro in *lauter Contertänze und teutsche verwandelt*.

Serenade, Divertimento usw. sind klass. Gattungen mus. Unterhaltung (S. 147).

Bläserdialog

A **W. A. Mozart, Klavierkonzert d-moll, KV 466,** 1785, II. und III. Satz, Strukturen

Kontrast   Beharren   Ausgleich

B **L. v. Beethoven, Klavierkonzert Nr. 4, G-dur,** 1805/06, II. Satz

C **L. v. Beethoven, Violinkonzert D-dur, op. 61,** 1806, Beginn

Holzbläser   piano   Kadenz   Klang-teppich

Klavier   forte   Metrum

Gestik und Melodik

Aus dem Barock übernimmt die Klassik das *Solokonzert* (bes. Kl., V.). *Gruppenkonzerte* sind selten (S. 427). Im Solokonzert tritt der einzelne zeitgemäß hervor, drückt seine Empfindungen aus, weckt Teilnahme, begeistert durch Begabung, Können, Virtuosität.

Violinkonzert

Führend sind die ital. und frz. Geiger (S. 405). Im südtl.-österr. Raum taucht die Solovioline in der Orchesterserenade auf (S. 146). Der rokokohafte Divertimento-Charakter geht auch ins Violinkonzert ein. Konzerte schrieben u. a. die späteren Mannheimer, DITTERSDORF, HAYDN.

MOZARTS Violinkonzerte entstanden 1775 in Salzburg: B (KV 207), D (KV 211), G (KV 216), D (KV 218), A (KV 219). Das A-dur-Konzert ist bes. gehaltvoll, zeigt im Schlußrondo die typ. Volksliedthematik und das beliebte türk. Kolorit.

Von BEETHOVEN stammen 2 Romanzen für V. u. Orch. in G op. 40 (1801–02) und F op. 50 (1798?) sowie das einzigartige Violinkonzert in D-dur op.61 (1806):

Es beginnt mit 4 Paukenschlägen (Metrum, Atmosphäre). Über den unbewußt weiterschwingenden Vierteln erklingt das Holzbläserthema in weitmensurierten Halben (Stauung und Fluß, Nb. C). Oft ergeben sich neue Farben (Bläser, Pk. mit V.). Aus der Motivfülle ragt das liedhafte eigentl. Hauptthema hervor (S. 432, C).

Klavierkonzert

C.PH. E. BACH schrieb fast 50 Konzerte, alle für Cembalo. J. CHR. BACH komponierte über 30 Konzerte, darunter je 6 op. 1 (1763) und op. 7 (1770). Seine ital. Melodik schwingt voll Anmut. Zahlreiche weitere Klavierkonzerte stammen u. a. von ASPELMAYR, STORZER, HOFFMANN, DITTERSDORF, VANHAL, PICHL, DELLER, WAGENSEIL, RAUPACH, HONAUER, SCHOBERT, ECKARD, J. S. SCHRÖTER (6 Konzerte op. 3, Paris 1778), J. HAYDN (bes. D-dur, Hob. XVIII: 11).

MOZARTS Klavierkonzerte nehmen einen hervorragenden Rang ein. Fast alle sind zum eigenen Vortrag geschrieben. Sie verbinden hohen musikal. Anspruch mit vollendeter Virtuosität, die nirgends zum Selbstzweck wird. Alle Konzerte sind für das Pianoforte, nicht mehr für das Cembalo gedacht. Das Orchester ordnet sich selten ganz unter (Nb. A, oben), nimmt meist am themat. Geschehen teil (bis zum Dialog, Nb. A, unten). Bes. reich und schön sind die Bläserpartien.

Die Solostimme (r. H.) schwebt oft über dem federnden Klangteppich der Streicher; der Bläserdialog stegt Partnerschaft: beides Bilder von Freiheit und Bindung, anmutig und souverän (Nb. A).

Alle Konzerte sind dreisätzig, mit einem Andante als Mittelsatz (kein Adagio) und Rondo als Finale (außer KV 453 und 491: Var.).

Die Konzerte im Überblick:
- **Frühe Arrangements** (*Pasticci*). 1767: 4 Arr. (KV 37, 39–41) nach Sonaten von RAUPACH, HONAUER u. a.; 1771 (KV 107) 3 Arr. nach J. CHR. BACH (Son. op. 5).
- **Salzburger Konzerte.** 1773: D (KV 175) mit kp. Finale, neues Rondo-Finale, Wien 1782 (KV 382); 1776: B (KV 238); *Lodron*-Konzert in F für 3 Klaviere (KV 242, für Familie Lodron); *Lützow*-Konzert in C (KV 246); 1777: *Jeunehomme*-Konzert in Es (KV 271); 1779: Konzert in Es für 2 Klaviere (KV 365).
- **Wiener Konzerte.** 1782: F, A und C (KV 413–415);
  1784: Es, B, D (KV 449–51), ab KV 450: »*große Konzerte*« (MOZART). G (KV 453), B (KV 456), F (KV 459, 2. *Krönungsk.*, mit Pk. u. Trp.; S. 431);
  1785: d, C, Es (KV 466, 467, 482);
  1786: A, c, C (KV 488, 491, 503);
  1788: D (KV 537, 1. *Krönungskonzert*);
  1791: B (KV 595).

MOZART charakterisiert seine ersten Wiener Konzerte als »*das Mittelding zwischen zu schwer, und zu leicht – sind sehr Brillant – angenehm in die ohren – Natürlich, ohne in das leere zu fallen – hie und da – können auch kenner allein satisfaction erhalten – doch so – daß die nichtkenner damit zufrieden seyn müssen, ohne zu wissen warum*« (Brief vom 28. 12. 1782 an den Vater).

Nur 2 Konzerte stehen in Moll, voller Leidenschaft (d) und Tragik (c). Das 19. Jh. bevorzugte KV 466 mit Kadenzen von BEETHOVEN und CLARA SCHUMANN. Auffallend strahlend ist das virtuose C-dur-Konzert KV 503. Das Finalthema aus KV 595 verwendete MOZART als Kinderlied *Komm lieber Mai* (KV 596, s. S. 108, Abb. B). MOZARTS Kadenzen sind z. T. erhalten: geistreich, empfindsam, virtuos und nie zu lang.

BEETHOVENS Klavierkonzerte beginnen traditionell, mit op.15 in C-dur (UA 1795; rev. 1800) und op.19 in B-dur (1793–95/98; UA 1795; urspr. mit B-dur-Rondo WoO 6). – Das 3. Konzert in c-moll op.37 (1800–03) geht in Ausdruck und Anlage neue Wege (evtl. Vorbild MOZARTS KV 491). – Das 4. Konzert in G-dur, op.58 (1805–06), verbindet glanzvolle Virtuosität mit lyr. Schmelz.

Der Mittelsatz gestaltet eine programmat. Idee: Kontrast und Ausgleich, Gegensatz zweier Charaktere (Orpheus und Euridice o. ä.). Der Kontrast ist denkbar stark: Tutti gegen Solo, *f* gegen *p*, stacc. gegen legato, trotzige Geste gegen weiche Melodik. Das Klavier führt unbeirrt, bis das Orchester nachgibt, sich im Ton angleicht, endlich schweigt (Teil B'). Erst nun steigert sich das Klavier solo in eigenwilliger Kadenz (Triller, Gestik). Der Satz endet im *pp*, das Finalrondo folgt *attacca*.

Das 5. und letzte Konzert in Es-dur, op.73 (1809), strahlt imperiale Größe aus.

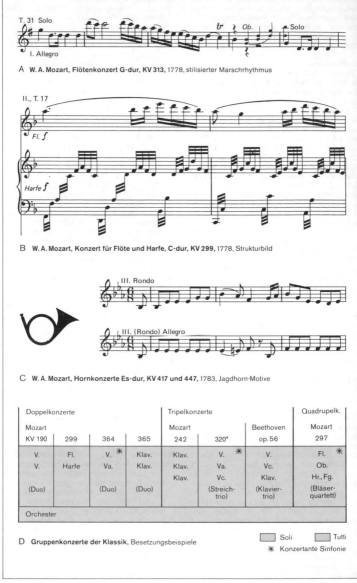

A W. A. Mozart, Flötenkonzert G-dur, KV 313, 1778, stilisierter Marschrhythmus

B W. A. Mozart, Konzert für Flöte und Harfe, C-dur, KV 299, 1778, Strukturbild

C W. A. Mozart, Hornkonzerte Es-dur, KV 417 und 447, 1783, Jagdhorn-Motive

Doppelkonzerte				Tripelkonzerte			Quadrupelk.
Mozart				Mozart		Beethoven	Mozart
KV 190	299	364 ✳	365	242	320ᵉ ✳	op. 56	297 ✳
V.	Fl.	V. ✳	Klav.	Klav.	V. ✳	V.	Fl. ✳
V.	Harfe	Va.	Klav.	Klav.	Va.	Vc.	Ob.
			Klav.	Klav.	Vc.	Klav.	Hr., Fg.
(Duo)		(Duo)	(Duo)		(Streich-trio)	(Klavier-trio)	(Bläser-quartett)
Orchester							

D Gruppenkonzerte der Klassik, Besetzungsbeispiele

☐ Soli   ☐ Tutti
✳ Konzertante Sinfonie

Instrumentencharaktere, Gruppenkonzerte

Solokonzerte
gibt es in der Klassik auch für Violoncello (BOCCHERINI, DUPORT, HAYDN), seltener für Va. (ROLLA), Kb. (SPERGER, DRAGONETTI), Mandoline, Gitarre (CARULLI, GIULIANI).

Flöte: nach QUANTZ, TELEMANN, HASSE schrieben die Mannheimer, J. CHR. BACH, HOFFMEISTER, DANZI u. a. viele Konzerte für Querflöte. MOZARTS Konzerte in G und D (KV 313, 314) entstanden 1778 in Mannh.
  Beliebt waren stilisierte Marschrhythmen wie im Kopfthema KV 313 (Nb. A).
Das D-dur-Konzert hatte MOZART für Oboe komponiert (in C-dur), doch ohne Verlust für die Flöte umgeschrieben. Motivik, Spielart und Charakteristik sind noch nicht so instrumentenspezifisch wie später. Das Thema des Rondofinales klingt unbeschwert, heiter: MOZART unterlegt ihm später Blondchens Arie *»Welche Wonne, welche Lust«* und benennt so seinen Charakter (S. 382).

Oboe: Konzerte schrieben LEBRUN, EICHNER, FASCH, HAYDN, MOZART; die Besetzung ist z. T. noch freigestellt: Ob., Fl. oder V.

Klarinette: nach frühen Konzerten von TELEMANN, MOLTER und J. STAMITZ schrieb C. STAMITZ (S. 415) 11 Konzerte, virtuos, aber etwas leer. Vertiefung bringt MOZARTS spätes Konzert in A-dur, KV 622 (1791, sein *letztes* überhaupt) mit reichen Farben in allen Registern und weicher Melodik, dem Charakter des Instr. nachempfunden; urspr. für die tiefere sog. *Bassett*-Klar. (Sonderbau STADLERS?).

Fagott: Konzerte sind selten (EICHNER, STAMITZ, MOZART: KV 191; 1774).

Trompete: Auch wenn die allg. Kunst des Clarinblasens mit dem Barock versank, gab es in der Klassik einige hervorragende Trompetenvirtuosen. Für den Wiener WEIDINGER schrieb J. HAYDN das Konzert in Es, Hob. VIIe (1796) mit *Chromatik (Klappentrp.)* und großer Höhe. Das Extrem fordert M. HAYDN mit a³ (24. Naturton der D-Trp.).

Horn: Die Konzerte, meist in Es, spiegeln durchweg Jagdmotivik, bes. im Finale:
  Quarten und Terzen sind typisch (Nb. C.),
Chromatik ist begrenzt (Naturhorn).

Gruppenkonzerte
des Barock *(Concerto grosso)* finden in der Klassik kaum Nachfolge. Es gibt sog. *konzertante Sinfonien* mit Soli, wie HAYDNS Tageszeitensinfonien (S. 417) oder MOZARTS KV 364 in Es (1779), eine Art Doppelkonzert wie das *Concertone* in C, KV 190 (1774). *Doppelkonzerte* haben 2 Solisten, wie MOZARTS KV 365 in Es (1779; Abb. D).
  Im Konzert für Flöte und Harfe setzt MOZART beide Instr. ihrem Charakter entsprechend ein, z. B. Flötenmelodik gegen Harfenarpeggio (Nb.B).
Tripelkonzerte zeigen gleiche Soloinstr., wie MOZARTS KV 242 (S. 425), oder verschiedene, wie BEETHOVENS op. 56 in C (1803–04).

Konzertpraxis
Im 18. Jh. schloß man sich privat zu Musik- oder Konzertgesellschaften zusammen, die sich regelmäßig trafen. Auch wurden in der 2. Hälfte des Jh. fast überall öffentl. Subskriptionskonzerte angeboten. Unternehmer, meist Musiker wie J. CHR. BACH in London, schlossen Verträge mit Komponisten und Virtuosen, organisierten Chor- und Instrumentalkonzerte, sog. *Akademien*. Bei kleiner Hörerzahl bekamen die Konzerte KaM-Charakter. MOZART rechnete 1782 bei seinen ersten Akad. im Augarten, Wien, mit 100 Subskribenten. Konzertreihen u. a.:

London: *Academy of Ancient Music,* 1710–92; BACH-ABEL-*Konzerte,* 1765–82;

Paris: *Concerts spirituels,* 1725–91, 1807 ff.; *Concerts des amateurs,* 1769 ff.;

Leipzig: *Großes Concert,* ab 1743, wurde zu *Gewandhaus-Konzerte,* ab 1781;

Berlin: *Musikausübende Ges.,* 1749 ff.; *Berliner Singakademie,* 1791 ff. (S. 395).

Die begleitenden Orch. blieben im allg. dünn besetzt. Der Kupferstich eines Klavierkonzerts in der Zürcher *Gesellschaft auf dem Musiksaale* von 1777 zeigt typisch den Flügel im Zentrum, dahinter 2 Violinen und 2 Flöten (Part der V.1, 2), etwas entfernt 2 winzige Naturhörner (Bratschenfunktion zur Harmoniefüllung, immer zu laut); 1 Kontrabaß spielt die l. H. des Klavierparts mit (Gb.-Tradition). Noch MOZARTS Konzerte KV 413–415 verlangen nur Streichquartett mit Bläsern ad lib. Ein Dirigent ist nicht nötig. Oft dirigierte der Konzertmeister (1. V.) oder der Kapellmeister vom Flügel aus.
Das Publikum steht oder sitzt, wo es will. Erst das Orchesterpodium trennt Spieler und die wachsende Zahl von Hörern. Die Säle sind mit Kronleuchtern hell erleuchtet, die Gesellschaft kleidet sich farbenfroh und bunt.
Der Beifall ertönte spontan, von seiten des Orchesters wie heute durch Bogenklappern gegen die Pulte. Die Bläser erhoben sich und spielten einen Tusch, oft jeder in einer anderen Tonart, mit Pauken dazu.
Die Programme wären buntgemischt und lang (oft mehrere Stunden). BEETHOVENS erste eigene Akademie *(zu seinem Vortheile)* im Wiener Hofburgtheater am 2. 4. 1800, 19.30 Uhr, brachte:

1) *Eine große Symphonie* von MOZART.
2) *Eine Arie* aus HAYDNS Schöpfung.
3) *Ein großes Konzert auf dem Piano-Forte, gespielt und komponiert von Hrn* LUDWIG VAN BEETHOVEN (op.15 oder op.19).
4) *Ein Sr. Majestät der Kaiserinn allerunterthänigst zugeeignetes, und von Hrn* LUDWIG VAN BEETHOVEN *komponiertes Septett.*
5) *Ein Duett aus* HAYDNS Schöpfung.
6) *Wird Herr* LUDWIG VAN BEETHOVEN *auf dem Piano-Forte fantasieren.*
7) *Eine neue große Symphonie mit vollständigem Orchester,* von BEETHOVEN (op.21).

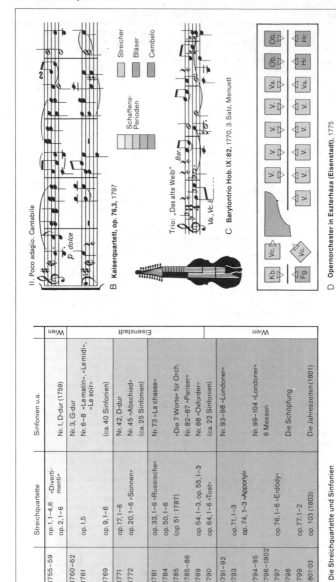

II. Poco adagio, Cantabile

p dolce

B Kaiserquartett, op. 76,3, 1797

Streicher
Bläser
Cembalo

Schaffens-
Perioden

Trio: „Das alte Weib"

Bar.

Va., Vc. 8 ....

C Barytontrio Hob. IX:82, 1770, 3. Satz, Menuett

Ob. — Hr.

V. — V.

Ob. — Hr.

Va. — Va.

V. — V.

V. — V.

V. — V.

V. — V.

Va. — Va.

Kb. — Vc.

Fg. — Vc.

D Opernorchester in Eszterháza (Eisenstadt), 1775

	Streichquartette	Sinfonien u. a.	
1755–59	op. 1,1–4,6 „Diverti- op. 2,1–6 menti"	Nr. 1, D-dur (1759)	Wien
1760–62		Nr. 3, G-dur	Eisenstadt
1761	op. 1,5	Nr. 6–8 „Le matin", „Le midi", „Le soir"	
1769	op. 9,1–6	(ca. 40 Sinfonien)	
1771	op. 17,1–6	Nr. 42, D-dur	
1772	op. 20,1–6 „Sonnen"	Nr. 45 „Abschied" (ca. 25 Sinfonien)	
1781	op. 33,1–6 „Russische"	Nr. 73 „La chasse"	
1784	op. 50,1–6	„Die 7 Worte" für Orch.	
1785	(op. 51: 1787)	Nr. 82–87 „Pariser"	
1785–86		Nr. 88 „Oxforder"	
1789	op. 54,1–3, op. 55,1–3	(ca. 22 Sinfonien)	
1790	op. 64,1–6 „Tost"		
1791–92		Nr. 93–98 „Londoner"	Wien
1793	op. 71,1–3 op. 74, 1–3 „Apponyi"		
1794–95		Nr. 99–104 „Londoner"	
1796–1802		6 Messen	
1797	op. 76,1–6 „Erdödy"		
1798		Die Schöpfung	
1799	op. 77,1–2		
1801/03	op. 103 (1803)	Die Jahreszeiten (1801)	

A Die Streichquartette und Sinfonien

Haydn: Zeittafel, Kammermusik, Oper

JOSEPH HAYDN, *31.3. 1732 in Rohrau an
der Leitha (Österreich), †1.5. 1809 in
Wien; aus Wagenbauerfamilie, ab 1740 Sängerknabe am Stephansdom in Wien (unter
J. G. REUTTER D. J.), ab 1749 nach Stimmbruch »kummerhafte Jahre herumgeschleppt«
mit Unterrichten, Spiel und Komposition;
lebte bei N. PORPORA, wo er ital. Gesang und
Komposition kennen lernte, auch Musiker
wie MONN, WAGENSEIL, GLUCK.
1759 wird HAYDN Kapellmeister beim Grafen MORZIN auf Schloß Lukawitz bei Pilsen in
Böhmen. Hier entsteht seine *1. Sinfonie,* die
wegen ihrer böhm. und Mannheimer Züge
lange A. FILTZ zugeschrieben wurde. HAYDN
war damals noch unbekannt, später unter-
schob man ihm selbst ein fremdes Streichquartett als op.3 (S. 408, Abb. B). Noch
1759 wurde das Orchester aufgelöst. HAYDN
kehrte ohne Anstellung nach Wien zurück.
1761 wird HAYDN neben G. J. WERNER 2.
Kapellmeister des Fürsten P. A. ESZTERHÁ-
ZY. Dessen Nachfolger Fürst NIKOLAUS (ab
1762), der sich nach dem Vorbild von LOREN-
ZO MEDICI der *Prachtliebende* nennt, vergrößert sogleich das Orchester. Er selbst spielt
Baryton (S. 39).
    HAYDNS zahlreiche *Barytontrios* sind vier-
sätzig, unterhaltsam, zuweilen sogar programmatisch wie in Nb.C (klagender Halbtonschritt, schleppende Bewegung).
1764–66 baut Fürst NIKOLAUS ein neues
Schloß *Eszterháza* am Neusiedler See (Vorbild *Versailles*) mit Opernhaus und Mario-
nettentheater, wobei es heißt, Kunst und Natur seien »*auf überaus edle und prächtige Art*«
verbunden, überall »*sanftes Lächeln der Natur, Freude und Entzücken*«. Das ist der Rahmen für HAYDNS Musik und ein wesentl. Zug
ihres Charakters. HAYDN vermischt dabei
noch barocke und konzertante Elemente mit
dem neuen, anmutigen Schwung seiner Zeit
(ital. Melodik, Mannheimer Expressivität,
böhm. Temperament). Sein galanter Stil der
50er Jahre erhält in den 60er Jahren Vertiefung und Glanz zugleich.
1766 stirbt WERNER, HAYDN wird Hauptka-
pellmeister. Sein Arbeitspensum ist enorm:
neben der Kirchenmusik sind in der Woche 2
Opernaufführungen und 2 Orchesterkonzer-
te zu bewältigen, dazu zahlreiche KaM in
Schloß und Park. Den Sommer und zunehmend den größten Teil des Jahres verbringt
der Hof im Schloß Eszterháza, den Winter in
Wien (im Stadtpalais, der Winterresidenz).
Die Musiker leben übrigens in Eszterháza im
Musikerhaus ohne ihre Familien, die in Wien
bleiben (Entstehungsgrund für die Ab-
schiedsinfonie, s. S. 417). HAYDN erhält eine
Sondergenehmigung, eine größere Wohnung
und Offiziersrang. Selbstverständlich tragen
alle Musiker die Livree der fürstl. Diener.
HAYDN pflegt in ihr auch zu komponieren.
Freiheit und Schönheit der Musik leiden darunter nicht.

In den 70er Jahren, der hohen Zeit des *Empfindsamen Stils* und des *Sturm und Drang,*
zeigen auch HAYDNS Werke eine Welle von
Expressivität und Leidenschaft (häufiges
Moll, erregte Tremoli, Synkopen, Sforzati).
    HAYDN entfernt sich weit vom alten Ba-
rockideal dicht *gearbeiteter* Musik: »*Früher
glaubte ich, je schwärzer das Papier desto
besser*« (vgl. S. 417).
In den Symphonien der 70er Jahre entwickelt
HAYDN auch die Technik der sog. *themat. Arbeit,* die statt kp. Gewebes *Motive* des themat. Materials scheinpolyphon, aber charakteristisch über die Stimmen verteilt (S. 409).
Es ist die Zeit der Quartettpause, dafür entstehen viele Opern, auch zum Galabesuch
der Kaiserin MARIA THERESIA (1773).
Die 80er Jahre gelten als Reifezeit. 1781 erscheinen die *russ. Streichquartette* op.33. Sie
bilden in Gehalt und Technik einen ersten
Höhepunkt der Klassik und üben starken
Einfluß u. a. auch auf MOZART aus (S. 408,
410). HAYDN lernte MOZART 1784 persönlich
kennen. Er läßt sich scinerseits von MOZARTS
kantabler Melodik und expressiver Chromatik beeinflussen. HAYDNS Ruf geht inzwischen weit über die Grenzen. Als Komposi-
tionsauftrag schreibt er für die *Concerts de la
Loge Olympique* die 6 sog. *Pariser Symphonien* (Abb. A).
Ab den 90er Jahren entsteht das Spätwerk.
Im Herbst 1790 stirbt Fürst NIKOLAUS. Sein
Nachfolger löst die Kapelle auf. HAYDN zieht
wohlversorgt nach Wien. Auf Einladung des
Geigers und Konzertagenten SALOMON reist
er 2mal nach London:
– Dez. 1790–92: hier entstehen die ersten 6
  Londoner Symphonien. HAYDN erhält den
  Ehrendoktor der Universität Oxford, wozu
  die Symphonie Nr. 92 erklingt (*Oxforder,*
  EZ 1788).
  1794–95: hier entstehen u. a. die *Londo-
  ner Symphonien* 7–12.
Während der Kriegswirren 1797 schreibt
HAYDN in Wien das Lied *Gott erhalte Franz
den Kaiser,* das ins *Adagio* des Streichquartetts op.76,3 einging. Es zeigt beispielhaft die
hohen Melodiequalitäten HAYDNS, schlichte
Intervalle, klass. Einfachheit und Ruhe, Ausgleich der Bewegung, inniger Ausdruck. Er-
lesen auch die Begleitung im Quartett (Nb.B;
dt. Nationalhymne seit 1922, auf Text von
HOFFMANN VON FALLERSLEBEN, 1841).
In England erhielt HAYDN durch HÄNDELS
Oratorienaufführungen Anregung und Li-
bretto zu seinem Oratorium *Die Schöpfung*
(Wien 1798; s. S. 386). Die *Jahreszeiten* fol-
gen 1801. – In Wien entstehen auch die 6
späten Messen (S. 393). Das nur 2sätzige
Streichquartett op.103 (1803) ist HAYDNS
letztes Werk. Mit HAYDN stirbt ein in ganz
Europa hochverehrter Komponist.
GA: Lpz. 1907ff., neue GA hg. vom Haydn-
Institut Köln, 1958ff. Werkverz.: hg. von
A. v. HOBOKEN, Mainz 1957–78.

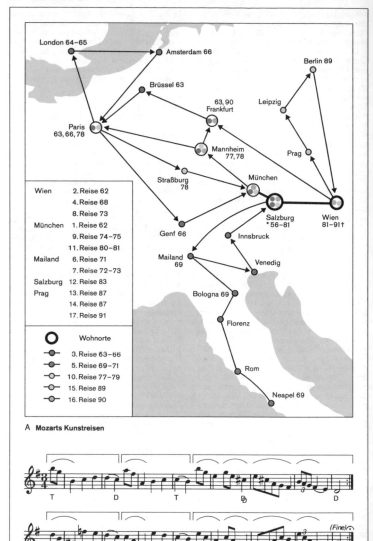

A **Mozarts Kunstreisen**

B **Menuett, KV 1,** Salzburg 1761/62, Phrasenbildung und Harmonik

Mozart: Reisen, KV 1

WOLFGANG *Amadeus* (nach Taufname *Theophilus*) MOZART, *27. 1. 1756 in Salzburg, † 5. 12. 1791 in Wien; Vater LEOPOLD (1719–87), aus Augsburg, war Vizekapellmeister beim Erzbischof in Salzburg; von 7 Kindern überlebten nur WOLFGANG und MARIA ANNA (*Nannerl*, 1751–1829), eine gute Pianistin.
MOZART erwies sich schon früh als hochbegabt: feinstes Gehör (absolut), ungewöhnl. Gedächtnis, intuitiver Sinn für das Wesentliche, Phantasie, Ausdrucksbedürfnis, starker Spiel- und Gestaltungstrieb, sensitive Begabung für Instr.-Spiel. Ins Notenbuch für NANNERL (ab 1759) trug LEOPOLD die Kompos. des 3–5jährigen ein (Nb. B).
Den 6jährigen zeigte er mit NANNERL auf Reisen aller Welt, die, aufgeschlossen für Originalgenie und Menschenideal, das Wunderkind MOZART begeistert aufnahm. Man bestaunte die Virtuosität, die Kompositionen, die Improvisationen (Klavierstücke, Arien, Begleitungen), dazu Kunststücke wie Spiel auf verdeckten Tasten, usw. Zugleich lernte MOZART die besten Musiker seiner Zeit, ihr Können und ihren Stil kennen.

Die Salzburger Zeit
Nach den frühen Jahren in Salzburg gingen die ersten 2 Kunstreisen der MOZARTS 1762 nach München und Wien (kaiserl. Familie). Es folgte 1763–66 die große Reise nach Paris und London, durch viele Städte wie u.a. Schwetzingen (Mannheimer Hof), Frankfurt (GOETHE) u.a. In London (1764/65) übte J. CHR. BACH großen Einfluß auf Mozart aus. Die Reise ging über Den Haag (4 Monate, Kinderkrankheit), Amsterdam, Paris (S. 405), Genf, Zürich u.a. zurück nach Salzburg (Ende 1766). – Die 4. Reise führt 1768 wieder nach Wien (*Bastien und Bastienne*). 1769 wird MOZART in Salzburg Konzertmeister. Es folgen 3 Reisen nach Italien:
1. Reise Dez. 1769 – März 1771, mit dem Vater, über Mailand (PICCINNI, SAMMARTINI) Bologna (PADRE MARTINIS Kp.-Unterricht) nach Rom. In der Sixtin. Kapelle hört MOZART ALLEGRIS 9st. *Miserere* und notiert es danach aus dem Kopf. In Neapel lernt er MAJO und PAISIELLO kennen. Zurück über Rom (Papstorden), Bologna (Aufnahme in die *Accademia filarmonica*), Mailand (Oper *Mitridate*, 1770).
2. Reise Herbst 1771, Mailand (Oper *Ascanio in Alba*).
3. Reise Winter 1772/73, Mailand (Oper *Lucio Silla*).
In den folgenden Salzburger Jahren entstehen KM, Symphonien, Konzerte, Sonaten u.a.
Die zweite größere Reise nach Mannheim und Paris tritt MOZART im Sept. 1777 mit seiner Mutter an. In Mannheim lernt er u.a. CANNABICH kennen und verliebt sich unglücklich in die Sängerin ALOYSIA WEBER. Im

März 1778 geht es weiter nach Paris. Dort ist der inzwischen 22jährige weniger erfolgreich, auch stirbt seine Mutter am 3. 7. 1778. Rückreise über München, Hof KARL THEODORS (S. 415), dafür 1781 *Idomeneo*.

Die Wiener Zeit (1781–91)
Im Sommer 1781 kommt es zu Ärger und zur Entlassung MOZARTS aus dem Dienst des Erzbischofs. MOZART lebt fortan gerne als freier Künstler in Wien, von Unterricht, Konzerten, Kompositionen, bes. Opern, was bei der herrschenden ital. Oper (Hofkapellmeister A. SALIERI) und den Intrigen nicht leicht ist. 1781/82 entsteht die erfolgreiche *Entführung* (Kaiserauftrag). Im gleichen Jahr 1782 heiratet MOZART CONSTANZE WEBER (1762–1842, Schwester der ALOYSIA, Cousine von C. M. v. WEBER, 6 Kinder).
Von Einfluß ist die Freundschaft mit J. HAYDN und dem Hause des BARONS VAN SWIETEN, für dessen BACH- und HÄNDEL-Aufführungen MOZART 4 Oratorien HÄNDELS bearbeitet (*Messias*, 1788). Seit 1784 ist MOZART in der Freimaurerloge (S. 385). Die erste ohne Auftrag komponierte Oper *Figaro* (1786) wird wegen der brisanten polit. Lage in Wien ein geteilter, in Prag ein voller Erfolg. Für Prag entsteht *Don Giovanni* (1787, mit Reise dorthin).
Mit dem Fürsten LICHNOWSKY reist MOZART 1789 über Dresden und Leipzig (Thomaskantor DOLES, BACH-Werke) nach Berlin (FR. WILHELM II., Quartettauftrag). Oktober 1790 spielt MOZART in Frankfurt zur Kaiserkrönung LEOPOLDS II. (Klavierkonzerte KV 459 und 537). Sommer 1791 entstehen die *Zauberflöte* und für Prag *La clemenza di Tito* (S. 373). Nach dunklen Vorahnungen stirbt MOZART über der Arbeit am *Requiem*.
MOZART komponierte im Kopf, neben anderen Tätigkeiten her: »*sie wissen daß ich so zu sagen in der Musique stecke – daß ich den ganzen Tage damit umgehe – daß ich gern speculire – studiere – überlege*« (Brief 1778). Es gibt kaum Skizzen, fast alle Korrekturen finden im Kopf statt, dann folgt die rasche Niederschrift: »*Ich muß über hals und kopf schreiben – komponiert ist schon alles – aber geschrieben noch nicht*« (30. 12. 1780). Die Ouvertüre zu *Don Giovanni* schrieb er in einer einzigen Nacht (vor der UA).
Bei allem eth. Gehalt ist MOZARTS Musik bewußt zweckfreier Ausdruck des Innern und höchste Kultur. Sie führt in allem, den kleinsten Werken wie den großen Charakteren der Opern, stets zum augenblicksvollen, gestisch belebten Menschen und zu idealer Schönheit.
MOZARTS Werke umfassen alle Gattungen. Alte GA, Leipzig 1876–1905 (69 Bde.), Neue GA, Salzburg, Kassel 1955ff. (10 Serien), dazu Briefe u.a. (7 Bde.); Werkverz.: L. RITTER v. KÖCHEL, *Chronolog.-themat. Verzeichnis* (*KV*), Lpz. 1862, 6. Aufl. 1964.

| I. Marcia | Adagio | II. Menuetto | III. Adagio | Scherzo | IV. Polacca | V. Andante | Marcia |

I. Marcia. Allegro — V. Andante quasi Allegretto

V. / Va. / Vc. — dolce

A **Trio-Serenade D-dur, op. 8,** um 1796/97

schnell — langsam

Einleitung: Themenbaß — Allegretto vivace

Thema

B **»Prometheus«-Thema, Var. op. 35,** 1802

Vorder-/Nachsatz — Mittelteil

I., T. 43, *Holz*

(T.511, V.)

C **Violinkonzert op. 61,** 1806, Liedcharakter des Hauptthemas

Grave [„Muß es sein?"]   Allegro [„Es muß sein!"]   Es muß sein!"]

D **Streichquartett F-dur, op. 135,** 1826, Finale »Der schwer gefaßte Entschluß«

außermusikalischer Gedanke — zur Themengestalt ergänzende Substanz

Beethoven: Frühe Kammermusik, mittlere Epoche und Spätwerk

LUDWIG VAN BEETHOVEN, *17. 12. (Taufe) 1770 in Bonn, † 26. 3. 1827 in Wien. Der Vater war Tenor an der kurfürstl. Kapelle in Bonn (fläm.-brabant. Familie); Hoforganist C. G. NEEFE, der eine Abschrift von BACHS *Wohltemperiertem Klavier* besaß, vermittelte BEETHOVEN solide Grundkenntnisse. Ab 1783 wirkte BEETHOVEN als Akkompagnist in der Hofkapelle. Im April 1787 ist BEETHOVEN kurze Zeit Schüler MOZARTS in Wien (beendet wegen Tod der Mutter).

1792, ein Jahr nach MOZARTS Tod, geht BEETHOVEN endgültig nach Wien, zu HAYDN. Neben dem unregelmäßigen Unterricht bei HAYDN lernt er bei SCHENK (Kp.), ALBRECHTSBERGER (Kp.) und SALIERI (ital. Gesangskomposition). Ab 1794 lebt er ganz auf sich gestellt von Unterricht, Konzerten und von seinen Kompositionen, die Gönner und Verleger gut bezahlen. Graf WALDSTEIN empfahl ihn dem Wiener Adel, wie LICHNOWSKY (op.1 gewidmet), ERDÖDY, ESZTERHÁZY, BRUNSWIK (mit Schwestern *Therese* oder *Josephine* als *Unsterbliche Geliebte*); LOBKOWITZ, KINSKY u. Erzherzog RUDOLPH (Kompos.-Schüler 1805-12) setzen ihm 1809 eine Rente aus.

Bereits ab 1795 beginnt BEETHOVENS Gehörleiden, ab etwa 1808 wird er schwerhörig und ab etwa 1819 taub (400 Konversationsbücher). Mehr und mehr zieht er sich von der Gesellschaft zurück: auch das öffentl. Auftreten als Pianist und Dirigent muß er aufgeben. Gegen den Schicksalsschlag setzt er seine kämpfer. Willensnatur, den Drang nach Vollkommenheit und die Musik:

»nur sie, die Kunst hielt mich zurück. Ach es dünkte mich unmöglich die Welt zu verlassen bis ich das alles hervorgebracht, wozu ich mich aufgelegt fühlte ... trotz allen Hindernissen der Natur doch noch alles getan, was in seinem Vermögen stand, um in die Reihe würdiger Künstler und Menschen aufgenommen zu werden« (Heiligenstädter Testament, 6. 10. 1802).

Die Isolierung durch sein Leiden wurde aufgewogen durch eine überwältigende Phantasie und inneres Vorstellungsvermögen. Verbunden mit seiner künstler. Gestaltungskraft erwächst ihm das neuartige Sendungsbewußtsein des Künstlers im 19. Jh.:

»Höheres gibt es nicht, als der Gottheit sich mehr als andere Menschen nähern und von ihr aus die Strahlen der Gottheit unter das Menschengeschlecht verbreiten.«

Sein Kunstideal, seine sittl.-eth. Haltung, mit den Idealen der Freiheit, Brüderlichkeit und Menschenliebe prägen sein Werk (*Fidelio*, 5. Symphonie), führen es über jede Norm hinaus und geben ihm gerade dort eine nie dagewesene Leuchtkraft, wo kein Wort hinreicht: in der reinen Instrumentalmusik (E. T. A. HOFFMANN, S. 421). BEETHOVEN, Zeitgenosse HÖLDERLINS, HEGELS und der dt. Idealismus, gibt seiner Musik nicht nur klass. Maß, sondern eine hohe innere Bedeutsamkeit. Seine Wirkung auf das 19. Jh. (bis heute) aber auch in seiner Zeit war außerordentlich. Sein eigenständiger, kraftvoller Willenscharakter, der seine hohe Empfindlichkeit wohl abzuschützen wußte, tat das seine dazu. GOETHE bemerkt nach der ersten Begegnung mit BEETHOVEN in Teplitz:

»zusammengefaßter, energischer, inniger habe ich noch keinen Künstler gesehen. Ich begreife recht gut, wie er gegen die Welt wunderlich stehen muß« (19. 7. 1812).

Man kann in BEETHOVENS Schaffen außer der Bonner Frühzeit (ca. 50 Kompositionen) 3 Perioden unterscheiden:

– **Erste Wiener Jahre** bis etwa 1802. BEETHOVEN knüpft an die Tradition an, wie das vielsätzige Streichtrio op.8 zeigt. Die ausgewogene Melodik, das reife Satzgefüge, Divertimentocharakter und Innigkeit weisen auf inspirierte und strenge Arbeit. In diese Zeit gehören die frühen Klavierkonzerte, Klaviertrios, Streichquartette, die Symphonien 1-2.

– **Mittlere Periode** 1802-12/14. BEETHOVEN geht *neue Wege* (Bemerkung zu KRUMPHOLTZ), bringt verstärkt außermusikal. Gehalt in die Musik, kommt zu neuen Strukturen und Formen (*Sturmsonate*, S. 400f.). – Charakteristisch ist das *Prometheus*-Thema (Abb. B, vgl. S. 401). Auch Prometheus holte das Licht vom Himmel und schuf seine eigenen Gestalten. BEETHOVEN durchbricht willentlich jeden normalen Ablauf, arbeitet mit Kontrasten in Melodik, Rhythmik, Dynamik, Artikulation und schafft doch ein klass. ausgewogenes Ganzes. Werke: *Eroica, Schicksalssymphonie, Pastorale,* 3.-5. Klavierkonzert, *Fidelio*, Streichquartette op.59, Violinkonzert: Die schlichte, oft volksliedartige Melodik kündet vom Ideal einer menschenverbindenden Musik (Nb. C).

– **Spätwerk** der 20er Jahre. Zurückreichend bis 1814/15 hebt sich das späte Werk BEETHOVENS mit der Missa solemnis, der 9. Symphonie, den späten Klaviersonaten und Streichquartetten deutlich ab. Ansprache an eine ideale Menschheit, poet. Gehalt, subtilste Strukturen und Konzentration lassen den Grad der von BEETHOVEN geleisteten Lebensarbeit erahnen.

Die Einteilung in Schaffensperioden wird durchkreuzt von vielen durchgehenden Zügen wie Personalrhythmen (z. B. Schicksalsmotiv der 5. Symphonie), Werkideen, Motiven. BEETHOVEN skizziert und modelliert oft über Jahre, bis aus einem ersten Einfall eine gültige Gestalt wird. Die gattungstreue Serienproduktion endet, jedes Werk wird zum Einzelfall. – Das 19. Jh. prägte das heroische B.-Bild, später weitete sich der Blick.

GA: Lpz. 1862-65 (24 Serien), Suppl. Wiesbaden 1959ff.; NGA: München 1961ff.; Werkverz.: G. KINSKY, H. HALM (1955).

L. v. Beethoven 1770–1827
C. M. v. Weber 1786–1826
F. Schubert 1797–1828
G. Rossini 1792–1868, aktiv bis 30
H. Berlioz 1803–1869
G. Puccini 1858–1924
G. Mahler 1860–1911
C. Debussy 1862–1918
R. Strauss 1864–1949
A. Schönberg 1874–1951
M. Ravel 1875–1937
I. Strawinsky 1882–1971

F. Mendelssohn 1809–1847
F. Chopin 1810–1849
R. Schumann 1810–1856
F. Liszt 1811–1886
R. Wagner 1813–1883
G. Verdi 1813–1901
C. Franck 1822–1890
A. Bruckner 1824–1896
J. Brahms 1833–1897
C. Saint-Saëns 1835–1921
P. Tschaikowsky 1840–1893

Früh-
Hoch-
Spät-

Romantik

Jahrhundertwende

1800, Beethovens I. Symphonie
14/15, Wiener Kongreß
16, Rossinis Barbier
21, Webers Freischütz
22, Schuberts Unvollendete
30, Juli-Revolution in Paris
30, Berlioz' Symphonie fantastique
48, Revolution
51, Liszts Symphonische Dichtung
54, Hanslicks Ästhetik
65, Wagners Tristan
71, Verdis Aïda
76, Bayreuth, Ring
76, Brahms' I. Symphonie
83, Bruckners VII. Symphonie
89, Mahlers I. Symphonie
90, Debussys Suite Bergamasque
95, Strauss' Till Eulenspiegel

Komponisten, wichtige Ereignisse

Das 19. Jh. gilt in der Musikgeschichte als das Jh. der Romantik. Schon im Werk BEETHOVENS lassen sich viele romant. Aspekte erkennen. BEETHOVEN bleibt für das ganze 19. Jh. eine prägende und vorbildl. Gestalt. Auch wächst die Romantik bruchlos aus der Tonsprache, den Gattungen, der Harmonik der Klassik heraus, so daß Klassik und Romantik vielfach als eine zusammenhängende Epoche angesehen werden können. Allerdings zieht ein neues *poetisches, metaphysisches* Element in die Musik ein, und es kommt zu einer Verschiebung des Gleichgewichts zwischen Idee und Erscheinung, zwischen Verstand und Gefühl: *Ich-Ausdruck, Subjektivismus* und *Emotion* dominieren, und ein dem positivist. Zeitgeist des 19. Jh. entsprechendes *dynamisches* Prinzip bringt alle Mittel zum Wachsen: Strukturen, Gestalten, Spieltechnik, Klang (Instr., Orch.).

Romantik

von altfrz. *romance*, Dichtung, Roman, bezeichnet im 17./18. Jh. in der Literatur das Romanartige, Märchenhafte, Phantastische, in der Aufklärung bes. den Gegensatz zum Rationalen: das Gefühlvolle, Empfindsame, träumerisch Erahnte. Romantik wird dann der Name der lit. Bewegung in Deutschland um 1800 bis 1830 mit WACKENRODER, TIECK, NOVALIS, den Brüdern SCHLEGEL u. a.
Seit E. T. A. HOFFMANNS Beethoven-Rezension von 1810 (s. S. 437) ist das Wort *romantisch* auch in der Musik üblich, bezeichnet aber zunächst mehr einen Wesenszug als eine Epoche, dann im Anschluß an die Klassik summarisch oder als pars pro toto das ganze 19. Jh. von SCHUBERT bis STRAUSS, wobei sich im Laufe dieser Epoche romant. und klassizist. Tendenzen unterschiedlich stark ausprägen (letztere bes. in der 2. Jh.-Hälfte). Die Musik tendiert aber offensichtlich im Gegensatz zum realist.-materialist. Zeitgeist des 19. Jh. zu einer *romant.* Haltung, was ihrem innersten Wesen sehr wohl entspricht.

Das 19. Jahrhundert

ist in seinen Erscheinungen und Tendenzen äußerst vielgestaltig, oft gleichzeitig von konträren Bewegungen erfüllt. Der Restauration von 1814/15 (Wiener Kongreß) folgten die Revolutionen von 1830 und 1848 und trotz der konservativen Kräfte die allg. Demokratisierung. Wirtschaftlich und sozial ist es das Zeitalter der Industrialisierung, der Maschinen und Eisenbahnen, der Vermassung und des zunehmenden Elends, der Isolierung und Verlorenheit des einzelnen in einer anonym werdenden Massengesellschaft.
Kunst und Musik werden getragen vom sog. Bildungsbürgertum mit sehr unterschiedl. Ansprüchen. Neben hohen Kunstwerken entsteht musikal. Kitsch. Vervielfältigungsmethoden und Konsum verbreiten Instrumente (Klavier) und Noten wie nie zuvor. Neben

der *Hausmusik* gibt es den *Salon*, in dem Musik erklingt, ferner den großen *Saal* mit seinen *Konzerten*, die *Oper* und die *Kirchen*. Das techn. Denken des Zeitalters spiegelt sich musikalisch in wachsender Instrumentaltechnik (PAGANINI, LISZT) und verflachendem Virtuosentum. Ungefährer Verlauf:

Frühromantik 1800–30: Die Romantik ist zunächst eine vorzugsweise dt. Erscheinung, beeinflußt von der dt. lit. Romantik. E. T. A. HOFFMANNS *Undine* (1816) bietet einen märchenhaften, romant. Stoff, WEBERS *Freischütz* (1821) findet als erste große dt. romant. Oper mit ihren volkstüml. Charakteren, der waldfarbenen Naturnähe, dem Aber- und Wunderglauben weites Echo. SCHUBERTS Lieder drücken den poet. Geist der Zeit so vollkommen aus wie seine Instrumentalmusik (bes. ab 1822). Der bedeutungsvollen Musik BEETHOVENS steht ROSSINIS spielerisch-artifizielle, eher restaurative entgegen (*Zeitalter Beethovens und Rossinis,* KIESEWETTER, 1834).

Hochromantik 1830–50: Politisch eingeleitet von der Julirevolution 1830 weitet sich die Romantik zu einer europ. Bewegung. Zentrum wird Paris (statt Wien) mit seinen vielfältigen Anregungen, bes. der frz. lit. Romantik (V. HUGO, A. DUMAS u. a.). BERLIOZ' *Symphonie fantastique* (1830) spiegelt den neuen Zeitgeist. Zündend wirken PAGANINIS Dämonie und LISZTS heroische Virtuosenkarriere. Daneben entfalten sich CHOPINS Klangzauber, SCHUMANNS poet. Musik und geistreiche Kritik, MENDELSSOHNS romant. Klassizismus, WAGNERS romant. Oper, MEYERBEERS und VERDIS Erfolge.

Spätromantik 1850–90: Die Zäsur fällt politisch zusammen mit der Revolution von 1848. Nach dem Tode MENDELSSOHNS (1847), CHOPINS (1849) und SCHUMANNS (1856) beginnt eine neue Epoche mit LISZTS *Symphonischen Dichtungen* (ab 1848), WAGNERS *Musikdramen*, VERDIS Opern der Reifezeit. Zugleich tritt eine jüngere Generation hervor mit FRANCK, BRUCKNER, BRAHMS u. a. Formal- und Aus drucksästhetik, Caecilianismus, Historismus, Naturalismus und nationale Farben stehen nebeneinander und prägen in der Musik spätromant. Züge au.

Jahrhundertwende 1890–1914: Die Generation PUCCINI, MAHLER, DEBUSSY, STRAUSS greift um 1890 mit ihren neuen Werken ein, die die versch. Tendenzen bis ins Extrem fortführen. Dabei wirkte eine spätromant. Erscheinung wie der frz. Impressionismus (Symbolismus) um die Jh.-Wende modern. Das Ende der Romantik als Epoche ist örtl. und zeitl. verschieden. Es zeichnet sich mit SCHÖNBERGS Übertritt in die Atonalität 1907/08 ab und fällt mit dem Kriegsausbruch 1914 zusammen.

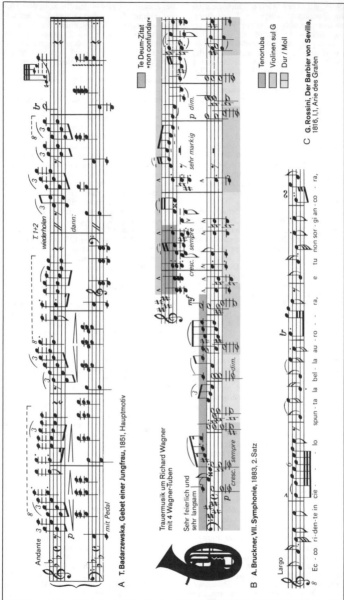

Andante

p

mit Pedal

A **T. Badarzewska, Gebet einer Jungfrau, 1851, Hauptmotiv**

Te Deum-Zitat
»non confundar«

Tenortuba

Violinen sul G

Dur / Moll

p dim.

sehr markig

cresc. sempre

mf

dim.

p cresc. sempre

Trauermusik um Richard Wagner
mit 4 Wagner-Tuben

Sehr feierlich und
sehr langsam

B **A. Bruckner, VII. Symphonie, 1883, 2. Satz**

Largo

Ec - co ri - den - te in cie - - - lo   spun - ta la bel - la au - ro - - ra,   e tu non sor - gian - co - ra,

C **G. Rossini, Der Barbier von Sevilla,**
1816, I,1, Arie des Grafen

Italienische Melodik, Salonmusik, Symphonik

Subjektivität und Gefühl des Empfindsamen Stils nehmen bereits im 18. Jh. romant. Ausdruck vorweg. WACKENRODERS *Herzensergießungen eines kunstliebenden Klosterbruders* (1797) sprechen dann als frühes Dokument der lit. Romantik von dem Zauber der Kunstwelt, der Verehrung der alten Meister, der Erfüllung von Herz und Gemüt des Künstlers mit religiöser Inbrunst. Erstmals gilt für alle Künste das gleiche, selbst für das Leben:
»Die Welt muß romantisiert werden. So findet man den ursprüngl. Sinn wieder. Indem ich dem Gemeinen einen hohen Sinn, dem Gewöhnlichen ein geheimnisvolles Ansehen, dem Bekannten die Würde des Unbekannten, dem Endlichen einen unendl. Schein gebe, so romantisiere ich es.« (NOVALIS, 1798)
Nur das *Gefühl* erschließt die Unendlichkeit, erahnt die überall gegenwärtige Transzendenz, nicht der Verstand. Die Romantiker suchen und erspüren das innerste Wesen, die innersten Rhythmen des Seins:
»Schläft ein Lied in allen Dingen, / die da träumen fort und fort / und die Welt hebt an zu singen, / triffst du nur das Zauberwort.« (EICHENDORFF, *Wünschelrute*, 1835)
»Durch alle Töne tönet / im bunten Erdentraum / ein leiser Ton gezogen / für den, der heimlich lauscht.« (FR. SCHLEGEL)
Die antike Sphärenharmonie erfährt eine neuartige Beseelung durch das unmittelbare Gefühl des Menschen für den Klang in Universum und Natur (vgl. S. 439). Die Musik ist reiner Urlaut der Schöpfung: am reinsten in der Instrumentalmusik, *losgelöst* von allem stoffl. Zutaten wie Text der Vokalmusik oder Idee eines Programms (*absolute Musik*).
E. T. A. **Hoffmann** spricht als erster von romant. Musik (zu BEETHOVENS 5. Symph.):
»Wenn von der Musik als einer selbständigen Kunst die Rede ist, sollte immer nur die Instrumentalmusik gemeint sein, welche, jede Hülfe, jede Beimischung einer andern Kunst verschmähend, das eigentümliche, nur in ihr zu erkennende Wesen der Kunst rein ausspricht. Sie ist die romantischste aller Künste ... Die Musik schließt dem Menschen ein unbekanntes Reich auf; eine Welt, ... in der er alle durch Begriffe bestimmbaren Gefühle zurückläßt, um sich dem Unaussprechlichen hinzugeben.« (AmZ 4. 7. 1810).
Dieser für die Romantik fortan bestimmende Musikbegriff spiegelt den dt. Idealismus. Für **Hegel** ist die Kunst aus dem Zentrum des Lebens gerückt, der Künstler aber bringt alles Menschl. zum Ausdruck (Ästhetik 1820/35):
»Hiermit erhält der Künstler seinen Inhalt aus ihm selber und ist der wirklich sich selbst bestimmende, die Unendlichkeit seiner Gefühle und Situationen betrachtende, erinnernde und ausdrückende Menschengeist, dem nichts mehr fremd ist, was in der Menschenbrust lebendig werden kann.«

Nach **Schopenhauer** schildern alle Künste die Dinge als Verkörperungen des in ihnen wirkenden ewigen Willens, die Musik jedoch – ohne konkreten Stoff – schildert das Wesen dieses Willens selbst. SCHOPENHAUERS Pessimismus, der Wille sei in seiner ewigen Bewegung unruhig und leidvoll, steht im Gegensatz zur beseligenden und erlösenden Musikerfahrung (WAGNER).
Kunst und Musik übernehmen im säkularisierten 19. Jh. vielfach Aufgaben der Religion mit z. T. priesterl. Sendungsbewußtsein und sakralen Zügen.
BRUCKNERS Klage um WAGNERS Tod erklingt mit 4 feierl. Wagnertuben, mit weiträumiger, choralartiger Melodik, mit romantisch asymetr. Verteilung der Attraktionspunkte, in Moll mit Farbwechsel nach Dur, mit dem verheißungsvollen *Te-Deum*-Zitat »*non confundar in aeternum*«, mit Höhepunkt im Unisono wie ein Gregor. Choral (T. 6): alles von Glauben innigst durchdrungen (Nb. B).

Ausdrucksästhetik und absolute Musik

Romantisierung und Poetisierung erfüllen die Musik mit außermusikal. Gehalt, wie einem bestimmten Gefühl, einer Idee oder einem Programm, das sie zum Ausdruck brachte (*Gefühls*- oder *Ausdrucksästhetik*), bes. bei BERLIOZ, LISZT und WAGNER. Auf der andern Seite standen seit der Jh.-Mitte die Verfechter der *absoluten* Musik wie BRAHMS und der Kritiker HANSLICK (*Formalästhetik*). Auch für HANSLICK drückt Musik Gefühle aus, jedoch kein bestimmtes:
»Der Inhalt der Musik sind tönend bewegte Formen.« – »Das Komponieren ist ein Arbeiten des Geistes in geistfähigem Material.« – »Das Urelement der Musik ist Wohllaut, ihr Wesen Rhythmus« (1854).
In der *Gestaltqualität* des musikal. Kunstwerkes sind jedoch Inhalt und Form, Ausdruckswille und Erscheinung wesentl. vereint.
Neben der bedeutenden und poet. Musik erklingt bes. die ital. Musik lebensvoll und kunstreich, ohne stets Hintersinn anzustreben: Gefühl in lauterstem Klang.
So die hohe Kunst des Belcanto, die jedoch im 19. Jh. dem dramat. Ausdrucksstil weicht und untergeht. Schon ROSSINI schreibt alle Figuren aus (Nb. C).
Subjektivismus und Geniekult, Technik und Mittel steigern sich bis zum Extrem um die Jh.-Wende. Ein Umbruch ist unvermeidlich.
Große Bereiche der Musik verfallen aber auch dem allg. Verflachungstrend des 19. Jh. (Salon-, U-Musik).
Das Salonstück *Gebet einer Jungfrau* erreichte Millionenauflage. Statt einer qualitätsvollen Melodie erklingen Akkordbrechungen mit Schlußfloskeln, mit Oktavklängen und Pedal aufgeplustert zu einer Plüschsofa-Romantik, sentimental statt gefühlsstark: musikal. Kitsch. (Nb. A).

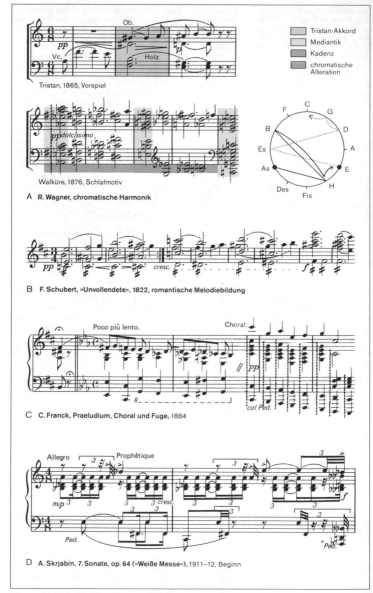

Tristan, 1865, Vorspiel

Walküre, 1876, Schlafmotiv

A R. Wagner, chromatische Harmonik

Legend:
- Tristan-Akkord
- Mediantik
- Kadenz
- chromatische Alteration

B F. Schubert, »Unvollendete«, 1822, romantische Melodiebildung

C C. Franck, Praeludium, Choral und Fuge, 1884

D A. Skrjabin, 7. Sonate, op. 64 (»Weiße Messe«), 1911–12, Beginn

Harmonik, Melodik, Historismus und Moderne

Gattungen

Die Romantik übernimmt alle Gattungen der Klassik, verwandelt und erweitert sie aber. Neu sind
- das poet., kleine Klavierstück,
- das Kunstlied SCHUBERTscher Prägung,
- die Symphon. Dichtung LISZTS,
- das Musikdrama WAGNERS.

Im 19. Jh. werden bei aller poet. Neigung Wort und Idee in der reinen Instrumentalmusik übersteigert und im Klang transzendiert. Komponisten wie SCHUBERT übernehmen Liedmelodien in die Instrumentalmusik, nie umgekehrt, und selbst im Gesamtkunstwerk WAGNERS führt die Musik.

Harmonik

Die romant. Harmonik führt die klass. weiter durch Chromatisierung, Alteration, Enharmonik bis an die Grenze der Atonalität (schwebende Tonalität).

Wegweisend wurde WAGNERS Tristan-Akkord. Er erklingt in einer a-moll-Kadenz als Doppeldominante H-dur mit tiefalterierter Quinte f (statt fis) im Baß und Vorhalt gis¹ zur Septime a¹ im Sopran (Ob.). Der Baßschritt f zur Dominante e (T. 2–3, imitativ zu f¹–e¹ in T. 1) enthält zugleich eine subdom.-phryg. Wirkung. Der komplexe Tristan-Akkord spiegelt die Spannungen des Stoffes wider: Liebe und Leid, Sehnsucht und Erfüllung, Tod und Erlösung (Abb. A).

Sequenztechnik, Kadenzfolgen, Mediantik geben der Harmonik immer neue Leuchtkraft. Das Auf und Ab chromat. Linien bringt oft tonal ferne Akkorde hervor, die in ihrer irisierenden Farbenfolge bes. Seelenzustände ausdrücken.

So steht das Schlafmotiv aus WAGNERS Walküre als »romant. Symbolisierung einer traumhaften Auflösung der Sinne« (KURTH; Nb. A).

Melodik

Wie in der Klassik führt die Melodie; um sie zu erfinden, empfiehlt noch STRAUSS, SCHUBERT zu studieren. Die Melodie ist weniger eine nach ästhet. Regeln und Gesetzen geformte Linie, als ein Gefäß des seel. Ausdrucks; ihr Charakter bestimmt ihre Qualität (oft: je »einfacher«, desto besser).

Psycholog. Motiv- und Themenbildung läßt sich in SCHUBERTS Unvollendeter beobachten: Gefahr, Bedrängnis, Fieber sprechen aus der bedrückenden engschrittigen Intervallfolge (h–ais), der chromatisch gesteigerten Wiederholung (cresc.), dem vibrierenden Tremolo der Streicher (Nb. B).

Rhythmik

Grundlage bleibt der gestisch erfüllte Akzentstufentakt der Klassik, mit psychologisch poet. Erweiterung wie Triolen gegen Duolen, Punktierungen als Idée fixe, Synkopen usw.

Polyphone Rhythmusschichtung an Grenzlage zur modernen Musik zeigt beispielhaft SKRJABINS 7. Sonate für Klav. (Nb. D).

Durch den bejahten Subjektivismus erscheinen Personalrhythmen, ganz vom Charakter des einzelnen Komponisten geprägt: z. B. BEETHOVENS Synkopen (auch Klopfmotiv S. 421), SCHUMANNS Punktierungen, BRAHMS' vorgezogene Akzente und Duolen-Triolen-Schichtung.

Klangfarbe

Die Romantik, die die Musik als innerstes Wesen des Universums und der Natur erlebte, bevorzugt naturnahe Klänge:
- Waldhorn (Jagd, Burg, Rittertum),
- Flöte (Pan, Arkadien, Hirtenidylle),
- Klarinette (Schalmei).

Die Universalität, aber auch der Materialismus des 19. Jh. bringen in der Musik mächtige Klangmassen mit sich (großes Orchester, große Chöre), die histor. Ausweitung führt zu neuen (alten) Instrumenten (BERLIOZ: Cymbales antiques), der religiöse, weihevolle Ausdruck läßt die feierl. Blechbläserklänge wachsen (Tuben, Posaunen).

Historismus

Das 19. Jh. knüpft an die älteren Traditionen an, schmilzt diese aber in ihrem Sinne um, erfüllt sie mit ihrem poet. Geist und verändert ihre Strukturen. Man sieht die ältere Musik nicht mit den Augen der Zeit, sondern mit den eigenen Augen: schöpfer. tätig, von den (BACH-)Transkriptionen LISZTS und BUSONIS bis zu ihren eigenen Neukompositionen.

CÉSAR FRANCK imitiert in den vom Barock angeregten Stücken Praeludium, Choral und Fuge auf dem Klavier orgelartige Klänge (lineare Stimmführung, breite Anlage durch die Bässe). Am Ende des Praeludiums erklingen eine hochchromat. Scheinpolyphonie, dann der Choral in romant. Verklärung (Arpeggio, pp, hohe Lage). Von den barocken Gattungen geht mehr Anregung für die romant. Phantasie als geschichtliche Orientierung aus (Abb. C).

Spätzeitcharakter

Die Entwicklung der musikal. Sprache der klass.-romant. Epoche führt am Beginn des 20. Jh. in Grenzbereiche aller Parameter, als Ausdruck eines Grenzbereichs geistig-seel. Art. Der Umschlag vollzog sich in die Moderne hinein, eine Reduktion führte zu einem neuen Klassizismus im 20. Jh.

In SKRJABINS myst. Sonate sind die romant. Strukturen noch vorhanden, aber komplizierter geworden, eben im Grenzbereich der Atonalität. Der transzendierende Geist entrückt der Musiksprache des 19. Jh. und drückt sich stärker aus: unstilisierter, umfassender, mystisch gefärbt, z. T. müssen Worte zum Verständnis helfen (Abb. D).

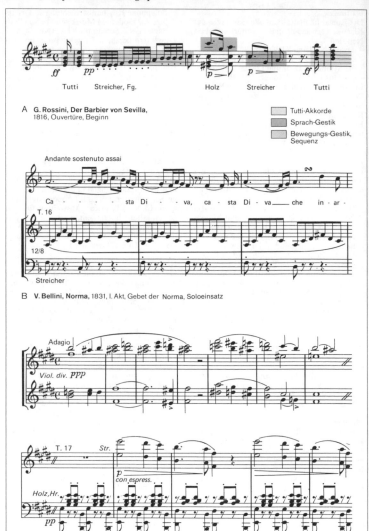

Tutti   Streicher, Fg.   Holz   Streicher   Tutti

A   G. Rossini, Der Barbier von Sevilla,
    1816, Ouvertüre, Beginn

Tutti-Akkorde

Sprach-Gestik

Bewegungs-Gestik,
Sequenz

Andante sostenuto assai

Ca - - - sta Di - - va, ca - sta Di - va___ che in - ar -

T. 16

12/8

Streicher

B   V. Bellini, Norma, 1831, I. Akt, Gebet der Norma, Soloeinsatz

Adagio

Viol. div. PPP

T. 17   Str.

p
con espress.

Holz, Hr.

pp

C   G. Verdi, La Traviata, 1853, Vorspiel, Beginn

Gestik, Belcanto, Melodik

Die ital. **Oper** mit ihrer hohen Gesangskultur verlor zwar gegen Ende des 18. Jh. ihre Vorherrschaft in Europa an die frz. Opéra comique und Grand Opéra, erhielt aber zu Beginn des 19. Jh. durch ROSSINI neuen Glanz und Erfolg, bes. die Opera buffa. Diese klingt dann aber endgültig mit DONIZETTI aus. Dafür tritt die große ernste Oper hervor mit dramat. Stoffen aus der Literatur (SHAKESPEARE, SCHILLER) und der Gegenwart (*Verismo*).
In der Musik entfalten sich entsprechend dramat. Formen, vor allem die zweiteilige Arie als *Cabaletta* mit *Cantabile* und Stretta-Schluß, dazu Ensembles. Die Musik behält jedoch gegenüber der Dramatik ihren Eigenstand. Die ital. Oper wird bei aller psycholog. Feinheit der Handlung und Musik nicht zum *Musikdrama* wie bei WAGNER.

GIOACCHINO ROSSINI, *1792 in Pesaro, †1868 bei Paris, schrieb neben wenig Instrumentalmusik 39 Opern, alle zwischen 1810 und 1829; darunter *Tancredi* und *L'Italiana in Algeri* (beide Venedig 1813), *Il barbiere di Siviglia* (Rom 1816), *Elisabetta* (Neapel 1815; mit Accomp.- statt Secco-Rezitativen), *Otello* (Neapel 1816; nach SHAKESPEARE), *Mosè in Egitto* (Neapel 1818), *Semiramide* (Venedig 1823). – Ab 1824 lebt ROSSINI in Paris in leitenden Ämtern (Ital. Theater). ROSSINIS letzte Oper ist *Guillaume Tell* nach SCHILLER, ein großes dramat. Werk (Paris 1829). 1830 wird er mit einer hohen Pension abgefunden. Er schreibt nur noch selten (KaM, KM): *Stabat mater* (1831–32/1841–42), *Petite Messe solennelle* (1863/67). 1836–48 lebt er in Bologna (Leiter des Kons.), bis 1855 in Florenz, dann nahe Paris.
ROSSINIS *Barbier* war vielleicht die meistgespielte Oper im 19. Jh. Der Stoff nach BEAUMARCHAIS wurde bereits 1782 von PAISIELLO vertont (S. 376): Graf Almaviva gewinnt mit Hilfe des Barbiers Figaro die schöne Rosina, die als bürgerl. Vollwaise bei Dr. Bartolo lebt (MOZARTS *Figaro* zeigt dieselben Personen in späteren Stadium).
Zu Beginn der Ouvertüre erklingen viele typ. Buffo-Elemente ROSSINIS: Kontrastreichtum auf allen Ebenen in Gestik, Rhythmik, Melodik, Dynamik, Klangfarbe (s. Farbfelder im Nb. A), dazu virtuose Stimmen- und Orchesterbehandlung. Zu ROSSINIS Idealen gehören einfache Melodik *(melodia semplice)* und klarer Rhythmus *(ritmo chiaro)*. So strahlt auch diese Zeile Durchsichtigkeit, kantige Konturen, Vitalität, geistreiches Spiel und sinnl. Schönheit aus (Nb. A; vgl. S. 436, C).

Neben und nach ROSSINI traten bes. hervor:
GAETANO DONIZETTI (1797–1848), ab 1838 Paris, ab 1842 Wien; ab 1844 geistig umnachtet, schrieb über 70 Opern, darunter die dramat. *Lucia di Lammermoor* (Neapel 1835), die Opéra comique *La fille du régiment* (Paris 1840) mit sentimentalen und Buffo-Elementen, endlich seine berühmte Opera buffa *Don Pasquale* (Paris 1843) als glänzender Ausklang dieser geistreich-spritzigen Operngattung.
VINCENZO BELLINI (1801–35), Neapel, ab 1833 Paris; berühmt die großen Opern *La sonnambula* und *Norma* (beide Mailand 1831).
Gegen die zunehmende Dramatisierung und damit oft musikal. Verflachung setzt der Lyriker BELLINI das Ideal einer hochstilisierten, aber ausdrucksstarken Schönheit (Vorbild MOZART). Er erfand Melodien von ungewöhnl. Qualität (schlicht begleitet).
BELLINI schrieb die Koloraturen seiner Partien aus. Die Linie verlangt die noble Gesangskultur des alten Belcanto, in der subtilste tonl. und rhythm. Varianten Ausdruck und Stilhöhe bewirken. Es spricht für die Kennerschaft des Publikums, das solche Feinheiten begeistert aufnahm. Die lautenartig arpeggierte Streicherbegleitung dient ganz dem Gesang: sie gibt ihm eine rhythm. Grundlage und trägt ihn durch den filigranen Streicherklang (Nb. B).
Der bedeutendste ital. Opernkomponist des 19. Jh. ist GIUSEPPE VERDI (S. 444f.). Sein Weg führt ihn aus den 40er Jahren (ROSSINI, BELLINI, DONIZETTI) bis an die Grenze des *Verismo* und der modernen Musik.
VERDI schreibt keine Buffo-Opern, sondern große dramat. Werke. Ihn interessieren menschl. Charaktere, Situationen, Schicksale. Aktiv nimmt er an der Entstehung seiner Libretti teil. Seine Musik erhält ihre Beseelung vom menschl. Gehalt des Textes. Dabei verläßt er nie das Ideal der ital. Gesangs-Oper mit dominierender Musik.
La Traviata gehört zu den Opern der Reifezeit. Zu Beginn und vor dem III. Akt malt ein Orchestervorspiel mit Violettas Schicksals- und Alfreds Liebesmotiv die Stimmung der Sterbeszene Violettas und zugleich die innige Lyrik der ganzen Oper. Die choralartige Melodie, ruhig, getragen, in klarer Periodik, ist voll religiöser Empfindung, der 4st. Satz bringt barocken Kp. mit hochromant. Harmonik (T. 5–8: chromatisch sequenzierend), der hohe Streicherklang vermittelt die Empfindung einer lichten, harmon. Engelsmusik (geteilte Violinen).
VERDI komponiert seine Arien mit tickendem Metronom. Klare, kantige und unbestechl. Rhythmen (ROSSINIS Ideale des *ritmo chiaro* und der *melodia semplice*) sind in ihrem elementaren Wesen zentraler Teil der ital. Musik und stehen für Urrhythmen in und um den Menschen. Darüber erhebt sich die einfache, ausdrucksstarke Gesangsmelodie um so ergreifender (Abb. C).
Alle psycholog. Feinheiten werden nicht mit Hilfe eines symphon. Orchestersatzes wie bei WAGNER, sondern nur durch die hohe Qualität der Melodie ausgedrückt. VERDIS Melodien begeisterten ganz Italien und Europa.

nein,   ihr Herz blieb kalt,   sie hat mich nie ge · liebt,   mich nie   ge · liebt!

A G. Verdi, **Don Carlos**, 1867, III. Akt, Philipps Monolog »Sie hat mich nie geliebt«

Vorspiel mit Siciliana Turiddus	7. Lied der Lola
1. Eingangschor	8. Duett: Santuzza-Turiddu
2. Szene: Santuzza-Lucia	9. Duett: Santuzza-Alfio
3. Lied des Alfio	10. Intermezzo sinfonico
4. Szene: Santuzza-Lucia-Alfio	11. Szene: Soli-Chor
Gebet: Santuzza-Lucia-Chor	Trinklied
5. Romanze und Szene: S.-L.	12. Finale (Tutti)
6. Szene: Santuzza-Turiddu	Turiddus Szene und Tod

Nr. 1

Chor: O,   sü · ße Len — zes-lust!

Nr. 4

Chor: Re — gi · na coe — li,   lae — ta — re

Nr. 12

Eine Frau (schreit voll Entsetzen)   lunga

Santuzza, Lucia
Chor

ffff   Han-no am-mazza — to com-pa · re Tu · rid · du!   Ah!
                                                                fff

Kb., Pk., come un mormorio

ppp   (simile)

B P. Mascagni, **Cavalleria rusticana**, 1890, Aufbau, Liedmelodik und Mordszene

■	instrumental
■	Gesang
■	Sprechgesang

II, 12 Vl.solo, Harfe

Fl., Ob.

B.:   Ei — nes Ta · ges sehn wir   ein Streif — chen Rauch im O — sten.

Klar.   come da lontano   sostenendo

C G. Puccini, **Madame Butterfly**, 1904, Arienbeginn

Dramatik, Farben

G. VERDI ging einen eigenen Weg von der ital. Gesangsoper zu einer ausdrucksstarken Dramatisierung, entsprechend den realist. Tendenzen des 19. Jh., mit aller psycholog. Subtilität der Charaktere und der Handlung, aber ohne WAGNER-Einfluß (keine *unendl. Melodie*, kein symphon. Orchestersatz).

Philipps Monolog aus *Don Carlos* zeigt beispielhaft, wie stark die Sprache in Rhythmus und Gebärde den Gesang bestimmt; aber oft wird *Sprechgesang* bei VERDI zu reiner *Melodik* (Nb. A).

Verismo

Der in der Literatur aufkommende Realismus und Naturalismus führte in der Musik Italiens gegen Ende des 19. Jh. zum sog. *Verismo* (ital. vero, wahr). Ziel des literar. Naturalismus ist eine realist. Darstellung der Welt ohne romant. Illusion oder Idealisierung, mit der inzwischen drängend notwendigen Sozialkritik. Die Musik kann dies nur bedingt leisten, denn ihre Mittel sind begriffslos und stilisiert; daher bezieht sich der Verismo zunächst auf den Stoff (Text) der Opern.

Die Handlung, oft in einfachen Schichten spielend, zeigt sich leidenschaftlich, kraß, zuweilen brutal mit Mord, Blut und Entsetzen, um zu erschüttern. Die Musik gibt sich etwas gröber in der Struktur und erreicht dadurch starke, zuweilen plakative Effekte.

Eine der zentralen Opern des Verismo ist *Cavalleria rusticana* (Rom 1890; nach G. VERGA) von PIETRO MASCAGNI (1863–1945), Oper in einem Akt, ein Eifersuchtsdrama aus einem sizilian. Dorf. Schon im Vorspiel erklingt aus dem Orchestergraben Turiddus *Siciliana*, nicht instrumental stilisiert, sondern real von ihm gesungen. Die Oper verbindet Volksszenen, Dialoge und Lieder in pausenloser Folge. Der reine Gesang hat eine musikalisch ebenso starke Wirkung wie der Sprechgesang eine dramatische. Die Spannung erhöht vor dem trag. Schluß ein orch. Zwischenspiel (Nr. 10).

Die Melodik ist einfach und volkstümlich. So erklingt der Frühlingschor des Volkes in süßen Terzen und wiegendem Dreier-Rhythmus (Nr. 1, Nb. B), das Gebet *Regina coeli* dagegen wie ein romantisch harmonisierter Choral (Nr. 4, Nb. B).

Die Musik schildert programmatisch Milieu (z. B. durch Volkstänze) und Situationen. Extrem realistisch stellt MASCAGNI den Mord an Turiddu dar, soweit dies musikalisch geht: dramatisches *ffff* zum Messerkampf der beiden Männer (unsichtbar), dann plötzlich Totenstille *(pppp)*; Alfio hat Turiddu erstochen. Kb. und Pauken *wie ein Murmeln* der entsetzten Volksmenge, anschwellend, darüber der Schrei einer Frau mit den Notenköpfen, nur der Rhythmus notiert; dann der Ausbruch des Entsetzens auf der Bühne *(fff, »Ah!«,* Nb. B).

Im Verismo tritt die Musik ganz in den Dienst der Darstellung äußerer und innerer Vorgänge, bei ersteren auf dem Wege zum Geräusch, wie es das 20. Jh. einsetzen wird, bei letzteren oft oberflächlich, gröberer Wirkung willen, wobei die Seelenvorgänge zuweilen psycholog. Tiefe entbehren.

VERDI distanzierte sich vom Verismo: *»Das Wahre genau abzuklatschen, mag ja etwas Zweckdienliches sein. Aber das ist Photographie, kein Gemälde, keine Kunst.«* Ihm fehlte die seel. Differenziertheit, die Vergeistigung der Vorgänge, die Binnendimension der Musik, die hohe künstler. Gestaltung.

Neben MASCAGNIS *Cavalleria* wurde *Der Bajazzo (Pagliacci,* 1892; Text: L.) von RUGGIERO LEONCAVALLO (1857–1919) die bekannteste Oper des Verismo. Beides sind ihrer gedrängten Realistik entsprechend *Kurzopern* (oft zus. aufgeführt).

Weitere Komponisten dieser Zeit: F. CILÈA, U. GIORDANO, A. CATALANI, F. ALFANO, R. ZANDONAI. Bedeutendster Opernkomponist der jüngeren Generation wurde:

GIACOMO PUCCINI (1858–1924), Lucca, Studium in Mailand; Werke: *Le Villi* (Mailand 1884), *Edgar* nach MUSSET, WAGNER-Einfluß (Mißerfolg); *Manon Lescaut,* nach PRÉVOST (Turin 1893); *La Bohème* nach MURGER von G. GIACOSA und L. ILLICA, Hauptlibrettisten PUCCINIS (Turin 1896); *Tosca* nach SARDOU (Rom 1900); *Madame Butterfly,* nach LONG (Mailand 1904, 2 Akte; Brescia 1904, 3 Akte); *La fanciulla del West* (N. Y. 1910); *La rondine* (Monte Carlo 1917); *Trittico* (3 Einakter): *Il Tabarro, Suor Angelica, Gianni Schicchi* (N. Y. 1918); *Turandot,* unvollendet, 3. Akt von F. ALFANO (Mailand 1926); Messe As-dur (1880); Requiem (1905); Kammermusik; Lieder.

Sehr typisch ist *La Bohème,* aus der bürgerlich-sentimentalen Vorstellung vom Künstlerleben, mit Milieu-Schilderungen, leicht plakativer Charakterzeichnung, wirkungsvollen Szenen. Die lyr. Qualität der Musik hebt die Oper über ähnl. Zeitprodukte.

PUCCINI versteht es, auch fremdländ. Stimmungen einzufangen und zu erzeugen. *Madame Butterfly* erhält durch Ganztonleiter und subtile Orchestration nach japan.-javan. Klangvisionen ihren exot. Charakter. Dabei erfindet PUCCINI Melodien von großer Schönheit, die selbst noch in fremdländ. Farbe ihre hohe ital. Gesangskultur bezeugen, aus deren Tradition sie erwuchsen. Als Beispiel für PUCCINIS einfallsreiche Instrumentation sehe man die Oktavkopplung Klarinette/Gesang, dazu Harfe, Solovioline und viele genaue Spielanweisungen *(wie von Ferne, einhaltend;* Nb. C).

PUCCINI gilt als Vertreter des Verismo, doch ist er zugleich der differenzierte Vertreter des *Fin de siècle,* der in der Lyrik seiner Klänge seine musikalisch hohen Ansprüche erfüllt.

Oberto	1839	Mailand
Un giorno di regno	1840	Mailand
Nabucco	1842	Mailand
I Lombardi	1843	Mailand
Ernani	1844	Venedig
I due Foscari	1844	Rom
Giovanna d'Arco	1845	Mailand
Alzira	1845	Neapel
Attila	1846	Venedig
Macbeth	1847	Florenz
(2. Fassung	1865	Paris)
I Masnadieri	1847	London
Jerusalem	1847	Paris
Il Corsaro	1848	Triest
La battaglia di Legnano	1849	Rom
Luisa Miller	1849	Neapel
Stiffelio	1850	Triest
Rigoletto	1851	Venedig
Il trovatore	1853	Rom
La Traviata	1853	Venedig
Les vêpres siciliennes	1855	Paris
Simone Boccanegra	1857 (81)	Venedig
Un ballo in maschera	1859	Rom
La forza del destino	1862 (69)	Petersburg
Don Carlos	1867 (84)	Paris
Aida	1871	Kairo
Otello	1887	Mailand
Falstaff	1893	Mailand

A **Verdis Opern**   ▢ Schaffensperioden

B **Maskenball**, Finale, Höhepunkt

▢ Soli, Individuum   ▨ Chor mit Soli, Klangfülle   ▨ Orchester, Begleitung

C **Falstaff**, I. Akt, in Fords Garten, Ännchen und Fenton

Begleitung des Gesangs   Begleitung der Aktion

Verdi: Zeittafel, Melodik und Gestik

GIUSEPPE VERDI,* 10. 10. 1813 in Le Roncole bei Busseto (Parma), † 27. 1. 1901 in Mailand; gefördert durch den Kaufmann BAREZZI in Busseto, ab 1832 Studium in Mailand (am Konservatorium abgelehnt) privat bei V. LAVIGNA (Satzlehre), dazu viel Praxis (Opernbesuche, Partiturstudium, Stimmenkopie); ab 1836 Leiter des Orch. *Società Filarmonica* und Musikschullehrer in Busseto; 1836 Heirat mit MARGHERITA BAREZZI (Tochter des Förderers); ab 1839 wieder Mailand. VERDIS 1. Oper *Oberto* wurde 1839 in Mailand gut aufgenommen. Während der Arbeit an der 2. Oper *Un giorno di regno* starben ihm Frau und Kind, auch kam VERDI mit Buffostoff und -stil nicht zurecht (starke ROSSINI-Nachahmung, Uneinheitlichkeit). Die Oper fiel durch (1840).

Die 40er Jahre. Mit seiner 3. Oper *Nabucco* fand VERDI seinen *ernsten, dramat.* Personalstil. Sie machte ihn, mit G. STREPPONI als Primadonna, schlagartig berühmt (1842). Not und Befreiung der Juden unter Nebukadnezar wurden zum Spiegel für die Befreiungsbewegung Italiens, der Gefangenenchor *Va pensiero sull' ali dorate* (Flieg Gedanke, auf goldenen Schwingen) zu einer Art Nationalhymne. VERDIS Name erscheint als kämpfer. Symbol: VERDI = *Vittorio Emanuele Re D'Italia*. Er selbst wird durch seine aktive polit. Haltung und durch sein Werk zum *Maestro della rivoluzione*. Er erhält zahlreiche Aufträge, und in dichter Folge erscheinen seine nächsten Opern. Musikalisch schließt VERDI an der ital. Gesangsoper ROSSINIS, BELLINIS an, zielt aber stärker auf die Darstellung der menschl. Charaktere und Situationen als auf reine Schönheit des Gesangs:
– Die alten Formen Rez., Arie, Ensembles und Chöre werden über die wachsenden großen Finali hinaus zu musikal. *Szenen* verbunden, mit rein musikal. Formen wie *Cantabiles, Cabaletten, Romanzen*.
– Das Orchester begleitet farbenreich, aber nicht symphonisch wie bei WAGNER.
Aus seinem Interesse am Stoff findet VERDI zur großen Literatur (*Literaturoper*): *Macbeth* (1847, SHAKESPEARE), *Luisa Miller* (1849, SCHILLER). Textdichter VERDIS sind u. a. T. SOLERA, S. CAMMARANO, A. BOITO. Die psycholog. Gestaltung und Führung der Charaktere interessierte ihn als Ausgangsbasis und Inspirationsquelle für seine Musik. So arbeitete er an seinen Libretti mit (bis zur Angabe des Versmaßes).
Im März 1848 unterbricht VERDI einen Paris- und London-Aufenthalt, um bei dem Mailänder Aufstand dabei zu sein. 1848 kauft er das Landgut Sant'Agata bei Busseto, wo er mit GIUSEPPINA STREPPONI lebt (Heirat 1859). 1849 feiert Rom und Italien mit der UA von *Battaglia di Legnano* die Revolution. Ab 1851 zieht VERDI sich nach Sant'Agata zurück.

Die 50er Jahre. *Rigoletto, Il trovatore* und *La Traviata* bilden eine Gruppe: ein Charakterdrama, eine Gesangsoper, dann beides vereint. »*Meine Noten, seien sie nun schön oder häßlich, schreibe ich nie zufällig, und ich sorge immer dafür, einen Charakter darzustellen*« (zu *Rigoletto*). *La Traviata* fiel zunächst durch und wurde erst in der überarbeiteten Form (Kürzung) zum Erfolg. Der *Maskenball*, 1858 in Neapel verboten, erlebte 1859 in Rom eine glanzvolle UA.
An den dramat. Höhepunkten der Oper stehen die großen Ensembleszenen. Die individuellen Charaktere (Soli) ragen aus der Masse hervor (Chor). Musikalisch verwebt VERDI alles zu einem hochromant. Klangbild: über dem begleitenden Orchester schwebt der mächtige Chorklang, überstrahlt von den Solostimmen (Amelias weitgeschwungene Linie); eindrucksvoll auch der dramat. Wechsel von Tutti und Solo (Richard), der zuweilen sehr sprachnahe Gesang (dramatisch begründet), die pausendurchbrochenen Abschiedsworte Richards: angestrengt, todgeweiht (Nb. B).
Bei VERDI liegt kein WAGNER-Einfluß vor, im Gegenteil sah VERDI im *Germanismo* die Gefährdung der ital. Musik. VERDI geht einen anderen Weg zur Dramatisierung, nicht unberührt von der Grand Opéra mit Chor und Massenszenen. Zur Eröffnung des Suez-Kanals 1870 komponierte VERDI die *Aida*. Die UA wurde um 1 Jahr verschoben, da die in Paris bestellten Kulissen und Kostüme wegen der dt. Belagerung der Stadt 1870/71 nicht ausgeliefert werden konnten.

Spätwerk. Die 70er Jahre bringen Ruhe in Sant'Agata und den Bädern von Montecatini. 1873 entsteht das einzige Streichquartett. Zum Tode MANZONIS komponiert VERDI das Requiem, das unter seiner Leitung am Todestag MANZONIS 1874 in *San Marco* zu Mailand uraufgeführt wird. 1879 beginnt er auf Anregung BOITOS die Arbeit am *Otello*, die Oper mit der stärksten Charakterzeichnung und einer fast kammermusikal. Subtilität. Auf Anregung BOITOS vollendet VERDI dann seine letzte Oper *Falstaff* (1893), eine *commedia lirica*, keine Opera buffa alten Stils.
VERDIS neuer Buffostil zeigt dialogisierendes Parlando, rasch, lebendig, affektvoll, wenige große melod. Bögen, die nur an best. Stellen aufblühen. Das Orchester nimmt starken Anteil, begleitend, mit dem Gesang verwoben, aber auch selbständig hervortretend: im 3. und 4. Takt malt es offenbar eine rasche, heftige Bewegung auf der Bühne aus (Nb. C). Alles wirkt spritzig, buffonesk, selbst die Schlußfuge.
Als letztes entstehen die *Quattro pezzi sacri* (UA 1898). 1897 stirbt GIUSEPPINA. VERDI stiftet u. a. ein Altersheim für Musiker in Mailand (*Casa di riposo*) samt allen Einnahmen aus seinen Werken zu dessen Erhaltung.

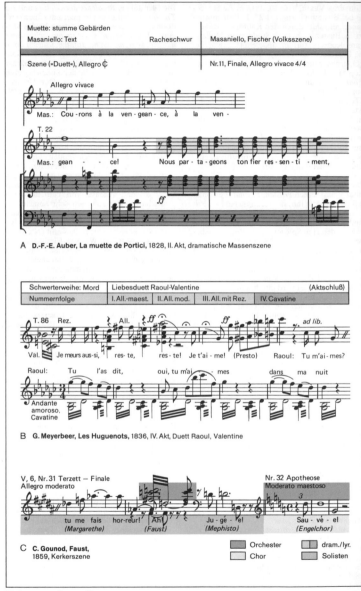

Muette: stumme Gebärden
Masaniello: Text · Racheschwur · Masaniello, Fischer (Volksszene)

Szene (»Duett«), Allegro ¢ · Nr.11, Finale, Allegro vivace 4/4

Allegro vivace

Mas.: Cou-rons à la ven-gean-ce, à la ven-

T. 22

Mas.: gean- -ce! Nous par-ta-geons ton fier res-sen-ti-ment,

ff

A   D.-F.-E. Auber, La muette de Portici, 1828, II. Akt, dramatische Massenszene

Schwerterweihe: Mord	Liebesduett Raoul-Valentine			(Aktschluß)
Nummernfolge	I. All.-maest.	II. All. mod.	III. All. mit Rez.	IV. Cavatine

T. 86   Rez.   All.   ff   ff   ad lib.

Val.: Je meurs aus-si, res-te, res-te! Je t'ai-me! (Presto) Raoul: Tu m'ai-mes?

Raoul: Tu l'as dit, oui, tu m'ai- -mes dans ma nuit

Andante amoroso. Cavatine

B   G. Meyerbeer, Les Huguenots, 1836, IV. Akt, Duett Raoul, Valentine

V, 6, Nr. 31 Terzett — Finale
Allegro moderato
Nr. 32 Apotheose
Moderato maestoso
3

tu me fais hor-reur! Ah! Ju-gé-e! Sau-vé-e!
(Margarethe) (Faust) (Mephisto) (Engelchor)

C   C. Gounod, Faust,
1859, Kerkerszene

☐ Orchester   ☐ dram./lyr.
☐ Chor   ☐ Solisten

Volksszenen, Dramatik

Die frz. **Oper** erhielt durch die polit. Vorgänge in Paris nach der Revolution und im ganzen 19. Jh. Impulse, die sie zu einem europ. Mittelpunkt werden ließen, mit starker Ausstrahlung auf die Opernproduktion der übrigen Länder. Die Aktualität des Stoffes, wirkungsvolle Dramaturgie und zündende Musik riefen starke Effekte hervor. Die verkündeten Ideale von Freiheit und Gerechtigkeit entsprachen den neuen Hoffnungen, und als die Restauration und eine skrupellose bürgerl. Ökonomie Resignation auslösten, boten Oper und Operette betäubende Illusionen.

Die Operngattungen in Frankreich waren die Grand Opéra, Opéra comique, das Drame lyrique und die Operette. Der Trend zum Gesamtkunstwerk ließ die Grenzen der ersten 3 Gattungen verwischen, die Operette führte ein Eigendasein.

Grand Opéra

Die Grand Opéra ist die ernste *große Oper*, durchkomponiert mit Rezitativen (statt gesprochener Dialoge) und Musikstücken, die im 19. Jh. dramat. verschmelzen. Sie führt die Tradition der Tragédie lyrique des 18. Jh. fort. Vorläufer: SPONTINI, *La Vestale* (1807). Höhepunkte: AUBER, *La muette de Portici* (1828), ROSSINI, *Guillaume Tell* (1829), MEYERBEER, *Robert de Diable* (1831), *Les Huguenots* (1836), HALÉVY, *La Juive* (1835).

Die Grand Opéra, repräsentative Operngattung der Julimonarchie 1830–48, spiegelt das erstarkende bürgerl. Bewußtsein techn. und wirtschaftl. Erfolge mit ihrer neuartigen Monumentalität und Mannigfaltigkeit auf der Bühne. Mit einer für den bürgerl. Geschmack typ. Hemmungslosigkeit häuft sie unterschiedl. Stile und Mittel der Wirkung wegen:
– maler. Szenen mit viel Volk (Tableaus) und überraschende Wendungen des Geschehens (Schocks);
– krasse Gegensätze von Volksszenen und privater Sphäre, von plakativen und zarten bis sentimentalen Äußerungen.

Den Stoff nahm man nicht mehr aus der Antike, sondern, wie die frz. Romantik (DUMAS, HUGO), aus MA und Neuzeit. Romantisch ist auch die Darstellungsweise: farbig, märchenhaft, wunderbar, volksnah, national. Der führende Textdichter war EUGÈNE SCRIBE (1791–1861).

Die musikal. Mittel umfassen alles, was man bisher in der Oper anwendete:
– Accompagnato-Rezitative *(Szenen);*
– *Arien, Cavatinen, Romanzen, Balladen;*
– Ensembles als wichtigste Partien;
– große Chöre, Volk darstellend;
– Ballette, klass. und im neuen Ausdruck;
– großes Orchester für eine farbenreich differenzierte Instrumentation, häufig mit programmatisch ausmalenden Effekten.

Nb. A: In der Accompagnato-Szene singt nur Masaniello, die Stumme, Muette, antwortet durch Gebärden, vom Orchester begleitet.

Die Stimmung ist dramatisch, der Inhalt revolutionär: Masaniello, der einzelne, der Held, begeistert die Volksmasse, die an seinen *stolzen Gefühlen* teilnimmt. Signalhafte Intervalle, marschmäßige Rhythmen (schnelle 4/4, auftaktig betonte Halbe), klare Harmonik (wenig Wechsel, Grundkadenzen), einfacher Chorgesang der Menge (häufige Unisoni, Terzen), rauschendes Orch. (Tremoli, mit Gesangslinie): alles hat eine dramat., ins Große zielende Wirkung.

Nb. B: MEYERBEERS *Hugenotten* erschüttern bes. durch die Teilnahme an einem Einzelschicksal. Der ev. Raoul liebt die kath. Valentine. Liebe steht gegen Verrat: Soll Raoul Valentine beschützen oder den Freunden zu Hilfe eilen? Den Höhepunkt bildet ein wechselvolles Liebesduett.

Chromat. Akkorde und Motive, Tempowechsel, Orchestereinwürfe beleben das Rezitativ. Die Cavatine schwingt in weiten Linien über einem Streichertremolo (seel. Erregung). Das Liebesduett bildet den Schluß des IV. Aktes, ehe im V. Akt Raoul und Valentine mit den übrigen Hugenotten ermordet werden.

Der Ort der Aufführung war die Große Oper in Paris (*Grand Opéra*). Entsprechend der zentralen Rolle, die Paris im 19. Jh. in Europa spielte, schrieben auch Ausländer große Opern für Paris, so VERDI, *Les vêpres siciliennes* (SCRIBE, 1855), *Don Carlos* (1867), WAGNER, Pariser *Tannhäuser*-Bearb. (1861).

Drame lyrique

Ab etwa 1850 tritt in Paris ein neuer Operntyp hervor, der wie die Grand Opéra ernste Stoffe behandelt, aber nicht wie diese mit der Tableau-Wirkung großer Volksmassen arbeitet, sondern Einzelschicksale und intimere, gefühlsgeladene Atmosphäre vorführt: das *Drame lyrique* (dagegen Tragédie lyrique im 18. Jh.). Wie im Drama gibt es gesprochene Dialoge, so daß das Drame lyrique formal als Typ der Opéra comique gilt; vertonte man jedoch die Dialoge als Rezitative (so nachträglich zu BIZETS *Carmen*), wird es zum Typ der Grand Opéra. Aufführungsort des Drame lyrique war in Paris jedoch nicht die Grand Opéra, sondern das Théâtre lyrique bzw. die Opéra comique.

Als erstes und charakterist. Drame lyrique erschien 1859 GOUNODS *Faust* (dt. *Margarethe*), eine Paraphrase von GOETHES Faust. GOUNOD arbeitet wirkungsvoll mit Kontrasten; dem Solo-Terzett mit dramat. Orchestereinwürfen, stets spannungsvoll wechselnd in Tonart und Chromatik, folgt erlösend der Engelschor in beseligendem G-dur (Margarethe ist *»gerettet«*, Nb. C).

Der religiöse Ton des Kirchenkomponisten GOUNOD *(Ave Maria)* verhalf der Oper und der Gattung gleichsam geistlich-säkularisierend zu großem Erfolg. GOETHE-Stoff vertonte auch A. THOMAS in *Mignon* (1866).

A G. Bizet, Carmen, 1875, chromatisches Leitmotiv
der Carmen und spanisches Kolorit

■ »Realität«
□ Fantasie-Welt

Vorspiel	I. Akt	II. Akt	III. Akt	Nachspiel
Luthers Keller	Spalanzanis physikal. Kabinett	Giulietta's Palast zu Venedig	Rat Crespels Haus	Luthers Keller
(Don Juan)	(Nachtstücke)	(Fantasiestücke)	(Serapionsbrüder)	(Don Juan)
Stella	Olympia	Giulietta	Antonia	Stella
	seelenlos Puppe	berechnend Kurtisane	sensibel Künstlerin	
Sprechrolle	lyr. Koloratur-Sopran	dramatischer Sopran	lyrischer Sopran	Sprechrolle
Lindorf	Coppelius	Dapertutto	Mirakel	Lindorf
Baß	Baß	Baß	Baß	Baß
Andreas	Coschenille	Pitichinaccio	Franz	Andreas
Tenor	Tenor	Tenor	Tenor	Tenor
Hoffmann (Dichter), Heldentenor				
Niklaus (Muse), Spielalt				

B J. Offenbach, Hoffmanns Erzählungen, 1881, Hauptpersonen, Barkarole (II. Akt)

Realismus und Spätromantik

Opéra comique

In der 1. Hälfte des 19. Jh. wird die Opéra comique als Gegenstück zur Grand Opéra weiter komponiert. Ihre bürgerl. Alltagsstoffe waren schon lange auch ernst und rührend, bis zur Revolutions- oder Rettungsoper (S. 381). In der Zeit der Restauration spiegelt die Opéra comique oft die bürgerl. Neigung, Ernst und Heiterkeit dicht nebeneinander zu setzen, wobei das Ernste leicht ins Sentimentale und das Heitere leicht zur Posse gerät. Es dominieren jedoch frz. Elan und Esprit. Anregender Textdichter ist EUGÈNE SCRIBE. Komponisten: BOIELDIEU mit *La dame blanche* (1825), AUBER mit *Fra Diavolo* (1830), HÉROLD und ADAM mit *Le postillon de Longjumeau* (1836).

Die Opéra comique hat gesprochene Dialoge und damit Nähe zum Schauspiel. Die Musik unterbricht diesen Dialog und zeigt einen Hang zur geschlossenen Nummer. Es sind Lieder (Romanzen, Balladen), kleine Arien, spritzige oder lyr. Ensembles, Chöre (Soldaten, Bauern) und ein malendes Orchester.

Nach etwa 1850 entwickelt die Opéra comique mit ernsten, lyr. oder dramat. Zügen das *Drame lyrique* (GOUNODS *Faust*, s. S. 446), andererseits wendet sie sich der Opéra bouffe und Operette zu. Im Hause der Opéra comique werden fortan die gegensätzlichsten Stücke gespielt.

Opernrealismus

Carmen von GEORGES BIZET war urspr. mit gesprochenen Dialogen eine Opéra comique. Die von E. GUIRAUD nachkomponierten Rezitative (BIZET starb 3 Monate nach der wenig erfolgreichen UA 1875 in der Opéra comique) rücken die Oper formal in die Nähe der Grand Opéra, zu der aber ihr Ton und ihr realist. Stoff nicht passen. Michaelas lyr. Partien erinnern an das Drame lyrique: die Grenzen zwischen den Operngattungen verwischen sich; alle Mittel werden eingesetzt, um neue Darstellungseffekte zu erreichen. Der milieugeprägte Stoff nach MÉRIMÉES Novelle und die charakterisierende Musik von BIZET sind typ. für den neuen Realismus in der Oper, Vorbild und Parallele zum ital. Verismo (S. 443).

Zum musikal. Realismus gehören die folklorist. Tänze in *Carmen*. BIZET glaubte sogar, in Carmens *Habanera* eine orig. span. Volksweise zu zitieren, aus einer Liederslg. (Melodie von SEB. DE IRADIER, auch *La Paloma*). BIZETS starke Chromatik und temperamentvolle Begleitung charakterisieren leitmotivartig Carmens Wesen. Milieufarben erklingt auch die spritzige *Seguidilla* (Nb. A).

Operette

Einaktige heitere Opern gab es in Paris ab 1854 von HERVÉ als *Folies concertantes,* und ab 1855 von J. OFFENBACH als *Bouffes parisiens (Musiquettes, Opérettes),* ein »genre primitif et gai«. Die mehraktigen heiteren Opern hießen *Opéras bouffes,* heute Operetten. Typisch für sie sind musikalisch leichte, oft aktuelle Chansons, modische Tänze (Cancan, Walzer, Galopp, Polka) und Märsche.

Anregung für die Tänze gab PH. MUSARD mit seinem Pariser Variété. Die Operette mußte in den Schlußball rauschhaft enden: so überspielte eine materialistisch und ökonomisch orientierte Gesellschaft ihre innere Unrast und Öde. Das mondäne Paris der Weltausstellungen (1855, 1867) strahlte auf Europa und Amerika aus. Überall ahmte man das Pariser Leben und die Pariser Operette nach. J. OFFENBACH wird tonangebend: *Orphée aux enfers* (1858) und *La belle Hélène* (1864) parodieren die großen antiken Opernstoffe, *La vie parisienne* (1866) die hohle Pathetik und Moral der Zeit.

Als letztes Werk schreibt OFFENBACH *Les Contes d'Hoffmann* (UA postum Paris 1881), eine große romant. Oper, die durch ihre lyr., musikal. Qualität (z. B. die *Barkarole* als venezian. Lied) und durch die rahmenartige Verbindung von Illusion und Realität die Doppelbödigkeit des Lebens traumhaft-farbig und zauberisch-romantisch auf die Bühne stellt (Abb. B).

Die Operetten des 19. Jh. haben sich ohne Bruch über die Zeitwende um 1900 und die Weltkriege bis heute ihr Publikum erhalten.

Komponisten der frz. Oper

FRANÇOIS-ADRIEN BOIELDIEU (1775–1834), Paris; *Le calife de Bagdad* (1800), *Jean de Paris* (1812), *Le petit chaperon rouge* (1818), *La dame blanche* (1825).

DANIEL-FRANÇOIS-ESPRIT AUBER (1782 bis 1871), Paris, CHERUBINI-Schüler; über 50 Opern, *Le maçon* (1825), *La fiancée* (1829), *Fra Diavolo* (1830), *La Part du Diable* (1843), *La muette de Portici* (1828).

GIACOMO MEYERBEER (JAKOB LIEBMANN MEYER BEER; 1791–1864), Berlin, ZELTER-Schüler, ab 1816 Italien, 1825 meist Paris; große Opern *Robert le Diable* (1831), *Les Huguenots* (1836), *Le prophète* (1849), *L'Africaine* (1865); ab 1842 meist Berlin.

HECTOR BERLIOZ (1803–69, s. S. 497); *Benvenuto Cellini* (1838), *Béatrice et Bénédict* (Baden-Baden 1862), *Les Troyens* (Teile Baden-Baden 1859; Karlsruhe 1890); *La damnation de Faust* (1846).

JACQUES OFFENBACH (1819–80), Köln, Cellist der Pariser Opéra comique, ab 1855 Theaterdirektor, über 100 Bühnenwerke.

LÉO DELIBES (1836–91); Paris; *Lakmé* (1883); Ballette *Coppélia* (1870), *Sylvia* (1876).

GEORGES BIZET (1838–75), Paris, HALÉVY-Schüler, Rompreis 1857; *Les pêcheurs de perles* (1863), *La jolie fille de Perth* (1867), *Djamileh* (1872), *Carmen* (1875), Bühnenmusik und Suite *L'Arlésienne* (1872).

Adagio.   Lei - se, lei - se, from - me Wei - se, schwing dich auf zum Ster - nen-krei-se!

Arie der Agathe (II,2)

☐ Klangmalerei
☐ gesprochen

Melodram: Kaspar (in 3 Pausen sich zur Erde neigend)

Schütze, der im Dunkeln wacht,
Samiel! Samiel! hab **acht!**
Steh mir bei in dieser **Nacht!,**
bis der Zauber ist voll**bracht!**
Salbe mir so Kraut als **Blei,**
Segn es sieben, neun und **drei,**
daß die Kugel tüchtig **sei!**

Samiel! Samiel! herbei!

V., Va.
_pp_ Pk., Bässe
Kl., Hr., Str.
Pk.

Andante

Jägerchor „Was gleicht wohl auf Erden" (III,4)

Brautchor „Wir winden dir . . ." (III,6)

A   C. M. v. Weber, Der Freischütz, 1821, Liedmelodik und Wolfsschluchtszene (II,6)

Andantino

Baculus: A B C D, der Jungge-sel-len-stand tut weh! E F G H, sind erst die lieben Jahre da.

B   A. Lortzing, Der Wildschütz, 1842, ABC-Lied (I,1)

_mf_ _p_
Traf ihr das Schiff im Mee - re an, blut-rot die Se - - gel, schwarz der Mast?
_mf_   _p_   _mf_

C   R. Wagner, Der fliegende Holländer, 1843, Senta-Ballade (II. Akt)

Melodik, Klangfarbe, Dramatik

Romantische Oper

Zu Beginn des 19. Jh. entwickelte sich als Typ die dt. *romant. Oper*. Sie handelt von Volkssagen, Märchen, romantisierter Geschichte. Die Natur (Wald, Meer) spielt eine zentrale Rolle, ebenso die Übernatur mit Geistern und dämon. Mächten. Charakteristisch ist die Erlösungsidee des in Schuld und Schicksal verstrickten Menschen. Gattungselemente:

– **Ouvertüre** (*Vorspiel*): stellt weniger den Inhalt der Oper dar als deren Stimmung.

– **gesprochener Dialog:** Singspieltradition; selten vertontes Rezitativ wie erstmals in Spohrs *Jessonda*, Webers *Euryanthe* (beide 1823) nach Vorbild der Grand Opéra.

– **Szene** (Accomp.-Rezitativ) **und Arie,** oft liedhaft, verdrängen die Folge Secco-Rez./Arie zugunsten der Dramatik.

Die Arie der Agathe im *Freischütz* hat eine volksliedhaft schlichte, innige Melodie, choralartig harmonisiert (Vorhalt T. 3). Dieser religiöse Gefühlston ist inspiriert von der romant. Idee der Liebe, die sogar den Sternenkreis mit einbezieht. Die Arie steigert sich, motiviert vom Geschehen (Rückkehr des Geliebten) zu Jubel und großer Gesangsvirtuosität. So entstehen zugleich *Cantabile* und *Stretta* nach ital. *Cabaletta*-Art (Nb. A; *Szene* s. S. 145).

– **farbige Instrumentation** schildert Charakter und Milieu.

– **Erinnerungsmotive** kehren wieder und schaffen eine dramat. und musikal. Einheit. Sie können eine *Melodie*, ein *Rhythmus*, aber auch eine *Klangfarbe* sein wie das Samiel-Motiv im *Freischütz* mit Klar., Hörnern, Streichern, Pauken (Nb. A).

Das Orchester malt Natur (Wolfsschlucht) und Übernatur (Teufel, Samiel) in romant. Farbe; dazu statt Gesang ein Schauer-Melodram: Kaspar beschwört den Teufel, indem er seine altdt. Knittelverse über einem chromatisch aufwärtsdrängenden Baß rezitiert. Die Wolfsschlucht-Szene beeindruckt das Gemüt, nicht den Verstand (Nb. A).

– **Ensembles, Finali, Chöre** beloben abwechslungsreich und farbig das Geschehen. Der *Jägerchor* erinnert mit Volksliedmelodik, Hornintervallen und Männerchorattitüde an dt. Art und dt. Wald. Der *Brautchor* steht eher unter frz. Einfluß der Opéra comique: eine idealtyp., bürgerl. Festlichkeit (Nb. A).

Zu den bedeutendsten Komponisten der dt. *romant. Oper* zählen

E. T. A. Hoffmann (1776–1822), Königsberg, Reichardt-Schüler in Berlin, ab 1808 Theater-Kpm. in Bamberg, ab 1814 Berlin (1816 Kammergerichtsrat); Musikkritiken (AmZ) als *Kapellmeister Johannes Kreisler;* Opern u. a. *Aurora* (1811/12), *Undine* (1816, nach Fouqué).

Louis (Ludewig) Spohr (1784–1859), Braunschweig, berühmter Geiger (S. 41),

ab 1822 Hofkapellmeister in Kassel; *Faust* (Prag 1816), *Jessonda* (Kassel 1823), zunehmend romantisch mit starker Chromatik *Der Berggeist* (1825), *Der Alchymist* (1830), *Die Kreuzfahrer* (1845).

Carl Maria von Weber (1786–1826), Eutin, Schüler M. Haydns und Abbé Voglers, ab 1813 Operndirektor in Prag, ab 1816 in Dresden; *Abu Hassan* (München 1811), *Der Freischütz* (Berlin 1821; Libretto F. Kind nach Apel/Launs Gespensterbuch), *Euryanthe* (Wien 1823; s. o.), *Oberon* (London 1826).

Heinrich Marschner (1795–1861), *Der Vampyr* (Leipzig 1828), *Der Templer und die Jüdin* (1829), *Hans Heiling* (1833).

Hier schloß Wagner mit seiner ersten Schaffensperiode an, die die dt. romant. Oper vom *Holländer* über *Tannhäuser* bis zu *Lohengrin* fortführte. – Der *Fliegende Holländer* verarbeitet persönl. Eindrücke eines Seesturms auf der Flucht von Riga nach London. Die Oper trägt ihren motiv. und stimmungshaften Kern in der zentralen Senta-Ballade.

In romant. Erzählton in düsterem Moll, mit Spannungspausen und erregtem Streichertremolo werden die Vorgeschichte und der tiefere Grund des Ganzen vorgetragen (*Expositionsballade,* Nb. C).

Komische Oper (Operette)

Aus der Singspieltradition und beeinflußt von der frz. *Opéra comique* (Chöre, Tänze, Chansons) entsteht im 19. Jh. die dt. komische Oper. Sie spricht in ihrer Mischung von heiterer bis burlesker Komik und gefühlvollen bis sentimentalen Tönen dem Geschmack des dt. Biedermeier der Restaurations- und Vormärz-Zeit, bleibt aber auch nach 1848 in Schwung. Komponisten:

Albert Lortzing (1801–51), *Zar und Zimmermann* (Leipzig 1837), *Der Wildschütz* (1842), *Der Waffenschmied* (1846).

Witzig, textbezogen, oft voll Ironie auf das Besitzbürgertum, musikal. leicht und zündend: eine Kunst, die mehr verdeckt und erfreut als klärt und ändert (Nb. B).

Otto Nicolai (1810–49), *Die lustigen Weiber von Windsor* (Berlin 1849);

Friedrich von Flotow (1812–83), *Martha* (Wien 1847);

Peter Cornelius (1824–74), *Der Barbier von Bagdad* (Weimar 1858).

Die klass. **Operette** durch

Franz von Suppé (1819–95), nach Offenbachs Pariser Vorbild u. a. *Die schöne Galathee* (1865);

Johann Strauss Sohn (1825–99), der Walzerkönig, *Die Fledermaus* (Wien 1874), *Eine Nacht in Venedig* (1883), *Der Zigeunerbaron* (1885);

Karl Millöcker (1842–99), *Der Bettelstudent* (Wien 1882), *Gasparone* (1884);

später Zeller (*Vogelhändler* 1891), Heuberger, Ziehrer, Lehár u. a.

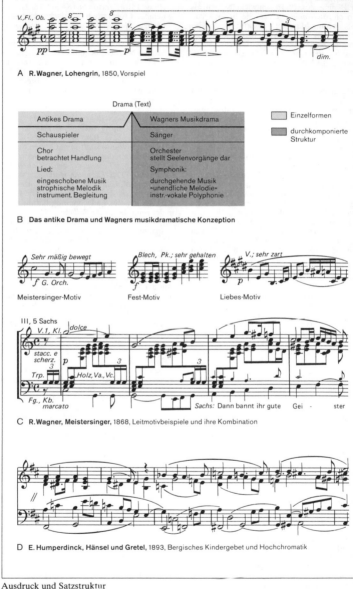

A   R. Wagner, Lohengrin, 1850, Vorspiel

Drama (Text)	
Antikes Drama	Wagners Musikdrama
Schauspieler	Sänger
Chor betrachtet Handlung	Orchester stellt Seelenvorgänge dar
Lied: eingeschobene Musik strophische Melodik instrument. Begleitung	Symphonik: durchgehende Musik »unendliche Melodie« instr.-vokale Polyphonie

☐ Einzelformen

☐ durchkomponierte Struktur

B   Das antike Drama und Wagners musikdramatische Konzeption

Meistersinger-Motiv   Fest-Motiv   Liebes-Motiv

C   R. Wagner, Meistersinger, 1868, Leitmotivbeispiele und ihre Kombination

D   E. Humperdinck, Hänsel und Gretel, 1893, Bergisches Kindergebet und Hochchromatik

Ausdruck und Satzstruktur

Wagners Romantische Oper

In *Lohengrin* (UA 1850) treibt WAGNER alle Charakteristika der dt. *romant. Oper* bis zum Äußersten. Die Tendenz zum Unendlichen überträgt das Historische und Sagenhafte des Stoffes ins Mythologische, ins Psychologische. Die Liebe zwischen Elsa von Brabant und Lohengrin als Ideal, das Frageverbot und seine Übertretung, der Erlösungsgedanke: alles findet sich innerlich und schicksalhaft verflochten, mit Ausweg nur ins Jenseits. Verflochten ist auch die Musik: die alten Nummern weichen einem durchkomponierten Ganzen, aus dessen Fluß sich musikal. Verdichtungen herausheben, z. B. Chöre.

Schon im *Vorspiel* erscheint das Bild eines herabschwebenden Grals. Die Musik erklingt in engelhafter Höhe und Reinheit choralartig langsam, feierlich pathetisch punktiert in fast kirchenmusikal. Kolorit. Scheinbar objektivierte Klänge stehen für ewiges Sein, jenseitig und verklärt (Nb. A; vgl. *Traviatas* Sterbeklänge, S. 440).

Wagners Musikdrama

Um 1850 entwirft WAGNER seine neue Theorie von der Oper als *Musikdrama,* vom Gesamtkunstwerk und von der Leitmotivtechnik (*Oper und Drama,* 1851). Im *Rheingold,* mit dem WAGNER 1853 die Komposition des *Ring* begann, wird das neue Musikdrama erstmals realisiert. Wagner verbindet die Oper mit der Bedeutungsschwere und Hintergründigkeit der Symphonik BEETHOVENS. Glaubte er um 1850 noch, die Bedeutung – also das Drama – treibe die Musik hervor, so erkennt er später (um 1870), daß die Musik sich selbst auf der Bühne vergegenwärtigt und dramat. Gestalt annimmt. Als lebendige Theaterkunst erreicht das Musikdrama Emphase und Erschütterung aller Beteiligten.

Im antiken Drama werden die dargestellten Einzelschicksale auf der Bühne vom *Chor* kommentiert. Er betrachtet die Seelenzustände und Handlungen der Menschen, zugleich sieht er den Gesamtzusammenhang zur Götterwelt und zu dem über die Menschen verhängten Schicksal. WAGNERS Orchester übernimmt die Funktion des antiken Chores: es beleuchtet die psycholog. Hintergründe des Bühnengeschehens und bringt sie mit Hilfe des *Leitmotivs* ins Bewußtsein (oder auch ins Unterbewußtsein, jedenfalls zum Klingen). Das Orchester »redet«, ein barockes Prinzip, wie die Romantik ja vieles mit dem Barock gemein hat, hier aber psychologisch vertieft. Leitmotive erinnern zugleich an Früheres. Sie erweitern dadurch die Gegenwart um die Vergangenheit. WAGNERS Konzeption entspricht damit, wie viele Stoffe, der historisierenden Art des 19. Jh.

Im antiken Drama sang der Chor in eingeschobenen Liedern. WAGNERS Orchester »redet« im fortlaufenden, symphon. Gewebe der Motive, ununterbrochen, vom Wesen der Sache beseelt. Auch die Gesangspartien sind in dieses Ganze verwoben, so daß keine abschnitthafte period. Melodik entsteht wie bei VERDI, sondern ein unendl. Strom instr.-vokaler Polyphonie. Dies meint WAGNER mit *unendlicher Melodie,* wie ein Waldesrauschen aus tausend Einzelstimmen. Das Ergebnis ist keine Gesangsoper im ital. Sinne mehr, sondern ein *Musikdrama,* worin dramatischer Sinn und musikalische Erscheinung verschmelzen (Abb. B).

In den *Meistersingern* gibt es etwa 40 **Leitmotive,** von denen die meisten psycholog. begründet und musikal. hörbar miteinander verwandt sind. Sie charakterisieren klingend: grade, ehern und klar das Meistersinger-Motiv; massiger, repräsentativer (Pos., Trp.) das Zunft-/Fest-Motiv, lyr. mit weicher Chromatik das Liebes-Motiv usw. (Nb. C).

Meisterhaft ist die kp. Kombination der 3 Motive im 3. Akt. Der Orchestersatz drückt hier aus, daß am Schluß die 3 oft gegensätzl. Bereiche in Harmonie zusammengeführt worden sind, weshalb Sachs sozusagen sekundär die »guten Geister« zitiert. Das Orchester begleitet den Sänger nicht, sondern ist wie er Träger des dramat. Geschehens und Ausdrucks (Nb. C).

Seine Idee von **Gesamtkunstwerk** meint nicht das Zusammenwirken der Künste (Dichtung, Musik, Gestik, Tanz, Architektur, Malerei) wie in der Barockoper, sondern eine neuartige Verwobenheit aller Künste.

Im *Ring des Nibelungen* verschränken sich Germanentum und pessimist. Gegenwartsdeutung einer sich im Ökonomischen entseelenden Welt. Erlebnis und Botschaft der Kunst treten an die Stelle der Religion, daher WAGNERS Idee der Festspiele. Einweihung des Hauses und UA des *Ringes* (1876) waren auch nationalpolit. Ereignisse.

Im Spätwerk WAGNERS, *Parsifal* (1882), gewinnt die Erlösungsidee christl. Farbe.

Die dt. Oper neben und nach Wagner

ist im wesentlichen durch WAGNER geprägt, in Auseinandersetzung oder Nachfolge. Bekannt wurden: PETER CORNELIUS, *Der Barbier von Bagdad* (1858); HERMANN GOETZ, *Der Widerspenstigen Zähmung* (1874); HUGO WOLF, *Der Corregidor* (1896; komische Oper); RICHARD STRAUSS, *Guntram* (1894); WILHELM KIENZL, *Evangelimann* (1895); ENGELBERT HUMPERDINCK, *Hänsel und Gretel* (1893; Märchenoper).

Das alte Kindergebet erklingt nicht in seiner einfachen, sequenzhaften Melodik, sondern als Oberstimme eines chromatisierten, hochromant. Satzes, dessen imitierende Polyphonie ein inniges, pseudoreligiöses Gefühl ausdrückt (Nb. D).

EUGEN D'ALBERTS *Tiefland* (Prag 1903) nähert sich dagegen dem ital. Verismo, allerdings in spätzeitl. stilist. Vielschichtigkeit.

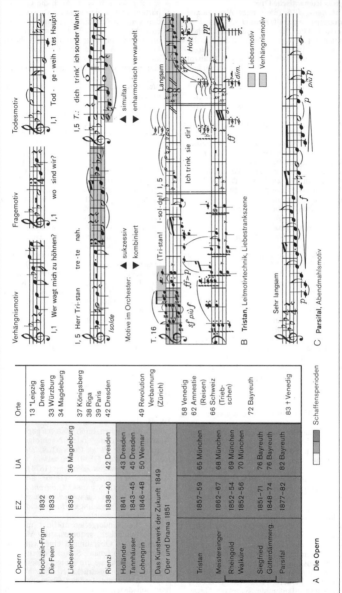

Wagner: Zeittafel, Leitmotivik, Melodik

RICHARD WAGNER, * 22. 5. 1813 in Leipzig,
† 13. 2. 1883 in Venedig, Jugend unter Stief-
vater GEYER (Schauspieler) in Dresden, ab
1828 Gymn. in Leipzig, ab 1831 Musik-Stu-
dium ebd., Kp. bei Thomaskantor WEINLIG.
Opernfragment *Die Hochzeit* (1832).
Opernkapellmeister 1833–39
zuerst in Würzburg; *Die Feen* (1833–34), romant. Oper; ab 1834 Magdeburg; komische
Oper *Das Liebesverbot* (1834–36); mit seiner
ersten Frau, der Schauspielerin MINNA PLA-
NER, 1836 nach Königsberg, 1837 Riga;
Rienzi begonnen, im Stil des Grand Opéra;
März 1839 stellungslos, verschuldet, Flucht
über See nach London und Paris.
Pariser Aufenthalt 1839–42
1840 *Rienzi* vollendet (UA Dresden 1842);
neue Schaffensperiode mit der *romant. Oper:*
Dichtung und Komp. des *Fliegenden Hollän-
ders,* 1841 (UA Dresden 1843).
Hofkapellmeister in Dresden 1843–49
Aufführung von BEETHOVENS IX. Symphonie
1846; *Tannhäuser und der Sängerkrieg auf
der Wartburg,* 1842–45 (UA Dresden 1845);
Lohengrin, 1845–48 (UA Weimar 1850
durch LISZT); Maiaufstand 1849, Flucht und
steckbriefl. Suche, über Weimar ins
Züricher Asyl 1849–58
Wende in WAGNERS Schaffen von der *romant.
Oper* zum *Musikdrama.* In seinen kunsttheo-
ret. Schriften *Die Kunst und die Revolution*
(1849), *Das Kunstwerk der Zukunft* (1849)
und *Oper und Drama* (1851) legt WAGNER
seine Konzeption vom *neuen Musikdrama*
vor. Die Realisation geschieht danach, zunächst im *Ring des Nibelungen.* Die Dichtung
dazu beginnt mit dem Ende des Stoffes, der
Götterdämmerung (schon 1848 als *Siegfrieds
Tod*). Um auch die Vorgeschichte zu dramatisieren statt zu erzählen (Expositionsballade), dichtete WAGNER den *Siegfried*
(1851–52), *Das Rheingold* (1851–54) und
Die Walküre (1851–56); Kompositionsfolge:
ab 1853 Rheingold, Walküre, Siegfried 1.
und 2. Akt, bis 1857. Dann Aufgabe des
Asyls (Liebesverhältnis zu MATHILDE WESEN-
DONK, Frau des gastgebenden Kaufmanns
OTTO W.); *Wesendonk-Lieder* als Vorstudie
zu *Tristan* und Beginn der *Tristan*-Komposi-
tion. Die Lieder *Träume* und *Im Treibhaus*
gehen in den *Tristan* ein (Liebesduett II. Akt
und Vorspiel III. Akt).
Im *Tristan* verarbeitet WAGNER das WESEN-
DONK-Erlebnis. Mit der Eigeninterpretation
des mittelalterl. Romans (GOTTFRIED VON
STRASSBURG, um 1200) gelingt WAGNER eine
ekstat. Apotheose der Liebe. Die Konzeption
der unendl. Melodie bringt durch ihre Harmonie mit dem innersten Gehalt des *Tristan*
traumhaft sicher eine vollkommene künstler.
Gestalt hervor. Die Musik ist erfüllt vom
Schmelz einer hochexpressiven Chromatik
(zum Tristan-Akkord s. S. 439).
Der Terminus *Leitmotiv* stammt von WOLZO-
GEN (1876). WAGNER spricht von *themat.* oder

melod. Motiven, Grundthemen, Ahnungs-
oder *Erinnerungsmotiven* (wie bei WEBER,
BERLIOZ; vgl. S. 451). Neu ist deren ganzheitl. Verwendung in Satz und Anlage.
– *Verhängnismotiv:* engschrittig klammernd,
  mit Halbtonklage; Isoldes Verhöhnung
  durch Tristan-Tantris (Text) birgt das Verhängnis (Motiv).
– *Fragemotiv:* drückt gestisch »Frage« aus,
  wie die Sprechmelodie nach oben gerichtet
  (*»offen«*); verschieden rhythmisiert; schon
  barockes Motiv, auch bei BEETHOVEN (op.
  110), SCHUBERT u. a.
– *Todesmotiv:* mit Oktavsturz und pathet.
  Punktierung. Alle Motive werden *verflochten:* so das Liebes- mit dem Verhängnismotiv, denn die Liebe wird zum Verhängnis
  (T. 16). Das Motiv kann auch im Orchester
  gleichzeitig zum Gesang erklingen und damit eine wichtige zusätzl. Aussage treffen:
  zu Tristans *»dich trink' ich sonder Wank«*
  (Todes- bzw. Liebestrank) ertönt im Orch.
  das Verhängnismotiv, als Mahnung und
  Schicksal (I,5; Nb. B).
  Das Orchester schildert die innersten Vorgänge auch ohne die Sänger. Der Liebestrank, als vermeintl. Gift dramatisch ge-
  trunken, führt nicht zum Tode, sondern
  zum Er- und Bekennen der Liebe. Ent-
  sprechend verwandeln sich Harmonik (as-
  moll zu H-dur: enharm. ces/h, as/gis),
  Tempo, Klangfarbe (Holz), Dynamik (*ff* zu
  pp), Melodik (*Liebesmotiv,* Nb. B).
Venedig, Luzern, Paris 1858–61
Tristan und Isolde 1859 beendet; Pariser
Tannhäuser-Bearb. (1861); Amnestie 1862.
Konzertreisen 1861–64
Ruf LUDWIGS II. nach München 1864/65;
UA des *Tristan* unter HANS VON BÜLOW
(München 1865).
Tribschen bei Luzern 1866–72
Die Meistersinger von Nürnberg (1861–67)
beendet (UA München 1868). COSIMA
(1837–1930), Tochter LISZTS und der Gräfin
D'AGOULT, Frau BÜLOWS, folgt WAGNER
1868 nach Tribschen (Sohn SIEGFRIED
* 1869; Ehe 1870). NIETZSCHE-Besuche
1869–72. *Siegfried* (1864–71) beendet.
Bayreuth 1872–83
Bau des Festspielhauses 1872–76; Kompos.
der *Götterdämmerung* 1869–74; UA des
Ring im August 1876 unter H. RICHTER, des
Parsifal 1882 unter H. LEVI.
WAGNER gestaltet einen vielgliedrigen Pro-
sarhythmus. Das *Abendmahlsmotiv* erklingt als scheinbar unendl. Fluß, spätzeitl.,
innig bewegt (NB. C).
Bei WAGNER verbinden sich BEETHOVENS
symphon. Sprache, theatral. Ausdruck und
eine irrationale Metaphysik (SCHOPENHAUER-
Lektüre 1854) zu einem Mythos der Kunst,
dessen Pathos über das Musikdrama hinaus
zum Kult überhöht und ins Gesellschaftlich-
Politische getragen wurde. Dem Wunder des
Werkes tat dies keinen Abbruch.

A **B. Smetana, Die verkaufte Braut,** 1866, I. Akt, 1. Szene, Marie, Hans, Dorfleute

B **A. Dvořák, Rusalka,** 1901, I. Akt, Rusalkas Monolog

C **M. Mussorgskij, Boris Godunow,** 1874, Prolog, 2. Bild, Krönungsszene

Der Osten

Im 19. Jh. entwickelte sich in fast allen europ. Ländern eine **Nationaloper**, Spiegel des wachsenden nationalen und polit. Bewußtseins dieser Länder (die dtsch. Julirevolution 1830 wurde z. B. unmittelbar nach einer Aufführung von AUBERS *La muette de Portici* in Brüssel ausgelöst). Die Stoffe waren urspr. austauschbare Einkleidungen der Ideen Freiheit, Gerechtigkeit usw. AUBERS *Muette de Portici* spielt in Italien, ROSSINIS *Guillaume Tell* in der Schweiz (komponiert von einem Italiener in Frankreich). Diese noch klass. Tradition weicht mehr und mehr dem romant. Interesse an der Eigenart und der Lokalfarbe: das Nationale, die Gestalten und Orte der Geschichte gehören über die maler. Dekoration hinaus zur zentralen Idee selbst. Das erwachende Geschichtsbewußtsein der Romantik fällt mit dieser Entwicklung zusammen.

England. J. BARNETT (1802–90); A. S. SULLIVAN (1842–1900), *Ivanhoe* (1891); wirkte zus. mit W. S. GILBERT an der *Savoy Opera* (engl. Gattung der Operette).
Skandinavien. HARTMANN (Dänemark), SINDING (Norwegen), HALLSTRÖM und HALLÉN (Schweden).
Polen. ELSNER, KURPIŃSKY und MONIUSZKO (*Halka* 1846–47).
Südosten. ERKEL (Ungarn), SAVIN, (Slowenien), HRISTIĆ (Serbien), ATANASOW (Bulgarien).
Böhmen und Mähren. F. ŠKROUP (1801–62), Singspiele *Drátenîk* (Prag 1826), *Fidlovačka* (Prag 1834); bes. BEDŘICH SMETANA (1824–84), u. a. 8 Opern: *Die verkaufte Braut* (Prag 1866), *Dalibor* (1868), *Der Kuß* (1876), *Libussa* (1881), eine Art tschech. Nationaloper.

Die komische Oper *Die verkaufte Braut* spiegelt dörfl. Niveau und Gestalten. Volksliedartige Melodik und folklorist. Tanzrhythmen geben lebendige und typ. Farben (Nb. A).

ANTONÍN DVOŘÁK (1841–1904), 10 Opern: *König und Köhler* (Prag 1874), *Dimitrij* (1882), *Rusalka* (Prag 1901).

Die Märchenoper von der Wassernixe *Rusalka* schlug durch mit ihr lyr., nationales Kolorit und ihre scheinbare Naivität alle in den Bann. Rusalkas Monolog schwingt leicht bewegt über östl. Harmonik (Bordunklänge, Subdom.-Wirkungen; Nb. B.)

Es folgen Z. FIBICH (1850–1900) mit *Die Braut von Messina* (Prag 1884); J. B. FOERSTER, V. NOVÁK, O. OSTRČIL, LEOŠ JANÁČEK (1854–1928) mit *Šárka* (1887–88) und *Jenufa* (Brünn 1904).
Rußland kannte schon im 18. Jh. westl. (*ital.*) Opern an den Hoftheatern, setzte aber im 19. Jh. eine nationale Entwicklung dagegen: MICHAIL GLINKA (1804–57) mit *Iwan Susanin* (*Ein Leben für den Zaren*, Petersburg 1836), *Ruslan und Ludmila* (1842), A. S.

DARGOMYSCHSKIJ (1813–69) mit *Rusalka* (Petersburg 1856), *Der steinerne Gast* (1872).
Die jüngere Generation sucht entschiedener russ. Eigenheit in Stoff und Musik. Zentren sind weiterhin Petersburg, aber nun auch Moskau mit A. und N. RUBINSTEIN und A. N. SEROW. In Petersburg wirkte das *Mächtige Häuflein* der Novatoren, die Gruppe der Fünf: MUSSORGSKIJ, BORODIN, CUI, BALAKIREW und RIMSKIJ-KORSAKOW.

»Über wie viel Poesie, Gefühl, Talent und Können das kleine, aber mächtige Häuflein der russ. Komponisten verfügt!« Kritiker STASSOW nach einem Konzert unter BALAKIREW in der ethnograph. Ausstellung Petersburg 1867.

MODEST PETROWITSCH MUSSORGSKIJ (1839–81) aus Karewo (Pskow), pianist. und kompositor. Studien, Offizier, Beamter, ab 1856 im *»mächtigen Häuflein«*.

MUSSORGSKIJ war brennend an Stoffen aus der russ. Geschichte, Sage und Dichtung interessiert, auch an einer Musik typisch russ. Prägung. So bewirkt die russ. Sprache in ihrer Vertonung in Rezitativ und Melodik einen eigenen Duktus. Auch die Harmonik, die Rhythmik und die Klangfarben (Instrumentation) zeigen bewußt russ. Charakter. – Fragment blieb die Oper *Salammbo* (1863–66, FLAUBERT), ebenfalls die erste russ. Oper *Schenitba* (*Die Heirat*, 1868, nach GOGOL). Dann folgt *Boris Godunow* nach PUSCHKINS Boris-Chronik (1830) bzw. KARAMSINS Geschichtswerk (1816–29). Die Urfassung entstand 1868–69 (UA 1928), die gekürzte endgültige Fassung 1871–72 (UA Petersburg 1874), später bühnenwirksam neu instrumentiert und bearbeitet von RIMSKIJ-KORSAKOW (1896), auch SCHOSTAKOWITSCH (1940).

Die Musik spiegelt in ihrer Melodik, kirchentonalen Harmonik, ungradzahligen Taktperiodik, ihren Taktwechseln und Synkopen russ. Volks- und Kirchenmusik, die MUSSORGSKIJ z. T. auch direkt verwendet. In der Krönungsszene erklingt nach den mächtigen Glocken-Imitationen eine solche Originalmelodie, die *Slava* (berühmtes russ. Lied; Textbeginn u. Name), als Huldigungschor des Volkes, zunächst im hellen Oberchor, dann im vollen Satz. Die Melodie ähnelt dem Promenadenthema in *Bilder einer Ausstellung* (Nb. C).

Es folgen *Mlada* (1872, mit BORODIN, CUI, MINKUS, RIMSKIJ-KORSAKOW), *Chowantschina* (1873–80) und *Sorotschinskaja Jamarka* (1876–81, Fragm.).

ALEXANDER P. BORODIN (1833–87) mit *Knjaz Igor* (*Fürst Igor*, 1890), NIKOLAI A. RIMSKIJ-KORSAKOW (1844–1908) mit *Sadko* (1898) u. a. verfolgen die gleiche russ. Linie.

Westl. Einfluß mit russ. Eigenart verbindet PETER I. TSCHAIKOWSKY (1840–93) in seinen 10 Opern, bes. in *Evgenij Onegin* (Moskau 1879, nach PUSCHKIN) und *Pikovaja dama* (*Pique Dame*, Petersburg 1890).

A   **F. Mendelssohn, Elias,** 1846, Gesamtanlage,
     Baal-Szene und Solistenterzett (Engel)

Lied-/
Motettenstil

fis-moll/Es-dur

B   **F. Liszt, Die Legende von der heiligen Elisabeth,** 1862
     Anlage, Leitmotiv der Elisabeth und Kreuzritterchor

Historismus und Moderne

Die bürgerl. Musikkultur ließ im 19. Jh. eine Vielzahl von Gesangsvereinen und Oratorienchören entstehen, so daß auch die Oratorien-Neukomposition eine große Rolle spielte. HAYDNS **Oratorien** hatten eine Welle von Oratorien-Begeisterung über ganz Europa verbreitet, aber auch Maßstäbe gesetzt. Die Romantiker brachten neue Impulse in Ausdruck und Wirkung (BERLIOZ), zugleich auch historisierende Stilmomente, die in ihrer klassizist. Haltung dem bürgerl. Geiste nahekamen (MENDELSSOHN). Die Bejahung sowohl geistl. wie weltl. Stoffe aus Bibel und Geschichte waren für die liturgisch meist ungebundenen Chorvereinigungen kein Problem, da der gesuchte Ton allg. sittl. Erhebung und religiöser Innigkeit jedenfalls getroffen wurde. War auch im säkularisierten Zeitalter die feste Geborgenheit im christl. Glauben zerborsten, so trat doch eine etwas allgemeinere Weltfrömmigkeit und Glaubenssehnsucht an die Stelle, die auch zu einer innigen privaten Glaubenshaltung führen konnte. Der Konzertsaal, in dem man Oratorien aufführte, wurde dann zur Kirche.

Deutschland führte in der ersten Jh.-Hälfte, aus der Tradition der Klassik, u. a. mit: J. EYBLER, *Die vier letzten Dinge* (1810); M. STADLER, *Die Befreyung von Jerusalem* (1813); BEETHOVEN, *Christus am Ölberge* (1803); F. SCHNEIDER, *Das Weltgericht* (1819), 15 weitere Oratorien; L. SPOHR, *Das jüngste Gericht* (1812), *Die letzten Dinge* (1826), *Der Fall Babylons* (1842); C. LOEWE, *Die Zerstörung Jerusalems* (1829), *Gutenberg* (1836, weltl.).

Große Wirkung hat F. MENDELSSOHN BARTHOLDY mit seinen beiden Oratorien *Paulus* (1836) und *Elias* (1846), die mit dem *Christus* (Fragm.) ein Triptychon ergeben sollten. MENDELSSOHN erlebte früh die BACH-Tradition Berlins und seines Lehrers ZELTER. In den Oratorien orientiert er sich auch an HÄNDEL und HAYDN. Das betrifft stilist. Einzelheiten wie die Rezitativ-Begleitung, die fugierten Partien, die Chöre, die Gesamtanlage in Großteile (Akte) und musikal. Nummernfolge mit Arien, Ensembles, Chören.

Im *Elias* singt die Hauptfigur vor der Ouvertüre noch ein einleitendes Rezitativ (Abb. A). – Die Rezitative sind textinspiriert lebendig; der Höhepunkt des I. Teils, die Herausforderung des Elias durch den Baalsruf, wird dramatisch durchkomponiert: eine große Pause steigert nach dem *ff*-Ruf der Spannung; Elias antwortet hoheitsvoll mit Oktavsprung nach oben und feierlich, liturgisch klingender Quarte *es-b*, mit Takt-, Tempo-, Tonartwechsel (4/4, Adagio, heroisches Es-dur); Elias' Arie schließt attacca an (Quartmotiv; Nb. A). MENDELSSOHNS Melodik so voll eigenem Schmelz: das Terzett der 3 Engel *Hebe deine Augen* beginnt mit einem Liedsatz, der

in seiner schlichten Innigkeit eher an Lieder ohne Worte als an ein Oratorium erinnert. Die geistl. A-cappella-Vorstellung des 19. Jh. läßt die 3 Engel ohne Begleitung singen. In der motett. Fortführung des Terzetts dagegen tauchen Imitation, kp. Arbeit und historisierende Motivbildung auf. Der Satz bleibt aber auch hier u. a. durch klangvolle Terzparallelen und Harmonik von romant. Geist erfüllt (Nb. A).

ROBERT SCHUMANN schrieb 2 Oratorien, beide weltl. Märchen: *Das Paradies und die Peri* (1843), *Der Rose Pilgerfahrt* (1851).

Das Erlösungsmotiv, ursprünglich geistlich, im 19. Jh. aber auch in der Oper, tritt auch im Oratorium auf. LISZTS *Die Legende von der hl. Elisabeth* (1862) ist eine geistl. Parallelgeschichte zu WAGNERS *Tannhäuser*, dessen Elisabeth-Gestalt der LISZTSCHEN vorangeht.

LISZT komponiert sein Oratorium wie eine geistl. Oper in 2 Akten bzw. Teilen und 7 Bildern bzw. Nummern durch. Das einzelne Bild ist wieder in Abschnitte unterteilt (Schema B). Es entsteht eine Art Symphon. Dichtung, mit rein symphon. Teilen, Accompagnato-Rezitativen, Ensembles und Chören, aber ohne Arien. Wie WAGNER in seinen Musikdramen arbeitet LISZT mit Leitmotiven. Die hl. Elisabeth charakterisiert er mit einer zarten Flötenmelodie, das alte *Quasi stella matutina* bzw. *Joseph lieber Joseph mein* (*dolcissimo*). Das gleiche Motiv kann aber auch in pompöser Aufmachung triumphal einherschreiten. Die Melodie des Kreuzritterchores stammt aus dem gregor. Gloria (10. Jh.; Nb. B).

LISZTS Oratorium *Christus* (1862–67, UA 1872) in lat. Sprache wechselt zwischen chorischen A-cappella-Sätzen und symphon. Instrumentalteilen (frz. Einfluß).

Frankreich
kannte Oratorien mit lat. Texten zu liturg. Gebrauch wie LE SUEURS *Oratorio pour le couronnement*, das auszugsweise zur Krönung NAPOLEONS I. (1804), vollst. zu der KARLS X. (1825) erklang. Die frz. Oratorien heißen oft wie die mittelalterl. geistl. Dramen *Mystère* oder *Drame sacré*. Ab 1850 tritt Frankreich verstärkt mit Oratorien hervor: H. BERLIOZ, *L'enfance du Christ*, eine *Trilogie sacrée* (1854); C. GOUNOD, *Tobie* (1865), *La rédemption* (1882); C. SAINT-SAËNS, *Oratorio de Noël* (1858), *Le déluge* (1875); C. FRANCK, *Rédemption*, ein *Poème symphonique* (1872/74), *Les béatitudes* (1879); J. MASSENET, *Marie-Magdeleine*, ein szen. *Drame sacré* (1873), *La terre promise* (1900).

Kantaten und Motetten
Neben den Oratorien spielt die geistl. und weltl. *Kantate*, gleicher Art, aber kürzer, für die Chorvereinigungen eine wichtige Rolle (z. B. BRAHMS, GOETHE-Text *Rinaldo*, 1868). Auch entstehen wieder viele Motetten.

A   F. Schubert, Messe As-dur, D 678, 1822, Klänge als Ausdrucksmittel

	I	II	III	IV	V
	Te Deum	Te ergo quaesumus	Aeterna fac	Salvum fac	In te Domine speravi
	Allegro, C	Moderato, f	Allegro, d	Moderato, f	Mäßig bewegt, C

variierte Reprise

Te De - um lau - da - mus! te Do - mi-num con - fi - te - mur.

II. T.17 (Moderato)

T.solo: quos pre - ti - o - so san - gui-ne,

V.solo

cresc. sempre

Str.

V. S.: In te, Do-mi-ne spe-ra-vi, in te, — in te, — in te, —

Fuge

A.: non con - fun - dar in ae - ter - num, non con - fun -

B   A. Bruckner, Te Deum, 1881–84, Anlage und Einzelstrukturen

Ostinato   Unisono (»Choral«)   Mediantik   »barock«

Symphonische Messe, Te Deum

Die geistl. Musik spielt im 19. Jh. nicht mehr die zentrale Rolle wie früher. Dies gilt erst recht für den engeren Bereich der liturg. **Kirchenmusik.** Die Säkularisation (1802/03) war Ausdruck der Emanzipation der bürgerl. Gesellschaft von der Kirche. Aufklärung und Revolution schlugen Lücken, die die romant. Universalreligion und Alliebe zwar überbrückten und überhöhten, die aber im realist. Leben des 19. Jh. nicht mehr erfüllt werden konnten. Das schließt private Frömmigkeit nicht aus. Im musikal. Bereich entstehen historist. und pietist. Bewegungen, wie der Caecilianismus, dazu ein vom kompositor. Mittelmaß bestimmter kirchenmusikal. Alltag. Darüber hinaus aber gibt es überragende geistl. Werke der großen Komponisten.

Kath. Kirchenmusik
Zur Wiener und österr. Tradition der kath. KM, die durch ihre handwerkl. kp. Grundlage seit Fux (1725) etwas Ungebrochenes hat, gehören Abt Maximilian Stadler (1748–1833), Hoforganist und Kompositionslehrer Simon Sechter (1788–1867), der noch Bruckner unterrichtete. Im südtl. Raum wirken Kaspar Ett (1788–1847), Franz Lachner (1803–90) u. a.
Schuberts Messen erwuchsen aus der klass. Tradition (Vorbild Haydn). Er schrieb 4 kleine Messen (1814–16), darunter die Messe in G-dur, D 167 (1815), und 2 Missae solemnes: As-dur, D 678 (1822), und Es-dur, D 950 (1828), in denen er den großen symphon. Messenstil seiner Zeit mit neuem romant. Geist erfüllte.
Schubert setzt nicht mehr nur das melod. Motiv, sondern den *Klang* als Ausdrucksmittel ein. Dabei verhält sich dieser Klang zur Melodie wie universale Erfüllung und reines Sein zu individueller Erscheinung. Schuberts religiöses Empfinden zielt über den Text im einzelnen hinaus auf eine umfassende Gottesgegenwart, was romant. Alliebe und Musik vollkommen entspricht. Dafür steht der mächtige Akkordklang des *Credo* (Ich glaube) und dessen unliturg., aber beharrl. Wiederholung im Ablauf des Credo selbst (Abb. A).
Wie unliturgisch Schubert empfand, zeigt die romant. Klangmalerei zu Beginn des *Sanctus.* Gleichsam aus der Ferne *(pp)* ertönen die Waldhörner, erinnern an Natur und die Schöpfung der Welt. Der Akkord steigert sich zum *ff* und zum überquellend erhöhten fis-moll/Cis-dur, mit dem das »Sanctus« weniger melodisch als rein klanglich hereinbricht (Nb. A).
Die großen Komponisten des 19. Jh. standen nicht mehr im Kirchendienst wie Bach oder noch Mozart in Salzburg. Ihre geistl. Kompositionen, ein Requiem, eine Festmesse, entstanden durch persönl. Entschluß oder durch bes. Auftrag. Dabei bestimmte nicht

mehr so sehr die Liturgie die Komposition, sondern der Komponist durch die persönl. Gestaltung den Charakter der liturg. Feier. Die Musik konnte die Kirche in einen Konzertsaal verwandeln (Berlioz, Verdi).
Franz Liszt schrieb 2 Festmessen, die eine zur Domweihe von Gran (1856, *Graner Festmesse*), die andere zur Krönung Kaiser Franz Josephs I. zum König von Ungarn in Budapest (*Ungarische Krönungsmesse,* 1867). Die *Graner Festmesse* erstrahlt im großen symphon. Stil, wie man es seit Beethoven für eine Missa solemnis gewöhnt war. Der Festgedanke liegt nicht nur in der Größe, sondern auch in dieser Tradition des Bewährten; so wie Dufay zur Domweihe von Florenz 1436 eine ehrwürdige isorhythm. Motette schrieb. Allerdings komponierte Liszt im Neudt. Stil seiner Symphon. Dichtungen. Das Orchester vollzieht programmat. Darstellungen mit Leitmotivtechnik. – In der *Missa choralis* (1865) und im *Requiem* (1868) beachtete Liszt die kirchenmusikal. Reformbewegungen seiner Zeit (Gregor. Choral, Palestrina-Stil) und arbeitete auch die Männerchormesse (1848) in diesem Sinne um (1869).
Bruckners große Messen in d-moll (1864, bearb. 1876, 1881/82) und f-moll (1867/68, bearb. 1876, 1881, 1890–93) sind *symphon.* Messen mit reicher motiv. Arbeit; auch das *Te Deum* (1881, bearb. 1884) ist für Chor und großes Symphonieorchester komponiert. Bruckner verbindet die österr.-kath. KM-Tradition mit seinem symphon. Ausdrucksstil und erfüllt seine Musik fern von Mode und Effekt mit geradezu myst. Inbrunst.
Das *Te Deum* beginnt mit einer heftigen ostinaten Streicherfigur, nur mit Grundintervallen (Oktave, Quarte, Quinte) in C, klar und einfach wie ein Glaubenssymbol. Der Chor greift diese Intervalle auf, im Unisono gleichsam gregorian., was altertüml. wirkt, aber ganz modern ist (Nb. B). Im 2. Satz *Te ergo* verweilt Bruckner in entfernten Tonarten (Mediantik) wie in elys. Gefilden. Die konzertante Solovioline verstärkt den Eindruck einer engelhaft schwebenden Musik. Hier steht der Erlösungsgedanke in traditionell christl. Zusammenhang, erinnert musikalisch aber zugleich an Wagners Entrückungen. – Ganz barock hingegen wirkt das Thema der Schlußfuge (Doppelfuge, Nb. B).
Die erweiterten Struktur- und Besetzungsmöglichkeiten des 19. Jh. werden gleichsam hyperbarock zu einem gewaltigen Werk getürmt. Gerade die Betonung eines Traditionszusammenhanges, wie hier durch Ostinati, Choral und Fuge, zeigt – ähnlich wie die Vollendung des Kölner Doms im 19. Jh. – den bewußten oder unbewußten Verlust dieses Zusammenhanges. Der schöpfer. Lebensimpuls vertieft und erweitert das Verhältnis zum Glauben, zum Jenseits, zu Gott.

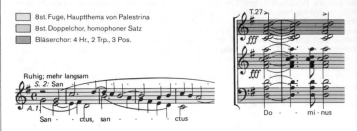

8st. Fuge, Hauptthema von Palestrina
8st. Doppelchor, homophoner Satz
Bläserchor: 4 Hr., 2 Trp., 3 Pos.

A A. Bruckner, Messe e-moll, 1882, Sanctus, Polyphonie und Klangmasse

I. Selig sind, die da Leid tragen (Matth. 5,4)	Chor	F
II. Denn alles Fleisch, es ist wie Gras (Petr.1,24)	Chor	b, B
III. Herr, lehre doch mich, daß es ein Ende (Ps. 39,5)	Bar., Chor	d, D
IV. Wie lieblich sind deine Wohnungen (Ps. 84,2)	Chor	Es
V. Ihr habt nun Traurigkeit (Joh. 16,22)	S., Chor	G
VI. Denn wir haben hie keine bleibende Stadt (Hebr. 13,14)	Bar., Chor	c, C
VII. Selig sind die Toten (Off. 14,13)	Chor	F

B J. Brahms, Ein deutsches Requiem, op. 45, 1861–68

»Klage«   »Totenmarsch«   s/ss/D   Orgelpunkt

Historismen; Ein deutsches Requiem

Wahre Kirchenmusik

Im 19. Jh. entwickelt sich im tonangebenden Bildungsbürgertum die Idee einer KM, die vom *reinen Satz* geprägt ist. Man spürt noch den hohen Ton einer romant. Gefühlsreligion SCHLEIERMACHERS und zugleich WACKENRODERS heilige Musikandachten mit Verehrung der alten Meister (*Phantasien über die Kunst,* 1799). Auch E. T. A. HOFFMANN trug mit seinem Aufsatz über *Alte und neue Kirchenmusik* dazu bei (AmZ 1814).

Zum Ideal wurde der **A-cappella-Chorsatz,** den man sich historisch unrichtig, aber der eigenen Gefühlslage angemessen, ohne Instr. vorstellte. Instr. haben seit je etwas Weltliches an sich. Auch zielte man auf Stilreinheit, und da MOZARTS Messen wie MOZARTS *Figaro* klingen, wollte man Opernhaftes aus der Kirche verbannen.

Der Heidelberger Jurist und Musikliebhaber A. F. J. THIBAUT formulierte diese Richtung (*Über Reinheit der Tonkunst,* 1825). An seinen Gesangsabenden, an denen auch SCHUMANN teilnahm, begeisterte man sich für HÄNDEL und PALESTRINA. Historisch verband sich die romant. Sehnsucht nach der alten Zeit mit der nach der alten, *wahren* KM. Ein bewußt angestimmter religiöser Gefühlston neigt leicht zu Sentimentalität. So sang man die alten Sätze viel zu langsam, indem man zudem die großen Notenwerte der Mensuralnotation mißverstand. Noch HEINE spricht in der *Harzreise* beim andachtsvollen Sonnenaufgang auf dem Brocken von *Palestrinas ewigem Choral,* der ihm das Himmelsgewölbe gleich einer Kathedrale erfülle.

Caecilianismus, Palestrina-Renaissance

Die Wiederbelebung PALESTRINAS geht von Italien aus, zuerst mit ABBATE G. BAINI, Bassist in der *Cappella Sistina:* Biogr. *Palestrina* (Rom 1828). Werkeditionen kamen hinzu (PROSKE, *Musica divina;* GA von WITT, COMMER, HABERL). Aufführungen und Stilkopien folgten. In Regensburg gründete WITT 1868 den *Allg. Caecilienverein,* HABERL 1874 eine KM-Schule, beides mit dem Ziel, PALESTRINA und den *Gregor. Choral* als Stilideal zu verbreiten. Der Einfluß war groß.

BRUCKNERS Messe in e-moll (1866/82), zur Grundsteinlegung des Linzer Doms, verwendet 8st. Doppelchor und nur Bläser wegen der Freiluftaufführung (1869). Er imitiert zugleich die venezian. Doppelchörigkeit des 16. Jh. Das Hauptthema der 8st. Doppelfuge ist von PALESTRINA entlehnt. Polyphoner Satz wechselt mit homophonen Partien, in denen die Klangmasse des 19. Jh. gut zur Geltung kommt (Nb. A).

Ev. Kirchenmusik und Bach-Renaissance

Die ev. KM verehrte BACH als ihren erzluther. Kantor (SPITTA). Allerdings hatte BACH für das 19. Jh. eine viel weitergehende Wirkung. MENDELSSOHNS Wiederaufführung der *Matthäuspassion* 1829, 100 Jahre nach ihrer Entstehung, in der Berliner Singakademie, begeisterte historisierend und romantisch gefühlvoll als KM und dt. Vergangenheit allgemein. Bald stellten der Versuch eines allg. ev. Gesang- und Gebetbuches von BUNSEN (1833) und Publikationen älterer ev. KM durch WINTERFELD, WACKERNAGEL, ZAHN u. a. Material für den ev. Kirchenalltag zur Verfügung. Die BACH-Pflege lebte vornehmlich in den nichtkirchl., bürgerl. Gesang- und Chorvereinigungen.

Das 19. Jh. weitet die KM durch seine allg. Weltfrömmigkeit. SCHUMANN komponierte ein Requiem für den Konzertsaal. BRAHMS' *Dt. Requiem* wurde im Dom zu Bremen uraufgeführt (1868), ist aber unliturg.

BRAHMS stellte den Text selbst zusammen, und gab dem Werk eine zykl. Architektur (Schema B). Die Musik des II. Satzes, ein Trauermarsch mit eindrucksvollen Subdominantwirkungen und düsteren Farben, war ursprünglich als Scherzo einer Symphonie bzw. des d-moll-Klavierkonzertes gedacht. Ein Unikum in der Chorpolyphonie ist die große Fuge über einem Orgelpunkt D, Ausdruck für die Sicherheit der geretteten Seele in Gottes Hand (Nb. B). Den V. Satz komponierte BRAHMS nach (1868): eine geradezu überirdisch schöne Tröstung. Den weichaufsteigenden G-dur-Akkorden und dem freischwebenden Sopransolo entspricht im Mittelteil ein innig beseelter Chorsatz (Nb. B).

Italien liebt in der KM den gleichen Stil wie in der Oper. So sorgen die Opernkomponisten auch für die KM, z. B. DONIZETTI, ROSSINI, VERDI.

Kp. Tradition pflegt man mit Sorgfalt, bes. in Bologna (*Accademia Filarmonica*) und in der *Cappella Sistina* des Vatikans, die speziell ältere KM in unbegleiteter A-cappella-Manier und den unbegleiteten Gregor. Choral sangen. Viele reisende Musiker aus dem Norden hörten dies hier beeindruckt zum ersten Mal (SPOHR, MENDELSSOHN, BERLIOZ).

Frankreich erlebte mit Revolution und Restauration starke Einbrüche in die geregelte KM. Die Messentradition erhielt sich aber (bes. CHERUBINI). Doch führt die frz. Romantik zu extrem farbigen und ausdrucksstarken Einzelwerken. So schreibt BERLIOZ seine *Grande Messe des Morts* mit einer Massenbesetzung von mehreren hundert Sängern, 5 Orchestern mit 8 Paar Pauken (Invalidendom 1837, als Requiem für Gen. DAMRÉMONT). Der Normalfall ist eine kultivierte reichhaltige KM mit Messen, Motetten, Kantaten, Oratorien, Orgelmusik von u. a. LE SUEUR (33 Messen), GOUNOD (*Méditation sur le 1er prélude de Bach* für V. u. Kl., 1853[?], mit Text *Ave Maria,* 1859), FRANCK (Requiem 1888), SAINT-SAËNS, DUBOIS.

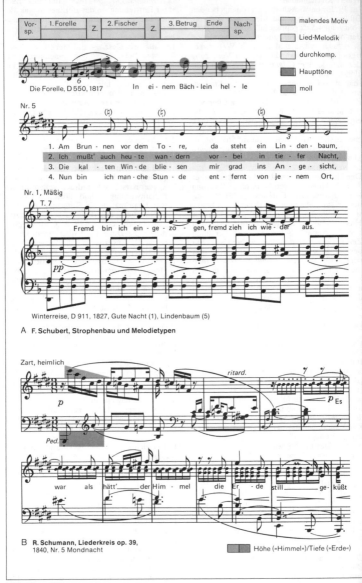

Vor-sp. | 1. Forelle | Z. | 2. Fischer | Z. | 3. Betrug | Ende | Nach-sp.

malendes Motiv
Lied-Melodik
durchkomp.
Haupttöne
moll

Die Forelle, D 550, 1817

In ei - nem Bäch - lein hel - le

Nr. 5

1. Am Brun - nen vor dem To - re, da steht ein Lin - den - baum,
2. Ich mußt' auch heu - te wan - dern vor - bei in tie - fer Nacht,
3. Die kal - ten Win - de blie - sen mir grad ins An - ge - sicht,
4. Nun bin ich man - che Stun - de ent - fernt von je - nem Ort,

Nr. 1, Mäßig

T. 7

Fremd bin ich ein - ge - zo - gen, fremd zieh ich wie - der aus.

pp

Winterreise, D 911, 1827, Gute Nacht (1), Lindenbaum (5)

A F. Schubert, Strophenbau und Melodietypen

Zart, heimlich

ritard.

p

p Es

Ped.

war als hätt' der Him - mel die Er - de still ge - küßt

B R. Schumann, Liederkreis op. 39,
1840, Nr. 5 Mondnacht

Höhe (»Himmel«)/Tiefe (»Erde«)

Melodik und Klangpoesie

Volkslied

Das Lied spielt im 19. Jh. eine zentrale Rolle. Im Volkslied sah die Romantik das Urzuständliche, Charakteristische, auch Nationale. Der Textsammlung HERDERS (1778 f.) folgen die von ARNIM/BRENTANO, *Des Knaben Wunderhorn* (1806–08), dann Sammlungen mit Melodien von ERK/IRMER (1838–45), ZUCCALMAGLIO (1838–40), BÖHME (1893 f.). Volkslieder wurden bes. in den einfachen Schichten des Volkes gesungen und mündlich tradiert. Sie regten Komponisten an, wie umgekehrt manche Kunstlieder zu Volksliedern wurden (*absanken*), z. B. SCHUBERTS *Lindenbaum*. Damals wurde viel gesungen, im Hause und bei geselligen Gelegenheiten.

Kunstlied

Um 1800 gab es eine vielfältige Liedkultur:
– nach Form und Gehalt unterschied man *Ariette, Cavatine, Szene und Arie, Solokantate, Hymne, Ode, Lied im Volkston;*
– nach Besetzung gab es Sololieder, ferner Duette, Terzette, Quartette in Fülle (erst im 20. Jh. unmodern); dazu Chorlieder.
Als eigentl. Lied galt das einfache Strophenlied, daher oft der umfassendere Drucktitel *Lieder und Gesänge*. Man sang Lieder im Haus, mit Klavier oder Gitarre, unter Freunden und Bekannten, selten im Konzertsaal. Das erklärt auch ihren intimen Charakter. Auch interessierte man sich für die Texte und Dichter zu besserem Liedverständnis.

Lyrik und Musik

Lyrik ist Ausdruck des Innersten der Welt, unaussprechlich: im Gedicht liegt das Wesentliche *zwischen* den Zellen. Diesen Gehalt aber drückt die Musik wortlos aus.
Für das Lied ist dabei nicht so sehr die Qualität des Gedichtes entscheidend, sondern Phantasie und Kraft des Musikers (SCHUBERTS Müller-Lieder).
Dem gefühlsmäßig empfundenen Gesamtcharakter, dem *Ton* des Liedes ordnen sich alle Einzelheiten wie Strophenbau, Wortausdeutung, Bilder, Kadenzen usw. als Teile des Ganzen unter. Das Gedicht besteht im Lied nicht mehr als Gedicht, sondern das Lied ist ganz Musik. Das Gedicht hat ihm Farbe und Gehalt gegeben. Man könnte auch umgekehrt einem lyr. Klavierstück ein passendes Gedicht unterlegen, wie das im 19. Jh. geschehen ist (extrem GOUNODS *Ave Maria* zu BACHS Präludium C-dur).
Der klass. *allgemeine lyr. Charakter* (Strophenliedideal) gilt weiter, doch drängt die romant. *Teilnahme am Einzelnen* (GOETHE) zur Durchkomposition.

Franz Schubert

Die Voraussetzung für SCHUBERTS Lied ist die Klassik. Sie hatte den Menschen in seiner Gegenwart dargestellt (nicht mehr barock stilisiert). SCHUBERT findet in Wien die musikal.

Mittel für seine Lieder, um sie im Sinne seines romant. Gefühls umzudeuten und zu erweitern. Der neue romant. Ton ist im GOETHE-Lied *Gretchen am Spinnrade* (1814) erstmals und sogleich vollendet verwirklicht (S. 124). SCHUBERT komponierte über 600 Lieder, darunter die Zyklen auf Texte von W. MÜLLER *Die schöne Müllerin* (D 795, 1823) und *Winterreise* (D 911, 1827). Als *Schwanengesang* druckte der Verleger postum 7 RELLSTAB- und 6 HEINE-Lieder (D 957, 1828). Formal gibt es bei SCHUBERT zeitlich unabhängig 3 Liedtypen:
– **einfaches Strophenlied;** Melodie und Begleitung je Strophe gleich: *Heidenröslein* (1815), *Das Wandern* (1823);
– **variiertes Strophenlied;** Melodie und Begleitung ändern sich in best. Strophen: *Die Forelle:* 2 Strophen gleich (Exposition), die 3. dramat. durchkomponiert (Betrug) und wie Anfang (Rundung); – *Der Lindenbaum:* 1. Strophe dur, 2. moll (Abschied), 3. neu (heftig), 4. wie Anfang (Resignation, Traum; Abb. A);
– **durchkomponiertes Lied;** dem Geschehen folgend stets neue Melodie und Begleitung (bis zur dramat. Szene); die musikal. Einheit entsteht durch den *Ton* des Ganzen, auch Wiederkehr von Motiven usw.; z. B. *Rastlose Liebe* (1815); *Doppelgänger* (S. 468).
Das Wesentliche in SCHUBERTS Lied liegt in der **Melodie.** SCHUBERTS Melodien sind von klass. Schlichtheit, romant. Schmelz und treffendem Ausdruck zugleich.
So das Anspringende, Frische in der *Forellen*-Melodie (Quarte, Terz), das Milde, Heimliche im *Lindenbaum* (neigende Bewegung), das Schmerzlich-Charakteristische in *Gute Nacht* (Hochton *fremd*, Halbtöne *e-f*; Nb. A).
Die **Begleitung** stützt nicht mehr nur harmonisch und rhythmisch den Gesang (gb.- oder gitarrenartig wie bis zur Klassik), sondern wiederholt meist eine charakterist. Figur.
Das quirlige Motiv in der *Forelle* enthält sogar die Haupttöne der Melodie, die Akkorde in *Gute Nacht* vermitteln den Eindruck des Schreitens (Nb. A).

Robert Schumann

Im Liederjahr 1840 (Ehe mit CLARA) entstehen 138 Lieder, darunter die Zyklen *Liederkreise* (op. 24, HEINE; op. 39, EICHENDORFF), *Myrthen* (op. 25), *Frauenliebe und -leben* (op. 42, CHAMISSO), *Dichterliebe* (op. 48, HEINE).
Die Rolle des Klaviers steigert sich bei SCHUMANN, auch in langen Vor- und Nachspielen. Die Singstimme erscheint zuweilen ganz in den Satz verwoben. Die Lieder gleichen hochpoet. Charakterstücken romant. Farbe.
So senkt sich in der *Mondnacht* quasi das Licht zur Erde herab, und alles verschmilzt in einem einzigen, innigen Ton (Nb. B).

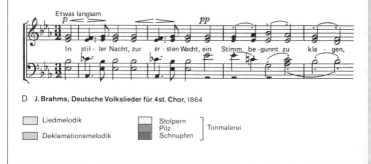

A   J. Brahms, Sapphische Ode, op. 94,4, 1884

B   H. Wolf, Italienisches Liederbuch, Nr. I, 10, 1892

C   M. Mussorgskij, Kinderstube, 1868–72, Mit der Nanja

D   J. Brahms, Deutsche Volkslieder für 4st. Chor, 1864

Liedmelodik

Deklamationsmelodik

Stolpern
Pilz   } Tonmalerei
Schnupfen

Liedmelodik, Strophenlied, Bildsprache; Chorlied

Neben SCHUBERT und SCHUMANN schreiben in der 1. Hälfte des 19. Jh. viele Liedkomponisten für diese zunehmend beliebte Gattung. Zahlreiche Drucke sorgen für Verbreitung. Die Lieder sind im allg. einfach gehalten, so daß Dilettanten sie singen und begleiten konnten. Aus Namen wie LACHNER, KREUTZER, MARSCHNER ragen MENDELSSOHN BARTHOLDY (Duette) und CARL LOEWE (1796–1869, Balladen) hervor.
In der 2. Hälfte des 19. Jh. entwickelt sich das Lied wie die übrige Musik in 2 Richtungen:
– eine konservative mit ROBERT FRANZ (1815–92), A. JENSEN, J. BRAHMS;
– eine moderne mit LISZT, WAGNER, WOLF, REGER, PFITZNER, STRAUSS.

J. BRAHMS, kam schon früh aus seiner poet. Begeisterung zur Liedkomposition. Bereits 1853 veröffentlichte er 6 Gesänge (op. 3), die er BETTINA VON ARNIM widmete. Ein reiches Liedschaffen durchzieht sein ganzes Werk, darunter Lieder wie Liebestreu (op. 3, 1; 1853; REINICK), Wiegenlied (op. 49, 4; 1868), Vergebliches Ständchen (op. 84, 4; 1881), Feldeinsamkeit (op. 86, 2; 1879, ALLMERS), Der Tod, das ist die kühle Nacht (op. 96, 1; 1884, HEINE), Immer leiser wird mein Schlummer (op. 105, 2; 1886, LINGG, Thema des Andante im Klavierkonzert B-dur, op. 83, 1881). BRAHMS verteidigt das Strophenlied in der Schlichtheit des Volksliedes gegen die Neudt. Richtung nicht aus klassizistisch bürgerl. Gründen (im Sinne der edlen Einfalt), sondern wegen der geforderten hohen Melodiequalität: »Das Lied segelt jetzt so falschen Kurs, daß man sein Ideal nicht fest genug einprägen kann und das ist das Volkslied« (27. 1. 1860 an CLARA SCHUMANN).
In der Sapphischen Ode (op. 94, 4; 1884, SCHMIDT) erhebt sich antikisierend einfach aber ausdrucksvoll über schweren und doch schwebend bewegten Klängen der Begleitung eine Melodie voll Größe und Harmonie (dem Adagio des Violinkonzertes von 1878 verwandt, Nb. A).
An Liedzyklen entstehen Romanzen aus L. Tiecks Magelone (op. 33, 1862) Vier ernste Gesänge (op. 121, 1896, Bibeltexte).
BRAHMS schreibt und bearbeitet auch viele Volkslieder, für Solostimme, Vokalensemble, Chor. Großen Anklang fanden die Liebeslieder, Walzer auf östl. Volksliedtexte für Vokalensemble und Klavier zu 4 Hdn. (op. 52, 1869; op. 65, 1874).
Die Neudt. Richtung vertreten bes. WAGNER, 5 Gedichte für eine Frauenstimme (1857/58 M. WESENDONK, S. 455), LISZT und
HUGO WOLF (1860–1903), Wien, ab 1898 geistig umnachtet. Seine Liedsammlungen sind psycholog. und musikal. überaus reich.
Mörike-Lieder (53 Lieder, 1888), Goethe-Lieder (51, 1888–89), Span. Liederbuch, nach HEYSE, GEIBEL (44, 1889–90), Italien. Liederbuch, nach HEYSE (Teil I: 22 Lieder, 1890–91; Teil II: 24 Lieder, 1896).

WOLF geht von detaillierter Textinterpretation aus und schreibt eher kleine Szenen als Lieder (Gedichte für eine Singstimme und Klavier). Das Klavier ist so wichtig wie das WAGNERsche Orchester für die psycholog. Darstellung der Vorgänge. Die Singstimme deklamiert den Text mehr als ihn einer Melodie unterzuordnen: eine späte, subjektive und höchst subtile Kunst (Nb. B).
Das Lied fand im 19. Jh. in allen europ. Ländern seine spezif. Entwicklung, bes. in
Rußland: Nach GLINKA und BORODIN komponiert neben TSCHAIKOWSKY vor allem M. MUSSORGSKIJ Lieder modern-realist. Zuschnitts und russ. Farbe. Außer vielen Einzelliedern entstanden die Zyklen Kinderstube (1868–72, eig. Texte), Ohne Sonne (1874), Lieder und Tänze des Todes (1874–77, beide GOLENISCHTSCHEW-KUTUSOW).
Die Lieder sind harmon. ungewöhnlich, kp. ungeschliffen, melod. und rhythm. überraschend, insgesamt urwüchsig und originell, auch voller drast. Bilder zur Textdarstellung (Nb. C).
Frankreich: Eine eigene Liedtradition mit der romant. Romance und der kunstliedartigen Mélodie wird von Komponisten geschaffen wie BERLIOZ, MEYERBEER, DAVID, MASSÉ; GOUNOD, BIZET, DÉLIBES, FRANCK, LALO, SAINT-SAËNS; dann bes. G. FAURÉ (1845–1924) und H. DUPARC (1848–1933).

Chorlied

Gemischte Chöre waren im 19. Jh. sehr verbreitet (bis heute). Zu den ersten Gründungen gehört die Berliner Singakademie durch C. F. FASCH 1791, ab 1800 unter ZELTER (S. 395), mit berühmten Konzerten (Matthäuspassion, s. S. 463). Neben Oratorien und Kantaten spielten Chorlieder eine große Rolle, u. a. SCHUBERT, MENDELSSOHN, SCHUMANN, FRANZ, HAUPTMANN, BRAHMS, BRUCH.
Die Deutschen Volkslieder für 4st. Chor, gesetzt von J. Brahms (1864), gehen textlich auf histor. Vorbilder zurück (Fr. SPEES Trutznachtigall, Köln 1649). Daher imitiert der Satz die alte Chorpolyphonie des 16./17. Jh., zugleich erklingt in seiner scheinbaren Schlichtheit der Gefühlston der spaten Romantik (Nb. D).
Die Chorvereinigungen trafen sich nach engl. Vorbild auf großen Musikfesten zur Anregung und Wettbewerb, zuerst auf dem Niederrhein. Musikfest (jährl. ab 1817).
Männerchöre (Liedertafeln, Liederkränze) wurden sehr beliebt. Voran ging die Berliner Liedertafel, 1809 gegr. von ZELTER (S. 395) und begrenzt auf 25 Männer, nur Komponisten, Sänger und Dichter. L. BERGER gründete 1819 mit KLEIN, REICHARDT und RELLSTAB eine jüngere Berliner Liedertafel. Man bevorzugte das stroph. Chorlied im Volkston, 4st., a cappella. H. G. NÄGELI (1773–1836), Schweiz, und F. SILCHER (1789–1860), Tübingen, sind bedeutende Anreger.

A **Der Doppelgänger (Heine), D 957**, 1828, Ostinatokomposition

B **Sonate A-dur, D 959**, 1828, Rondothema mit Schlußbehandlung (Harmonik, Pausen)

C **Streichquartett »Der Tod und das Mädchen«, D 810**, 1824, Anlage und Lied-Thema

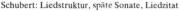

Schubert: Liedstruktur, späte Sonate, Liedzitat

FRANZ SCHUBERT, * 31. 1. 1797 in Liechtenthal bei Wien, † 19. 11. 1828 in Wien; 12. Kind des Lehrers FRANZ SCH. aus Mähren und seiner Frau ELISABETH VIETZ aus Schlesien (†1812); frühe Förderung zu Hause und durch Chorleiter HOLZER (Gesang, Klav., Org., V.); 1808–13 lebt er als Kapellknabe (Sopran) der Wiener Hofkapelle im Konvikt mit Unterricht durch Hoforganist RUZICKA (Orgel, Klav.) und Hofkapellmeister SALIERI (Gb., Kp.); nach dem Stimmbruch unterrichtet SCHUBERT 3 Jahre lang als angehender Lehrer in Liechtenthal, dann macht er sich selbständig, um ungestört zu komponieren. Er lebt bei seinem Freund F. v. SCHOBER. Wien verläßt er nur in den Sommern 1818 und 1824 als Klavierlehrer der Familie ESZTERHÁZY auf deren Landsitz in Zseliz, Ungarn. Die Organistenstelle in der Hofkapelle lehnt SCHUBERT ab, bewirbt sich aber als Kapellmeister der Hofkapelle und im Kärntnertor-Theater, beides erfolglos.

SCHUBERT schrieb nicht für eine anonyme Hörerschaft, sondern für seinen Freundeskreis, der sich regelmäßig abends traf zu den Schubertiaden mit Lektüre, Musik, Stellen lebender Bilder, Tanz, Wein, Ausflügen. Dazu zählten die Maler MORITZ VON SCHWIND und L. KUPELWIESER, der Dichter FRANZ GRILLPARZER, die Brüder HÜTTENBRENNER, L. SONNLEITHNER, F. LACHNER, J. MAYRHOFER, E. v. BAUERNFELD u. a.

Ein Klavier stand SCHUBERT selten zur Verfügung. Er komponierte rasch und ganz aus der Vorstellung, ohne längere Korrekturen, und hinterließ nach nur 31 Lebensjahren ein immenses Werk aller Gattungen (nicht nur Lieder). Das meiste blieb zu Lebzeiten ungedruckt. Erst die SCHUMANN-Generation entdeckte SCHUBERT als ihr Ideal.

SCHUBERTS frühe Zeit bis etwa 1818 wird bestimmt vom Musizieren im Konvikt und im Elternhaus, stilistisch vom klass. Wiener Vorbild (HAYDN, MOZART, BEETHOVEN). Nur in den Liedern findet SCHUBERT sehr bald seinen eigenen Ton (S. 465). Nach einer Übergangszeit bis etwa 1822 (Bühnenwerke) folgt die Reifezeit mit fieberhaften Schaffensperioden, mit Werken wie der Unvollendeten (S. 490). Ein romant. Ton voll Tragik, Liebe und innigster Beseelung erfüllt diese Musik.

Als Lyriker empfindet SCHUBERT traumhaft sicher, jenseitig, stimmungshaft, zutiefst romantisch. Seine Bemerkung, er fühle sich oft nicht von dieser Welt, deutet – ähnlich wie CHOPINS espace imaginaire – ein gebrochenes Verhältnis zur sog. Realität an (nämlich zu dem, was die jeweilige Umwelt gerade erfassen kann und dafür hält).

Das Doppelgänger-Motiv spiegelt diesen psych. Bruch des Romantikers. Die Melodik ist zerrissen, floskelhaft, sprachnah. Zusammenhang stiftet ein Ostinato-Baß (14x), der mit Halbtönen und verm. Quarte barock Kreuz, Leid und Schmerz ausdrückt (vgl. Agnus der Messe Es-dur; auch BACH, Fuge cis-moll). Im Höhepunkt verdichtet sich die seel. Spannung zu einem Akkord (verm. Dom. Fis-dur, T. 32, 41; ähnlich, aber modulierend in T. 51). Stimmung und Gehalt des Gedichtes werden primär zu Klang und Rhythmus: eine sehr moderne Komposition (Abb. A).

SCHUBERTS Phantasie arbeitet musikalisch, geleitet vom intuitiven Erspüren des Seins. So ist er letztlich absoluter Musiker, dem die Poesie seiner Liedgedichte nur als Schlüssel für Stimmungen und Empfindungen dient. Die Lieder sind so überwältigend, weil auch sie, wie SCHUBERTS Instrumentalmusik, jenseits aller Wortlogik rein musikal. Wirklichkeiten von höchster Leuchtkraft schaffen. Daher hat SCHUBERT von seinen Sängern Zurückhaltung verlangt in Ausdruck und Mimik, weil alles komponiert sei. Die kleinen lyr. Klavierstücke gleichen im Charakter Liedern. 5 Liedmelodien hat er zu Instrumentalmusik, zu wortlosem Klang umgeformt (nicht umgekehrt): Forellenquintett (S. 485), Wandererphantasie (S. 470, Abb. A), Var. für Kl. u. Kl. (D 802, 1824, über Trockene Blumen), Streichquartett d-moll (Abb. C), Phantasie für V. u. Kl. (D 934, 1827, über Sei mir gegrüßt).

Im Andante des Quartetts erklingt die Liedmelodie (1817) verhalten und schlicht (Nb. C). Der Rhythmus des Todes (hab keine Angst) durchzieht variiert alle Sätze: Zyklusanlage symbolisiert den Urzusammenhang aller Erscheinungen und Ideen. Im unablässigen Pochen des Rhythmus schwingt etwas Überpersönliches, Schicksalhaftes mit (Abb. C).

Bei SCHUBERT finden sich fortlaufende Rhythmen fast überall, als Ausdruck einer inneren Schwingung des Seins. Die Logik des musikal. Satzes ist rational noch weniger faßbar als in kp. gearbeiteter oder dramat. Satz aus Barock oder Klassik. Jedes Detail ist erfüllt vom ganzheitl. Sein des Augenblicks, als ob SCHUBERT in eine tiefere Schicht der Welt eingetaucht wäre. So entsteht in Wien neben dem Spätwerk BEETHOVENS durch SCHUBERT ein neuer Ausdruck der Zeit.

Das Finalrondo der A-dur-Sonate (formal wie BEETHOVENS op. 31,1) zeigt SCHUBERTS Personalrhythmus im Thema: ein Gehen und Wandern, ausschwingend in der liedhaften Melodie (Nb. B). Am Ende aber verliert sich das Thema, stockt der Fluß: die Pausen wirken als Abgründe, bodenlose Verlorenheiten (T. 340ff.).

Sie werden überspielt vom leicht überhitzten Virtuosenschluß, vom Willen zur Musik, zum allumfassenden Klang.

Werkverzeichnis von O. E. DEUTSCH, London 1951, Kassel 1978 (D 1–998), chronolg. GA von E. MANDYCZEWSKI, 40 Bde., Lpz. 1884–97 (Nd. Wiesbaden 1965); NGA der Internat. Schubert-Ges., Kassel 1964 ff.; Die Dok. s. Lebens (DEUTSCH), Kassel 1964.

Allegro con fuoco	Adagio (Var.)	Presto (Scherzo)	Allegro (Fugato)
4/4, C	4/4, cis	3/4, As	4/4, C

1. Thema. Allegro con fuoco.

2. Thema T. 47

3. Thema T. 112

Liedvorlage, 2. Strophe

Die Son - ne dünkt mich hier so kalt, die Blü - te welk, das Le - ben alt.

Thema

A   F. Schubert, Wandererphantasie, C-dur, D 760, 1822, Sonatensatzfolge, Themenverwandtschaft, orchestrales Tremolo

T. 236 pp   trem.

(Ped.)

1. Allegro moderato	2. Allegretto	3. Andante (Var.)	4. Allegro scherz.
4/4, f	3/4, As	C, B	3/8, f

Andante

B   F. Schubert, Impromptu op. 142, D 935, 1827, Satzzyklus und Rosamunde-Thema

1. Lebhaft
Motto von Clara Wieck

7. Nicht schnell   rit.

Ped. f   E.u.F.

Ped.   E.

C   R. Schumann, Davidsbündlertänze, op. 6, 1837, Florestan und Eusebius

Akkordfolge

rhythm. Modell

1. Äußerst bewegt

Pedal

D   R. Schumann, Kreisleriana, op. 16, 1838, Beginn

Akkordeinheit

Fantasie, Impromptu, Tanz, Charakterstück

Das **Klavier** gelangt im 19. Jh. zu größter Beliebtheit. Entsprechend vielseitig und reich ist die Literatur. Das Instr. eignet sich sehr für den Einzelspieler und seinen individuellen Gefühlsausdruck, wie ihn die Romantik sucht. Schon der Empfindsame Stil des 18. Jh. bevorzugte daher das Klavier. Die klass. Ausdrucksformen, wie Improvisation, Fantasie, Sonate, Rondo, bleiben weiter lebendig. Als neue typ. Gattung schafft sich die Frühromantik das *kleine lyrische Klavierstück*, ein Gegenstück zum Kunstlied.

Zielte die Klassik auf Ausgleich der Gegensätze, so führen die Gefühlsimpulse der Romantik gewollt zu Extremen, sowohl zu dramat. Erregung als auch zu lyr. Verweilen. Beides sprengt die klass. ausgewogenen Formen, die man übernimmt (s. o.).

Neben Salon- und Hausmusik, auch mit beliebter 4händiger Literatur, entwickelt sich eine reiche Konzertpraxis und das neue Virtuosentum, u. a. bei:

JOHANN NEPOMUK HUMMEL (1778–1837, S. 401), sein Werk reicht von **MOZARTS** Stilideal bis zu frühromant. Virtuosität mit Passagenwerk und brillanter Eleganz.

JOHN FIELD (1782–1837), sprach sich in der träumer. Atmosphäre seiner *Nocturnes* (ab 1812) romantisch aus.

JAN VÁCLAV VOŘÍŠEK (1791–1825), Schüler von **JAN TOMÁŠEK** in Prag, fand in Wien mit seinen *12 Rhapsodien* (1814) und *6 Impromptus* (1822) großen Anklang (**SCHUBERT**-Vorbild).

CARL MARIA VON WEBER (1786–1826, S. 451), trat als Pianist mit Sonaten, Variationen, Rondos und Tänzen hervor. Dramat. Begabung und Orchestererfahrung führten ihn zu einem farbigen Klavierstil mit wirkungsvoller Steigerung der Technik (Oktaven, Arpeggien usw.; S. 503).

Franz Schubert (1797–1828, S. 469), komponierte alle für seine Zeit typ. Gattungen und Formen der Klaviermusik:

– Albumblätter, Divertissements, Phantasien, Fugen (früh), Klavierstücke, Moments musicaux, Impromptus, Rondos, Scherzi, Sonaten, Variationen (z. T. mit Introduktion);

– Tänze und Märsche: Deutsche, Ländler, Walzer, Ecossaisen, Galopp, Trauermärsche, Menuette, Polonaisen, Valses sentimentales.

Große Melodiebögen und lyr. Ton stehen neben einer Dramatik, die sich als innere Erregung unmittelbar ausspricht (keine szen. Dramatik). Dem reichen Empfinden **SCHUBERTS** entspricht sein kompositor. Können: *Fast lässest du die Größe deiner Meisterschaft vergessen ob dem Zauber deines Gemüthes* (**LISZT**). **SCHUBERT** verlangt anspruchsvollste Spieltechnik und Klangkultur. Der **SCHUBERT**-Flügel war leiser und brachte, auch durch Pedal, phantast. Wirkungen hervor.

Die *Wandererphantasie* D 760 (1822) besteht aus 4 Sätzen, wie eine Sonate, die motivisch verwandt sind und pausenlos ineinander übergehen (Abb. A.; **LISZT** bearbeitete sie für Klavier und Orch.; Vorbild für seine großen Phantasiesonaten). Themenverwandtschaft herrscht bereits im Kopfsatz (Monothematik): das 2. Thema wendet das stürm. Hauptmotiv *(ff)* ins Zart-Verhaltene *(pp)*, ein 3. Thema (!) führt dies weitschwingend fort (Nb. A). – Der 2. Satz variiert ein schwermütiges Liedthema (*Der Wanderer* D 489, 1816), das dem Ganzen den Namen gab (Nb. A). Der virtuose Klaviersatz, für einen **HUMMEL**-Schüler komponiert, bringt orchestrale Ideen wie das Streichertremolo, das auf dem Klavier imitiert eine höchst romant. Stimmung erzeugt (Nb. A).

Zu **SCHUBERTS** wichtigsten Klavierwerken zählen die 15 *frühen* Sonaten und -fragmente (bis 1819), die 4 *mittleren* Sonaten von 1825/26 in C (D 840, *Reliquie*), a (D 845), D (D 850), G (D 894) und die 3 *späten* Sonaten vom Sept. 1828 in c, A und B (D 958–60); ferner 6 *Moments musicaux* D 780 (1823) und je 4 *Impromptus* D 899 und 935 (1827).

Das Andante-Thema aus D 935 stammt aus der Ballettmusik zu *Rosamunde* (D 797, auch im Streichquartett a, s. S. 487). **SCHUMANN** hielt das Ganze für eine verkappte Sonate: Kopfsatz, Scherzo, Andante, Finale (Charakter, Tonarten, Abb. B).

Felix Mendelssohn Bartholdy, * 3. 2. 1809 in Hamburg, † 4. 11. 1847 in Leipzig, Enkel des Philosophen **MOSES M.**, Vater (wurde Protestant) ab 1811 Bankier in Berlin, Frühbegabung, Schüler **ZELTERS**; Reisen nach Paris (1816, 1825 u. a.), Weimar zu **GOETHE** (1821, 1830), England, Schottland (1829), Italien, Paris, London (1830–32); ab 1835 Kpm. in Lpz. (*Gewandhauskonzerte*).

Werke s. Oratorien, Lieder, Ouvertüren, Symphonien, Konzerte, Kammermusik; für Klavier u. a. romant. Präludien und Fugen, die originellen *Variations sérieuses* op. 54 (1841), die 48 *Lieder ohne Worte* op. 19 (1829) bis op. 102 (1842–45) als hochpoetische, neue romant. Gattung.

Robert Schumann (1810–56, S. 477) verbindet poet. Phantasie mit neuem Klavierstil.

In den *Davidsbündlertänzen* personifiziert sich **SCHUMANN** im stürm. Florestan und im lyr. Eusebius. **CLARA** stiftet das Motto, kräftig punktiert, schwungvoll (Nb. C).

Die *Kreisleriana* handelt nach E. T. A. **HOFFMANNS** exzentr. Kapellmeister Kreisler. Die Art, wie **SCHUMANN** einen Akkord durch ein Rhythmusmodell zu Arpeggien belebt, erinnert an **BACH** (Präludien, Chaconne). Die relativ einfache Akkordfolge wirbelt in einer rasenden Bewegung auf mit exzentr. Vorhalten und Synkopen, die weitab von jedem kühlen oder sentimentalen Historismus romant. Glut verschleudert (Nb. D).

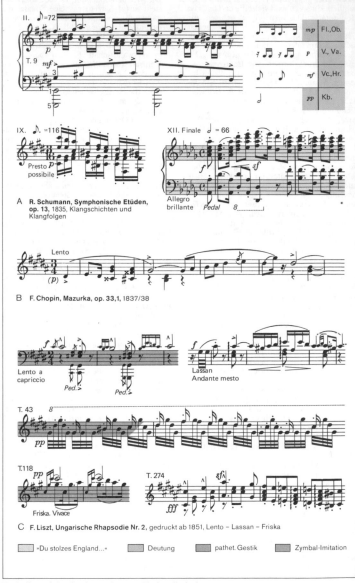

A R. Schumann, Symphonische Etüden, op. 13, 1835, Klangschichten und Klangfolgen

B F. Chopin, Mazurka, op. 33,1, 1837/38

C F. Liszt, Ungarische Rhapsodie Nr. 2, gedruckt ab 1851, Lento – Lassan – Friska

»Du stolzes England...«   Deutung   pathet. Gestik   Zymbal-Imitation

Technik- und Ausdruckserweiterung, Nationalkolorit

R. Schumann komponierte anfangs nur für Klavier (1829–1839): erfüllt von Leidenschaft und Poesie, zugleich in sächs. kp. Tradition geistreich gearbeitet, so u. a. *Abegg*-Variationen op. 1, brillante Phantasie- oder Charaktervariationen über das Motiv a^1-b^1-e^2-g^2-g^2, Name der schönen META ABEGG in Heidelberg (1829–30). *Papillons* op. 2 (1829–32; S. 478, A). *Studien nach Capricen von Paganini* op. 3 (1832); SCHUMANN suchte die Virtuosität PAGANINIS aufs Klavier zu übertragen, auch in 6 *Paganini-Etüden* op. 10 (1833). *Davidsbündlertänze* op. 6 (1837; S. 470, C). *Toccata* op. 7 (1829–32), BACH-Einfluß, Mittelteil fugiert (S. 140f.). *Carnaval* op. 9 (1833–35; S. 112, C). Sonate fismoll op. 11 (1833–35). *Phantasiestücke* op. 12 (1837). *Symphonische Etüden* op. 13 (1834–37/1852).

SCHUMANN erweitert die Ausdrucksmöglichkeiten auf dem Klavier »orchestral«. Var. II überlagert 4 Klangschichten: rhythmisch, dynamisch, motivisch verschieden (Klangfarbenidee ergänzt). Var. IX bringt rasche Akkorde in Spiccato-Manier. In Var. XII (Finale) ertönt ein engl. Lied im Tuttiklang, dem engl. Pianisten BENNETT gewidmet. Metronomz. orig. (Abb. A). Sonate f-moll op. 14 (1835–36/1853). *Kinderszenen* op. 15 (1838). *Kreisleriana* op. 16 (1838, Phantasien; S. 470, Abb. D). *Fantasie* C-dur op. 17 (1836–38), LISZT gewidmet, geplant als *Große Sonate für Beethoven* zur Einweihung des BEETHOVEN-Denkmals in Bonn, dann 3 Satztitel *Ruinen, Triumphbogen (Trophäen), Sternenkranz (Palmen)*, dazu SCHLEGELS Motto (S. 437); *Arabeske* op. 18 (1839). *Novelletten* op. 21 (1838). Sonate g-moll op. 22 (1833–38). *Nachtstücke* op. 23 (1839). Es folgt das Liederjahr 1840.

Späte Klavierwerke (Auswahl): *Album für die Jugend* op. 68 (1848). *Waldszenen* op. 82 (1848/49). *Gesänge der Frühe* op. 133 (1853). SCHUMANNS Beschäftigung mit BACH führte zu 6 Fugen über BACH op. 60 für Orgel oder Pedalflügel mit Fußklaviatur (1845), ferner 4 Fugen op. 72 (1845).

Frédéric Chopin (1810–49, S. 479), bestimmte wesentlich die hochromant. Generation mit. Zu den typ. poln. Werken zählen die Polonaisen und Mazurken.

Charakterist. Melodik, Tanzrhythmik und hochchromat. Harmonik verbinden sich zu sprühender Lebendigkeit wie zu poet. Melancholie (Nb. B).

Franz Liszt (1811–86, S. 481) erlebte als Wunderkind und CZERNY-Schüler früh die Wiener Klaviertradition (BEETHOVEN), ab 1823 dann die europ. Weite in Paris, wo ihn bes. PAGANINI und BERLIOZ faszinierten. Wie SCHUMANN erstrebt er PAGANINIS Virtuosität auf dem Klavier (s. u.). Der *brillante* Klavierstil CZERNYS wird so zum *virtuosen* Stil LISZTS. Die Übertragung von BERLIOZ' *Symphonie fantastique* (1833) zeigt LISZTS neuar-

tige Orchesterimitation auf dem Klavier. Etwa 400 Transkriptionen von Symphonien, Opern, Liedern (SCHUBERT) u. a., ferner freie Phantasien wie die *Paraphrasen* über *Don Juan* oder *Rigoletto* gehören zum charakterist. Repertoire seiner Klavierabende. Die meisten seiner Werke hat er mehrfach bearbeitet, worin sich ein improvisator. Element, Konzerterfahrung und wandelnde Auffassungen spiegeln. Außermusikal. Gehalt, dramat. Gestik sind charakteristisch. Hauptwerke: 12 Etüden (1826), 2. Fassung (1838), 3. Fassung als *Etudes d'exécution transcendante* (1851). *Grande fantaisie de bravoure sur la Clochette de Paganini* (1832). *Apparitions* (1834). 6 Paganini-Studien (1840), nach SCHUMANNS op. 3 und 6, CLARA SCHUMANN gewidmet, endgültig als *Grandes Etudes d'après Paganini* (1851). *Années de pèlerinage, 1. Suisse* (1848–53, 9 Stücke, aus *Album d'un voyageur*, 1836), 2. *Venezia e Napoli* (1835–59, 7 Stücke, darin *Dante-Sonate*), 3. *Roma* (1867–77, 7 Stücke). *Harmonies poétiques et réligieuses*, nach LAMARTINE-Gedichten (1845–52, 10 Stücke). 3 *Etudes de Concert* (1848), in Paris als 3 *Caprices* mit den Titeln *Il lamento, La leggierezza, Un sospiro* veröffentlicht. *Consolations*, nach SAINTE-BEUVE-Gedichten (1849). *Ab irato*, Konzertetüde (1852), kürzer als *Morceau de salon* (1841). Sonate h-moll (1852/53), R. SCHUMANN gewidmet. *Weinen, Klagen, Sorgen, Zagen*, nach BACHS Kantate BWV 12; *Präludien* (1859) und *Variationen* (1862). *Mephistowalzer* (1861). 2 *Legenden* (1862). 2 Konzertetüden (*Waldesrauschen, Gnomenreigen*, 1863). 2 *Elegien* (1874–77). – 19 *Ungarische Rhapsodien* (ab 1851).

Zigeunermusik wurde mit ungar. Musik gleichgesetzt: ein häfig. Fehler des 19. Jh., den erst die Volksliedforschung BARTÓKS und KODÁLYS revidierte. Neben bäuerl. Liedern und Tänzen verwendeten die Zigeuner vor allem bürgerl.-städt. Melodien aus dem Balkan des 18./19. Jh., die sie auf ihre Art mit ungar. Kolorit spielten: mit Zigeunerskala, bestimmten Verzierungen, markanten Rhythmen und der typ. Besetzung von Geige (der führende Primas), Klarinette, Baß (Vc. oder Kb.) und Zimbal.

Das Zimbal (*Cimbalom*, Hackbrett, S. 34f.) wird mit 2 Klöppeln angeschlagen, mit rauschendem Klang, Tremoli und rascher Figuration, was LISZT auf dem Klavier imitierte (Nb. C). Den zweiteiligen *Csárdás* (*Wirtshaus*-Tanz, um 1830 aus den älteren *Verbunkos*), langsam-schnell, griff LISZT häufig auf (*Lento/Lassan-Friska*). Das Anfangsthema der *II. Rhapsodie* notierte er sich in Rumänien (Nb. C). Die Musik der ungar. Zigeuner beeinflußte die Kunstmusik von HAYDN, SCHUBERT bis zu BRAHMS (*all'ongarese*). Einfluß der span. Zigeuner (*Flamenco*, Gitarre) ist seltener.

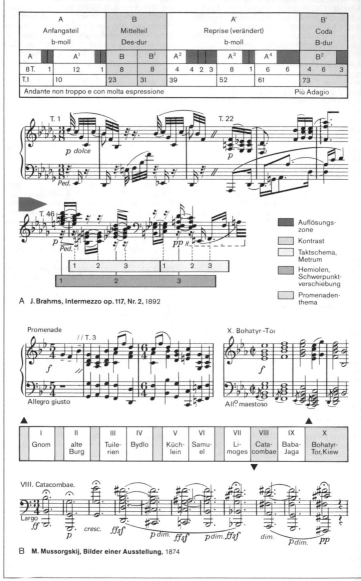

A		B		A'				B'		
Anfangsteil		Mittelteil		Reprise (verändert)				Coda		
b-moll		Des-dur		b-moll				B-dur		

A		A¹		B	B¹	A²			A³	A⁴	B²	
8 T.	1	12	1	8	8	4	4 2 3	8	1	6 6	4 6	3
T.1		10		23	31	39		52		61	73	

Andante non troppo e con molta espressione   Più Adagio

Auflösungs-zone

Kontrast

Taktschema, Metrum

Hemiolen, Schwerpunkt-verschiebung

Promenaden-thema

A J. Brahms, Intermezzo op. 117, Nr. 2, 1892

I	II	III	IV	V	VI	VII	VIII	IX	X
Gnom	alte Burg	Tuile-rien	Bydlo	Küch-lein	Samu-el	Li-moges	Cata-combae	Baba-Jaga	Bohatyr-Tor, Kiew

B M. Mussorgskij, Bilder einer Ausstellung, 1874

Absolute und Programm-Musik

JOHANNES BRAHMS (S. 509) beginnt mit poet. Beseelung, die an die frühe Romantik erinnert (er nennt sich nach E. T. A. HOFFMANN »der junge *Kreisler*«). Zugleich verehrt er BEETHOVEN und die handwerkl. Strenge des Barock (BACH, HÄNDEL, SCARLATTI). So schreibt er zunächst große Sonaten in klass. Anlage, aber in romant. Geist, bes. deutlich in op. 1 mit den Variationen über ein ZUCCALMAGLIO-Volkslied (»*Verstohlen geht der Mond auf, blau, blau Blümelein*«) als Andante und mit dem romant. Intermezzo-Rückblick in op. 5.

3 Sonaten in C, fis, f, op. 1, 2, 5 (1852–53, 1852, 1853). *Scherzo* op. 4 (1851). *Händel-Var.* op. 24 (1861), *Paganini-Var.* op. 35 (1862–63), *Haydn-Var.* für 2 Klaviere op. 56b (1873). 4 *Balladen* op. 10 (1854). 2 *Rhapsodien* op. 79 (1879). *Fantasien* op. 116, *Intermezzi* op. 117 (1892), *Klavierstücke* op. 118, 119 (1893).

Die *Händel-Variationen* orientieren sich historisch-barock mit Fuge usw., erfordern aber, wie die *Paganini-Variationen*, höchste Virtuosität. Romant. Ausdruck und klass. Ebenmaß verbinden sich in den späten Klavierstücken mit tiefer Melancholie.

Das *Intermezzo* op. 117 Nr. 2 erklingt in ausgewogen lyr. Gestalt (Liedform A-B-A'-B'). Dem verfließend romant. Zug mit reicher Harmonik stehen klass. Momente wie Symmetrie, kp. Motivarbeit, Geschlossenheit entgegen, In den Schluß der Formteile schiebt BRAHMS Partien ein, die scheinbar improvisator. die festen Strukturen auflösen: motivisch, rhythmisch, harmonisch wandernd (noch sequenzartig). Solche *Auflösungszonen* sind später bei SCHÖNBERG radikaler zu finden (op. 11, 1909). Der themat. Bezug bleibt erhalten. Der BRAHMSsche Personalrhythmus durchwirkt die ganze Stelle: die Bewegung beginnt synkopisch um ein Sechzehntel vorgezogen und verbindet dann 2 Takte zu einem (*Hemiole*, Abb. A).

Salonmusik und Klavierkultur
Das Klavierspiel des 19. Jh. vollzieht sich außer in den großen Konzertsälen vor allem in den adligen und bürgerl. Salons. Die Ansprüche reichen von höchstem Bildungsniveau und musikal. Kennerschaft bis zum Teekränzchen und trivialer Unterhaltungsmusik. Neben zahllosen Unbekannten:

FIELD, KALKBRENNER, HÜNTEN, MOSCHELES, BERTINI, MEYER, HERZ, THALBERG, HENSEL, DREYSCHOCK, LITOLFF, KIRCHNER, SCHULHOFF, GOTTSCHALK, ANTON RUBINSTEIN, EULENBURG, SINDING.

Natürlich gehören auch CHOPIN und LISZT hierher, ebenso wie die großen Frauen des 19. Jh., CLARA WIECK-SCHUMANN und FANNY HENSEL-MENDELSSOHN (Felix' Schwester).
Aus dem Kreise um LISZT stammen FELIX DRAESEKE (1835–1913), HANS v. BÜLOW

(1830–94), HERMANN GOETZ (1840–76), ferner EUGEN D'ALBERT (1864–1932).

In **Frankreich** hat sich eine eigene Klavierkultur entwickelt, vor allem in Paris mit seinen Salons, Konzertsälen, Verlagen und Klavierfabriken (PLEYEL, GAVEAU). Die großen Komponisten zeichnen sich durch geistvolle Virtuosität aus, bes. FRANCK, SAINT-SAËNS und ALEXIS EMANUEL CHABRIER (1841–94). FRANCK verschmolz historist. Anspruch mit seiner hochromant. Musiksprache (S. 438, Abb. C).

In **Spanien** bezog ISAAC ALBÉNIZ (1860–1909) span. Zigeunermusik mit seinen virtuosen kolorist. Klavierstil ein.
In **Norwegen** trat EDVARD GRIEG (1843–1907) u. a. mit seinen 66 *Lyr. Klavierstücken* hervor.
In **Rußland** komponierte PETER TSCHAIKOWSKY (1840–93) romant. Klavierstücke. Eigenwillig russ. Kolorit findet sich bei MODEST MUSSORGSKIJ (1839–81, S. 457), bes. in seinen *Bildern einer Ausstellung* (1874).

Dieser Zyklus von Klavierstücken entstand aus Anlaß einer Ausstellung des befreundeten Architekten HARTMANN in Petersburg. Die *Promenade,* Gang des Besuchers von Bild zu Bild, taucht zwischen den Stücken rondoartig wieder auf. Zu ihrem russ. Charakter trägt das liedhafte Thema bei, der Taktwechsel von ⁵⁄₄ und ⁶⁄₄, der Wechsel von Solostimme und Vollklang und die eigenartige, z. T. russ. kirchentonal-modale Harmonik (T. 3· Nebendreiklänge g, F, d; Nb. B). Die *Promenade* wird variiert, dem Charakter des folgenden Bildes entsprechend, z. T. entfällt sie auch. Gegen Ende geht ihre Thematik in die Bilder ein, bes. in dem strahlend festl. *Bohatyr-Tor* (Nb. B). MUSSORGSKIJ schildert alles völlig unakademisch und originell. So erklingen bei den Katakomben unorthodoxe moderne Klänge (Unisoni, Chromatik, Dissonanzen; Nb. B). Sein orchestrales Denken übersteigt oft die Ausdrucksmöglichkeiten des Klaviers, wie im *cresc.* auf einem Ton (Catakombae T. 3). RAVEL hat später die *Bilder* kongenial instrumentiert (1922).
In **Böhmen** wirkten auch als Klavierkomponisten (nach TOMÁŠEK und VOŘÍŠEK) A. DVOŘÁK, B. SMETANA und Z. FIBICH (1850–1900, lyr. Stücke).

Orgel
Mit der Zuwendung zur älteren Musik gewann auch die Orgel im 19. Jh. neues Interesse. So entstanden SCHUMANNS Fugen op. 60, LISZTS *Präludium und Fuge über den Namen BACH* (1855/1870), die bedeutenden Orgelwerke CÉSAR FRANCKS und anderer frz. Komponisten. Die romant. Klangvorstellungen ließen dabei, ausgehend von ABBÉ VOGLER und dann v. a. in Frankreich, den unbarocken Orgeltyp des 19. Jh. entstehen (S. 59).

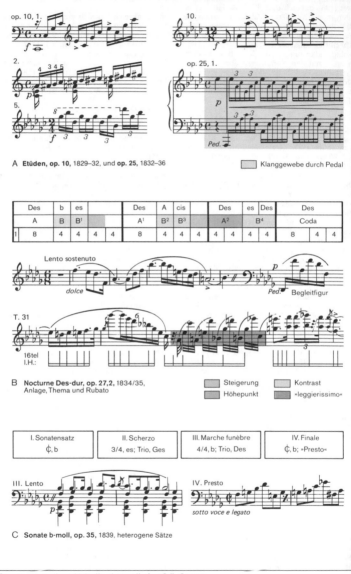

op. 10, 1.

10.

2.

op. 25, 1.

5.

A **Etüden, op. 10,** 1829–32, und **op. 25,** 1832–36

Klanggewebe durch Pedal

Des	b	es			Des	A	cis		Des	es	Des		Des		
A	B	B¹			A¹	B²	B³		A²		B⁴		Coda		
8	4	4	4	4	8	4	4	4	4	4	4	4	8	4	4

Lento sostenuto

dolce

Ped.   Begleitfigur

T. 31

16tel
l.H.:

B **Nocturne Des-dur, op. 27,2,** 1834/35,
Anlage, Thema und Rubato

Steigerung   Kontrast

Höhepunkt   »leggierissimo«

I. Sonatensatz	II. Scherzo	III. Marche funèbre	IV. Finale
¢, b	3/4, es; Trio, Ges	4/4, b; Trio, Des	¢, b; »Presto«

III. Lento

IV. Presto

sotto voce e legato

C **Sonate b-moll, op. 35,** 1839, heterogene Sätze

Chopin: Technik und Musik, rhapsodischer Stil, Sonate

FRYDERYK (FRÉDÉRIC) CHOPIN, *1. 3. 1810 in Zelazowa-Wola bei Warschau, †17. 10. 1849 in Paris, frz. Vater und poln. Mutter, Wunderkind, lernte Komposition bei J. ELSNER; 1829 erfolgreiche Konzertreise nach Wien; 1830 verläßt CHOPIN Warschau zu Konzerten und Studien. Die Revolution verhindert eine Rückkehr. Ab 1831 lebt CHOPIN in Paris unter anregenden Künstlern (BERLIOZ, LISZT, PAGANINI, u. a.). CHOPIN mied das große Publikum (in 18 Pariser Jahren nur 19 öfftl. Konzerte) und bevorzugte die intime Atmosphäre der Salons. Er war ein hochbezahlter Komponist und Lehrer.

Reisen führten ihn 1834/35 bis nach Dresden (Verlobte MARIA WODZIŃSKA), 1838–39 wegen seines Lungenleidens nach Mallorca mit der Dichterin GEORGE SAND (Kartäuserklause Valdemosa). Mit ihr lebte er 1839–47 in Paris und sommers auf deren Landsitz in Nohant. 1847 brachte eine rapide Verschlechterung seiner Gesundheit, 1848 CHOPINS letzte Reise (London, Schottland).

CHOPIN faszinierte durch seine musikal. Phantasie und Kultur. Er verband eine an PAGANINI erinnernde Virtuosität mit einem empfindsamen Farb- und Ausdrucksreichtum hoher Inspiration. Schon bei seinem ersten Konzert in Wien bewunderte man *»die ausgezeichnete Zartheit seines Anschlags, eine unbeschreibl. mechan. Fertigkeit, sein vollendetes, der tiefsten Empfindung abgelauschtes Nuancieren«* (AmZ 1828). SCHUMANN beschreibt CHOPINS Spiel (NZfM 1837):

»Denke man sich, eine Aolsharfe hätte alle Tonleitern und es würfe diese die Hand eines Künstlers in allerhand phantast. Verzierungen durcheinander, doch so, daß immer ein tieferer Grundton und eine weich fortsingende höhere Stimme hörbar – und man hat ungefähr ein Bild seines Spieles.«

Ausgehend von HUMMEL, FIELD entwickelt CHOPIN schon als 20jähriger seinen eigenen, anspruchsvolleren Stil. Seine Ideale sind BACH und MOZART (nicht LISZTS Dramatik). In BACH fand die lyrisch-roman. Natur CHOPINS eine geläuterte Abgeklärtheit.

Die **Etüden** op. 10 und 25 sind keine Übungsstücke CRAMERS und CZERNYS mehr, sondern zeigen CHOPINS geniale, stets poetisch-ausdrucksvolle Pianistik. Ihre bis dahin unerhörten techn. Schwierigkeiten liegen nicht zuletzt in der Länge und Gleichartigkeit der Bewegung (ca. 600 Sexten in Nr. 10).

Die *Etüden* beginnen in C-dur wie die *Préludes,* was an BACHS *Wohltemperiertes Klavier* erinnert: nicht enge Akkorde (wie in BACHS 1. Präl.), sondern weiteste Lage mit Akzenten im 5. Finger (Nb. A); polyphon kombiniert Nr. 2 eine Linie in den Eckfingern und Akkorde in derselben Hand; Nr. 5 entwickelt eine nahezu impressionist. Farbe auf den schwarzen Tasten; ein Gemisch aus Klangfarbe und Polyphonie ist auch op. 25, Nr. 1 (Nb. A).

Der je einheitl. Charakter der Stücke wirkt barock. Auch lieben alle Romantiker wie CHOPIN die gleichmäßige Bewegung, meist in der 1. H. (Begleitfigur Nb. B; Ostinatobässe in *Berceuse* und *Barcarole*). Die Melodie erhebt sich darüber wie eine Gesangsstimme über dem Orchester. CHOPINS Melodien sind beseelt, weittragend und von vollendeter Grazie. CHOPIN liebte die ital. Belcanto-Kultur (BELLINI).

Die **Nocturnes** sind Nacht- und Traumstücke voll Mondschein und Romantik. Die Melodie in op. 27,2 schwingt, bei lyr., fast klass. Gesamtanlage (Abb. B), synkopisch gedehnt und weich. Leicht und anmutig wirken die grazilen Brechungen in kleinere Notenwerte, variierend, wobei die Ornamentik von innen her belebt und phantasiereich erweitert wird. Auch im dichten *leggierissimo* notiert CHOPIN exakt. Hält die 1. H. das Tempo, so spielt die r. H. ein *tempo rubato:* nicht notierbar, eine Frage des Stils u. Geschmacks (Nb. B).

CHOPINS lyr. Empfinden durchbricht stets die vordergründige Realität. »Rosen, Nelken, Schreibfedern und ein Stück Siegellack ... und befinde mich in diesem Augenblicke gar nicht bei mir, sondern wie gewöhnlich in einem ganz anderen, merkwürdigen Raume ... jene *espaces imaginaires«* (Nohant, 1845).

Gattungen verändern sich. Die Präludien BACHS werden in den 24 *Préludes* von CHOPIN zu romant. Charakterbildern von stärkstem Ausdruck. Die klass. **Sonate** wird bei CHOPIN zur Folge von 4 Solostücken. Der Trauermarsch der b-moll-Sonate entstand lange zuvor, im Finale *»plaudern r. und l. H. unisono miteinander«* (Abb. C). CHOPIN schreibt auch 4 *Scherzi* außerhalb der Sonate.

Werke: 4 Rondeaus: c, op. 1 (1825); C, op. 73 für 2 Klav. (1828); Es, op. 16 (1832), *R. à la Mazur* op. 5 (1826). Variationen: *Don-Juan-Var.* op. 2 (1827) mit Orch., *Hérold-Var.* op. 12 (1833).
4 Scherzi: h, op. 20 (1831/32); b, op. 31 (1837); cis, op. 39 (1839); E, op. 54 (1842).
3 Sonaten: c, op. 4 (1828); b, op. 35 (1839); h, op. 58 (1844).
Je 12 Etüden op. 10 (1829–32), LISZT gew., op. 25 (1832–36), Gräfin D'AGOULT gew. 24 Préludes op. 28 (1831–39).
19 Nocturnes, 4 Impromptus, 4 Balladen; 58 Mazurken, 16 Polonaisen, 17 Walzer; Bolero op. 19 (1833); Fantasie-Impromptu cis, op. 66 (1835); Tarantelle op. 43 (1841); Berceuse op. 57 (1843–44); Barcarole op. 60 (1845/46); Polonaise-Fantasie As, op. 61 (1845/46); 17 poln. Lieder op. 74 (1829–47).
Werke mit Orchester s. S. 503.
Kammermusik: *Intr. u. Polonaise* für Vc. und Klavier, op. 3 (1829/30); Sonate g für Vc. und Klav., op. 65 (1845/46).
GA, hg. von I. Paderewski, 21 Bde. Warschau 1949–61, **Werkverz.** von K. Kobylańska, Krakau 1977 (dt. 1979).

1. (Moderato)

p
dolce

Da er (Walt) aus dem Stübchen
trat, bat er Gott, daß er es
froh wiederfinden möge; es
war ihm wie einem ruhm-
durstigen Helden, der in
seine erste Schlacht auszieht.

2. Prestissimo

mf

Endlich geriet er ... in den
wahren brennenden Saal ...
welch ein Nordscheinhimmel
voll widereinanderfahrender
zickzackiger Gestalten.

3. (♩ = 120)

f

Am meisten zog ihn und
seine Bewunderung ein
herumrutschender Riesenstiefel
an ... der sich selber anhatte
und trug (daher ab T.17 Kanon).

A Papillons, op. 2, 1829–32, und Schumanns Textauswahl aus Jean Paul, Flegeljahre

Allegretto

p

Es grü - net ein Nuß - baum vor dem Haus,

Pedal

B Der Nußbaum (Mosen) aus »Myrthen«, op. 25, 1840

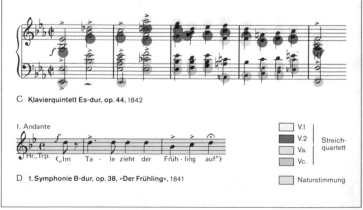

f

C Klavierquintett Es-dur, op. 44, 1842

I. Andante

Hr., Trp.   *f*

(„Im   Ta - le zieht der   Früh - ling   auf")

D 1. Symphonie B-dur, op. 38, »Der Frühling«, 1841

☐	V. 1
■	V. 2
☐	Va.
■	Vc.

Streich-
quartett

☐ Naturstimmung

Schumann: Musik und Poesie, Satzstrukturen

ROBERT SCHUMANN, *8. 6. 1810 in Zwickau, †29. 7. 1856 bei Bonn; Vater Autor und Verlagsbuchhändler, 1828 Abitur, Fußreise nach Bayreuth (JEAN PAUL, †1825) und München (HEINE); in Leipzig Jurastudium, Klavier bei F. WIECK; 1829 Jura in Heidelberg (THIBAUT); Ostern 1830 PAGANINI-Konzert in Frankfurt: daraufhin Jura aufgegeben, um Klaviervirtuose zu werden.

Leipzig 1830–44
SCHUMANN studiert weiter bei WIECK. 1831 zwingt ihn eine Sehnenzerrung, seine Virtuosenpläne aufzugeben. Verstärkt Kp.- und BACH-Studien (DORN).
Klavierperiode bis 1839. SCHUMANN, für den Kunst und Leben untrennbar sind, fordert vom Musiker *andere als bloß musikal. Erfahrungen.* Die Poesie spielt für ihn eine bes. Rolle, wobei ihm der Bruch mit der hohen *Goethe-Mozartschen Kunstepoche* epigonal bewußt ist. Auf ihn selbst üben *Bach und Jean Paul* den größten Einfluß aus. BACHS Kunstsinn und Polyphonie sind SCHUMANN eine Quelle der Inspiration: *»Das Tiefcombinatorische, Poetische und Humoristische der neueren Musik hat ihren Ursprung zumeist in Bach.«* Selbst BACHS Fugen deutet SCHUMANN wie alle Musik poetisch, als *»höchste Charakterstücke«,* genauso wie ihm SCHUBERTS Tänze mit Faschingsgestalten erfüllen, die er dichterisch benennt (NZfM).
Bei JEAN PAUL erscheinen Phantasie und Lebensfülle – ähnlich wie in der Musik von BERLIOZ (*»Dies irae als Burleske«*) – bereits in der Maske romant. Ironie, führen aber bei SCHUMANN zu einer Fülle musik. Einfälle.
Die *Papillons* entstanden nach der Lektüre der Flegeljahr-Schlußszene JEAN PAULS. Nr. 1: zarter Charakter Walts, Erwartung, Aufschwung und Zögern. Nr. 2: konträr dazu. Nr. 3: klotzige Oktaven für den Stiefel. Die orig. Textzuweisung ist nie penibel, sondern stets phantast., offen (Abb. A).
Musikkritik. 1834 gründet SCHUMANN die *Neue Zeitschrift für Musik (NZfM),* die er bis 1844 herausgibt. Um die Ansichten lebendig zur Sprache zu bringen, fingiert er die *Davidsbündler* gegen die Bürgerphilister mit dem stürmischen *Florestan* (BEETHOVEN, KREISLER) und dem besinnl. *Eusebius* (JEAN PAUL) für die eigene Doppelnatur, mit *Meister Raro* (F. WIECK), *Cilia* (CLARA), *Felix Meritis* (MENDELSSOHN) u. a. Ziel ist, *an die alte Zeit zu erinnern* (BACH), die jüngste äußerliche Virtuosität zu *bekämpfen* und *eine neue, poetische Zeit* herbeizuführen.
SCHUMANN heiratet 1840 CLARA WIECK (1819–96), nach Gerichtsurteil gegen Vater. CLARA unternahm als hochgeschätzte Pianistin Konzertreisen ab 1831, hatte mit ROBERT 8 Kinder, lebte nach 1856 in Berlin, ab 1863 in Lichtenthal bei Baden-Baden, ab 1878 in Frankfurt/Main; lebenslange Freundschaft mit J. BRAHMS.

Liederjahr 1840. Über 140 Lieder, *»als ob die Poesie mit Worten aus dem Klavier«* bräche.
Das Klavier schafft eingangs die Atmosphäre des Ganzen, die Singstimme fließt zart in das Gewebe ein: keine Melodie mit Klavierbegleitung, sondern ein lyr. Klavierstück mit Gesang (Nb. B).
Symphoniejahr 1841. SCHUMANN hatte schon 1838 vermerkt: *»Das Klavier wird mir zu enge. Ich höre bei meinen jetzigen Kompositionen oft noch eine Menge Sachen, die ich kaum andeuten kann.«* Nun schreibt er die *Suite* op. 52, das Klavierkonzert op. 54, die Erstfass. der 4. Symph., die 1. Symph. Sie trägt urspr. die programmat. Satztitel *Frühlingsbeginn* (Kopfsatz), *Abend* (Larghetto), *Frohe Gespielen* (Scherzo), *Voller Frühling* (Finale).
Vorbild ist BEETHOVEN und dessen kp. Arbeit. Dagegen steht SCHUMANNS lyr. Naturthema, das den Schluß eines Gedichtes von A. BÖTTGER skandiert (Waldhorn, Nb. D).
Kammermusikjahr 1842. Erst nun wendet sich SCHUMANN der dichten Struktur der Kammermusik zu. Seine 3 Streichquartette op. 41 widmet er MENDELSSOHN. Es folgen Klavierquartett op. 47 und quintett op. 44.
Die 4 Stimmen der Streicher sind in den vollgriffigen, bereits polyphon konzipierten Klaviersatz verwoben, der so schwungvoll beginnt (Nb. C).
Oratorienjahr 1843. Ein neues *Genre für den Konzertsaal* schafft SCHUMANN mit dem weltl. Oratorium *Das Paradies und die Peri,* op. 50, *»nicht für den Betsaal, sondern für heitere Menschen«.* 1844 folgen die *Faustszenen.* Eine Rußlandreise mit CLARA führt zu SCHUMANNS völliger Erschöpfung (1844). BRENDEL übernimmt die NZfM. Im Oktober ziehen Schumanns nach Dresden.

Dresden 1844–50
SCHUMANN leitet die *Liedertafel* und gründet den *Verein für Chorgesang.* Hier lebt ein anregender Kreis von Dichtern, Malern und Musikern (WAGNER). Es entstehen u. a. die Oper *Genoveva* (1847–49, TIECK/HEBBEL), die *Manfred*-Musik (1848–49, BYRON).

Düsseldorf 1850–54
Als Musikdirektor (nach HILLER) dirigiert SCHUMANN das Symphonieorchester und den Laien-Gesangsverein. Es entstehen die *Rheinische Symphonie* (1850), Ouvertüren und *Der Rose Pilgerfahrt* (1851), Messe und Requiem (1852–53), das Violinkonzert (1853, für JOACHIM; gedr. 1937). BRAHMS besucht SCHUMANNS erstmals 1853 (S. 509). Nach Depressionen führt ein Sprung in den Rhein (Febr. 1854) zur Einweisung in die Heilanstalt in Endenich bei Bonn (1854–56).
GA, hg. von CLARA SCH. und J. BRAHMS, 31 Bde., Lpz. 1879–93; Ges. Schriften, hg. von M. KREISIG, Lpz. 1854, ⁵1914; Tageb., hg. v. G. EISMANN, Bd. I/III, Lpz. 1971/82.

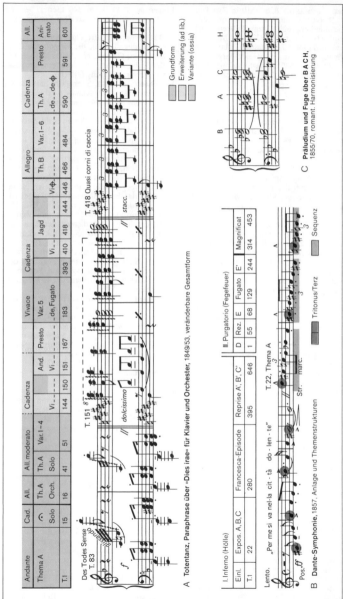

A Totentanz, Paraphrase über »Dies irae« für Klavier und Orchester, 1849/53, veränderbare Gesamtform

B Dante-Symphonie, 1857, Anlage und Themenstrukturen

C Präludium und Fuge über BACH, 1855/70, romant. Harmonisierung

Liszt: Virtuosität und Ausdruck, Programm, Historismus

Franz Liszt, * 22. 10. 1811 in Raiding (Ungarn), † 31. 7. 1886 in Bayreuth; ab 1817 Klavierunterricht beim Vater, ab 1822 bei Czerny in Wien, dort auch Kp. bei Salieri; 1822 spielte Liszt Beethoven vor (er weihte 1845 das Beethoven-Denkmal in Bonn ein). Ab 1823 lebte er in **Paris,** trieb Kompositionsstudien bei Paer und Reicha, war bewegt von den polit. Ereignissen in Europa (Plan einer *Revolutions-Symphonie* 1830) und beeindruckt von der frz. Romantik mit Hugo und Berlioz, aber auch von Rossini, Bellini, Chopin, Meyerbeer (Übertragungen aufs Klavier). In diese breite musikal. Perspektive bricht die Faszination durch Paganini (Paris 1831) mit dem Ziel, den *brillanten* Stil zu überwinden und durch einen gesteigerten *virtuosen* Stil neue Ausdrucksmöglichkeiten zu erreichen. Es beginnt die Virtuosenkarriere. 1835 zieht er mit der Gräfin Marie d'Agoult nach Genf. Von ihren 3 Kindern heiratet später Cosima den Liszt-Schüler v. Bülow, dann Wagner (S. 455). Ab 1838 folgen Liszts ausgedehntere **Konzertreisen** durch ganz Europa. Schumann hört ihn 1840 in Leipzig, wo er neben den Publikumserfolgen, wie Opernparaphrasen, seinem *Grand Galoppe chromatique* und Schuberts *Erlkönig,* schwierigste neue Stükke fast vom Blatt spielt (*Carnaval*).

»Nun rührte der Dämon seine Kräfte ... In Sekundenfrist wechselt Zartes, Kühnes, Duftiges, Tolles: das Instrument glüht und sprüht unter seinem Meister ... man muß das hören und auch sehen, Liszt dürfte durchaus nicht hinter den Coulissen spielen· ein großes Stück Poesie ginge dadurch verloren ... Diese Kraft, ein Publicum sich zu unterjochen, es zu heben, tragen und fallen zu lassen, mag wohl bei keinem Künstler, Paganini ausgenommen, in so hohem Grade anzutreffen sein ... Es ist nicht mehr Klavierspiel dieser oder jener Art, sondern Aussprache eines kühnen Charakters überhaupt« (NZfM 1840).

Ein nationales Ereignis wird Liszts Ungarntournee 1840. Es folgen Berlin (1841/42), Petersburg (1843). 1847 lernt er in Kiew die Fürstin Carolyne von Sayn-Wittgenstein kennen und gibt die Virtuosenkarriere auf.

Weimar 1848–61

Als Hofkapellmeister mit den Experimentiermöglichkeiten eines eigenen Orchesters für Konzert und Oper verwirklicht Liszt seine neuen Ideen der Symphon. Dichtung und Programmsymphonie, revidiert seine Werke und setzt sich zugleich auch für moderne Musik ein (UA von Wagners Lohengrin 1850; Schumanns Faust II; Berlioz-Woche 1852 usw.). Weimar wird zum Zentrum der sog. *Neudeutschen Schule* um Liszt, mit einem großen Schülerkreis (Draeseke, Raff, von Bülow, Cornelius). 1859 gründet Liszt den *Allg. dt. Musikverein* (mit Brendels NZfM; S. 479).

Die Anregung zur Paraphrase über die mittelalterl. Totensequenz *Dies irae* (S. 190) erhielt Liszt beim Anblick von A. Orcagnas Fresko *Triumph des Todes* im Camposanto von Pisa. Das Hauptmotiv erscheint in den schweren Bässen in d-moll mit blitzenden Klavierglissandi gleich Sensenschnitten des Todes darüber (T. 83), in lichten Höhen mit zarten Arpeggien in H-dur (T. 151), in scherzoartiger Jagdmotivik (T. 418), in choralhaften oder diabol. Fugati, in hymn. Breite. Das Variationsprinzip garantiert die Präsenz des themat. Materials (der Tod »mitten im Leben«), dem sich die Phantasie in Erweiterungen und Varianten als formsprengenden, fast aleator. Elementen und als Zeichen geistiger Freiheit nur scheinbar entzieht, denn auch hier ist das Todesmotiv präsent (Abb. A).

Liszts Konzerte, Sonaten u.a. runden sich oft durch ein Thema für *alle* Sätze oder durch *Wiederaufnahme* der Themen im Finale zyklisch (Vorbild: Schuberts Wandererphantasie). *Improvisation* und *Arrangements* sind ebenso augenblicksbezogen wie äußerl. *Virtuosität,* wogegen *themat. Arbeit* in verdichteter variabler oder zykl. Komposition in histor. Kontinuität wurzelt. Das mittelalterl. Thema *Dies irae* steht bei Liszt für diese bewußt gesuchte Kontinuität, ebenso wie in seinem Leben der Abbruch der Virtuosenkarriere und in seinem Schaffen der Weg vom *virtuosen* zum *symphon.* Stil.

Liszts Griff zur Weltliteratur (Dante, Goethe) weist auf das erstrebte Niveau der eigenen musikal. Aussage. Die Themen sind oft von plakativer Gestik, beim *Höllentormotiv* Nb. B. gemischt aus pathet. Rhythmus und Elementen barocker Musiksprache, wie Tritonus und verminderte Terz für Leid und Schmerz. Auch die Motivverarbeitung ist offen (Sequenztechnik). Die Gesamtanlage folgt mehrthemat. Sonatensatz mit *Francesca*-Episode anstelle der Durchführung (Teil I) und Reprisenform mit *Magnificat* (Teil II, Abb. B).

Rom 1861–86

Liszt geht 1861 nach Rom, wo Carolyne bereits seit 1860 vergeblich ihre Scheidung beantragt. 1865 nimmt Liszt die niederen Weihen eines Abbés. Er öffnet sich historist. Einflüssen, der Wiederbelebung Palestrinas und der Gregorianik *(Missa choralis).*

Wie schöpferisch er das Alte einschmilzt, zeigt die Verbindung von polyphonem Kp., motiv. Alterationsharmonik (Nb. C).

Von Rom aus folgen Reisen nach Budapest (Ungar. *Krönungsmesse* 1867, Präs. der neuen Musikakademie 1875), Weimar (Hofrat, Lehrtätigkeit) und Bayreuth (Wagner).

GA, hg. v. Busoni u.a., 34 Bde., Leipzig 1907–36; **NGA,** Budapest und Kassel 1970ff.; **Werkverz.** v. F. Raabe, 1931/68.

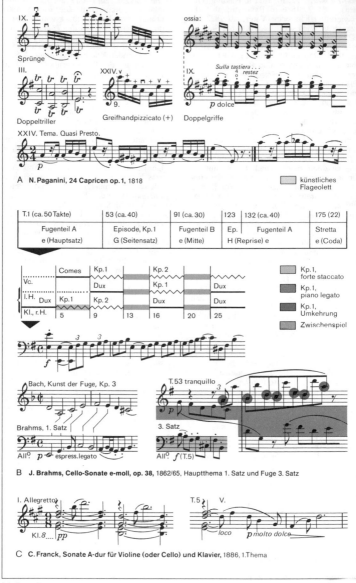

IX.

ossia:

Sprünge

III.

XXIV. v

IX.   *Sulla tastiera . . . restez*

Doppeltriller

9.

Greifhandpizzicato (+)

p dolce

Doppelgriffe

XXIV. Tema. Quasi Presto.

p

A   **N. Paganini, 24 Capricen op. 1,** 1818

künstliches Flageolett

T. 1 (ca. 50 Takte)	53 (ca. 40)	91 (ca. 30)	123	132 (ca. 40)	175 (22)
Fugenteil A	Episode, Kp. 1	Fugenteil B	Ep.	Fugenteil A	Stretta
e (Hauptsatz)	G (Seitensatz)	e (Mitte)	H (Reprise) e		e (Coda)

		Comes	Kp. 1		Kp. 2		
Vc.			Dux		Kp. 1		Dux
I. H.	Dux	Kp. 1	Kp. 2		Dux		Dux
Kl., r. H.	5	9	13	16	20	25	

Kp. 1, forte staccato

Kp. 1, piano legato

Kp. 1, Umkehrung

Zwischenspiel

f

Bach, Kunst der Fuge, Kp. 3

T. 53 tranquillo

Brahms, 1. Satz

p

3. Satz

All⁰ *p* espress. legato

All⁰ *f* (T. 5)

B   **J. Brahms, Cello-Sonate e-moll, op. 38,** 1862/65, Hauptthema 1. Satz und Fuge 3. Satz

I. Allegretto

T. 5   V.

Kl. *8* ..... *pp*

loco   *p molto dolce*

C   **C. Franck, Sonate A-dur für Violine (oder Cello) und Klavier,** 1886, 1. Thema

Kammermusik ist bestimmt durch Charakter und Besetzung: *Solo* (oft mit Klavier) oder solist. Ensemble, instrumental, aber auch vokal (dagegen Orch., Chor, Oper, KM).

Streicher
Italien. Die Technik der Streicher nahm im 19. Jh. stark zu, bes. durch PAGANINI für die Violine. Alle übrigen versuchten, seine Virtuosität nachzuahmen.
NICCOLÒ PAGANINI (1782–1840), Genua, Wunderkind (Konzerte ab 1794); Lehrer G. COSTA (Domkapellmeister in Genua), ROLLA, PAER (Opernkomp. in Parma und Bologna); 1805–10 Lucca, Kapellmeister der Fürstin ELISA BACIOCCHI, Schwester NAPOLEONS; danach frei; 1828 erste Reise nach Wien u. a., häufig Paris, London.
PAGANINI galt als Inkarnation des romant. Künstlers mit einer phantast., fast dämon. Ausstrahlung und einer faszinierenden Technik (nahm die allg. Technik-Begeisterung des 19. Jh. voraus). PAGANINI besaß eine sehr bewegl., weitgriffige l. H. Er bringt u. a.:
– extrem weite Lagenwechsel (Nb. A, IX);
– Springbogen (*Ricochet;* IX);
– Doppeltriller (III);
– Bogenspiel und Pizzicato (mit der Greifhand) zugleich (XXIV);
– Doppelgriffe: Terzen, Sexten, Oktaven (IX), auch als Läufe;
– künstl. Flageolett und Doppelflageolett über das ganze Griffbrett (IX);
– Ossia-Varianten;
– Skordatur nach Bedarf.
Das Thema der 24. Caprice wurde oft variiert (LISZT, BRAHMS, LUTOSŁAWSKI; Nb. A).
Werke: 24 Capricci op. 1 (EZ bis 1810, gedr. 1820); je 6 Sonaten *per violino e chitarra* op. 2/3 (1820); Konzerte (S. 507) u. a.
PAGANINIS Phantasie, Ausdruckskraft und scheinbare Schrankenlosigkeit wirkten anregend für Komponisten und Interpreten (SCHUMANN, LISZT, CHOPIN usw.).
Neben ihm verblaßten andere ital. Geiger wie E. C. SIVORI, P. ROVELLI, T. und M. MILANOLLO, T. TUA, E. POLO.

Frankreich führt seine hohe Geiger-Tradition der Jahrhundertwende weiter mit BAILLOT und dessen Schülern: F. A. HABENECK (1781–1849), J.-F. MAZAS (1782–1849); eine Tradition bilden D. ALARD (1815–88), P. DE SARASATE (1844–1908), H. LÉONARD (1819–1900), H. MARTEAU (1874–1934), M.-P.-J. MARSICK (1848–1924), C. FLESCH, J. THIBAUD. Ferner traten hervor CH.-A. DE BÉRIOT (1802–70; Violinschule 1858), sein Schüler, der Belgier H. VIEUXTEMPS (1820–81), dessen Schüler, der Belgier E. YSAŸE (1858–1931); ferner die Geiger RODOLPHE KREUTZER (1766–1831, ihm ist BEETHOVENS Sonate op. 47 gew.), L. J. MASSART (1811–92), H. WIENIAWSKI (1835–80) bis zu F. KREISLER (1875–1962).

Zur großen frz. Violinmusik gehört die Sonate A-dur von C. FRANCK (auch übertragen für Vc. oder Fl.). Die weichen Septnonakkorde des Anfangs erinnern an WAGNER, wie vieles in der Linienführung und Harmonik. FRANCK komponierte eine einfallsreiche, gefühlsstarke Musik, die überall dichten Zusammenhang zeigt. So entfaltet sich aus dem charakterist. Nonenakkord träumerisch-intuitiv das 1. Thema (Nb. C).

In **Deutschland** wirkt als führender Geiger L. SPOHR (1784–1859), Kapellmeister in Wien und ab 1822 in Kassel, Violinschule 1831, eine Fülle von Werken, bes. Duette, Konzerte (S. 506 f.). Sein Schüler F. DAVID (1810–73) war Konzertmeister am Leipziger Gewandhausorchester; MENDELSSOHN widmete ihm sein Violinkonzert. Noch heute werden von DAVID herausgegebene Werke gespielt. Weitere Geiger: F. W. PIXIS (1785–1842; Prag), M. MILDNER (1812–65; Prag), O. ŠEVČÍK (1852–1934; mit wichtigen Etüden); in Wien wirkten A. und P. WRANITZKY, I. SCHUPPANZIGH (1776–1830; mit BEETHOVEN befreundet), F. CLEMENT, J. MAYSEDER, J. BÖHM und GEORG und JOSEPH HELLMESBERGER; in Berlin JOSEPH JOACHIM (1831–1907), mit BRAHMS befreundet.
Aus der zahlreichen Literatur für Streicher ragen hervor: SCHUBERTS Violinsonaten *(Sonatinen)* in D, a und g (D 384, 385, 408), das Duo in A (D 574) und die große Phantasie in C (D 934). Für den Arpeggione (S. 45) schrieb SCHUBERT eine Sonate mit Kl. in a (D 821, 1824, *Arpeggione,* heute Vc. oder Va.).
In der 2. Hälfte des 19. Jh. tritt vor allem BRAHMS mit Werken für Streicher und Klavier hervor: 3 Sonaten für V. und Kl. in G, op. 78 (1878–79, Motiv aus *Regenlied,* op. 59), A, op. 100 (1886), und d, op. 108 (1886); 2 Klarinettensonaten, op. 120 (1894), auch für Va.; 2 Sonaten für Vc. und Kl. in e, op. 38 (1862/65), und F, op. 99 (1886).
Die Sonate in e zeigt, wie BRAHMS seine Auseinandersetzung mit der Geschichte und bes. mit BACH schöpferisch wirksam werden läßt. Das 1., romantisch bewegte Thema geht auf den Kp. 3 aus BACHS *Kunst der Fuge* zurück (Nb. B). Als Finale erklingt eine 3st. Fuge. Ihr Thema entnahm BRAHMS ebenfalls, leicht variiert, BACHS *Kunst der Fuge* (Spiegelfuge Kp. 13). Die 3 Stimmen der Fuge sind auf die r. H. und l. H. des Klaviers und auf das Vc. verteilt (Abb. B, Aufbau der Exposition). In die Fuge schiebt BRAHMS eine lyr. Episode ein, die den Kp. 1 auf spieler. Weise umkehrt und variiert und damit ganz unbarock und romantisch in eine völlig gegensätzl. Ausdrucksspäre überträgt (Nb. B, T. 53).
Reiche Literatur für Streicher schrieben DVOŘÁK, FAURÉ, GRIEG, LALO, SMETANA, TSCHAIKOWSKY, WIENIAWSKI u. a.

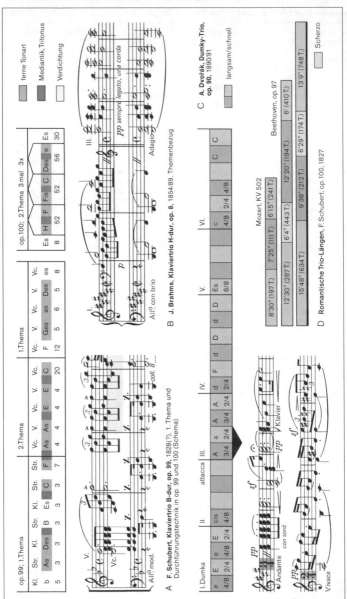

Legende:
- ferne Tonart
- Mediantik, Tritonus
- Verdichtung
- langsam/schnell

op. 99: 1.Thema

Kl.	Str.	Kl.	Str.	Str.
b	As	Des	Es	B
5	3	3	3	3

2.Thema

Str.	V.	V.	V.	Vc.
F	As	As	E	C
7	4	4	4	20

1.Thema

Vc.	V.	V.	V.	Vc.
F	Ges	as	Des	es
12	5	6	5	8

All⁰. mod.   All⁰ con brio

op.100; 2.Thema 3 mal   3x

Es	H	F	Fis	C	Des	e	Es
8	52	52	52	56	56	56	30

III.

pp sempre legato, una corda

Adagio

A F. Schubert, Klaviertrio B-dur, op. 99, 1828(?), 1. Thema und
Durchführungstechnik in op. 99 und 100 (Schema)

B J. Brahms, Klaviertrio H-dur, op. 8, 1854/89, Themenbezug

**C A. Dvořák, Dumky-Trio,
op. 90,** 1890/91

Scherzo

I.Dumka		II.		attacca III.		IV.		V.		VI.	
e	E	e	cis	a	a	A	A	d	F	c	C
4/8	4/8	E 2/4	4/8	3/4	2/4	3/4	2/4	d 2/4	F	c 4/8	C 2/4 4/8

Es 6/8   D   d   F   d

pp   Klavier

Andante   con sord.   sf

pp

Vivace   sf

Mozart, KV 502

8'30" (197 T.)	7'25" (111 T.)	6'15" (241 T.)

Beethoven, op. 97

12'30" (287 T.)	6'4" (443 T.)	12'20" (194 T.)	6' (410 T.)

15'48" (634 T.)	9'38" (212 T.)	6'29" (174 T.)	13'9" (748 T.)

D Romantische Trio-Längen, F. Schubert, op. 100, 1827

Programm, Melodik, Kontrapunkt, Klangdichte

Die **Kammermusik** ist zwar nicht so spektakulär wie die *große* Musik (Oper und Symphonik), doch hat sie ihren festen Platz im Alltag des Bürgertums, in Hauskonzerten und öffentlichen Darbietungen. Sie zielt auf eine musikal. Kultur, die durch belebte Tradition und Sinn für hohe Qualität etwas rein Menschliches zum Klingen bringt. Im Bildungsbürgertum wirkt »ein gut konservativer Geist, ein gesunder Sinn für die Erhaltung und Weitergabe überkommener Kulturgüter und das Bestreben, das tägl. Leben durch Pflege idealischer Gesinnung so wertvoll wie möglich zu gestalten« (SCHERING).
Kammermusik stellt hohe Ansprüche an Spieler und Hörer. Sie bedürfen eines lyrisch-poet. Sinnes, müssen in der Lage sein, *absolute* Musik lieben zu können, subtile Strukturen (Voraussetzung für den hohen Stil der KaM) bewußt oder unbewußt aufzunehmen, Verinnerlichung zu erfahren.
BEETHOVEN setzte gleich zu Beginn des 19. Jh. Maßstäbe auch für die Kammermusik. Das *Grand Trio* mit Virtuosität und musikal. Anspruch, wie es in Paris gepflegt wurde und BEETHOVEN realisierte, reizte viele Komponisten, sich in dieser Gattung auszudrücken.
Allgemein übernimmt die **Kammermusik mit Klavier** die Stellung, die das intimere und homogenere Streichquartett für die Klassik hatte. Das 19. Jh. bevorzugt die farbenreichen Kontraste, die virtuosen, konzertanten Möglichkeiten und das charakterist. Individualität von Klavier und Streichern, um sie in einem erweiterten Ausdrucks- und Formenreichtum zu neuen Horizonten zu führen.
SCHUBERTS *Forellenquintett* in A-dur, D 667 (1819) für V., Va., Vc., Kb. und Klavier, benannt nach dem Liedthema *Die Forelle* (S. 464, Abb. A), im Andante mit Variationen, hat noch etwas von der Leichtigkeit Wiener Divertimenti. Die beiden Klaviertrios in B, op. 99, D 898 (1828), und Es, op. 100, D 929 (1827), hingegen tragen alle Züge reifer Spätwerke.
Ein weitschwingendes Thema eröffnet das B-dur-Trio: ansteigender Dreiklang, Rhythmus-Wiederholung und Verdichtung; Streicher unisono über dem vollgrifffigen Klavier mit bewegter Klangfülle (r. H.) und rhythm. Impulsen (l. H., Nb. A). Hier drückt sich ein neues Zeitgefühl aus: lyrisch, innig und großzügig zugleich. Die Durchführungen sowohl in op. 99 wie in op. 100 spiegeln mit ihren ständigen Klangwechseln und weitschweifenden Harmonien die romant. Sehnsucht nach Ferne und Traum. Die Themen werden nicht mehr *dramatisch gegeneinander* ausgespielt wie in der Klassik, sondern *charakteristisch nebeneinander* gestellt, dabei stets neu beleuchtet (op. 100: 3mal, Abb. A).
Es gibt eine Fülle von Kammermusik für Streicher mit Klavier, weil offensichtlich ein großer Bedarf bestand und diese Musik fast modisch wurde. Alle Klavierkomponisten beteiligen sich daran (PLEYEL, MOSCHELES usw.). MENDELSSOHN schreibt früh für Streicher mit Klavier und veröffentlicht als op. 1–3 Klavierquartette (1822–25); seine beiden Klaviertrios in d, op. 49 (1839), und in c, op. 66 (1845), zählen zum Schönsten der Gattung. CHOPINS Klaviertrio in g, op. 8, entstand in der Nähe der frühen Klavierkonzerte (1828/29). SCHUMANN schreibt das Klavierquintett in Es, op. 44 (1842, S. 476), das -quartett in Es, op. 47 (1842), die -trios in a, op. 88 (1842, *Phantasiestücke*), in d/F, op. 63/80 (1847), in g, op. 110 (1851).
In der 2. Jh.-Hälfte erhält die Kammermusik mit Klavier eine neue Dimension durch J. BRAHMS. Das Klaviertrio in H, op. 8 (1854), zählte zu den meistgespielten Stücken des Jh. Er bearbeitete es im Alter (1889) und merzte Längen und Satzmängel aus, ohne den jugendl. Schwung und die zarte Ungebrochenheit frühen Ausdrucks zu verderben.
Das 1. Thema schwingt in Halben (*alla breve*) über die Taktgrenzen hinweg, ohne seine liedhafte Geschlossenheit zu verleugnen (Nb. B). Wie stark das Trio als Satzzyklus und Ganzes konzipiert ist, zeigt u. a. der themat. Bezug zwischen Kopfsatz und Adagio. Das Thema dieses 3. Satzes greift in Umkehrung die Bewegung des 1. Themas wieder auf. Die Klänge erscheinen choralartig schwebend, entrückt, verklärt (weite Lage, Nb. B).
Weitere Klaviertrios von BRAHMS: in C, op. 87 (1882), und in c, op. 101 (1886); Klavierquartette in g, in A, op. 25/26 (1861), in c, op. 60 (1873–74); Klavierquintett in f, op. 34 (1862/64), urspr. als Streichquintett, auch als Sonate für 2 Klav. op. 34 (1864).
Im **Osten** führen die Komponisten häufig folklorist. Elemente, wie Lieder und Tänze, auch in die Kammermusik ein. TSCHAIKOWSKYS pathet. Klaviertrio in a, op. 50 (1882), Requiem für N. G. RUBINSTEIN, endet mit Var. über ein russ. Lied (mit *Mazurka*).
DVORÁKS Klaviertrio op. 90 (1890–91) beruht auf einer Folge von 6 stilisierten *Dumky*, slaw. Liedern und Tänzen. Eine *Dumka* besteht aus dem Wechsel von langsamen und schnellen Partien. Die langsamen Partien sind erzählend, schwermütig, lyrisch, verträumt (meist Moll), die schnellen schlagen plötzlich um in Tanzbewegung (meist Dur).
In der 3. Dumka steht der langsame Teil in Dur: wie ein zartes, schwärmer. Bild von den Streichern schwebend mit Dämpfer intoniert, ehe im Klavier die Melodie aufklingt (*Andante*, Nb. C). Kurze Motive und schleifende Chromatik sind typisch für die schnellen Teile (*Vivace*, Nb. C).
DVORÁK schrieb 4 Klaviertrios, 3 -quartette, bes. Es, op. 87 (1889), und 2 -quintette, bes. A, op. 81 (1887).
Ähnlich reich sind die Beiträge der frz. Komponisten, wie C. FRANCK, C. SAINT-SAËNS.

I. Allegro vivace	II. All. mod. alla Polka	III. Largo sostenuto	IV. Vivace
Jugend, Kunst, Sehnsucht	unbeschwerte Jugendzeit	Seligkeit der ersten Liebe	Erfolge, plötzl. Taubheit

T. 4, Va.

Urmotivik

IV. Vivace

Dauerton e⁴ (T.222) im Ohr:

A   B. Smetana, »Aus meinem Leben«, Streichquartett e-moll, 1876   Programm

I. Allegro ma non troppo	II. Adagio	III. Scherzo Presto	Trio Andante	IV. Allegretto
C, 4/4	E, 12/8	C, 3/4	Des, ¢	C, ¢

T. 60, 2.Th
V.1,2
Va. pizz.
Vc.1
Vc.2 pp

B   F. Schubert, Streichquintett C-dur, D 956, 1828

III. Adagio
ausdrucksvoll
V. 1, 2   gezogen   p
Va. 1,2
Vc.
cresc. sempre

1. Thema
Kp. Imitation
Baßfundament
Mediantik
2. Thema Umkehrung des 1. Themas

T. 37
V.1,2
Va.2
Va. pp lang gezogen   dim.
Vc. tacet
T. 43

C   A. Bruckner, Streichquintett F-dur, 1879, 2. Satz

Programm, Melodik, Kontrapunkt und Klangfülle

Streichquartett

Das Streichquartett ist mit seinem 4st. Satz von polyphoner Strenge und Ausgewogenheit, voll innerer Harmonie und sensiblem Miteinander, vom Wesen her klassisch bestimmt. Daher schreiben im 19. Jh. eher die Klassizisten wie SCHUMANN, BRAHMS Streichquartette, die Modernisten um LISZT und WAGNER nicht (außer WOLF). Die homogene Farbe ermöglicht wenig Effekte, verlangt vielmehr Ideen absoluter Musik. Die Gattung stellt an Komponisten, Spieler und Hörer hohe Ansprüche.

Von F. SCHUBERT sind 15 Streichquartette erhalten. Die ersten 12 (1810–16) folgen der klass. Wiener Tradition (Eigengebrauch). In der Umbruchsphase seines Schaffens entsteht noch vor der *Unvollendeten Symphonie* der Quartettsatz c-moll D 703 (1820) von gleicher Tiefe und Bewegtheit als Fragment eines Streichquartettes. Hier erklingt ein neuer, eigener Ton in den unruhigen Tremoli, der bedrängten Melodik, der dichten Satzstruktur. Ein trag. Bewußtsein spricht sich in einer eigenen romant. Musiksprache aus. Später folgen die letzten 3 Quartette:
– a-moll, D 804 (1824), *Rosamunde*-Thema im Andante (Var.; vgl. S. 470, B);
– d-moll, D 810 (1824), Thema *Der Tod und das Mädchen* im Andante (S. 468, C);
– G-dur, D 887 (1826), ausgedehntes Werk und Gipfel seiner Quartette.

F. MENDELSSOHN BARTHOLDY schrieb 7 Streichquartette, die gattungsmäßig seinem klassizist. kp. Denken entgegenkamen und von romant. Phantasie erfüllt sind. Er geht vom späten BEETHOVEN aus:
– Es, op. 12 (1829), a, op. 13 (1827);
– D, e, Es, op. 44, 1–3 (1837–38);
– f, op. 80 (1847); op. 81: 2 Sätze (1847), *Capriccio* (1843), *Fuge* (1827); dazu ein frühes in Es (1823) und das Doppelquartett *(Streichoktett)* Es, op. 20 (1825).

R. SCHUMANN komponierte nur 3 Streichquartette in a, F, A, op. 41 (1842), MENDELSSOHN gewidmet, mit dichter themat. Arbeit (BEETHOVEN), reichen Einfällen und SCHUMANNS punktierten Rhythmen.

Aus der 2. Hälfte des 19. Jh. ragen die Streichquartette von J. BRAHMS hervor. 20 bis 30 Jahre trennen sie, ähnlich wie die Symphonien, von der 1. Jh.-Hälfte. Auch knüpft BRAHMS wie bei den Symph. an BEETHOVEN an, wobei die Strenge der Gattung und das Niveau BEETHOVENS ihm einen eigenen Klärungsprozeß abfordern. Nach langen Vorstudien (über 20 Jahre) komponiert er seine 3 Quartette in c (tragisch bewegt) und a (ein lyrisches Gegenstück), op. 51, 1–2 (1873), und in B (mit vielgestaltigem Var.-Finale), op. 67 (1875).

H. WOLF schrieb ein Streichquartett in d (1878–84), ein *Intermezzo* in Es (1882–86) und bearbeitete die *Ital. Serenade* für Streichquartett (1887).

In **Frankreich** entstanden viele Streichquartette von SAINT-SAËNS, FRANCK, FAURÉ u. a.
In **Italien** gibt es wenig Streichquartette, jedoch VERDIS bedeutendes Einzelquartett in e-moll (1873, *Aida*-Nähe).
Aus dem **Osten** stammt eine Reihe von Streichquartetten innigsten Gehaltes und nationalen Kolorits:
P. TSCHAIKOWSKY, 3 Quartette in D, op. 11 (1871), mit dem Vogellied-Thema im Andante; F, op. 22 (1874); es, op. 30 (1876).
A. BORODIN, 2 Quartette: A, D (1874–81).
A. DVOŘÁK schrieb 15 Streichquartette.
F. SMETANA, 2 Quartette in e (1876) und d (1882–83). Hinter den übl. 4 Sätzen des ersten steht, in der KaM selten, ein Programm (nur brieflich Freunden mitgeteilt): *Aus meinem Leben.* 1. Satz: *Kunstliebe in der Jugend und die ungestillte Sehnsucht nach dem Unaussprechlichen;* 2. Satz: *die fröhliche Jugendzeit* (Nb. A); 3. Satz: *Seligkeit der ersten Liebe;* 4. Satz: *Nationalmusik, Erfolge,* dann die *Katastrophe:* SMETANA hört plötzlich ein schrilles e^4 im Ohr (Nb. A), *Resignation* und *Hoffnung* wechseln, ehe *Taubheit* sich ausbreitete.

Streichquintett, -sextett

Das Streichquintett ist nicht einfach ein erweitertes Streichquartett. Durch die 5. Stimme (2. Va. oder 2. Vc.) wird gerade das streng Normative des Quartetts gebrochen, und es eröffnen sich der musikal. Phantasie neue Räume. Das Streichquintett ist eine eigene Gattung, ebenso das Streichsextett.

SCHUBERTS Streichquintett in C-dur, D 956 (1828), mit 2 Vc. ist ein ausgereiftes Spätwerk von transzendierender Innigkeit.
Es hat 5 Sätze (Abb. B). Gleichmäßige Rhythmen verleihen oft schwebenden Charakter (Nb. B: Va., V. 1 u. 2). Das 2. Thema erklingt hier im Duett der beiden Vc. in tenoraler Höhe über der Va.: ein Beispiel für die reiche Klangfarbenpalette, der der melod. und harmon. Reichtum entspricht (T. 63 f.: As-dur/G-dur).

BRUCKNERS Streichquintett in F-dur mit 2 Va. zeigt orchestrale Züge und große Dimensionen. Es ist durchdrungen von fast myst. Intensität und Klangpracht.
Das Adagio-Thema über dem klanggesättigten Baßfundament strahlt Ruhe und Weite aus. Imitation und Umkehrung stiften Zusammenhang, Mediantik kontrastierende Ferne (Nb. C).
BRAHMS schrieb 2 Streichsextette für je 2 V., Va., Vc. in B-dur, op. 18 (1860), und G-dur, op. 36 (1864–65), ferner 2 späte Streichquintette mit 2. Va. in F-dur, op. 88 (1882) und G- dur, op. 111 (1890), das letztere von einer lichterfüllten Heiterkeit.
Von A. DVOŘÁK stammen 3 Streichquintette: a op. 1 (1861), Es op. 97 (1893) mit 2. Va., G op. 77 (1875) mit Kb.; ferner Streichsextett in A op. 48 (1878).

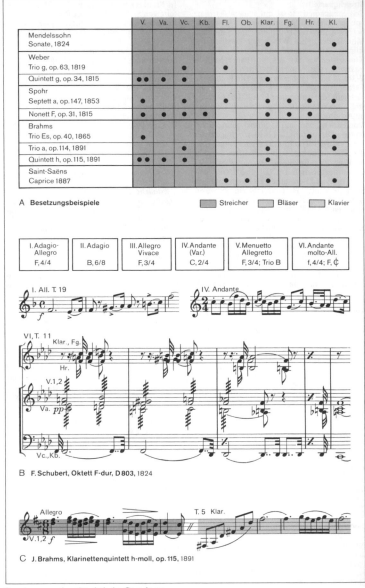

	V.	Va.	Vc.	Kb.	Fl.	Ob.	Klar.	Fg.	Hr.	Kl.
Mendelssohn Sonate, 1824							●			●
Weber Trio g, op. 63, 1819			●		●					●
Quintett g, op. 34, 1815	●●	●	●				●			
Spohr Septett a, op. 147, 1853	●		●		●		●	●	●	●
Nonett F, op. 31, 1815	●	●	●	●			●	●	●	
Brahms Trio Es, op. 40, 1865	●								●	●
Trio a, op. 114, 1891			●				●			●
Quintett h, op. 115, 1891	●●	●	●				●			
Saint-Saëns Caprice 1887					●	●	●			●

A Besetzungsbeispiele   ▢ Streicher   ▢ Bläser   ▢ Klavier

I. Adagio- Allegro F, 4/4	II. Adagio B, 6/8	III. Allegro Vivace F, 3/4	IV. Andante (Var.) C, 2/4	V. Menuetto Allegretto F, 3/4; Trio B	VI. Andante molto-All. f, 4/4; F, ₵

B F. Schubert, Oktett F-dur, D 803, 1824

C J. Brahms, Klarinettenquintett h-moll, op. 115, 1891

Besetzungen, charakteristische Gestaltung

Die **Kammermusik mit Bläsern** zeigt sich im 19. Jh. sehr vielgestaltig. Die alte Tafelmusik entfällt. Die Harmoniemusik (S. 413) existiert noch weiter, jedoch selten orig. (MENDELSSOHN, *Ouvertüre* op. 24, 1829–32), sondern fast ganz mit Bearbeitungen aus Oper u. a., die in Kur-, Promenaden- und Gartenkonzerten, aber auch als KaM zu hören waren.

Die Blechbläser haben in den aufblühenden Blasorchestern *(brass bands)* ihren Platz oder im Symphonieorchester, nicht in der intimen KaM (Ausnahme: Horn). Die techn. Weiterentwicklung der Blasinstrumente (Klappen, Ventile usw.) ermöglichte diesen volle Chromatik, saubere Intonation und größere Wendigkeit.

So gibt es auch für Bläser, wie für die Streicher und das Klavier, eine *konzertante Kammermusik,* im Saal oder im Hause von Berufsmusikern gespielt. Dagegen (und neben der *Salonmusik*) entwickelt sich eine *echte Hausmusik* (SCHUMANN; auch W. H. RIEHL, Lieder, 1856), in der neben Klavier und Gitarre die Flöte sehr beliebt war.

Der Anspruch der Komponisten wächst, die nicht mehr unmittelbar im Dienst einer Gesellschaft stehen, sondern nach eigenem Ausdruck suchen, sowohl des persönlichen Gefühls wie damit auch des allg. Zeitgeistes. Für die Kammermusik mit Bläsern bedeutet dies ein neues gehaltl. und strukturelles Niveau statt des im 18. Jh. allg. übl. Divertimentocharakters. Schon BEETHOVEN arbeitete seine frühe Tafelmusik für Bläseroktett (Bonn 1792) um in ein *»seriöses«* Streichquintett (S. 413). Er wechselt also noch die Gattung. Das geschieht später nicht mehr: die Bläserkammermusik wird genauso *»seriös«.*

Die Romantik liebt die reiche Farbpalette der Bläser, bes. Klar. *(Hirtenschalmei),* Fagott (dito) und Horn (Wald, Natur; S. 439).

Besetzungen

– **Duo** (seltener *Duett* wie bei Sängern): für *gleiche* Instr., wie 2 Fl., 2 Hr. (ROSSINI), oder *ungleiche,* wie Klar., Fg. (BEETHOVEN); oft für 1 Blasinstr. und Klavier als Sonaten, Variationen u. a., bes. für Fl. (SCHUBERT), Klar. (MENDELSSOHN, Abb. A), Hr. (BEETHOVEN).
– **Trio:** für *gleiche* Instr., wie 3 Hr. (REICHA), oder *ungleiche,* wie 2 Ob., Engl. Hr. oder Fl., V., Va. (BEETHOVEN op. 87 bzw. 25 *»Serenade«);* oft mit Klavier (WEBER, BRAHMS, Abb. A).
– **Quartett:** Bläserquartett mit Fl. (Ob.), Klar., Hr., Fg. (S. 412), im 19. Jh. mehr Fl. als Ob. (REICHA, SPOHR); selten 4 *gleiche* Instr., wie 4 Fl. (REICHA), häufig Klavier mit Fl., Vc., Fg. (REICHA) oder Fl., Ob., Klar. (Abb. A und S. 412).
– **Quintett:** Bläserquintett als neue Gattung mit Fl. *und* Ob., Klar., Hr., Fg. oder Bläserquartett mit Klavier, dabei selten mit

Ob. (HERZOGENBERG), meist mit Fl. (SPOHR u. a.); auch 1 Blasinstr. mit Streichquartett, z. B. *Klarinettenquintett* (Abb. A).
– **Sextett, Septett, Oktett, Nonett:** ohne Besetzungstypen, man erweitert die Baßregion (Kb., Kfg.), verdoppelt Instr. und mischt Streicher (Streichquartett, -quintett), Bläser (Klar., Hr., Fg., auch Fl., Ob.) und Klavier. – Vom fleißigen REICHA gibt es auch ein *Dezett* (5 Streicher, 5 Bläser).

Werke für größere Ensembles entstehen meist gezielt, z. B. STRAUSS, *Suite für 13 Bläser* für die Dresdener Hofkapelle (s. u.).

Der Serenadencharakter bei Bläsern verliert sich auch mit Klavier, wie in BEETHOVENS Quintett op. 16 (S. 413) und Hornsonate F, op. 17 (1800). Heiter ist auch ROSSINIS frühe Bläser-KaM: *Duette* für 2 Hr. (um 1806), Var. für Fl., Klar., Hr., Fg. (1812).

Viel KaM für Bläser schrieben A. REICHA, G. ONSLOW, der experimentierfreudige SPOHR (Abb. A), dazu sein Oktett in E, op. 32 (1814), für Klar., 2 Hr., V., 2 Va., Vc., Kb., und sein Quintett in c, op. 52 (1820), für Fl., Klar., Hr., Fg. (also *Bläserquartett* und Klavier. Farbig und virtuos komponiert C. M. VON WEBER: Trio und Klarinettenquintett (Abb. A), *Grand duo concertant* für Klar. und Klavier op. 48 (1816). Anspruchsvoll sind F. SCHUBERTS Var. für Fl. und Klavier über *Trockene Blumen* in e, D 802 (1824).

SCHUBERTS *Oktett* dagegen ist serenadenhaft mit vielen Sätzen und heiteren Themen: stilisiert marschmäßig oder liedartig voll Wiener Schmelz (Nb. B). Nur vor dem Finale bricht düstere Spannung herein, mit Streichertremolo, fernen Bläserklängen, verm. Akkorden (Klang statt Melos), ehe klares F-dur erstrahlt (Nb. B).

MENDELSSOHNS früher Sonate (Abb. A) folgen 2 *Konzertstücke* für Klar., Bassetthorn und Klavier, op. 113, 114 (1832–33). Eigenwillig sind SCHUMANNS späte Bläserstücke mit Klavier: für Hr. As, op. 70, *Phantasiestücke* für Klar., op. 73, 3 *Romanzen* für Ob., op. 94 (alle 1849), *Märchenerzählungen* für Klar., Va. und Klavier, op. 132 (1853).

In der 2. Hälfte des 19. Jh. entsteht umfangreiche Kammermusik für Bläser, u. a. von A. RUBINSTEIN (Oktett D, op. 9, Quintett F, op. 55, beide mit Klavier), TSCHAIKOWSKY, RIMSKIJ-KORSAKOW (Quintett B, 1876), SAINT-SAËNS (Septett op. 65, 1881), GOUNOD (*Petite symphonie* für 10 Bläser, 1888), D'INDY (Trio in B, op. 79, 1887).

J. BRAHMS findet typ. Instr.-Motive: Terz-, Sextketten, Arpeggio und Verweilen, abgeklärt und doch bewegt mit phantast. Formeinbrüchen (Nb. C); Werke s. Abb. A, dazu 2 Klarinettensonaten in f, Es, op. 120, 1–2(1894, auch für Va.), für den Meininger Klarinettisten R. MÜHLFELD.

STRAUSS: *Suite für 13 Bläser* in B, op. 4 (1884), *Serenade* in Es, op. 7 (1881); spät 2 *Sonaten* für 16 Bläser (1943–45).

Symphonie Nr. 7, h-moll, »Unvollendete«, D 759, 1822

Symphonie Nr. 8, C-dur, D 944, 1825/28, Beginn

A **F. Schubert,** Symphonien der Reifezeit

B **F. Mendelssohn Bartholdy, Symphonie Nr. 4, A-dur, »Italienische«, op. 90,** 1832–33

◻ Rhythmus   ◻ Verklingen   ◻ Tremolo (Holz, Hr.)
◻ Überleitung   ◻ Ausbruch   ◻ Zelter-»Zitat«

Romantischer Ausdruck

Die **Symphonie** als Gattung absoluter Musik (Vorbild BEETHOVEN) geriet in Konflikt zwischen neuem romant. Ausdruck und alter klass. Form. So gibt es um 1850 ein Ende der Gattung, jedoch etwa 20 Jahre später einen Neuanfang (BRUCKNER, BRAHMS). Andererseits führen *Programmsymphonie* und *Symphonische Dichtung* (BERLIOZ, LISZT) die BEETHOVENsche Orchestersprache in romant. Richtung weiter (S. 496).

C. M. von Weber komponierte 2 Symphonien in C-dur (1807).

L. Spohr schrieb 10 Symphonien, wobei er von seinem Ideal MOZART ausging, sich dann aber dem frühromant. Strömungen öffnete. Nicht nur der Ton seiner Symphonien ändert sich, es führen auch außermusikal. Anregungen zu ungewöhnl. Ausdrucksformen.
1. Symphonie Es, op. 20 (1811); 2. d, op. 49 (1820); 3. c, op. 78 (1828); 4. F, op. 86 (1832), *Die Weihe der Töne;* 5. c, op. 102 (1837); 6. G, op. 116 (1839), *Histor. Symphonie im Styl und Geschmack vier versch. Zeitabschnitte* in 4 Teilen: Zeit BACH-HÄNDEL, HAYDN-MOZART, BEETHOVEN und Gegenwart; 7. C, op. 121, für 2 Orchester (1841), *Ird. und Göttl. im Menschenleben; 8. G, op. 137 (1847); 9. h, op. 143 (1849–50), Die Jahreszeiten;* 10. Es (1857).
F. Schubert schrieb 8 Symph. (dazu Fragmente). Die ersten 6 orientieren sich am klass. Ideal HAYDNS und MOZARTS, die letzten beiden in h-moll und C-dur eröffnen neue Perspektiven und sind zum Inbegriff der frühromant. Symphonie geworden. Beide erklangen nicht zu SCHUBERTS Lebzeiten.
1. D, D 82 (1813); 2. B, D 125 (1814–15); 3. D, D 200 (1815); 4. c, D 417 (1816), *Tragische;* 5. B, D 485 (1816); 6. C, D 589 (1817–18); 7. h, D 759 (1822), *Unvollendete;* 8. C, D 944 (1825/28), *Große C-dur-S., (=?) Gasteiner S.,* D 849 (1825), verschollen.
Die *Unvollendete* entstand in der Umbruchszeit SCHUBERTS und spiegelt womöglich das Bewußtsein einer Krise (Krankheit). Etwa gleichzeitig notiert SCHUBERT einen Traum voll Liebe, Tod, Sehnsucht und Erlösung. Wenn auch eine Verbindung zweifelhaft bleibt, so führt der Traum in ähnlich ferne Bereiche wie die Musik der *Unvollendeten.*
Der ostinate Rhythmus steht für etwas Unabdingbares, Tiefes (BEETHOVENS Schicksalsmotiv verwandt, S. 420). Darüber erhebt sich das Hauptthema in seiner schwankenden Gestalt zwischen Schweben, Vorwärtsdrängen und klagendem Schluß (Halbton e-f, Nb. A). Traumhafte, fiebrige Motivik findet sich auch in der Durchführung (S. 438, Abb. B). Nicht kp. Motive wie in der Klassik, sondern ein einzelner Bläserton (Fg., Hr.) leitet über ins G-dur des Seitenthemas (Vc., ostinato in Klar., Va.). Die Bewegung verebbt in einer Pause. Anders als HAYDNS G. P.

(Spannungsmoment, Blätterstelle) wirkt diese Pause bei SCHUBERT wie ein unauslotbares Loch. In sie bricht der *ff*-Klang in c-moll umso tragischer herein, unvermittelt, unkonventionell. Traumweite prägt den 2. Satz in beseligendem E-dur mit Naturhornmotivik über barocken Schreibbässen, mit schwebender Polyphonie voller Fernwirkung der Bläser, mit farbigen Harmonie-Wechseln (T. 268ff.).
Beide Sätze gleichen sich im Tempo an (schnell, aber *moderato,* langsam, aber *con moto*), so daß eine Einheit entsteht: 2 romant. Orchester-Sätze, keine klass. Symph. (Klavierfass. zum Scherzo, Skizzen zum Finale vorh.). Ms. erst 1865 entdeckt.
SCHUBERTS *Große C-dur-Symphonie* entdeckte SCHUMANN 1839 in Wien (»himmlische Längen«, UA Leipzig 1839 durch MENDELSSOHN).
Ihr langsames Einleitungsthema, von den Hörnern romant. intoniert, verbindet Größe und Kraft (Rhythmus, Anlage) mit romant. schwebender Weite: Wechsel C-dur/a-moll, 2-Takt-Periode mit *Zusatztakt,* gedehnter *pp*-Schluß (Nb. A).
F. Mendelssohn Bartholdy begann mit 12 frühen Streichersymphonien (1821–23), dann folgen die 5 großen Symphonien:
1. Symphonie c, op. 11 (1824); 2. *Lobgesang,* op. 52 (1839–40), Kantatenfinale; 3. a, op. 56 (1829–32/42, UA 1842), *Schottische;* 4. A, op. 90 (1832–33), *Italienische;* 5. d, op. 107 (1829–30/32), *Reformations-S.,* mit dem *Lutherischen* und *Dresdener Amen* im 1. Satz und dem Choral *Ein feste Burg* im Finale.
Die *Schottische Symphonie* verarbeitet Reiseeindrücke von 1829, die *Italienische* von 1830, beides in Melodik, Gestik, Stimmung, nicht programmatisch.
In das vibrierende Tremolo der Holzbläser und Hörner spielen die Streicher ihr fortstürmendes Hauptthema: Bild südl., ital. Lebensfülle (Nb. B). Ähnlich charakteristisch sind Scherzo und Finale (*Siciliano-Presto*). – Der langsame Satz entstand in Gedenken an ZELTERS Tod: er paraphrasiert ZELTERS Melodie vom *König in Thule* (S. 394, Abb. C), barock begleitet von einem Laufbaß in Achteln und einem kp. Flötenduett (Nb. B).
R. Schumann, 4 Symph. (und 2 Fragm.):
1. B, op. 38 (1841), *Frühlings-S.* (S. 478);
2. C, op. 61 (1845–46);
3. Es, op. 97 (1850), *Rheinische;*
4. d, op. 120 (1841, neu instr. 1851).
Die 4 Sätze der d-moll-Symphonie verschmelzen attacca zu einer *Symphon. Phantasie.* Wiederaufgreifen der Themen, Soloviolinen in der *Romanze,* Ideenfülle und leidenschaftl. Ausdruck verstärken das romant. Charakter. Später ersetzt SCHUMANN die duftige frühe Instrumentation durch eine zeitgemäße massigere (Bläser).

I. Kopfsatz, bewegt					II. Andante	III. Scherzo	IV. Finale, bewegt	

Exposition					Durchführung	Reprise	Coda	
1. Gruppe T.1	2. Gr. 75	3. Gr. 119	Epilog 131	Coda 179	193	365	533	573

A **A. Bruckner, 4. Symphonie, Es-dur,** 1874

B **A. Bruckner, 9. Symphonie, d-moll,** 1887–96, Hauptthema

(„Hoch auf'm Berg, tief im Tal, grüß ich Dich viel tau - send -mal"!)

C **J. Brahms, 1. Symphonie, c-moll, op. 68,**
1876, 4. Satz, Alphornzitat und Hauptthema

Waldmeise
Kontrapunkt
Bruckner-Rhythmus
Alphornweise
Naturton

Formerweiterung, Naturlaut

In der 2. Jh.-Hälfte erfährt die **Symphonie** neue Impulse, bes. durch BRUCKNER und BRAHMS.

Anton Bruckner, *4. 9. 1824 in Ansfelden (Österr.), †11. 10. 1896 in Wien; ab 1837 Sängerknabe im Stift St. Florian; ab 1845 Lehrer und Organist in St. Florian, Gb.- und Kp.-Studien (nach MARPURG), ab 1855 Domorganist in Linz und Kompos.-Studien bei S. SECHTER in Wien bis 1861; WAGNER-Begeisterung; ab 1868 Nachfolger SECHTERS (Gb., Kp., Org.) und Hoforganist.

BRUCKNER schrieb 9 Symphonien, vorweg 2: in f (1863) und d (1863–64, die *Nullte*):
1. c (1865–66, UA Linz 1868, rev. 1877/84/ 89–91);
2. c (1871–72, UA Wien 1873, rev. 1875–77/91);
3. d (1873, rev. 1876–77, UA Wien 1877, rev. 1888–89/90);
4. Es (1874, *Romantische,* rev. 1877–78/ 78–80, UA Wien 1881, rev. 1887–88, MA-Programm: Burg, Ritter usw.);
5. B (1875–76, *Katholische,* rev. 1876–78, UA Graz 1894);
6. A (1879–81, rev. u. UA Wien 1899);
7. E (1881–83, UA Leipzig 1884, NIKISCH);
8. c (1884–87, rev. 1889–90, UA Wien 1892);
9. d (1887–96), 3 Sätze vollendet, Finale skizziert, nach BRUCKNERS Willen *Te Deum* als Finale: Kantatenschluß wie 9. BEETHOVENS (UA Wien 1903).

Die Fassungen. BRUCKNER hat seine Symphonien auf Anraten seiner Schüler und Freunde mehrfach umgearbeitet, z. T. griffen diese auch selbst ein. Erst ab etwa 1930 erarbeitete die Internat. BRUCKNER-Gesellschaft Wien (HAAS) zuverlässige Texte (FURTWÄNGLER-Auff.). Die nur im Autograph vorliegenden **Erstfassungen** zeigen BRUCKNERS von der Orgel her bestimmtes Klangdenken, die überarbeiteten und zum Druck freigegebenen **Endfassungen** *(Erstdrucke)* sind verändert in Richtung zu moderner Orchestertechnik und Klangfarbenmischung im Sinne WAGNERS und LISZTS. BRUCKNERS Registerdenken in Gruppen, wie Holz, Blech, Streicher, wird verwischt; seine barocke Terrassendynamik (Orgel) weicht fließenden Übergängen *(cresc., dim.);* neu sind Temposchwankungen.

Stil und Ausdruck. Grundlagen des Werkes bilden Studium, Tradition, Handwerk, Kp., auch die Satztradition der kath. Kirchenmusik in Österreich; das Orgelspiel und die Orgelimprovisation, barock aufgetürmte Klangmassen (Bläser 3fach, Baßtuben, zuletzt 8 Hr.); meditatives Eingehen in Klänge objektiverer Art, Urklänge; Hörbarmachen des eigenen inneren Rhythmus (BRUCKNER-Rhythmus), Ostinati, etwas Über- oder Unterpersönliches, das schwingt in Übereinstimmung mit der Natur; Naturmotive (Vogelrufe) und Urintervalle (Oktave, Quinte, Quarte). – Ein Ausdruckswille, der auf Subjektivität zielt,

gerät in Konflikt mit dieser absolutmusikal. Haltung. Daher BRUCKNERS Situation zwischen den Parteien des sog. Fortschritts (WAGNER, LISZT) und dem sog. romant. Klassizismus (BRAHMS). BRUCKNER erscheint wie ein barocker Mensch im romant. Zeitalter. – Ausdruck und Bedeutung steigern sich über ein Werk hin bis zum Finale, das stets summenhaften Charakter für das ganze Werk hat.

Symphonische Gestalt. BRUCKNER schreibt noch Sonatensatzformen mit Exposition, Durchführung usw., erweitert aber alle Formteile stark.

Statt 2 Themen erscheinen in der Exposition meist 3 Themengruppen (Abb. A).

BRUCKNERS Natur- und Urmotivik läßt sich an den Themen der 4. Symphonie gut erkennen. Aus dem Tremolo-Nebel der Streicher klingt das Solohorn mit seiner Wald- und Naturfarbe auf, in Ganzenoten und Quinten. Das subdom. *ces* steigert die romant. Fernwirkung und Spannung. Das 2. Thema (T. 75ff.) imitiert das »*Zizibe*« der Waldmeise über kp. Linie (eine Art Doppelthema). Das 3. Thema verwendet einfachste Naturtöne der Trp. (T. 119ff., Dreiklang, Oktave).

In diese eher stat. Thematik dringt Leben ein durch ostinate Rhythmen, bes. den BRUCKNER-Rhythmus aus einer drängenden Folge von 2 Achteln und Achteltriole, der überall bei BRUCKNER zu finden ist (Nb. A). T. 51ff. zeigt eine kp. Gegenbewegung, die nur durch diesen Rhythmus ihren Sinn erhält, als melod. Floskel aber banal wäre. Auch das Thema des Scherzo ist geprägt von diesem Rhythmus und von Urmotiven (Quarte), ebenso das gewichtige Thema des Finale (Nb. A). – Das gleiche gilt für das Hauptthema der 9. Symphonie, das aus der Oktavfolge ersteht wie die Welt aus dem Urchaos (Nb. B).

Johannes Brahms komponierte 4 Symphonien, die nicht an SCHUMANN und MENDELSSOHN anschließen, sondern sich an BEETHOVEN neu orientieren, formal wie im Sinne bedeutungsvoller, jedoch absoluter Musik.
1. c, op. 68 (1876), Skizzen bis 1862;
2. D, op. 73 (1877);
3. F, op. 90 (1883);
4. e, op. 98 (1884–85), s. S. 508f.

BRAHMS geht in seiner 1. Symphonie von der trag. c-moll-Sphäre über in ein triumphales C-Dur-Finale (wie BEETHOVENS 5.). Das Finalthema erinnert als Widmung an BEETHOVEN an das Freudenthema aus dessen 9. Symphonie (Nb. C; BÜLOW nannte BRAHMS' 1. Symphonie *Beethovens 10.*). Vorher aber erklingt in der Posaune ein Schweizer Alphornthema mit 7. Naturton *fis* trotz C-Dur, ein versteckter Gruß an CLARA SCHUMANN. – Die 2. Symph., EZ Kärnten, Sommer 1877, strahlt innigste Gelöstheit aus.

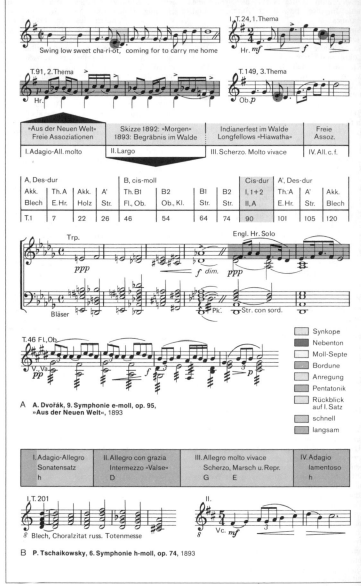

A   **A. Dvořák, 9. Symphonie e-moll, op. 95,**
»Aus der Neuen Welt«, 1893

B   **P. Tschaikowsky, 6. Symphonie h-moll, op. 74, 1893**

Einflußsphären und musikalische Gestalt

Frankreich. Neben den programmat. Ideen der frz. Romantik gibt es auch historisierende Tendenzen u. Fortführung der klass. Symph. César Franck (1822–90), aus Lüttich, Studium in Paris (Reicha u. a.), Organist in Paris, ab 1872 Prof. am Conservatoire, frühe Symph. G-dur, op. 13 (1840); Symph. d-moll (1886–88), 3 Sätze, dramat. Camille Saint-Saëns (1835–1921), Paris, Schüler Halévys u. a., Pianist; (S. 498, 505, 507); Symph.: F, D (1856/59); Es, op. 2 (1853); a, op. 55 (1859); c, op. 78 (1886), mit Orgel, Liszt gewidmet. Symph. von Edouard Lalo (1823–92), Charles-Marie Widor (1844–1937), d'Indy, Chausson, Fauré u. a. (s. S. 499).

Böhmen. Während sich Smetana der Symphon. Dichtung zuwandte, fand Dvořák nach Begeisterung für Liszt und Wagner über Brahms zu einer Symphonie absolutmusikal. Gehaltes, nationalen Kolorits. Antonin Dvořák (1841–1904), aus Mühlhausen/Moldau, 1857–59 Orgelstudium in Prag, 1862–71 Va. am Interimstheater, 1874–77 Organist in Prag, 1892–95 New York, ab 1901 Prag. 9 Symph.:
1. c, o. op. -Zahl (1863; *Zlonitzer Glocken*);
2. B, op. 4 (1865/87); 3. Es, op. 10 (1873);
4. d, op. 13 (1874); 5. F, op. 76 (1875);
6. D, op. 60 (1880); 7. d, op. 70 (1884/85);
8. G, op. 88 (1889);
9. e, op. 95 (1893), *Aus der Neuen Welt.*

Die 9. Symphonie entstand in New York, ist ein Urbild böhm. Musik, nimmt aber amerikan. Einflüsse auf; allerdings verwendet Dvořák keine indian. oder amerikan. Melodien, sondern schreibt »*im Geiste dieser amerikan. Volkslieder*« (Dvořák).
So sind die Synkopen im 1. Thema des Kopfsatzes ganz böhmisch, ähneln aber zugleich den Synkopen der Spirituals. Dicht ist die Verwandtschaft des 3. Themas mit dem Spiritual *Swing low*: Synkope mit typ. Nebenton, Dreiklangsmotiv (Nb. A, T. 2f.). – Das 2. Thema erklingt über einem Orgelpunkt im Horn (dudelsackartig) und endet fremdländisch mit der erniedrigten 7. Stufe (Mollsepte). Dem langsamen Satz, urspr. allg. als *Morgenstimmung* konzipiert, liegen Gedanken an die Szene *Begräbnis im Walde* aus Longfellows Indianerroman *Hiawatha* zugrunde (dem Scherzo das Indianerfest, s. Abb. A; es klingt trotzdem böhmisch): den feierl., fremdartig verbundenen Bläserklängen (Mediantik) folgt über zartester Streicherbegleitung eine pentaton. Melodie im Engl. Horn, die ohne Halbtöne ganz naturwüchsig klingt (Nb. A). Der Satz ist lyrisch liedförmig gebaut, mit einem fiebrig vibrierenden Mittelteil in cis-moll (Abb. A und Nb. A, T. 46). Ungewöhnlich ist auch der Rückblick auf den 1. Satz: Erinnerung und romant. Zyklus-Element (T. 90ff.).

Rußland ist mit Symphonien reich vertreten: A. Borodin (1833–87) schrieb 3 Symphonien: Es (1862–67); h (1869–76); a (Skizze, 1882/86–87).
Nikolaj Rimskij-Korsakow (1844–1908) komponierte 3 Symph.: e (1865/84); *Antar* op. 9 (1868/75/97); C (1873/86), dazu die *Sinfonietta* a, op. 31 (1879/84).
Peter Iljitsch Tschaikowsky, *1840 Wotkinsk, † 1893 in St. Petersburg, Jurist, ab 1863 Kompositionsschüler A. Rubinsteins, 1866–78 Theorielehrer am Konservatorium in Moskau, Reisen durch die Schweiz und Italien, Freundschaft mit Frau von Meck (Briefwechsel).
Tschaikowsky bildet einen Gegenpol zum *Mächtigen Häuflein* in Petersburg. Obwohl seine Musik einen urwüchsigen russ. Charakter trägt, nimmt sie westl. Einflüsse auf (Kompositionstechnik, Ausdruck) und weitet sich so zu einer europ. Musiksprache. Tschaikowsky gilt primär als Symphoniker, doch faszinieren auch die übrigen Werke.
Opern: *Undina* (1869, zerstört), *Der Leibwächter* (Petersburg 1874), *Der Schmied Wakula* (Petersburg 1876, Neufassung als *Die Pantöffelchen*, Moskau 1887), *Eugen Onegin* (Moskau 1879, Puschkin), *Die Jungfrau von Orléans* (Petersburg 1881, Neuf. 1882), *Mazeppa* (Moskau 1884), *Die Zauberin* (Petersburg 1887), *Jolanta* (Petersburg 1892). Ballette (s. S. 500f.). Symphonische Dichtungen und Ouvertüren: *Das Gewitter* (1864, nach Ostrowskij); *Fatum* (1868); *Romeo und Julia* (1869/70/80, Programm-Ouvertüre); *Der Sturm* (1873, Phantasie nach Shakespeare); *Francesca da Rimini* (1876, Symphon. Phantasie nach Dante); *Ital. Capriccio* (1880); *Manfred-Symphonie* (1885, nach Byron); *Hamlet* (1888, Ouvertüre); *Der Wojwode* (1890–91, Symph. Ballade nach Puschkin).
6 Symphonien: 1. g, op. 13 (1866, rev. 1874), *Winterträume*; 2. c, op. 17 (1872, rev. 1879–80), *Kleinrussische*; 3. D, op. 29 (1875); 4. f, op. 36 (1877–78); 5. e, op. 64 (1888); 6. h, op. 74 (1893), *Pathétique*.
Die 1. Symphonie trägt programmat. Satzüberschriften: 1. Satz Allegro, *Träumerei auf winterlicher Fahrt*, 2. Satz Adagio, *Rauhes Land, Nebelland* usw. Die 4. Symphonie ist eine »*Nachbildung der 5. Beethovens*« (Tsch.). Die letzten beiden Symphonien verbinden russ. Nationalkolorit mit Beethovenscher Bedeutungsschwere. Die *Pathétique* wurde Tschaikowskys Requiem (er starb 9 Tage nach der UA).
Im Kopfsatz zitiert Tschaikowsky einen Choral aus der russ. Totenmesse. Im langsamen 2. Satz erklingt im Vc. eine Walzermelodie im russ. ⁵/₄-Takt. Die Symphonie schließt mit einem Adagio (Abb. B).
Weitere Symphoniker sind S. Tanejew, S. Ljapunow, A. Arenskij, A. Gretschaninow, W. Kalinnikow, A. K. Glasunow (9 Symph. 1881–1910; Serenaden, Suiten).

A H. Berlioz, Symphonie fantastique, op.14, 1830, Wandlungen der Idée fixe und IV. und V. Satz (Hexensabbat, s. S. 152)

B H. Berlioz, Harold in Italien, Symphonie mit Solo-Va., op. 16, 1834

C F. Liszt, Les Préludes, Symphonische Dichtung, 1848/54, und Faust-Symphonie in 3 Charakterbildern, 1854/57

Programm und musikalische Gestalt

Die **Programmusik** erfährt im 19. Jh. eine bes. Aktualisierung. Das Außermusikalische, vor allem das Poetische, kommt dem literarisch gebildeten Zeitalter entgegen. Bereits in der Frühromantik weisen E. T. A. Hoffmanns Phantastik, Webers plast. Kolorit, Schuberts Erlebnis der (Goethe-)Lyrik über die Musik hinaus oder weiten sie als Gefäß. Die um 1830 einsetzende frz. Romantik verlangt noch deutlicher ganzheitl. Erleben und dazu sinnl. Emphase von der Musik. Es entstehen die **Programmsymphonie** (Berlioz) und die **Symphonische Dichtung** (Liszt). Die musikal. Qualität eines Werkes hängt natürlich nicht vom Programm oder außermusikal. Gehalt ab (nicht einmal bei Oper oder Lied), sondern allein von der Musik, ihrem seel. Gehalt und ihrer künstler. Gestalt (vgl. S. 437).

Hector Berlioz, * 11. 12. 1803 in La Côte-Saint-André (Isère), † 8. 3. 1869 in Paris, Arztsohn, nach Medizinstudium ab 1824 Schüler von Le Sueur und Reicha in Paris, 1830 Rompreis für die Kantate *Sardanapale*; keine Prof. am Conservatoire, sondern Bibliothekar (ab 1839), Schriftsteller und Kritiker; Reisen durch Deutschland (1842–43), Österreich, Rußland (1845–47) für eigene Werke; Lehrbuch *Grand Traité d'instrumentation* (1843).

Berlioz prägte mit seiner ausdrucksstarken Orchestersprache die musikal. Romantik in Frankreich. Dabei sprengte seine musikal. Phantasie, angeregt oder verstärkt durch das Programm, die klass. Symphonik.

Der *Symphonie fantastique*, op. 14 (1830), *Aus dem Leben eines Künstlers*, liegt ein eigenes Erlebnis zugrunde: seine Liebe zu der engl. Schauspielerin Harriet Smithson, Julia und Ophelia einer Shakespeare-Truppe, 1827 in Paris (ab 1833 vorübergehend Berlioz' Frau). *»Die Geliebte selbst wird für ihn* (den Künstler) *zur Melodie, gleichsam zu einer idée fixe, die er überall wiederfindet, überall hört«* (Vorwort). So taucht die *idée fixe* als Erinnerungsmotiv immer wieder auf. Sie ist von leidenschaftlich bewegter, rhythmisch und melodisch asymmetrischer, romantisch schöner Gestalt und stammt, nebenbei gesagt, aus einer frühen Kantate (S. 152f.).

Berlioz schildert quasi realistisch, so im 3. Satz, der *Szene auf dem Lande*, ein Gewitter mit 4 Pauken; bei der geträumten Hinrichtung im 4. Satz erscheint die *idée fixe* letztmals *süß und leidenschaftlich*, ehe in einem ff-Streich das Beil fällt und der Kopf zu Boden poltert (Pizzicati abwärts, Nb. A). Dann ertönt der nach der Hinrichtung übl. Paukenwirbel. Im Finalrondo (5. Satz) taucht die Geliebte als Hexe verzerrt auf (Nb. A). Das *Dies-irae-*Zitat aus der Totenmesse verstärkt die schaurigblasphem. Sphäre des Hexensabbat.

In der 2. Fassung (UA 1832) verändert Berlioz das Programm geringfügig (Morphium

vom 1. Satz statt Traum vom 4. Satz an) und bringt als Fortsetzung das Monodram *Lélio oder die Rückkehr ins Leben*.

Bezeichnend ist die Haltung des Musikers Berlioz zur Stellung der (absoluten) Musik *über* dem (außermusikal.) Programm. Man darf letzteres auch weglassen, denn *»die Symphonie könne (so hoffe der Autor) für sich ein musikal. Interesse unabhängig von allen dramat. Intentionen bieten«* (Vorwort).

Weitere Programmsymphonien von Berlioz sind: *Huit scènes de Faust,* op. 1 (1828–29); *Harold en Italie,* mit Va.-Solopart für Paganini, wobei sich Programm mit absolutmusikal. Form vermischt (1834; Abb. B).; *Roméo et Juliette,* mit Soli und Chören (1839); *Grande Symphonie funèbre et triomphale,* für großes Orch. und Chor zur Einweihung der Siegessäule (1840). Ferner schrieb Berlioz 3 Opern (S. 449), 2 Oratorien (S. 459), 8 Ouvertüren, Kantaten, Te Deum, Messen, Requiem, Chöre, Lieder u. a.

Liszt (S. 481) entwickelte als experimentierfreudiger Kpm. in Weimar aus der Ouvertüre eine neue, einsätzige Gattung: die *Symphon. Dichtung.* Die Thematik umfaßt lit. Vorlagen (Schauspiele, Gedichte), Bilder, eigene Erlebnisse. Es sind Tongemälde unterschiedlich deutl. Programmatik, von allg. Charakterdarstellung eines Titels bis zu genauen Schilderungen. So ist auch kaum nachweisbar, inwieweit der Text oder Gehalt die musikal. Gestalt im einzelnen beeinflußt hat, jedoch sind alle *Symphon. Dichtungen* formal frei und phantasieartig angelegt. Teilweise wurden die Texte nach nachträglich beigegeben wie bei den Préludes.

Lamartines Gedicht *Les Préludes* schildert die Episoden des Lebens als Vorspiele zum Tod. Liszt stellte das Gedicht seiner Ouvertüre zu *Les quatre Éléments* (Männerchorwerk über Autran-Gedichte) von 1848 voran, arbeitete die Ouvertüre dann zu einer *Symphon. Dichtung* um. Die Textsujets lassen sich nun der Musik zuweisen: der feierl. Anfang (T. 1), Zartheit und Schwung der ersten Liebe (T. 47), Lyrik der Landidylle (T. 70; Nb. C).

Liszt schrieb 13 Symphon. Dichtungen: *Les Préludes* (1848, UA 1854); *Was man auf den Bergen hört* (1848–50), n. V. Hugo; *Tasso* (1849); *Heldenklage* (1849–50), aus einer Revolutionssymph. von 1830; *Prometheus* (1850), Ouvertüre zu Herders Pr.; *Mazeppa* (1851), n. V. Hugo; *Festklänge* (1853); *Orpheus* (1853–54); *Hungaria* (1854); *Hunnenschlacht* (1857), Kaulbachs Gemälde; *Die Ideale* (1857), n. Schiller; *Hamlet* (1858); *Von der Wiege bis zum Grabe* (1881–82).

Außerdem entstanden 2 Programmsymphonien mit mehreren Sätzen: *Faust-Symphonie in 3 Charakterbildern* (1854–57) und einem Schlußchor (Abb. C), *Dante-Symphonie* (1855–56, UA 1857; S. 480, Abb. B).

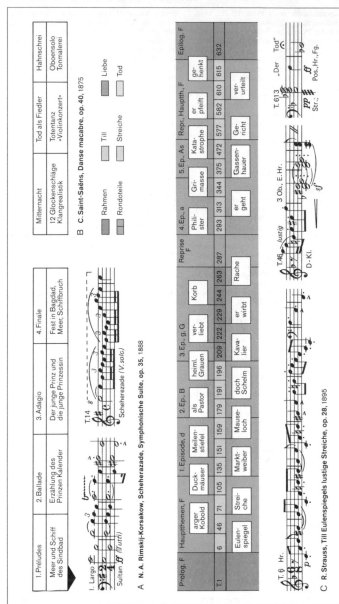

1. Préludes	2. Ballade	3. Adagio	4. Finale
Meer und Schiff des Sindbad	Erzählung des Prinzen Kalender	Der junge Prinz und die junge Prinzessin	Fest in Bagdad, Meer, Schiffbruch

A N. A. Rimskij-Korsakow, Scheherazade, Symphonische Suite, op. 35, 1888

Mitternacht	Tod als Fiedler	Hahnschrei
12 Glockenschläge Klangrealistik	Totentanz „Violinkonzert"	Oboensolo Tonmalerei

B C. Saint-Saëns, Danse macabre, op. 40, 1875

Rahmen — Liebe
Rondoteile — Tod
Till — Streiche

C R. Strauss, Till Eulenspiegels lustige Streiche, op. 28, 1895

Verhältnis Form – Inhalt

In **Frankreich** folgen Komponisten wie
FÉLICIEN C. DAVID (1810–76): exot. Symphonie-Ode *Le désert* (1844, nach Orientreise); *Christophe Colomb* (1847).

CÉSAR FRANCK (1822–90); Tondichtungen: *Ce qu'on entend sur la montagne* (~ 1845–47, V. HUGO; vor LISZT); *Les éolides* (1875–76); *Le chasseur maudit* (1882, BÜRGER); *Les Djinns* (1884, HUGO, mit Soloklavier); *Psyché* (1887–88, mit Chor).

CAMILLE SAINT-SAËNS (1835–1921): *Le Rouet d'Omphale* op. 31 (1872); *Phaëton* op. 39 (1873); *La danse macabre* op. 40 (1874, *Totentanz*, mit Solovioline); *La jeunesse d'Hercule* op. 50 (1877).
Der *Totentanz* (Gedicht von CAZALIS) spielt mit virtuoser Klangrealistik, wie Glockenschlägen zur Mitternacht, dem Tod als Fiedler, wie er auf vielen Totentanzbildern den Zug der Skelette (Xylophon) anführt (Walzer), dem Hahnenschrei (Oboe), der den Spuk beendet (Abb. B).

GABRIEL FAURÉ (1845–1924), aus Pamiers (Ariège), Schüler SAINT-SAENS', 1866–70 Organist in Rennes, ab 1871 in Paris, 1877 Kpm. (Ste-Madeleine), 1896 Prof. für Kompos. (RAVEL, BOULANGER); *Les Djinns* op. 12 (1875, V. HUGO, mit Chor).

VINCENT D'INDY (1851–1931), FRANCK-Schüler, mit BORDES und GUILMANT Gründer der Schola Cantorum; 3 Wallenstein-Ouvertüren op. 12 (1873–81); *La forêt enchantée*, op. 8 (1878, nach UHLAND); *Tableaux de voyage* op. 36 (1888–92); *Jour d'été à la montagne* op. 61 (1905, Tript.).

ERNEST CHAUSSON (1855–99): *Viviane* op. 5 (1882/87); *Soir de fête* op. 32 (1897–98); *Poème* op. 25 (1896, mit Solovioline).

PAUL DUKAS (1865–1935): *L'Apprenti sorcier* (*Der Zauberlehrling*, 1897, GOETHE).

Rußland. BALAKIREW: *Russia* (1864/84).
BORODIN: *Eine Steppenskizze* (1880).
MUSSORGSKIJ: *Johannisnacht auf dem Kahlen Berge* (1867, nach GOGOL, bearb. von RIMSKI-KORSAKOW als *Eine Nacht* . . .).
TSCHAIKOWSKY s. S. 495.
RIMSKI-KORSAKOW: *Sadko* (1867/69/92); *Capriccio espagnol* (1887); *Scheherazade* (1888) mit 4 Teilen und charakterist. Themen: der Sultan in kräftigen Oktaven, rauh, ungelenk; Scheherazade in zartester Bewegung (Abb. A).
Symphon. Dichtungen von LJADOW, LJAPUNOW, KALINNIKOW, GLASUNOW (*Stenka Rasin*, 1885; *Kreml*, 1890), SKRJABIN u. a.

Böhmen. BEDŘICH SMETANA (1824–84) aus Leitomischl (Böhmen), ab 1843 in Prag, LISZT-Anhänger, 1848 Konservatorium gegr., 1856–61 Exil in Schweden, Dirigent ab 1861 des Gesangvereins Hlahol (viele Nachgründungen), ab 1862 Interimstheater, Musikkritiker, 1874 Ertaubung (S. 486); 8 Opern, Oratorien, KaM usw. – Symphon.

Dichtungen: *Richard III.* (1857–58); *Wallensteins Lager* (1858–59), *Hakon Jarl* (1860–61); Zyklus *Mein Vaterland* (um 1872–79): 1. *Vyšehrad* (Burg in Prag), 2. *Die Moldau* (S. 142), 3. *Šárka* (Amazonenfels), 4. *Aus Böhmens Hain und Flur*, 5. *Tábor* (Zitadelle der Hussiten), 6. *Blaník* (Heldenberg der Hussiten).
A. DVOŘÁK: Zyklus *Der Wassermann, Die Mittagshexe, Das goldene Spinnrad, Die Waldtaube* op. 107–110 (1896, nach ERBEN); *Heldenlied* op. 111 (1897).

Skandinavien: JEAN SIBELIUS (1865–1957): 7 Symphonien, 11 Symphon. Dichtungen, u. a. *Kullervo* (1892), *En Saga* (1892), *Finlandia* (1899).
CARL NIELSEN (1865–1931): 6 Symphonien, 2 Symphon. Dichtungen: *Sagen-Traum* (1907–08), *Pan og Syrinx* (1917–18).

Österreich, Deutschland
Aus der LISZT-Schule oder von ihr beeinflußt kommen KLUGHARDT, SCHARWENKA, HUBER, KLOSE, HAUSEGGER u. a., auch HUGO WOLF mit seiner Symphon. Dichtung *Penthesilea* (1883–85, KLEIST) und seiner *Ital. Serenade* (postum), ferner R. STRAUSS mit 9 Symphon. Dichtungen (*Tondichtungen*, S. 513), darunter *Till Eulenspiegels lustige Streiche. Nach alter Schelmenweise in Rondeauform*, op. 28 (1894–95).
Prolog und Epilog im Erzählton bilden den Rahmen, Eulenspiegel erhält 2 Themen: Hornthema mit 3mal wiederholtem, purzelbaumartig umrhythmisiertem Motiv, und D-Klarinetten-Thema fratzenhafter Gestik (Nb. C). Das Programm (Abb. C.):
»Es war einmal ein Schalksnarr/namens Till Eulenspiegel/Das war ein arger Kobold/Auf zu neuen Streichen!/Wartet nur, Ihr Duckmäuser!/–Hopp! Zu Pferde mitten durch die Marktweiber/Mit Siebenmeilenstiefeln kneift er aus/In einem Mauseloch versteckt–Als Pastor verkleidet trieft er von Salbung und Moral/Doch aus der großen Zehe guckt der Schelm hervor/Faßt ihn ob des Spottes mit der Religion doch ein heimliches Grauen an vor dem Ende/–Till als Kavalier, zarte Höflichkeiten mit schönen Mädchen tauschend/Sie hat's ihm wirklich angetan/Er wirbt um sie/Ein feiner Korb ist auch ein Korb!/Schwört Rache zu nehmen an der ganzen Menschheit/–Philistermotiv/Nachdem er den Philistern ein paar ungeheuerl. Thesen aufgestellt, überläßt er die Verblüfften ihrem Schicksal/Grimasse von weitem/Tills Gassenhauer/Das Gericht/Er pfeift gleichgültig vor sich hin (Urteil: »Der Tod«, Blech, Nb. C) Hinauf auf die Leiter! Da baumelt er, die Luft geht ihm aus, eine letzte Zuckung. Tills Sterbliches hat geendet.«
Die *Rondeauform*: zu Tills Hauptthemen in F-dur, die rondoartig wiederkehren, kontrastieren 5 Episoden in wechselnden Tonarten (Tp, S,Sp,Dp, tP).

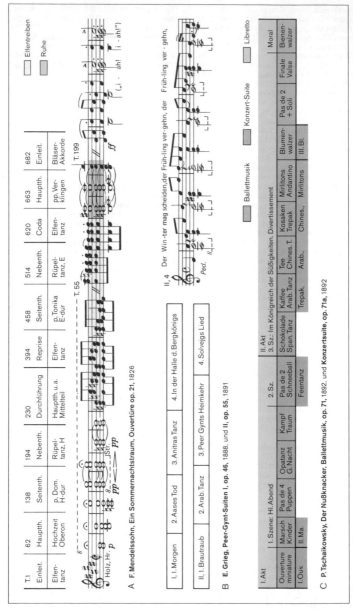

Legend: Elfenreiben | Ruhe

T.1	62	138	194	230	394	458	514	620	663	682
Einleit.	Hauptth.	Seitenth.	Nebenth.	Durchführung	Reprise	Seitenth.	Nebenth.	Coda	Hauptth.	Einleit.
Elfentanz	Hochzeit Oberon	p.Dom. H-dur	Rupeltanz, H	Hauptth. u.a. Mittelteil	Elfentanz	p.Tonika E-dur	Rupeltanz, E	Elfentanz	pp.Verklingen	Bläser-Akkorde

A. F. Mendelssohn, Ein Sommernachtstraum, Ouvertüre op. 21, 1826

II, 4   Der Win-ter mag schei-den, der Früh-ling ver-gehn, der Früh-ling ver-gehn

I.	1. Morgen	2. Aases Tod	3. Anitras Tanz	4. In der Halle d. Bergkönigs
II.	1. Brautraub	2. Arab. Tanz	3. Peer Gynts Heimkehr	4. Solvejgs Lied

B. E. Grieg, Peer-Gynt-Suiten I, op. 46, 1888, und II, op. 55, 1891

Legend: Ballettmusik | Konzert-Suite | Libretto

I.Akt	1. Szene: Hl. Abend				2.Sz.	II.Akt 3.Sz.: Im Königreich der Süßigkeiten. Divertissement								Moral
Ouverture miniature	Marsch Kinder	Pas de 4 Puppen	Opatanz G.Nacht	Kampf Traum	Pas de 2 Schneeball	Schokolade Span. Tanz	Kaffee Arab. Tanz	Tee Chines. T.	Kosaken Trepak	Mirlitons Andantino	Blumenwalzer	Pas de 2 + Soli	Finale Valse	Bienenwalzer
I.Ouv.	II.Ma.				Feentanz		Trepak,	Arab.,	Chines.,	Mirlitons	III.Bl.			

C. P. Tschaikowsky, Der Nußknacker, Ballettmusik, op. 71, 1892, und Konzertsuite, op. 71a, 1892

Mendelssohn, Grieg, Tschaikowsky

Ouvertüre

Als Gattung mit außermusikal. Gehalt entspricht die Ouvertüre den romant. Vorstellungen von Musik, und so nimmt sie als *Programmouvertüre* im 19. Jh. einen großen Aufschwung. Ein Problem wird der Kontrast von Form und Inhalt, denn die Ouvertüre ist formal traditionell ein Sonatensatz o. ä., das Programm aber drängt zu freier Gestaltung (Programmusik).

Kombination von Programm und absolutmusikal. Formen sind im Laufe des 19. Jh. keine Seltenheit, sondern eher die Regel (vgl. *Leonoren-Ouvertüren*, S. 422f.).

Seit je löst man die Ouvertüren gern aus ihrem Bühnenzusammenhang und führt sie im Konzert auf (S. 137). Hier 2 Beispiele BEETHOVENS zu Beginn des 19. Jh.:

– *Coriolan*-Ouvertüre, op. 62 (1807), geschrieben zu COLLINS Schauspiel, aber zuerst aufgeführt im Konzertsaal, wo sie, wie die Leonoren-Ouv., heimisch wurde;
– *Egmont*-Ouvertüre, op. 84 (1809–10), Teil der Schauspielmusik zu GOETHES *Egmont*, mit Liedern, Zwischenaktmusiken, Melodram, Siegessymphonie.

Als relativ kurze, farbige und charakterist. Stücke erklingen die Ouvertüren bei Sonderanlässen, wie Haus- oder Denkmaleinweihungen, und im Konzert. Es liegt nahe, sie direkt für diese Anlässe oder fürs Konzert zu komponieren *(Konzertouv.).* Dabei erweitert man den Stoffkreis über Oper und Schauspiel hinaus auf allg. Themen, wie Naturbilder, Reisebilder, Stimmungen, Ideen. LISZT vergrößert dann das Ganze zu seinen einsätzigen *Symphon. Dichtungen,* die z. T. noch Ouvertüren heißen (S. 497).

Eine der genialen romant. Konzertouvertüren ist die Ouvertüre zu SHAKESPEARES *Sommernachtstraum* des 17jährigen MENDELSSOHN BARTHOLDY. Gläserne Bläserakkorde erklingen als Rahmen, es folgt der Elfentanz, innegehalten im mystisch wirkenden, miss. Akkord T. 56ff. ($s^6 + D^7$, Nb. A). Es entsteht eine Sonatensatzform mit kontrastierenden Themen, dazu Rüpeltanz und Eselsgeschrei (T. 199, Nb. A), die in der Reprise wie das Seitenthema von H-dur in die Tonika E-dur transponiert werden (Abb. A).

MENDELSSOHN hat die Ouvertüre später um eine 5teilige Bühnenmusik ergänzt (op. 61, 1842), mit Scherzo, Intermezzo, Notturno, Hochzeitsmarsch (oft 4hdg.!) und Rüpeltanz. Er schrieb ferner u. a.: *Die Hebriden* op. 26 (1830, *Fingalshöhle*), *Meeresstille und glückliche Fahrt* op. 27 (1828–33, GOETHE).

Ouvertürenbeispiele: SCHUBERT: 8 Ouvertüren, davon 2 *im ital. Stil*, D/C, D 590/91 (1817); SCHUMANN: *Manfred*, op. 115 (1848–49, BYRON); WAGNER: *Faust* (1840/55); BERLIOZ: *Waverley* op. 2 (1828, SCOTT), *Le roi Lear* op. 4 (1831), *Le carnaval romain* op. 9 (1844, CELLINI); LISZT: *Orpheus, Pro-*

metheus, Mazeppa (s. S. 497); TSCHAIKOWSKY: *Romeo und Julia* u. a. (S. 495). Ohne poet. Programm: BRAHMS, *Akadem. Festouvertüre,* c, op. 80 (1880), *Tragische Ouvertüre,* d, op. 81 (1881).

Orchestersuite

nimmt in der 2. Hälfte des 19. Jh. mit wachsendem Historismus, Klassizismus und Nationalinteresse einen neuen Aufschwung. Dabei prägen sie aus:

– barocke Züge, wie SAINT-SAËNS' *Suite* op. 49 (1877) mit *Prélude, Sarabande, Gavotte, Romance* und *Final;*
– folklorist. Züge, wie SAINT-SAËNS' *Suite algérienne* op. 60 (1880) mit *Prélude, Rhapsodie mauresque, Rêverie du soir, Marche militaire française.*

Oft liegt Außermusikalisches zugrunde, wie Erzählungen, Sagen oder Schauspiele, z. B.: EDVARD GRIEG (1843–1907), *Peer-Gynt-Suite,* aus der Schauspielmusik zu IBSENS *Peer Gynt* von 1874–75 später zusammengestellt (Abb. B); *Solvejgs Lied* aus KJERULFS Volksliedeslg., auch als Klavierlied GRIEGS op. 52,4 (Nb. B), erhält seine nord. und GRIEGSche Charakteristik durch typ. melod. Wendungen und Tonalitätsschichtungen: Orgelpunkt a-moll, darüber Dominante E-dur (T. 1,4. Viertel) und Subdom. d-moll (Melodie, T. 1,3. und 4. Viertel).

GRIEGS Suite im alten Stil *Aus Holbergs Zeit* op. 40 (1884 für Klavier, 1885 für Orch.) mit *Prélude, Sarabande, Gavotte, Air* und *Rigaudon* verbindet Barockes und Folklore.

Auf Schauspielmusik geht auch FAURÉS Suite *Pelléas et Mélisande* (1898, MAETERLINCK) zurück, RIMSKIJ-KORSAKOWS *Scheherazade* dagegen auf ein Programm (S. 498, Abb. A).

Ballettmusik

Das 19. Jh. erweiterte das Ballett von 3 auf 4 bis 5 Akte. Die Musik, bis zu 20 Nummern, besteht aus Tänzen (Walzer, Polka usw.), spezif. Tanzbegleitungen (Pas de deux, de trois usw.), später freiem Ausdruck (Programmgehalt). Berühmte Ballette waren *La Sylphide* (Paris 1832) auf Musik von J. SCHNEITZHOEFFER, mit MARIA TAGLIONI als *danseuse aérienne* (Spitzentanz); *Giselle* (Paris 1841) auf Musik von A. ADAM, mit CARLOTTA GRISI, die den Ausdruckstanz einer *danseuse terre à terre* wie FANNY ELSSLER mit hereinnahm. Später folgten DELIBES' *Coppélia* (1870) und *Sylvia* (1876).

Eine reiche Ballett-Tradition entwickelte Rußland, bes. mit dem frz. Choreographen M. PETIPA und TSCHAIKOWSKYS Märchenballetten *Schwanensee* (Moskau 1877, BEGICHEV/HELTSER), *Dornröschen* (Petersburg 1890, PETIPA/VSEVOLOZHSKY nach PERRAULT) und *Nußknacker* (Petersburg 1892, PETIPA nach E. T. A. HOFFMANN).

Abb. C zeigt u. a. die Stücke, die TSCHAIKOWSKY zur Konzertsuite auswählte.

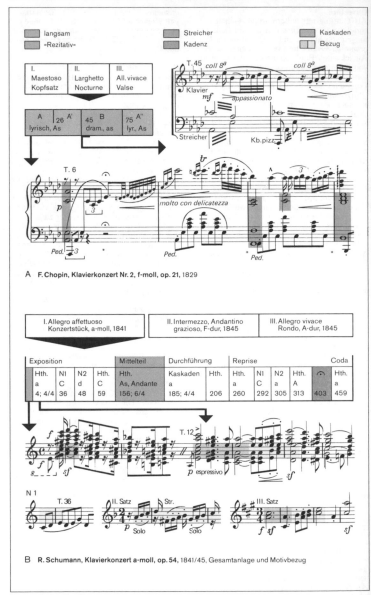

A   F. Chopin, Klavierkonzert Nr. 2, f-moll, op. 21, 1829

B   R. Schumann, Klavierkonzert a-moll, op. 54, 1841/45, Gesamtanlage und Motivbezug

Romantische Gestik

Im 19. Jh. führt das **Klavierkonzert** vor den übrigen; MOZARTS und BEETHOVENS Konzerte setzen Maßstäbe.

DANIEL STEIBELT (1765–1823) ist für sein Tremolo und seine farbig malenden Klänge bekannt. Sein 3. Klavierkonzert heißt, wie eine Programmsymphonie, *L'orage* (Gewitter), sein 6. *Le Voyage sur le Mont St-Bernard* (vor 1816, nach CHERUBINIS Oper). J. B. CRAMER (1771–1858) schrieb virtuose Konzerte im sog. *brillanten Stil*.

C. M VON WEBER (1786–1826), selbst Klaviervirtuose, komponierte 2 Klavierkonzerte in C, op. 11 (1810), und in Es, op. 32 (1812). Dem Konzertstück in f, op. 79 (1821, UA Berlin, eine Woche nach dem *Freischütz*) liegt ein romant. Programm zugrunde: mittelalterl. Burg und Burgfrau, Kreuzzug-Klage und Jubel bei Rückkehr. Formal einsätzig, aber mehrteilig (Einfluß auf LISZT).

J. N. HUMMEL (1778–1837), MOZART-Schüler, komponiert mit Grazie, romant. Farbe und Brillanz, bes. im Konzert in a, op. 85 (um 1816), das bereits viel vom Flair CHOPINS hat, wenn auch nicht dessen melod. Qualität und harmon. Einfallsreichtum (wohl aber ähnl. Figuration).

Ferner: FRANZ LESSEL (1780–1838), Potpourri mit poln. Tänzen (1813); JOHN FIELD (1782–1837), langsame Sätze *aus Rosenduft und Lilienschnee gewoben* (SCHUMANN zum 7. Konzert, 1835); F. W. KALKBRENNER (1785–1849), eine *»marzipane Erscheinung«* (HEINE); I. MOSCHELES (1794–1870); H. HERZ (1803–88); S. THALBERG (1812–71).

F. Mendelssohn Bartholdy (1809–47), der als junger Pianist Aufsehen erregte (der 14jährige spielte GOETHE u. a. BEETHOVENS V. Symphonie auf dem Klavier vor), schrieb
– Konzerte für 2 Klaviere in E (1823 für Schwester FANNY) und As (1824);
– Klavierkonzert Nr. 1, g, op. 25 (1831), Klavierkonzert Nr. 2, d, op. 40 (1837);
– Capriccio brillant, h, op. 22 (1825–26?);
Rondo brillant, Es, op. 29 (1834);
Serenade und Allegro, op. 43 (1838).
MENDELSSOHNS virtuose Pianistik ist von einer nervigen Unruhe erfüllt und zugleich geprägt von geistreicher, weitherziger Noblesse. Allein der lautenhaft zarte Beginn des *Capriccio* bezeugt Genie.

F. Chopin (1810–49) komponierte seine Werke für Klavier und Orchester bereits früh. Der Orchestersatz tritt dabei hinter dem Klavier zurück, was dessen Solograd spiegelt (nicht orchestrales Unvermögen). Nach EZ:
– Variationen über *Là ci darem la mano* aus MOZARTS *Don Giovanni*, B, op. 2 (1827);
– Phantasie (poln. Lieder) A, op. 13 (1828);
– Rondo *Krakowiak*, F, op. 14 (1828);
– 2 Konzerte: f, op. 21 (1829–30, sog. Nr. 2); e, op. 11 (1830, sog. Nr. 1);
– *Grande polonaise brillante*, Es, op. 22 (1830–31), mit *Andante spianato* (1834).

SCHUMANN begrüßte CHOPINS Don-Juan-Variationen enthusiastisch (*Hut ab, ihr Herren, ein Genie*) und bewunderte Eigenstand, Phantasie und Höhe dieses frühen *»Werkes 2«* (AmZ 1831). Die Konzerte schrieb CHOPIN inspiriert durch seine Liebe zur Sängerin KONSTANZE GLADKOWSKA, *»mein Ideal, dem ich, ohne mit ihm zu sprechen, bereits ein halbes Jahr diene, von dem ich träume, zu dessen Andenken ich das Adagio zu meinem neuen Konzerte komponiert habe«* (1829).

Über dem romant. Klangteppich der Streicher und der vollgriffigen l. H. (vgl. eine entspr. MOZART-Figuration) erhebt sich eine weitschwingende Melodie, wobei die grazile Ornamentik in Belcanto-Manier delikat und mit ausdrucksstarkem, aber stilvollem Rubato in den großen Atem der Linie eingeschmolzen wird. Dreimal wiederholt CHOPIN sein Thema mit verströmenden Varianten wie neue Liedstrophen (A, A', A''); vor der letzten erscheint ein dramat. Rezitativ in Moll, mit blitzenden Oktaven im Klavier über einem dunkel erregten Streichertremolo (Nb. A).

Vom ähnl. Adagio des e-moll-Konzerts schreibt CHOPIN: *»Es ist wie ein Hinträumen in einer schönen mondbeglänzten Frühlingsnacht ... Darum ist denn auch die Begleitung mit Sordinen«* (Brief an TYTUS W., 1830). Die virtuosen Ecksätze der Konzerte blühen in Phantasie, Gefühl, Ideen und tänzer. Kraft. Die Höhe der Empfindung erinnert an BEETHOVEN (*wie Hummel den Stil Mozarts verbreitete, so führte Chopin Beethovenschen Geist in den Konzertsaal*, SCHUMANN 1835).

R. Schumann bekannte nach 3 Konzertversuchen (Fragm. in f, F, d 1829/30/39): *»Ich kann kein Konzert schreiben für Virtuosen, ich muß auf etwas anderes sinnen«* (an CLARA). 1841 entstand eine einsätzige Phantasie für Klavier und Orchester in a, die er auf Verlegerwunsch 1845 um 2 weitere Sätze zum Konzert ergänzte.

Das Konzert beginnt mit einer vollgriffigen Akkordkaskade, als ob ein Bühnenvorhang schwungvoll geöffnet würde. Das Hauptthema wendet die Akkordidee ins Lyrische und moduliert sogleich romantisch schweifend nach Dur (Nb. B) und zurück. Ein erster Nebengedanke greift die Achtelbewegung wieder auf, überall herrscht dichter Zusammenhang. Zum ursprüngl. Phantasiesatz paßt der ungewöhnl. langsame Mittelteil in As-dur mit Klarinettensolo. Konzertant ist die leidenschaftl. auskomponierte Kadenz (Abb. B). Der II. Satz (mit Vc.-Melodie) und das Finale greifen Motive des Kopfthemas wieder auf. Von SCHUMANN stammen noch die einsätzigen Konzertstücke *Introduction und Allegro appassionato*, G, op. 92 (1849), von CLARA oft gespielt, und *Introduktion und Allegro*, d-D, op. 134 (1853), J. BRAHMS gewidmet.

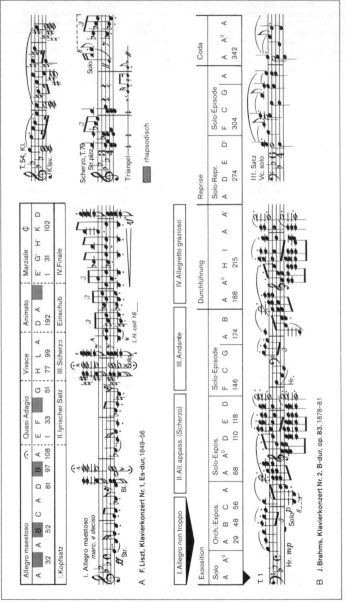

A F. Liszt, Klavierkonzert Nr. 1, Es-dur, 1849–56

B J. Brahms, Klavierkonzert Nr. 2, B-dur, op. 83, 1878–81

Klangfülle und symphonische Züge

In der 2. Jh.-Hälfte trennen sich die beiden Richtungen der formal freieren, zuweilen programmat. Konzerte einerseits (LISZT) und der formal strengeren, ebenso reichen und neuartigen andererseits (BRAHMS).

F. Liszt erfüllte seine Klavierkonzerte mit extremer Phantastik, mit neuartigem Klangreichtum sowohl auf dem Klavier wie im Orchester, mit epathet. Gestik, mit eigenem Erleben und poet. Ausdruck. Die Übertragungen von Opern und Symphonien, bes. BERLIOZ, wirken nach.

Entstehungsfolge:
- *Malédiction* für Klavier und Streicher (J1830/J40), zurückgehend auf das Konzert in a von 2 frühen Konzerten (J1825).
- *Grande fantaisie symphonique* (1834), über 2 Motive aus BERLIOZ' *Lélio*.
- *Concerto symphonique* (1834–35), ein *Psaume instrumental De profundis,* programm. Hilferuf und Erlösung, einsätzig.
- *Rondeau fantastique* (1836), über span. Themen (nach GARCÍA).
- *Puritaner*-Variation und -Reminiscence (1837/39), nach BELLINIS Oper *I Puritani.*
- Paraphrase über *God save the Queen* und *Rule Britannia* (1841).
- Klavierkonzert in A (1839/49–61), sog. Nr. 2, UA Weimar 1857.
- Phantasie über Motive aus BEETHOVENS *Ruinen von Athen* (1848–52).
- Klavierkonzert in Es (1849), sog. Nr. 1, UA 1855 mit LISZT unter BERLIOZ.
- *Totentanz* (1849/53/59), UA 1865 mit BÜLOW unter LISZT (S. 480, Abb. A).
- *Phantasie über ungar. Volksmelodien* (1852?) = *Ungar. Rhapsodie* Nr. 14 als Konzert (so auch Nr. 13; Nr. 1–6 nur für Orch. bearbeitet).
- *Konzert im ungar. Stil* (1885), Fragment.

Für LISZT sind die zahlreichen Überarbeitungen typisch. Die Erfahrungen im Konzertsaal spielen hier ebenso eine Rolle wie der rhapsod. Charakter der Konzerte. Frühes Vorbild für Einsätzigkeit und (geheimes) Programm ist WEBERS Konzertstück op. 79, das LISZT oft gespielt hat (S. 503).

Auch das Es-dur-Konzert ist einsätzig, d. h. ohne Pause folgen lebhafte und lyr. Teile wie Sätze einer Symphonie (Abb. A). Die Themen und Teile A-K kehren dabei z. T. variiert wieder. Kadenzartige Partien des Klaviers stehen wie üblich vor Schluß der »Sätze«, hier auch gleich zu Beginn: phantastisch, quasi improvisiert.

Das Konzert beginnt mit einem heroischen Tutti-Motiv (»*Ihr, ihr könnt alle nichts!*«, LISZT), mit kühner Rückung von Es nach E, und ausgreifenden Oktavsprüngen in beiden Händen (Nb. A). Den lyr. Nebengedanken (B) bringen auch Soloinstr. des Orch., vom Klavier begleitet; so auch in der roman. Modulation von c nach A (T. 54ff.). Das Scherzo arbeitet effektvoll mit Pizz. und Triangel (*Triangelkonzert,* HANS-

LICK; T. 79). Im marschartigen Finale kehren frühere Themen wieder (Zyklus).

LISZT bearbeitete auch SCHUBERTS *Wandererphantasie* und WEBERS *Polacca brillante* op. 72 für Klavier und Orchester.

Einer der Vorläufer LISZTS im Blick auf symphon. Orchesterbehandlung und Anlage war HENRY LITOLFF (1818–91), dem das Es-dur-Konzert gewidmet ist. Er schrieb mehrere *Concerti symphoniques* mit Scherzo (auch *Intermède),* also 4sätzig.

J. Brahms komponierte nur 2 Klavierkonzerte, die in ihrem symphon. Charakter und ihrer ausdrucksstarken Virtuosität zu den großen Werken des 19. Jh. gehören.

Klavierkonzert Nr. 1, d, op. 15 (1856–57, UA Hannover 1859). BRAHMS schrieb unter dem Eindruck von BEETHOVENS IX. Symphonie, die er 1853 in Düsseldorf erstmals hörte, eine Sonate in d-moll für 2 Klaviere (mit Scherzo), deren Kopfsatz er zunächst für Orchester (*meine verunglückte Symphonie*), dann zum Klavierkonzert umarbeitete. Das Scherzo der Sonate ging als Trauermarsch *Denn alles Fleisch* ins *Deutsche Requiem* ein. Leidenschaft und Schönheit der Themen mögen beeinflußt sein von BRAHMS' Liebe zu CLARA SCHUMANN, deren »*sanftes Portrait*« er im Adagio malt (an CLARA, 1857).

Das Klavierkonzert Nr. 2, B, op. 83 (Preßbaum b. Wien 1881) hat ein Scherzo in d-moll, also 4 Sätze, und ist auch strukturell eher eine *Symphonie mit obligatem Klavier* (HANSLICK). Das Werk strahlt eine von der Erhabenheit der Natur inspirierte Größe aus.

Das Waldhorn eröffnet den breit angelegten Hauptthema, vom Klavier in aufsteigender Akkordfülle imitiert, bei klass. symmetr. Anlage des Themas, nicht in 2 mal 2, sondern in romantisch erweiterten 2 mal 3 Takten (Nb. B). – Das Thema des Andantes, vom Solocello vorgetragen, wird später zum Lied *Immer leiser wird mein Schlummer* (Nb. B; s. S. 467).

Im abgeklärten Fis-dur-Teil des Andantes klingt das Lied *Todessehnen* auf (op. 86,6, 1881). Aller Gehalt ist hier reiner Klang, absolute Musik geworden, transzendierend in eine höhere, unbegreifl. Allgegenwart, in der sich Geschick und Entgrenzung des Individuums zu erfüllen scheinen.

Weitere Klavierkonzerte aus dem 19. Jh.:
C. FRANCK, *Variations symphoniques* (1885).
C. SAINT-SAËNS, 5 Konzerte: D, op. 17 (1858), g, op. 22 (1868), Es, op. 29 (1869), c, op. 44 (1875), F, op. 103 (1896); *Le carnaval des animaux* für 2 Klaviere und Orch. (1886); *Afrika-Fantasie,* op. 89 (1891).
E. GRIEG, Konzert a, op. 16 (1868).
P. TSCHAIKOWSKY, 3 Konzerte: b, op. 23 (1874–75), G, op. 44 (1879–80), Es, op. 75 (1893); Fantasie op. 56 (1884).
A. DVOŘÁK, Konzert g, op. 33 (1876).
R. STRAUSS, Burleske (1885–86).

A   N. Paganini, Violinkonzert Es-dur (Skordatur D-dur), op. 6, 1817–18

Allegro molto a, 4/4; Solo-Rez.	Adagio F, 3/4; As; F	Andante a, 4/4; Solo-Rez.	Allegro moderato a, As – h; a; Kadenz
Rezitativ	(Arioso)		(Arie)

B   L. Spohr, Violinkonzert in Form einer Gesangsszene, a-moll, op. 47, 1816

C   F. Mendelssohn, Violinkonzert e-moll, op. 64, 1844, Klangfarben   ▭ Holz/V.solo

R 1 A	A 127 fis	B 191 E	R 285 A	C 363 d	R 442 A	A 544 A	B 614 A	R 700 As…	Coda: C, A 743 A

D   A. Dvořák, Violinkonzert a-moll, op. 53, 1882   ▭ Furiant
Allegro   ▭ Dumky
Andante

Virtuosität, Formerweiterung

Im 19. Jh. wurden viele heute vergessene **Violinkonzerte** von Geigern für den eigenen Vortrag geschrieben. Die großen Komponisten, meist keine Geiger, ließen sich von Geigern beraten in Blick auf Technik und Spielbarkeit. Die Anforderungen an die Geige stiegen im 19. Jh. stark. Die Konzerte von BEETHOVEN (1806) und BRAHMS (1878) galten als unspielbar. Am Anfang des Jh. steht: NICCOLÒ PAGANINI (1782–1840). Musikal. Inspiration und techn. Können ließen ihn während der Konzerte mehr improvisieren, als in den Noten steht: kadenzartige Ausbrüche an vielen Stellen und originelle Verzierungen und Zutaten, wie man es von Sängern des ital. Belcanto gewohnt war. Seine Konzerte zeigen auch sonst ital. Operngestik in ihrer Melodik, ihrem Flair und in der Art, wie die Sologeige auftritt: nach pompösen Orchestervorbereitungen wie eine Primadonna oder Primaballerina in die Stille hinein. Im übrigen begleitet das Orchester die Geige wie eine »Riesengitarre« (vgl. S. 483). Konzerte:
– Nr. 1, Es, op. 6 (1817–18, gedr. 1851), mit Skordatur: V. *spielt* D-dur, *stimmt* Halbton höher. Das 2. Thema hat sänger. Schmelz. Das Thema des Finales ist spritzig, temperamentvoll (Nb. A).
– Nr. 2, h, op. 7 (1826), mit Rondofinale *La campanella (Das Glöckchen).*
– Nr. 3, E (1826; UA 1971, SZERYNG).
– Allegro *Moto perpetuo,* op. 11 (n. 1830).
– Var.: *Le streghe* op. 8 (1813, SÜSSMAYR); *God save the King,* op. 9 (1829); *Non più mesta,* op. 12 (1819; ROSSINI, *Cenerentola*); *I palpiti,* op. 13 (~1819; ROSSINI, *Tancredi*)

Unter den dt. Geigern, wie KROMMER, MAYSEDER, ROMBERG, KALLIWODA, HOFFMANN, SCHNEIDER, PIXIS, DAVID, führt LOUIS (LUDEWIG) SPOHR (1784–1859), mit 15 Konzerten, davon das 8. für eine Italienreise, das Land der Oper, einsätzig mit *Rezitativ, Arioso* und *Arie.* Das solist. Rez. ist in Belcantomanier zu verzieren, bis zum Tuttieinsatz (Nb. B).

MENDELSSOHN BARTHOLDY, geigerisch vom Dresdener Konzertmeister DAVID beraten, schuf mit seinem Konzert in e, op. 64 (1844), ein phantast., z. T. die Atmosphäre des Sommernachtstraums widerspiegelndes Konzert mit charakterist. Melodik und reichen Klangfarben.
Das sangl. 2. Thema des Kopfsatzes erklingt zuerst in den Holzbläsern über dem sonoren G der Violine, dann erst im Solo (Nb. C). Die *auskomponierte* Kadenz steht *vor* der Reprise. Romantisch ist die Überleitung vom I. zum II. Satz: eine Modulation von e nach F in wachsender Ton- und Farbgebung (Nb. C). Ein kapriziöses Rondo beschließt das Konzert (Nb. C).
SCHUMANNS Phantasie in C, op. 131, und sein Konzert in d, op. postum, sind späte Werke (1853).

MAX BRUCH (1838–1920) schrieb 3 Konzerte, darunter das in g, op. 26 (1868), ferner die *Schottische Phantasie,* op. 46 (1880).
BRAHMS' Violinkonzert in D, op. 77 (1878, S. 508, Abb. B), charakterisiert die musikal. Spätromantik ebenso wie sein Doppelkonzert für V. und Vc. in a, op. 102 (1887, Thun).

In **Frankreich** gibt es eine vielseitige und virtuose Konzertentfaltung mit BAILLOT, HABENECK, BERLIOZ (Romanze), BÉRIOT, DANCLA, H. VIEUXTEMPS (1820–1881; 7 Konzerte), GODARD, E. LALO (1823–92; *Symphonie espagnole,* 1874), C. SAINT-SAËNS (3 Konzerte; *Rondo capriccioso* op. 28; *Danse macabre,* S. 498, Abb. B), E. YSAŸE, ERNEST CHAUSSON (1855–99, *Poème*), G. PIERNÉ u. a.

Im Osten: HENRYK WIENIAWSKY (1835–80), poln. Geiger; 2 Konzerte: fis, op. 14, und d, op. 22 (1862); ferner die *Légende* op. 17.
P. TSCHAIKOWSKY ließ seiner *Sérénade mélancolique,* op. 26 (1875), sein glänzendes Konzert in D, op. 35 (1878), folgen.
A. DVOŘÁKS Konzert in a, op. 53, für J. JOACHIM, ist erfüllt von Nationalkolorit und geiger. Tradition Böhmens. Die klangintensiven Terzen und die rhythmisch lebendigen Triolen und Sextolen geben dem Hauptthema des Kopfsatzes etwas Markant-Dramatisches, während das tänzer. Finalrondo mit seinen schnellen und langsamen Dumky-Themen folklorist. Farben zeigt (Abb. D). Berühmt wurde auch seine *Romanze* in F, op. 11 (1877).
Weitere Konzerte stammen von GLASUNOW, ARENSKIJ, STOJOWSKI, GADE, SIBELIUS.

Violoncello
Die Konzerte für Vc. sind nicht so zahlreich. Auch hier gehen die meisten Konzerte auf Cellisten zurück wie DOTZAUER, KUMMER, GOLTERMANN, GRÜTZMACHER, D. POPPER (4 Konzerte), JULIUS KLENGEL (a, op. 4, 1882; d, a, h). R. SCHUMANN komponierte sein Konzert in a, op. 129, erst 1850.
Weitere Konzerte von AUBER (4), DAVIDOW, VIEUXTEMPS (a, op. 46, 1877), LALO, WIDOR, TSCHAIKOWSKY: *Rokoko-Var.* op. 33 (1876); DVOŘÁK: Konzert in h, op. 104 (1894–95).

Die **Bläserkonzerte** treten im 19. Jh. in den Hintergrund. Beliebt waren Konzerte für
Klarinette: WEBER, *Concertino* op. 26 (1811), 2 Konzerte, f, op. 73, und Es, op. 74 (1811), mit Freischützromantik und großer Virtuosität (für BÄRMANN); ferner SPOHR, STRAUSS.
Flöte: LOBE, DOTZAUER, REISSIGER, POPP, MOLIQUE.
Oboe: LINDPAINTNER, VOGT, BARTH, KALLIWODA.
Fagott: WEBER, Konzert in F, op. 75 (1811); VENTURINI.
Horn: WEBER, EISNER, KIEL, R. STRAUSS.

A, Allegro energico e pass.
3/4, e-moll

B, Dolce
3/2, E-dur

A', Reprise
3/4, e-moll

Coda, Piu Allegro

Kadenz
Überleitung

O., B. Thema in Oberstimmen oder Baß

1. Variation

A 4. Symphonie, e-moll, op. 98, 1885,
IV. Satz, Chaconne; I. Satz, Hauptthema

I. Allegro non troppo
Dreiklangsmelodik

II. Adagio
Umspielung

Thema (Ob. in T.3)

B Violinkonzert D-dur, op. 77, 1878

C Feldeinsamkeit, op. 86,2, 1879 (Allmers)

Ich ru - he still im ho - hen grünen Gras und

Brahms: Historismus, Variationstechnik, Liedmelodik

Johannes Brahms, * 7. 5. 1833 in Hamburg, † 3. 4. 1897 in Wien, Vater Stadtmusiker (Hr., V., Kb.), Tanzmusikspiel, Komposition bei E. MARXSEN; 1853 Konzertreise mit dem ungar. Geiger E. REMÉNYI, in Hannover Freundschaft mit dem Geiger J. JOACHIM (1831–1907); in Weimar zu LISZT, in dessen Kreis er sich nicht wohl fühlt; in Düsseldorf zu SCHUMANN, die ihn begeistert aufnehmen; SCHUMANN bewundert die mitgebrachten Sonaten, Lieder, Quartette, die Improvisation und das

»*ganz genialische Spiel, das aus dem Clavier ein Orchester von wehklagenden und laut jubelnden Stimmen machte*« (Aufsatz *Neue Bahnen,* NZfM, Okt. 1853).

BRAHMS verehrte ROBERT SCHUMANN tief, zu CLARA entwickelte er eine leidenschaftl. Liebe, die sich nach ROBERTS Tod (1856) in eine lebenslange Freundschaft wandelte. – Ab 1856 wieder in Hamburg und in den Herbstmonaten 1857–59 als Chordirigent und Klavierlehrer am Detmolder Hof; 1858 kurze Verlobung mit AGATHE SIEBOLD in Göttingen; 1859 gründet er einen Frauenchor in Hamburg (Lieder, Chöre).

1860 läßt er sich von JOACHIM, GRIMM und SCHOLZ zur Unterzeichnung eines Manifestes gegen die *Neudeutschen* drängen. Er wird zum Haupt der Konservativen im Streit der Parteien um WAGNER und BRAHMS, aus dem er sich selbst zeitlebens heraushält. Er mochte WAGNER nicht, schätzte ihn aber; WAGNER achtete ihn nicht (*hölzener Johannes*).

1862 erhält die erhoffte Leitung der Hamburger Philharm. Konzerte sein Sängerfreund J. STOCKHAUSEN. 1863 geht BRAHMS daher endgültig nach Wien.

Wien 1863–75

Im Winter 1863/64 ist BRAHMS Chormeister der *Wiener Singakademie,* 1872–75 künstler. Leiter der Ges. der Musikfreunde Wien (Sekretärs: POHL, † 1887, MANDYCZEWSKI, † 1929). Zu seinen Freunden zählt der Kritiker E. HANSLICK. Die Winter dienen künftig Konzertreisen als Pianist und Dirigent, die Sommermonate der Komposition in Stille und Naturschönheit: Lichtental bei Baden-Baden (ab 1864, mit CLARA, die dort ein Haus besaß), Tutzing (1873), Pörtschach am Wörthersee (ab 1877), Mürzzuschlag (1884/85), Hofstetten am Thunersee (1886–88), Bad Ischl (ab 1889); dazu 8 Italienreisen (ab 1878) mit BILLROTH u. a.

In den 60er Jahren tritt BRAHMS mit Kammermusik hervor (S. 484 ff.), doch erst der große Erfolg des *Deutschen Requiems* 1868 im Dom zu Bremen macht ihn allg. bekannt (übrigens auch die *Ungarischen Tänze,* 1854–68, gedr. 1869, und die *Liebeslieder-Walzer,* 1869). Von den großen Formen meidet er die Oper (*lieber heiraten, als eine Oper schreiben*), während er zur Symph. lange Jahre hinstrebt (über KaM, Seren., Var.).

Wien 1875–90

Mit der UA der 1. Symphonie (1876 in Karlsruhe unter O. DESSOFF) setzt BRAHMS einen entschiedenen Akzent in die Entwicklung der Gattung. BRAHMS übertrug in seiner Kompositionstechnik der *entwickelnden Variation* (SCHÖNBERG) die themat.-motiv. Arbeit der klass. Sonatendurchführung auf den ganzen Satz, so daß ein kp. Gewebe in farbenreicher Harmonik entsteht (WAGNER und LISZT verfuhren ganz ähnlich, jedoch ist deren *modulierendes Sequenzieren* großflächiger, eingängiger und effektvoller).

BRAHMS überträgt in die Symphonik nicht nur die dichte Struktur seiner KaM, sondern auch deren empfindsamen und hohen eth. Gehalt. Bewußt knüpft er damit an BEETHOVEN an (nicht an die romant. Symphonie).

Jenseits von Effekthascherei und Modernität sucht BRAHMS eine musikal. Qualität, die unbewußt oder bewußt tradierte Geschichte voraussetzt *(Historismus, Klassizismus),* um sich dann ihrerseits als tragfähig für die weitere Entwicklung zu erweisen (SCHÖNBERG und die Moderne). BRAHMS verehrt die hohe Geistigkeit und das handwerkl. Können der alten Meister. Er sucht die Reinheit der Gattungen, gestaltet alte Formen vital neu.

Das Finale der 4. Symphonie ist als Chaconne gebaut über dem Baßthema des Schlußchors *Meine Tage in dem Leiden* aus BACHS Kantate *Nach Dir, Herr, verlanget mich* (BWV 150). Es erklingt gleich anfangs als Hauptthema in der Oberstimme, zugleich in farbigster Harmonik (Nb. A). Die Variationen gliedern sich mit sarabandenartigem Mittelteil in Dur, Reprise (Sonateneinfluß) und Stretta-Coda (Abb. A). Der 1. Satz beginnt in leidenschaftl. Spätzeitgestik und klass. Ausgewogenheit.

Aufschwung, Beseelung und Melancholie prägen viele Lieder. Orgelpunktartige Bässe und hohe Akkorde schaffen in Nb. C einen weiten Klangraum (gleichsam zwischen Himmel und Erde), darin die Stimme wie der Mensch in der Natur; die Melodie ist wie stets voll Harmonik und Poesie.

Der Beginn des Violinkonzertes scheint die Naturschönheit und -größe seines Entstehungsortes zu spiegeln: »*Der Wörthersee ist ein jungfräul. Boden, da fliegen die Melodien, daß man sich hüten muß, keine zu treten*« (Sommer 1877 an HANSLICK). – Der Mittelsatz erinnert an die *Sapphische Ode* (S. 466, Abb. A), zuerst von der Oboe intoniert (*griech.* Aulos), dann von der Sovioline weitschwingend umspielt (Nb. B).

In den späten Werken, den Klavierstücken und den *Vier ernsten Gesängen,* op. 121 (1896, nach CLARAS Tod), verdichtet BRAHMS nochmals den poet. Gehalt und geht an die Grenze tonaler und motiv. Zusammenhänge. Er glaubte, *das Ende der Musik* sei nahe.

GA v. MANDYCZEWSKI, 26 Bde., 1926–28, ND 1964; Werkverz. v. McCORKLE, 1984.

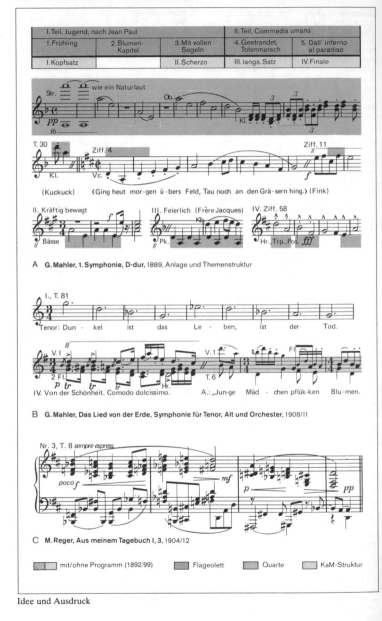

I. Teil, Jugend, nach Jean Paul			II. Teil, Commedia umana	
1. Frühling	2. Blumen-Kapitel	3. Mit vollen Segeln	4. Gestrandet, Totenmarsch	5. Dall' inferno al paradiso
I. Kopfsatz		II. Scherzo	III. langs. Satz	IV. Finale

A G. Mahler, 1. Symphonie, D-dur, 1889, Anlage und Themenstruktur

B G. Mahler, Das Lied von der Erde, Symphonie für Tenor, Alt und Orchester, 1908/11

C M. Reger, Aus meinem Tagebuch I, 3, 1904/12

mit/ohne Programm (1892/99)   Flageolett   Quarte   KaM-Struktur

Idee und Ausdruck

Im späten 19. Jh. reift Kulturkritik (NIETZ-SCHE) am Industriezeitalter, seiner inneren Orientierungslosigkeit u. a. Der **Stilpluralismus** des 20. Jh. beginnt bereits um die Jahrhundertwende: dem *Naturalismus* setzt der *Symbolismus* psycholog. Tiefendimensionen entgegen (Generation FREUDS), die der sensible *Impressionismus* mehr besitzt als er zugeben will; dem leicht akadem. *Historismus* antwortet der *Jugendstil,* dessen Name schon seine flüchtige Vergänglichkeit andeutet. Die Musik spiegelt all dies: sie wird stilistisch vielgestaltiger und freier. Ungehemmt vermag sich auch Banales mit tiefstem Seelenausdruck zu mischen, wie in MAHLERS 1. Symph. und im *Don Juan* von STRAUSS, die mit *élan vital* (BERGSON) 1889 *die musikal. Moderne* ankündigen (S. 521).

Gustav Mahler, * 7. 7. 1860 in Kalischt (Böhmen), † 18. 5. 1911 in Wien, Studium in Wien, u. a. bei BRUCKNER; Kpm. in Bad Hall 1880, Laibach 1881, Olmütz 1882, Wien, Kassel 1883, Prag 1885, Leipzig 1886, Operndirektor in Budapest 1888, Hamburg 1891, Wien 1897 (Hofoper), ab 1907 New York (Met.); heiratete 1902 ALMA SCHINDLER (1879–1964, spätere Frau GROPIUS, dann WERFEL).

MAHLERS romantisch-resignative Lebensanschauung prägt seine Musik mit hohem ideellem Anspruch, psychologisch vielschichtiger Struktur und farbenreicher Instrumentation. In langen Arbeitsprozessen verändert er die Werke immer wieder.

Frühe Periode 1883–1900. Alle Lieder in Klavier- *und* Orchesterfass.: *4 Lieder eines fahrenden Gesellen* (1883–85, nach *»Des Knaben Wunderhorn*«); 12 *Lieder aus »Des Knaben Wunderhorn*« (1892–95).

1. Symphonie D-dur (1884–88), UA als *Symph. Dichtung in 2 Teilen* (1889), 1892 mit urspr. Programm: *Der Titan* (JEAN PAUL).
I. Teil. *Aus den Tagen der Jugend.* 1. *Frühling und kein Ende.* Die Einleitung schildert das Erwachen der Natur am frühesten Morgen. 2. *Blumenkapitel* (Andante). 3. *Mit vollen Segeln* (Scherzo). II. Teil. *Commedia umana.* 4. *Gestrandet. Ein Totenmarsch in Callots Manier* (Parodie »Des Jägers Leichenbegängnis«). 5. *Dall'inferno al paradiso* (Allegro furioso).

Das Programm bietet dem Hörer *Wegtafeln* für die Phantasie, aber die Musik ist selbständig *(ein Musiker muß sich da aussprechen, nicht ein Literat, Philosoph, Maler)*. In Berlin 1896 läßt MAHLER das Programm, in der Druckfass. 1899 zudem Zweiteilung und 2. Satz weg, so daß scheinbar eine trad. 4sätzige Symph. vorliegt (Abb. A).

Beginn: Morgen (s. o.). Das Flageolett der Streicher schwebt im Raum wie eine hohe Erwartung, eine Stille voll Klang: in sie hinein ertönt die fallende Quarte *wie ein Naturlaut* (Holz). Die folgenden Quarten

klingen wie die Geburt eines Themas. Dann ertönen die *schönen Trompeten, die von der Kaserne von Leitmeritz herblasen,* zunächst zart und weich in den Klarinetten, dann in den Trp. ppp *in sehr weiter Entfernung aufgestellt.* Auch der morgendl. Kukkuck ertönt als Quarte, wie später das Fink-Motiv. Ein weiches Hornthema ist ebenfalls erfüllt von Natur- und Waldstimmung. Das Hauptthema des Kopfsatzes endlich greift das Gesellenlied mit seinem poet. Gehalt wieder auf (Nb. A). MAHLERS bevorzugte Quarte taucht in allen Sätzen auf: im II., in den Pkn. des III., im choralartigen Hauptthema im IV. (vgl. T. 7).

2. Symphonie c-moll (1894, UA 1895), 5 Sätze, darin 3. Scherzo mit *Des Antonius von Padua Fischpredigt* (Wunderhornlied), 4. Altsolo *Urlicht* (Wunderhornlied), 5. Sopran, Alt, Chor *Auferstehn* (KLOPSTOCK), eine symphon. Kantate.

3. Symphonie d-moll (1895, UA 1896), 1. Abteilung *Pan erwacht,* 2. Abt. 2. Satz *Was mir die Blumen auf der Wiese erzählen,* 3. Satz *Tiere* (Scherzo), 4. *Mensch* (Altsolo *O Mensch gib acht,* NIETZSCHE), 5. *Engel* (Frauen- und Knabenchor *Es sungen 3 Engel,* Wunderhornlied), 6. *Liebe* (Sehr langsam).

4. Symphonie G-dur (1899–1901, UA 1901), 4 Sätze, im Finale Sopransolo *Wir genießen die himml. Freuden* (Wunderhorn).

Mittlere Periode 1901–07. *Kindertotenlieder* (1901–1904, RÜCKERT), 5 Lieder.

5. Symphonie cis (1901–02, UA 1904), 5 Sätze. 6. Symphonie a (1903–07, UA 1906), *Tragische.* 7. Symphonie e (1905, UA 1908), 5 Sätze. 8. Symphonie Es (1906–07, UA 1910), *Symph. der Tausend* (Orch., 8 Soli, 3 Chöre); 1. Teil: Hymnus *Veni, creator spiritus,* 2. Teil: *Faust II,* Schluß.

Späte Periode 1908–11. *Das Lied von der Erde.* Symphonie für Tenor, Alt (Bariton) und Orch. (1907–08, UA 1911), chines. Gedichte (dt. H. BETHGE), 6 Lieder, Nb. B:
Das stürm. *Trinklied vom Jammer der Erde* verkündet sein Motto in klass. Gestalt; *Schönheit* erklingt in graziler Polyphonie.
9. Symphonie D (1909–10, UA 1912), 4 Sätze. 10. Symphonie Fis, unvoll. (1910, UA 1924), 1. Satz *Adagio,* Skizzen zu 4 Sätzen *Scherzo, Purgatorio, Scherzo, Finale.*

Max Reger (1873–1916) aus Brand/Kemnath, RIEMANN-Schüler, ab 1907 Prof. für Orgel und Kompos. in Leipzig, 1911–14 Hofkapellmeister in Meiningen.

REGER verschmilzt polyphone Kontrapunktik mit akkordisch-dichtem Satz, starke Chromatik und Enharmonik mit traditioneller Gestik und Rhythmik (Nb. C).

REGER geht mit Werken wie dem *100. Psalm* op. 106 (1908–09) an die Grenze der Tonalität, kehrt dann aber zum Klassizismus zurück, so in den *Mozart-Var.* op. 132 (1914) und den *Geistl. Gesängen* op. 138 (1914).

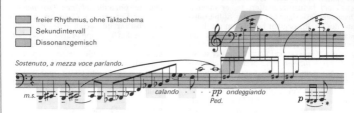

freier Rhythmus, ohne Taktschema
Sekundintervall
Dissonanzgemisch

A F. Busoni, **Sonatina seconda**, 1912, Beginn

B R. Strauss, **Salome**, 1905, Beginn

C R. Strauss, **Rosenkavalier**, 1911, Beginn und Schlußduett Sophie, Oktavian

Expressiv-Melodik   schweifende Tonalität   »Silberklänge« (Harfen, Celesta)

Grenzsituation und Klassizismus

Richard Strauss, *11. 6. 1864 in München, †8. 9. 1949 in Garmisch, Vater Hornist, Studium in München, 1885 Hofmusikdirektor in Meiningen (Nachfolge BÜLOWs), 1886 Kpm. in München, ab 1898 in Berlin (1908 GMD), 1917–20 Kompos.-Lehrer am Berl. Kons., 1919–24 Leitung der Wiener Staatsoper (mit F. SCHALK), lebte danach meist in Garmisch, 1933–35 Präs. der Reichsmusikkammer.

Symphonische Dichtungen: STRAUSS verband hier poet. Inspiration mit absolutmusikal. Struktur.

»Ein poet. Programm kann wohl zu neuen Formbildungen anregen, wo aber die Musik nicht logisch aus sich selbst sich entwickelt – wo also das Programm Ersatzfunktionen erfüllen soll –, wird sie Literaturmusik« (STRAUSS).

Aus Italien op. 16 (1886), symphon. Fantasie; *Don Juan* op. 20 (1887–89, LENAU); *Macbeth* op. 23 (1886–91); *Tod und Verklärung* op. 24 (1888–89); *Kampf und Sieg* (1892); *Till Eulenspiegel* op. 28 (1894–95; S. 498f.); *Also sprach Zarathustra* op. 30 (1896, NIETZSCHE); *Don Quixote* op. 35 (1897, CERVANTES), konzertante Var. mit Solocello; *Ein Heldenleben* op. 40 (1899, autobiogr.).

Programmsymphonien: *Sinfonia domestica* op. 53 (1903, autobiogr.); *Eine Alpensinfonie* op. 64 (1915). – STRAUSS vergrößert das Orchester extrem. Auch gab er die Instr.-Lehre von BERLIOZ neu heraus (Leipzig 1904). Eine klassizist. Gegenreaktion ist die KaM-Besetzung der Oper *Ariadne* (1912).

Opern: STRAUSS beginnt in Wagnernachfolge mit Leitmotivtechnik und bühnenwirksamer Charakteristik von Personen und Handlung, kennt aber auch das *»kontemplative Ensemble«*, das in einer Art Versunkenheit weniger durch Worte als durch reine Musik das Drama weiterträgt.

– *Guntram* (Weimar 1894), Text STRAUSS.
– *Feuersnot* (Dresden 1901), WOLZOGEN.
– *Salome* op. 54 (Dresden 1905), nach O. WILDE; eine glühende Musik voll Leidenschaft, Farbe und avantgardist. Kühnheit: so das charakterist. Motiv des Narraboth mit seinen ausdrucksstarken Intervallen über dem ekstat. Orchestertremolo in chromat. Steigerung (Nb. B).
– *Elektra* op. 58 (Dresden 1909), Tragödie von HUGO VON HOFMANNSTHAL (1874–1929), der von nun an STRAUSS' idealer Librettist wird.

In *Elektra* steigert STRAUSS noch den expressionist. Ausdruck extrem. Er durchbricht die Grenze der Tonalität aber nicht (wie SCHÖNBERG 1908), sondern wendet sich zurück zu einer klassizist. Haltung. Sie betrifft Tonalität, Melodik, Form usw., aber auch die Ästhetik (MOZART-Ideal) und das ungebrochene Verhältnis zum Publikum. So lichtet sich auch der Stoff; es folgen:

– *Der Rosenkavalier* op. 59 (Dresden 1911), eine *Wiener Komödie für Musik* von HOFMANNSTHAL, mit brillanter Zeichnung von Charakteren und Milieu sowie Operetteneinfluß in den Walzern. Der Beginn zeigt sich *stürmisch bewegt*, aber vollkommen harmonisch mit Sextvorhalt (*cis*) und Aufstieg zur Terz (*gis*). Im Schlußduett verschmelzen Sophie und Oktavian in Liebe und G-dur-Terzenseligkeit, in die die charakterist. Harfen-Celesta-Klänge wie Silbertropfen fallen (Nb. C).
– *Ariadne auf Naxos* op. 60 (Stuttgart 1912, rev. 1916), Kammeroper nach MOLIÈRES *Bürger als Edelmann* von HOFMANNSTHAL.
– *Die Frau ohne Schatten* op. 65 (Wien 1919), HOFMANNSTHAL.
– *Intermezzo* (Dresden 1924), Text STRAUSS.
– *Die ägyptische Helena* (Dresden 1928, Neufass. Salzburg 1933), HOFMANNSTHAL.
– *Arabella* (Dresden 1933) HOFMANNSTHAL.
– *Die schweigsame Frau* (Dresden 1935), nach JONSON von S. ZWEIG.
– *Friedenstag* (München 1938), J. GREGOR
– *Daphne* (Dresden 1938), J. GREGOR.
– *Die Liebe der Danae* (Dresden 1940), heitere Mythologie, J. GREGOR.
– *Capriccio* op. 85 (München 1942), Text C. KRAUSS und STRAUSS.

Werkverz. von MÜLLER V. ASOW (1959–74).

Ferruccio Busoni, *1. 4. 1866 in Empoli bei Florenz, †27. 7. 1924 in Berlin, Pianist und Komponist, lehrte ab 1894 in Berlin, ab 1907/08 Wien, ab 1913 Bologna, ab 1915 Zürich, ab 1920 Berlin.

BUSONIS außerordentlich geistvolle Kompositionen umfassen alle Gattungen. Ihre stilist. Vielfalt zeigt die schöpfer. Auseinandersetzung mit der *Geschichte* und mit der *Moderne um 1900*, die er wesentlich mitprägte. BUSONI beginnt in spätromant. LISZT-Nähe (Konzertstücke, Ballette, Tondichtungen) und gelangt dann an die Grenze der Tonalität, die er – angeregt von SCHÖNBERGs op. 11 – in der *Sonatina seconda* überschreitet.

Die Sekunde erweist sich als ausdrucksstarkes, konstitutives Element. Der freie rhythm. Fluß durchbricht alle metr. Fesseln (keine Taktstriche). Das Arpeggio erklingt als subtiles Dissonanzengemisch von irisierender Klangfarbe (Nb. A).

Später findet BUSONI zu klassizist. Strukturen zurück (S. 520). Seine BACH-Verehrung dokumentiert sich in einer reich kommentierten *Ausgabe*. Anregend wirkten seine Schriften, bes. der *Entwurf einer neuen Ästhetik der Tonkunst* (Triest 1907).

Werke: u. a. Klavierkonzert mit Männerchor op. 39 (1904, OEHLENSCHLÄGER); *Indian. Fantasie* für Kl. u. Orch. op. 44 (1915); *Fantasia contrappuntistica* (1910); Opern: *Die Brautwahl* (1912, HOFFMANN), *Turandot* (1916), *Arlecchino* (1918), *Dr. Faust* (postum 1925).

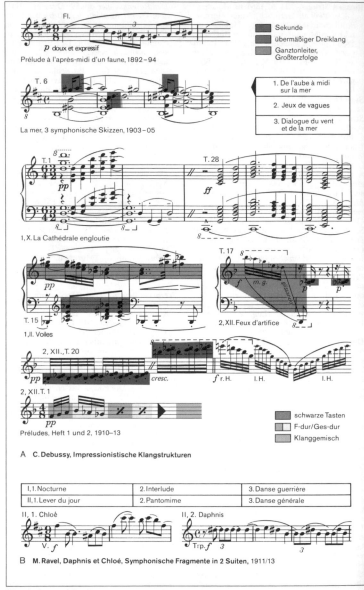

Prélude à l'après-midi d'un faune, 1892–94

La mer, 3 symphonische Skizzen, 1903–05

Sekunde

übermäßiger Dreiklang

Ganztonleiter, Großterzfolge

1. De l'aube à midi sur la mer

2. Jeux de vagues

3. Dialogue du vent et de la mer

1, X. La Cathédrale engloutie

1, II. Voiles

2, XII. Feux d'artifice

2, XII., T. 20

2, XII. T. 1

Préludes, Heft 1 und 2, 1910–13

schwarze Tasten

F-dur/Ges-dur

Klanggemisch

A   C. Debussy, Impressionistische Klangstrukturen

| I, 1. Nocturne | 2. Interlude | 3. Danse guerrière |
| II, 1. Lever du jour | 2. Pantomime | 3. Danse générale |

II, 1. Chloé

II, 2. Daphnis

B   M. Ravel, Daphnis et Chloé, Symphonische Fragmente in 2 Suiten, 1911/13

Klangfarben und Strukturen

Der **Impressionismus,** benannt nach dem Bild *Impression, soleil levant* von MONET (Ausstellung Paris 1874, mit CÉZANNE, DEGAS, RENOIR u. a.) setzt gegen die Atelierkunst der Freiluftmalerei mit dem Spiel von Licht und Schatten, den Farbwerten statt Linienzeichnung, dem *Eindruck* von Stimmung und Atmosphäre. Entsprechend warf man DEBUSSY 1887 gefühlsbetonte *Farbe* (statt Klarheit der Linie und Form) als *vagen Impressionismus* vor. Fast romantisch erklärt DEBUSSY:
»Die Musiker sind dazu ausersehen, den ganzen Zauber einer Nacht oder eines Tages, der Erde oder des Himmels einzufangen. Sie allein können ihre Atmosphäre oder ihren ewigen Pulsschlag erwecken.«
Die Musik verwandelt stets äußere Eindrücke in inneren Ausdruck (BEETHOVEN: »*mehr Ausdruck der Empfindung als Mahlerey*«). DEBUSSY selbst hat sich daher weniger als Impressionist denn als Musiker oder eher schon als *Symbolist* empfunden, wie seine lit. Freunde BAUDELAIRE, VERLAINE, MALLARMÉ, die gegen den rationalen Naturalismus das Irrationale, Atmosphärische, Phantastische setzten. Auch die Musik kennt Symbole (*Figuren, Leitmotive*), doch kann sie das Atmosphärisch-Hintergründige *unmittelbar* und ohne sie zum Klingen bringen.
Gab es Bevorzugung von Stimmungs- und Farbwerten auch schon vorher (Frühromantik, LISZT, MUSSORGSKIJ), so vertreten im musikal. *Impressionismus* vor allem DEBUSSY, RAVEL, DELIUS, SCOTT, SKRJABIN, DE FALLA, RESPIGHI, jeder in bes. Schattierung.

Claude Debussy, * 22. 8. 1862 in St-Germain-en-Laye, † 25. 3. 1918 in Paris, 1873–84 Klavier- und Kompos.-Studium in Paris (GUIRAUD, FRANCK), 1881–82 Rußland, 1884 Rompreis für die Kantate *L'enfant prodigue,* 1884–87 Rom, ab 1887 Paris; 1888/89 Bayreuth-Besuche.
DEBUSSY geht aus von der frz. Musik seiner Zeit, beeinflußt von CHOPIN und WAGNER, rückt dann aber vom weltanschaul. Ideenkunstwerk der dt. Romantik ab und sucht eine neue Unmittelbarkeit der Aussage. Anregungen findet er bei MUSSORGSKIJ, im fernöstl. Gamelanorch. (Weltausstellung Paris 1889), im Freundeskreis von impression. Malern und symbolist. Dichtern (s. o.) und zuletzt in der frz. MG. (RAMEAU, COUPERIN).
Frühwerk bis 1890. *Ariettes oubliées* (1888); 2 Arabesken (1888); BAUDELAIRE-Lieder (1887–89); *Suite bergamasque* (1890, rev. 1905).
Mittlere Phase 1890–1912. Impressionist. Wirkungen durch Kirchentonarten, Akkordparallelen (Akkord als Klangfarbe statt tonale Funktion), Pentatonik, Ganztonleiter, Dissonanz als Farbe. *Pelléas et Mélisande* (1892–1902, UA Paris 1902), Drame lyrique von MAETERLINCK, Hauptwerk der Epoche; *Prélude à l'après-midi d'un faune* (1892–94):

Die Flöte assoziiert arkad. Hirtenidylle. Wie auf der Panflöte folgen die Töne einer Leiter, doch nicht antik-diaton., sondern hochchromatisch. Auch der Rhythmus verliert seine klass. Quadratur (Nb. A).
Streichquartett g-moll (1893); *Pour le piano* (1896); *Chansons de Bilitis* (1897); *Estampes* (1903); *La mer* (1903–05), für Orch.:
Aus zartschwebenden Klängen über tiefem h (Meeresruhe) entsteht aus dem Sekundmotiv ein Thema, als ob im Morgendämmern Konturen auftauchen (Nb. A).
Ab etwa 1903 wieder schärfere Kontraste: *Images* I/II (1905/07); *Children's Corner* (1906–08); *Images* pour Orch. (1906–12); *Préludes,* 2 Hefte (1910–13):
In 1, X steigen über Schwebeklängen (wie Wasser) alte Quart-Quint-Folgen pentaton. auf, dann volle Glockendreiklänge mit modalen Nebenstufen (Nb. A). – In 1, II erklingen überm. Dreiklänge, unaufgelöst, darüber lichte Ganzton- und Großterzfolgen wie Segel über Wasser. – In 2, XII mischen sich F- und Fis-dur wie Farben im Pointillismus (T. 1); ähnlich Sekundfolgen (T. 20), Tonleiterkaskaden und das erste Gliss. über schwarze Tasten (T. 17) als *Klangbänder,* dann Einzelstaccati als *Klangspritzer* wie Seh- und Höreindrücke beim Feuerwerk (Nb. A).
Spätwerk ab 1912, mit klassizist. Tendenzen und deutlicheren Linien. *Le martyre de Saint-Sébastien* (1911), D'ANNUNZIO, für Chor und Orch.; *Jeux* (1911), Ballett; MALLARMÉ- Lieder (1913), *Six épigraphes antiques* (1914) und *En blanc et noir* (1915) für 2 Klaviere; 3 Sonaten für Vc., Kl. (1915), Fl., Hf., Va. (1915) und V., Kl. (1916–17).
Werkverz. von F. Lesure, Genf 1977.

Maurice Ravel, * 7. 3. 1875 in Ciboure (Pyrenäen), † 28. 12. 1937 in Paris, bask. Mutter, Studium ab 1889 in Paris: Klavier (BÉRIOT) und Kompos. (FAURÉ); ab 1933 krank (Apraxie).
RAVEL gewann dem Impressionismus durch extreme Phantastik und Raffinesse neue Seiten: *Jeux d'eau* (1901); Streichquartett F-dur (1902–03); Sonatine (1903–05); *Miroirs* (1904–05); *Gaspard de la nuit* (1908); *Rapsodie espagnole* (1907–08); *L'heure espagnole* (1911), Komödie von FRANC-NOHAIN; *Valses nobles et sentimentales* (1911, Orch. 1912); Ballett *Daphnis und Chloé* (1909–12), daraus 2 Suiten:
Ein »*musikal.* Frescogemälde« Griechenlands des 18. Jh. (nicht antik) mit Leitmotiven differenziertester Struktur (Nb. B).
Der ästhet. Klassizismus wird stärker, impulsiv das Klaviertrio (1914), voll alter frz. Musik die Suite *Le tombeau de Couperin* (1917, Orch. 1919), für 7 gefallene Freunde. Es folgen: *La valse* (1920), für DIAGHILEW; *Tzigane* (1924); die Oper *L'enfant et les sortilèges* (1925), COLETTE.

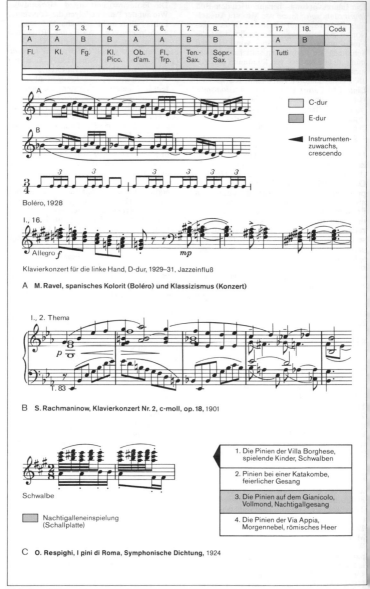

1.	2.	3.	4.	5.	6.	7.	8.			17.	18.	Coda
A	A	B	B	A	A	B	B			A	B	
Fl.	Kl.	Fg.	Kl. Picc.	Ob. d'am.	Fl., Trp.	Ten.-Sax.	Sopr.-Sax.			Tutti		

C-dur
E-dur
◄ Instrumentenzuwachs, crescendo

A

B

Boléro, 1928

I., 16.
Allegro f   mp

Klavierkonzert für die linke Hand, D-dur, 1929–31, Jazzeinfluß

A M. Ravel, spanisches Kolorit (Boléro) und Klassizismus (Konzert)

I., 2. Thema
p
T. 83

B S. Rachmaninow, Klavierkonzert Nr. 2, c-moll, op. 18, 1901

Schwalbe

Nachtigalleneinspielung (Schallplatte)

1. Die Pinien der Villa Borghese, spielende Kinder, Schwalben

2. Pinien bei einer Katakombe, feierlicher Gesang

3. Die Pinien auf dem Gianicolo, Vollmond, Nachtigallgesang

4. Die Pinien der Via Appia, Morgennebel, römisches Heer

C O. Respighi, I pini di Roma, Symphonische Dichtung, 1924

Kolorit und Expression

RAVELS bekanntestes Werk ist der *Boléro:* Ein rhythm. Ostinato und 2 ostinate Melodien *»im Stil Padillas, des sehr banalen Autors von Valencia«* (Nb. A) steigern sich mit immer mehr Instr. in ein rauschhaftes *ff.* Die rituelle Wirkung erzielt RAVEL durch Verzicht: keine motivische Arbeit, keine raffinierte Form, keine Modulationen, erst zuletzt plötzl. E-dur (Abb. A). Das Klavierkonzert G-dur (1929–30) ist *»fröhlich und brillant ... im Geiste Mozarts und Saint-Saëns'«.* Das Konzert D-dur für die l. H. ist gew. dem österr. Pianisten P. WITTGENSTEIN, der im Krieg die r. H. verlor.
Das einsätzige Werk im *imposanten Stil* entwickelt neue pianist. und symphon. Ideen und zeigt viele Jazzeffekte (Nb. A).
Komp.:   G. CHARPENTIER   (1860–1956); G. PIERNÉ   (1863–1937);   A. MAGNARD (1865–1914); vgl. S. 499.
ERIK SATIE (1866–1925), ideenreicher Montmartre-Pianist, Freund DEBUSSYS, ab 1898 in Arcueil, Paris (*L'Ecole d'Arcueil); früher Neoklassizismus: *»Ballet réaliste« Parade* (1917), mit COCTEAU, MASSINE, PICASSO, ein *kubist.* Manifest; *Socrate* (1919), *Drame symphonique* im Stil *néogrec; Musique d'ameublement* (1920), mit MILHAUD, erste Musik *zum Weghören;* für Klavier: *3 Gymnopédies* (1888), *3 morceaux en forme de poire* (1890), *Préludes flasques, pour un chien* (1912), *Sonatine bureaucratique* (1917).
Ferner: C. KOECHLIN, F. SCHMITT, L. VIERNE, H. MARTEAU, M. DELAGE.

Spanien. ISAAC ALBÉNIZ (1860–1909), Klaviermusik; E. G. CAMPINA (1867–1916).
MANUEL DE FALLA (1876–1946), Schüler PEDRELLS, impression. Farben und andalus. Folklore: *Nächte in span. Gärten,* symphon. Impression für Klavier und Orch. (1911–15); Ballette *Liebeszauber* (1915) und *Der Dreispitz* (1919).

Italien. UMBERTO GIORDANO (1867–1948). – ERMANNO WOLF-FERRARI (1876–1948), Opern im ital. Buffostil: *Die vier Grobiane* (1906), *Susannas Geheimnis* (1909).
OTTORINO RESPIGHI (1879–1936), Trypt. *Le fontane di Roma* (1916), *I pini di Roma* (1924), *Feste romane* (1928); Vogelrufe, neu die *orig.* Nachtigall-Aufn. (Abb. C).
GIAN FRANCESCO MALIPIERO (1882–1973), reiches impress., dann klassizist. Werk; ebenso ALFREDO CASELLA (1883–1947), *Scarlattiana* (1926), *Paganiniana* (1942).

Deutschland/Österreich. S. v. HAUSEGGER, KLUGHARDT, F. X. SCHARWENKA, KLOSE.
HANS PFITZNER (1869–1949), Opern in WAGNER-Nachfolge: *Der arme Heinrich* (1895), *Das Christelflein* (1906, UA Dresden 1917), *Palestrina* (1917); Symphonik, Konzerte u. a.; konserv. Musikästhetik.

FRANZ SCHREKER (1878–1934), JOSEPH HAAS (1879–1960), JOSEPH MATTHIAS HAUER (1883–1959), EGON WELLESZ (1885–1974), RUDI STEPHAN (1887–1915, gefallen), Oper: *Die ersten Menschen* (1914, UA Ffm. 1920).

England. CHARLES VILLIERS STANFORD (1852–1924), 7 Symphonien, Irische Rhapsodien. – ALEXANDER CAMPBELL MACKENZIE (1847–1935), Ouvertüren, *Schott.* und *Kanad.* Rhapsodien. – CHARLES HUBER PERRY (1848–1918). – EDWARD ELGAR (1857–1934), spätromant., mit eigenem Stil: *Enigma-Var.* (1899). – FREDERICK DELIUS (1862–1934), impression. Farben, engl. Rhapsodie *Brigg Fair* (1907), *Summernight on the River* (1912). – GRANVILLE BANTOCK (1868–1946), *Hebriden*-Symphonie (1915). – RALPH VAUGHAN WILLIAMS (1872–1958), 9 Symph., z. T. programmat.: 1. *Sea Symphony* (1910), Text W. WHITMAN, 2. *London Symphony* (1913), 3. *Pastorale* (1922). – Impression. Tendenzen auch bei G. HOLST (*The planets,* 1914–17), A. E. T. BAX, F. BRIDGE, J. N. IRELAND, bes. CYRIL SCOTT (1879–1970), 3 Symph., Ouv. zu MAETERLINCKS *Aglavaine et Sélysette* und *Pelléas et Mélisande* (1912).

Rußland. SERGEJ I. TANEJEW (1856–1915); ANTON ARENSKIJ (1861–1906); ALEXANDR GRETSCHANINOW (1864–1956); WASSILIJ KALINNIKOW (1866–1901); ALEXANDR GLASUNOW (1865–1936), 9 Symph. (1881–1909), Violinkonzert a (1904); vgl. S. 499.
ALEXANDR SKRJABIN (1872–1915), Moskau, Klaviervirtuose, Sinnesrausch, myst. Geist (S. 90). Klav.: 83 *Préludes,* darunter 24, op. 11 (1888–96), 10 Sonaten, ab 5. (1907) atonal, 7. als *Weiße Messe* (S. 438, Abb. D), 9. als *Schwarze Messe* (1913); für Orch.: *Le poème de l'extase* (1905–07), *Prométhée* (1909–10) mit Chorvokalise, Farbklavier.
SERGEJ RACHMANINOW (1873–1943), Moskau, 1906–09 Dresden, ab 1917 Paris, ab 1935 USA; Klaviervirtuose; *Aleko* (1893), PUSCHKIN; *Francesca da Rimini* (1905), DANTE; *Die Toteninsel* (1909), BÖCKLIN; Klavierkonzerte fis (1891), c (1901), d (1909), g (1926); *Paganini-Rhapsodie* (1934); geistl. Musik *Chrysostomus-Liturgie* (1910), *Osternacht* (1915) für Chor a cappella.
Berühmt wurden das Klav.-Prélude cis, op. 3, 2 (1892) und das 2. Klavierkonzert mit vollgriffiger, romant. Gestik (Nb. B).
REINHOLD GLIÈRE (1874–1956), Moskau.

Polen. KAROL SZYMANOWSKI (1882–1937); Symphonien: I./II. (1907/10) romantisch, III. (1916) mit Solo und Chor, Text RUMI.
Ungarn. ÖDÖN MIHALOVICH (1842–1929), ERNST VON DOHNÁNYI (1877–1960).
Norden. JEAN SIBELIUS (1865–1957), 7 Symphonien (1899–1924), symphon. Dichtungen. – CARL NIELSEN (1865–1931), 6 Symph. (1892–1925), symphon. Dichtungen.

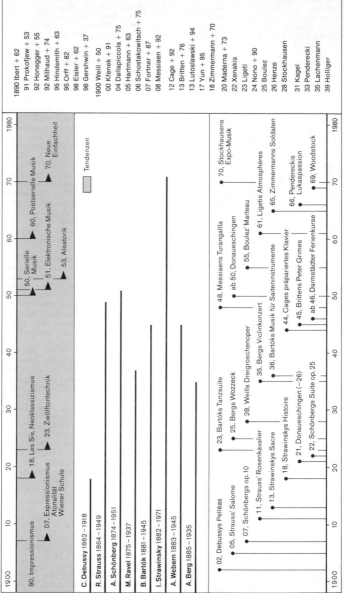

Richtungen, Komponisten, wichtige Ereignisse

Das 20. Jh. ist das Jh. der *Neuen Musik (Musica nova, Musica viva,* zeitgenöss. Musik, Moderne, Avantgarde). Neue Musik gab es auch zu anderen Zeiten (S. 199):
– die *Ars nova* um 1320 (Mittelalter),
– die *Ars nova* um 1430 (Renaissance),
– die *Musica nuova* um 1600 (Barock),
– die neue Musik um 1750 (Klassik),
– die neue Richtung um 1820 (Romantik).
Jedoch war der Bruch mit der Geschichte wohl nie so stark, und zwar durch die Aufgabe der Tonalität (SCHÖNBERG) bis zur Aufgabe des gesamten traditionellen Musik- und Werkbegriffs (CAGE). Gleichzeitig aber blieb vieles von diesem Bruch so gut wie unberührt (U-Musik, Neoklassizismus, Opern- und Konzertpraxis).
Das 20. Jh. praktiziert einen musikal. *Stilpluralismus* wie keine Zeit vorher. Dazu tragen bei die reiche Präsenz der eigenen Vergangenheit, die erweiterte Kenntnis der Musik anderer Völker und die Verfügbarkeit von Musik auf Schallplatte und Tonband (in ihrer Wirkung der Buchdruckerkunst vergleichbare Erfindung). Die Musik spiegelt auch im Pluralismus den *Zeitgeist* der Epoche, falls davon in Anbetracht seiner Vielgestaltigkeit überhaupt noch die Rede sein kann.

Allgemeines

Gab es für frühere Zeiten noch Begriffe, die mit einiger Gültigkeit Charakter und Tendenz bezeichneten (z.B. Humanismus und Renaissance), so entzieht sich das 20. Jh. solcher generellen Klassifizierung. Verkehrstechnik und Medien ließen die Welt kleiner werden; größer wurden die Katastrophen von Gewaltherrschaft und Krieg, die Gefahr einer totalen Vernichtung, die Gegensätze von Arm und Reich, Nord und Süd, Ost und West. Trotz des wachsenden geist- und gefühltötenden Materialismus scheint es neuerdings auch in der modernen Naturwissenschaft (Kernphysik) neue Erkenntnisse über Geist und Materie zu geben, die wieder Raum schaffen könnten für eine ganzheitl. Sicht- und Erlebnisweise des Seins, welche Voraussetzung für jede Kultur, Kunst und Musik ist.
Die zeitgenöss. Musik hat Teil am Wesen ihrer Epoche. Sie kann nicht besser klingen, als diese ist – wenn sie wahr sein will. Es sei denn, sie spiegelt Geschichte oder entwirft Utopien. *Stilpluralismus* und *Dissonanz,* Charakteristika der Neuen Musik, bezeugen den Mangel eines einheitl. Weltbildes und den Verlust der Harmonie von Mensch und Natur, zugleich der inneren Harmonie des Menschen selbst. Ein neues, umfassenderes (ideal: *integrales*) Bewußtsein von Mensch, Welt und Universum als einem *harmonischen Ganzen* und dessen Ausdruck in Musik läßt sich heute nur ahnen.
Möglicherweise sieht eine spätere Zeit die Musik des 20. Jh. nicht nur als eigene Epoche, nicht nur als Ende der etwa 300jährigen *tonalen* Musik (ca. 1600–1900), sondern als Krise einer größeren Einheit: Krise der Neuzeit (seit dem MA), Krise eines Jahrtausends oder mehr.

Verläufe und Tendenzen

Zur Jahrhundertwende mit Spätzeitcharakter und Aufbruchsahnung einer musikal. *Moderne* (S. 521) gehört der
Impressionismus. Die vorzugsweise frz. Richtung hat gefühlsstark und subtil neue Horizonte eröffnet, voll Wohlklang und mit breiter Wirkung (S. 515).
Expressionismus. Die vorzugsweise dt. Richtung beruft sich auf den Ausdruck des Innern und überschreitet ästhet. Grenzen (S. 525). –
Impressionismus und Expressionismus sind als Künste subtilsten Seelenausdrucks Erscheinungen und Folgen einer hyperromant. Haltung.
Futurismus. BALILLA PRATELLA (1880–1955) verlangte in seinen *futurist. Manifesten* (1912) enthusiastisch, die Geräusche der Technik und Industrie in die Musik mit einzubeziehen. Auch LUIGI RUSSOLO (1885–1947) stellte mit seiner *L'arte dei rumori* (1916) Versuche mit Geräusch-Musik an *(Bruitismus),* wobei jedoch der Mangel an musikal. Gestalt nicht weit führte.
Neoklassizismus. In Reaktion auf die Spätromantik wendet man sich zurück zur klass. Ästhetik, zu alten Gattungen und Formen, die man neu belebt (S. 533).

Musik nach 1950

Nach Stillstand in den 30er/40er Jahren erfolgt nach dem 2. Weltkrieg um 1950 ein starker Aufbruch zu Neuem, einschließlich der ungewohnten Erweiterung des Musikbegriffs *(Indetermination, Fernost).* Auch erhalten U-Musik mit Jazz, Pop- und Rockmusik usw. durch Elektronik und Medien ungeahnte Verbreitung.
Serielle Musik. Die Übertragung der Reihentechnik auf alle Parameter (S. 553).
Elektron. Musik. Neue techn. Möglichkeiten erlauben eine neue Musik, *Live-Elektronik* auch wieder spontane Kreativität (S. 555).
Aleatorik. Der Zufall bringt in die Rationalität wieder vielfältige Phantastik (S. 548f.).
Postserielle Musik. Sie verfeinert nochmals Strukturen und Erscheinungen bis ins Extrem *(Klangkomposition),* und wirkt neuartig im *experimentellen Musiktheater* (S. 559).
Neue Einfachheit. Sie bringt wieder einen subjektiven, unmittelbaren Ausdruck des Gefühls (bei komplizierten Partituren), während die *Minimal Music* amerikan. Herkunft eine ins Meditative zielende Einfachheit praktiziert *(Postmoderne).*
Die Öffnung der Grenzen und die Präsenz der verschiedensten Musiken der Länder und Völker brachte im 20. Jh. durch Medien und Reisen starke Anregungen.

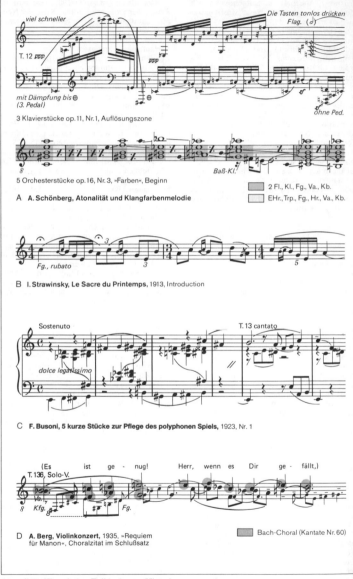

viel schneller

Die Tasten tonlos drücken
Flag. (♪)

T. 12 𝆏𝆏𝆏

𝆏𝆏𝆏

mit Dämpfung bis ⊕
(3. Pedal)

ohne Ped.

3 Klavierstücke op. 11, Nr. 1, Auflösungszone

Baß-Kl.

5 Orchesterstücke op. 16, Nr. 3, »Farben«, Beginn

A   A. Schönberg, Atonalität und Klangfarbenmelodie

▨ 2 Fl., Kl., Fg., Va., Kb.
▢ EHr., Trp., Fg., Hr., Va., Kb.

Fg., rubato

B   I. Strawinsky, Le Sacre du Printemps, 1913, Introduction

Sostenuto

T. 13 cantato

dolce legatissimo

C   F. Busoni, 5 kurze Stücke zur Pflege des polyphonen Spiels, 1923, Nr. 1

(Es   ist   ge - nug!   Herr,   wenn   es   Dir   ge - fällt,)
T. 136, Solo-V.

Va.

Kfg.   Fg.

D   A. Berg, Violinkonzert, 1935, »Requiem
für Manon«, Choralzitat im Schlußsatz

▨ Bach-Choral (Kantate Nr. 60)

Atonalität, Klangfarbe, Folklorismus, Historismus

Uneinheitlich wie die Musik des 20. Jh. sind auch die Auffassungen darüber, was Musik ist oder sein soll. Im Neben- und Nacheinander der Meinungen fällt die Individualisierung auf, mit der Folge des Verständigungsproblems und der Isolation.

Die Auffassungen vom **Wesen** der Musik reichen vom reinen Spiel mit Formen bis zur Musik als Inhalts- und Ideenkunst versch.

Auslegung (HARTMANN, NOHL, DAHLHAUS):
- Der alte *kosmische* Aspekt spricht aus Musik als *Teil des schwingenden Weltalls* (BUSONI) und wurde jüngst bestärkt, z. T. unter fernöstl. Einfluß (STOCKHAUSEN).
- Die HEGELSche *Weltspiegelungstheorie* in der Kunst und Musik erweitert sich zeitgemäß (Massenges., Elektronik).
- Die moderne *Musikpsychologie* fördert neue Anschauungen, z. B. die Musik als *Dynamik von Willensregungen* (KURTH).
- Der Ausdruck von *Gefühl* in der Musik wird nach wie vor als elementar empfunden und wirkt in wechselnde Richtungen.

Inhaltserweiterung. Zustände und Geschehnisse der Zeit erweitern ständig den Inhalt von Musik. So versuchte der Futurismus den Industrielärm direkt in Musik umzusetzen (S. 519). Indirekt gehen moderne Mechanik und Motorik in viele Musikwerke ein, z. B. HONEGGERS *Pacific 231* (S. 532). Ganz anderen Inhalt zeigt PENDERECKIS *Threnos. Den Überlebenden von Hiroshima* (S. 558).

Neue Ästhetik. Die alten ästhet. Gestaltungsprinzipien der Musik als einer der *schönen Künste* werden z. T. radikal geleugnet. Musik muß nicht mehr unbedingt *schön* und harmonisch sein, sondern vor allem *wahr*, also auch häßlich. Ziel ist nicht die Erbauung, sondern die Erschütterung des Menschen. Die Stellung zum Begriff der *Musik* und des *musikal. Kunstwerks* ändert sich:
- Die Moderne bindet sich nicht mehr an objekt., überzeitl. Regeln, sondern spiegelt seit etwa 1890 bewußt das je *Zeitgemäße*. DAHLHAUS verwendet den Begriff der *musikal. Moderne* für die Zeit 1890–1914, analog zur Kunst und Literatur.
- Die **Avantgarde** begreift sich als fortschrittl. Bewegung, die gegen jede Art der Erstarrung im Musikbereich angeht und zu gewagten Neuerungen aufbricht, z. B. mit der Atonalität, der elektron. Musik, dem experimentellen Musiktheater.
- Die **Indetermination** (CAGE) gibt den alten Werkcharakter auf zugunsten unberechenbarer Spontaneität. Die *Aleatorik* erweitert das Werk um Zufall und Gleichzeitigkeit, ähnlich das sog. *work in progress*, dessen jeweils letzte Gestalt gilt.

Hören. Die Neue Musik isolierte sich auch durch ihre hohen *Anforderungen*, Kontrast zur *Bequemlichkeit* als Weltanschauung der Konsumgesellschaft, die sich mit dem *schönen Schein* zufrieden gibt. Es wurde nie so viel Musik *gehört* wie im 20. Jh. (Technik).

ADORNO unterschied *kategorisch* Expertenhören, gutes Zuhören, Bildungshören, emotionales Hören, Ressentimenthören (BACH-Liebhaber), Unterhaltungshören, gleichgültiges Hören.

Das *angemessene* Hören verlangt seel. Aufgeschlossenheit, erarbeitet oder spontan.

Neuer Ausdruck. Erweiterung der Musikauffassung und entsprechend neue Gestaltqualitäten (bis zum Fluch, *neu* sein zu müssen, um zu gelten) sind charakteristisch für die Neue Musik. Schockierend war SCHÖNBERGS (Fort-)Schritt in die Atonalität:

Das Klavierstück op. 11,1 zeigt in gewissen *Auflösungszonen* neues musikal. Denken: keine Schablone mehr, keine gegebene Figur, keine Grundsubstanz mit Ornament: hier ist alles wesentlich. Alle Parameter sind betroffen: statt alter Melodik eine Art Geflimmer, kaum faßbare Rhythmik statt Akzentstufentakt, spontanes Formgestalten statt vordisponierter Periodik, extreme Lagen, neue Farbe durch Klavier-Flageolett, keine funktionale oder Polyharmonik, sondern Atonalität ohne Zentrum, extreme Dynamik (Nb. A.).

SCHÖNBERGS *Klangfarbenmelodie* ersetzt Tonhöhenfolge durch Farbwertfolge: im selben Akkord wechseln bruchlos die Instrumente und damit die Farbe (*Akkordfärbungen*, Nb. A).

Folklorismus. Das Interesse an den Liedern und Tänzen der Völker wächst im 20. Jh.
- als Reaktion auf eine hohe Musikkultur, auf der Suche nach dem Ursprunglichen;
- als Sammlung und Erhaltung spezif. musikal. Materials, das sonst verloren ginge.

WILLIAMS, BARTÓK, JANÁČEK haben Grundlagen geschaffen, zahlreiche Institute und Forscher arbeiten auf breiter Basis weiter.

Das Wild-Ungebändigte russ. Folklore in STRAWINSKYS *Sacre* erweist sich als kraftvolles Element gegen den Ästhetizismus der Spätromantik (Skandal Paris 1913). Das Solofagott beginnt scheinbar improvisator. in wechselnder Rhythmik und Artikulation einer Floskel, modal, russisch (Nb. B).

Geschichte und Gegenwart
Man versucht im 20. Jh. erstmals, die MG. mit den Augen der jeweiligen Zeit zu sehen, samt der dahinterstehenden Musikauffassung. Hierbei helfen neue Quellenausgaben, Schriften, Stilkunde, Restauration und Rekonstruktion alter Instrumente. Dieses neue histor. Bewußtsein prägte viele neue Werke.

BUSONIS *Stücke* zeigen BACHSche Gestik, polyharmon. Schichtung, dann kp. Mehrstimmigkeit, Imitation (T. 13, Nb. C): erneuerte Tradition im Neoklassizismus.

BERG zitiert in seinem *Violinkonzert* als Requiem für MANON GROPIUS (S. 527) einen *Bach-Choral* als Ausdruck von Glaube und Hoffnung: histor. Selbstverständnis mit großer Innigkeit (Nb. D).

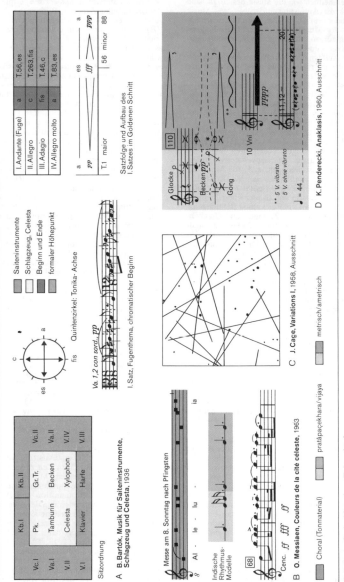

I. Andante (Fuge)	a	T.56, es
II. Allegro	c	T.263, fis
III. Adagio	fis	T.46, c
IV. Allegro molto	a	T.83, es

Satzfolge und Aufbau des I. Satzes im Goldenen Schnitt

Saiteninstrumente
Schlagzeug, Celesta
Beginn und Ende
formaler Höhepunkt

D K. Penderecki, Anaklasis, 1960, Ausschnitt

Quintenzirkel: Tonika-Achse

Va. 1,2 con sord., pp

I. Satz, Fugenthema, chromatischer Beginn

metrisch/ametrisch

C J. Cage, Variations I, 1958, Ausschnitt

Vc.I		Kb.I		Kb.II		Vc.II
Va.I		Pk.		Gr.Tr.		Va.II
		Tamburin		Becken		
		Celesta		Xylophon		V.IV
V.II		Klavier		Harfe		V.III
V.I						

Sitzordnung

A B. Bartók, Musik für Saiteninstrumente, Schlagzeug und Celesta, 1936

Messe am 8. Sonntag nach Pfingsten

Al - le - lu - ia

Indische Rhythmus-Modelle

68

Cenc. ff fff ff

B O. Messiaen, Couleurs de la cité céleste, 1963

Choral (Tonmaterial)   pratapaçekhara/vijaya

Modalität, grafische Notation, Zeitverläufe

Das 20. Jh. setzt neben die alte Auffassung von der Musik als *Tonsprache* **neue** musikal. **Erscheinungen.** Dabei entstehen Stile allg. Art wie der Neoklassizismus und viele individuelle Lösungen. Die Vielfalt macht Verständigung zuweilen schwierig. Schulen, Richtungen, Modewellen, Vorbilder wechseln zunehmend rasch und unstet. Der Zwang zur Neuheit brachte viele Ideen hervor, ließ aber auch modisch verflachen.

Die übliche *Trennung* von Instrumental- und Vokalmusik, von Orchester- und Kammermusik, von weltl. und geistl. Musik, von *Gattungen* wie Oper, Oratorium, Symphonie, Konzert, von *Formen* wie Sonate, Rondo läßt sich im 20. Jh. nicht aufrecht erhalten. Überall gibt es Ausnahmen, Kombinationen und überhaupt neue Gebilde. Sie müssen individuell angesprochen werden.

BARTÓKS Titel *Musik für . . .* ist sehr offen (Abb. A). Die *Satzfolge* erinnert an die barocke Kirchensonate (bei der die Fuge aber nicht als langsamer Kopfsatz erscheint). Die *Besetzung* geht zwar vom trad. Orch. aus, gruppiert aber völlig neu und einmalig. Vielleicht wirken als Vorbild das barocke Gruppenkonzert (*Concerto grosso,* anders besetzt) und folklorist. Farbgebung (Celesta, Xylophon). – Das ausdrucksstarke Fugenthema verschmilzt folklorist. Gestik, barocke Phrasierung, moderne Chromatik und Taktwechsel zu einer neuen Gestalt (Nb. A). – Individuell ist auch BARTÓKS Tonalität in Gegenpolen des Quintenzirkels, die als Tonika Beginn, Ende und Höhepunkt der Sätze bestimmen *(a, c, fis, es).* – Die formale Anlage ist wohlproportioniert wie im Barock oder der Klassik. Der Höhepunkt des 1. Satzes wird im Längenverhältnis des *Goldenen Schnitts* erreicht (T. 56), erklingt *fff* und bildet tonal den Gegenpol *es* zu *a* (s. Abb. A und Quintenzirkel). Gleiches gilt für die anderen Sätze.

Neue Klangquellen. Auch im techn. Bereich suchte man Neuerungen. Dazu gehören auch neue Spielweisen der alten Instr. (bis zur Perversion, nach einem Grundsatz des 20. Jh., alles ins Extrem zu treiben), z. B. mit dem Bogenholz auf die Violine schlagen, dazu gehören Import und Nachbau fremder Instr. (z. B. Gamelan) und die Erfindung neuer.

Integrales Gestalten

Im 20. Jh. werden Zeit und Raum, Materie, Dynamik, Licht, Geist neu erfahren (Relativitäts-, Quantentheorie u. a.). Die Neue Musik spiegelt ganzheitl. Qualitäten, die einem integralen Bewußtsein im Sinne GEBSERS zu entströmen scheinen.

Als Raum- und Zeit-Integral wirkt die Präsenz *altgriech.* und *indischer Modi* bei MESSIAEN, den *greg. Choral* rhythmisieren (ähnlich wie die Tenor-Zubereitung im 13. Jh., vgl. S. 130, A). Das Er-

gebnis klingt impressionist. farbig (Titel!) und fremdartig modern (Nb. B).

In PENDERECKIS *Anaklasis* (griech., rhythm. Werte-Tausch), mit Violin-Clustern (10 V. übereinander), Vierteltönen, Vibrato-Effekten und Schlagwerk, entsteht eine völlig neue Struktur (*Klangkompos.,* s. S. 558), in deren Verlauf sich *metr.* Zeiten in *ametr.* Zeiträume öffnen (Abb. D): es gibt keine Zeit, keinen Raum, beide hängen ab von Bewegung, Dynamik, Materie, Energie usw.

Phantasievoll wie eine Sternenkarte öffnet CAGES *Variations I* dem Musiker alle Räume und Zeiten der Vorstellung. Die Grafik (*grafische Notation* statt Noten) hebt die Fessel musikal. Tradition radikal auf und verweist den Musiker auf sich selbst, seine Umgebung, seine Spontaneität: integral und kreativ aus dem Augenblick (Abb. C).

Die 3 Werke Abb. B–D entstanden etwa gleichzeitig, im Aufbruch zur Postserialität um 1960, was sie gemeinsam prägt, trotz der typ. Pluralität ihrer äußeren Erscheinung. Abb. A dagegen liegt deutlich früher.

Im 20. Jh. ist nichts mehr unantastbar, alles kann neu gesetzt werden: Harmonik, Melodik, Rhythmik, Klangfarbe, Struktur, Form, Gattung usw. Es gehört zum Wesen des Schöpferischen, aus Teilen ein Integral zu schaffen: als ganzheitl. Gestaltqualität des Kunstwerks bzw. der künstler. Existenz.

Musik fremder Völker

Die *Musikethnologie* des 20. Jh. geht über die ältere *vergleichende Musikwissenschaft,* die außereurop. Musik mit abendländ. Maßstäben maß, hinaus, indem sie versucht, die fremde Musik als eigenständiges, autonomes Ganzes zu erfassen. Moderne Technik (Tonaufzeichnung) spielt dabei eine ebenso große Rolle wie die Zusammenarbeit mit Ethnologen, Anthropologen u. a., um neben fremden Tonsystemen und Strukturen Sinn und Gehalt der Musik zu verstehen.

Diente bisher die Übernahme fremder Elemente in die abendländ. Musik dem eigenen Ausdruck und der Attraktion (*Exotismus*), so versucht man im 20. Jh. erstmals, aus den fremden Kulturen und ihrer Musik innere Anregung für die eigene Existenz und deren musikal. Äußerung zu finden. Bes. faszinierend wirkte Indien mit seiner hohen Geistigkeit und seiner subtilen Musiktradition. Hier geht es nicht um wiss. ethnolog. Erkenntnis, sondern um künstlerisch produktive Aneignung. – Umgekehrt hat die Überschwemmung fremder Völker mit westl. Musik und der Unkultur der industriellen Konsumverhaltens dort großen Schaden angerichtet, oft die eigenständige Musik gefährdet, zerstört oder in museale Reservate verdrängt. Die Kulturindustrie führt überall Konformes zum Konsum, *durch kalkulierten Schwachsinn* (ADORNO). Originalität tut not.

A 2. Streichquartett, op. 10, 1907–08, 4. Satz »Entrückung« (George)

B Suite für Klavier, op. 25, 1921–23, Präludium, Zwölftontechnik

C Moses und Aron, 1932, II. Akt, Schluß

D Ein Überlebender aus Warschau, op. 46, 1947, Beginn des Schma Israel

Tonalität: schwebend/frei (»atonal«)   Reihe: Grundgestalt / 7. Transposition

Schönberg: Atonalität, Zwölftontechnik, Spätwerk

ARNOLD SCHÖNBERG, * 13. 9. 1874 in Wien,
† 13. 7. 1951 in Los Angeles, kompos. Anregung durch ZEMLINSKY, ab 1901 Berlin, ab 1903 Wien, Schüler (BERG, WEBERN), 1911–15 Berlin (Kons.); Militärdienst; 1918 Wien, *Verein für musikal. Privataufführungen* gegr., Lehrer (EISLER, STEIN, APOSTEL u. a.), 1925 Prof. für Kompos. Berlin (BUSONI-Nachfolge), 1933 Emigration in die USA, 1936–44 Univ. of California. SCHÖNBERG sah den Zweck der Kunst und Musik im Ausdruck der Persönlichkeit, dann der Menschheit:

»denn die Kunst ist der Notschrei jener, die an sich das Schicksal der Menschheit erleben ... innen, in ihnen ist die Bewegung der Welt; nach außen dringt nur der Widerhall: das Kunstwerk« (1910).

So entsteht **Expressionismus** mit seinen Extremen, Kontrasten und seiner oft an Wahnsinn grenzenden Leidenschaft. Das Extrem gehört seither zum Wesen der Neuen Musik überhaupt, jede klass. Ausgewogenheit meidend: »*der Mittelweg ist der einzige, der nicht nach Rom führt*« (Chorsatiren, 1925). SCHÖNBERGS Kunst steht damit gegen eine bürgerl. Gesellschaft mit ihrer saturierten Oberflächlichkeit und doppelten Moral, gegen Anpassung und gefälligen Schein, für herausfordernde Wahrheit, wache Sensibilität, unbequeme Konsequenz.

Tonale Schaffensperiode 1899–1907. SCHÖNBERG beginnt im Stil der Spätromantik. Von WAGNER übernimmt er die ausdrucksstarke Chromatik und die Sequenztechnik, von BRAHMS die kp. Vielfalt und die *entwickelnde Variation* (S. 509). Werke: frühe Lieder (op. 1,2,3,6,8); Streichsextett *Verklärte Nacht*, op. 4 (1899), DEHMEL, 1sätzig; *Gurre-Lieder* (1900–11), JACOBSEN, für Soli, Chor und Orch.; *Pelleas und Melisande*, op. 5 (1903), MAETERLINCK, Symphon. Dichtung für Orch.; *Kammersymph. für 15 Soloinstr.* E-dur, op. 9 (1906); 2. Streichquartett fis-moll, op 10 (1907–08), mit Sopran: 3. Satz *Litanei*, 4. Satz *Entrückung* (GEORGE), im Scherzo Liedzitat *O du lieber Augustin, alles ist hin* (Tonalität).

Das Finale beginnt in *schwebender Tonalität:* S-D-Folge wie *vagierende Akkorde* (die Tonika wechselt ständig) ohne Auflösung, mit verschleiernden Nebentönen; dann freie Klangkombination (T. 11); der Text drückt das Neue aus: die *freie Atonalität;* erhalten bleiben Rhythmus (fast klass.), Gestik und Linie, Phrasierung usw. (Nb. A).

Atonale Schaffensperiode 1908–21. Der Sprung in die *Atonalität* geschah aus Zwang zum Ausdruck. Zugleich erfolgt die *Emanzipation der Dissonanz:*

»*Es hängt von der wachsenden Fähigkeit des analysierenden Ohres ab, sich auch mit den fernerliegenden Obertönen vertraut zu machen*« (Harmonielehre, 1911).

Die 3 *Klavierstücke* op. 11 (1909) sind erstmals ganz atonal, z. T. sogar völlig neu (Auflösungszonen, S. 520, Abb. A). Die 15 *George-Lieder* op. 15: *Buch der hängenden Gärten* (1908–09), der erste Liederzyklus der Neuen Musik, durchkomponiert, voll poetisch inspirierter Bilder, durchbrechen »*als neues Ausdrucks- und Formideal ... alle Schranken einer vergangenen Ästhetik*« (SCHÖNBERG zur UA 1910).

Die 5 *Orchesterstücke* op. 16 (1909) sind Stimmungsbilder und formal frei wie *Prosa der Musik* (WEBERN), das 3. mit der neuen **Klangfarbenmelodie** (S. 520, Abb. A). Das Monodram *Erwartung* op. 17 (1909, M. PAPPENHEIM), schildert hochexpressiv die Suche einer Frau nach ihrem toten Geliebten. *Pierrot lunaire* op. 21 (1912), A. GIRAUD, dt. von O. E. HARTLEBEN, umfaßt 21 Melodramen für eine Sprechstimme und Klav., Fl./ Picc., Klar./Baßkl., V./Va., Vc., z. T. mit strengen Strukturen (Kanons), Gesang wird zu Sprache und Schrei, rauschhaft in wenigen Tagen komponiert, großer Erfolg. – Zwischen 1908 und 1910 malte SCHÖNBERG fast 70 Bilder, meist Portraits und Visionen (Ausstellung 1910, auch im *Blauen Reiter*), Briefwechsel mit KANDINSKY.

Zwölftönige Schaffensperiode 1921–51. Die Entwicklung der Zwölftontechnik (S. 102f.) entsprang einem starken Ordnungsdrang SCHÖNBERGS und seiner Zeit. Sie ermöglicht als Strukturhilfe wieder größere Instrumentalwerke (ohne Text).

Nach Reihen mit weniger oder mehr als 12 Tönen (Klavierstücke op. 23, Serenade op. 24) zeigt die *Klaviersuite* op. 25 die reife neue Satztechnik. Ausdruck und Charakter sind frei (Nb. B).

Es folgen als größere Formen die *Var. für Orch.* op. 31 (1926–28), die Oper *Moses und Aaron* (1930–32), Text: SCHÖNBERG.

Der 3. Akt blieb unvertont. Moses, der Mann der Idee, überwindet Aaron, den Bildner und Sänger, doch ihm selbst erstirbt die Ausdrucksmöglichkeit. Das Ende des Fragments zeigt Moses' fallende Geste und versinkenden Klang (Nb. C, Kreuze: gesprochen).

Etwa die Hälfte der Werke SCHÖNBERGS sind tonal, so die *Suite* für Streichorch. (1934). Zwölftönig sind u. a.: Violinkonzert op. 36 (1934–36), Klavierkonzert op. 42 (1942), Streichtrio op. 45 (1946), die Kantate *Ein Überlebender aus Warschau* op. 46 (1947), für Sprecher, Männerchor und Orch., eine Bekenntnismusik nach Augenzeugenberichten von erschütternder Realistik in Text und Musik. Vor dem Tod in der Gaskammer singen die Juden ihr gläubiges *Schma Israel* (Nb. D).

Große Wirkung erreichte SCHÖNBERG nach seinem Tode, als eine jüngere Generation ihn erst eigentlich entdeckte.

GA v. DAHLHAUS u. a. (1966ff.); s. Lit.

Präludium	»Langsam, Wozzeck!«	T.1
Pavane	Mühlrad	30
Kadenz	»Ein guter Mensch«	59
Gigue	Wind	65
Kadenz	»Ein guter Mensch«	109
Gavotte	Moralpredigt	115
Air	»Wir arme Leut«	136
Präl. (Repr.)	»hübsch langsam!«	153

Suite

Violoncello mit Dämpfer, am Steg

Zwölftonreihe: Krebs

Spiegelkrebs

I,1, T. 25   T.136, Sehr breit

Ja-wohl, Herr Hauptmann! Wir ar - me Leut!

Unterwürfigkeitsmotiv   Armutsmotiv

III,1, Thema Vc.   Marie (gesprochen)   rit. - - - - - a tempo, a pass. (gesungen)

Va.   poco f

„Und ist kein Be-trug in seinem Munde erfunden worden" ...Herr Gott!

5. Var.   V.

Marie: „Es war einmal ein ar - mes Kind und hat keinen Va-ter und keine Mut-ter

Str.

Hr.

A A. Berg, Wozzeck, op. 7, 1917–23, I, 1 Suite; III, 1 Thema mit Variationen

III. Äußerst ruhig

ppp   sf   ppp   pp   ppp

Drei kleine Stücke für Cello und Klavier, op.11, 1914, Nr. III

II. Sehr schnell ♩ = ca. 160

Variationen für Klavier, op. 27, 1936, II. Satz, Beginn

B A. Webern, Atonalität und reihengebundene Strukturen

ALBAN BERG, * 9. 2. 1885 in Wien, † 24. 12. 1935 in Wien, 1904–10 Schüler SCHÖNBERGS; lehrte privat Kompos.

BERG war beseelt von einer *überströmenden Wärme des Fühlens* (SCHÖNBERG). Kunstreiche Struktur und feine kompositor. Nuancen verbindet er als *Meister des kleinsten Übergangs* (BERG-Schüler ADORNO) mit charakterist. Klangsinnlichkeit. Der menschl. Atem seiner Melodik, die Natürlichkeit seiner Phrasierung, die organ. Kraft seiner Rhythmen, die oft weiche Fülle seiner atonalen Harmonik machten BERGS Musik leichter zugänglich.

Tonale Periode. Etwa 140 spätromant. Jugendlieder, daraus *7 Frühe Lieder* (1907 bis 08), dazu 2 *Storm-Lieder* (1907/25).

Freie atonale Periode. Klaviersonate op. 1 (1907–08), 4 Lieder op. 2 (1908–09, HEBBEL, MOMBERT); Streichquartett op. 3 (1909–10), Studienabschluß; – 5 Orch.-Lieder op. 4 (1912, ALTENBERG); 4 Stücke für Klar. u. Kl. op. 5 (1913), 3 Orchesterstücke op. 6 (1914); *Wozzeck* op. 7 (1917–21, UA Berlin 1925); Kammerkonzert für Kl., V. u. 13 Bläser (1923–25).

Wozzeck, Liebesdrama und soziale Anklage, wurde zur erfolgreichsten Oper der Neuen Musik. BERG hat BÜCHNERS Text zu 3 Akten von je 5 Szenen verdichtet mit dem Ziel, das dramat. Geschehen nicht wie üblich durchzukomponieren, sondern in musikalisch eigenständige (alte) Formen zu fassen. So zeigt der I. Akt Wozzecks Beziehung zur Umwelt in *5 Charakterstücken* (Suite, Rhapsodie, Militärmusik, Passacaglia, Rondo), der II. Akt die Zuspitzung des Geschehens als *Symphonie in 5 Sätzen*, der III. Akt die Katastrophe in *5 Inventionen*.

Die Suite (I, 1) entspricht der lockeren Gesprächsfolge beim Rasieren, mit Leitmotiven für Wozzecks Unterwürfigkeit, Armut usw. – Maries Bibellesung (III, 1), teils gesprochen, teils gesungen, ist erfüllt von rasch wechselnden Affekten (*appass.*). Das Antimärchen erklingt in trügerisch weichem f-moll, ehe mit Maries Aufschrei die atonale Realität hereinbricht (Nb. A).

Letzte Schaffensperiode. BERG nimmt nun auch 12tönige Elemente auf. *Lyrische Suite* für Streichquartett (1925–26, S. 102); Oper *Lulu* (1928–35) nach WEDEKINDS *Erdgeist* und *Büchse der Pandora*, 3. Akt nur Particell (ergänzt von F. CERHA, UA 1979); *Der Wein*, Konzertarie für S. u. Orch. (1929, BAUDELAIRE/GEORGE).

Das Violinkonzert (1935, S. 102) gedenkt der 18jährig (1935) an Kinderlähmung gest. MANON, Tochter ALMA MAHLERS und W. GROPIUS'. 1. Satz, *Andante; Allegretto*, mit Kärntner Volksweise (MANONS Jugend). 2. Satz, *Allegro* mit Solokadenz und Höhepunkt (MANONS Krankheit); *Adagio*, mit BACHS Choral *Es ist genug* (MANONS Tod; S. 520). Es wurde BERGS eigenes Requiem.

ANTON (VON) WEBERN, * 3. 12. 1883 in Wien, † 15. 9. 1945 in Mittersill (Salzburg), 1902–06 Musikwiss. in Wien bei G. ADLER, 1906 Promotion über H. ISAAK, 1904–08 Schüler SCHÖNBERGS, dann Theaterkpm. in Wien, Teplitz, Danzig, Stettin, Prag; ab 1918 in Wien als Dirigent, bis 1922 in SCHÖNBERGS *Verein für musikal. Privatauff.*, 1922–34 Arbeiter-Symphoniekonzerte, ab 1923 Arbeiter-Singverein, ab 1930 Fachberater für Neue Musik im Österr. Rundfunk, ab 1934 polit. isoliert von jeder Öffentlichkeit.

WEBERNS Musik tendiert zu aphorist. Kürze, bes. in der Zeit der freien Atonalität. Exemplarisch sind op. 9 und op. 11.

Nb. B zeigt op. 11, Nr. 3 *vollständig* (3 Systeme in 1): eine Miniatur von hoher musikal. Intensität und Dichte.

Die Tendenz zur Kürze richtet sich auch gegen das Werk als solches. Kein Schmuck, kein Umweg, keine Wiederholung, keine Grundsubstanz und Zutat: alles ist wesentlich, bestimmt vom persönl. Charakter, vom Zeitgeist und vom geschichtl. Stand des *musikal. Materials*, wobei das letztere aus dem allg. auswal. Material eine Auswahl darstellt nach Tonsystem und musikgesch. Stand, der in ihm ist wie *sedimentierter Geist* (ADORNO). Ab op. 20 übernahm WEBERN SCHÖNBERGS Reihentechnik. Seine Reihen sind jedoch nicht mehr nur Material für Themen und Motive, sondern haben selbst Motivcharakter (s. S. 102) und bestimmen das Werk.

Das *Scherzo* aus op. 27 zerstäubt die Struktur zu punktuellen Kontrasten von spukhafter Phantastik (Nb. B). Reihenartig geregelte Dynamik und Lagenwechsel zielen in Richtung *serielle* Musik.

WEBERNS Musik ist von Helle und Klarheit erfüllt, die nicht nur auf rationaler Arbeit, sondern bes. auf musikal. Intuition beruhen. Seine stete Suche nach Zusammenhang zeigt fast myst. Schau und Bindungskraft.

Wichtigste Werke. Tonal: *Passacaglia* op. 1 (1908) für Orch.; *Entflieht auf leichten Kähnen* op. 2 (1908, GEORGE) Chor a cappella.

Freie atonale Periode: 5 Lieder op. 3 (1907–08) GEORGE; 6 Stücke für Orch. op. 6 (1909–10); *6 Bagatellen für Streichquartett* op. 9 (1913); 5 Stücke für Orch. op. 10 (1911–13); op. 11 (Nb. B); Lieder op. 12–16 (1915–24).

Zwölftönig: Lieder op. 17–19 (1924–26); Streichtrio op. 20 (1927); Symph. op. 21 (1928); Konzert op. 24 (1934, S. 104); *Das Augenlicht* op. 26 (1935, H. JONE), Kantate für Chor u. Orch.; Var. für Kl. op. 27 (1936); Streichquartett op. 28 (1937–38); 1. Kantate für S., Chor u. Orch. op. 29 (1938–39, JONE); Var. für Orch. op. 30 (1940); 2. Kantate für S., B., Chor u. Orch. op. 31 (1941–43, JONE). Bearbeitung des 6st. Ricercars aus BACHS *Mus. Opfer* (1935); *Der Weg zur Neuen Musik* (Vorträge 1932/33), hg. v. W. REICH.

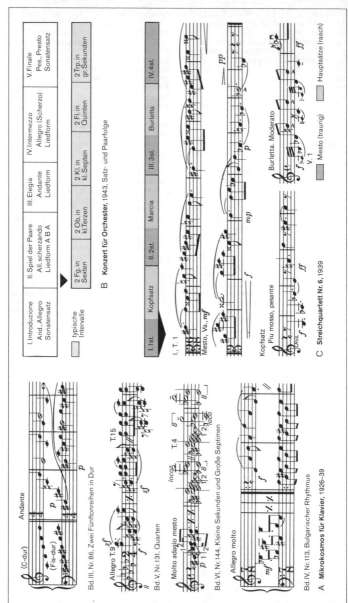

I. Introduzione And., Allegro Sonatensatz	II. Spiel der Paare All. scherzando Liedform A B A	III. Elegia Andante Liedform	IV. Intermezzo Allegro (Scherzo) Liedform	V. Finale Pes., Presto Sonatensatz
	2 Fg. in Sexten	2 Ob. in kl.Terzen	2 Kl. kl.Septen	2 Fl. Quinten	2 Trp. in gr. Sekunden

typische Intervalle

B Konzert für Orchester, 1943, Satz- und Paarfolge

I. 1st. | II. 2st. | Marcia | III. 3st. | Burletta | IV. 4st.

I., T. 1

Mesto, Va., *mf*

Kopfsatz

Piu mosso, pesante

Burletta. Moderato

V. 1

C Streichquartett Nr. 6, 1939

Hauptsätze (rasch)
Mesto (traurig)

Andante

(C-dur)

(Fis-dur)

p

Bd. III, Nr. 86, Zwei Fünftonreihen in Dur

Allegro T.9

T.15

Bd. V, Nr. 131, Quarten

Molto adagio mesto

T.4

Bd. VI, Nr. 144, Kleine Sekunden und Große Septimen

Allegro molto

Bd. IV, Nr. 113, Bulgarischer Rhythmus

A Mikrokosmos für Klavier, 1926–39

Bartók: Neue Elemente und Spätwerkcharakter

BÉLA BARTÓK, * 25. 3. 1881 in Nagyszentmiklós (Südungarn), † 26. 9. 1945 in New York, 1899–1903 Studium in Budapest bei THOMÁN (LISZT-Schüler, Klavier) und KOESSLER (Kompos.), 1907–34 Prof. für Klavier in Budapest, Reisen zur Volksmusiksig., oft mit Z. KODÁLY, u. a. nach Rumänien (1908), Bulgarien, Ukraine, Norwegen (1912), Algerien (Biskra, 1913), Türkei (1936); 1909 Ehe mit MARTHA ZIEGLER, 1923 Ehe mit DITTA PÁSZTORY; 1934–40 Mitgl. der Ungar. Akademie der Wiss. (Volkslied-Edition); Konzertreisen, 1940 Emigration in die USA (New York). BARTÓK ging aus von BRAHMS, DOHNÁNYI, STRAUSS (Kossuth, 1903–04), DEBUSSY.

Volksmusik. LISZT und das 19. Jh. hatten noch die neuere Volksmusik in den ungar. Städten für original gehalten (S. 473), BARTÓK und KODÁLY erkannten eine vom westl. Einfluß unberührte Volksmusik (Lieder, Tänze) bei den Bauern, sammelten sie auf Reisen handschriftl., später mit dem Phonographen. Die ersten 20 ungar. Bauernlieder gaben sie 1906 heraus. Dann dehnten sie ihre Forschungen aus, bes. auf Osteuropa, und machten die Rettung des Bestandes zur Lebensaufgabe. 1934 waren allein 1026 Phonowalzen aufzuarbeiten (erst nach BARTÓKS Tod vollendet).

Für **Bartók** gingen von der Volksmusik zugleich stärkste Impulse aus auf Ausdruck und Wesen seiner eigenen Musik, auf die Überwindung des Dur-Moll-Systems, auf neue Rhythmen, Melodien, Klangfarben. Es gibt bei ihm 3 Stufen der Arbeit mit Volksmusik:
– direkte Übernahme (mit Begl. usw.);
– motiv. Arbeit mit dem Material;
– Neuschaffen nach ihrer Art (Nb. C, Va.).
Das Allegro barbaro (1911) ist mit seinen hämmernden Rhythmen (Klavier als Schlaginstr.) und scharfen Konturen noch vor STRAWINSKY ein bis dahin unerhörter vitaler Ausbruch eines neuen Stils und einer neuen Ästhetik, voll Eigenstand und Kraft. In der einaktigen Oper Herzog Blaubarts Burg (1911) findet BARTÓK aus einer tiefen Lebenskrise zu einem hochexpressiven Ausdruck voll neuer Farben und Formen. BARTÓK zog sich dann zurück und widmete sich einige Jahre primär dem Studium der Volksmusik.

Erst 1923 brachte die Tanzsuite für Orchester einen glänzenden Erfolg. 1924 erscheint sein Buch Das ungar. Volkslied. 1926 setzt eine neue Schaffensphase ein, in der er die Volksmusikerfahrung mit der von ihm hochverehrten westl. Kunstmusiktradition, bes. BACH (Polyphonie und Kp.), BEETHOVEN (motiv. Arbeit), DEBUSSY (Akkordfarben), und dem Klassizismus seiner Zeit (Formen wie Sonate, Konzert) zu einem eigenen, virtuosen, kraftvoll-brillanten Stil verband.

Die 30er Jahre brachten dann eine Reihe reifer Werke voll Klangsinnlichkeit und harmon. Proportion (S. 522), dazu als Lehrwerk

den Mikrokosmos, der progressiv in Klavierspiel und Neue Musik einführt, z. B. Abb. A:
– **Bitonalität:** C-dur und Fis-dur übereinander, pentatonisch exponiert, dann in melodiösem Zwiegesang geschichtet;
– **Quarten:** befreiend und erfrischend in neutraler Folge; alle Takte werden ostinat und tanzartig wiederholt;
– **Dissonanzen:** unaufgelöst in enger und weiter Lage mit scharfem und weichem Charakter (Halbenoten);
– **Rhythmen:** Kombination von Vierer- (2 mal 2) und Dreiergruppen zu 7 Achteln nach bulgar. Art, darüber eine Melodie.

Das letzte Werk vor BARTÓKS Emigration ist das 6. Streichquartett, voll Erschütterung über Europa im Jahre 1939. Die Va. beginnt mit einem Trauergesang (Mesto), trotz Chromatik volksliedhaft schlicht.

Ihm folgt unisono ein BEETHOVENSCHER Aufschwung (op. 130/133), mit emphat. Pausen. Ungarisch klingen Marcia und Burletta (Bärentanz, Jazz-Einfluß), doch wächst das wiederholte Mesto (2–4st.) bis zum breiten Finale an (Abb. C).

BARTÓKS Spätwerk erreicht dann eine Stufe der Abklärung, die an klass. Vorbilder erinnert. So verbindet das Konzert für Orch. barocke Concerto-Prinzipien mit reicher Melodik, Harmonik (auch tonal), Klangfarbe.

Typ. Intervalle charakterisieren im II. Satz die Instr.-Paare: weiche Sexten für die Fagotte, helle Terzen für die Oboen, scharfe Sekunden für die Tromp. (Abb. B).

BARTÓK erlebte noch den mit dieser UA 1944 beginnenden Welterfolg seiner Werke. Er wurde der meistgespielte Komp. des 20. Jh.

Werke. Rhapsodie für Klavier op. 1 (1904), mit Orch. (1905); V.-Konzert Nr. 1 (1908); 14 Bagatellen op. 6 (1908); Streichquartett Nr. 1, op. 7 (1908); Oper Herzog Blaubarts Burg, op. 11 (1911, B. BALÁSZ); Allegro barbaro (1911). – Der holzgeschnitzte Prinz, op. 13 (1914–16), Tanzspiel von B. BALÁSZ; Suite für Klavier op. 14 (1916); Streichquartett Nr. 2, op. 17 (1915–17); Der wunderbare Mandarin, op. 19 (1918–19), Pantomime von M. LENGYEL. – 2 Sonaten für V. und Kl. (1921/22); Tanzsuite für Orch. (1923); – Sonate für Klavier (1926); Klavierkonzert Nr. 1 (1926); Streichquartett Nr. 3 (1927); 2 Rhapsodien für V. u. Kl. (1928), auch mit Orch.; Streichquartett Nr. 4 (1928), 5sätzig; Cantata profana (1930); Klavierkonzert Nr. 2 (1930–31); 44 Duos für 2 V. (1931). – Streichquartett Nr. 5 (1934), 5sätzig; Musik für Saiteninstr., Schlagzeug u. Celesta (1936); Mikrokosmos (1926–39); Sonate für 2 Kl. u. Schlagzeug (1937, mit Orch. (1940); Violinkonzert Nr. 2 (1937–38); Divertimento für Streichorch. (1939); Streichquartett Nr. 6 (1939). – Konzert für Orch. (1943); Solosonate für V. (1944); Klavierkonzert Nr. 3 (1945); Va.-Konzert (1945), Instr. T. SERLY.

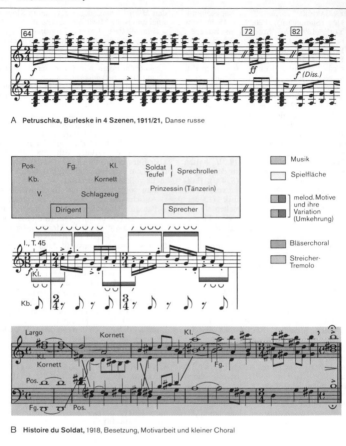

A **Petruschka, Burleske in 4 Szenen, 1911/21,** Danse russe

Musik
Spielfläche

] melod. Motive
  und ihre
  Variation
  (Umkehrung)

Bläserchoral

Streicher-Tremolo

Pos.   Fg.   Kl.   Soldat |
Kb.   Kornett   Teufel | Sprechrollen
  V.   Schlagzeug   Prinzessin (Tänzerin)
      Dirigent   Sprecher

B **Histoire du Soldat,** 1918, Besetzung, Motivarbeit und kleiner Choral

C **Requiem Canticles,** 1966, II. Satz »Exaudi orationem meam«

Strawinsky: Nationalkolorit, Motivarbeit, Serialismus

IGOR STRAWINSKY, * 5. 6. 1882 in Oranienbaum bei St. Petersburg, † 6. 4. 1971 in New York, Vater Bassist an der Oper St. Petersburg, 1900–05 Jurastudium, 1902–08 Privatschüler RIMSKIJ-KORSAKOWS, 1910–20 zumeist in der Schweiz (Clarens, Morges, Genf), 1920–39 in Frankreich (Paris, Nizza, Biarritz), ab 1939 Hollywood, 1969 N.Y.; Erinnerungen, 2 Bde. (1935/36); 1939/40 Vorlesungen an der Harvard Univ., gedr. als *Poétique musicale* (1942): neoklass. Ästhetik.

Russ. Periode bis 1920. STRAWINSKY wuchs in russ. Tradition auf: russ.-orthodoxe *Kirchenmusik,* russ. *Folklore.* Für S. DIAGHILEW, dessen *Russ. Ballett* oft in Paris auftrat, schrieb er seine 3 frühen Ballette:

– *Feuervogel* (UA Paris 1910) nach M. FOKIN, daraus 3 Suiten (1911/19/45);

– *Petruschka* (Paris 1911) von A. BENOIS u. I. S., daraus 3 Sätze für Klavier (1921, Nb. A); eine Gliederpuppe auf dem Jahrmarkt (*russ. Tanz*), verliebt, eifersüchtig, sterbend. Der *russ. Tanz* zeigt: Mixturen, modal nebeneinander, in wachsender Breite und Schärfe (Septimen), kurze antiromant. Melodiefloskeln, harte Rhythmen (Nb. A).

– *Le sacre du printemps* (Paris 1913), *Bilder aus dem heidn. Rußland* von I. S. und N. ROERICH; I. *Anbetung der Erde* (S. 520), II. *Das Opfer.* Barbar. Ritual, Rauheit der Musik und ihr zum Exzeß getriebene Rhythmik (Finale *Danse sacrale*) schockierten das elegante Paris (Skandal). STRAWINSKY als *junger Wilder* (DEBUSSY).

Es folgen *Die Nachtigall* (1914), lyr. Märchenoper nach ANDERSEN; Symphon. Dichtung *Gesang der Nachtigall* (1917); *Renard* (1916), Burleske des Dichterfreund des CH. F. RAMUZ; *Les Noces* (1914/23), russ. Tanzszenen von RAMUZ; *Die Geschichte vom Soldaten,* von RAMUZ (Lausanne 1918), mit Vorleser, Schauspieler und Tänzer, russ. Märchenstoffkolportage mit westl. Tänzen wie Walzer, Tango, Ragtime, alles durch Collage und Ironie brillant verfremdet, Kriegsnot und neue Ästhetik schufen ein Antigesamtkunstwerk mit klarer Trennung von Darstellung und Musik, mit kleinem, kuriosem »Orch.« (solist.) voll Jazz-Einfluß.

Die Musik zeigt die typ. Mechanik der Struktur: Auf und Ab der Stacc. Dreiklänge in F- und G-dur, wobei durch spieler. Verschieben und Umrhythmisieren (wechselnde Stellung im Takt, Auftakt, Volltakt) ständig Motiv-Varianten entstehen; dazu Taktwechsel im Marsch (2/4, 3/4) und Synkopen des Kb. Das klingt überraschend, virtuos, kühl, unverbindlich und doch verschssen, witzig, schwungvoll. Ironie bringen der *Kleine* und der *Große Choral*: barocke Bläser in romant. Streicherklang, polyphon, getragen wie ein BACH-Choral, jedoch »stimmt« keine Note (Nb. B).

Neoklassizist. Periode 1920–50. Elemente sind schon vorher da *(Histoire),* so wie es russ. auch später gibt. Doch ist der Rückgriff auf Barockmusik ein Bekenntnis zur Geschichte: *Pulcinella,* Ballett mit Gesang, Musik nach Pseudo-PERGOLESI (UA Paris 1920), Bühnenbild P. PICASSO, entstanden auf DIAGHILEWS Rat (S. 533). STRAWINSKY übernahm die barocken Noten (sie stammen nicht alle von PERGOLESI) und machte sie sich durch Zugabe, Variation, Klangfarbe und Rhythmus doch ganz zu eigen.

Die Opera buffa *Mavra* (1922) nach PUSCHKIN steckt voll stilist. Anregungen von GLUCK, MOZART, VERDI, GOUNOD u. a. Die Wandlung zum Neoklassizismus begründete STRAWINSKY mit einer Anti-Ausdrucks-Ästhetik und durch sein fast klass. Schönheitsideal von absolutmusikal. Form und Gestalt. Komponieren ist Ordnung schaffen, und *»je mehr die Kunst kontrolliert, begrenzt und gearbeitet ist, um so freier ist sie«* (Poetik). Dahinter steht immer wieder die befreiende Abwehr gegen *Schwall und Getöse* von WAGNERS Gesamtkunstwerk und der ganzen Romantik. STRAWINSKY, primär der motor. und asymmetr. *Rhythmiker,* bleibt *tonal* (kirchentonal, polytonal usw.) und bringt statt des romant. *Mischklangs* einen kühlen *Spaltklang* in durchsichtiger, oft solist. Besetzung und Linienführung. Es folgt ein immenses Werk, u. a. *Oedipus rex* (1927), Opernoratorium nach SOPHOKLES von J. COCTEAU, lat. Text (DANIÉLOU) zu antik-blockhafter Darstellung; *Apollon Musagète* (1928), Ballett für G. BALANCHINE; *Psalmensymphonie* (1930); *Perséphone* (1934), Melodram von A. GIDE; *Jeu de Cartes* (1937); Concerto in Es, *Dumbarton Oaks* (1937–38), für Kammerorch.; Symphony in C (1938/40); *Ebony Concerto* für Klar. u. Jazzband (1945); *Orpheus* (1948), Ballett; Messe (1944/48); *The Rake's Progress* (Venedig 1951), Oper von W. H. AUDEN u. C. KALLMANN.

Spätwerk 1950–71. Im Alter wandte sich STRAWINSKY noch der Reihentechnik seines Antipoden SCHÖNBERG und der Serialität zu. Isorhythm. Strukturen MACHAUTS interessierten ihn schon vorher *(Messe),* das 1. serielle Werk ist jedoch die *Cantata* (1952). Es folgen u. a. *Canticum sacrum* (1955), *Agon* (1957), *Threni* (1958), *Movements* für Klav. u. Orch. (1958–59), *A Sermon, a Narrative and a Prayer* (1960–61), *The Flood* (1962), *Requiem Canticles* (1966). Das Spätwerk ist von einer durchgeistigten Sparsamkeit und Dichte, fast Kargheit des Materials.

Punktuell, isoliert, zart klingen die Harfentöne mit Flöte (1. Reihenhälfte) und der kontrastierende lange Akkord (2. Hälfte), ehe der Chor einsetzt. Die Noten zeichnen ein *Kreuzbild* (Nb. C). STRAWINSKYS charakterist. Gesamtwerk ist von räuml. kosmopolit. Weite, zeitl. histor. Stilfülle und menschl. universeller Präsenz.

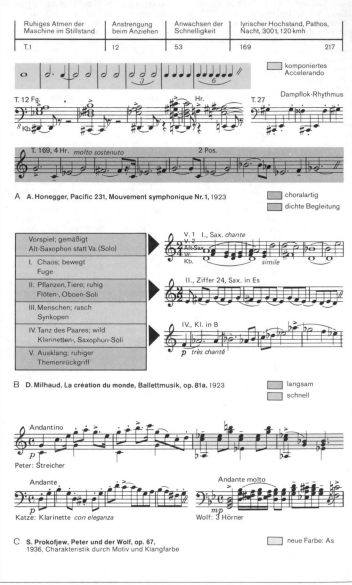

Ruhiges Atmen der Maschine im Stillstand	Anstrengung beim Anziehen	Anwachsen der Schnelligkeit	lyrischer Hochstand, Pathos, Nacht, 300 t, 120 kmh
T. 1	12	53	169

komponiertes Accelerando

T. 12 Fg.   Hr.   T. 27   Dampflok-Rhythmus

T. 169, 4 Hr. *molto sostenuto*   2 Pos.

A   A. Honegger, Pacific 231, Mouvement symphonique Nr. 1, 1923

choralartig
dichte Begleitung

Vorspiel; gemäßigt
Alt-Saxophon statt Va. (Solo)

V. 1   I., Sax. *chante*
V. 2
Alt-Sax.
Vc.
Kb.   *simile*

I. Chaos; bewegt
Fuge

II. Pflanzen, Tiere; ruhig
Flöten-, Oboen-Soli

II., Ziffer 24, Sax. in Es

III. Menschen; rasch
Synkopen

IV. Tanz des Paares; wild
Klarinetten-, Saxophon-Soli

IV., Kl. in B
p très chanté

V. Ausklang; ruhiger
Themenrückgriff

B   D. Milhaud, La création du monde, Ballettmusik, op. 81a, 1923

langsam
schnell

Andantino
p
Peter: Streicher

Andante
p
Katze: Klarinette *con eleganza*

Andante molto
mp
Wolf: 3 Hörner

C   S. Prokofjew, Peter und der Wolf, op. 67,
1936, Charakteristik durch Motiv und Klangfarbe

neue Farbe: As

Programm, Jazzeinfluß, Faßbarkeit

Der **Neoklassizismus,** eine Art *neue Klassik,* entsteht um 1920 als Reaktion auf die (Spät-)Romantik einschließlich Impressionismus und Expressionismus: auf die Metaphysik einer Kunstauffassung mit subjektivem Ausdruck und tieferer Bedeutung, auf die Esoterik einer hochentwickelten Spätzeit.

»Schluß mit den Wolken, den Wellen, den Aquarien, den Undinen und den nächtl. Düften. Wir brauchen eine Musik, die auf der Erde steht, eine Alltagsmusik« – »eine vom Individuum abgelöste, objektive Kunst, die den Hörer bei klarem Bewußtsein läßt« – »vollendet, rein, ohne überflüssiges Ornament« (COCTEAU 1918).

Anregend wirkt SATIES *musique dépouillée* (entbeinte M.), entschlackt, witzig, geistreich (S. 517). Von Amerika kommen *Music Hall* und *Jazz,* mit zündender Leichtigkeit und urwüchsiger Verve. Tanz, Chanson, Clownerie und Schaubude färben modisch alle Bereiche. Faszinierend ist auch die Technik.

HONEGGERS Enthusiasmus für die schwere Dampflokomotive *Pacific 231* äußert sich symphonisch: vom langsamen Stampfen der anfahrenden Lok bis zur Höchstgeschwindigkeit, zu der choralartig ein triumphales Thema erklingt (Abb. A).

MILHAUDS *Création du monde,* angeregt von der neuen Welt (Süd-)Amerika, feiert den Anfang der Welt mit Jazz-Einfluß: Saxophon- und Klarinettensoli, jazzartig *gesungen* (I., IV.), synkop. Motivwiederholungen (II.), Jazz-Melodik (Nb. B).

Rückgriff auf das 18. Jh. Die antiromant. Haltung bricht mit der unmittelbaren Vergangenheit, fühlt sich aber mit den Musikanschauungen *vor* der Romantik, bes. denen des 18. Jh., verwandt. Man greift Spielweisen, Formen und Gattungen des Barock und der Frühklassik wieder auf, wie *Suite, Concerto, Sinfonia, Sonate,* aber als reine Klangstücke, ohne metaphys. Gehalt und ohne jede Norm (Besetzung, Gattung).

Zu den ersten direkten Rückgriffen gehören 3 von DIAGHILEW angeregte Ballette: TOMMASINIS *Le donne di buon umore* (1917, nach SCARLATTI-Sonaten), RESPIGHIS *La Boutique Fantasque* (1919, nach ROSSINI), STRAWINSKYS *Pulcinella* (1920, nach PERGOLESI). Erste neoklass. Originale sind RAVELS Suite *Tombeau de Couperin* (1917), PROKOFJEWS *Klass. Symphonie* (1917), SATIE (s.u.), Suiten SCHÖNBERGS und HINDEMITHS (1921–22), STRAWINSKYS *Oktett* für Bläser (1922–23).

Rückgriff auf die Antike. Wie schon früher wandte man sich auf der Suche nach neuer Einfachheit der Antike zu, zunächst über das 18. Jh. (RAVEL, *Daphnis und Chloé,* 1912), dann direkt (SATIE, *Socrate,* 1919) u.a.

Stilfülle. Als Material dient bald die gesamte MG mit ihren Stilen (samt 19. Jh., das man wie alles *verfremdet*), dazu die außereurop. Musik und Jazz.

Formalismus und Strukturalismus. War die vorromant. Musik des 18. Jh. auch als weltl. Musik eingebettet in Weltharmonie und Glaube, so fehlt der nachromant. Musik des Neoklassizismus dieser Hintergrund, und sie erscheint in ihrer Klarheit und Helle innerlich eher unverbindlich, kühl. Geistreiches Interesse an Struktur und Form überdecken den Mangel. Wie in der Literatur (russ. *Formalismus*) sucht man durch Verfremdung und Parodie stumpf gewordene Schaffens- und Hörgewohnheiten zu brechen.

Der Neoklassizismus ist tonal. In den 30er Jahren verstärken sich gewisse Ordnungstendenzen in Struktur und Gattung. Um 1950–60 endet die Bewegung.

Frankreich. Les Six, nach H. COLLETS Zeitungsartikel *Les Cinq Russes, les Six Français et M. Erik Satie* (1920), mit LOUIS DUREY (1888–1979), GERMAINE TAILLEFERRE (1892 bis 1983), GEORGES AURIC (1899–1983), FRANCIS POULENC (1899–1963), HONEGGER, MILHAUD); witzige *Music-Hall* Ästhetik, Zeitung *Le Coq* mit SATIE, COCTEAU, RADIGUET.

ARTHUR HONEGGER (1892–1955), Paris, szen. Oratorien *König David* (1921), *Johanna auf dem Scheiterhaufen* (1938), CLAUDEL; *Judith* (1925); Oper *Antigone* (1922), COCTEAU; Melodramen *Amphion, Sémiramis* (1931/34), VALÉRY; 5 Symph.; *Pacific 231, Rugby* (1928); Funk-, Filmmusik.

DARIUS MILHAUD (1892–1974), sehr melodisch, polytonal, Jazzeinfluß; Opern *Les malheurs d'Orphée* (1926), 3-Minuten Opern (1927); *David* (1954); Ballette *Le boeuf sur le toît* (1920), COCTEAU; *La création du monde* (Nb. B); 18 Symph. (1–6 für Kammerbes.), Konzerte usw.

Ferner MARCEL DELANNOY (1898–1962); die Schweizer OTHMAR SCHOECK (1886–1957) und FRANK MARTIN (1890–1974).

Ecole d'Arcueil mit HENRY CLIQUET-PLEYEL (1894–1963), R. DÉSORMIÈRE (1898–1963), H. SAUGUET (1901–89), M. JACOB (1906–77).

La Jeune France mit ANDRÉ JOLIVET (1905–74), YVES BAUDRIER (* 1906), DANIEL-LESUR (* 1908), MESSIAEN (S. 547).

Rußland. Mit der Oktoberrevolution 1917 wandelte sich auch die Musik in Rußland. Der Formalismus der 20er Jahre wird verdrängt von sog. *sozialist. Realismus,* der nach der marxist.-leninist. Widerspiegelungstheorie von Wirklichkeit in der Kunst und Musik den Ausdruck des *Gefühls* mit den Mitteln des *Neoklassizismus* erstrebt. Die Musik zielt auf breiten Anklang (*Populismus*).

PROKOFJEW arbeitet in *Peter und der Wolf* mit ausdrucksstarken Charaktermotiven: die aufschwingende Streichermelodie mit farbigen Harmoniewechseln für Peter, die samtene Geschmeidigkeit der Klarinettenthemas für die Katze, die bedrohl. Schwere der Hörner für den Wolf (Nb. C).

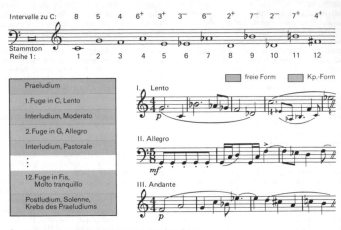

A   Ludus tonalis, 1942, Fugenfolge nach Reihe 1 (1938)

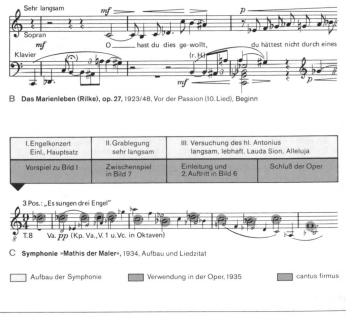

B   Das Marienleben (Rilke), op. 27, 1923/48, Vor der Passion (10. Lied), Beginn

C   Symphonie »Mathis der Maler«, 1934, Aufbau und Liedzitat

Hindemith: Bach-Vorbild, Expressivität, Kontrapunktik

SERGEJ PROKOFJEW (1891–1953), Schüler von GLIÈRE, LJADOW, RIMSKIJ-KORSAKOW (1904–09), auch Pianist, ab 1918 Ausland (USA, Paris), ab 1933 Moskau; neoklass. Stil, russ. Farben, lyr. Kraft. Opern *Der Spieler* (1916/29), DOSTOJEWSKIJ; *Die Liebe zu den 3 Orangen* (1921), GOZZI; *Der feurige Engel* (1928). Ballette für DIAGHILEW: *L'enfant prodigue* (1929), *Romeo und Julia* (1936), daraus 3 Suiten, *Aschenbrödel* (1945); *Peter und der Wolf* (S. 533); *Klass. Symphonie* D-dur, op. 25 (1917), 6 weitere S.; Konzerte, KaM u. a.

DMITRIJ SCHOSTAKOWITSCH (1906–75), Wunderkind (Klavier, Kompos.), Studium in Petersburg und Moskau; 15 Symphonien: 1. f op. 10 (1926); 2. C (1927), mit Chor, zur *Feier der Revolution;* 5. d (1937), *Sozialismus. Das Werden der Persönlichkeit;* 7. C (1942), *Leningrader;* Opern, Konzerte, 15 Streichquartette, Sonaten, 24 Präl.

ALEXANDR TSCHEREPNIN (1899–1977), WLADIMIR VOGEL (1896–1984, Zürich), ARAM CHATSCHATURJAN (1903–78), DMITRIJ KABALEWSKIJ (1904–87).

Böhmen. JOSEF SUK (1874–1935), JAN KUBELÍK (1880–1940), Sohn RAFAEL K. (* 1914), ALOIS HÁBA (1893–1973).

BOHUSLAV MARTINŮ (1890–1959), Polička, Schüler SUKS und ROUSSELS in Paris, 1940–53 USA; KaM, Konzerte, Jazz-Suite 1922, 6 Symph., Ballette, Opern: *Juliette* (1938); *Die Heirat* (1953), Fernsehoper; *Ariadne* (1961); *Griech. Passion* (1961).

Polen. KAROL SZYMANOWSKI (1882–1937), ŁUCJAN KAMIEŃSKI (1885–1964), KAZIMIERZ SIKORSKI (1895–1986), GRAZYNA BACEWICZ (1909–69).

Rumänien. GEORGE ENESCU (1881–1955).

Ungarn. ZOLTÁN KODÁLY (1882–1967), 1900–06 Musikstudium in Budapest und Dr. phil. (*Strophenbau im ungar. Volkslied,* seit 1907 Prof. in Budapest; Volksliedforschung, Reisen, Slg. und Edition, z. T. mit BARTÓK; Pädagogik im Schul- und Chorwesen (Solmisation); Werke: *Psalmus Hungaricus* (1923), für Buda und Pest; Singspiel *Háry János* (1926), Orchestersuite daraus (1927); Singspiel *Székler Spinnstube* (1932); *Tänze aus Galánta* (1933), für Orch.; Ballade *Kádár Kata* (1943); Singspiel *Czinka Panna* (1948); Symphonie C-dur (1961). Geistl. Musik, Lieder.

ISTVÁN SZELÉNYI (1904–72), MÁTYÁS SEIBER (1905–60), FERENC FARKAS (* 1905), SANDOR VERESS (1902–92).

England. ARTHUR BLISS (1891–1975), London, Schüler von STANFORD und HOLST, neoklass. Phase, dann engl. spätromant. Musik; umfangreiches Werk, auch Filmmusik.

ALAN BUSH (* 1900), WILLIAM WALTON (1902–83), MICHAEL TIPPETT (* 1905), Schüler von BOULT, SARGENT; Oratorium *A Child of Our Time* (1944); Opern *The Midsummer Marriage* (1946–55), *Knot Garden* (1970).

Italien. F. BUSONI (S. 513); A. CASELLA (S. 517); GIORGIO FEDERICO GHEDINI (1892–1965); MARIO CASTELNUOVO-TEDESCO (1895–1968); Frühwerk von L. DALLAPICCOLA (S. 546f.), GOFFREDO PETRASSI (*1904), GIACINTO SCELSI (1905–88).

Deutschland/Österreich. Der Bürgerschreck und provokative Kopf, bes. bei den *Kammermusikaufführungen zur Förderung Zeitgenöss. Tonkunst* in Donaueschingen 1921–26 und Baden-Baden 1927–29, ist:

PAUL HINDEMITH (1895–1963), Violinstudium in Frankfurt, 1915–23 Frankfurter Oper, 1921–29 Bratscher im *Amar-Quartett,* ab 1927 Prof. für Kompos., Berlin, 1938 Schweiz, 1940–53 Yale Univ. (USA), 1951–57 Univ. Zürich, lebte ab 1953 in Blonay (Schweiz).

HINDEMITH verbindet alte Formen *(Neobarock)* und modernes Lebensgefühl (Jazz), so in der *Suite »1922«* für Klavier (1922) mit Ragtime, auch in der konzertanten *Kammermusik Nr. 1–7* (1921–27) für Donaueschingen. Seine temperamentvolle Phantasie und seine instrumentale wie kompositor. Virtuosität suchen in den 30er Jahren strengere Form, kp. Polyphonie und durchgeistigtere Struktur, auch eine *Natur-*Tonalität:

Seine *Reihe 1* ordnet zunehmend dissonante Intervalle zum Stammton c (Oktave bis überm. Quarte): alles sehr kunstreich, aber nicht naturgegeben (Nb. A).

BACH-Verehrung spiegelt sich im *Ludus tonalis* aus 12 Fugen, geordnet nach der *Reihe 1,* mit 11 Interludien, je 1 Prä- und Postludium; charaktervolle Themen.

Expressivität des Frühwerks verbindet die Spätfassung des Liederzyklus *Das Marienleben* mit reifer Gestik und Linie (Nb. B).

Der *Melancholie des Vermögens* (BACH-Aufsatz 1950), die im 20. Jh. allg. aus der Technik mit ihrer sinnentleerenden Tendenz zum Selbstzweck erwächst, setzt HINDEMITH eine nahezu myst. Innigkeit in Symphonie und Oper *Mathis der Maler* entgegen.

Zugrunde liegt der 3teilige *Isenheimer Altar* (Colmar) des Malers MATTHIAS GRÜNEWALD aus der als parallel empfundenen Umbruchszeit zwischen Mittelalter und Neuzeit. Im *Engelskonzert* erklingt eine altdt. Volksweise als c. f. im alten kp. Satz, im alten *tempus perfectum* (3 mal 3) und in alten Oktavparallelen (Nb. C).

Weitere Werke: Oper *Cardillac* (1926), nach HOFFMANN; *Hin und Zurück* (1927); Kepler-Oper *Harmonie der Welt* (1957). Symph., Konzerte, KaM (6 Streichquartette), Chöre, Lieder, auch Schulwerke wie *Wir bauen eine Stadt* (1930) und *Plöner Musiktag* (1932); Buch: *Unterweisung im Tonsatz* (1937/38).

Weitere Komponisten (* 1890–99): PHILIPP JARNACH (1892–1982), PAUL DESSAU (1894–1979), J. NEPOMUK DAVID (1895–1977), CARL ORFF (S. 537), HANNS EISLER (1898–1962).

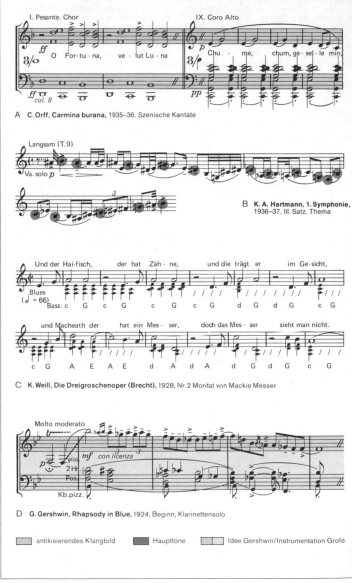

A C. Orff, Carmina burana, 1935–36, Szenische Kantate

B K. A. Hartmann, 1. Symphonie, 1936–37, III. Satz, Thema

C K. Weill, Die Dreigroschenoper (Brecht), 1928, Nr. 2 Moritat von Mackie Messer

D G. Gershwin, Rhapsody in Blue, 1924, Beginn, Klarinettensolo

antikisierendes Klangbild   Haupttöne   Idee Gershwin/Instrumentation Grofé

Ausdruck, Musiktheater, symphonischer Jazz

Carl Orff (1895–1982), München, gründete 1924 mit DOROTHEE GÜNTHER eine Gymnastikschule, 1950–60 Prof. für Komp. in München, dann *Orff-Institut* Salzburg. ORFF gibt den subtilen Ausdruck und das diffizile Orch. des 19. Jh. auf zugunsten *elementar* menschl. Regungen in Spiel, Gesang, Sprache. Daher sein *Schulwerk* (1930–35) mit einfachen Instr. wie Tamburin, Glockenspiele u. a. (Vorbild: *Gamelan*), auch der Rückgriff auf antike und mittelalterl. Stoffe und deren charakterist. Rhythmik, Klangfarbe (Klaviere, Gongs) und Stilisierung.

Die szen. Kantate *Carmina burana* vertont Vagantenlyrik aus dem 13./14. Jh. (S. 197) mit profunden, glockenartigen Schreitbässen und rhythm. Ostinati (wie Modalrhythmen). Die Chöre singen in oktavierten Hohlklängen (I) und in mittelalterlich nachempfundener Melodik (IX, Nb. A).

Musiktheater: *Der Mond* (1939), *Die Kluge* (1943), *Die Bernauerin* (1947); *Antigonae* (1949), *Oedipus* (1959)

Ernst Křenek (1900–91), Wien, New York, Schüler SCHREKERS, BUSONIS, ab 1937 USA; *Orpheus und Euridike* (1926); Welterfolg *Jonny spielt auf* (1927), Jazz-Einfluß; Symphonien, Konzerte, zahlreiche Schriften.

Kurt Weill (1900–50), Dessau, Studium in Berlin (BUSONI), 1926 Heirat mit der Schauspielerin LOTTE LENYA, Musiktheater mit Y. GOLL, G. KAISER und BERT BRECHT (1927–30), ab 1935 USA; Werke u. a.: 2 Symphonien (1921/33), Divertimento (1922), V.-Konzert (1925); Songspiel *Mahagonny* (1927), BRECHT, erweitert zur Oper *Aufstieg und Fall der Stadt Mahagonny* (1930); *Die Dreigroschenoper* (1928), BRECHT nach J. GAYS *Beggar's Opera* (1728).

Zur sozialen Anklage der *Dreigroschenoper* und ihrer Gauner- und Gassenwelt paßt die scheinbar kunstlose Musik mit Chansons, Jazz- und Tanzcharakter, so Mackie Messers Moritat (Nb. C). Schuloper *Der Jasager* (1930), BRECHT; Ballett mit Ges. *Die 7 Todsünden* (1933).

Karl Amadeus Hartmann (1905–63), München, Studium privat bei SCHERCHEN, WEBERN (1941/42); Opern *Wachsfigurenkabinett* (1929/30), *Des Simplicius Simplicissimus Jugend* (1935), GRIMMELSHAUSEN, auf Anregung von SCHERCHEN; Tanzsuite, Burleske, Konzerte, 8 Symph.; eigener expressionist. Stil als kp. Vielfalt, rhythm. Kraft und wechselnden Farben.

1. Symphonie *Versuch eines Requiems* (UA 1948), mit Alt-Solo, Gedichte von W. WHITMAN; Sätze: I. Introduktion: Elend, II. Frühling, III. Thema mit 4 Variationen, IV. Tränen, V. Epilog: Bitte. Die typ. melod. Linie, barock gekräuselt, verwandelt allen Zierat in Ausdruck und fließt als breiter Strom dahin (Nb. B).

Wolfgang Fortner (1907–87), Leipzig, GRABNER-Schüler, 1954–57 Prof. in Detmold, 1957–73 in Freiburg; Orgelkonzert (1932); HÖLDERLIN-Lieder (1933); Ballett *Die weiße Rose* (1950), WILDE; Opern *Bluthochzeit* (1957), LORCA; *In seinem Garten liebt Don Perlimplín Belisa* (1962), LORCA; *Elisabeth Tudor* (1972).

Weitere Komponisten (* 1900–09): HERMANN REUTTER (1900–85), WILLY BURKHARD (1900–55), WERNER EGK (1901–83), HANNS JELINEK (1901–69), ERNST PEPPING (1901–81), WILHELM MALER (1902–76), BORIS BLACHER (1903–75), BERTHOLD GOLDSCHMIDT (* 1903), RUDOLF WAGNER-RÉGENY (1903–69), GÜNTER BIALAS (1907–95), KARL HÖLLER (1907–87), HUGO DISTLER (1908–42), HARALD GENZMER (* 1909).

USA. Charles Ives (1874–1954), Danbury (Conn.), 1894–98 Kompos.- und Orgelstudium an der Yale-Univ., dann Versicherungskaufmann, komponierte nur bis 1921, oft in ironisch naiver Manier, poly- und atonal, geistreich und anregend; Symphonien, Kammermusik, Lieder usw.; *Central Park in the Dark* (1898–1907, UA 1954); *Three Places in New England* (1903–14, UA 1930); *The Unanswered Question* (1908, UA 1941).

Edgar(d) Varèse (1883–1965), Paris, Schüler von ROUSSEL, D'INDY, WIDOR, 1907–14 Berlin, ab 1915 New York, vernichtete alle traditionellen Partituren und suchte radikal neue Klangmöglichkeiten (elektron.) und Klangstrukturen: *Hyperprism* (1922) für Bläser und Schlagzeug, mit Klangflächen statt Melodien; ähnlich *Intégrales* (1925); *Ionisation* (1931) für 37 Schlaginstr. mit 13 Spielern; *Déserts* (1954) mit Tonband.

George Gershwin (1898–1937), Brooklyn, N. Y., über 20 Bühnenwerke für den Broadway, darunter *Lady Be Good* (1924), *Oh Kay* (1926), *Funny Face* (1927), *Girl Crazy* (1930); Negeroper *Porgy and Bess* (Boston 1935), Text HEYWARD; Bigbandleader PAUL WHITEMAN regte ihn zu symphon. Jazz an, so *Rhapsody in Blue* (1924) für Klavier und Orch., Klavierkonzert in F (1925), symphon. Orchesterphantasie *Ein Amerikaner in Paris* (1928), hierzu der Film (1951).

Das aufreizende Klarinettenglissando zu Beginn der *Rhapsody in Blue* wurde durch WHITEMANS Klarinettisten GORMAN inspiriert; die Instrumentation besorgte WHITEMANS Arrangeur FERDE GROFÉ; zündende Melodik und eine scheinbar improvisator. Freiheit belebt das Ganze (Nb. D).

Aaron Copland (1900–90), Brooklyn, N. Y., mit Jazz-Einfluß in den 20er Jahren, später auch folkloristisch und experimentell; *Dance Symphony* (1925); Klavierkonzert (1926), 2. Satz: *Essay in Jazz*; *El Salón México* (1936); *Canticle of Freedom* (1955/67).

G. ANTHEIL (1900–59), E. CARTER (* 1908).

Argentinien. ALBERTO GINASTERA (1916–83).

Brasilien. HEITOR VILLA-LOBOS (1887–1959).

Japan. YORITSUNE MATSUDEÏRA (* 1907).

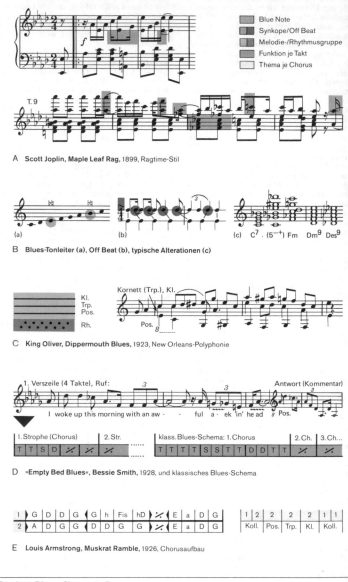

Blue Note
Synkope/Off Beat
Melodie-/Rhythmusgruppe
Funktion je Takt
Thema je Chorus

A   **Scott Joplin, Maple Leaf Rag,** 1899, Ragtime-Stil

B   Blues-Tonleiter (a), Off Beat (b), typische Alterationen (c)

(c) $C^7 . (5^{-+})$ Fm Dm^9 Des^9

C   **King Oliver, Dippermouth Blues,** 1923, New Orleans-Polyphonie

Kl.
Trp.
Pos.
Rh.

Kornett (Trp.), Kl.

Pos.

1. Verszeile (4 Takte), Ruf: Antwort (Kommentar)

I woke up this morning with an aw - - ful a - ek in' he ad

1. Strophe (Chorus) | 2. Str.   klass. Blues-Schema: 1. Chorus | 2. Ch. | 3. Ch...

D   **»Empty Bed Blues«, Bessie Smith,** 1928, und klassisches Blues-Schema

| 1 | G | D | D | G | G | h | Fis | hD | | E | a | D | G |
| 2 | A | D | G | G | D | D | G | G | | E | a | D | G |

| 1 | 2 | 2 | 2 | 2 | 1 | 1 |
| Koll. | Pos. | Trp. | Kl. | Koll. |

E   **Louis Armstrong, Muskrat Ramble,** 1926, Chorusaufbau

Ragtime, Blues, Chorus-Aufbau

Entstehung – New Orleans. Den Jazz schufen sich die Schwarzen in New Orleans, Louisiana, indem sie Elemente der sie umgebenden Musik vermischten: aus der eigenen afroamerikan. Tradition, den Spirituals (S. 541) und der Musik der Weißen, d. h. der (europ.) Tanz- und Militärkapellen.

Nach Vorbild der weißen *Brass Bands* (Blasorch.) gab es im 19. Jh. schwarze *Marching Bands,* die bei Begräbnissen, Hochzeiten, Festen aufspielten: Märsche, Tänze, Lieder, Choräle, Spirituals, Blues usw. Die Marching Bands verkleinerten sich um 1890 zu den ersten *Jazz-Bands* in den Kneipen von New Orleans mit der typ. (Solo-)Besetzung Kornett (oder Trp.), Klar., Pos., Baßtuba (oder Kb.), Banjo (Git. oder Piano). Sie übernahmen auch die funktionale Harmonik und den Marschrhythmus (2/4).

Ragtime heißt der Klavierstil, der sich ab etwa 1870 von St. Louis ausbreitete. Er verband europ. Salon- und Tanzmusik (Märsche, Polkas usw.) mit Banjo-Spielart.

Die l. H. hält den 2/4-Takt durch als gleichmäßigen Beat, oft bereits mit Achtelsynkopen (Baß-Oktave auf 4 statt 3, auftaktig), die r. H. spielt darüber die typ. synkopierte Melodie als Off-Beat, daher *ragged time,* zerrissene Zeit (Nb. A).

Der Ragtime wird sehr virtuos um 1900–10 (komp.); schwarze Pianisten waren Scott Joplin, James Scott, weißer Joseph Lamb.

Charakteristika des Jazz. Die Musizier- und Ausdrucksweise der Neger, die auf alte Praktiken ihrer afrikan. Heimatländer zurückgeht, macht das Wesen des Jazz aus:

- *Hot-Intonation:* die emotionsgeladene, der Negersprache verwandte, unsaubere Tongebung *(dirty tones)* beim Singen und Spielen mit Schleifen, Vibrato, Beben, Drükken, Brummen, Seufzern, Pausen und Geräusch (Nb. B). Die Blasinstr. ahmen den Gesang nach *(singing horns).*
- *Blue notes:* Terz und Septe wechseln zwischen groß und klein eine Farbe, nicht wie Dur und Moll, bes. im Blues (Nb. B).
- *Off-Beat:* alle Abweichungen von der regelmäßigen Schlagzeit *(Beat)* das reicht von der notierbaren Synkope bis zu feinster Verzögerung und Beschleunigung. Der Off-Beat bringt den typ. *drive* (»Intensität«) und *swing* (»Schwung«).
- *Alteration:* reichere Farben der funktionalen Harmonik, spätromant., impressionist. Einfluß, bis zu gleichzeitiger Hoch- und Tiefalteration der Quinte usw. (Nb. B).
- *Call-and-Response-Prinzip:* responsorialer Wechsel nach afrikan. Vorbild zwischen Vorsänger mit *Ruf (call, statement)* und Chor mit *Antwort (response, Refrain,* S. 540, Abb. C), oft überlappend (bis mehrteilig); im Blues Gesang (Trp.) mit *Ruf,* Klav. (Pos.) mit *Antwort* (Nb. D).
- *Improvisation:* erst die Perfektion der Aufn. bringt Arrangement und Kompos.

– *Polyphonie:* die Melodieinstr. variieren, verzieren und umspielen die Melodie aus dem Stegreif, je nach Lage, Art und Temperament, so daß eine Heterophonie und Scheinpolyphonie entsteht: die wendige Klar. in der Höhe, die glänzende Trp. in der Mitte, die kräftige Pos. in der Tiefe; die Rhythmusgruppe bildet das harmon. und metr. Fundament (Abb. C). Die späteren Arrangements und Kompos. bringen kp. perfekte Polyphonie.

Der Blues *(blue devils),* Melancholie, Ausdruck der (Sklaven-)Not und Quelle des Jazz vom frühen *ländlichen* über den *klass. städtischen* Blues bis heute (S. 544, Abb. E).

Die berühmte Blues-Sängerin Bessie Smith klagt im *Empty-Bed-Blues* über Kopfschmerz und Verlassenheit. Die 1. Verszeile umfaßt den *Ruf,* rhythmisch und melodisch bes. bei *aek in'head* verschliffen, und die *Antwort* der Pos. – Im Blues bilden 3 solcher Verszeilen (à 4 Takte) 1 Strophe oder 1 *Chorus* (mit 12 Takten). Die Harmoniefolge des Chorus liegt im klass. Blues fest (Schema Abb. D). Bessie Smith hat sie für ihre 1. Strophe leicht variiert (Abb. D). Es können beliebig viele Strophen oder Chorusse gleicher Bauart folgen.

Der moderne Blues, oft rein instrumental, hält sich weder an den klass. Aufbau noch an das alte langsame Tempo.

Dixieland (1900–20) ist die frühe Nachahmung des New-Orleans-Jazz durch weiße Musiker *(Dixieland:* im 19. Jh. die Südstaaten der USA). Berühmte Bands: *Reliance Brass Band* (1892/93) und *Ragtime-Band* (1898) unter Jack »Papa« Laine; *Original Dixieland Jazz Band* (1914), die den Jazz weit verbreitete (1. Platte, 1917).

Chicago (1920–30). 1917 schloß das Vergnügungsviertel Storyville in New Orleans. Viele Musiker gingen nach Chicago. Schwarze und Weiße spielten zusammen. Der Chicago-Stil hat Hot-Intonation usw., dazu neu *Hot-Solos* von virtuosen Stars wie King Oliver, L. Armstrong, Jelly Roll Morton u. a. Die Instr. werden z. T. ersetzt: Git. und Piano statt Banjo, Kb. statt Tuba, oft Saxophon statt Pos. Berühmte Bands: *King Oliver's Creole Jazz Band,* mit L. Armstrong (1923); *L. Armstrong and his Hot Five* (1925) und *Hot Seven* (1927); *Jelly Roll Morton's Red Hot Peppers* (1926)

Armstrongs *Muskrat Ramble (Bisamratte,* Aufnahme Chicago 26. 2. 1926) verwendet 2 versch. Chorusse (1,2), die als reine Harmoniefolge vereinbart wurden. Das ganze Stück besteht aus 7 Chorussen (3mal Chorus 1, 4mal Chorus 2). Je 2 Kollektiv-Improvisationen umrahmen 3 Solo-Improv. (Solo mit Begl.), Star Armstrong in der Mitte (Abb. E).

Der Chicago-Jazz begeisterte auch Europa und beeinflußte die Musik der 20er Jahre.

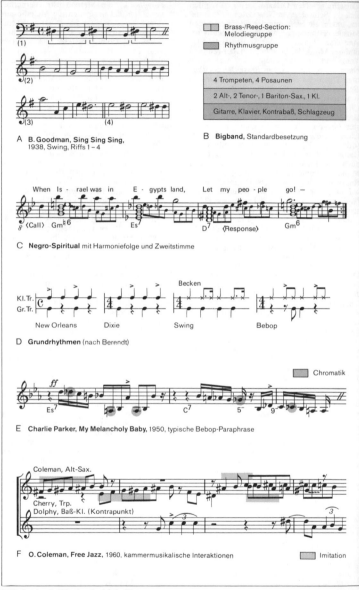

A **B. Goodman, Sing Sing Sing,** 1938, Swing, Riffs 1 – 4

B **Bigband,** Standardbesetzung

Brass-/Reed-Section: Melodiegruppe

Rhythmusgruppe

4 Trompeten, 4 Posaunen

2 Alt-, 2 Tenor-, 1 Bariton-Sax., 1 Kl.

Gitarre, Klavier, Kontrabaß, Schlagzeug

When Is - rael was in E - gypts land, Let my peo - ple go! —

⟨Call⟩ Gm⁶   Es   D⁷ ⟨Response⟩ Gm⁶

C **Negro-Spiritual** mit Harmoniefolge und Zweitstimme

Kl. Tr. / Gr. Tr.

New Orleans   Dixie   Swing   Becken   Bebop

D **Grundrhythmen** (nach Berendt)

Chromatik

Es⁷   C⁷   5⁻ 9⁻

E **Charlie Parker, My Melancholy Baby,** 1950, typische Bebop-Paraphrase

Coleman, Alt-Sax.

Cherry, Trp.
Dolphy, Baß-Kl. (Kontrapunkt)

F **O. Coleman, Free Jazz,** 1960, kammermusikalische Interaktionen

Imitation

Riff, Spiritual, Rhythmik, Melodik

Swing (1930–40). Die Plattenaufnahmen der 20er Jahre bringen außer Perfektion den Kommerz. Zum Zentrum der Swing-Ära wird New York mit dem Jazz am Broadway und dem *symphon. Jazz* (S. 536, Abb. D).
Die kleine Band der Solisten wächst an zur **Big Band** mit Show-Charakter (Uniform, Show-Pulte, Erkennungsmelodie).
Die alte Melodiegruppe wird mehrfach besetzt: das Blech 4fach (*Brass-Section*), die Saxophone als chorische Familie mit Klarinette (*Reed-Section*), beide Gruppen mit Stimmführer (*lead*, für Soli) und Begleitung (*front-line, side-men*). Die Rhythmusgruppe nach mehr Schlagzeug (Abb. B).
An die Stelle der Improvisation tritt das *Arrangement* (bis zur vollst. Komposition). Es rechnet mit virtuosen, improvisierten *Solo-Einlagen*. Der Satz beruht nicht mehr auf Chorusfolgen, sondern auf *Riffs*.
Die *Riffs*, kurze rhythm. und melod. Wendungen, werden ostinat wiederholt und dann durch neue ersetzt (Nb. A).
Der Swing überlagert einen gleichmäßigen 4/4-Schlag (*Beat*) mit den typ. Becken-Synkopen und kleinen Verschiebungen (*Off-Beat*, Nb. D). Der 4/4-Takt macht nun die Übernahme vieler europ. Melodien möglich, die meist im 4/4-Takt stehen (BACH, MOZART *verjazzt*, S. 544, Abb. C). Berühmte Big-Band-Leader sind die schwarzen FLETCHER HENDERSON (1923–27), DUKE ELLINGTON (1926–74), COUNT BASIE (1935–84), die weißen BENNY GOODMAN (1934ff., Klar.), WOODY HERMAN (1936ff.), STAN KENTON (1941–79).
GOODMANS *Sing Sing Sing* erklang im 1. Jazzkonzert in der Carnegie Hall in New York (16. 1. 1938, Nb. A).
Der Tanzrhythmus des Swing ließ Jazz und Tanzmusik verschmelzen (GLENN MILLER). Das Ganze wurde zum Objekt der Kulturindustrie. Das führte 1939/40 zur erneuten Belebung der eigentl. Jazz-Elemente im
– New Orleans- und *Dixieland-Revival,* bes. unter den Amateuren (bis heute), und zur
– Fortentwicklung des Swing zum *Modern Jazz* mit Bebop, Cool Jazz usw.
Der Swing beherrschte die U-Musik, das Musical und den Film.
Negro Spiritual. Die Neger der Südstaaten sangen ihre *geistl. Lieder* zum Gottesdienst mit alten afrikan. Bräuchen wie ostinates Händeklatschen und Fußstampfen, Reigentänzen vor der Kirche und aktiver Teilnahme an der Liturgie. Call und Response belebten den Priester-Vortrag der bibl. Geschichte und des Evangeliums (*Gospel Songs*).
Israels Knechtschaft in Ägypten wird zum Ausdruck der eigenen Versklavung. Auf den Call des Priesters antwortet die Gemeinde *»Let my people go«* (Nb. C).
Man sang mit oder ohne Instr. und mit allen Ausdrucksarten der Schwarzen (*Hot-Intonation* usw.). Die Spirituals gehören zu den un-

mittelbaren Quellen des Jazz. Noch in den 20er Jahren gab es solche spontane Gesänge in den Negerkirchen. Dann folgten die hochkarätigen Konzert- und Schallplattenarrangements für Solo, Chor und Orch. (H. T. BURLEIGH, L. ARMSTRONG, L. PRICE).
Die Bearbeitung des Spiritual *When Israel* zeigt typ. Akkorde (g-moll mit großer Sexte, Es-dur mit kleiner Septe), dazu eine chromat. bewegte Zweitstimme in Achteln als Improvisationsmodell (Nb. C).
Berühmte Spirituals sind *Nobody knows the trouble I've seen, Swing low* (S. 494, Nb. A), *I got a shoes, Jonah in the Wale.*
Bebop (1940–50). Aus den Big Bands fanden sich kleinere Solisten-Ensembles (*Combos*) in sog. *Jam-Sessions* zu experimenteller Jazz-Improvisation. Dabei entstand in *Minton's Playhouse* in Harlem (PARKER) um 1940 ein neuer Stil, der *Bebop*, der in seinen rasenden Tempi und Melodiefetzen die Zerrissenheit jener Zeit spiegelt. Einfluß der modernen E-Musik und Großstadtintellektualität.
Die Melodik bevorzugt rasche, durch Pausen zerrissene chromat. 16tel Passagen und die verm. Quinte (*flatted fifth*) in erweiterter, fast atonaler Harmonik (Nb. E). Typisch ist das klingend gehaltene Becken mit synkopiertem Swing-Rhythmus und freien Trommelakzenten (Nb. D), dazu *südamerikan.* und *afro-kuban.* Rhythmen; neue Farbe: *Vibraphon.*
Hauptvertreter sind CHARLIE PARKER (Altsax.), DIZZY GILLESPIE (Trp.), THELONIUS MONK (Piano). Der Bebop verwendet Big Band mit Soli; er entwickelt sich nach 1950 zum *Hardbop.*
Cool Jazz (1950–60). Der Exzentrik des Bebop setzt um 1950 der *Cool Jazz* eine differenzierte Kammermusik entgegen. Legatospiel, lineares Ineinander ohne harte Akzente, kp. Gewebe, Imitation öffnen sich europ. E-Musik-Tradition samt Atonalität.
Musiker: LESTER YOUNG, GERRY MULLIGAN und sein Quartett, LENNIE TRISTANO, MILES DAVIS. Das farbige *Modern Jazz Quartett* mit JOHN LEWIS, Piano (dazu Vibr., Kb., Schlagzeug) imitierte u. a. BACHS Polyphonie.
Free Jazz (1960–70). Mit O. COLEMANS programmat. Titel (Nb. F) begann ein letzter Schritt des Jazz in Richtung moderne Musik (Postserialität), frei von Jazz-Traditionen wie Beat, Chorus, tonaler Harmonik.
Es verfeinert sich die polyphone Struktur mit kürzesten Imitationen und raschen Reaktionen im Zusammenspiel (Nb. F).
Über den Rhythm & Blues verbindet sich der Free Jazz Mitte der 60er Jahre wieder mit dem Blues. Weitere Musiker: JOHN COLTRANE, CECIL TAYLOR.
Electric Jazz (1970–80). Ab etwa 1970 nutzt man zunehmend die Elektronik unter Einfluß des Rock, doch entstand bereits um 1975 die sog. *Mainstream*-Bewegung (eine Art *Neue Einfachheit*). Stilpluralismus bleibt erhalten.

Instrument	Anzahl der Musiker								
	6	12	19	24	30	36	42	50	60
Pikkolo in Des					1	1	1	1	1
Große Flöte in Des					1	1	1	1	1
Klarinette in Es	1	1	1	1	1	1	1	1	1
Klarinette in B	1	3	4	5	5	6	6	8	9
Flügelhorn/Trompete in B ●	1	2	2	3	4	4	5	7	8
Althorn in Es ●	1	1	1	1	2	2	2	3	3
Bariton ✹ in B ●		1	1	1	2	2	2	2	3
Waldhorn in Es			2	2	2	4	4	4	4
Piston in Es							1	1	1
Trompete in Es	1	3	3	4	4	4	6	8	8
Baßtrompete in B						1	1	1	1
Posaune in B ●				2	2	2	2	2	3
Baßposaune in F ●						1	1	2	3
Baßtuba in F ●	1	1	1	1	1	2	2	2	4
Baßtuba in B ●		1	1	1	1	2	2	3	4
Kleine Trommel			1	1	1	1	1	1	2
Große Trommel			1	1	1	1	1	1	1
Becken			1	1	1	1	2	2	2
Lyra-Glockenspiel									1

A **Blaskapellen,** Besetzungen

✹ oder Euphonium oder Tenorhorn
● Posaunenchor
▢ Holzbläser
▢ Blech: Trp./Hr.
▢ Streicher
▢ Schlaginstrumente

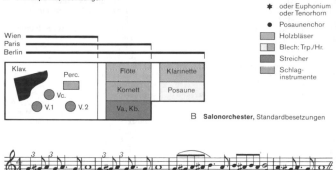

B **Salonorchester,** Standardbesetzungen

A. Karas, Zither-Ballade aus »Der dritte Mann«, 1949 (Harry-Lime-Thema)

S. Joplin, Entertainer, »Der Clou«, 1974

C **Filmmusik,** Originalkomposition und Übernahme

Besetzungen, Milieufarben

Der Begriff **Unterhaltungsmusik** (*light music*) entstand gegen Ende des 19. Jh. und ist verknüpft mit der Produktion von *leichter Musik* als *Ware* in der modernen Massengesellschaft, *käuflich* auf Schallplatten und *verbreitet* durch den Rundfunk. Das unterscheidet die U-Musik wesentlich von unterhaltender Musik früher. Ein heiteres Quodlibet wurde gesungen, ein Divertimento gespielt: stets entstanden menschl. Beziehungen und Aktivität. Außer im Tanz zielt fast alle moderne U-Musik auf Zerstreuung und Passivität des Hörers. – Die pragmat. Einteilung in *U-* und *E-Musik* (ernste M.) hat sich bei aller Problematik und Überschneidung in der Praxis eingebürgert.

Blasorchester
bilden einen festen Bestandteil im militär. wie im zivilen Bereich. Ihre Besetzung ging aus von der alten *Harmoniemusik* des 18. Jh. mit *Holz* (Ob., Klar., Fg.) und *Blech* (Trp., Hr., Pos.), zu der gegen Ende des 18. Jh. die *Janitscharenmusik* mit Gr. Trommel, Becken, Triangel bzw. Glockenspiel und die Kl. Trommel als Schlagzeug hinzukamen. Später baute man die Bläsergruppen weiter aus, mit einer Standardisierung um die Mitte des 19. Jh. Die Zivilkapellen der städt. und dörfl. Korporationen und Vereine gleichen den Militärkapellen.

Man unterscheidet dt. Besetzung mit *Klarinetten* und frz. Besetzung mit *Saxophonen* (England, USA, Rußland, BRD). Je nach Zahl der vorhandenen Musiker gibt es Besetzungsempfehlungen (Abb. A).

Eine Besonderheit bildet der sog. **Spielmannszug**, nur mit Trommeln und Pfeifen, wie bei der alten Infanterie. Er agierte als *Kleines Spiel* im Wechsel mit dem *Großen Spiel* des ganzen Musikkorps (histor. Spielmannszüge noch in der *Basler Fasnacht*).

Der **Posaunenchor** der alten Kirchenmusik besteht aus 6–7 Solobläsern und findet neuerdings wieder Interesse in Barockaufführungen und Neukomposition (Abb. A).

Das Repertoire der Blaskapellen reicht von Märschen, Tänzen, Liedern, Chorälen, Bearbeitungen aller Art bis zu *symphon.* Musik *mit Streichern,* was bes. im 19. Jh. (vor Schallplatte und Rundfunk) allg. üblich war.

Salonorchester
aus dem 19. Jh. sind bis heute in Kaffeehäusern und Kurorten zu finden, zur Zeit des Stummfilms auch in Kinos.

Zugrunde liegt das *Klaviertrio* mit V., Vc. und Klavier (oder Harmonium), dazu kamen ein 2. *Stehgeiger,* Va., Schlagzeug, Bläser, je nach Art der Besetzung: *Wiener, Pariser* und *Berliner* (Abb. B).

Arrangiert wurde praktisch alles, und zwar für *Trio,* wobei die Zusatzinstr. unisono oder in Oktaven mitspielten. Solo-Improvisationen waren üblich.

Filmmusik
Musik zu Bühnenstücken, Hörspielen und Filmen ist naturgemäß *Programmusik,* richtet sich also nach dem jeweiligen Geschehen, und findet nur selten zu autonom musikal. Form. In der Zeit des **Stummfilms** etwa 1900–30 war es üblich, auf dem Klavier (oder Harmonium) eine ununterbrochene *Begleitmusik* zu *improvisieren,* samt Geräuschen. Größere Lichtspieltheater besaßen eine *Kinoorgel* mit Glocken, Gong, Telephonklingel, Vogelgezwitscher usw. Dort spielten auch Salonorchester (s.o.). Für *Arrangements* gab es *Kinotheken,* Sammlungen von Stücken zu best. Szenentypen wie Liebe, Abschied usw. Der Stummfilm kannte auch schon Originalkompos., z.T. von berühmten Komp. (SAINT-SAËNS).

Der **Tonfilm,** der den Stummfilm um 1930 rasch und gründlich verdrängte, kennt keine akzessor. Improvisationen und Arrangements mehr, sondern arbeitet mit je eigener Komposition, meist großen Orchestern, aber auch Kammermusik und Elektronik. Dialoge und Geräusche entlasten die Musik im Tonfilm (*Background, Pause*). Die Musik kann über das Bild hinaus Gedanken und Gefühle wachrufen, durch Erinnerungsmotive, Gefahrencrescendo u.a.; sie kann auch ironisch-parodistisch wirken.

Die originale Zithermusik ruft Wiener Atmosphäre mit Kaffeehaus und Prater hervor. Sie wird zu *Harry Limes* Leitmotiv. – Im Film *Der Clou* dient der alte Ragtime SCOTT JOPLINS zur Milieu-Schilderung der Zuhälterkneipen (Nb. C).

Filmmusik schrieben viele Komp., so D. MILHAUD (20 Filme), A. HONEGGER (über 30); spezielle Filmkomp.: F. GROTHE (*Haus in Montevideo*), M. JARY.

Schlager
nennt man ab Mitte des 19. Jh. beliebte Melodien aus Oper und Operette, dann auch Neuanfertigungen. Durch die Medien der Konsumgesellschaft, bes. die Schallplatte und den Rundfunk, wurde der Schlager zur musikal. Ware mit hohen Umsätzen.

An der rational und professionell organisierten Schlagerproduktion arbeiten mit: Texter, Komponist, Arrangeur, Sänger, Spieler, Aufnahmeteam, Designer, Marktstrategen usw. bis zum Diskjockey und Showmaster. – Der Schlager appelliert an einfachste Hörgewohnheiten und Gefühle. Selten originell, liegt er immer im Modetrend, den er z.T. auch selbst steuert.

Textl. *Topoi* wie Einsamkeit, Liebe usw. entsprechen musikal. *Einfachheiten* wie diaton. Melodik mit typ. Intervallen, schlichte Rhythmik, tonale Harmonik, Strophenbau mit Refrain, bekannte Klänge (*Sounds*) wie der Musettewalzer für Paris, die Hawaii-Gitarre für Südsee usw. Pseudogefühl suggeriert Pseudo-Lebenshilfe.

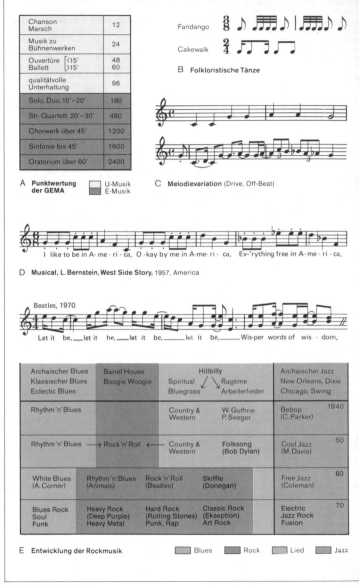

Chanson Marsch	12
Musik zu Bühnenwerken	24
Ouvertüre ⌈<15' Ballett ⌊>15'	48 60
qualitätvolle Unterhaltung	96
Solo, Duo, 10'–20'	180
Str.-Quartett, 20'–30'	480
Chorwerk über 45'	1200
Sinfonie bis 45'	1600
Oratorium über 60'	2400

A **Punktwertung** ☐ U-Musik
   der GEMA ☐ E-Musik

Fandango

Cakewalk

B **Folkloristische Tänze**

C **Melodievariation** (Drive, Off-Beat)

I like to be in A-me-ri-ca, O-kay by me in A-me-ri-ca, Ev-'rything free in A-me-ri-ca,

D **Musical, L. Bernstein, West Side Story,** 1957, America

Beatles, 1970

Let it be,__ let it be,__ let it be,__ let it be,__ Wis-per words of wis-dom,

Archaischer Blues Klassischer Blues Eclectic Blues	Barrel House Boogie Woogie		Hillbilly		Archaischer Jazz New Orleans, Dixie Chicago, Swing	
		Spiritual ╱ ╲ Ragtime Bluegrass Arbeiterlieder				
Rhythm 'n' Blues		Country & Western	W. Guthrie P. Seeger	Bebop (C. Parker)	1940
Rhythm 'n' Blues → Rock 'n' Roll ←		Country & Western	Folksong (Bob Dylan)	Cool Jazz (M. Davis)	50
White Blues (A. Corner)	Rhythm 'n' Blues (Animals)	Rock 'n' Roll (Beatles)	Skiffle (Donegan)	Free Jazz (Coleman)	60
Blues Rock Soul Funk	Heavy Rock (Deep Purple) Heavy Metal	Hard Rock (Rolling Stones) Punk, Rap	Classic Rock (Ekseption) Art Rock	Electric Jazz Rock Fusion	70

E **Entwicklung der Rockmusik**   ☐ Blues   ☐ Rock   ☐ Lied   ☐ Jazz

Melodik, Stil-Entwicklungen

Verwertungsgesellschaften. Zur Wahrung des Urheberrechts in der Musik gibt es in allen Ländern nationale Verwertungsgesellschaften, in der BRD die *Gesellschaft für musikalische Aufführungsrechte* (**GEMA**, seit 1915), für Oper und Konzert, Druck und sog. mechan. Rechte bei Tonträgern (Schallplatte, Kassette, CD). Urheberrechtsschutz für Musik entstand in Deutschland erstmals 1870, endgültig 1901. Die *Musikverbraucher* zahlen Gebühren an die GEMA, die nach Punkten an die *Produzenten* (Komp., Texter) verteilt. Das meiste Geld bringt die U-Musik.

Die Punktzahl richtet sich nach *Gattung* und *Länge*. Ein Chanson zählt weniger als ein großes Oratorium. Die Zahl der Aufführungen, Sendungen, Platten usw. bringt im allg. dem Chanson mehr Punkte als dem Oratorium. Über Qualität sagt die Tabelle nichts (Abb. A, Auswahl).

Rundfunk. Für Verbreitung und Förderung von Musik spielen Rundfunk und Fernsehen eine zentrale Rolle. Die Hälfte bis 2 Drittel der Gesamtsendezeit eines Senders gehört der Musik, davon wiederum 50–80% U-Musik. Die U-Musik bildet eine Abteilung in der Hauptabt. *Unterhaltung* oder *Musik*.

Schallplatte. Die ersten Tonaufnahmen entstanden mit der Walze des *Edison-Phonographen* (1877). Es folgte die sich rasch durchsetzende *Schallplatte* E. BERLINERS (1887). Um 1900 gab es bereits U- und E-Musik (die klass. Werke) auf 30cm-Platten aus Schellack mit 78 U/min (je Plattenseite ca. 3 min). Entscheidende Verbesserung in Länge und Qualität brachten ab 1951 die Kunststoffplatte mit 33 1/3 U/min und ab 1958 *Stereo* und *High Fidelity*. Die Einspielung auch längerer Musikwerke, Opern und Gesamtaufnahmen stieg explosionsartig an. Plattenumsatz in Deutschland 1906: 1,5 Mio., 1930: 30 Mio., 1977: 136,4 Mio., das meiste U-Musik.

Funktionale Musik heißt die stimulierende Musik am modernen Arbeitsplatz, in Kaufhäusern usw. Größter Produzent ist die MUZAK mit Orch., Studios (über 200 Mio. Hörer).

Trivialmusik steht in Nachfolge der Salonmusik, ohne Niveau, aber gut vermarktet.

Tanzmusik. Im 20. Jh. tanzt man als Gesellschaftstanz nur noch die *Quadrille*, sonst Paartänze, z.T. mit starken Bewegungen (*Rock 'n' Roll*). Reich sind die Tänze der Nationen wie der span. *Fandango* und der *Cake-Walk* der amerikan. Schwarzen (Abb. B), auch viele lateinamerikan. Tänze (S. 154).

Wie der Jazz liebt auch die Tanzmusik den rhythm. *Drive*, den aus dem *Off-Beat* resultierenden *Swing* und die Variation bekannter Melodien durch Umspielung, Synkopen u.a. (*verjazzen*, Nb. C).

Musical (*musical comedy, m. play*) amerikan. Unterhaltungstheater, bes. am *Broadway*, N.Y., mit gesprochenem Dialog, Songs, En-sembles, Chören, Tänzen und dekorativen Show-Effekten (Vorbild: *Pariser Revue*).

Die europ. Linie zeigt Operettencharakter mit romant. (Liebes-)Geschehen, weitschwingender Melodik und Rhythmik, ballettnahen Tänzen. Hierher gehören V. HERBERT; R. FRIML; S. ROMBERG; J. KERN, *Show Boat* (1927); R. RODGERS, *On Your Toes* (1936), *Oklahoma* (1943); F. LOEWE, *My Fair Lady* (1956), nach SHAWS *Pygmalion*, Rekord: 2717 Broadway-Auff.

Die amerikan. Linie parodiert die Operette und bringt neue Elemente wie Kriegs-, Rassen- und Sozialthematik, Jazzeinfluß, Rock. Beisp.: G.M. COHAN, *Little Johnny Jones* (1904); G. GERSHWIN, *Strike Up the Band* (1930); C. PORTER, *Kiss Me Kate* (1948).

L. BERNSTEINS *West Side Story* (1957), eine Liebestragödie im Bandenkrieg Jugendlicher. Der *America-Song* arbeitet wirkungsvoll, fast plakativ mit Signal-Quarte, Dreiklang, Wiederholung, Rückung (Nb. D).

Eine neue Richtung bringt das **Rock-Musical**: G. McDERMOT, *Hair* (1968); A. LLOYD WEBBER, *Jesus Christ Superstar* (1971), *Evita* (1978), *Cats* (1981), *Phantom of the Opera* (1986).

Das Musical fand Nachahmung in England (L. BART), Frankreich (M. MONNOT, *Irma la Douce*, 1956), Deutschland (L. OLIAS, *Prärie-Saloon*, 1958) u.a.

Pop- und Rockmusik

Popmusik bezeichnet seit etwa 1960 eine Mischung aus White Blues, Rock und Lied (Abb. E), oft mit polit. und sozialem Engagement (*Protestsong, Arbeitersong*); wie *Pop-Art* auf Massenwirkung angelegt.

Rockmusik ging aus dem *Rock 'n' Roll*, dem *Boogie Woogie* und dem schwarzen *Rhythm and Blues* hervor. BILL HALEY und ELVIS PRESLEY übten mit antiautoritärer emotionaler Brisanz und harten Rhythmen Signalwirkung aus. Impulse gaben die Studentenunruhen von 1968, die Protestbewegungen der 70/80er Jahre (Anti-Ratio, Anti-Leistung usw.), die Drogenwellen der Subkultur u.a. Die BEATLES, mit bes. Haarschnitt (*Pilzköpfe*) verbanden Beat mit melod.-harmon. Schönheit und farbiger Instr., so in *Let it be*, mit federnden Off-Beats (Nb. E). Die Massenfestivals von 1968/69 (*Woodstock*) zeigten Höhepunkte der Bewegung und zugleich ihre Kommerzialisierung an. Die Elektronik mit Synthesizern, Verstärkern usw. nahm zu. Es gab aber auch Austausch mit den Traditionen des Blues und des Jazz (Abb. E), dazu Anregungen aus Lateinamerika (SANTANA), Asien (R. SHANKAR) und der Klassik (EKSEPTION). Stilbildend: JIMI HENDRIX (Elektro-Pop), *The Doors* (JIM MORRISON), *Pink Floyd* (Psychedelic Rock), *Genesis* (P. GABRIEL, PH. COLLINS), BOB MARLEY (Reggae), JOHN McLAUGHLIN (Jazz-Rock); bes. wichtig: der richtige »*Groove*« (*Feeling*).

A   L. Dallapiccola, Il prigioniero, 1944 – 49, II. Szene, Beginn

Mode de valeurs et d'intensités, Klavieretüde 1949, Parameterdisposition und Beginn

Gesang der Feldlerche, gehört und notiert am 15. 4. 1957

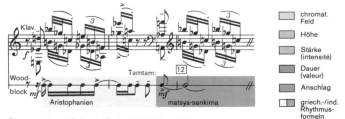

Oiseaux exotiques, Klavier und Orchester, 1956, Ausschnitt

B   O. Messiaen, modale Kompositionsweisen und »style oiseau«

Dallapiccola, Messiaen

Die **Musik nach 1950** verlangt eine andere Betrachtungs- und Darstellungsweise als frühere. Ihre Protagonisten leben und schaffen heute noch, ihre Vergangenheit ist auch in ihren heutigen Werken gegenwärtig. Dazu kommen die Weltöffnung der Musik (erst die 80er Jahre zeigen wieder mehr Nationalfarben), der Pluralismus der Stile, die gleichzeitigen Richtungen, Schulen und individuellen Entscheidungen: das legt nahe, Zeit und Raum nach 1950 als Einheit zu betrachten. Andererseits gibt es die Generationsfolge und zeitgebundene Tendenzen (S. 518 f.).

Um 1950 empfand man allg. eine Zäsur:
- politisch und moralisch als Neubeginn nach Weltkrieg und Naziregime;
- ästhetisch als Erweiterung des Musik- und Kunstwerkbegriffs, auch des Hörens.
- stilistisch als Ende des Neoklassizismus und Beginn des seriellen Denkens;
- technisch als Aufbruch in die elektron. Musik und in eine neue Klangwelt.

Nach dem 2. Weltkrieg gab es in Europa einen starken Nachholbedarf. Viele Emigranten kehrten zurück. Vorbilder wurden BARTÓK, STRAWINSKY, HINDEMITH (die meistaufgeführten zeitgenöss. Komponisten). FORTNER, HARTMANN, DALLAPICCOLA, MESSIAEN prägten ihren Personalstil aus und waren gesuchte Lehrer. Sie vertraten eine gemäßigte Moderne, die am Begriff des Kunstwerks, der Gattungen, des Konzertbetriebes im ganzen festhielt. Dagegen suchte eine *Avantgarde* völlig Neues.

Aus den Programmen des allg. Konzertlebens fiel die Neue Musik weitgehend heraus. Der kleine Kreis ihrer Anhänger blieb oft kultartig unter sich auf den Festivals der *Internat. Ges. für Neue Musik* (IGNM, seit 1922), den *Darmstädter Ferienkursen* (seit 1946), *Donaueschingen* (wieder seit 1950), *Domaine musical* Paris (1954–73), *War schauer Herbst* (1956 ff.), *Royan* (1967 ff.), *Rencontres internat.* Metz (1972 ff.) u. a.

Zur älteren Generation (S. 532 f.) zählen:

Luigi Dallapiccola (1904–75), Pisino, Istrien, 1934–67 Prof. für Klavier in Florenz, klang voll-melod. Stil auf der Basis der Zwölftontechnik SCHÖNBERGS; DALLAPICCOLA kämpft gegen jedes Unrecht und für eine freie humane Welt.

Ein Hauptwerk ist die Oper *Il prigioniero, Der Gefangene*. Die Szene II beginnt in der erdrückenden Zelleneinsamkeit. Im Orch. erhebt sich eine Melodie (12-Ton-Reihe) in klagenden Halbtonschritten barock über einem Orgelpunkt D, imitierend folgt das Solo des Gefangenen: vokale Geste großer Verlorenheit (8-Ton-Feld, Nb. A).

Werke: 6 *Michelangelo-Chöre* (1933–36); *Canti di prigionia* dreier zum Tode Verurteilter: Maria Stuart, Boethius, Savonarola (1938–41); Oper *Volo di notte* (1940), SAINT-EXUPÉRY; *Liriche greche* (1942–45);

Canti di liberazione (1951–55); *Quaderno musicale di Annalibera* (1952), mit Dichte und Schönheit eines Spätwerks; *Requiescant* (1958); Oper *Ulisse* (1959–68), nach HOMER.

Olivier Messiaen (1908–92), Avignon, 1919–30 Studium in Paris bei DUPRÉ (Orgel) und DUKAS (Komp.), seit 1931 Organist an St-Trinité in Paris, ab 1942 Prof. am Conservatoire (Schüler: BOULEZ, STOCKHAUSEN, XENAKIS); kompon. u. a. mit *Modi:* 6–10stufige Tonleitern bestimmter Bauart, dazu *umkehrbare* und *nicht umkehrbare* (weil symmetr.) Rhythmen. Aus der frz. Tradition DEBUSSYS und RAVELS erwächst MESSIAENS kraftvollfarbiges Werk, erfüllt von myst. Tiefe und gläubigem Katholizismus.

Werke u. a.: *L'ascension* (1933), für Orch.; *La nativité du Seigneur* (1936), 9 Meditationen für Orgel; *Quatuor pour la fin du temps* (1941); *Vingt regards sur l'Enfant Jésus* (1944), für Klavier; *Turangalîla-Symphonie* (1946–48), Sanskrit: Kraft, ein *Liebesgesang* mit Soloklavier und *Onde Martenot; Quatre études de rythme* (1949–50), für Klavier: *Ile de Feu I, II, Mode de valeurs et d'intensités, Neumes rythmiques.*

Die modale Denkweise überträgt MESSIAEN hier erstmals auf alle Tonparameter; zunächst die Vordisposition des Materials: **Tonhöhe:** 12stufig, für Diskant, Mitte und Baß (3 Notensysteme) je ein *mode (division,* Abb. A: nur Diskant). **Tondauer:** 12wertige Reihen, je Lage mit anderem Ausgangswert: Diskant 32stel (1 12mal), Mittellage 16tel, Baß Achtel. **Tonstärke:** nur 7 Werte (keine 12), je Lage: Kontraste, mezzo, laut. **Tonfarbe** (Anschlagsarten): 12 Angaben, kaum realisierbar.

MESSIAENS *Modi* sind keine Reihen. Als Material dienen ihm Funde (*objèts trouvés*) aus Geschichte (S. 522), fremden Kulturen (ind. Rhythmen) oder *Natur:*

MESSIAEN notiert Vogelgesang ornithologisch exakt (Nb. B). Anders als die *musique concrète* (S. 549) benutzt er das Material nicht direkt, sondern verarbeitet es *modal* (tiefer, langsamer usw.) zum *style oiseau* (Vogelstimmenstil).

In *Oiseaux exotiques* erklingen Vogelrufe aus Indien, China usw. wie die *Einsiedlerdrossel* (im Klavier) über griech. und ind. Rhythmen (im Schlagwerk): naturnah und durchgeistigt (Nb. B).

Es folgen *Messe de la Pentecôte* (1950), für Orgel; *Livre d'orgue* (1951); *Le merle noir* (1952), für Fl. und Kl.; *Réveil des oiseaux* (1953), *Oiseaux ex.* (Nb. B); *Chronochromie* (1960), für Orch. (»Zeitfarbe«); *Sept haïkaï. Esquisses japonaises* (1962), für Kl., Xylophon, Marimba und kleines Orch.; *Couleurs* (S. 522); Oratorium *La transfiguration de Notre-Seigneur Jésus-Christ* (1965–69); Oper *Saint François d'Assise* (1975–83). – *Technique de mon langage musical,* 2 Bde., 1944.

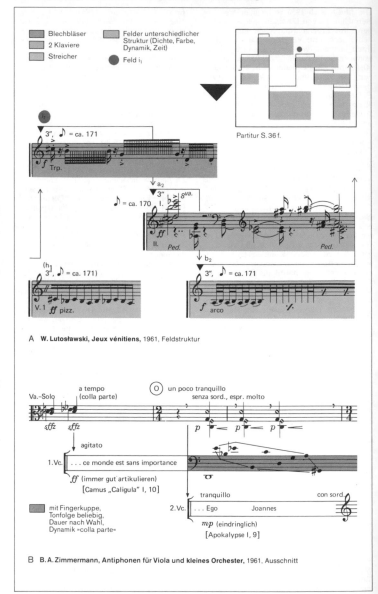

A   **W. Lutosławski, Jeux vénitiens**, 1961, Feldstruktur

B   **B. A. Zimmermann, Antiphonen für Viola und kleines Orchester**, 1961, Ausschnitt

Lutoslawski, Zimmermann

Musique concrète. Von PIERRE SCHAEFFER 1948/49 so benannte Lautsprecher-Musik mit *konkretem* Klangmaterial wie Geräuschen, Lärm, Instrumentalklängen, Vogelstimmen, die mit Tonband aufgenommen und im Studio der ORTF durch Auswahl, Veränderung und Collage zu Stücken verarbeitet wurden (dagegen *elektron. Musik*, S. 555). Nach ihrem 1. Konzert Paris 1950 gründeten P. SCHAEFFER und P. HENRY die *Groupe de m.c.*, in der 1952 MESSIAEN (*Timbres-durées*), BOULEZ (*Etüden* I, II), später HAUBENSTOCK-RAMATI, MALEC, XENAKIS u. a. arbeiteten. Nach BOULEZ' Kritik der Einfallslosigkeit u. Simplizität 1958 erweiterte SCHAEFFER mit der *Groupe de Recherche Mus. de l'ORTF* in Richtung elektron. Musik.

Zufall
Der Hauptvertreter der sog. *experimentellen Musik*, musikal. Aktionen, die sich oft mit Gestik, Tanz, Malerei und andern Künsten überschneiden und *»deren Ergebnis nicht voraussehbar ist«* (1959), ist
John Cage (1912–92), Los Angeles, Schüler COWELLS und SCHÖNBERGS; Zusammenarbeit mit dem Choreographen M. CUNNINGHAM ab 1942 und dem Pianisten DAVID TUDOR (Europa 1954); eine Fülle von anregenden Werken und Schriften. Für CAGES extreme Avantgarde-Position ist charakteristisch:
– bewußte *Traditionslosigkeit,* um zu neuen ästhet. Erfahrungen zu gelangen, so statt Tonsystem Spiel mit Geräuschen;
– keine best. formale Vorgabe (*offene Form*), statt dessen spontane Aktionen, phantasiereich, oft mit anregenden Graphiken (S. 522); gegen das *geschlossene Kunstwerk* (Opus-Musik); statt dessen *Indetermination* und *Zufall*: die allgemeinste Form der *Aleatorik* (S. 553, 557);
– kein persönl. Ausdruck, sondern *Entsubjektivierung,* angeregt durch fernöstl. Philosophie seit 1945, objektiver Klang, mit Phantasie (Schüler RILEY, REICH, *Minimal Music,* S. 559).
CAGE erfand das »präparierte Klavier« (*Bacchanale,* 1938): mit Papier, Holz, Metall u. a. zwischen den Saiten zur Klangverfremdung. Extrem dann das Anti-Opus *4′ 33″* (*tacet* in 3 Sätzen, 1952), mit gewollt betroffener bis empörter Publikumsreaktion. 1958 in Darmstadt bietet CAGE, vorher belächelt, mit seiner Zufallsmusik eine Alternative zur verfestigten Serialität in Europa.
CAGES Klavierkonzert (1958) wurde zum Schlüsselerlebnis für WITOLD LUTOSŁAWSKI (1913–94), Warschau, der bereits ein reiches tonales und 12töniges Werk geschaffen hatte, z. B. die virtuosen Paganini-Var. für 2 Klav. (1941). In den *Jeux vénitiens* verwendet er erstmals den Zufall, allerdings anders als CAGE mit best. kompositor. Ziel: um nuancenreiche, nicht notierbare Feldstrukturen zu verwirklichen durch *begrenzte Aleatorik.*

Die Partitur zeigt Kästen mit unterschiedl. Strukturen in traditioneller Notation ohne Taktstrich, mit rhythm. Freiheit in *ungefährer* Zeitdauer für die versch. Instr. (Farben). *Ungefähre* Überlappungen durch *ca.*-Angaben erbringen ein irisierendes Klangflächenspiel voll Poesie (Abb. A).
Werke: *Sinf. 3 u. 4* (1983, 1992); *Chain I–III* (1983, 1984, 1986); *Klav.-Konz.* (1988).

Zitat, Collage
Das *Zitat* ist eine alte Technik, Bezüge herzustellen und Sinngehalte von außen ins Werk zu holen (BERGS BACH-Zitat S. 520). Die *Collage,* die Verbindung versch. Materialien und Techniken zu neuer künstler. Gestalt, realisiert sich musikal. durch *Zitat, Objèt trouvé, Musique concrète* u. a. Zitat und Collage weiten die psych. Binnendimensionen: unterschiedl. Zeiten und Räume werden präsent.
Bes. Bedeutung haben Zitat und Collage bei **Bernd Alois Zimmermann** (1918–70), Köln; ihn beschäftigte die Zeit als gelebte Realität, als philosoph. Problem und als künstler. Aufgabe. Vergangenheit, Gegenwart, Zukunft bilden in der kosm. *Zeit* eine Folge, im Geiste jedoch nicht: *»Die Zeit biegt sich wie eine Kugelgestalt zusammen.«* ZIMMERMANNS neue *»pluralistische Kompositionstechnik«* (1968) entspricht der Vielschichtigkeit unserer (musikal.) Wirklichkeit.
In den *Antiphonen* überlagern sich versch. *Spielweisen* (Va.), *Klangstrukturen* (Vc.-Aleatorik), *Geheimes* (Ton *D* für *Deus, Doris*), *Sprachzitate* so versch. Zeiten und Räume wie CAMUS und *Bibel,* laut gesprochen vom 1. und 2. Cellisten. Die Sinnund Zeitschichten unterstützen sich expressiv zu einer Szene (Abb. B).
ZIMMERMANNS Hauptwerk, die Oper *Die Soldaten* (1958–64) nach LENZ, verbindet Musik, oft geschichtet, mit multimedialer Darstellung auf der Bühne (Projektionen usw.). Äußerste Transparenz erreichen die späten Orchesterskizzen *Stille und Umkehr* (1970).

Komponisten (* 1910–19):
* **1910:** SAMUEL BARBER († 1981), ROLF LIEBERMANN, JEAN MARTINON († 1976), MARIO PERAGALLO, PIERRE SCHAEFFER († 1995), WILLIAM SCHUMAN († 1992), HEINRICH SUTERMEISTER († 1995). – * **1911:** GIANCARLO MENOTTI. – * **1912:** JOHN CAGE († 1992), JEAN FRANÇAIX, IGOR MARKEVITCH († 1983). – * **1913:** BENJAMIN BRITTEN († 1976), RENÉ LEIBOWITZ († 1972), WITOLD LUTOSŁAWSKI († 1994). – * **1915:** HUMPHREY SEARLE († 1982). – * **1916:** MILTON BABBITT, HENRI DUTILLEUX, HELMUT EDER, ALBERTO GINASTERA († 1983), SIEGFRIED REDA († 1968), KARL SCHISKE († 1969). – * **1917:** ISANG YUN († 1995). – * **1918:** JÜRG BAUR, LEONARD BERNSTEIN († 1990), GOTTFRIED VON EINEM. – * **1919:** SVEN-ERIK BÄCK, ROMAN HAUBENSTOCK-RAMATI († 1994), ROBERT SUTER.

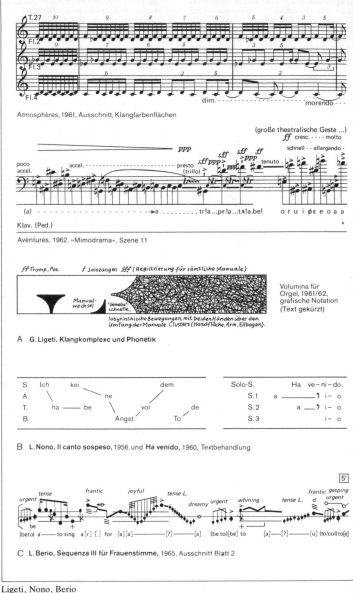

Atmosphères, 1961, Ausschnitt, Klangfarbenflächen

Aventures, 1962, »Mimodrama«, Szene 11

Volumina für Orgel, 1961/62, grafische Notation (Text gekürzt)

A G. Ligeti, Klangkomplexe und Phonetik

B L. Nono, Il canto sospeso, 1956, und **Ha venido**, 1960, Textbehandlung

C L. Berio, Sequenza III für Frauenstimme, 1965, Ausschnitt Blatt 2

Ligeti, Nono, Berio

Das serielle Denken und die Erfahrungen mit Klangaufbau in den elektron. Studios riefen *allg.* Versuche mit Klang- oder Klangfarbenkompositionen hervor: man wollte die Struktur der Klänge und die Gestalt des Werkes *neu* bestimmen. Auch die *Phonetik* der 50er Jahre spielt hier herein. PENDERECKI (S. 558) und LIGETI schrieben zentrale Beispiele.

György Ligeti, * 1923 in Ungarn, arbeitete 1957–59 im elektron. Studio Köln. In *Atmosphères* (1961) sind die Klangfarben die »primär formbildenden musikal. Elemente«. LIGETI überlagert bes. Sekunden, zerstört damit die Intervalle, eliminiert die Harmonik und hebt die gewohnte Rhythmik auf. So *komponiert* er den Klang in seiner Dichte, Struktur und Farbe, mit fließenden Übergängen von hell-dunkel, dicht-locker (Nb. A).

Im Gesamten entsteht ein atmendes Wogen ohne Linearmelodik. An der bewegten Binnenstruktur der Klänge sind viele enggeführte Stimmen beteiligt: maximal geteilte Streicher und Bläser (*Mikropolyphonie*).

Einen Schritt weiter geht LIGETI noch in *Volumina* mit stationären und verschiedenartigen *Clustern,* z. T. mit Binnenleben durch Hand- und Armbewegung. Das läßt sich nicht mehr *notieren,* sondern nur noch graphisch und verbal andeuten (Abb. A).

Cluster entwickelte H. COWELL ab 1916 (*toncluster,* Ton-Trauben). Der Klang als kompositor. Prinzip, d. h. die reine Klang(farben)komposition führt nicht weiter, bringt zu rasch Wiederholungen. LIGETI kehrte zur intervall. Komposition zurück, über *Requiem* (1963–65), *Lux aeterna* (1966) für Chor a cappella, zu *Lontano* (1967) und *San Francisco Polyphonie* für Orch. (1974); Klavierkonzert (1988); Violinkonzert (1992).

Engagierte Musik
Im Bewußtsein der nicht abreißenden Greuel, Mißstände und des Unrechts aller Art haben viele Musiker sich mit ihrer Kunst sozial und politisch engagiert für eine humanere Welt. Die Möglichkeit dazu bieten *Texte,* deren eindeutige Aussage die Musik mit ihrer bewegenden Kraft unterstützt.

Luigi Nono (1924–90), Venedig, wirkt hier beispielhaft. Er verbreitet nicht durch volksnahe Musik wie im sozialist. Realismus, sondern durch die Mittel der Neuen Musik humane und polit. (klassenkämpfer.) Ideen.

Erschütternde Dokumente sind die Abschiedsbriefe europ., zum Tode verurteilter Widerstandskämpfer. In NONOS Vertonung erklingen die Worte syllabisch auf die Chorstimmen verteilt, gleichsam überpersönlich aufgehoben in einer bekennenden, mitleidenden Gemeinschaft: *»ein Schweben von Laut zu Laut, Silbe zu Silbe: eine Linie ... manchmal verdickt zu Klängen«,* daher *Il canto sospeso,* der »schwebende Gesang« (Abb. B).

Diesen neuen, seriell gedachten Chorstil wendet NONO auch im Frühlingslied *Ha venido* an, hier sogar mit reinen Vokalfärbungen durch Chorvokalise der Soprane 1–3 zum Solo-Sopran (Abb. B).

Beispiele für soziales und polit. Engagement NONOS sind *Intolleranza* (1960/61), *Sul ponte di Hiroshima* (1962), das Arbeiterstück *La fabbrica illuminata* (1964) für Mezzosopran und Tonband. Später tendiert NONO mehr zu subtil lyr. Zurückgezogenheit, so im Streichquartett *Fragmente – Stille, An Diotima,* nach HÖLDERLIN (1979/80); *Prometeo* (1984); *No hay caminos* (1987).

Weitere Beispiele für engagierte Musik, hier für viele stehend, sind H. W. HENZES polit. und K. HUBERS humaner Einsatz (*Erniedrigt, geknechtet ...,* 1975–82).

Sprache
ist *Klang* (Phonetik) und *Bedeutung* (Semantik) zugleich. Serielles Denken und Materialaspekt führen nach 1950 zu Klangkompositionen mit Sprache.

STOCKHAUSEN verwendet (als erster) im *Gesang der Jünglinge im Feuerofen* (1956) alle Grade vom unverständl. Sprachklang und -gesang bis zu einzelnen Wortbrocken. In elektron. Verfremdung zerschmelzen Schmerzensschrei und Gotteslob zu einem faszinierend neuen Klangereignis.

LIGETIS *Aventures* (1962) und *Nouvelles Aventures* (1962–65) gehen spielerisch, ironisch und äußerst virtuos mit reiner Phonetik um, ohne Sprachsemantik, mit Gestik, Mimik, Affekten (Nb. A).

Luciano Berio (* 1925), der das Mailänder *Studio di Fonologia Musicale* der RAI vom Beginn 1953 bis 1959 leitete, schuf phantasievoll-experimentelle Werke, die Klangelemente der instrumentalen und phonet. Ebene verbinden und zu neuen Klängen und Gestalten vorzudringen suchen; so elektronisch im Sprachgemisch des *Tema – omaggio a Joyce* (1958), in den *Quaderni, Chemins,* in den Solo-Sequenzen (auch Versionen mit Orch.).

Die seiner Frau, der Sängerin CATHY BERBERIAN († 1982), gewidmete *Sequenza III* (1965) für eine Frauenstimme verlangt eine Palette neuer Klangmöglichkeiten, stets gestisch, in raschen Wechseln, voll Ausdruck, z. B. gasping, keuchend. Der Text (M. KUTTER) lautet: »gib mir/einige Worte/ für ein Weib/zu singen/von einer Welt/ die uns erlaubt/ein Haus zu bauen/ohne Kummer/ehe es Nacht wird« (Nb. C).

BERIO sucht »Umwandlung der Natur in Kultur und eine Gestaltung der Kultur, als sei sie Natur« (1968). Zitat und Collagen bereichern Perspektiven und schönen Klang: In der *Sinfonia* (1968, 5. Satz 1969) für 8 Sänger und Orch. erklingt im 3. Satz die Fischpredigt aus MAHLERS 2. Symphonie.
Sprachkomposition tendiert zur szen. Musik wie bei KAGEL, SCHNEBEL u. a. (S. 557).

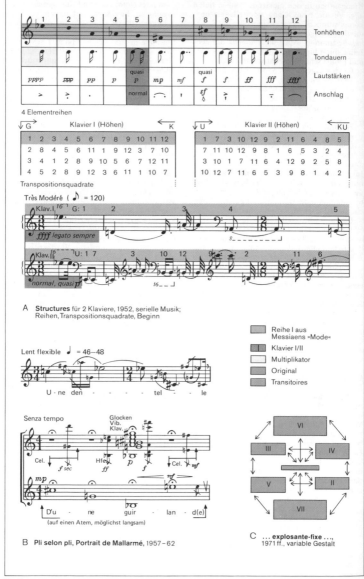

A **Structures** für 2 Klaviere, 1952, serielle Musik;
Reihen, Transpositionsquadrate, Beginn

Reihe I aus
Messiaens »Mode«

Klavier I/II

Multiplikator

Original

Transitoires

B Pli selon pli, Portrait de Mallarmé, 1957–62

C ... explosante-fixe ...,
1971 ff., variable Gestalt

Boulez

Serielle Musik. Um 1950 drängte die Avant-garde auf totale Bestimmbarkeit der Einzel-töne (*punktuelle Musik*), ohne trad. motiv.-themat. Arbeit, dazu auf *»Gleichberechti-gung aller Elemente einer Komposition«* (STOCKHAUSEN). Vorbild war WEBERNS Rei-hendenken (vgl. S. 104, A).
KAREL GOEYVAERTS *Sonate für 2 Klaviere*, Kompos. *Nr. 1* (1950–51), angeregt durch Interesse an Mathematik, Statistik, Gruppen, Symmetrie, Raum, Reihen, dann STOCKHAU-SENS, durch GOEYVAERTS initiierte, frühe punktuelle Stücke wie *Kreuzspiel*, *Punkte* und *Kontra-Punkte* (1951–53), dann BOU-LEZ' *Structures I* (1952) für 2 Klaviere dürf-ten nach MESSIAENS Vorstufe *Mode* (S. 546, Abb. B) die erste serielle Musik darstellen.
Vorordnung des Materials. Analog zur alten Tonhöhenreihe mit 12 chromat. Tönen baute man Reihen mit 12 (oder weniger) Stufen auch für die übrigen Parameter Dauer, Stär-ke, Farbe bzw. Anschlag (4 Elementreihen).
In *Structures* übernahm BOULEZ MESSIAENS Tonhöhenreihe I (S. 546). Die Dauerrei-he geht vom 32stel aus: 1 mal 32stel, 2 mal 32stel (= 16tel) usw. Die Lautstärken rei-chen vom *pppp* zum *ffff*. Die Anschlagsrei-he zeigt 2 freie Felder (Abb. A).
Die Tonhöhe schreibt BOULEZ nun mit *Zah-len*, also Grundreihe *G* 1–12 waagrecht (grü-nes Feld links), dazu *G* 1–12 senkrecht. Von jeder senkrechten Zahl geht nun waagrecht eine Transposition der Grundreihe aus, also 2. Zeile im linken Quadrat von 2 (= *d*) aus: *d* (= 2), *cis* (= 8), *as* (= 4) usw. Das rechte Quadrat entsteht auf gleiche Weise mit der Umkehrung *U*, also 1. Ton *G* wie *U*: *es* (= 1); 2. Ton *U* Halbton aufwärts nach *e* (= 7); 3. Ton *U* Quarte aufwärts nach *a* (= 3) usw.
Quadrat I (links) liefert die Tonhöhen für Klavier I, Quadrat II für Klavier II (Nb. A, grüne Felder). Dauer, Stärke und Anschlag beginnen für Klavier I in Posi-tion 12 der Elementreihen (violett), für Klavier II in Position 5 (rot). Diese Art Bestimmungsauswahl ist spielerisch, phan-tasievoll und unbegrenzt.
Grenzen aber sind musikal. rasch erreicht: weder kann man die Strukturen durchhören (das Kurzgedächtnis endet nach 7–8 zusam-menhangslosen Werten), noch kann man die hyperexakten Angaben exakt singen oder spielen. Das führte mit zur *elektron. Musik*, die den Interpreten ausschloß, bzw. zur *Alea-torik*, die den Zufall mit einplante. Überdies verlangte der Drang nach Ausdruck bald nach anderen Lösungen. BOULEZ bezeichnete seine serielle Phase später als *Krise* und *Tun-nel*; auch kritisierte er den *Fetischismus der Zahl*. Sehr bald baute BOULEZ erneut irratio-nale Räume der Phantasie und des Gefühls ein, suchte die *Dialektik zwischen Freiheit und Ordnung*.
So entstand ein Hauptwerk der 50er Jah-re, *Le marteau sans maître* (1952–54), auf

dem *strengen Prinzip als Basis, aber mit Wahlfreiheiten* (BOULEZ). Die surrealist. Gedichte RENÉ CHARS erklingen in 4 Sät-zen (Altstimme), umgeben von 5 rein instr. Stücken. Surrealität und kleines En-semble knüpfen bewußt an SCHÖNBERGS *Pierrot lunaire* an. Die phantastisch-visio-näre Musik aber mit den Instr. Altflöte, Xylomarimba, Vibraphon, Schlagzeug, Git., Va. eröffnet eine neue Klangwelt.

Aleatorik (*alea*, lat. Würfel, Zufall) bezeich-net zunächst in der Elektronik *Vorgänge, de-ren Verlauf im groben festliegt, im einzelnen aber vom Zufall abhängt* (MEYER-EPPLER/EI-MERT, 1955), dann als Folge der seriellen Mu-sik eine musikal. Form, die mit Wahlfreihei-ten des Interpreten auf versch. Ebenen und in gewissen Grenzen rechnet (BOULEZ, Aufsatz *Alea*, 1957). Anders als bei CAGE zerstört der Zufall nicht das *Werk*, sondern erweitert es. Nach MALLARMÉS *Livre*-Plan ohne linearen Ablauf der Geschehnisse schrieb BOULEZ sei-ne *3. Klaviersonate* (1957ff.) mit 5 *Forman-ten* (Sätze; 2 fertig), die extern wie intern vielerlei Anordnungen erlauben.
Pli selon pli (1957–62) für S. und Orch., mit den Sätzen *Don*, *Improvisation sur Mallarmé I–III*, *Tombeau*, ist seriell kom-poniert mit aleator. Freiheiten in der De-tailstruktur. Die ausdrucksstarke *Melisma-tik* vollzieht sich flexibel, *Syllabik* sogar ohne Tempo (Metrik), je nach Atem des Sängers, wonach sich die Instr. richten (s. Ortungspfeile Nb. B).
Rationalität *und* Freiheit bleiben bei BOULEZ erhalten, so in *Éclat*, *Éclat/Multiples* (1965–71), einer Art *work in progress*, in *»Rituel in memoriam Maderna* (1975), in *»Répons* für 6 Solisten, Kammerensemble, Computerklän-ge und Live-Elektronik« (1981ff.).
In ... *explosante-fixe* ... sind Original und *Transitoires* (Varianten) nicht linear ge-reiht (Einbahnstraße), sondern wie ein Stadtplan geordnet und in freier Wahl der Pfeilrichtungen zu durchlaufen: eine varia-ble Großform, in der die Teile aufeinander abgestimmt gleichsam zeitlos aufgehoben sind (*mobile Form*, Abb. C).
Pierre Boulez, * 1925 in Montbrison/Loire, Studium in Paris (MESSIAEN, LEIBOWITZ), 1946–56 Musikleiter des *Théâtre Marigny* (BARRAULT/RENAUD), ab 1958 in Baden-Ba-den; Dirigent: Paris 1963 *Wozzeck*, Bayreuth 1966 *Parsifal*, 1976 *Ring*; 1971 BBC, 1971–77 N. Y.-Philharm.; ab 1975 Leiter des *Insti-tut de Recherche et Coordination Acousti-que-Musique* (IRCAM) Paris. –
BOULEZ suchte Reformen des bürgerl. Opern- und Konzertbetriebs, (Konzertreihe *Domaine musical* (1954–73 Paris): Abbau von Riten und waches Denken und Empfin-den. BOULEZ verbindet die Tradition DEBUS-SYS, WEBERNS und MESSIAENS in zeitprägen-der Weise.

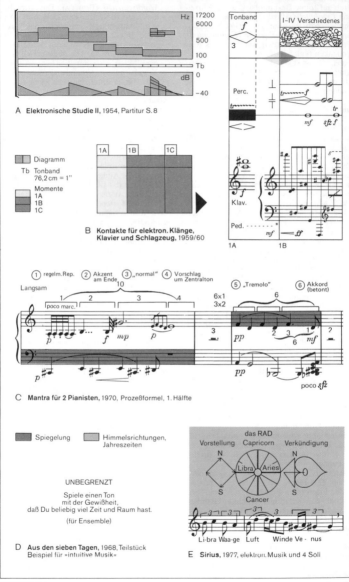

A **Elektronische Studie II**, 1954, Partitur S. 8

Diagramm
Tb Tonband
76,2 cm = 1''
Momente
1A
1B
1C

B **Kontakte für elektron. Klänge, Klavier und Schlagzeug**, 1959/60

① regelm. Rep. ② Akzent am Ende ③ „normal" ④ Vorschlag um Zentralton ⑤ „Tremolo" ⑥ Akkord (betont)

Langsam

C **Mantra für 2 Pianisten**, 1970, Prozeßformel, 1. Hälfte

Spiegelung   Himmelsrichtungen, Jahreszeiten

UNBEGRENZT

Spiele einen Ton
mit der Gewißheit,
daß Du beliebig viel Zeit und Raum hast.

(für Ensemble)

D **Aus den sieben Tagen**, 1968, Teilstück
Beispiel für »intuitive Musik«

das RAD
Vorstellung Capricorn Verkündigung
N   N
Libra Aries
S   S
Cancer

Li-bra Waa-ge   Luft   Winde Ve - nus

E **Sirius**, 1977, elektron. Musik und 4 Soli

Stockhausen

Elektronische Musik kam mit der Erfindung des Magnettonbandes um 1950 als neue Musikart zur Vokal- und Instrumentalmusik hinzu. Man versteht darunter nicht eine elektronisch verstärkte mechan. Musik, sondern elektron. erstellte Klänge, Kompositionen. Das 1. *Studio für elektron. Musik* wurde 1951 am NWDR Köln eingerichtet (Leitung H. EIMERT, ab 1963 STOCKHAUSEN). Es folgten 1953 Mailand (BERIO, MADERNA), 1958 Brüssel/1970 Lüttich (POUSSEUR), 1964 Utrecht (KOENIG) u. a., 1971 Freiburg (HALLER), 1975 IRCAM Paris (BOULEZ); in den USA führen die Princeton Univ. (N. J.) und das *Electronic Music Center* der Columbia Univ (N. Y.), bes. durch M. BABBITT mit Serien ab 1952 und Synthesizer ab 1961.

1. Phase ab 1951: reine Elektronik mit ersten öffentl. Konzerten 1953/54 (nur Lautsprecher, STOCKHAUSENS *Studien I, II*). Die Arbeit des Komponisten besteht aus der **Herstellung** des Materials (Sinustöne samt Schichtungen, Impulse, Rauschen und Filtern usw., mit Generatoren u. a.), seiner **Verwandlung** (Verzerren, Verhallen) und **Synchronisation** (Zusammenbau). Endergebnis ist das *Tonband*. Kein Interpret ist mehr nötig, auch keine Partitur (Abb. A; Hörpart.):
– Tonhöhen: 81 *Sinustöne* von 100–17 200 Hz (log. 1,0665); die Rechtecke im oberen Feld bedeuten *Tongemische* aus Sinustönen (Tonfarbe, s. u.); die Unterlinie bedeutet: tiefster Sinuston.
Tondauer: Länge der Rechtecke, bezogen auf Tonbandlängen.
– Tonstärke: je Tongemisch eine Figur unten; Schräge bedeutet *cresc./decresc.*
– Tonfarbe: hängt ab von den *Formanten* im Obertonbereich (vgl. S. 16, Abb. A, S. 22, Abb. E), hier die Höhe der Rechtecke als Summe der überlagerten Sinustöne, auch Rechtecke übereinander.
Angeregt von GOEYVAERTS übertrug STOCKHAUSEN das serielle Denken auf die Sinustöne. Dabei tauchten im Farbbereich erstmals unvorhersehbare, *aleator.* Ergebnisse auf.

2. Phase ab 1956: Elektronik gemischt mit Schallautnahmen (wie *musique concrète*), bes. Sprache; STOCKHAUSEN verfremdet sie (S. 511) und verteilt die neuen Klänge im Raum (*stereo*).

3. Phase ab 1959/61: wieder mit Interpreten auf dem Podium, vorbereitetem Tonband.
STOCKHAUSENS *Kontakte* stellen Verbindungen her zwischen Band und Spielern (Schlagzeug und Klavier); Abb. B.
Noch lebendiger wird die 3. Phase nach Erfindung des Synthesizers u. a. mit direktem elektron. Spiel auf der Bühne (**Live-Elektronik**) mit Rückkopplung, Vermischen usw.
In Abb. C vermischen die Pianisten Klavier- und Woodblockklang durch *Ringmodulatoren* direkt mit einem Sinuston. – Ein 4gliedriges *Mantra* aus 13 Tönen mit Spielideen (Nb. C nur 1. Hälfte, Einzeich-

nungen orig.) bringt, wie ind. Ragas, ständig variiert wiederholt eine Komposition hervor (*Prozeßform, -formel*).
Computermusik. Das aleator. Ungefähr im Klangfarbenbereich führt zu statist. Bestimmung der Klänge, wobei der elektron. Rechner helfen kann. Entsprechend programmiert berechnet der Computer auch ganze Stücke (BABBITT, HILLER, KOENIG) und Wahrscheinlichkeiten für *Tonwolken* und *Galaxien* in der *stochastischen* Musik (XENAKIS).
Raum-Komposition. Bewußtes Parametergestalten und Reihendenken umfaßt auch die zeitabhängige Ausdehnung des Tones im Raum: seinen Ursprungsort, seine Bewegung, sein Volumen. In STOCKHAUSENS *Gruppen* für 3 Orch. im Halbkreis mit 3 Dirigenten (UA Köln 1958 mit MADERNA, BOULEZ, STOCKHAUSEN) kontrapunktieren sich erstmals nicht Einzeltöne, sondern Gruppen, Strukturen, Volumina, Bewegungen. Extrem: *Expo '70* (Musik im Kugelraum).
Momentform. Die Zeit verläuft nicht mehr taktmetrisch linear, sondern gleichsam räumlich, mehrdimensional, je nach Struktur, Dynamik, Bewegung, Dichte, Länge einzelner, selbständiger Abschnitte, sog. *Momente*. Diese gruppieren sich locker ohne Zielstreben: in jedem Moment bleiben Anfang und Ende des Ganzen wie Augenblick und Ewigkeit erlebbar (*Jetztform, unendl. Form*).
Die Momente A–C aus der Momentgruppe 1 zeigen oben Tonband mit 4 Kanälen I–IV, darunter Schlagzeug und Klavier, A *lockere,* B *dichte* Struktur (Abb. B).
Intuitive Musik. Beeinflußt von CAGE, Fernost, Popmusik u. a. entstand zur Zeit der 68er Unruhen eine sehr einfache, meditative Musik, offen für irrationale Intuition.
Die Weitung von Zeit und Raum entflieht westl. Industrie-Hektik ebenso wie die kollektive Spielanweisung *für Ensemble* sich vom romant. Genie-Streben absetzt (Abb. D).
Karlheinz Stockhausen, * 1928 bei Köln, Studium Köln 1947–51, Paris 1952–53 (MESSIAEN, SCHAEFFER), ab 1953 tätig im elektron. Studio Köln, viele neue Ideen, auch neue Konzertformen wie *Musik für ein Haus* (1968), in allen Räumen Verschiedenes für ein wanderndes Publikum wie im Museum (*Wandelkonzert);* bis 1965/66 Rationalisierung (seriell, elektron.), danach Öffnung für irrationale Bereiche und kosm. Aspekte wie in *Sternklang, Trans* (1971), *Inori* (1974).
In *Sirius* arbeitet er mit Sternkreismelodien, 4 Solisten für die 4 Himmelsrichtungen, dem Rad als Zeichen für das Universum, und dem Liebeszeichen (Abb. E).
Seit 1977 komponiert STOCKHAUSEN das Gesamtwerk *Licht*, Musiktheater in 7 Tagen. »Licht ist das Ziel, das man nach dem Tode erreichen muß, die Substanz selbst des universalen göttl. Seins« (in *Le Monde*, 1984): *Do* (80); *Sa* (84); *Mo* (88); *Di* (92).

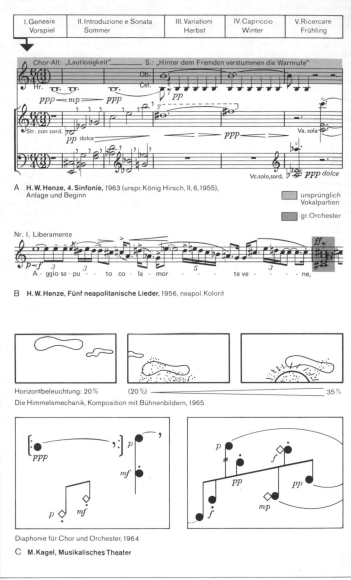

I. Genesis Vorspiel	II. Introduzione e Sonata Sommer	III. Variationi Herbst	IV. Capriccio Winter	V. Ricercare Frühling

Chor-Alt: „Lautlosigkeit"_____   S.: „Hinter dem Fremden verstummen die Warnrufe"

A H. W. Henze, 4. Sinfonie, 1963 (urspr. König Hirsch, II, 6, 1955), Anlage und Beginn

ursprünglich Vokalpartien

gr. Orchester

Nr. I. Liberamente

A - ggio sa - pu - - to co - la - mor - - te ve - - - ne,

B H. W. Henze, Fünf neapolitanische Lieder, 1956, neapol. Kolorit

Horizontbeleuchtung: 20 %   (20 %)_____ 35 %

Die Himmelsmechanik, Komposition mit Bühnenbildern, 1965

Diaphonie für Chor und Orchester, 1964

C M. Kagel, Musikalisches Theater

Henze, Kagel

Oper. Trotz Ende des Neoklassizismus um 1950 (STRAUSS, STRAWINSKYS *Rake's Progress*) und *ohne* die Avantgarde blieb die Oper als Institution und Gattung bis heute lebendig. Zu den führenden Komponisten gehören BRITTEN und HENZE.

Benjamin Britten (1913–76), aus Suffolk, lernte bei BRIDGE und IRELAND, schuf tonale, melod. Werke und verlieh der Tradition eine eigene Farbe: *Sinfonietta* op. 1 (1932); *The Young Person's Guide to the Orchestra* (1946), Thema von PURCELL; *Spring Symphony* (1949); *War Requiem* (1961). – Oper: *Peter Grimes* (1945), CRABBE/SLATER, daraus *4 Seebilder* und *Passacaglia* für Orch.; Kammeropern *The Rape of Lucretia* (1946); *Albert Herring* (1947); *The Turn of the Screw* (1954); *A Midsummer Night's Dream* (1960); Fernsehopern *Owen Wingrave* (1971); *Death in Venice* (1973).

Hans Werner Henze (* 1926), Gütersloh, Schüler FORTNERS, seit 1953 in Italien; lyrische Musik voller Ausdruck und Leben.

HENZE integriert die eigene Tradition und fremde Anregung. Die *Neapolitan. Lieder,* charakterist. in Geste und Rhythmus, zeigen Spannung in Linie u. Akkord (Nb. B). HENZE, der sich aus der Tagesmode absetzte (Absage an Darmstadt 1953), ohne mit der Avantgarde zu brechen, schuf u. a. eine Reihe großer Bühnenwerke.

Boulevard Solitude (1952), PRÉVOST/WEIL; *Ein Landarzt* (1951), Funkoper nach KAFKA. *König Hirsch* (1955), GOZZI/CRAMER, gekürzt (1963); das Finale II. Akt wurde zur 4. Symph.: Instr. übernehmen die Vokalpartien, der Textgehalt (ein Jahr im Wald) bleibt immanent (Abb. A). Ballette *Maratona di danza* (1957), VISCONTI; *Undine* (1958); Literaturoper *Der Prinz von Homburg* (1960), KLEIST/BACHMANN; *Elegie für junge Liebende* (1961), AUDEN/KALLMAN; *Der junge Lord* (1965), HAUFF/BACHMANN; *La Cubana* (1975), BARNET/ENZENSBERGER; *Il pollicino* (Montepulciano 1980); 7. Symph. (1983–84); 8. Symph. (1992–93); Konzerte, KaM u. a. Schrift: *Musik und Politik* (1976).

Weitere Opernbeispiele: MENOTTI, *Der Consul* (1950); EGK, *Der Revisor* (1957); KLEBE, *Die Räuber* (1957); s. a. FORTNER, LIGETI.

Experimentelles Musiktheater entsteht nach 1960, wobei alle Möglichkeiten von Musik und Gestik sowie Grenzüberschreitungen zu andern Künsten ausgenützt werden. Anregend wirkte CAGES *Music Walk* (1958) mit dargestellter Musizierweise und das *absurde Theater,* das mit zur Fluxus-Bewegung beitrug (absurde Aktionen mit absurder Musik, G. MACIUNAS, D. HIGGINS, B. PATTERSON). LIGETIS *Aventures* (S. 550) sind *szen. Kompositionen* oder *theatral. Musik.* Auch DIETER SCHNEBEL nützt ungewohnte Klänge der Stimme (Husten, Brummen usw.), z. B. in *Glossolalie* (1961), *Maulwerke* (1968–74), *Sinfonie X* (1987–92).

Mauricio Kagel (* 1931) produziert *musikal. Theater* aus phantasieanregenden Bildvorlagen oder Pseudo-Noten (Abb. C). Seine inszenierten Instrumentalmusiken, wie das parodist. *2-Mann-Orchester* (1971–73), sind *instrumentales Theater.* In seinen größeren Bühnenwerken wie *Staatstheater* (1971) und *Liederoper Aus Deutschland* (1981) arbeitet KAGEL mit Collage, Parodie und multimedialen Mitteln (*St. Bach-Passion,* 1985).

Das *experimentelle Musiktheater* geriet im normalen Theaterbetrieb, gegen den es sich richtete, in Isolation. Nach 1970 erneut Opern mit breiter Wirkung: BERIOS *Opera* (1970), *Un re in ascolto* (1984), LIGETIS *Le grand macabre* (1978), BUSSOTTIS *La Racine* (1981), RIHMS *Jakob Lenz* (1979), *Oedipus* (1987), *Die Eroberung von Mexiko* (1991).

Komponisten (* 1920–39):
* 1920: BRUNO MADERNA († 1973), ARMIN SCHIBLER († 1986). – *** 1921:** HANS ULRICH ENGELMANN, ANESTIS LOGOTHETIS († 1994). – *** 1922:** LUKAS FOSS, KAZIMIERZ SEROCKI († 1981), JACQUES WILDBERGER, IANNIS XENAKIS. – *** 1923:** KAREL GOEYVAERTS († 1993), ERHARD KARKOSCHKA, MAURICE LE ROUX, GYÖRGY LIGETI. – *** 1924:** KLAUS HUBER, MILKO KELEMEN, LUIGI NONO († 1990). – *** 1925:** LUCIANO BERIO, PIERRE BOULEZ, ALDO CLEMENTI, GISELHER KLEBE, MIKIS THEODORAKIS. – *** 1926:** EARLE BROWN, FRIEDRICH CERHA, MORTON FELDMAN († 1987), GOTTFRIED MICHAEL KOENIG, GYÖRGY KURTÁG. – *** 1927:** FRANCO DONATONI, RENATO DE GRANDIS, PIERRE HENRY, WILHELM KILLMAYER, STEPHAN NICULESCU. – *** 1928:** TADEUSZ BAIRD († 1981), TIBERIU OLAH, KARLHEINZ STOCKHAUSEN. – *** 1929:** AUGUSTYN BLOCH, GEORGE CRUMB, EDISSON DENISSOW, LUC FERRARI, TOSHIRO MAYUZUMI, NIKOS MAMANGAKIS, HENRI POUSSEUR, BOGUSLAW SCHÄFFER. *** 1930:** PAUL-HEINZ DITTRICH, CRISTÓBAL HALFFTER, LUIS DE PABLO, DIETER SCHNEBEL, TORU TAKEMITSU († 1996). – *** 1931:** SYLVANO BUSSOTTI, SOFIA GUBAIDULINA, RUDOLF KELTERBORN, MYRIAM MARBÉ. – *** 1932:** NICCOLÒ CASTIGLIONI, ALEXANDER GOEHR, MAREK KOPELENT, GIACOMO MANZONI, RODION SCHTSCHEDRIN. – *** 1933:** HENRYK GÓRECKI. – *** 1934:** HARRISON BIRTWISTLE, PETER MAXWELL DAVIES, ZSOLT DURKÓ, VINKO GLOBOKAR, SIEGFRIED MATTHUS, ALFRED SCHNITTKE, CHRISTIAN WOLFF. – *** 1935:** ARVO PÄRT, TERRY RILEY, JÜRG WYTTENBACH, LA MONTE YOUNG. – *** 1936:** GILBERT AMY, RICHARD RODNEY BENNETT, CORNELIUS CARDEW († 1982), LADISLAV KUPKOVIČ, STEVE REICH, ARIBERT REIMANN, HANS ZENDER. – *** 1937:** DAVID BEDFORD, PHILIP GLASS, BO NILSSON. – *** 1938:** HANS JOACHIM HESPOS, FREDERIC RZEWSKI, DIMITRI TERZAKIS. – *** 1939:** LOUIS ANDRIESSEN, HEINZ HOLLIGER, NICOLAUS A. HUBER.

p Becken   t Tamtam   g Gong

Chöre I—III

S.

A.

T.

B.

morendo
bocca chiusa

pp

p.

t.

g.

simile

sim.

10 Vc.
15″

Threnos, Den Opfern von Hiroshima, 1959–61,
ungleiche Gruppenprozesse

Bar.–Solo (gesprochen)

Juda, osculo filium hominis tradis?   Qua - si   ad   la - tro - nem   e - xis - tis

Gefangennahme

Vc.
Kb.

mf

(B.I,1)   - se   (B.III)   - re   [B - A - C - H] A.: Mi-se - re-
T.: Mi-   se - re - re

Mi -   (B.II)   - re   (B.I,2)

Psalm 56, 2, a cappella   Zitat   Cluster cis – e

I. Teil					II. Teil				
Hymne	Ölberg	Arien	Festnahme	Klage	Kreuzweg	Passacaglia	Kreuzigung	Arien	Ps. 22
Verleugnung	Arien	Spott	Klage	Pilatus	Verhöhnung	Stabat mater		Tod	Finale

Gesamtanlage

Lukaspassion, 1966   Psalmen u. a.   Lukas 22 – 23   Chor a cappella

pizz. alla Chitara, sim.
Tonhöhe unbestimmt   gliss.   arco   VVVVV   pizz.
f   *sim.*   *ff*   *fff*   *sf*

Capriccio per Siegfried Palm, 1968, Vc. solo, Ausschnitt

A   K. Penderecki, Experiment und Tradition

16   feroce
c¹   ≤*fff*   *f*
Ped.   16   ≤*fff*

B   H. Lachenmann, Guero, 1969, Klavier als Schraper, Aktionsplan, Ausschnitt

Postserielle Musik bringt in den 60er Jahren das experimentelle Musiktheater (S. 557), die Klangkomposition (S. 551) und eine große Vielseitigkeit in Form und Ausdruck.

Krzysztof Penderecki, * 1933 in Krakau, erregte mit Klangkompos. Aufsehen: *Strophen* (Warschauer Herbst 1959); *Anaklasis* (Donaueschingen 1960, S. 522, B); *Threnos. Den Opfern von Hiroshima* (1959–61), für 52 Streicher; urspr. Titel *8'37"*, wie Dauer des Angriffs auf H. am 6. 8. 1945. Schrille, irisierende Klangflächen entstehen durch hohe Streicher, clusterartige Vierteltonschichtungen, Überlagerung ungleicher, *begrenzt aleator.* Spielweisen von Gruppen, notiert in Kästchen mit Zeitangabe (Abb. A).

Danach schreibt PENDERECKI große Chorwerke mit der neuen Klangtechnik: *Stabat Mater* (1962) für 3 Chöre (12st.), *Lukas-Passion* (UA 1966 im Dom zu Münster), *Dies irae. Oratorium zum Gedenken an die Ermordeten in Auschwitz* (1967).

Die *Lukas-Passion* folgt barockem Vorbild: 2 Teile, bibl. Erzählung (Lukas-Ev.), Arien, Chöre (Psalmtexte u. a.), das vollst. *Stabat mater* von 1962, alles dramatisch verwoben (Abb. A). – Die Gefangennahme zeigt entsetzt verstummende Glissandi und *bocca-chiusa*-Klänge der Chöre über Becken (*piatto*), Tamtam und Gong; die Bariton-Arie folgt direkt, mit expressiven Intervallen, Taktwechseln und gb.-artiger Begleitung. – Im Psalm 56,2 entsteht ein *Chor-Cluster*, orgelpunktartig tief (Bässe), worüber der Tenor das *Miserere* als BACH-Zitat singt; Tradition und Moderne: der alte Ruf nach Erbarmen klingt auf in neuer Dringlichkeit (Nb. A).

Es folgen u. a. *Capr.* für Vc. mit C-dur-Einsprengsel und freien Klangspielen (Nb. A), Oratorium *Utrenja: Grablegung, Auferstehung Christi* (1969/71), Opern *Die Teufel von Loudon* (1969); *Paradise lost* (1978); *Polnisches Requiem* (1980–84).

Ein Beispiel für postserielle Musik bietet *Guero* von HELMUT LACHENMANN (* 1935).

Klavierspiel nach Guiro-Art, mit Glissandi usw. gemäß Aktionsplan: modern und schon wieder veraltet in der *Verfremdung* des Klaviers, alt und schon wieder modern in der Ästhetik des schönen *Spiels* und des sinnl. *Ausdrucks* (Abb. B).

Minimal Music kam Mitte der 60er Jahre in den USA auf, parallel zu der mit wenigen Elementen arbeitenden *Minimal Art* (WOLLHEIM 1965), angeregt u. a. von *Fluxus,* Rock, ind. Ragas (YOUNG, RILEY lernten 1970 bei PANDIT PRAN NATH). Charakterist. sind eine stark meditative Musizierhaltung und eine Art Klangkontinuum.

Die Musik ist einfach, leicht zu erfassen: kein Kunstwerkcharakter, sondern *Klangprozesse,* geplant oder spontan, sehr lang; wenige rhythm.-melod. Formeln in ostinaten Wiederholungen mit geringen Var. und weichen Phasenverschiebungen.

Hauptvertreter: LA MONTE YOUNG (* 1935), *The Tortoise, His Dreams and Journeys. A continuing performwork* (seit 1964), für Streicher, Brummtöne, Elektronik, Lichtprojektoren. – TERRY RILEY (* 1935), *A Rainbow in Curved Air* (1969), Ballett *Genesis '70* (1970). – STEVE REICH (* 1936), *Piano Phase* (1966), *Phase Patterns* (1970) für 4 elektron. Orgeln. – PHILIP GLASS (* 1937), Oper *Echnaton* (1983/84).

Neuere Entwicklungen. In den 70er Jahren verlieren Material, Technik und Ratio an Reiz. Fortschritts- und Wachstumsglaube werden erschüttert (68er Unruhen), auch der Drang in Kunst und Musik zu absoluter Neuheit. Die Avantgarde-Haltung geriet in eine Krise: man sucht wieder die Gemeinschaft und den Hörer (statt der Esoterik der 50er/60er Jahre). Dabei bejaht man subjektive Gefühle, oft nicht frei von Narzißmus.

Inklusives Komponieren umschließt Phantasie, Arbeitsökonomie, Heterogenes, *Offenheit für Einflüsse von außen, die nicht wegrationalisiert werden* (RIHM, 1978).

Um 1970 kam das Schlagwort von der **Neuen Einfachheit** auf (analog zu den *Neuen Wilden* in der Kunst): doch viele jüngere Partituren sind weder „neu" noch „einfach", sondern – neben Gegenbeispielen – mit alten Techniken vertraut, voll Geschichtsbewußtsein und sehr komplex, oft mit körperhafter Melodik und Rhythmik, viel Farben und Harmonie.

Der Emanzipation der Dissonanz um 1910 entspricht eine solche der Konsonanz um 1970, s. das C-dur im *Capriccio* (Nb. A). Man bevorzugt alte Gattungen, also Symphonien, Streichquartette, Opern, auch Mischungen. Zum Vorbild wird die Romantik (nicht die Klassik), vom späten BEETHOVEN bis zu MAHLER, auch BERG. Die Fülle der Personalstile ist geblieben: Qualität entsteht auch heute nicht durch Programme oder Schulen, sondern durch den einzelnen.

Komponisten (* 1940ff.):
* **1940:** TILO MEDEK. – * **1941:** FRIEDRICH GOLDMANN, EMANUEL NUNES. – * **1942:** FRIEDRICH SCHENKER. – * **1943:** BRIAN FERNEYHOUGH, UDO ZIMMERMANN. – * **1944:** YORK HÖLLER, MATTHIAS SPAHLINGER. – * **1945:** LUCA LOMBARDI, YOUNGHI PAGH-PAAN, ROBERT WITTINGER. – * **1946:** GERARD GRISEY. – * **1947:** PETER MICHAEL HAMEL, TRISTAN MURAIL, SCIARRINO SALVATORE. – * **1948:** PETER RUZICKA. – * **1949:** MICHAEL LEVINAS, MANFRED TROJAHN, WALTER ZIMMERMANN. – * **1950:** ELENA FIRSOWA. – * **1951:** LORENZO FERRERO. – * **1952:** WOLFGANG RIHM. – * **1953:** HANS-JÜRGEN VON BOSE, VIOLETA DINESCU, ADRANA HÖLSZKY, DETLEV MÜLLER-SIEMENS. – * **1960:** GEORGE BENJAMIN.

Literatur- und Quellenverzeichnis

Das Literaturverzeichnis nennt die Quellen von direkten Zitaten oder bes. Hinweisen im Text (also u. U. sehr entlegene Titel) und zentrale Literatur zur weiteren Information (also meist allgemein verbreitete Literatur). Die allgemeine Literatur wie Beispielsammlungen, Allg. Darstellungen, Nachschlagewerke, Zeitschriften sind in Bd. 1 genannt und hier nicht nochmals aufgeführt. Ergänzend seien erwähnt:

- Brockhaus-Riemann-Musiklexikon, hg. von C. Dahlhaus und H. H. Eggebrecht. 2 Bde. Wiesbaden und Mainz 1978/79.
- The New Grove. Dictionary of Music & Musicians, hg. von Stanley Sadiie. 20 Bde. London 1980.
- Neues Handbuch der Musikwissenschaft, hg. von Carl Dahlhaus. 10 Bde. Wiesbaden und Laaber 1980ff.

Die Literaturangaben zu den Epochen, Personen und Sachgebieten sind aus Platzgründen sehr begrenzt, doch findet man bes. in den Handbüchern, Lexika und Biographien leicht weitere, oft sehr umfangreiche Literaturangaben.

Barock

Abert, A. A.: Claudio Monteverdi und das musikal. Drama. Lippstadt 1954.

Ambros, A. W.: Geschichte der Musik. Breslau 1862ff., Lpz. [3]1887–1911, ND Hildesheim 1968.

Analysen. Beiträge zu einer Problemgeschichte des Komponierens. Festschrift für H. H. Eggebrecht. Wiesbaden 1985.

Apel, W.: Geschichte der Orgel- und Klaviermusik bis 1700. Kassel 1967.

Bach, C. Ph. E.: Versuch über die wahre Art, das Clavier zu spielen. 2 Teile. Berlin 1753/62, ND Lpz. 1957.

Bach-Dokumente, hg. vom Bach-Archiv Leipzig. 3 Bde. Lpz. 1963–73.

Bernhard, C.: Tractatus compositionis augmentatus. Ausführl. Bericht vom Gebrauche der Con- und Dissonantien. Von der Singe-Kunst oder Manier, hg. von J. M. Müller-Blattau, in: Die Kompositionslehre H. Schützens in der Fassung seines Schülers C. B. Leipzig 1926, Kassel [2]1963.

Blume, F.: Die evangel. Kirchenmusik. Hdb. der Mw. Potsdam 1931, neu als: Geschichte der evangel. Kirchenmusik, zus. mit L. Finscher, G. Feder, A. Adrio, W. Blankenburg. Kassel 1965.

Braun, W.: Die Musik des 17. Jh. Neues Hdb. der Mw. Bd. 4. Wiesbaden u. Laaber 1981.

Bukofzer, M. F.: Music in the Baroque Era. New York 1947.

Burmeister, J.: Musica poetica. Rostock 1606, ND Kassel 1955 (Documenta musicologica I, 10).

Chrysander, F.: Georg Friedrich Händel. 3 Bde. (bis 1740, unvoll.). Lpz. 1858/60/67, ND Hildesheim 1966.

Clercx, S.: Le Baroque et la Musique. Essai d'esthétique musicale. Brüssel 1948.

Davison, A. T./Apel, W.: Historical Anthology of Music. I, Cambridge 1946, [5]1959; II, Cambridge 1950, [3]1959.

Dürr, A.: Die Kantaten von J. S. Bach. Kassel u. München 1971, [2]1975.

Eggebrecht, H. H.: Heinrich Schütz. Musicus poeticus. Göttingen 1959.

Einstein, A.: The Italian Madrigal. 3 Bde. Princeton 1949.

Engel, H.: Das Concerto grosso. Das Musikwerk 23. Köln 1962.

ders.: Das Instrumentalkonzert. Führer durch den Konzertsaal. Die Orchestermusik III. Lpz. 1932, erw. 2 Bde. Wiesbaden 1971/74.

ders.: Das Solokonzert. Das Musikwerk 25. Köln 1964.

Ferrand, E. T.: Die Improvisation. Das Musikwerk 12. Köln 1956.

Forkel, J. N.: Über Johann Sebastian Bachs Leben, Kunst und Kunstwerke. Lpz. 1802, ND Frankfurt 1950.

Frotscher, G.: Geschichte des Orgelspiels und der Orgelkomposition. 2 Bde. Berlin 1935/36, [5]1966.

Fux, J. J.: Gradus ad Parnassum, sive Manuductio ad compositionem musicae regularem, methode nova. Wien 1725 (dt. von Mizler, Lpz. 1742), ND New York 1967 (Monuments of Music and Music Literature in Facsimile II,24).

Gattungen der Musik in Einzeldarst., hg. von W. Arlt. Bern u. München 1973.

Geck, M. (Hg.): Bach-Interpretationen. Göttingen 1969.

Georgiades, T. G.: Musik und Sprache. Berlin u.a. 1954, [2]1974.

Georgii, W.: Klaviermusik. Geschichte der Musik für Klavier zu 2 Händen von den Anfängen bis zur Gegenwart. Berlin u. Zürich 1941, [4]1965.

ders.: 400 Jahre europ. Klaviermusik. Das Musikwerk 1. Köln 1950.

Gerber, R.: Der Operntypus Johann Adolf Hasses und seine textl. Grundlagen. Lpz. 1925.
Haas, R.: Aufführungspraxis. Potsdam 1931 (Hdb. der Mw.).
ders.: Die Musik des Barock. Potsdam 1929 (Hdb. der Mw.).
Handschin, J.: Musikgeschichte im Überblick. Luzern 1948.
Hawkins, J.: A General History of the Science and Practice of Music. 5 Bde. London 1776, ND New York 1963, Graz 1969.
Heinichen, J. D.: Der Generalbaß in der Composition. Dresden 1728, ND Hildesheim 1969.
Keller, H.: Die Klavierwerke Bachs. Lpz. 1950.
ders.: Die Orgelwerke Bachs. Lpz. 1948.
Kirkpatrick, R.: Domenico Scarlatti. Princeton (N. Y.) 1953, dt. und erw. von H. Leuchtmann, 2 Bde. München 1972.
Kolneder, W.: Das Buch der Violine. Zürich 1972.
Kretzschmar, H.: Führer durch den Konzertsaal. I: Sinfonie und Suite. Lpz. 1887 ([7]1932). II,1: Kirchl. Werke. Lpz. 1888 ([5]1921). II,2: Oratorien und weltl. Chorwerke. Lpz. 1890 ([5]1939).
ders.: Geschichte der Oper. Kleine Hdb. der Mg. nach Gattungen VII. Lpz. 1919, ND Hildesheim 1970.
ders.: Geschichte des neuen dt. Liedes. Kleine Hdb. der Mg. nach Gattungen IV. Lpz. 1911, ND Hildesheim 1966.
Kurth, E.: Grundlagen des linearen Kontrapunkts. Einführung in Stil und Technik von Bachs melod. Polyphonie. Bern 1917, ND Hildesheim 1977.
Leopold, S.: Claudio Monteverdi und seine Zeit. Laaber 1982.
Mattheson, J.: Der vollkommene Capellmeister. Hamburg 1739, ND Kassel 1954, [2]1969 (Documenta musicologica I,5).
ders.: Grundlage einer Ehrenpforte. Hamburg 1740, ND Kassel 1969.
Moser, H. J.: Das dt. Sololied und die Ballade. Das Musikwerk 14/15. Köln 1957.
Mozart, L.: Versuch einer grundl. Violinschule. Augsburg 1756, ND ([3]1787) Lpz. 1956, 1968.
Osthoff, W.: Monteverdistudien. Das dramat. Spätwerk Monteverdis. Tutzing 1960.
Praetorius, M.: Syntagma musicum. Bd. I: Musicae artis Analecta. Wittenberg 1614/15. Bd. II: De Organographia. Wolfenbüttel 1618, erw. [2]1619. Bd. III: Termini musici. Wolfenbüttel 1619. ND I: Kassel 1959 (Doc. mus. I,21). II/III: Kassel 1958 (Doc. mus. I,14/15).
Quantz, J. J.: Versuch einer Anweisung die Flöte traversiere zu spielen. Berlin 1752, ND ([3]1789) Kassel 1953 (Doc. mus. I,2).
Rameau, J.-P.: Traité de l'harmonie reduite à ses principes naturels. Paris 1722, ND New York 1965, Dallas 1967 (GA Bd. I).
Redlich, H. F.: Claudio Monteverdi. Olten 1949.
Riemann, H.: Hdb. der Musikgeschichte 2,2. Das Generalbaßzeitalter. Lpz. 1912.
Rousseau, J. J.: Dictionnaire de musique. (Genf 1767), Paris 1768, ND Hildesheim 1969.
Schering, A.: Geschichte des Instrumentalkonzertes bis auf die Gegenwart. Kleine Hdb. der Mg. nach Gattungen I. Lpz. 1905, [2]1927, ND Hildesheim 1965.
ders.: Geschichte des Oratoriums. Kleine Hdb. der Mg. nach Gattungen III. Lpz. 1911, ND Hildesheim 1966.
Schmalzriedt, S.: Heinrich Schütz und andere zeitgenöss. Musiker in der Lehre Giovanni Gabrielis. Studien zu ihren Madrigalen. Stuttgart 1972.
Schweitzer, A.: J. S. Bach, le musicien poète. Paris und Lpz. 1905, erw. dt. Lpz. 1908, Wiesbaden [9]1976.
Serauky, W.: G. Fr. Händel III–IV (ab 1738, Chrysander ergänzend). Kassel 1956/58.
Skei, A. B.: Heinrich Schütz. A Guide to Research. New York 1981.
Spitta, P.: J. S. Bach. 2 Bde. Lpz. 1873/80, Wiesbaden u. Darmstadt [6]1964.
Tarr, E.: Die Trompete. Unsere Musikinstrumente. Bd. 5. Bern 1977, [2]1978.
Ursprung, O.: Die kathol. Kirchenmusik. Hdb. der Mw. Potsdam 1931.
Walther, J. G.: Musikal. Lexikon oder musikal. Bibliothek. Lpz. 1732, ND Kassel 1953 (Doc. mus. I,3).
ders.: Praecepta von der Musicalischen Composition. I: Mus. Elementarlehre, II: Musica poetica. Ms. Weimar 1708, hg. von P. Benary. Lpz. 1955.
Wolff, C.: Der stile antico in der Musik J. S. Bachs. Studien zu Bachs Spätwerk. Wiesbaden 1968.
Wolff, H. C.: Oper. Szene und Darstellung von 1600 bis 1900. Musikgeschichte in Bildern IV,1. Lpz. 1968.
ders.: Die Oper. Bd. I: Anfänge bis 17. Jh. Das Musikwerk 38. Köln 1971.
Wölfflin, H.: Renaissance und Barock. München 1888.

Klassik

Abert, H.: W. A. Mozart. 2 Bde. Lpz. 1919/21.
Avison, C.: An Essay on Musical Expression. London 1752, ND New York 1967.

Bach, C. P. E.: Versuch über die wahre Art, das Clavier zu spielen. 2 Teile. Berlin 1753/62, ND Lpz. 1957.
Batteux, C.: Les Beaux Arts réduits à même principe. Paris 1773, ND Genf 1969.
Baumgarten, A. G.: Aesthetica. 2 Bde. Frankfurt/O. 1750/58, ND Hildesheim 1970.
Blume, F.: Die ev. Kirchenmusik. Hdb. der Mw. Potsdam 1931 (s. Barock-Lit.).
ders.: Artikel ›Klassik‹. MGG 7, Sp. 1027ff. Kassel 1958; auch in: Epochen der Mg. in Einzel-darstellungen. Kassel u. München [4]1980.
Bücken, E.: Musik des Rokoko und der Klassik. Hdb. der Mw. Potsdam 1927.
Burney, C.: A General History of Music from the Earliest Ages to the Present Period. 4 Bde. London 1776–89, ND Baden-Baden 1958.
ders.: Tagebuch einer musikal. Reise. Hamburg 1772/73, ND Kassel 1959 (Doc. mus. I,19), auch Lpz. 1968.
Dahlhaus, C. (Hg.): Die Musik des 18. Jh. Neues Hdb. der Mw. Bd. 5. Laaber 1985.
ders.: Musikästhetik. Köln 1967 (Musik-Tb. Theoretica 8).
Davison/Apel: Historical Anthology of Music (s. Barock-Lit.).
Dumesnil, R.: L'Opéra et l'Opéra comique. Paris 1947.
Engel, H.: Die Entwicklung des dt. Klavierkonzertes von Mozart bis Liszt. Lpz. 1927, ND Hildesheim 1970.
Finscher, L.: Studien zur Geschichte des Streichquartetts. Bd. 1. Kassel 1974.
Forkel, J. N.: Allg. Geschichte der Musik. 2 Bde. Lpz. 1788/1801.
Friedlaender, M.: Das dt. Lied im 18. Jh. 2 Bde. Stuttgart 1902, ND Hildesheim 1962.
Galeazzi, F.: Elementi teorico-pratici di musica. Turin 1796. Auswahl in: S. Schmalzriedt, Charakter und Drama. AfMw 1985.
Gebser, J.: Ursprung und Gegenwart. 3 Bde. Stuttgart 1949/53/66, Schaffhausen [2]1978.
Geiringer, K.: Haydn. London 1946, dt.: Joseph H. Mainz 1959.
Georgiades, T. G.: Musik und Sprache. Berlin 1954, [2]1974.
Grout, D. J.: A Short History of Opera. 2 Bde. London 1947, [2]1965.
Haas, R.: Aufführungspraxis. Hdb. der Mw. Potsdam 1931.
Hawkins, J.: A General History of Science and Practice of Music. 5 Bde. London 1776, ND New York 1963, Graz 1969.
Hegel, G. W. F.: Vorlesungen über Ästhetik. 1820/1835.
Herder, J. G.: Über den Ursprung der Sprache. 1772.
ders.: Ideen zur Philosophie der Geschichte der Menschheit. 4 Bde. 1784–91.
ders.: Slg. von Volksliedern. 1778f., [2]1807 als ›Stimmen der Völker in Liedern‹.
Hoffmann, E. T. A.: Schriften zur Musik, hg. von F. Schnapp. München 1963.
Jahn, O.: W. A. Mozart. 4 Bde. Lpz. 1856–59, ND Hildesheim 1976.
Kirnberger, J. P.: Die Kunst des reinen Satzes in der Musik. 2 Bde. Berlin 1771/79.
Kloiber, R.: Hdb. der Oper. 2 Bde. Regensburg 1971. München u. Kassel [2]1973.
Koch, H. C.: Musikal. Lexikon. 2 Bde. Frankfurt 1802, ND Hildesheim 1964.
ders.: Versuch einer Anleitung zur Composition. 3 Bde. Lpz. u. Rudolstadt 1782–93, ND Hildesheim 1969.
Kretzschmar, H.: Führer durch den Konzertsaal (s. Barock-Lit.).
ders.: Geschichte der Oper. Kleine Hdb. der Mg. nach Gattungen VII. Lpz. 1919, ND Hildes-heim 1970.
ders.: Geschichte des neuen dt. Liedes. Kleine Hdb. der Mg. nach Gattungen IV. Lpz. 1911. ND Hildesheim 1966.
Landon, H. C. R.: The Symphonies of J. Haydn. London 1955 (Suppl. 1961).
Marpurg, F. W.: Des critischen Musicus an der Spree erster Band. Wochenzeitschrift. Berlin 1749–50, ND Hildesheim 1970.
ders.: Krit. Briefe über die Tonkunst. 3 Bde. Berlin 1760–64, ND Hildesheim 1971.
Mattei, S.: La filosofia della musica, vgl. Sulzer, Allg. Theorie (s. Osthoff).
Mattheson, J.: Der vollkommene Capellmeister (s. Barock–Lit.).
ders.: Grundlage einer Ehrenpforte. Hamburg 1740, ND Kassel 1969.
Moser, H. J.: Das dt. Lied seit Mozart. 2 Bde. Berlin u. Zürich 1937, Tutzing [2]1966.
Mozart, L.: Versuch einer gründl. Violinschule. Augsburg 1756, ND ([3]1787) Lpz. 1956 u. 1968.
Mozart, W. A.: Briefe und Aufzeichnungen. (GA). 4 Bde., hg. von A. Bauer und O. E. Deutsch. Kommentar und Register, 3 Bde., von J. H. Eibl. Kassel 1962–75.
ders.: Die Dokumente seines Lebens, hg. von O. E. Deutsch. Kassel 1961.
Orel, A.: Die kathol. Kirchenmusik seit 1750, in: Hdb. der Mg., hg. von G. Adler. Frankfurt 1924, Berlin [2]1930, ND München 1975.
Osthoff, W.: Die Opera buffa, in: Gattungen der Musik in Einzeldarstellungen. Gedenkschrift L. Schrade, hg. von W. Arlt u.a. Bern 1973.
Ottaway, H.: Aufklärung und Revolution, in: Geschichte der Musik, hg. von A. Robertson und D. Stevens. Bd. III. Klassik u. Romantik. München 1968.

Quantz, J. J.: Versuch einer Anweisung die Flöte traversiere zu spielen. Berlin 1752, ND ([2]1789) Kassel 1953 (Doc. mus. I,2).

Reicha, A.: Traité de haute composition musicale. 2 Bde. Paris 1824–26, dt. als: Vollständiges Lehrbuch der musikal. Komposition. 4 Bde. Wien 1834.

Rousseau, J. J.: Dictionnaire de musique. (Genf 1767), Paris 1768, ND Hildesheim 1969.

Rummenhöller, P.: Die musikalische Vorklassik. Kassel u. München 1983.

Scheibe, J. A.: Der Critische Musicus. Wochenzeitschrift. Hamburg 1738–40, Lpz. [2]1745, ND Hildesheim 1970.

ders.: Theorie der Melodie und Harmonie. Über die musical. Composition. Lpz. 1773.

Schering, A.: Geschichte des Instrumentalkonzerts bis auf die Gegenwart. Kleine Hdb. der Mg. nach Gattungen I. Lpz. 1905, [2]1927, ND Hildesheim 1965.

ders.: Geschichte des Oratoriums. Kleine Hdb. der Mg. nach Gattungen III. Lpz. 1911, ND Hildesheim 1966.

Schubart, C. D. F.: Deutsche Chronik. Zeitschrift. Augsburg 1774–76.

ders.: Ideen zu einer Ästhetik der Tonkunst, hg. von L. Schubart. Wien 1806, ND Hildesheim 1969.

Sedlmayr, H.: Verlust der Mitte. Salzburg 1948.

Sulzer, J. G.: Allg. Theorie der Schönen Künste. 2 Bde. Lpz. 1771/74, erweitert auf 4 Bde. Lpz. 1792–94, ND Hildesheim 1967–70.

Wolff, H. C.: Oper. Szene und Darstellung von 1600–1900. Lpz. 1968 (Musikgeschichte in Bildern, Bd. IV,1).

ders.: Die Oper. Bd. II: 18. Jh. Das Musikwerk 39. Köln 1971.

Wyzewa, T. de/Saint-Foix, G. de: W.-A. Mozart. Sa vie musicale et son œuvre. Essai de biographie critique. 5 Bde. Paris 1912–46.

19. Jh.

Athenäum. Eine Zeitschrift, hg. von A. W. Schlegel und F. Schlegel. 3 Bde. 1798–1800, ND Darmstadt 1977.

Becking, C.: Der musikal. Rhythmus als Erkenntnisquelle. Augsburg 1928.

Bekker, P.: Die Symphonie von Beethoven bis Mahler. Berlin 1918.

ders.: G. Mahlers Symphonien. Berlin 1921, ND Tutzing 1969.

Berlioz, H.: Gesammelte Schriften in dt. Übers., hg. von R. Pohl. Lpz. 1864; NGA der Schriften, 10 Bde., Lpz. 1903ff.

ders.: Traité d'instrumentation. Paris 1844, dt. als Die Kunst der Instrumentierung, hg. von J. A. Leibrock. Lpz. 1843 (!).

Blume, F.: Die evangel. Kirchenmusik (s. Barock-Lit.).

ders.: Artikel ›Romantik‹. MGG 9. Kassel 1963, auch in: Epochen der Mg.

Brendel, A.: Musical Thoughts and Afterthoughts. London 1976, dt.: Nachdenken über Musik. München 1977.

Bücken, E.: Die Musik des 19. Jh. bis zur Moderne. Hdb. der Mw. Potsdam 1929.

Busoni, F.: Entwurf einer neuen Ästhetik der Tonkunst. Triest 1907, erweitert Lpz. [2]1916, ND Wiesbaden 1954.

ders.: Von der Einheit der Musik. Gesammelte Aufsätze. Berlin 1923, erweitert: Wesen und Einheit der Musik. Berlin 1956.

Chopin, F.: Briefe, hg. von K. Kobylańska, dt. Berlin 1983, Frankfurt 1984.

Dahlhaus, C. (Hg.): Die Musik des 19. Jh. Neues Hdb. der Mw. 6. Wiesbaden u. Laaber 1980.

ders.: Musikästhetik. Köln 1967.

ders.: Wagners Konzeption des musikal. Dramas. Regensburg 1971.

ders.: Zur Problematik der musikal. Gattungen im 19. Jh., in: Gattungen der Musik (s. Barock-Lit.).

Debussy, C.: Lettres 1884–1918. Réunies et présentées par F. Lesure. Paris 1980.

ders.: Monsieur Croche et autres écrits, hg. von F. Lesure. Paris 1971, dt. Stuttgart 1974.

Dömling, W.: Franz Liszt und seine Zeit. Laaber 1985.

Edler, A.: Robert Schumann und seine Zeit. Laaber 1982.

Einstein, A.: Music in the Romantic Era. New York 1947, [2]1949, dt. München 1950.

Engel, H.: Die Entwicklung des Klavierkonzerts von Mozart bis Liszt. Lpz. 1927.

Georgiades, T. G.: Musik und Sprache. Berlin u. a. 1954, [2]1974.

ders.: Schubert. Musik und Lyrik. Göttingen 1967.

Georgii, W.: Geschichte der Klaviermusik. Berlin u. Zürich 1941, [5]1965.

Halm, A.: Die Symphonien Anton Bruckners. München 1913, [2]1923.

Handschin, J.: Der Toncharakter. Zürich 1948.

Hanslick, E.: Vom Musikalisch-Schönen. Ein Beitrag zur Revision der Ästhetik der Tonkunst. Lpz. 1854, ND Wiesbaden [17]1972.

Hegel, G. W. F.: Vorlesungen über Ästhetik. Berlin 1820/35.

Hoffmann, E. T. A.: Schriften zur Musik, hg. von F. Schnapp. München 1963.
Huch, R.: Die Romantik. 2 Bde. 1899/1902. Tübingen 1951, [5]1979.
Kaiser, J.: Erlebte Musik von Bach bis Strawinsky. Hamburg 1977.
Kalbeck, M.: Johannes Brahms. 4 Bde. (in 8). Berlin 1904–14.
Kiesewetter, R. G.: Geschichte der europ.-abendländ. oder unserer heutigen Musik. Lpz. 1834.
Kleßmann, E.: Die dt. Romantik. Köln 1979.
Kloiber, R.: Hdb. des Instrumentalkonzerts. 2 Bde. Wiesbaden 1972/73.
ders.: Hdb. der klass. und romant. Symphonie. Wiesbaden 1964.
ders.: Hdb. der Symphon. Dichtung. Wiesbaden 1980.
Konold, W.: Felix Mendelssohn Bartholdy und seine Zeit. Laaber 1984.
Korte, W. F.: Bruckner und Brahms. Die spätromant. Lösung der autonomen Konzeption. Tutzing 1963.
Kracauer, S.: Jacques Offenbach und das Paris seiner Zeit. Amsterdam 1937.
Kretzschmar, H.: Führer durch den Konzertsaal (s. Barock-Lit.).
ders.: Geschichte des neuen dt. Liedes. Kleine Hdb. der Mg. nach Gattungen IV. Lpz. 1911, ND Hildesheim 1966.
Kropfinger, K.: Wagner und Beethoven. Studien zur Mg. des 19. Jh. Bd. 29. Regensburg 1975.
Krummacher, F.: Mendelssohn, der Komponist. Studien der Kompositionsart am Beispiel der Kammermusik für Streicher. München 1978.
Kurth, E.: Bruckner. Berlin 1925.
ders.: Grundlagen des linearen Kontrapunkts. Bern 1917, ND Hildesheim 1977.
ders.: Musikpsychologie. Berlin 1930, ND Hildesheim 1969.
ders.: Romant. Harmonik und ihre Krise in Wagners Tristan. Bern u. Lpz. 1920, ND Hildesheim 1968.
Lankheit, K.: Revolution und Restauration. Baden-Baden 1965.
Mersmann, H.: Die moderne Musik seit der Romantik. Hdb. der Mw. Potsdam 1927.
Mila, M.: Il melodramma di Verdi. Bari 1933, [2]1958.
Mitchell, D.: G. Mahler. The Early Years./The Wunderhorn Years. London 1958/75.
Novalis (von Hardenberg): Vorarbeiten zu verschiedenen Fragmentsammlungen, 1798. Werkausgabe München 1978, Bd. 2.
Schering, A.: Geschichte des Instrumentalkonzerts (s. Barock-Lit.).
ders.: Geschichte des Oratoriums (s. Barock-Lit.).
Schlegel, F.: Athenäum (s. o.).
Schmidt, C. M.: Johannes Brahms und seine Zeit. Laaber 1983.
Schopenhauer, A.: Die Welt als Wille und Vorstellung. 1819.
Schumann, R.: Gesammelte Schriften über Musik und Musiker, hg. von M. Kreisig. Lpz. 1914.
Strauss, R.: Briefwechsel mit Hugo von Hofmannsthal. Wien 1926, Zürich [4]1970.
Studien zur Musikgeschichte des 19. Jh. (Thyssen Stiftung). Regensburg 1965 ff.
Thayer, A. W.: Ludwig van Beethovens Leben, hg. von H. Deiters und H. Riemann. 5 Bde. Berlin u. Lpz. 1866–1908 u. ö.
Thibaut, A. F. J.: Über Reinheit der Tonkunst. Heidelberg 1825, ND Darmstadt 1967.
Wackenroder, W. H.: Herzensergießungen eines kunstliebenden Klosterbruders. Berlin 1797 (mit Beiträgen von L. Tieck).
Wagner, R.: Mein Leben. Vollständige Ausg., hg. von M. Gregor-Dellin. München 1963.
Wiora, W. (Hg.): Die Ausbreitung des Historismus über die Musik. Studien zur Mg. des 19. Jh. Bd. 14. Regensburg 1969.

20. Jh.

Adorno, T. W.: Asthetische Theorie. Frankfurt 1972.
ders.: Berg. Der Meister des kleinsten Übergangs. Wien 1968.
ders.: Philosophie der Neuen Musik. Tübingen 1949.
Amerikanische Musik seit C. Ives, hg. von H. Danuser u. a. Laaber 1987.
Austin, W. W.: Music in the Twentieth Century. London 1966, [3]1977.
Bahnert/Herzberg/Schramm: Metallblasinstrumente. Lpz. 1958.
Behrendt, J. E.: Das Jazzbuch. Frankfurt 1953, erw. 1968 u. 1974 ff.
Boulez, P.: Alea, in: Darmstädter Beiträge I. Mainz 1958.
ders.: Anhaltspunkte. Essays. Stuttgart und Zürich 1975.
ders.: Musikdenken heute 1. Darmstädter Beiträge V. Mainz 1963.
Brinkmann, R.: Arnold Schönberg. 3 Klavierstücke op. 11. Wiesbaden 1969.
Budde, E.: Anton Weberns Lieder op. 3. Wiesbaden 1971.
Busoni, F.: Entwurf einer neuen Ästhetik der Tonkunst (s. Lit. des 19. Jh.).
Cage, J.: Silence. Middletown, Conn. 1961.
Cocteau, J.: Le Coq et L'Arlequin (1918). Préface de G. Auric. Paris 1979.

Collaer, P.: La musique moderne 1905–50. Paris 1953, dt. Stuttgart 1963.
Dahlhaus. C.: Die Musik des 19. Jh. Neues Hdb. der Mw. 6. Wiesbaden 1980.
ders.: Schönberg und andere. Gesammelte Aufsätze zur Neuen Musik. Mainz 1978.
ders.: Systematische Mw., hg. von C. D. und H. de la Motte-Haber. Neues Hdb. der Mw. 10. Laaber 1982.
Danuser, H.: Die Musik des 20. Jh. Neues Hdb. der Mw. 7. Laaber 1984.
Dauer, A. M.: Der Jazz. Seine Ursprünge und seine Entwicklung. Eisenach u. Kassel 1958, ^{3}1977.
Dibelius, U.: Moderne Musik I, 1945–1965. München 1966; II, 1965–1985. München 1988.
Die Reihe. Information über serielle Musik, hg. von H. Eimert. Hefte 1–8. Wien 1955–62.
Gebser, J.: Ursprung und Gegenwart. 3 Bde. Stuttgart 1949/53/66, ^{2}1973.
Gieseler, W.: Komposition im 20. Jh. Details – Zusammenhänge. Celle 1975.
ders./Lombardi, L./Weyer, R.-D.: Instrumentation in der Musik des 20. Jh. Celle 1985.
Häusler, J.: Musik im 20. Jh. Bremen 1969.
Henze, H. W.: Essais. Mainz 1964.
ders.: Musik und Politik. Schriften und Gespräche. München 1976.
Hindemith, P.: J. S. Bach. Ein verpflichtendes Erbe. Mainz 1950.
ders.: Unterweisung im Tonsatz, 2 Bde. Mainz 1937/39.
Jameux, D.: Pierre Boulez. Paris 1984.
Kandinsky, W./Marc, F.: Der Blaue Reiter. München 1912, ND München 1965.
Kostelanetz, R.: John Cage. Now York 1968, dt. Köln 1973.
Meyer-Eppler, W.: Statist. und psycholog. Klangprobleme. Wien 1955 (die Reihe I).
Nono, L.: Texte. Studien zu seiner Musik, hg. von J. Stenzl. Zürich 1975.
Oesch, H.: Außereuropäische Musik 1. Neues Hdb. der Mw. 8. Laaber 1984.
Redlich, H. F.: Alban Berg. Versuch einer Würdigung. Wien 1957.
Rihm, W.: Der geschockte Komponist, in: Ferienkurse '78. Mainz 1978.
Rockmusik, hg. von T. Kneif und H.-C. Schmidt. Opus musicum. Koln 1978.
Rufer, J. L.: Die Komposition mit 12 Tönen. Berlin 1952, Kassel ^{2}1966.
Schnebel, D.: Denkbare Musik. Schriften 1952–72, hg. von H. R. Zeller. Köln 1972.
Schönberg, A.: Harmonielehre. Wien 1911.
ders.: Style and Idea, New York 1950, dt.: Stil und Gedanke. Gesammelte Aufsätze zur Musik, in: Ges. Schriften 1, hg. von I. Voitěch, Frankfurt 1967; als Tb. Frankfurt 1992.
Schweizer, K.: Orchestermusik des 20. Jh. seit Schönberg. Stuttgart 1976, auch in: Reclams Konzertführer. Orchestermusik. Stuttgart ^{14}1991.
Sowjetische Musik im Lichte der Perestroika, hg. von H. Danuser u. a. Laaber 1990.
Stockhausen, K.: Texte 6 Bde. Köln 1963/64 71/78/84/89.
Strawinsky, I.: Chronique de ma vie. Paris 1935, dt. Zürich/Berlin 1937.
ders.: Poétlique musicale. Paris u. New York 1942, dt. Mainz 1949.
Stuckenschmidt, H. H.: Schöpfer der Neuen Musik. Frankfurt 1958.
ders.: Die Musik eines halben Jh., 1925–1975. München 1976.
Stürzbecher, U.: Werkstattgespräche mit Komponisten. Köln 1971.
Vogt, H.: Neue Musik seit 1945. Stuttgart 1972.
Webern, A.: Der Weg zur Neuen Musik, hg. von W. Reich. Wien 1960.
Zimmermann, B. A.: Intervall und Zeit. Aufsätze und Schriften zum Werk, hg. von C. Bitter. Mainz 1974

Quellennachweis

Sämtliche Abbildungen wurden für diesen dtv-Atlas neu gezeichnet; die folgende Liste schlüsselt sie nach Vorlagen und Quellen auf:

302 vgl. MGG 7, Sp. 842; 304 B nach Praetorius II, D nach MW 24, S. 11; 308 A, 314 A und 378 A nach Wolff (1968), S. 21f., 89 und 115; 412 B nach Apel (1969), S. 173; 428 C nach Brockhaus-Riemann, S. 105; D nach MGG 5, Tafel 28.

Alle Notenbeispiele wurden nach Angaben des Autors neu gesetzt. Aus Platzgründen bringen sie meist nur kurze Werkausschnitte. Mit Bedacht wurden daher womöglich solche Beispiele gewählt, die in leicht zugänglichen Ausgaben und Beispielsammlungen vollständig eingesehen werden können. Die folgende Liste schlüsselt die Beispiele entsprechend auf. Fehlt hier ein

Hinweis, so muß die jeweilige im Literatur- und Quellenverzeichnis angegebene Gesamtausgabe herangezogen werden.

Quellenangaben der Notenbeispiele aus neuerer Zeit sind zunehmend überflüssig, weil die Noten (z. B. Beethovens Klaviersonaten) überall in Einzel- und Gesamtausgaben leicht zugänglich sind. Die Namen bei den Quellenangaben finden sich im Literaturverzeichnis aufgeschlüsselt; die häufigsten bedeuten:

– Davison = Davison, A. T./Apel, W.: Historical Anthology (s. o.).
– MGG = Die Musik in Geschichte und Gegenwart (s. o.).
– MW = Das Musikwerk, hg. von K. Fellerer. 47 Bde. Köln 1951–75.
– Schering = Schering, A.: Geschichte der Musik in Beispielen. Lpz. 1931, ND 1957.

Die Ziffern ohne Zusatz bezeichnen Band und Notenbeispiel.

306 A: Davison 184; 310 B Schering 201, MW 38, 8; 312 B: Haas (1929) S. 136, C: Davison 222, D: Haas (1929) S. 201; 314 B: Haas (1929) S. 210, C: Haas (1931) S. 187, D: Davison 287; 316 A: MW 38, 20, B: MW 5,4; 318 A: Davison 255, B: MW 39, 5, C: Schering 281; 320 A,B: MW 38, 7,16, C: 39,2, D: GA Chrysander; 322 A–D: MW 37, 1,2,7,11; 324 B: MW 37,12; 326 A: Schering 168, B: GA Bd. 15,1; 328 C: MW 30, 28; 330 B: Blume (1965), S. 23; 334 A,B: Schering 187, 193 a (auch MW 14,6), C,D: MW 16, 11,15; 372 A–D: MW 39, 14,12,21,15; 374 B,C: Osthoff (1973), S. 707, 694 f.; 378 B: Davison 291, C,D: MW 39, 18,22; 388 B: Orel S. 776; 394 A,C: MW 14, 21, 30; 396 A: MW 15, 12, B,C: MW 1, S. 31, 63, D: MW 43, 26; 398 A: MW 1, S. 69, B: Davison 303; 414 A,B: MW 29, 35 f., C: nach MW 29, 4 und 6; 440 B: auch MW 40, 10; 446 A,B: auch MW 40, 2,3; 534 A: Hindemith S. 50 ff.; 538 C,D: nach Dauer; 540 A: nach Behrendt; 542 A: nach Bahnert; 544 E: nach ›Rockmusik‹; 552 A: nach Gieseler.

Personen- und Sachregister

Halbfett gedruckte Zahlen beziehen sich auf **zentrale Stellen**.
Zahlen mit geraden Endziffern (0, 2, 4, 6, 8) bezeichnen im allgemeinen Bildseiten. Daran läßt sich leicht erkennen, ob – insbesondere bei Instrumenten – eine **Abbildung** vorliegt oder nur eine Textbeschreibung.
Vortragsangaben (z. B. *cantabile*), **Abkürzungen** (z. B. *pp*) und andere **Zeichen** in der Notenschrift finden sich auf S. 70–81; siehe aber auch das Symbol- und Abkürzungsverzeichnis S. 8f. und S. VIIIf.
Seitenzahlen unter 300 befinden sich in Band 1, ab 300 in Band 2.

Man hört nur, was man weiß

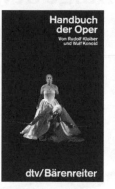

Alain Pâris:
Lexikon der Interpreten klassischer Musik im 20. Jahrhundert
dtv/BVK 3291

Ein umfassendes, zuverlässiges und aktuelles Lexikon für alle Liebhaber klassischer Musik: 2352 Biographien von Sängern, Instrumentalisten und Dirigenten, 615 Einträge zu Opernhäusern, Chören, Symphonieorchestern und Kammermusikensembles. Register mit rund 6000 Musikernamen, geordnet nach Instrument oder Stimmlage. Register der Orchester und Ensembles.

Rudolf Kloiber
Wulf Konold:
Handbuch der Oper
dtv/BVK 3297

Ein unentbehrliches Nachschlagewerk für alle Opernfreunde: das klassische Opernrepertoire in 270 ausführlichen Werkbeschreibungen, nach Komponisten geordnet. Es informiert über Handlung, Schauplätze und Spieldauer, über Solisten, Stimmfächer und Orchesterbesetzung, über die Textdichtung und den historischen Hintergrund. Anhang: Besetzungsfragen, historisch-stilistische Entwicklung der Oper, Literaturhinweise, Titelregister

Gerhard Dietel:
Musikgeschichte in Daten
dtv 3321/BVK 1174

Die ›Musikgeschichte in Daten‹ ist ein einzigartiges Nachschlagewerk: Die Werke der abendländischen Musikgeschichte werden in chronologischer Reihenfolge dargestellt. Die rund 3000 Einträge reichen vom 2. Jahrhundert bis 1993 und erläutern Entstehung, Überlieferung, Stil und Kompositionen. Mit Einführungen in die Epochen der Musikgeschichte und Personenregister.

Das 20bändige dtv-Lexikon

bietet alles, was zu einem großen Lexikon gehört – auf 6872 Seiten, mit über 130.000 Stichwörtern, Werks- und Literaturangaben, über 6000 Abbildungen und 120 Farbtafeln.

dtv 5998
DM **198,–**

20 Bände im Taschenbuch-Großformat 12,4 x 19,2 cm. In einer praktischen Klarsichtkassette stets griffbereit am Schreibtisch, im Büro und zu Hause. Ein universales Nachschlagewerk für Beruf, Schule und Studium. Und das alles zum Taschenbuchpreis.